U0585119

江西省志

1991—2010

江西省地方志编纂委员会　编

江西人民出版社
Jiangxi People's Publishing House
全国百佳出版社

江西省地方志编纂委员会

（2012 年 1 月）

主　任　吴新雄

副主任　朱　虹　　蔡玉峰　　刘　斌

委　员　陈东有　　谢碧联　　虞国庆　　王　海　　徐　毅

　　　　　胡　宪　　孙晓山　　毛惠忠　　李玉英　　王建农

　　　　　涂勤华　　张贻奏　　黄　鹤　　汪玉奇　　胡名义

　　　　　陈俊卿　　曾庆红　　刘昌林　　魏旋君　　钟志生

　　　　　董仚生　　王　萍　　张　勇　　吴小瑜　　周　慧

（2013 年 3 月）

主　任　鹿心社

副主任　朱　虹　　蔡玉峰　　梅　宏

委　员　陈东有　　谢碧联　　虞国庆　　王　海　　徐　毅

　　　　　胡　宪　　孙晓山　　甘良淼　　王建农　　汪晓勇

　　　　　张贻奏　　黄　鹤　　汪玉奇　　张　锋　　陈俊卿

　　　　　刘昌林　　刘　捷　　钟志生　　蒋　斌　　潘东军

　　　　　胡世忠　　张和平　　吴小瑜　　周　慧

（2013 年 12 月）

主　任　鹿心社

副主任　朱　虹　　梅　宏　　蔡玉峰

委　员　方晓春　　张国轩　　张　锋　　欧阳苏勤　吴晓军

　　　　虞国庆　　洪三国　　章凯旋　　徐　毅　　刘三秋

　　　　刘定明　　朱　希　　孙晓山　　甘良淼　　李　利

　　　　陈永华　　王建农　　邝小平　　刘　平　　汪晓勇

　　　　梁　勇　　吴小瑜　　周　慧　　张贻奏　　魏　平

　　　　钟志生　　熊茂平　　蒋　斌　　潘东军　　胡世忠

　　　　张和平

（2014 年 6 月）

主　任　鹿心社

副主任　朱　虹　　梅　宏　　宋雷鸣

委　员　方晓春　　张国轩　　张　锋　　欧阳苏勤　吴晓军

　　　　虞国庆　　洪三国　　章凯旋　　徐　毅　　刘三秋

　　　　刘定明　　朱　希　　孙晓山　　胡汉平　　李　利

　　　　陈永华　　王建农　　邝小平　　刘　平　　汪晓勇

　　　　梁　勇　　周　慧　　张贻奏　　魏　平　　钟志生

　　　　熊茂平　　蒋　斌　　潘东军　　胡世忠　　张和平

（2016 年 9 月）

主　任　刘　奇

副主任　毛伟明　　张　勇　　梅　宏　　刘晓艺

委　员　方晓春　　张国轩　　张　锋　　欧阳苏勤　吴晓军

　　　　胡世忠　　虞国庆　　洪三国　　章凯旋　　徐　毅

　　　　刘三秋　　刘定明　　朱　希　　孙晓山　　胡汉平

　　　　李　利　　陈永华　　王建农　　邝小平　　刘　平

　　　　汪晓勇　　梁　勇　　周　慧　　杨志华　　张贻奏

　　　　魏　平　　钟志生　　熊茂平　　蒋　斌　　潘东军

　　　　张和平

（2017 年 9 月）

主　任　刘　奇

副主任　毛伟明　　李　利　　张　勇　　梅　宏　　刘晓艺

委　员　郭　兵　　李　智　　王　俊　　郭建晖　　李庆红

　　　　钱　昀　　叶仁荪　　洪三国　　王国强　　刘金接

　　　　刘三秋　　邓兴明　　王爱和　　罗小云　　胡汉平

　　　　池　红　　丁晓群　　张和平　　万庆胜　　吴治云

　　　　杨六华　　方维华　　梁　勇　　周　慧　　杨志华

　　　　胡立文　　周恩海　　林彬杨　　梅　亦　　李江河

　　　　董晓健　　于秀明　　曾文明　　张小平　　王少玄

　　　　张鸿星

（2018 年 9 月）

主　任　易炼红

副主任　毛伟明　　孙菊生　　张小平　　梅　宏

委　员　夏克勤　　张国轩　　王　俊　　吴永明　　张和平

　　　　杨贵平　　叶仁荪　　谢光华　　张　强　　刘金接

　　　　朱　斌　　刘三秋　　张圣泽　　卢天锡　　王爱和

　　　　罗小云　　胡汉平　　池　红　　丁晓群　　胡立文

　　　　万庆胜　　吴治云　　方维华　　梁　勇　　周　慧

　　　　杨志华　　刘建洋　　谢一平　　梅　亦　　李江河

　　　　犹　瑾　　于秀明　　曾文明　　王水平　　谢来发

　　　　王少玄　　张鸿星

（2019 年 8 月）

主　任　易炼红

副主任　毛伟明　　孙菊生　　张小平　　樊雅强　　甘根华

委　员　杨志华　　周　慧　　王　俊　　吴永明　　夏克勤

　　　　张国轩　　张和平　　叶仁荪　　万广明　　杨贵平

　　　　刘金接　　王国强　　朱　斌　　刘三秋　　张圣泽

　　　　陈小平　　卢天锡　　王爱和　　罗小云　　胡汉平

　　　　刘翠兰　　池　红　　丁晓群　　龙卿吉　　辜华荣

　　　　赵　慧　　王福平　　万庆胜　　方维华　　梁　勇

　　　　胡立文　　刘建洋　　谢一平　　刘　锋　　李江河

　　　　犹　瑾　　于秀明　　曾文明　　王水平　　谢来发

　　　　王少玄　　张鸿星

（2020 年 5 月）

主　　修　吴新雄（2012 年 1 月—2013 年 3 月）

　　　　　鹿心社（2013 年 3 月—2016 年 9 月）

　　　　　刘　奇（2016 年 9 月—2018 年 9 月）

　　　　　易炼红（2018 年 9 月—　）

副主修　朱　虹（2012 年 1 月—2016 年 9 月）

　　　　　李　利（2017 年 9 月—2018 年 9 月）

　　　　　孙菊生（2018 年 9 月—　）

总　　纂　刘　斌（2012 年 1 月—2012 年 7 月）

　　　　　梅　宏（2012 年 7 月—2019 年 3 月）

　　　　　甘根华（2019 年 7 月—　）

副总纂　吴小瑜（2012 年 1 月—2014 年 7 月）

　　　　　周　慧（2012 年 1 月—　）

　　　　　杨志华（2014 年 7 月—　）

　　　　　张棉标（2020 年 1 月—　）

凡　例

一、本志以马克思列宁主义、毛泽东思想、邓小平理论、"三个代表"重要思想、科学发展观、习近平新时代中国特色社会主义思想为指导，坚持党的路线、方针、政策，坚持辩证唯物主义和历史唯物主义，全面系统记述江西省自然、政治、经济、文化、社会等各方面的情况。

二、本志总名《江西省志》，系首轮《江西省志》续志，由独立出版的各分志构成。各分志名称为《江西省志·××志（1991—2010）》。分志为通志的不标注断限年份。

三、本志断限。上限原则上为1991年，与首轮《江西省志》下限相衔接，纵贯详记。首轮未修志书的分志上限不限，从事物发端写起；为全面、完整、系统地记述改革开放历史进程，部分分志上限上溯至1978年。下限为2010年底。为了反映机构撤并、领导班子换届、重大工程竣工等内容的完整性，部分分志下限适当下延。各分志断限，参见各分志《编纂说明》。

四、本志基本依照行业、部门设置分志，为反映江西地方特色，将《鄱阳湖志》《景德镇陶瓷文化志》《江河志》《名山志》《山江湖工程志》《茶志》《客家志》从相关行业、部门中分离出来，成为独立设置的7部分志。

五、各分志篇目根据科学分类和社会分工相结合的原则拟定，采用章节体，运用述、记、志、传、图、表、录等7种体裁，以志为主。

六、各分志根据需要设"人物"部分，收录本行业、本部门具有重要影响和作出重大贡献的人物。人物籍贯一律标注省县（市、区）名，城区名前标注设区市名。

七、本志除设《市县概况》分志外，各分志根据需要设"设区市概况"，记述设区市范围内本行业、本部门相关内容。

八、本志一律使用规范的语体文，以第三人称记述，述而不论，寓褒贬于记述之中。

九、本志纪年，一般采用公元纪年。1912年1月1日以前的，采用历史纪年括注公元纪年；1912年1月1日至1949年9月30日根据需要括注民国纪年。

十、行文中人物的职务、职称、军衔等冠于人名之前。

十一、本志语言文字、标点符号、计量单位、数字等表述执行国家标准和相关规定。

十二、志书编纂运用的数据以政府统计部门公布的法定数据为主，专业部门数据、调查数据为辅。

十三、本志采用统计部门、档案部门及相关单位提供的资料一般不注明出处。专用名词、特定事物、外文缩写等，随文括注。

十四、本《凡例》为《江西省志》全志通用体例，各分志的特殊问题，在各分志《编纂说明》中加以说明。

江西省志

扶贫和移民志

1991—2010

江西省地方志编纂委员会　编

江西人民出版社
Jiangxi People's Publishing House
全国百佳出版社

《江西省志·扶贫和移民志（1991—2010）》编纂委员会

（2012 年 4 月—2020 年 1 月）

主　任	章康华	史文斌			
副主任	彭林森	张志豪	涂俊伟	饶振华	蔡子津
	胡跃明	罗聪明	向　东	陈佩杰	刘卫东
	路文革	邓丰昌			
委　员	张志凤	龚亮保	雷青秀	张天乐	勒系永
	高志军	熊　飞	徐国林	王桂楠	吴路宁
	唐　利	张清华	余　宙	王喜昌	

（2020 年 1 月）

主　任	史文斌				
副主任	饶振华	胡跃明	路文革	邓丰昌	
委　员	张志凤	张清华	吴路宁	刘小勇	龚亮保
	雷青秀	张天乐	勒系永	高志军	熊　飞
	徐国林	王桂楠	唐　利	余　宙	刘福东
	胡并发	李　瑰	王喜昌		
主　编	史文斌				
副主编	胡跃明				

《江西省志·扶贫和移民志（1991—2010）》编纂办公室

（2012 年 4 月—2020 年 1 月）

主　任　涂俊伟　　胡跃明

副主任　张志凤　　龚亮保

成　员　卢晓炜　　杨瑞宏　　郑建军　　刘　磊　　余志强
　　　　肖　业　　汤建宁　　付　丹　　黄　亮　　刘福东
　　　　杨道文　　胡冠男　　梁学洪　　郑黎晶

（2020 年 1 月）

主　任　胡跃明

副主任　龚亮保

成　员　卢晓炜　　肖　业　　郑建军　　付　丹　　刘　磊
　　　　余志强　　杨道文　　梁学洪　　杨瑞宏　　汤建宁
　　　　黄　亮　　胡冠男　　郑黎晶

《江西省志·扶贫和移民志（1991—2010）》编纂指导

胡瑞云　　毛钰珺　　符思念

《江西省志·扶贫和移民志（1991—2010）》审稿人员

初　审	甘根华	张棉标	毛钰珺	符思念	汪凤娟
	赵华伟	邵猷芬			
复　审	甘根华	张棉标	毛钰珺	符思念	汪凤娟
	赵华伟	邵猷芬			
验　收	孙菊生	樊雅强	甘根华	龚绍林	高　平
	赵华伟	郑瑞强			

2010年6月9日至11日，国务院扶贫办副主任郑文凯（右二）来赣调研指导扶贫工作

2001年2月25日，省委书记舒惠国（左二）视察吉安县永和镇现代农业科技示范园

2002年12月24日，省长黄智权（前排中）在南城县看望贫困群众，与他们亲切交谈

2002年3月，中德合作江西省扶贫技术援助项目在南昌启动，副省长孙用和（右三）出席会议并讲话

2010年1月15日，省长吴新雄（前排中）到铅山县太源畲族乡，了解畲族群众生产生活

2004年2月，全省扶贫开发工作重点市县领导会议在南昌召开，副省长危朝安（左二）出席并讲话

1996年6月，江西省召开全省动员社会力量支援老区贫困地区开发建设经验交流会

1999年8月，全省扶贫开发工作会议在南昌召开

2001年2月，国土资源部赣南定点扶贫工作座谈会在赣州召开

2004年4月，中德合作贫困监测江西试点项目启动仪式在南昌举行

2007年12月，全省"雨露计划"研讨班在南昌举办

2008年1月，全省移民搬迁扶贫工作培训班在南昌举办

2008 年 4 月，全省扶贫开发宣传调研
工作研讨班在南昌举办

2009 年 7 月，全省扶贫和移民工作调
研培训班在南昌举办

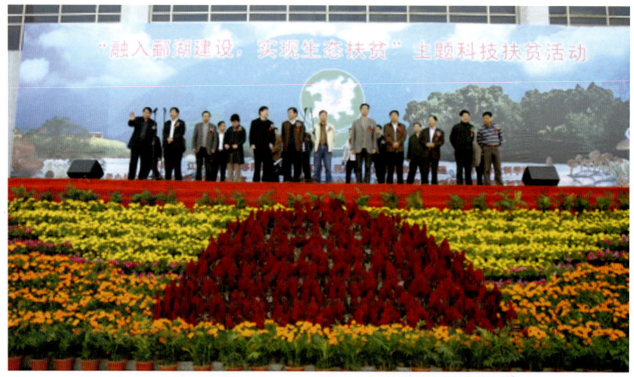

2010 年 11 月，省扶贫和移民办会同九江市政府、省农科院、省林科院举办"融入鄱湖建设，实现生态扶贫"
主题科技扶贫活动

南昌市扶贫成果

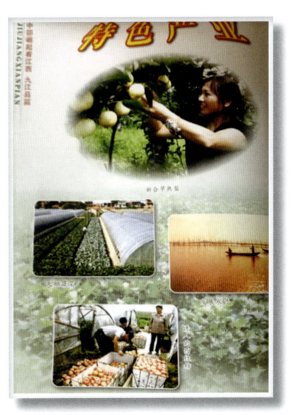

九江市扶贫成果

景德镇扶贫成果

萍乡市扶贫成果

鹰潭市扶贫成果

赣州市扶贫成果

宜春市扶贫成果

吉安市扶贫成果

上饶市扶贫成果

抚州市扶贫成果

序

地方志被誉为"一地之百科全书""一方之全史",具有存史、资政、育人等功能。习近平总书记指出,要高度重视修史修志,让文物说话、把历史智慧告诉人们。这为我们做好《江西省志·扶贫和移民志(1991—2010)》的编纂工作指明了方向,提供了遵循。

扶贫开发和库区移民两项工作,直接与农村困难群众的利益密切相关,是政府体现社会保障职能的重要载体,是改善民生的重要内容,对密切党群关系、巩固党的执政基础和构建和谐社会具有重大的意义。

20年间,江西的扶贫和移民工作,在国家有关部门的关心支持、历届省委、省政府的正确领导、贫困地区和水库库区广大干群的艰苦努力下,走过了一段光辉的历程。取得可圈可点的成就。全省贫困人口从1992年的220万人减少到2000年的90万。2010年12月,全省贫困人口为62万人,人均纯收入增加到2602元。江西也是全国水库移民大省之一,至2010年12月,全省大中型水库移民后期扶持人口为156.85万人,直补移民人口92.63万人,发放资金55581.42万元;核定到村组移民人口64.21万人,安排项目资金41000万元。江西为中国的扶贫和移民工作作出了应有的贡献。

我们无比坚信,只要我们紧密团结在以习近平总书记为核心的党中央周围,认真贯彻落实习近平新时代中国特色社会主义思想和党的十九大精神,齐心协力,开拓进取,就一定能够在全面建设中国特色社会主义现代化新征程中,奋力实现赶超跨越,谱写江西乡村振兴更加绚丽的新篇章。

《江西省志·扶贫和移民志(1991—2010)》不同于一般的学术研究专著,它具有很强的政治性、综合性、文献性,集扶贫和移民工作的历史资料、现实情况和基本经验之大成,客观真实地记载江西1991—2010年20年间扶贫和移民工作的发展和取得的辉煌成就。

《江西省志·扶贫和移民志(1991—2010)》的出版,凝聚着参与编纂的全体同志的智慧和心血,在此,我们向所有为《江西省志·扶贫和移民志(1991—2010)》编辑出版工作作出贡献的单位和个人表示衷心的感谢。同时,也诚挚期望国内外更多的朋友能够通过《江西省志·扶贫和移民志(1991—2010)》认识和了解江西扶贫和移民工作,从而更加热爱江西,热爱江西人民。

是为序。

江西省乡村振兴局党组书记、局长:刘　洪

2021年9月

编纂说明

一、本志力求全面、客观、准确地记述1991—2010年间江西扶贫和移民工作,反映扶贫和移民工作探索和创新的历史进程,上限为1991年1月,下限为2010年12月。为确保记述连续性,个别地方做了适当追溯或下延。

二、本志运用述、记、志、图、表、录等体裁,设篇、章、节、目,部分目下设二级目分层次记述。全志由图照、序、凡例、编纂说明、目录、概述、大事记、正文、人物、附录、编纂始末等组成。

三、志书中数据以统计数据和省政府采用的数据为主,部分数据来源于公开出版的图书。

四、地区、机构、会议、职务等名称按当时实际称谓记述。机构等名称首次出现时使用全称,再次出现时用规范简称,如"中共江西省委"简称为"省委","江西省人民政府"简称为"省政府";"扶贫工作办公室"简称"扶贫办",为了清晰表达需要,"省扶贫和移民办"使用全称。

五、由于记述的文件较多,根据有关保密要求,文件不标注文号。

六、本志文字资料主要来自于省扶贫和移民办档案室、省档案馆、省统计调查大队,图片资料主要来自新华社江西分社、江西日报社和《老区建设》杂志社。

七、本志依照江西省地方志编纂委员会办公室《〈江西省志(1991—2010年)〉编纂行文规范》行文。

目　录

概　述

　　扶贫开发和移民是直接关系农村困难群众的两项重要工作。江西是革命老区,全省的扶贫工作与革命老区建设紧密结合。1990 年 8 月,经省人民政府核定,按 1986 年底江西行政区划,全省101 个县(市、区)分布有老区乡镇的有 85 个,占全省县(市、区)总数的 84.1% ;共有老区乡、镇1361 个,占全省乡、镇建制总数的 75.1%。在党和国家领导人的关心支持下,在省委、省政府的正确领导下,全省扶贫工作取得了很大的成绩。全省贫困人口从 1992 年的 220 万人减少到 2000 年的 90 万,贫困群众人均纯收入从 1993 年的 386 元提高到 2000 年的 1189 元。截至 2010 年 12 月,全省贫困人口为 62 万人,人均纯收入增加到 2602 元。江西也是全国水库移民大省之一,1984 年下半年开始移民搬迁,大致经过了搬迁安置试点、库区大规模搬迁和农村移民生产发展试点、移民搬迁扫尾及生产开发三个阶段,1998 年转入后期扶持阶段。全省先后兴建各类水库 9000 多座(大中型水库近 300 座),安置各类水库移民近 200 万人(其中大中型水库移民 160 多万人)。截至 2006年 6 月底,全国大中型水库移民现状人口 2500 多万人,其中农村移民 2288 万人。2010 年 12 月,全省大中型水库移民后期扶持人口为 156.85 万人,直补移民人口 92.63 万人,发放资金 55581.42 万元;核定到村组移民人口 64.21 万人,安排项目资金 41000 万元。全省自 2003 年开始在深山区、库区和地质灾害频发区实施扶贫搬迁工程。2003—2009 年,全省共投入财政扶贫资金 85230.2 万元,累计搬迁 31.36 万人,兴建了 2262 个搬迁集中安置点。2010 年,全省移民搬迁 13425 户 59021 人,整体搬迁率为 81%,创历史新高。

　　1991—2010 年,历届省委、省政府都将扶贫和移民工作纳入全省民生工程重要内容,对于消除绝对贫困现象、扶持贫困地区加快发展、提升扶贫工作水平乃至实现全面建设小康社会的奋斗目标,都具有十分重要的意义。

一

　　江西的贫困状况以及减贫工作与国家的整体政策息息相关,与全国的贫困历史轨迹基本相吻合。全省的贫困区域面积大、贫困人数多。改革开放初期,全省农村绝对贫困人口超过 1000 万人,贫困发生率高达 30% 以上。江西的扶贫工作从 20 世纪加大扶持力度,贫困区域划分也随着扶贫工作的开展有所变化。1985 年贫困人口下降到 620 万人,贫困发生率下降到 22.05%。1986 年国家开始进行有计划有组织的扶贫开发工作,全国划定 592 个贫困县,实施重点扶持、集中开发的扶贫战略。

全省各级党委、政府按照全省农业综合开发的总体部署，瞄准市场，依靠科技，着力发展，上有龙头企业带动千家万户的扶贫支柱产业，下有种养基地联结千家万户，通过加工、运销、科技等实体服务千家万户。1990年，分别在永新、井冈山、兴国等县市进行试点，发展蚕桑、甘蔗和竹林改造等产业。在总结试点县市经验的基础上，省、地、县三级自下而上分别制定《八七扶贫支柱产业发展规划纲要》。各地、市按照省发展扶贫支柱产业规划要求，根据本地区优势，有重点地选择扶贫支柱产业开发项目。赣州地区着重发展柑橘产业，吉安地区发展蚕桑和毛竹，上饶地区扩大茶叶生产，抚州地区抓好经济作物和养猪等，九江地区发展蚕桑和水面养殖。1990—2000年，全省投入扶贫资金共计294608万元。其中国家分配扶贫资金274400万元，占投入总额的93%，包括财政资金52630万元、信贷资金221770万元；全省各级配套扶贫资金20208万元，占投入总额的7%，包括省财政配套12694万元、各区市财政配套4247万元、县（市）财政配套3268万元。

1992年，全省未解决温饱的贫困人口从1985年的620万人减少到220万人，400万贫困人口基本解决温饱。在集中连片的664个特贫困乡中，特贫困户人均年纯收入达到514.70元，比上年增加50.70元，增长10.90%。其中人均年纯收入超过500元的占40.40%，比上年提高21%；人均年纯收入低于350元的占16.70%，比上年减少9.1个百分点。1992年，老建系统扶持集体经济薄弱村1004个，累计扶持2017个村。经过扶持，集体经济纯收入达到2万元以上的村有287个。全省农民人均收入768元，全省原定的69.7万户、370万人的特贫困户人均收入仅514元，与全省平均水平相差254元，只是全省农民人均收入水平的66.80%；人均收入超过700元的只占10.90%。全省11个地市农民人均纯收入在1000元以上占17.97%，而特困户中人均纯收入超千元的只占特困户总人口的1.83%，与全省平均水平差16个百分点；16.70%的特困户人均纯收入在350元以下。

1994年10月，省政府提出到20世纪末基本解决全省农村贫困人口的温饱问题，为此特制定江西扶贫攻坚7年规划纲要（1994—2000年），总目标为：在20世纪末，胜利完成八七扶贫攻坚计划，确保全省提前一年（1999年），部分地方力争1998年基本解决全省农村绝对贫困问题。到1999年，全省贫困户人均纯收入按1990年不变价达到550元以上，年均递增速度达到8%，力争11%。贫困乡农民人均纯收入达到600元以上，贫困县农民人均纯收入达到650元以上。县、乡农民人均纯收入年均递增速度达到6%左右，力争7%。

进入21世纪，全省认真贯彻实施《中国农村扶贫开发纲要（2001—2010年）》，把制订和实施村级扶贫规划作为整合各种扶贫资源、落实扶贫开发工作任务的平台，在全省确定3000个扶贫开发工作重点村，以贫困村为重点，统一规划，集中力量，5年一个周期进行扶持。2007年省委、省政府在新农村建设1万个试点村中，扩大贫困地区的比例，从2006年的1080个增长到2300个左右。2007年1万个试点村一共安排16亿元资金，其中每个村安排10万元，另外6亿元是衔接配套资金，包括以工代赈资金、改水资金、沼气资金及其他资金。2008年增补1269个扶贫开发工作重点村，全省实施整村推进扶贫开发的重点村总数为4269个，覆盖全省11个设区市。

截至2000年，全省有绝对贫困人口90万人（绝对贫困标准为625元），贫困发生率为2.80%。2008年，党的十七届三中全会提出实行新的扶贫标准，对低收入人口全面实施人均1196元的扶贫标准，按照标准测算全省有扶贫人口132.6万人。2010年，全省贫困人口为62万，贫困发生率降至 1.78%。

《中国农村扶贫开发纲要(2001—2010 年)》确定江西有 21 个国家扶贫开发重点县,核定总面积 4.94 万平方千米,占全省的 29.80%。总人口 1074.8 万人,占全省的 25.45%,其中乡村人口 924.8 万人,占全省农村总人口的 32.3%。耕地面积(总资源)771600 亩,占全省的 24.03%。根据全省在重点县的扶贫监测,重点县的社区基本上都位于山区和半山区,共占 94.88%,平原的社区只有 5.12%。

2001 年以来,全省 21 个国家扶贫开发工作重点县总人口 1059.9 万人,其中乡村人口 920.5 万人,国内生产总值 257.42 亿元,农民人均纯收入 1339.04 元,绝对贫困人口为 508248 人,绝对贫困发生率为 5.52%;到 2005 年,年末总人口 1112.1 万人,其中乡村人口 955.4 万人,国内生产总值 468.88 亿元,农民人均纯收入 1561.39 元,绝对贫困人口为 445170 人,绝对贫困发生率为 4.66%;2008 年,重点县人均纯收入 2428 元,依据新标准,贫困人口有 766971 人;2009 年,人均纯收入增加为 2659.52 元,贫困人口有 505496 人。2002—2009 年,共新增灌溉面积 883650 亩,排灌站 49288.4 千瓦,小水库 34298.75 万立方米,小水电站 10599 千瓦,公路 29819 千米,桥梁 75166 米。到 2009 年,扶贫开发工作重点村硬化村内道路的自然村有 17078 个,占 45%,其中重点县有 11669 个,占 42%。有垃圾集中处理的自然村个数 6210 个,占 16%,其中重点县有 3738 个,占 13.06%。2010 年,全省 3069 个"十一五"重点村人均收入达到 2640 元,比上年增长 12%;21 个重点县达到 2940 元,增长 10.98%,高于全省农民人均收入增幅 0.4 个百分点;库区移民和三峡移民收入达到 3660 元左右,比上年增长 10% 以上。

2001—2009 年,全省实施科技扶贫综合试点项目共 137 个,科技扶贫项目资金总投入 28562 万元,其中国家级 2159 万元,省级 2441 万元,地方配套和自筹资金 21257 万元;科技扶贫项目受益农户 140398 户,受益人数 623808 人,年均增加效益 19530 万元。2010 年以发展现代农业为重点,按照"相对集中、突出重点、扶优扶大、加快发展"的思路,通过创新财政扶贫资金使用管理机制和模式,引导社会优质资源参与产业化扶贫,做大做强扶贫龙头企业,发展贫困农户受益广、参与深、可持续的特色主导扶贫产业。加强对 20 家国家级扶贫龙头企业和 100 家省级扶贫龙头企业的扶持和管理。

2002—2009 年,财政扶贫资金投入到农林牧渔中,共开发桑果茶园 74.85 万亩,造育林 50.25 万亩,经济作物播种面积 41.7 万亩,粮食作物播种面积 22.2 万亩,饲养家畜 83.3 万头,饲养家禽 1730.58 万羽,投入鱼苗 2071 万尾。2009 年,扶贫开发工作重点村共有村级合作经济组织 1187 个,参与村级经济合作组织的农户有 11.97 万户,其中贫困户 28368 户。2009 年扶贫龙头企业带动辐射农户 12.28 万户,其中贫困户有 2.92 万户,带动农户人均增收 2045 元。

江西是全国率先实施"雨露计划"培训工作的省份。从 2004 年开始试点,2005 年在全省正式推开。实施"雨露计划"以来,按照国务院扶贫办和省委、省政府的统一部署,把实施"雨露计划"作为扶贫开发的五项重点工作之一。2005—2009 年期间,全省完成"雨露计划"培训人数累计约为 25 万余人,其中贫困青壮年劳动力转移培训约 20 万余人,中高级技师培训 9586 人,农业实用技术培训 43895 人。转移就业约 19 万余人,转移就业率保持在 95% 以上,稳定就业率保持在 90% 以上。

五年来，"雨露计划"培训补助资金累计为9900万元。

"十五"期间，共修建学校4548所，卫生院162所；2006—2009年，修建学校27.8万平方米，卫生院1461所。2009年，新建村民活动中心、阅览室727个。扶贫开发工作重点村村委会到最近小学的平均距离为1.91千米，到最近正规医疗点的距离为5.64千米，到最近集贸市场的距离为11.41千米。2001—2009年期间，全省投入财政扶贫培训资金10307万元，累计培训人数30.99万人，转移就业人数27.69人。

二

江西是水库移民人数较多的省份之一。安置上犹江、洪门、罗湾、江口、柘林等水库移民18.5万人，并接收安置浙江新安江、富春江水库迁赣移民14.2万人。自1999年以来，全省共接收安置三峡库区农村外迁移民10219人（政府组织安置移民8633人、自主外迁848人、新增移民人口738人）。省水库移民工作管理机构的前身是万安水电站移民办公室。1978年，万安水电站工程指挥部成立，1979年改称江西省万安水电站建设委员会，下设移民办公室，归口省民政局。2000年9月，确定保留省移民办公室，为省民政厅直属处级行政机构。2007年7月，进一步明确江西省移民办公室为省民政厅管理的副厅级行政机构，归口管理全省水库移民工作。2009年，在省政府机构改革中，省委、省政府决定整合省扶贫办、省移民办和省对外经济合作办公室的三峡移民工作职能，组建省扶贫和移民办公室，为正厅级行政机构，负责全省扶贫和水库移民工作。

1978—2006年，全省建造万安、东津、南车、大段、龙潭、大坳、廖坊等7座大中型水库，淹没搬迁人口9.33万人。除万安、东津水库移民安置由省负责外，其他都为地方水库，移民安置由地方政府具体负责。2006年，国务院对《移民条例》进行修订。按照《移民条例》规定，对全省新建大中型水利水电工程移民安置规划大纲和移民安置规划进行认真查审核。2009年底，先后审查审核洪屏抽水蓄能电站、廖坊灌区工程、泰和石虎塘航电枢纽工程、武宁下坊水电站、峡江水利枢纽工程、景德镇浯溪口水利枢纽工程、于都县跃州水电站、鄱阳湖二期第6个单项防洪工程、五河防洪整治工程、信丰五洋水利枢纽和于都峡山水电站等大中型水利水电工程的移民安置规划大纲和移民安置规划，参与峡江水利枢纽工程和洪屏抽水蓄能电站有关移民安置方面的前期工作，完成对赣州居龙滩水电站的水库淹没处理验收工作。

政府组织外迁的重庆市农村移民，集中安置在九江、景德镇、宜春、吉安、抚州等5市7个县51个乡、镇、场，142个安置点。自主外迁的湖北省秭归县移民，主要以招商引资、技术引进形式接收安置，分布在赣州的信丰、龙南、全南等20个县的33个乡镇50个移民安置点。

全国大部分水库都是在改革开放前建成，由于种种原因，造成移民搬迁安置后生产生活水平下降。从1990年开始，全省上犹江、江口、洪门、罗湾等4座水库列入中央直属水库移民遗留问题处理范围。从1991年起，水利部移民办公室开始安排库区建设基金，处理浙江新安江、富春江水库迁赣移民遗留问题。此外，1995年，国务院办公厅下发《关于解决新安江水库移民遗留问题的通知》，决定从华东电网销售电量中每度电加价1厘钱，4年筹集6.1亿元资金，其中分配给江西3.1亿元，专门用于解决浙江新安江、富春江水库迁赣移民遗留问题。2002 年,国务院办公厅下发《关于转发水利部等部门关于加快解决中央直属水库移民遗留问题若干意见的通知》,同意提高库区建设基金征收标准,全省列入中央直属水库移民遗留问题处理的移民共计 62.5 万人。按照人均扶持资金1250 元的标准,编制《江西省中央直属水库移民遗留问题处理 2002 - 2007 六年规划》,安排国家扶持资金 78125 万元。《规划》从 2006 年开始,中央直属水库移民遗留问题处理一并纳入大中型水库移民后期扶持范畴。2006 年,国务院下发《关于完善大中型水库移民后期扶持政策的意见》。省委、省政府对移民后期扶持政策实施工作高度重视,成立水库移民工作领导小组,并先后 10 次召开领导小组会议研究政策实施工作。2006 年 6 月,省政府召开全省水库移民工作会议,全面部署全省水库移民后期扶持政策实施工作。2006 年 7 月,选择东津水库、罗湾水库、坪村水库、西坑水库、双溪水库,以及赣县安置的上犹江水库移民、乐平市安置的浙江新安江水库移民进行政策实施试点工作。在此基础上,从 2006 年 8 月份起,在全省全面铺开移民后期扶持政策实施工作。

2006 年 4 月 9 日,水利部在北京组织召开全国大中型水库移民后期扶持人数核定会议,会议核定江西大中型水库 278 座,2005 年底大中型水库农村现状移民后期扶持人数为 159.56 万人(含三峡移民 0.86 万人)。加上自然增长等因素,最终核定全省截至 2006 年 6 月 30 日的后期扶持移民总人数为 161.31 万人。2007 年,核定全省新建水库移民规划人数 8474 人,核定 2007 年新建水库实际搬迁人口 7682 人,结余人数 792 人在完成搬迁后分年核定;2008 年核定全省新建水库规划人数 4868 人,核定全省 2008 年实际搬迁人口 1090 人;2009 年核定全省新建水库移民人数 1111 人。2009 年底,累计核定全省大中型水库移民后期扶持人数 162.30 万人。2010 年,全省大中型水库移民后期扶持人口为 156.85 万人,其中,直补移民人口 92.63 万人,发放资金 55581.42 万元;核定到村组移民人口 64.21 万人,安排项目资金 41000 万元。

2006 年,编制第一个后期扶持五年规划(2006—2010 年),规划共涉及全省 11 个设区市,118个县(市、区、经济开发区、垦殖场等),1690 个乡(镇),10841 个行政村,40818 村小组。五年规划共投入后期扶持资金 42.8 亿余元,其中,移民直补资金 25.6 亿元,项目扶持资金 17.2 亿元。五年规划的实施,移民年人均纯收入从规划前的 1965 元增加到 2009 年的 3300 元,2010 年可达 3560 元,增长 81.17%,移民人均住房面积 23.6 平方米,增加 3.5 平方米,不通公路村小组由 14498 个减少到 6999 个,饮水不安全村小组由 14392 个减少到 10143 个,不通电村小组由 3573 个减少到 2350个,适龄儿童入学率由 95% 提高到 98%。全省共建设移民新农村示范村 576 个,建设示范村内水泥路 19289 千米,改水改厕 15382 处,沼气池 1948 个,文体设施 6501 处,亮化工程 2223 处,广播电视 304 处,环境治理 4461 处;建设灌溉用山塘水库 16901 座,水陂堰坝 799 处,渠道 36342 千米,提灌站 354 个,渡槽 65 千米;帮助移民购置耕地 1362 亩,山地 12999 亩,低产田改造 15249.9 亩,开荒造田 1920.9 亩;建设移民乡村及村组公路 38289 千米,机耕路 1128 千米,码头 37 座,渡船 14 艘;帮助移民打水井(压水井)2153 口,机井 311 口,自来水 12131 处;扶持移民种植粮食作物 1719.9 亩,经济作物 17919 亩,林地 7732.95 亩,种植示范基地 8406 亩,养鱼 13057 千尾,养家畜 1921 千头等。

2006 年,国家共安排江西移民遗留问题处理专项扶持资金 11.66 亿元,省内通过各种渠道安排配套扶持资金 9.59 亿元。经过对移民进行扶持,增加土地面积 24132 亩,增加灌溉面积 8.64 万亩,改善灌溉面积 12.57 万亩,解决 1316 个移民村组的饮水问题,改善 2605 个移民村组的饮水问题;为 4080 余个移民村组修通公路,改善 5862 个移民村组的对外交通;解决或改善 475 个移民村组的通电和用电问题;使 1912 个移民村组的上学条件得到改善;帮助 575 个移民村组解决通广播电视问题;培训移民 450041 人次,带动移民转移劳动力 11.3 万余人次;通过生产扶持,使移民年人均增加收入 630 元,人均达到 1820 元,受益移民达 315477 人。

2006 年实施新的移民后期扶持政策以后,实行现金直补扶持方式,共向 90 余万大中型水库移民发放直补资金 19 亿余元,每年直接增加移民收入 600 元。2009 年,全省启动小水库移民的解困工作,安排资金 3660 万元。全省列入后期扶持范围的移民从 2000 年的 67 万人增加到全省各类水库移民近 200 万人;扶持资金从 2000 年的全省每年不到 1 亿元,增加到每年逾 11 亿元;扶持移民的覆盖面,从 2000 年 50 余个县(市、区)不到 10 座水库的移民,扩大到 96 个县(市、区)的 9 千余座各类水库移民。2010 年,库区和移民安置区共投入经济发展规划项目资金 16605 万元,实施项目 2259 个。全省对库区和移民安置区的产业扶持力度进一步加大,大中型水库农村移民扶持工作步入安稳致富的良性循环。特别是在实施大中型水库移民后期扶持政策工作中,创造了有江西特色的工作经验。

大事记

1991 年

1月1—3日　地矿部常务副部长宋瑞祥一行3人,到吉安、赣州、抚州、鹰潭、上饶、景德镇、九江等地(市)的部分老区县,实地考察了地矿部联合开发的大跨度扶贫项目会昌岩背锡矿和"九二盐矿"瑞金沙洲坝供水勘察工程等项目。

4月29—5月1日　省委、省政府在南昌召开扶贫开发工作会议暨老区建设先进单位、先进个人表彰会,省委书记毛致用、省长吴官正出席会议。

5月22—24日　副省长孙希岳深入扶贫联系点,召开现场办公会。

9月3—5日　省委常委、组织部部长卢秀珍到扶贫挂钩联系点宁都县调研。

1992 年

3月下旬　省老建委召开全省老建办主任会议,副省长舒惠国出席会议。

5月30—6月1日　国家科委在江西召开六省科技扶贫工作计划会议。会议由国家科委顾问谢绍明和农村中心主任张炳南主持。

6月18日　成立省移民经济技术服务中心。

7月10—12日　省移民办在南城县召开全省水库移民生产建设经验交流会,副主任曾庆赓传达全国水库移民办主任会议精神。

7月下旬　交通部部长刘松金、国务院贫困地区经济开发领导小组办公室副主任张铭羽率领国务院贫困地区经济开发领导小组赴江西调查,对赣州、吉安地区的老区、贫困县(市)进行了实地考察,省老建办主任刘生梁、省交通厅副厅长宋军等陪同。

1993 年

3月1日　国家批准武宁县为"八五"第二批实现农村初级电气化县。

9月11日　省移民办与省水利规划设计院协商并签订《江口水库近期运行水位论证工作合同》,委托新余市水电局重新施测江口库区纵横断面。

12月初　省老建办主任刘生梁先后到抚州地区南丰县,赣州地区广昌县、宁都县、兴国县,吉安地区永丰县进行调查研究。

是年　成立对口支援工作协调小组,具体组织安排省级各种形式的对口支援,协调实施过程中出现的问题,指导、检查、督促地(市)一级对口支援工作。

1994 年

3月　国务院公布《国家八七扶贫攻坚计划》,对国家重点扶持的贫困县进行调整,全省国家重点扶持的贫困县由17个增加到18个,其中原国家重点扶持的瑞金、石城、定南等3个县不再列入国家重点扶持县范围,新增加安远、遂川、横峰、修水等4个县为国家重点扶持贫困县。

4月13—15日　省老建办在南昌召开全省地(市)老建办主任会议,老建办主任刘生梁传达全国扶贫开发工作会议精神。

4月18—27日　省委常委、省纪委书记马世昌带领省纪委机关干部,到余干县调查扶贫攻坚工作。

7月11—15日　全国扶贫统计数据汇总会议在南昌召开。国务院扶贫开发领导小组办公室、国家统计局及各省、区扶贫统计人员参加会议。国务院扶贫开发领导小组办公室副主任张铭羽到会讲话。

6月上旬　省委召开省委常委会,专题研究扶贫开发工作。

8月30—31日　省政府在南昌市召开全省老建扶贫工作会议。省委书记毛致用、省长吴官正等领导和省直各单位负责人,各地(市)和贫困县主管扶贫工作负责人出席会议。

10月7日　省农业银行安排2000万元扶贫贷款,该贷款由省老建办贴息,集中用于支持全省43个非贫困县中的211个省定贫困乡,发展经济、摆脱贫困。

10月29—11月1日　地矿部副部长张文岳一行来赣南考察扶贫工作。

1995 年

8月12—13日　省政府在南昌召开全省老建扶贫工作会议。省委副书记、副省长、省老建委副主任委员黄智权主持,传达全国扶贫开发工作会议精神。

12月　省老建办、江西电影制片厂与中央电视台联合拍摄反映老区人民脱贫致富奔小康的电视连续剧《万橙花》。

1996 年

2月6—8日　省老建办在南昌召开全省地(市)老建办主任会议。省老建办主任刘生梁讲话。

3月18日　巴西旱稻(陆稻)试种领导小组会议在南昌召开,省老建办主任、巴西旱稻试种领导小组组长刘生梁主持会议。

5月22日　省政府批转《江西省扶贫攻坚7年规划纲要(1994—2000年)》,要求到20世纪末,完成"八七"扶贫攻坚计划,确保全省提前1年(即1999年),部分地方力争提前2年(即1998年),基本解决农村绝对贫困问题。

6月25—26日　省老建委在修水县召开全省动员社会力量扶贫经验交流会。省政府副省长孙用和、副秘书长余欣荣出席会议。

9月19—20日　中共中央总书记、国家主席、中央军委主席江泽民在赣南考察兴国、赣县、信丰、南康、瑞金等5县(市)扶贫开发工作。

8月10—11日　全省老区贫困地区巴西旱稻试种汇报研讨会在上犹县召开。

10月26日　地矿部在赣州市召开定点赣南扶贫十年工作座谈会。地矿部部长宋瑞祥到会讲话,地矿部副部长寿嘉华对地矿部在赣南开展扶贫工作进行总结。

11月1—3日　全省扶贫开发工作会议在南昌召开,省委书记吴官正、省长舒圣佑出席会议。

1997 年

2月27—3月1日　全省老建办主任会议在南昌召开。各地、市老建办主任参加会议,副省长孙用和到会作讲话。

3月11—20日　省老建办主任刘生梁率领工作组到赣县、上犹、安远、寻乌、瑞金、宁都等县(市)考察扶贫攻坚工作。

5月14日　省老建办制定《(1997年省直单位和大中型企业挂钩扶持50个最贫困乡扶贫工作检查、评比、考核办法》。

7月23—25日　省老建办在南昌举办巴西陆稻引进试种现场观摩会。国务院扶贫办副主任蒋晓华、中国扶贫开发服务中心主任刘毅韬及相关国家部委负责人与会。

8月25—26日　经省政府批准,省移民办召开全省新安江、富春江水库迁赣移民工作会议,会议传达国家有关移民工作的方针、政策。

11月18日　省移民办在南昌召开全省水库移民统计工作会议。

1998 年

1月上旬　国务院召开全国扶贫工作表彰会,表彰《国家八七扶贫攻坚计划》实施以来解决温饱先进县,莲花、安远、于都、横峰、余干、遂川等6县获得表彰。

4月　中国扶贫开发服务中心在南昌举办全国贫困地区巴西陆稻栽培技术培训班。

7月21—23日　全省地(市)老建办主任会议在宜春市召开。

9月15日　经省政府同意,1998年度中央新增江西省财政扶贫资金重点用于支持受灾老区贫困地区开展生产自救。

10月14日　省委组织部、省农业厅、省老建办联合召开巴西陆稻开发推广座谈会。

11月25—26日　省老建办召开赣州地区1999年国家扶贫贷款扶持项目立项三级会审会议,副主任张志豪主持会议。

12月中旬　省老建办组织8个检查组,分别对赣州、吉安、上饶、抚州、九江、萍乡等6个地(市)、17个县(市)1998年扶贫资金使用情况进行检查。

1999年

2月5日　中共中央政治局委员李铁映视察南昌县蒋巷镇移民建镇点。

3月8—12日　省委常委、省委农工委书记彭崑生到会昌、瑞金、石城等县(市)考察扶贫工作。

3月11—12日　省委常委、组织部部长傅克诚到宁都县检查指导工作。

3月31日　省老建委在南昌召开全体委员会议。省长舒圣佑主持会议并讲话,老建委成员单位负责人出席会议。

4月1日　省老建委在南昌举行省直(属)挂钩扶贫先进单位表彰大会,省长、省老建委主任舒圣佑到会讲话,省委常委、省委农工委书记、省老建委副主任彭崑生主持会议,会议对省委组织部、省委宣传部等20个挂钩扶贫先进单位进行表彰。

8月12日—13日,全省扶贫开发工作会议在南昌召开,省委书记舒惠国、省长舒圣佑出席会议。

9月30日　省委、省政府发出《关于贯彻〈中共中央、国务院关于进一步加强扶贫开发工作的决定〉的意见》,要求两年内基本解决农村贫困人口温饱问题,如期实现"八七"扶贫攻坚的目标和任务。

2000年

2月15—17日　省老建办张逢雨主任到修水县调研,对老区、贫困地区当前和今后扶贫工作提出要求。

5月13日　省移民办根据省政府批准的《江西省境内新安江富春江水库移民遗留问题处理规划》,结合各地实际情况,编制2000年度移民遗留问题处理项目计划。

6月1—7日　国务院扶贫开发领导小组副组长胡富国一行对江西实施"八七扶贫攻坚计划"扶贫开发工作进行考察和调研。

2001年

2月20日　国土资源部赣南定点扶贫工作座谈会在赣州召开,国土资源部部长田凤山、副省长孙用和出席会议。

2月25日　省委书记舒惠国视察吉安县永和镇现代农业科技示范园。

3月　省政府决定成立"江西省扶贫开发领导小组",下设办公室,与省老建委办合署办公。

4月13日　省委书记孟建柱考察吉安县永和镇锦源村。

6月18—19日　副省长孙用和到吉安县永和镇考察"三个代表"学教活动与扶贫开发相结合试点工作。

2002 年

1月10日　省长黄智权主持召开省扶贫开发领导小组全体成员会议,听取省扶贫办工作汇报。

2月28日　省委、省政府决定,对省扶贫开发领导小组作出调整,"江西省革命老根据地建设委员会"和"江西省扶贫开发领导小组"为两块牌子一套人马,组长为主任委员,副组长为副主任委员。

3月12日　中德合作江西扶贫技术援助项目启动仪式在南昌召开,这是江西第一个国际扶贫合作项目。

3月26日　中国农业银行江西分行在南昌召开国家扶贫重点县信贷扶贫座谈会。

4月3日　全省扶贫开发工作会议在南昌召开,传达贯彻中央扶贫开发工作会议精神,总结全省实施"八七扶贫攻坚计划"的成绩和经验,研究部署全省下一轮扶贫开发工作。

4月25日　国务院扶贫开发领导小组副组长胡富国、国务院扶贫办副主任高鸿宾一行,到瑞金、于都、吉安等地贫困农村调查研究,指导扶贫开发工作。

5月19日　江西省直机关和中央驻赣单位定点扶贫工作会议在南昌召开,省长黄智权出席会议。

7月29日　省委书记孟建柱率领省直部门有关领导考察修水扶贫开发工作。

2003 年

1月6日　副省长孙用和主持召开会议,研究部署对全省库区和深山区困难群众开展移民搬迁扶贫试点工作。

2月9日　省政府成立江西省库区深山区移民扶贫工作领导小组。

3月29—31日　全省扶贫办主任会议在南昌召开,省委副书记傅克诚出席会议。

8月26—27日　全省库区深山区移民扶贫工作现场会先后在遂川县、万安县和吉安市召开。会议组织参观考察遂川、万安两县移民安置点,遂川县、万安县、修水县交流移民扶贫试点的情况和经验。

8月30日　中共中央总书记、国家主席胡锦涛视察兴国县,省委书记孟建柱、省长黄智权陪同。

9月25日　国务院扶贫开发领导小组副组长、国务院扶贫办主任吕飞杰赴修水、武宁、吉安等地实地考察移民扶贫工作。

2004 年

2月14—15日　全省设区市扶贫办主任研讨会在南昌召开。

2月　全省扶贫开发工作重点市县领导会议在南昌召开。

4月26日　省政府印发《江西省2004年移民扶贫工作意见》和《江西省库区深山区移民扶贫若干政策规定》。

9月23—24日　全省扶贫开发工作重点乡(镇)领导干部培训班在安远县举办。

是年　国务院扶贫办在江西召开移民扶贫工作现场经验交流会,现场参观考察修水县移民扶贫工作。

2005 年

1月　抚州市民政局移民办公室被评为全国水库移民工作先进单位,受到表彰。

8月17日　省政府印发《江西省2005—2010年贫困地区劳动力转移培训规划》。

11月9日　省政府转发国务院扶贫办、财政部、中国人民银行、中国银监会《关于开展建立"奖补资金"推进小额贷款到户试点工作的通知》,在安远、遂川2个县开展国家促进小额贷款到户建立"奖补资金"试点工作。

2006 年

4月2—4日　全省设区市移民办主任会议在武宁县召开。研究部署下一阶段全省大中型水库移民安置情况调研工作,对2005年开展的全省水库移民示范村建设工作进行总结。

6月2日　省政府决定,将省中央直属水库移民工作领导小组调整为省水库移民工作领导小组,增加财政部驻赣监察专员办、省编办、省移民办等单位为领导小组成员单位。

6月16日　省政府召开常务会议,通过《江西省大中型水库移民后期扶持政策实施方案》。

6月21日　省政府召开全省水库移民工作会议,全面部署全省大中型水库移民后期扶持政策实施工作。副省长熊盛文讲话,省水库移民工作领导小组成员、各有关市、县(区)政府分管领导、移民办主任出席会议。

8月26日　副省长熊盛文到分宜县移民安置点调研水库移民后期扶持政策试点工作。

12月15日　印发《江西省财政扶贫资金绩效考评办法(试行)》,严格落实财政扶贫资金项目公示公告制、财政报账制,保证扶贫资金使用管理绩效。

2007 年

3 月 29 日　全省扶贫办主任会议在南昌召开。省委常委、省委秘书长陈达恒,副省长熊盛文出席会议。

5 月　东亚地区贫困监测与评估国际研讨会在南昌召开。13 个国家的 30 余位国外代表和 40 余位国内专家参与会议,听取省扶贫办的项目介绍,并到项目试点县进行实地考察。

6 月 4 日　省政府召开全省大中型水库库区和移民安置区基础设施建设和经济发展规划编制工作电视电话会议。副省长孙刚在主会场出席会议并讲话。

7 月　组织全省贫困地区开展富余劳动力情况摸底调查和建档立卡工作。

8 月 13—15 日　水利部水库移民开发局调研组来赣就水库移民后期扶持政策实施工作及万安水库移民搬迁安置情况进行调研。

8 月　在宁都县启动开展"县为单位、整合资金、整村推进、连片开发"试点。

12 月 17—18 日　全省"雨露计划"研讨班在南昌举办。

12 月 20—21 日　水电水利规划设计总院会同省移民办在南昌主持召开江西洪屏抽水蓄能电站移民安置规划大纲审查会议。

2008 年

1 月 21—22 日　全省移民搬迁扶贫工作培训班在南昌举办。

1 月 30 日　启动编制全省生态移民规划有关工作。

1 月　全国妇联、全国妇女"双学双比"活动领导小组授予上饶市扶贫办为全国妇女"双学双比"活动先进集体荣誉称号。

2 月 11—14 日　国务院扶贫办党组成员、中国国际扶贫中心主任张磊一行深入江西考察指导抗冰救灾工作。

4 月 2 日　省政府批准执行《江西省移民搬迁扶贫规划(2008—2012 年)》。在全省 41 个比照实施西部大开发有关政策县开展移民搬迁扶贫工作。

4 月 22 日　全省扶贫开发宣传调研工作研讨班在南昌举办。

5 月 4 日　在"十一五"时期 1800 个重点村整村推进基础上,按照"三个确保"要求,增补 1269 个贫困村为重点村实施整村推进。

8 月 27—29 日　中德合作扶贫监测评价江西试点项目总结会在井冈山召开。

2009 年

2 月 18—21 日　国务院扶贫开发领导小组副组长、国务院扶贫办主任范小建在江西考察调研。

2月 省委、省政府印发《江西省人民政府机构改革实施方案》,明确组建江西省扶贫和移民办公室(挂省革命老根据地建设委员会办公室牌子),为省政府直属机构。

7月6—8日 全省扶贫和移民工作调研培训班在南昌举办。

7月28日 全省生态移民工作培训会议在南昌召开。

11月 省扶贫资金绩效考评被评为全国4个A级省之一。

2010 年

1月15—16日 全省扶贫和移民工作会议在南昌召开。

3月16—17日 国务院三峡办外迁司司长张大志一行到龙南县就三峡水库自主外迁移民遗留问题进行调研。

4月1日 国务院扶贫办调研组到横峰县调研"雨露计划"工作。

5月31日 全省大中型水库移民后期扶持工作会议在南昌召开,副省长熊盛文出席会议。

5月26日 省政协主席傅克诚在万安调研扶贫工作。

6月9—11日 国务院扶贫办副主任郑文凯来赣调研指导社会扶贫工作。

7月29日 全省移民搬迁扶贫工作经验交流会在遂川县召开。

10月5日 副省长熊盛文到定南县检查指导灾后重建工作,了解灾民的新村建设进展情况。

12月22日 全省"科技扶贫兴产业 连片发展惠万家"主题科技扶贫活动在于都启动。

第一篇 扶 贫

随着"七五"计划完成,江西扶贫工作进入了一个新阶段。贫困地区从依靠政府经济帮扶到自主借力科技发展,从中央计划部署到社会公益助力扶贫,从贫困人口易地搬迁到就地经济开发,从专业扶贫、行业扶贫到社会扶贫,扶贫工作效果越来越明显。同时,帮扶对象更为精准,产业开发愈成体系,公共基础设施覆盖更广,贫困地区人民获得感和幸福感增强。

在扶贫工作规划上,"十一五"专项规划、"八七"攻坚计划与"七五"计划相衔接,都以增加贫困户收入为目标,将支持易地搬迁与因地制宜就地开发式扶贫方式相结合,统筹政府、市场、社会资源,推进专项扶贫、社会扶贫和行业扶贫。1991 年,根据国家的部署,江西对贫困地区和扶贫支柱产业做了总体规划,大批龙头企业在科技引进和自主开发下逐渐形成辐射,带动区域建设。与此同时,通过中央部署和社会动员齐发力,外来科技产品和优良品种的试行和推广,特色产业的自主开发,贫困地经济发展获得了可持续发展机会,并取得了良好的社会效益和生态效益,为"十一五"专项计划的扶贫开发工作开展奠定了基础。

老区曾是红色革命的孕育地,也一直是江西扶贫开发工作的主战场。就区域分布来说,省重点贫困地区也主要集中在赣南革命老区、深山区。在政府关怀和社会各界的关注下,部门单位定点扶贫、党员干部结对帮扶、各类企业参与扶贫、社会各界支持扶贫四大主体,逐渐形成了全社会共同关心支持体系,助力老区和贫困区攻坚脱贫,扶贫工作也取得了很多的成绩,但由于老区的地理环境、扶贫政策、产业结构等因素的影响,扶贫工作还面临着许多挑战,自然灾害、市场风险、因病因学等致贫、返贫等因素交织,是扶贫开发工作的最大阻力。

扶贫要扶志,也要扶智。省政府在贫困地区投入大量资金建设基础设施的同时,充分调动贫困地区人民的劳动和生产积极性,对扶贫干部和贫困群众陆续开展了相对应的科教文卫培训及专业知识的教育活动。"十一五"期间,全省共投入"雨露计划"培训资金 1.05 亿元,累计完成贫困户劳动力转移就业技能培训和贫困户"两后生"职业学历培训共 25 万人,为贫困地区脱贫开发工作培养了不少青年骨干。除此之外,以工代赈、发挥社会公益力量等帮扶途径,都是贫困人口从被动扶贫到主动致富的好路子。

在农调队对贫困地区人口的动态监测的基础上,国家统计局确立的贫困标准历年都有变动,相应的扶贫对象也更加精准,从中央到地方的资金分配、单位定点、产业帮扶、科技开发都有新的目标和侧重方向,如重点贫困县和贫困乡的确立、整村推进的开发建设,由"撒胡椒面式"的扶贫,渐渐发展"漫灌"为"滴灌",体现了扶贫工作的精准化和精细化。

第一章 贫困状况

"七五"期间,江西老区扶贫开发工作初步完成由经济救济向经济开发的根本转变,特困户的温饱问题基本解决,全省农民人均年纯收入低于200元的特困户人口已经从1985年的370.4万人减少到1990年底的3.5万人;特困户人均纯收入超过300元的占90.6%,一部分群众已开始脱贫致富。1985年贫困人口下降到620万人,贫困发生率下降到22.05%。1986年国家开始进行有计划有组织的扶贫开发工作,全国划定592个贫困县,实施重点扶持、集中开发的扶贫战略。江西在1986年确定17个国家定点扶持的贫困县,5个挂靠县,1989年又增加3个扩大使用扶贫贷款县。1993年,全省农村贫困发生率下降到11.2%。

江西是一个农业大省,发展很不平衡。1992年农民人均纯收入在700元以下的县共有45个,尚未解决温饱的群众有220余万人,除国家列入"八七计划"扶持的贫困县外,还有一大部分地区需要省和地、市扶持。截至2000年底,江西的贫困人口从1993年的450万减少到2000年的89.5万,贫困群众人均纯收入从1993年的386元提高到2000年的1189元。

第一节 贫困区域分布

江西的贫困区域面积大、贫困人数多,扶贫工作从20世纪80年代开始,90年代国家扶持力度逐渐加大,贫困区域划分也随着扶贫工作的开展有所变化。

全省重点村主要分布在革命老区、深山区,如赣州市、吉安市、上饶市等地,这些地方分别是原中央苏区、井冈山革命根据地、赣东北革命根据地所在地。这与江西贫困特征比较相符,即革命老区、深山区贫困面较大。而且绝大多数地理位置较偏远,离县城平均距离最近的是35千米,最远的是95千米;离乡镇平均距离是6千米,最远的达27千米;离车站码头的平均距离是26千米,最远的95千米。远离县乡政治经济中心,加上落后的道路条件和不便利的交通设施,使得重点村的很多农户过着出行靠脚走,货物靠肩挑的生活。

2001年,根据国务院《中国农村扶贫开发纲要2001—2010年》确定的江西21个国家扶贫开发重点县,总土地面积4.94万平方千米,占全省的29.8%,耕地面积(总资源)51.44万公顷,占全省的24.03%。

根据江西在重点县的扶贫监测,发现重点县的社区基本上都位于山区和半山区,共占94.88%,而在平原的社区只有5.12%。

江西的贫困村大部分分布在丘陵地区和山区,样本村有42个位于丘陵地带,占到总样本的

48.8%;43 个位于山区,占到 50%,在平原地区只抽到 1 个贫困村。江西是一个著名的革命老区,大部分贫困村分布在革命老区县,因此抽样中有 68 个村在革命老区县境内,占到 79.1%。从民族上来看,江西并不是一个少数民族聚居的省份,因此调查村中绝大部分是非民族村,为 84 个,占到 97.7%。

2003 年,贫困及低收入人口主要分布在自然和社区环境较差的地区,25.93% 的贫困户和 21.51% 低收入户居住在山区,其他农户中这一比例只有 15.5%。贫困及低收入农户粮食亩产水平明显偏低,分别为 324.51 千克和 347.44 千克,比其他农户亩产水平低 40.3 千克和 17.4 千克。

2004 年,贫困人口仍然主要集中在赣州、吉安、上饶三地,三个设区市贫困人口占全省总贫困人口的 66.20%。以设区市为单位观察,2004 年农村绝对贫困人口总量高于 10 万人的有 4 个市,分别为九江市、赣州市、吉安市和上饶市,与 2003 年相同,但此 4 个市 2004 年绝对贫困人口比 2003 年共减少 3.44 万人,下降 5.13%;贫困发生率小于 1% 的有南昌市、新余市和宜春市;贫困发生率在 1%—3% 之间的有景德镇市、萍乡市、九江市、鹰潭市、抚州市和上饶市,与 2003 年相比,新增九江和上饶市。赣州和吉安市贫困发生率在 3% 以上,其中赣州最高为 3.59%,吉安为 3.48%。从动态分布情况看,大部分地区贫困人口下降,其中下降幅度大于 5% 的有南昌、赣州和吉安三市,以南昌下降 8.26% 为最大幅度;下降幅度在 1%—5% 之间的有九江、抚州和上饶三市;其他三市贫困人口两年下降幅度在 1% 以内;贫困人口出现增长的有景德镇和鹰潭两市,分别增长 11.62% 和 0.24%。

2004 年,全省 21 个扶贫开发工作重点县的绝对贫困人口为 48 万人,占全省绝对贫困人口的 57.14%。与上年相比减少 2.35 万人,占全省当年脱贫人口的 60.10%;贫困发生率 4.95%,比上年下降了 0.29 个百分点,比全省高 2.48 个百分点。

2005 年,农村贫困人口仍然主要集中在赣州、吉安、上饶,三个设区市的农村贫困人口占全省农村贫困人口总量的 66.20%。以设区市为单位观察,2005 年农村贫困人口总量最多的是赣州市,为 23.46 万人,占全省总量的 30%;最少的是新余市,有 5584 人。农村贫困人口总量高于 10 万人的有 4 个设区市,分别为赣州市、吉安市、上饶市和九江市。

2006 年,农村贫困人口依然集中在赣州、吉安、上饶,三个设区市的农村贫困人口占全省农村贫困人口总量的 66.39%,比上年提高 0.19 个百分点,总体脱贫速度低于全省平均水平。以设区市为单位观察,当年农村贫困人口总量最多的是赣州市,为 22.24 万人,占全省总量的 30.33%;最少的是新余,只有 4977 人,占全省总量的 0.68%。农村贫困人口总量高于 10 万人的设区市由 2005 年的 4 个减少到 3 个,分别为赣州市、吉安市和上饶市,九江市贫困人口从 2005 年的 10.07 万减少到 2006 年的 8.27 万。从农村贫困发生率来看,最高的是赣州市,为 3.22%,但比上年下降 0.21 个百分点;最低的是南昌市,为 0.65%,比上年下降 0.12 个百分点。南昌市、新余市、鹰潭市和宜春市的农村贫困发生率均小于 1%。景德镇市、萍乡市、九江市、抚州市和上饶市的农村贫困发生率在 1%—3% 之间。赣州市和吉安市在 3% 以上。从农村贫困人口增减变化情况看,11 个设区市农村贫困人口均呈下降态势,其中降幅大于 10% 的有南昌市和新余市。南昌市下降 14.78%,居全省 11 个设区市降幅之首,九江降幅最低,为 2.39%,其余地区降幅度在 5%—10% 之间。

苏区分布 江西苏区是在赣西南苏维埃区域的基础上建立起来的,也是中央苏区各省中区域范围最大、人口最多的一个省。1930年10月4日,红一方面军在赣西南地方武装和10余万工农群众的配合下,一举攻占吉安。10月7日,江西苏维埃政府在吉安城成立,曾山任省苏主席。1931年11月江西苏区第一次党代表大会在兴国召开,正式成立苏区中共江西省委,李富春任书记。1932年5月,江西苏区内已有赣县、兴国、于都、吉安、泰和、吉水、永丰、乐安、会昌、寻乌、安远、瑞金、石城、宁都、广昌、南丰、宜黄等县。在上述地域内设立16个县级苏维埃政府、162个区、1163个乡,地区居民人口达245万。

江西苏区54个县(市、区)的全部、大部或一部属中央苏区区域范围或中央苏区后期游击战争的区域范围,它们均可认定为中央苏区区域范围县。中央苏区在不同时期实际管辖的行政区划,依据历史文献资料记载,1930年10月4日,江西省苏维埃政府在江西吉安城宣布成立,"成为中国苏维埃政府的胎盘"。同月,中共中央政治局确定以赣西南为中心区域,"巩固和发展它成为苏区的中央根据地",并提出"中央苏区"或"中央区"的概念。至1930年10月,中央苏区已初步形成。

当时,赣西南苏区(亦即中央苏区初步形成时期)辖有的行政区域,主要包括宁冈、永新、遂川、万安、泰和、吉安、吉水、永丰、新淦(干)、峡江、新余、分宜、宜春、安福、莲花、赣县、兴国、宁都、宜黄、乐安、南丰、广昌、石城、瑞金、会昌、寻乌、安远、于都、信丰、南康、大余、崇义、上犹、南雄(广东属,时受赣南指挥)、萍乡、万载、铜鼓、茶陵、攸县(时归湘东指挥)等县的全部或部分地区。

1931年夏秋间,中央苏区在江西省范围内有吉安、吉水、泰和、万安、永新、遂川、宁冈、安福、宜春、分宜、新余、清江、峡江、永丰、乐安、南丰、广昌、宁都、瑞金、石城、兴国、赣县、于都、安远、寻乌、会昌、信丰、南康、上犹、崇义等31县,411党组织和苏维埃政府;在闽粤赣(福建)省包括有永定、上杭、杭武、龙岩、长汀、汀连、汀东、汀州、连城、平和、饶(平)和(大)埔、宁化、清流、归化(今明溪)等县党组织和苏维埃政府。

1932年,中央苏区辖江西苏维埃政府,设有17个行政县,即瑞金、兴国、宁都、于都、胜利(以于都北区为基础,于都、兴国、宁都三县交界处)、赣县、南康、信丰、安远、寻乌、会昌、石城、南广(南丰、广昌两县合并)、乐安、永丰、万泰(万安、泰和两县河东苏区合并成立)、公略(由吉安、吉水、泰和三县赣江以东苏区组成)。

1933年秋,中央苏区进入鼎盛时期,其连成一片的范围扩展到最大。中央苏区江西省设22个县,即兴国、博生(宁都)、胜利、瑞金、公略、永丰、万泰、新淦(干)、崇仁、宜黄、乐安、杨殷(兴国、万安两县边界)、南丰、广昌、康都(南丰、黎川和福建建宁三县交界处)、石城、洛口(由宁都北境和宜黄、广昌各一部组成)、长胜(宁都县南部和瑞金县北部部分区域)、赣县、龙冈(永丰县南境和兴国县北境)、赤水(广昌县南部以及石城、宁都县部分区域)、太雷(石城、瑞金和福建宁化县各一部)。

1934年7月后,中央苏区又增设赣南省。赣南省设有于都、登贤(于都县境内)、杨殷(兴国、万安两县边界)、赣县、寻安会(寻乌、安远、会昌交界处)、于西(于都县西部地区)、安南(安远、定南两县交界处)、兴龙寻安(广东兴宁、龙川和江西寻乌、安远县革命委员会)等8县。

1934年10月中央红军主力长征后,中央苏区进入游击战争时期,其游击战争区域范围扩展到赣、粤、湘边和闽西南地区。江西的大余、定南、全南、龙南等县,福建闽西南各县,广东南雄县,湖南汝城、桂东、郴县、宜章、桂阳等县,都属中央苏区三年游击战争时期的主要区域之一。

苏区闽赣省是中央革命根据地的东北门户,也是其连接赣东北革命根据地的纽带和通道。闽赣省是在中央苏区第四次反"围剿"胜利后,以闽北、信(江)抚(河)、建(宁)黎(川)泰(宁)3块革命根据地为基础建立起来的。第五次反"围剿"期间,福建省属的宁(化)清(流)归(化)革命根据地划归闽赣省。因此,闽赣省先后设立并管辖过建宁、黎川、泰宁、崇安、光泽、邵武、建阳、浦西、广浦、广丰、上铅、上广、资溪、贵南、铅山、东方、建东、金南、黎南、宁化、清流、归化、彭湃、泉上、将乐、沙县等26个县,人口约100万。闽赣省正式成立于1933年5月,顾作霖、邵式平先后任省委书记,邵式平、杨道明先后任省苏维埃政府主席。省级领导机关曾先后设在黎川、建宁、宁化。

苏区粤赣省成立于1933年8月,其苏维埃区域和游击区先后包括现属江西省的于都、会昌、寻乌、安远、信丰、南康、赣县、大余、定南、全南、龙南;福建省的武平;广东省的平远、兴宁、龙川、五华、南雄等县的部分地区,人口约55万。刘晓任省委书记,钟世斌任省苏维埃政府主席。省会曾设在会昌。

苏区赣南省组建于1934年7月,中共中央和中央政府指派原福建省苏政府主席钟循仁(其后为阮啸仙)担任赣南省委书记、原粤赣省苏政府主席钟世斌担任省苏政府主席。赣南省初辖于都、登贤、赣县、杨殷等4个县和信康、南雄两块游击区。根据斗争形势的需要,后期还设立过会寻安县、于西县和兴龙寻安县等县。省会曾设在于都。全省人口约40万。

省内老区分布　土地革命战争时期,中国共产党在江西及其毗邻区先后建立江西、闽浙赣、湘鄂赣、湘赣、粤赣、闽赣等6个省苏维埃政权和110个县苏维埃政权。据1954年调查统计,全省老区(含革命老根据地和游击区,下同)有242.47万余户,913.22万余人,分别占当年全省总户数和总人口的54.5%和52.8%;老区面积11.32万平方千米,占全省总面积的67.8%。其中,老区面积占100%的县27个,占90%—99%的县6个,占50%—89%的县17个,占50%以下的县24个。

新中国成立后,江西的瑞金、于都、兴国、宁都、会昌、寻乌、安远、信丰、石城、赣县、南康、广昌、黎川,福建的龙岩、长汀、连城、上杭、永定、建宁、泰宁、宁化、清流、明溪(原归化)、崇安等24个县(市)属于中央苏区全红县的史实,被中国共产党党史研究工作者长期研究论证,得到社会各界的普遍认同。

除此之外,根据认定中央苏区区域范围应当遵循的六项原则,并且依据历史资料证明和党史工作部门长期研究的结果,江西省还有上犹、崇义、大余、定南、龙南、全南、章贡、青原(2001年从原吉安县划设)、井冈山(含宁冈)、峡江、新干、吉州区(现辖区域在土地革命战争时期是吉安县城所在地,同时包括吉水县部分地区)、泰和、安福、遂川、吉安、吉水、永丰、万安、永新、渝水(所辖区域即土地革命战争时期之新余(亦称新渝)县)、分宜、莲花、袁州(即土地革命战争时期宜春县)、樟树(土地革命战争时期称清江县)、万载、乐安、宜黄、崇仁、南丰、南城、金溪、铅山、广丰、上饶、资溪、贵溪、安源、湘东、上栗、芦溪(安源区、湘东区、上栗县、芦溪县,在土地革命战争时期均属萍乡县)等41个县(市、区)的全部、大部或一部,都属于中央苏区区域范围。

新中国成立后,中国共产党和政府对全国革命老根据地人民十分关心。为更好地支持帮助革命老区经济社会发展,改善和提高老区人民生活水平,各省、区、市根据中央要求,曾于中华人民共和国成立初期对革命老根据地县(区、乡、镇)分布情况开展过调查认定工作。省民政厅在1954年就对全省革命老区分布进行过核定。

1979年,民政部、财政部提出划定革命老根据地的标准:曾经有党的组织,有革命武装,分田地、分粮食、牲畜等运动,建立工农政权,进行武装斗争,并且坚持半年以上时间。据此,省民政厅报告省人民政府,对全省革命老根据地进行重新核定:全省分布有老区公社、生产大队的县、市共78个,分布有老区生产大队的公社共1064个。其中,老区面积占半数以上的公社834个;老区生产大队9635个,老区生产队10.15万余个,主要分布在赣州、吉安、上饶、抚州、宜春、九江、景德镇、萍乡8个地市。

1986年,全省101个县(市、区)中,分布有老区乡、镇的有85个,占84.1%。老区乡镇占该县(市、区)乡镇总数90%以上的有兴国等48个县(市、区);占80%—89%的有南康等6个县(市、区);占50%—79%的有大余等17个县(市、区);占49%以下的有龙南等14个县(市、区)。1986年末,全省老区人口共2169.89万人,占全省总人口的61.8%,老区面积13.04万平方千米,占全省总面积的78.1%。

由于各地党史资料的新发掘以及部分行政区划、地名变更,自1987年开始,由省革命老根据地建设委员会、中共江西省委党史资料征集委员会和江西省测绘局,汇集各县(市、区)上报的革命老根据地乡、镇分布资料,按照1979年民政部、财政部《关于免征革命老根据地社队企业工商所得税的问题的通知》和江西省革命委员会文件规定,以及1986年的行政区划,对江西革命老根据地乡、镇、场(所、库)进行重新核定。全省核定为革命老根据地(包括苏区、游击区)乡、镇及乡以上一级的场、所、库共1449个,其中乡、镇1361个,占全省乡镇建制总数的74.8%;乡以上一级国营或集体垦殖场、农场、农科所、水库管理局等88个。

1990年8月24日,省政府正式公布全省革命老根据地重新核定结果:全省革命老区有85个县(市、区)、1449个乡镇(场、所)。其中赣州地区(即今赣州市)各县、市被核定为革命老区乡、镇、场的情况是:兴国、瑞金、石城、寻乌、安远、会昌、宁都、于都、上犹等9个县所有乡、镇(场),100%都是革命老区;信丰县被核定为革命老区的乡、镇、场数为91%,南康县为87%,崇义县为89%,赣县为90%,大余县为50%,龙南县为44%,全南县为69%,定南县为53%,赣州市(即现章贡区)为15%。

其中:

一类县(47个):兴国县、瑞金市、石城县、寻乌县、安远县、会昌县、宁都县、于都县、上犹县、信丰县、赣县、永新县、安福县、泰和县、万安县、峡江县、吉安县、吉水县、井冈山市、遂川县、青原区、永丰县、横峰县、万年县、弋阳县、德兴市、广丰县、上饶县、铅山县、广昌县、资溪县、乐安县、宜黄县、黎川县、南丰县、奉新县、万载县、宜丰县、铜鼓县、修水县、彭泽县、德安县、乐平市、莲花县、芦溪县、贵溪市、分宜县

二类县(27个):南康市、崇义县、大余县、全南县、定南县、吉州区、新干县、婺源县、鄱阳县、金溪县、袁州区、靖安县、永修县、星子县、湖口县、瑞昌市、武宁县、九江县、都昌县、浮梁县、昌江区、渝水区、仙女湖区、上栗县、安源区、湘东区、余江县

三类县(11个):龙南县、章贡区、余干县、玉山县、东乡县、崇仁县、南城县、丰城市、高安县、上

高县、樟树市

江西及全国其他各省、区、市在 20 世纪 80 年代至 90 年代在核定革命老区工作中,严格依据国家民政部、财政部文件关于第二次国内革命战争根据地认定标准,并严格依据历史事实进行。省人民政府发文强调:核定老区乡、镇、场的工作,是一项政策性强而又十分严肃的工作。经过各县(市)人民政府及省有关业务部门依据史料和标准严格审定,比较准确、全面地反映江西革命老根据地乡、镇、场的历史面貌和现状分布。

贫困县

1991 年,国家重点扶持的 17 个贫困县,即兴国、瑞金、宁都、于都、石城、寻乌、会昌、赣县、上犹、定南、宁冈、永新、莲花、上饶、波阳、余干、广昌县;新增 5 亿元专项贷款扶持有 3 个贫困县,即:永丰、乐安、贵溪县;专项贴息贷款扩大使用县 3 个,即:修水、都昌、星子县;省定点扶持的 2 个贫困县,即:弋阳、横峰。

以国家统计局核定的各有关县 1992 年农民人均纯收入为调整依据,本着大稳定,小调整的原则,考虑到扶贫开发的连续性,确定主要在原国家扶持贫困县范围内调整。1992 年农民人均纯收入低于 400 元的县,均列入"八七计划"扶持的贫困县,1992 年农民人均纯收入 400 元到 550 元的原国家重点扶持的贫困县,人均收入普遍较低,也都列入"八七计划"扶持的贫困县;1992 年农民人均纯收入 550 元到 650 元的原国家扶持的贫困县中,属于国家第一批划定贫困县范围内的著名老区县,优先照顾列入"八七计划"扶持的贫困县。

1994 年,省政府确定申报列入"八七计划"的 18 个贫困县是:上饶、横峰、余干、永新、遂川、波阳、广昌、修水、兴国、莲花、赣县、会昌、宁冈、于都、上犹、寻乌、安远、宁都。1995 年 5 月接国务院扶贫开发领导小组《关于列入国家八七扶贫攻坚计划贫困县的通知》,确定列入《国家八七扶贫攻坚计划》的 592 个贫困县名单。江西列入《国家八七扶贫攻坚计划》的 18 个贫困县是:兴国、寻乌、会昌、于都、广昌、余干、宁冈、横峰、遂川、修水、宁都、上犹、赣县、上饶、波阳、永新、莲花、安远。其中赣州地区 8 个,上饶地区 4 个,吉安地区 3 个,抚州地区、九江、萍乡市各 1 个,这些县分布在边远山区、滨湖地区。总人口 847.23 万人,其中农业人口 788.25 万人;土地面积 40210.3 平方千米,其中耕地面积 66692 万亩。根据全省贫困面大,贫困人口多的实际情况,再增加 7 个国家扶持贫困县市,分别是:乐安、星子、永丰、都昌、定南、石城县、井冈山市。

1994—2003 年,江西扶贫工作成效显著,贫困县有较大的变化。

2003 年,国务院《中国农村扶贫开发纲要(2001—2010 年)》确定江西莲花县、修水县、赣县、上犹县、安远县、宁都县、于都县、兴国县、会昌县、寻乌县、吉安县、遂川县、万安县、永新县、井冈山市、乐安县、广昌县、上饶县、横峰县、余干县、鄱阳县 21 个国家扶贫开发工作重点县,总土地面积 4940 万平方米,占全省的 29.58%,总人口 1074.8 万人,占全省的 25.45%,其中乡村人口 924.8 万人,占全省乡村总人口的 32.3%;耕地面积(总资源)771.6 万亩,占全省的 24.03%。

贫困乡

1991年,全省特困乡范围(含县本级)有:专项贴息贷款挂靠使用县5个,即:安远、遂川、吉安、广丰县和井冈山市;其他省划有特困乡的27个老区县(市)。

1994年7月,根据国家"八七扶贫攻坚计划"精神和省委常委会议确定的原则,确定全省《八七扶贫攻坚计划》的贫困乡。

1994年,列入国家和省《八七扶贫攻坚计划》的赣州、吉安、上饶、抚州、宜春、九江、萍乡(莲花县)、鹰潭(贵溪樟坪畲族乡)8地(市)的贫困乡共487个(名单附后)。其中国家重点扶持的18个贫困县中的贫困乡276个,省重点扶持的贫困乡211个。

表1-1-1 1994年江西扶贫开发工作重点乡一览

赣州地区	赣县	田村镇、长洛乡、湖江乡、大埠乡、古田乡、攸镇乡、吉埠镇、大田乡、石芫乡、小坪乡、湖新乡、白鹭乡、阳埠乡、五云镇
	信丰县	坪石乡、万隆乡
	大余县	新城镇、黄龙镇、浮江乡、樟斗镇、左拔乡、内良乡、青龙镇、吉村镇
	上犹县	沿湖乡、蓝田乡、水岩乡、安和乡、双溪乡、五指峰乡、梅水乡、寺下乡、金盆乡
	崇义县	龙勾乡、上堡乡、丰洲乡、杰坝乡
	安远县	孔田镇、凤山乡、双芫乡、龙市镇、长沙乡、高云山乡、天心镇、濂江乡、塘村乡、鹤子镇、浮槎乡
	龙南县	武当镇、东江乡、南亨乡、杨村镇、临塘乡、夹湖乡
	定南县	岿美山镇、天花镇、月子镇、老城镇、龙塘镇、鹅公乡
	全南县	陂头镇、龙源坝乡
	宁都县	青塘镇、对坊乡、东韶乡、洛口镇、湛田乡、小布乡、黄陂镇、固厚乡、蔡江乡、竹笮乡、安福乡、钓峰乡、赖村镇、田埠乡、大沽乡、黄石乡
	于都县	银坑镇、靖石乡、桥头乡、罗江乡、宽田乡、车溪乡、禾丰镇、黄麟乡、马安乡、小溪乡、葛坳乡、段屋乡、梓山镇、沙心乡、仙下乡、利村乡
	会昌县	筠门岭镇、洞头乡、富城乡、长岭乡、永隆乡、白鹅乡、西江镇、中村乡、凤凰崠乡、珠兰乡、站塘乡、庄埠乡、周田镇
	寻乌县	晨光镇、桂竹帽镇、河角乡、吉潭镇、长安乡、丹溪乡、留车镇、三标乡、龙廷乡、澄江镇、菖蒲乡、罗珊乡
	兴国县	江背镇、樟木乡、崇贤乡、良村镇、永丰乡、方太乡、古龙冈镇、东村乡、枫边乡、龙口镇、均村乡、鼎龙乡、梅窖镇、兴莲乡、南坑乡、兴江乡、茶园乡、城冈乡、高兴镇、社富乡
	石城县	小松镇、观下乡、龙岗乡、横江镇、大由乡、珠坑乡、屏山镇、木兰乡、洋地乡、高田乡
	瑞金市	沙洲坝镇、日东乡、万田乡、叶坪乡、丁陂乡、拔英乡、瑞林镇、黄柏乡、云石山乡、合龙乡、冈面乡、泽覃乡、武阳乡、大柏地乡
	南康市	横寨乡、十八塘乡、大坪乡、三江乡、圩下乡、隆木乡、太窝乡

续表

	吉州区	樟山镇、长塘镇、曲濑乡
	青原区	值夏镇、东固镇、富滩镇、富田乡
	井冈山市	拿山乡、古城镇、茅坪乡、黄坳乡、鹅岭乡、东上乡、下七乡、新城镇、睦村乡
	吉安县	固江镇、浬田乡、官田乡、桐坪乡、高塘乡、凤凰乡、永和镇、梅塘乡、敖城乡、北源乡
	吉水县	枫江镇、尚贤乡、水田乡、白沙镇、西沙乡、醪桥镇、盘谷镇、三湖镇、荷浦乡
	永丰县	藤田镇、七都乡、潭头乡、沙溪镇、陶唐乡、上固乡、石马镇、古县乡、三坊乡、龙冈镇、中村乡、君埠乡
吉安地区	泰和县	螺溪乡、南溪乡、上圯乡、沙村、上模乡、老营盘乡、石山乡、水槎乡
	遂川县	堆子前镇、大坑乡、汤湖乡、大汾镇、黄坑乡、戴家埔乡、高坪镇、南江乡、七岭乡、上坑乡、杨芬乡、营盘圩乡
	万安县	高陂镇、韶口乡、武术乡、枧头镇、夏造镇、涧田乡、五丰镇、罗塘乡、宝山乡、沙坪镇、弹前乡、顺峰乡、百嘉乡
	安福县	竹江乡、洋门乡、五溪乡、大布乡、柘田乡、甘洛乡、钱山乡、金田乡、寮塘乡
	永新县	文竹镇、才丰乡、台岭乡、石桥镇、龙源口乡、芦溪乡、怀忠镇、烟阁乡、高溪乡、泮中镇、江畔乡、龙田乡、东里镇、在中乡、莲洲乡、龙门镇
	上饶县	华坛山镇、郑坊乡、大地乡、枫岭头镇、茗洋乡、应家乡、皂头镇、石人乡、尊桥乡、五府山镇、湖村乡、黄沙岭乡、四十八镇、汪村乡、黄市乡、望仙乡
	广丰县	岭底乡
	玉山县	紫湖镇、南山乡、怀玉乡、下塘乡
	铅山县	黄岗山镇、港东乡、簧碧乡、傍罗乡、太源畲族乡
	横峰县	葛源镇、莲荷乡、龙门畈乡、姚家乡、港边乡、新篁乡、铺前镇、司铺乡、青板乡
上饶地区	弋阳县	漆工镇、叠山镇、烈桥乡、曹溪镇、中畈乡、三里岭乡、港口镇、清湖乡
	余干县	黄金埠镇、金山嘴乡、梅港乡、信丰乡、枫港乡、杨埠乡、瑞洪镇、禾山乡、五雷乡、古竹乡、大溪乡、白马桥乡、古埠镇、江埠乡、峡山乡、三塘乡、九龙乡、新生乡
	波阳县	古县渡镇、柘港乡、凰岗镇、银宝湖乡、磨刀石乡、神山乡、饶埠镇、珠湖乡、东溪乡、莲山乡、聂家乡、三庙前乡、桥头街乡、白沙洲乡、太阳埠乡、响水滩乡、昌洲乡、莲湖乡、碧山乡
	万年县	石镇、齐埠乡、苏桥乡、梓埠镇
	婺源县	秋口镇、许村镇、梅林乡、思口镇、溪头乡、沱川乡、江湾镇、潋溪乡、浙源乡、中云镇、段莘乡、鄣山乡
	德兴市	占才乡、畈大乡、张村乡

续表

抚州地区	临川区	云山镇
	南城县	天井源乡、严和乡
	黎川县	洵口镇、湖坊乡、樟溪乡、厚村乡、东堡乡、西城乡、坊坪乡
	南丰县	沙岗乡、波罗乡、西溪乡、三溪乡
	崇仁县	航埠镇、孙坊镇、六家桥乡
	乐安县	牛田镇、万崇镇、坪溪乡、龚坊镇、湖坪乡、南村乡、招携镇、罗陂乡、望仙乡、湖溪乡、金竹乡、谷岗乡
	宜黄县	东陂镇、新丰乡、南源乡、中港乡
	金溪县	浒湾镇、合市乡、琅琚乡、黄通乡、陈坊积乡、石门乡、对桥乡
	资溪县	饶桥镇、高田乡、石峡乡、泸阳乡、欧溪乡
	广昌县	甘竹镇、水南圩乡、尖峰乡、驿前镇、柯树乡、塘坊乡、赤水镇、长桥乡、杨溪乡、千善乡、新安乡
九江市	九江县	江洲镇、城门乡
	武宁县	横路乡、官莲乡、南岳乡、东林乡
	修水县	全丰镇、白岭镇、古市镇、东港乡、上杭乡、西港镇、杭口镇、溪口镇、路口乡、程坊乡、新湾乡、布甲乡、黄龙乡、上衫乡、石坳乡、庙岭乡、复原乡
	永修县	吴城镇、三角乡、立新乡、艾城镇、马口乡、城丰乡、虬津镇、九合乡
	星子县	隘口镇、蓼花镇、蚌湖乡、白鹿镇、蓼南乡、苏家垱乡、蛟塘镇、华林乡
	都昌县	周溪镇、左里镇、化民乡、万户镇、芗溪乡、苏山乡、三汊港镇、和合乡、鸣山乡、塘镇、狮山乡、汪墩乡、大沙镇、西源乡、盐田乡、徐埠镇、杭桥乡、大树乡
	湖口县	大垄乡、屏峰乡、流芳乡、江桥乡
	彭泽县	湖西乡、太泊湖乡、海形乡、太平关乡
	瑞昌市	夏畈镇、洪一乡、黄金乡、乐园乡、洪下乡、南阳乡、乐山乡、花园乡
萍乡市	湘东区	白竺乡
	莲花县	良坊镇、路口镇、神泉乡、六市乡、湖上乡、闪石乡、南岭乡、荷塘乡、高洲乡
	上栗县	长平乡、东源乡、杨岐乡、鸡冠山乡
	芦溪县	新泉乡、麻田乡、万龙山乡、华云乡、源南乡

续表

宜春市	袁州区	慈化镇、丰顶山乡、飞剑潭乡、水江乡
	丰城市	同田乡
	奉新县	澡溪乡
	樟树市	中洲乡、洲上乡
	万载县	赤兴乡、岭东乡、白水乡
	上高县	镇渡乡
	宜丰县	车上乡
	靖安县	罗湾乡
	铜鼓县	棋坪镇
南昌市	湾里区	太平乡
	南昌县	塘南镇、塔城乡
	新建县	厚田乡、金桥乡、铁河乡、义渡乡
	安义县	长埠镇、黄洲乡、新民乡
	进贤县	前坊镇、钟陵乡、南台乡
景德镇市	浮梁县	黄坛乡、江村乡、西湖乡
新余市	分宜县	苑坑乡、高岚乡、操场乡
鹰潭市	贵溪市	河潭镇、周坊镇、彭湾乡、志光镇、樟坪畲族乡
	余江县	平定乡

1995 年,根据国家"八七扶贫攻坚计划"精神和省委常委会议确定的原则,增列瑞昌市黄金乡、都昌县杭桥乡、万载县赤兴乡、万安县沙坪乡、弋阳县漆工镇、吉水县盘谷乡为江西"八七扶贫攻坚计划"贫困乡。

贫困村

1990 年,18 个贫困县农民人均收入 800 元以内的行政村为 8266 个,1994 年减少到 6522 个,1995 年减少到 5982 个,贫困村占全省总村数比重由 1990 年的 40.4%下降到 28.5%。贫困人口 1990 年为 359.01 万人,1994 年减少到 209.22 万人,1995 年再减至 113.26 万人。贫困人口占总人口的比重由 1990 年的 44.1% 下降到 1995 年的 13.4%。

2001 年,江西在国家确定 18 个扶贫开发工作重点县的基础上,又在 81 个县(市)确定 563 个扶贫开发工作重点乡,并在这些重点乡中确定"十五"期间 1200 个扶贫开发工作重点村。2003 年,全省扶贫开发工作紧紧围绕 1200 个扶贫开发工作重点村这一主战场,集中 80% 的财政扶贫资金重点投入,取得显著成效,深受重点村群众的欢迎。2003 年底,全省 1200 个扶贫开发工作重点村已累计修建公路 5197 千米,修建桥梁 655 座,架设输电线路 302 千米,解决饮水困难人口 138612 人,修建学校 386 所,修建卫生院 150 所。同时,按照开发式扶贫和产业化经营的要求,在重点村扶持种植果树、油茶、蚕桑等经济林木累计达到 57 万亩。

根据国家划定 2005 年农村绝对贫困户和低收入户的标准,全省 2005 年农村绝对贫困家庭标准是人均纯收入 683 元,低收入人口标准是家庭人均纯收入 944 元。生活在贫困标准之下的农户称为绝对贫困户,在贫困标准之上,但又在低收入人口标准之下的农户称为低收入户,高于低收入标准的称为一般户。

重点村人民生活水平较低。2005 年底,重点村农民年人均纯收入仅为 1060 元,不及农民年人均纯收入 3265 元的 1/3;888855 户农户中有 358724 户农户居住在简易住房里,占 40%。在 380 万总人口中,有贫困人口 42 万人,贫困发生率为 11%,远高于同期全省绝对贫困发生率 2.37%,重点村贫困发生率是全省平均水平的近 5 倍。确定重点村后,集中主要财力扶持重点村实施整村推进扶贫开发计划,从实施情况看,成效非常显著,重点村贫困发生率由 2005 年的 11% 下降到 2007 年的 5.99%,年均下降近 2.5%。而同期全省农村贫困发生率仅从 2005 年的 2.37% 下降到 2007 年的 1.97%。

第二节　贫困人口

全省贫困人口

贫困人口识别一直是个世界难题,如何准确、快速、高效地找出贫困人口是各级扶贫部门急需解决的问题。目前,全国贫困人口总规模由国家统计局测算并公布。国家统计局在全国抽取了一定数量的样本农户,要求这些农户对每天的收入及支出记账,并将记账数据通过计算机网络上报给国家统计局,国家统计局通过对这些样本农户上报的收支数据进行统计分析,从而推算出全国及各省的贫困人口。

1994 年,省统计局以 1992 年农民人均年纯收入资料为依据,按照人均年纯收入 400 元的温饱标准,参照省农调队有关资料进行测定,400 元以下乡中的 400 元以下人口按 68% 计算,400—500 元乡中的 400 元以下人口按 39% 计算,500—550 元乡中的 400 元以下人口按 30% 计算。拟划定的 487 个贫困乡中,400 元以下的乡有 120 个,1992 年末人口 5916140 人,折算 400 元以下人口有 2307295;500—550 元的乡有 10 个,1992 年末人口 67885 人,折算 400 元以下人口有 20366 人;1997

年末人口 2000425 人,折算 400 元以下人口有 1360167 人;400—500 元的乡 357 个。全省共有贫困人口 368.7 万人。其中 18 个贫困县中有 223.4 万人;18 个贫困县之外有 145.3 万人。

按农村绝对贫困人口标准低于 785 元测算,2007 年末,全省农村贫困人口为 66 万人,占全国贫困人口的 4.46%;按低收入人口标准 786—1067 元测算,全省农村低收入人口为 90 万人,占全国低收入人口的 3.17%。

贫困人口识别的具体操作步骤如下:首先,委托省调查总队根据国家下达的贫困人口总数,将全省贫困人口推算到各县(市),再由各县(市)逐级分解到乡、村。各村采用入户调查和村民代表评议相结合的方法识别出贫困人口,对这些贫困人口开展入户调查、建档立卡工作,并因户制宜制订扶持计划。在 21 个重点县开展两项制度有效衔接试点工作,其基础工作是识别出贫困人口,关键是要对识别出的贫困户进行逐户调查,了解贫困户生产生活状况,找出其致贫原因,有针对性地制订扶持计划,并建立档案,实行动态管理,定期调整。通过对这些贫困户的监测,了解全省贫困人口生产生活状况以及贫困户受扶持状况,并对扶贫开发政策进行客观评判,从而对扶贫开发政策起到"衡器"和"校正器"作用,委托省调查总队按国家扶贫标准线和全省农民年人均纯收入的四分之一两条线进行统计调查,监测两条线下贫困人口规模、贫困人口状况、收入变化趋势以及返贫等总体情况。通过年度报表,监测分析年度扶贫资金的使用结构、使用成效,不同类型项目对贫困人口的扶持效果比较等情况。

1992 年底,全省没有解决温饱的贫困人口 250 万人。然而由于自然灾害等不可控因素,1993 年贫困人口增加到 450 万人,增长率为 80%;1994 年实施"八七扶贫攻坚",经过国家、省市及广大干部群众的努力,贫困人口降为 299.9 万人,负增长率为 33%;1995 年、1996 年、1997 分别降到 246 万人、183 万人和 149 万人,负增长率分别为 18%、25.6% 和 18.6%;1998 年由于洪涝等自然灾害的影响,导致大量人口因灾返贫、因灾致贫,贫困人口升为 216.9 万人,增长率为 45.6%;1999 年贫困人口又降至 126 万,负增长率为 41.9%。

到 2000 年,全省贫困人口减少到 90 万,贫困发生率下降到 2.8%,贫困地区的基础设施得到较大改善,贫困地区经济有较快发展,大面积绝对贫困状况明显缓解,绝大多数农村贫困人口的温饱问题基本解决,基本实现"八七"扶贫攻坚目标。但是,与全国情况一致的是,进入 21 世纪新的扶贫阶段以来,经济增长对减贫的拉动力开始减弱,贫困人口下降速度减缓,贫困发生率开始保持一定的稳定性。2000—2004 年,全国的农村贫困发生率开始稳定在 3% 左右。江西的贫困发生率虽然降速减缓,但仍然保持微弱的下降态势,从 2000 年的 2.8% 下降到 2004 年的 2.47%,每年仍然保持 2.9% 的递减速度。

2003 年,全省农村贫困人口为 84.6 万,比上年减少 1.68 万人,贫困发生率为 2.63%,比上年下降 0.06 个百分点;低收入人口为 188 万人,比上年减少 36 万人,低收入人口占乡村人口的比重为 5.8%,比上年下降 1.2 个百分点。绝对贫困人口和低收入人口合计为 272.6 万人,占全部乡村人口的比重为 8.47%,比上年下降 1.2 个百分点。

2004 年,全省初步解决温饱但还不稳定的农村低收入人口为 187 万人,比上年减少 42 万人,低收入人口占乡村人口的比重为 5.72%,比上年下降 0.08 个百分点。绝对贫困人口和低收入人口合计为267.6万人,占全部乡村人口的比重为8.19%,比上年下降0.3个百分点。截至2004年底,全省农村贫困人口为80.68万,比上年减少3.92万人,贫困发生率为2.47%,比上年下降0.2个百分点。

2005年,根据农村贫困监测中心对全省农村贫困状况的监测调查,全省农村贫困人口为78.17万人,比上年减少2.51万人,贫困发生率为2.37%,比上年下降0.1个百分点;全省农村低收入人口为133万人,比上年减少54万人;2005年全省贫困人口和低收入人口合计为211.17万人,比上年减少56.51万人,下降21.09%。

2006年,根据农村贫困监测中心对全省农村贫困状况的监测调查,全省农村贫困人口为73.32万人,比上年减少4.86万人,贫困发生率为2.21%,比上年下降0.16个百分点;全省农村低收入人口为100.25万人,比上年减少32.75万人,下降24.6%,当年全省贫困人口和低收入人口合计为173.57万人,比上年减少37.6万人,下降17.81%。

2008年,党的十七届三中全会通过《关于推进农村改革发展若干重大问题的决定》,对新时期农村改革发展做出全面部署,精辟地阐述新阶段扶贫开发的重大意义、战略体系、目标任务和工作对象。《决定》指出:"实行新的扶贫标准,对农村低收入人口全面实施扶贫政策,把尽快稳定解决扶贫对象温饱问题并实现脱贫致富作为新阶段扶贫开发的首要任务。"要对农村低收入人口全面实施扶贫政策,尽快稳定解决扶贫对象温饱并实现脱贫致富,首当其冲就是要建立贫困人口识别和监测机制。

根据新的国家扶贫标准人均年纯收入1196元测算,2008年底全国有4007万扶贫对象,江西有132.5万。按农村低保标准人均年纯收入1272元(高于扶贫标准76元)核定的全省农村低保人口为150万,比国家核定全省贫困人口132.5万多17.5万人。2009年,国家扶贫标准不变,核定全省农村贫困人口是86万。全省低保标准提高到1320元,农村低保人口仍保持150万人。

全省贫困人口收入

1991年,全省特贫困户人均收入464元。

1992年底,全省没有解决温饱的贫困人口从1985年的620万人减少到220万人,400万贫困人口基本解决温饱。在集中连片的664个特贫困乡中,特贫困户人均年纯收入达到514.7元,比上年增加50.7元,增长10.9%。其中已有40.4%的特贫困户人均年纯收入超过500元,比上年提高21%;人均年纯收入低于350元的占16.7%,比上年减少9.10%。

1993年,全省贫困人口由1992年的220万人增加到450万人,贫困户人均收入386元;

1994年,全省贫困人口下降到299.9万人(人均年纯收入400元以下),全省贫困乡贫困户人均增收182元,达到585.12元,比1993年增长45.14%。

1995年,贫困户人均纯收入比上年新增242元,达到827.12元。

1996年,没有解决温饱的贫困人口有183.22万。

1997年底,还有149万贫困人口。贫困户的人均年纯收入683.1元,贫困户人均增收94.8元。

1998 年底,贫困人口从 1993 年底的 450 万减少到 216.9 万,贫困人口的人均年纯收入也从 386 元提高到 1134 元。贫困户的年均纯收入由 1993 年的 433 元上升到 1261 元,增加 828 元。

1999 年,全省贫困人口减少到 126 万人。贫困户人均收入提高到 1182 元,增加 48 元。

2001 年,江西 21 个国家扶贫开发工作重点县年末总人口 1059.9 万人,其中乡村人口 920.5 万人,国内生产总值 2574283 万元,农民人均纯收入 1339.04 元,绝对贫困人口为 508248 人,绝对贫困发生率为 5.52%;到 2005 年,年末总人口 1112.1 万人,其中乡村人口 955.4 万人,国内生产总值 4688813 万元,农民人均纯收入 1561.39 元,绝对贫困人口为 445170 人,绝对贫困发生率为 4.66%。

2003 年,全省 21 个国家扶贫开发工作重点县农民人均纯收入为 1357.54 元,比上年增加 6.87 元,其中现金纯收入人均为 825.77 元,比上年增加 53.58 元。现金纯收入占纯收入的比重为 60.83%,比上年上升 3.66 个百分点。

2003 年,贫困农户取得的纯收入人均 559.06 元,还不足以维系当年人均 626.24 元的生活消费,扩大再生产受到严重阻碍,低收入户当年人均纯收入的 89.03% 都用于支付生活消费,发展能力很弱。

2004 年,全省农民人均纯收入 2952.6 元,比上年增加 495 元,增长 20.1%,比全省同期城市居民收入增幅高 10.6 个百分点,扣除物价后实际增长 11.3%。受收入高速增长的强力推动,农民生活水平明显提高。贫困农户人均纯收入 600.4 元,低收入农户人均纯收入 849.67 元,分别只有全省平均水平的 20.33% 和 28.78%。贫困农户人均纯收入比上年增加 41.34 元,增长 7.39%,低收入农户人均增收 138.05 元,增长 19.4%,分别比全省平均增长速度低 12.8 和 0.7 个百分点。

2006 年,国家扶贫开发工作重点县农户人均纯收入为 1784.91 元,比上年增加 223.52 元,增长 14.32%,增速比上年加快 7.35 个百分点,贫困户人均纯收入 514.83 元,低收入农户人均 656.32 元,分别只有全省农民人均纯收入的 14.36% 和 18.31%。不仅与全省农户平均水平存在较大差距,甚至不足以维系其当年人均 741.65 元和 879.77 元的生活消费,更谈不上进行扩大再生产,发展能力很弱。

2007 年,贫困人口和低收入人口稳步下降,但由于各种原因,贫困问题还很严重,全省还有 66 万贫困人口和 90 万低收入人口。全年农村居民人均纯收入 4098 元,与全国农村居民人均纯收入 4140 元基本持平;按农村绝对贫困人口标准低于 785 元测算,全省农村贫困人口为 66 万,占全国贫困人口的 4.46%;按低收入人口标准 786—1067 元测算,全省农村低收入人口为 90 万,占全国低收入人口的 3.17%。

2007 年,全省 21 个重点县的低收入人口比重分布区间为 4.27%—9.05%,绝对贫困人口比重分布区间为 2.68%—6.15%,远高于全省平均水平。21 个重点县绝对贫困人口由 2001 年的 50.8 万人,下降到 2007 年的 36.2 万人。

从低收入人口和绝对贫困人口的总量上来看,全省 2001—2007 年的低收入人口和绝对贫困人口数都在减少。2003 年农村绝对贫困人口总量高于 10 万人的有 4 个市,其中 2 个市分布在赣中南地区,分别是:赣州市和吉安市。贫困发生率在 1% 以下的有南昌、宜春、新余 3 市;景德镇、鹰潭、抚州 3 个市贫困发生率在 1%—3% 之间;上饶、九江、赣州、吉安 4 个市贫困发生率在 3% 以上,其中赣州最高,达3.85%。农村剩余绝对贫困人口主要集中在赣州,达2.75%,高于赣北的2.4%。"十五"期间,低收入人口从258万下降至133万,减少近一半,绝对贫困人口数从88.4万以每年减少2万—4万的缓慢速度逐年下降。进入"十一五"以来,绝对贫困人口数量减少的幅度开始增大,但是仍然低于低收入人口减少的速度。由于党的各项惠农政策和扶贫工作的深入开展,贫困地区的生产生活面貌得以改善,因而贫困人口数量总体上呈下降趋势,但同时也需要关注低收入人口数减少的速度要快于绝对贫困人口,且低收入人口数越来越接近于绝对贫困人口数这一现象,逐步提高对绝对贫困人口的瞄准度,稳步解决温饱问题。

从低收入人口比重和绝对贫困发生率来看,全省2001—2007年低收入人口比重和绝对贫困发生率都在下降,但低收入人口比重下降速度要快于绝对贫困发生率,且越来越接近(图1-1-1)。全省的绝对贫困发生率低于全国,且下降的速度快于全国平均水平。

2008年,重点县人均纯收入2428元,依据新标准贫困人口有766971人;2009年,人均纯收入增加为2659.52元,贫困人口有505496人。

单位:万人

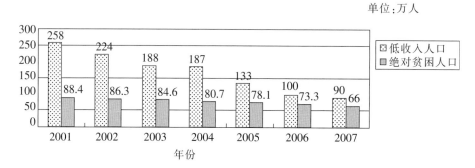

图1-1-1 2001—2007年江西绝对贫困人口、低收入人口数

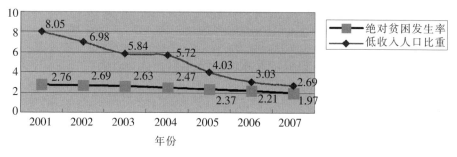

图1-1-2 2001—2007年江西绝对贫困发生率、低收入人口比重

表 1 - 1 - 2 2001—2009 年江西农村贫困情况

年度	贫困发生率	绝对贫困线	绝对贫困人口	低收入线	低收入人口
	%	元	万人	元	万人
2001	2.76	630	88.41	875	258.00
2002	2.69	627	86.28	869	224.00
2003	2.63	637	84.60	882	188.00
2004	2.47	668	80.68	924	187.00
2005	2.37	683	78.17	944	132.93
2006	2.21	693	73.32	958	100.25
2007	1.97	785	65.99	1067	90.41
2008	3.90	1196（新标准）		132.50	
2009	2.55			86.49	

　　2001 年,江西省 21 个国家扶贫开发工作重点县年末总人口 1059.9 万人,其中乡村人口 920.5 万人,国内生产总值 2574283 万元,农民人均纯收入 1339.04 元,绝对贫困人口为 508248 人,绝对贫困发生率为 5.52%;到 2005 年,年末总人口 1112.1 万人,其中乡村人口 955.4 万人,国内生产总值 4688813 万元,农民人均纯收入 1561.39 元,绝对贫困人口为 445170 人,绝对贫困发生率为 4.66%;2008 年,重点县人均纯收入 2428 元,依据新标准贫困人口有 766971 人;2009 年,人均纯收入增加为 2659.52 元,贫困人口有 505496 人。

区域贫困人口

　　1997 年,全省内缺粮贫困乡镇中有 201 个,缺粮贫困人口共 850513 人,共缺粮(原粮)10307 万斤(其中未含景德镇市)。1999 年,赣州地区在册的贫困人口由 1993 年底的 105 万下降到 1998 年底的 41 万,减少 64 万,平均每年减少 16 万人,其中 41 万中有 14 万贫困人口多属于已丧失劳动能力,或生活生产条件极端恶劣,或短期内难于越过温饱线的人口。从 1998—1999 年,2 年内 5.4 万贫困人口(不含民政救济对象)基本脱贫,其中 1998 年脱贫人数 3.4 万人,1999 年脱贫人数 2 万人。2003 年,全省 21 个扶贫开发工作重点县的绝对贫困人口为 48.46 万人,占全省绝对贫困人口的 57.28%。与上年相比,2003 年国家扶贫开发工作重点县的绝对贫困人口数量减少 1.12 万人,占全省当年脱贫人口的 66.79%。

表 1 - 1 - 3 1997 年江西贫困地区缺粮一览表

区划	贫困乡数(个)	贫困人口(人)	缺粮数(千克)	贫困乡名单
全省	233	1055585	51535000	
赣州地区	93	449270	22415000	

续表

区划	贫困乡数(个)	贫困人口(人)	缺粮数(千克)	贫困乡名单
兴国县	12	83614	4130000	鼎龙乡、东村乡、城岗乡、茶园乡、兴莲乡、隆坪乡、均村乡、贺堂乡、永丰乡、龙口乡、枫边乡、南坑乡
赣县	7	39362	1960000	湖口乡、湖江乡、石芫乡、白鹭乡、白石乡、攸镇乡、长洛乡
上犹县	11	28137	1405000	陡水镇、水岩乡、双溪乡、沿湖乡、金盆乡、平富乡、寺下乡、梅水乡、安和乡、蓝田乡、五指峰乡
安远县	7	14362	720000	重石乡、新园乡、车头乡、浮槎乡、田心镇、凤山乡、长沙乡
宁都县	6	22349	1120000	肖田乡、蔡江乡、黄石乡、小布乡、对坊乡、钓峰乡
于都县	7	78965	3950000	桥头乡、曲阳乡、罗江乡、宽田乡、葛坳乡、高龙乡、禾丰乡
会昌县	5	8848	4450000	筠门岭镇、凤凰崀乡、珠兰乡、洞头乡、庄埠乡
寻乌县	5	33744	1690000	河角乡、留车镇、三标乡、菖蒲乡、丹溪乡
南康县	14	54217	2710000	潭东乡、龙岭乡、三益乡、浮石乡、横寨乡、镜坝乡、太窝乡、三江乡、十八塘乡、圩下乡、麻双乡、大坪乡、坪市乡、隆木乡
大余县	3	9276	465000	池江乡、浮江乡、新城乡
定南县	3	10900	545000	鹅公乡、柱石乡、老城镇
瑞金市	7	39992	2000000	云石山乡、日东乡、黄柏乡、武阳乡、大柏地乡、合龙乡、丁陂乡
石城县	3	14288	715000	小别乡、观下乡、龙岗乡
崇义县	3	11216	510000	龙勾乡、上堡乡、丰洲乡
吉安地区	40	126619	6215000	
永新县	7	18000	890000	东里乡、龙田乡、莲洲乡、芦溪乡、莲塘乡、白沙塘乡、泮中乡
宁冈县	3	3484	140000	东上乡、柏路乡、荷花香

续表

区划	贫困乡数（个）	贫困人口（人）	缺粮数（千克）	贫困乡名单
遂川县	12	40532	2015000	上坑乡、高坪乡、黄坑乡、大坑乡、大汾乡、杨芬乡、左安乡、七岭乡、汤湖乡、南江乡、戴家埔乡、营盘圩镇
吉安县	2	9960	490000	东固乡、凤凰乡
新干县	1	6985	335000	三湖镇
永丰县	5	21751	1060000	藤田镇、陶塘乡、龙冈乡、三坊乡、古县乡
泰和县	3	7453	370000	石山乡、水槎乡、中龙乡
万安县	5	14500	715000	武术乡、宝山乡、枫林乡、沙坪乡、弹前乡
安福县	2	3954	200000	洋门乡、竹江乡
上饶地区	40	219010	10780000	
上饶县	8	78626	3905000	望仙乡、茗洋乡、华坊山乡、石家乡、枫岭头乡、石人乡、铁山乡、郑坊乡
横峰县	6	9698	475000	姚家乡、葛源乡、龙门畈乡、青板乡、莲荷乡、新簧乡
余干县	6	51427	2560000	五雷乡、江埠乡、古埠乡、杨埠乡、梅港乡、金山嘴乡
波阳县	5	32872	1630000	杯港乡、莲山乡、莳山乡、莲湖乡、四十里乡
广丰县	3	6513	320000	嵩峰乡、比古乡、美里乡
玉山县	4	14539	715000	重坊乡、三清乡、怀玉乡、紫湖乡
铅山县	1	1100	75000	太源畲族乡
弋阳县	2	788	40000	三里岭乡、度盘乡
婺源县	5	21447	1060000	溪头乡、许村乡、甲路乡、段莘乡、障山乡
抚州地区	17	24179	1175000	
广昌县	5	16071	785000	杨溪乡、大株乡、驿前乡、赤水镇、塘坊乡
黎川县	2	772	37500	东堡乡、湖坊乡
南丰县	2	656	32500	沙冈乡、西溪乡
乐安县	4	4662	220000	金竹乡、谷岗乡、罗陂乡、坪溪乡

续表

区划	贫困乡数(个)	贫困人口(人)	缺粮数(千克)	贫困乡
宜黄县	2	1006	50000	东陂乡、中港乡
资溪县	2	1012	50000	马头山乡、石峡乡
宜春地区	5	19500	245000	
宜春市	1	2500	30000	飞剑潭乡
樟树市	1	3500	40000	洲上乡
万载县	2	8000	50000	九龙庙乡、赤心乡
靖安县	1	5500	125000	罗湾库区
萍乡市	5	7979	400000	
莲花县	5	7979	400000	三板桥乡、路口乡、坊楼乡、六市乡、闪石乡
鹰潭市	1	3956	85000	
贵溪市	1	3956	85000	樟坪畲族乡

全省贫困人口分布不均匀,主要分布在赣州地区、吉安地区、上饶地区等地,这3个地级市的绝对贫困人口占全省近2/3,其中赣州市是原中央苏区所在地,吉安是原井冈山革命根据地所在地,上饶是原赣东北革命根据地所在地。大部分贫困人口分布在革命老区,且革命老区的贫困发生率远远高于其他地区。农村贫困的另一重要特征是地处深山区,在地级市中贫困发生率高于全省平均水平的有:赣州、吉安、上饶、抚州和九江,贫困人口基本分布在交通不便的地方。

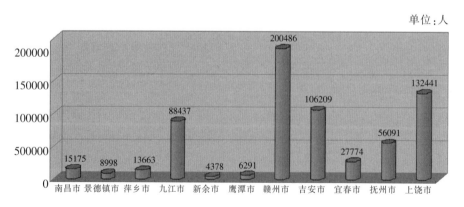

图1-1-3　江西省各设区市2007年绝对贫困人口分布

单位:人

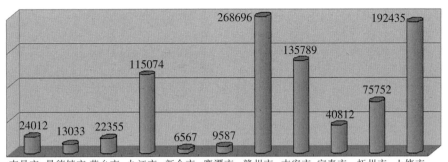

图 1-1-4　江西省各设区市 2007 年低收入人口分布

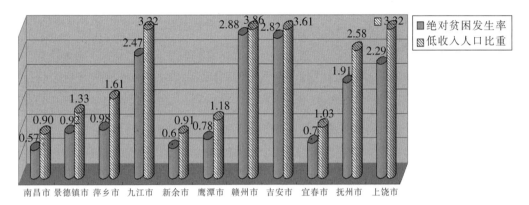

图 1-1-5　江西省各设区市 2007 年绝对贫困发生率、低收入人口比重

第二章　专项扶贫

专项扶贫是根据《中国农村扶贫开发纲要(2001—2010年)》和省扶贫开发领导小组会议的要求,在总结"十五"扶贫开发实践的基础上,制定专项扶贫规划。规划对扶贫开发的首要对象和扶贫范围作出具体要求,确保让贫困人口直接受益,实现解决贫困问题、夯实基本、巩固温饱、谋求发展的双重目标。扶持的重点是国家扶贫开发工作重点县、省定贫困乡(镇)和重点贫困村,工作重点为整村推进工程、移民扶贫搬迁工程、以工代赈工程、劳动力转移培训工程、社会扶贫工程和民族地区扶贫与开发工程。工作重心以国家扶贫重点县、重点乡、重点村来展开,坚持扶贫资金直接下拨到村,加快贫困地区发展为第一要务,确保扶贫工作专项"特惠性"政策真正惠及扶贫工作对象。根据各重点地区贫困状况专项安排扶贫资金,部署扶贫开发各项工作任务,坚持以落实重点村的整村推进;以推进产业化扶贫,促进全省农民增收和农村经济繁荣;以开展劳动力转移培训,促进全省民生工程发展;以广泛发动社会力量构建科技扶贫新格局,促进全省创业的生动局面。

第一节　扶贫规划

1994年4月,国务院印发《国家八七扶贫攻坚计划》,拟用7年左右的时间,到2000年基本解决全国农村8000万贫困人口的温饱问题。1996年,省政府批转老建委《江西省扶贫攻坚7年规划纲要(1994—2000年)》。依据《中国农村扶贫开发纲要(2001—2010年)》的要求,2006年,省政府办公厅印发《江西省农村扶贫开发"十一五"专项规划》,继续把尽快解决贫困群众温饱问题放在首位,切实巩固扶贫成果,大力加强贫困地区基础设施、生态环境、文教医卫、基层组织建设和贫困群众发展能力建设,因地制宜发展经济,增强贫困地区"造血"功能,注重区域经济发展的带动作用,全面提高贫困农民的收入水平、生活水平、生活质量和综合素质,努力推进生产发展、生活宽裕、乡风文明、村容整洁、管理民主的社会主义新农村建设,促进贫困地区经济、社会和生态协调发展。

"八五"扶贫开发规划(1991—1995年)

1991年4月,国务院办公厅转发《国务院贫困地区经济开发领导小组关于"八五"期间扶贫开发工作部署报告的通知》,指出"七五"期间解决大多数贫困地区群众温饱问题的目标已初步实现,全国扶贫开发工作开始进入一个新的阶段。"八五"期间,国家每年增加5亿元专项扶贫贴息贷款。根据贫困人口和贫困程度全部切块到省、区,集中用于1989年农村人均纯收入低于300元的非国家重点扶持的贫困县。同时,继续组织经济发达地区对口帮助贫困落后地区,动员国家机关和社会各界帮助、支持贫困地区的开发建设。根据国家的部署,江西对设市区的贫困地区和扶贫支柱产业也做总体规划。

表 1-2-1 1992 年扶贫支柱产业"八五"开发规划投资表

单位:万元

地区	总投资	其中				
		群众自筹	财政安排	部门资金	银行贷款	扶贫资金
赣州地区	94814.10	51081.62	1736.00	14126.90	12232.08	15637.50
吉安地区	41487.40	9366.00	2040.30	3600.50	15359.80	11120.80
上饶地区	43893.84	13520.03	2113.45	1947.40	13222.83	13090.13
抚州地区	11887.92	379401.00	793.10	1369.90	2735.30	3195.61
宜春地区	2353.42	973.73	92.99	132.00	490.00	664.70
鹰潭地区	3343.00	958.00	360.00	400.00	355.00	1270.00
景德镇地区	1033.50	760.50		13.00	152.00	108.00
萍乡地区	626.00	252.00		140.00	127.00	107.00

1992 年 1 月,赣州地区根据《江西省老区、贫困地区扶贫支柱产业"八五"规划纲要》和赣州地区扶贫开发实际,在"八五"期间进行果茶、蚕桑、林化、经济作物、畜禽、矿产 6 个扶贫支柱产业的开发,总投资控制在 9.48 亿元,其中扶贫资金 1.56 亿元。

表 1-2-2 1992 年赣州地区扶贫支柱产业"八五"开发规划投资表

单位:万元

地、县	总投资	其中				
		群众自筹	财政安排	部门资金	银行贷款	扶贫资金
赣州地区	94814.10	51081.62	1736.00	14126.90	12232.08	15637.50
兴国	21034.00	16159.00	175.00	755.00	1350.00	2596.00
于都	9096.60	3867.70	215.00	1245.40	1557.00	2211.50
宁都	7562.00	3270.50	200.00	1573.50	918.00	1600.00
瑞金	6068.50	2098.50	70.00	1630.00	770.00	1500.00
赣县	19573.00	7828.00	717.00	7123.00	2147.00	1758.00
会昌	4649.00	3328.00				1321.00

续表

地、县	总投资	其中				
		群众自筹	财政安排	部门资金	银行贷款	扶贫资金
上犹	4081.00	1602.00		316.00	413.00	1750.00
石城	11651.00	8125.00	50.00	328.00	2367.00	781.00
寻乌	3650.00	1090.00		530.00	1130.00	900.00
定南	1905.00	1220.00		255.00	100.00	330.00
安远	4465.00	1679.00	300.00	371.00	1415.00	700.00
南康	819.00	695.00			52.00	72.00
信丰	165.00	78.92	9.00		3.08	74.00
龙南	95.00	40.00			10.00	44.00

各支柱产业的基地建设规模:

①果茶开发系列:新种柑橘(含橙柚)13.2万亩,落叶果1.44万亩,茶叶4.24万亩;

②蚕桑开发系列:新辟桑园2.11万亩;

③林业化工开发系列:油茶4万亩,新种杉树8.6万亩,松树44.5万亩,竹林9万亩,其他6.5万亩;

④经济作物开发系列:新种甘蔗3.2万亩,烤烟15.79万亩,白莲1.31万亩;

⑤畜禽开发系列:新增生猪45万头、鸭210万羽;

⑥矿产:新增和扩大稀土、萤石、石英、大理石、煤、水泥、碳酸钙、化肥、金、银、铜、铁、钨、铅、锌等厂矿的生产和开采。

表1-2-3 1992年赣州地区扶贫支柱产业"八五"开发规划基地建设新增规模表

地、县	果茶			蚕桑	林业化工					经济作物			畜禽	
	柑橘	落叶果	茶叶	桑园	油茶	杉树	松树	竹林	其他	甘蔗	烤烟	白莲	猪	鸭
	万亩	万亩	万亩	万亩	万亩	万亩	万亩	万亩	万亩	万亩	万亩	万亩	万头	万羽
赣州地区	13.20	1.44	4.24	2.11	4.00	8.60	44.50	9.00	6.50	3.20	15.79	1.31	45.00	210.00
兴国	2.50	1.00	0.50			7.60	8.00			1.00	6.00			
于都	0.90	2.00	0.30				4.50	2.00						
宁都	2.00	1.00	0.44	1.00							3.50			
瑞金	1.80	1.00					27.00		5.00	1.00				
赣县	2.00	3.00		1.00				1.50		1.20	1.47			210.00
会昌	0.70	2.30	0.60					1.00					45.00	
上犹	0.30	0.50	0.80											
石城	0.50	1.00	0.30			1.00	5.00	1.00			4.82	1.31		
寻乌	1.00	0.50	0.50		4.00			3.00	1.50					
定南	0.80	1.50	0.80					0.50						
安远	2.00													
南康	0.60	0.60												
信丰	0.06	0.10	0.16	0.11										
龙南	0.05	0.10	0.04											

1992年1月,吉安地区根据《江西省老区、贫困地区扶贫支柱产业"八五"开发规划纲要》和扶贫开发实际,在"八五"期间进行果茶、蚕桑、林化、经济作物、畜禽、水产、矿产7个扶贫支柱产业的开发,总投资控制在4.15亿元,其中扶贫资金1.11亿元。

表 1-2-4 1992 年吉安地区扶贫支柱产业"八五"开发规划投资

单位:万元

地、县	总投资	其中				
		群众自筹	财政安排	部门资金	银行贷款	扶贫资金
吉安地区	41488.40	9366.00	2041.30	3600.50	15359.80	11120.80
永新	8974.00	3371.40	558.00	70.00	2785.00	2189.60
遂川	5636.00	1494.00	447.00	1245.00	1250.00	1200.00
吉安	5330.00	847.00	510.00	768.00	1385.00	1820.00
莲花	5295.00	690.00	320.00	745.00	2440.00	1100.00
宁冈	1800.00	80.00	20.00	150.00	230.00	1320.00
井冈山市	770.00	10.00		40.00	50.00	670.00
吉安市	500.00	50.00	50.00		270.00	130.00
永丰	5732.00	1175.00	66.00	215.00	2631.00	1645.00
万安	920.00	264.10	4.00	38.60	315.30	298.00
安福	542.40	147.50	46.30	99.90	31.50	217.20
吉水	5219.00	973.00			3906.00	340.00
泰和	770.00	264.00	20.00	229.00	66.00	191.00

各支柱产业的基地建设规模:

①果茶开发系列:新种柑橘(含橙柚)4.3 万亩、落叶果 11.02 万亩、茶叶 3 万亩;

②蚕桑开发系列:新辟桑园 23.11 万亩;

③林业化工开发系列:新种杉树 6.44 万亩、松树 8.85 万亩、竹林 7.2 万亩;

④经济作物开发系列:新种甘蔗 2 万亩、烤烟 6.05 万亩、药材 3 万亩;

⑤畜禽开发系列:新增鹅 1.75 万羽、鸭 6.2 万羽;

⑥水产开发系列:新增养鱼水面 3.07 万亩;

⑦矿产开发系列:新增和扩大煤、铁、钢、石英、化肥等厂矿的生产和开采。

表 1 - 2 - 5　1992 年吉安地区扶贫支柱产业"八五"开发规划基地建设新增规模表

地、县	果茶			蚕桑	林业化工			经济作物			畜禽		水产
	柑橘	落叶果	茶叶	桑园	杉树	松树	竹林	甘蔗	烤烟	药材	鹅	鸭	鱼
	万亩	万亩	万亩	万亩	万亩	万亩	万亩	万亩	万亩	万亩	万羽	万羽	万亩
吉安地区	4.30	11.02	3.00	23.11	6.44	8.85	7.20	2.00	6.05	3.00	1.75	6.20	3.07
永新				10.00									
遂川		2.40	3.00	2.60			5.00						
吉安		1.10						2.00	4.50				
莲花	4.00												
宁冈		0.50					2.00			2.00			
井冈山市							0.20						
吉安市		0.50											
永丰		4.00		5.00						1.00			
万安		1.80		0.77							1.75	6.20	3.07
安福		0.10		1.18	2.24	4.05							
吉水	0.10	0.60		3.56									
泰和	0.20	0.02			4.20	4.80				1.55			

1992 年 1 月,上饶地区根据《江西省老区、贫困地区扶贫支柱产业"八五"开发规划纲要》和扶贫开发实际,在"八五"期间进行果茶、蚕桑、林化、经济作物、畜禽、水产和矿产 7 个支柱产业的开发。总投资控制在 4.39 亿元,其中扶贫资金 1.31 亿元。

1-2-6　1992 年上饶地区扶贫支柱产业"八五"开发规划投资表

单位:万元

地、县	总投资	其中				
		群众自筹	财政安排	部门资金	银行贷款	扶贫资金
上饶地区	43893.84	13520.03	2113.45	1947.40	13222.83	13090.13
波阳	12489.50	3315.50	175.00	30.00	5137.00	3832.00
余干	6360.00	1890.00	300.00	45.00	860.00	3265.00
上饶	16361.30	5970.50	1201.00	1354.00	5094.00	2741.80
广丰	1495.60	479.50	66.00	192.10	175.75	582.25
弋阳	2837.00	396.40	209.00	128.60	868.00	1235.00
横峰	1489.90	342.20	16.00	80.00	471.00	580.70
万年	1089.66	319.20	107.45	45.12	385.20	232.68
铅山	504.30	260.40			87.00	156.90
婺源	248.95	95.80		25.58	22.58	105.00
玉山	366.38	198.08		8.50	13.30	146.50
德兴	651.25	252.45	39.00	38.50	109.00	212.30

各支柱产业的基地建设规模:

①果茶开发系列:新种柑橘 5.96 万亩,落叶果 4.2 万亩,茶叶 2.35 万亩;

②蚕桑开发系列:新辟桑园 4.67 万亩;

③林业化工开发系列:新种杉树 4.75 万亩,竹林 1.4 万亩,油茶 0.08 万亩;

④经济作物开发系列:新种烤烟 8 万亩,棉花 4 万亩,药材 0.06 万亩;

⑤畜禽开发系列:新增生猪 2.05 万头、鹅 80 万羽、鸭 155.8 万羽;

⑥水产开发系列:新增养鱼水面 3.56 万亩、蚌 234.8 万只;

⑦矿产开发系列:新建和扩建锡化厂、水晶厂、钽铌合金厂。

表1-2-7　1992年上饶地区扶贫支柱产业"八五"开发规划基地建设新增规模表

地、县	果茶			蚕桑	林业化工			经济作物			畜禽		水产	
	柑橘	落叶果	茶叶	桑园	杉树	竹林	油茶	烤烟	棉花	药材	猪	家禽	鱼	蚌
	万亩	万亩	万亩	万亩	万亩	万亩	万亩	万亩	万亩	万亩	万头	万羽	万亩	万只
上饶地区	5.96	4.20	2.35	4.67	4.75	1.40	0.08	8.00	4.00	0.06	2.05	235.80	3.56	234.80
波阳			1.50					8.00	4.00					
余干	2.50	2.00										230.00	3.00	
上饶	1.00	1.00	0.50	2.60										
广丰				0.20										
弋阳	0.80	1.00		1.00							1.60			
横峰	1.49													
万年					1.00						0.45	4.20	0.24	234.80
铅山		0.20		0.28			0.08					1.60	0.32	
婺源			0.15	0.09										
玉山			0.15		3.75					0.06				
德兴	0.17		0.20	0.35		1.40								

　　1992年1月,抚州地区根据《江西省老区、贫困地区扶贫支柱产业"八五"开发规划纲要》和扶贫实际,在"八五"期间进行果茶、蚕桑、林化、经济作物、畜禽和矿产6个支柱产业的开发。总投资控制在1.19亿元,其中扶贫资金0.32亿元。

表1-2-8　1992年抚州地区扶贫支柱产业"八五"开发规划投资表

单位:万元

地、县	总投资	其中				
		群众自筹	财政安排	部门资金	银行贷款	扶贫资金
抚州地区	11887.92	3794.01	793.10	1369.90	2735.30	3195.61
广昌	5537.60	1653.60	423.00	773.50	1319.50	1368.00
乐安	3260.00	907.00	213.00	290.00	630.00	1220.00
黎川	1042.00	567.00	54.00	51.00	183.00	187.00
宜黄	629.90	233.30	26.00	112.20	75.20	183.20
资溪	271.70	93.75		50.20	44.50	83.25
南丰	1146.72	339.36	77.10	93.00	483.10	154.16

　　①果茶开发系列:新科柑橘1.5万亩,落叶果3.96万亩,茶叶0.3万亩;

　　②蚕桑开发系列:新辟桑园1.9万亩;

③林业化工开发系列:新种杉树 12.04 万亩,松树 3 万亩,竹林 10.47 万亩,油茶 10.35 万亩;

④经济作物开发系列:新种晒烟 1.7 万亩、绞股蓝 1 万亩,白莲 3.5 万亩;

⑤畜禽开发系列:新增生猪 1.7 万头,鹅 7.8 万羽,绵羊 0.4 万头;

⑥矿产开发系列:新建矿泉水厂。

表 1-2-9　1992 年抚州地区扶贫支柱产业"八五"开发规划基地建设新增规模表

地、县	果茶			蚕桑	林业化工			经济作物			畜禽			
	柑橘	落叶果	茶叶	桑园	杉树	松树	竹林	油茶	晒烟	白莲	绞股蓝	猪	绵羊	鹅
	万亩	万亩	万亩	万亩	万亩	万亩	万亩	万亩	万亩	万亩	万亩	万头	万只	万羽
抚州地区	1.50	3.96	0.30	1.90	12.04	3.00	10.47	10.35	1.70	3.50	1.00	1.70	0.40	7.80
广昌	1.00				5.00		5.00	10.00	1.70	3.50				
乐安		2.50		1.90							1.00		0.40	
黎川		0.88	0.14				3.08	0.35				1.70		7.80
宜黄		0.45			7.04	3	1.89							
资溪	0.35		0.16											
南丰	0.15	0.13					0.5							

1992 年 1 月,宜春地区根据《江西省扶贫支柱产业"八五"开发规划纲要》和扶贫开发实际,在"八五"期间进行茶叶、林业、烤烟、煤炭和花炮 5 个产业的开发。总投资控制在 0.23 亿元,其中扶贫资金 665 万元。

表 1-2-10　1992 年宜春地区扶贫支柱产业"八五"开发规划投资表

单位:万元

地、县	总投资	其中				
		群众自筹	财政安排	部门资金	银行贷款	扶贫资金
宜春地区	2353.42	973.73	92.99	132.00	490.00	664.70
铜鼓	283.54	103.55	39.99	16.00	9.00	115.00
万载	588.00	371.00	15.00	26.00	70.00	106.00
宜春市	1137.88	379.18	12.00	52.00	301.00	393.70
宜丰	344.00	120.00	26.00	38.00	110.00	50.00

各产业的基地建设规模:

①茶叶:铜鼓县新种茶叶 300 亩;

②林业:新种杉树 1.77 万亩(铜鼓县 0.6 万亩、宜春市 1 万亩、宜丰县 0.17 万亩),新种竹林 0.55 万亩(铜鼓县 0.45 万亩、宜春市 0.1 万亩),铜鼓县新种油茶 0.2 万亩;

③烤烟:宜丰县新种烤烟0.3万亩;

④煤炭:宜春市扩大煤炭开采;

⑤花炮:万载、宜春市扩大花炮生产。

1992年1月,鹰潭市根据《江西省扶贫支柱产业"八五"开发规划》和扶贫开发实际,在"八五"期间进行果茶、畜禽、水产和矿产4个支柱产业的开发。总投资控制在3343万元,其中:群众自筹958万元,财政安排360万元,部门资金400万元,银行贷款355万元,扶贫资金1270万元。

各支柱产的基地建设规模:

①果茶开发系列:新种柚子0.5万亩,落叶果4万亩,茶叶0.5万亩;

②畜禽开发系列:新增生猪3万头,家禽100万羽;

③水产开发系列:增养鱼50万尾。

1992年1月,景德镇市根据《江西省扶贫支柱产业"八五"开发规划纲要》和扶贫开发实际,针对乐平县的4个特困乡,在"八五"期间进行蚕桑、林业、养鱼等产业的开发,总投资控制在1033.5万元,其中:群众自筹760.5万元,部门资金13万元,银行贷款152万元,扶贫资金108万元。

各乡的产业基地建设规模:

①镇桥镇:养鱼1730万尾,扩建红砖厂;

②洛口乡:新辟桑园0.5万亩,扩建麻油厂;

③接渡乡:新辟桑园0.5万亩;

④观峰乡:新种杉树0.5万亩,改造低产田0.3万亩。

1992年1月,萍乡地区根据《江西省扶贫支柱产业"八五"开发规划纲要》和扶贫开发实际,同意3个特困乡在"八五"期间进行果茶、油茶、药材、花岗石等产业的开发。总投资控制在626万元,其中:群众自筹252万元,部门资金140万元,银行贷款127万元、扶贫资金107万元。

各乡的产业项目规模:

①白竺乡:新种板栗700亩,引水造田450亩;

②东源乡:油茶低改0.5万亩,新种药材1万亩;

③麻田乡:新种茶叶0.1万亩,开采花岗石,扩改造纸厂。

1992年4月,九江地区根据《关于我市老区建设和扶贫开发计划单列有关问题的请示》以及《关于瑞昌市计划单列有关问题的通知》,省老建办同意瑞昌市老建扶贫计划单列,从1993年1月1日起老建扶贫计划指标均在九江市总数内的"其中"项单独列出。

"八七"扶贫攻坚计划(1994—2000年)

全省"八五"期间后面临的扶贫开发任务仍然十分艰巨。1992年,全省农村人均年纯收入低于400元的贫困人口还有450万人,1993年减少到354万人。这些尚未稳定解决温饱问题的农户,大多分散在革命老区,居住在边远山区、水库库区、水土流失区和滨湖地区。确定申报列入"八七计划"的18个贫困县分别是:上饶、横峰、余干、永新、遂川、波阳、广昌、修水、兴国、莲花、赣县、会昌、宁冈、于都、上犹、寻乌、安远、宁都，并将兴国、宁都、于都、寻乌、会昌、安远、上犹、赣县、井冈山（原宁冈）、永新、遂川、上饶、横峰、波阳、余干、广昌、修水、莲花、乐安、万安、吉安等21个县（市）上报国家有关部门，要求列为国家扶贫开发工作重点县。这些地区交通不便，信息不灵，基础薄弱，文化教育落后，生产条件恶劣，地方病严重，扶贫难度较大。根据《国家八七扶贫攻坚计划》的要求，1994年10月6日，省政府下发《关于实施国家八七扶贫攻坚计划的通知》。通知要求贫困户人均纯收入按1990年不变价达到550元以上（按现价达到1180元以上）、基本消灭集体经济薄弱村，省和地（市）重点扶持的贫困乡人均纯收入按1990年不变价达到600元以上、基本达到粮食自给，国家重点扶持贫困县人均纯收入按1990年不变价达到650元以上等。提出因地制宜找准开发途径、探索新扶贫开发方式、广泛筹集扶贫资金、贯彻落实扶贫开发优惠政策、开发科技扶贫、提高贫困户劳动者的素质、落实部门扶贫任务、广泛开展社会扶贫。

从1994年起，国家再增加10亿元以工代赈资金，10亿元扶贫贴息贷款，执行到2000年。1996年，省老建委印发《江西贫困攻坚7年规划纲要》，提出本世纪末胜利完成八七扶贫攻坚计划，确保全省提前1年基本解决全省农村绝对贫困的目标。

"十五"期间，全省共投入中央财政扶贫资金12.1亿元，国家以工代赈资金10.78亿元，共发放扶贫贷款35.68亿元，在继续加大以工代赈扶持贫困地区交通、水利、人畜饮水、小流域治理等基础设施建设的同时，将扶贫开发主战场由国家扶贫开发工作重点县细化延伸到重点乡、重点村，组织实施以1200个重点贫困村为主体的参与式整村推进扶贫开发规划，整合多项扶贫投入，扶持基础设施建设和开展"三清三改"社区环境改善活动；探索实施深山区、库区、地质灾害频发区移民扶贫搬迁工程，在试点的基础上，在全省21个国家扶贫开发工作重点县完成扶贫移民搬迁10.23万人，开创一条推进新阶段扶贫开发的新路子，深受搬迁群众的欢迎；贫困群众收入大幅增加，落实以工代赈劳务报酬政策，积极组织贫困地区群众参与项目工程建设，向务工群众及时发放劳务报酬。全省受扶持的重点村农民年人均收入2005年底达到1550元，比2000年底增加662元；扶贫支柱产业做优做强。坚持龙头带动战略，利用扶贫贷款积极扶持以农产品加工为重点的龙头企业建设，引导扶持企业与农户建立"风险共担、利益共享"机制，为贫困农民进入市场创造条件；扶贫领域国际交流与合作取得突破。

"十一五"专项规划

根据《中国农村扶贫开发纲要（2001—2010年）》和省扶贫开发领导小组会议要求，在总结"十五"扶贫开发实践的基础上，省扶贫办2006年编制《江西省农村扶贫开发"十一五"专项规划》。规划对扶贫开发的首要对象和扶贫范围作出具体要求，确保让贫困人口直接受益，实现解决贫困问题、夯实基本、巩固温饱、谋求发展的双重目标。扶持重点是国家扶贫开发工作重点县、省定贫困乡（镇）和重点贫困村，全省尚未解决温饱问题的近80万绝对贫困人口，这是扶贫开发的首要对象；已初步解决温饱问题或仍在温饱线上徘徊的全省农村低收入人群，这是扶贫开发的重要对象；帮助贫困乡村改善基本生产生活条件和人居环境，提高贫困群众发展能力，建设社会主义新农村。将扶持范围主要分为 3 个层次:县级层面上,重点是国家确定的 21 个国家扶贫开发工作重点县(市);乡(镇)层面上,重点是省政府确定的 563 个省定贫困乡(镇),其中 21 个国家扶贫开发工作重点县中省定贫困乡(镇)282 个,61 个非重点县中省定贫困乡(镇)281 个;村级层面上,重点是全省划定的1800 个扶贫开发工作重点村。

规划提出的主要发展目标为生产生活条件显著改善、农村社会事业全面发展、贫困群众收入和生活水平明显提高。要求大力扶持贫困地区公路交通建设,全面改造提升贫困地区的公路等级和通达程度,县至乡通 3 级以上公路,98% 行政村通公路,大部分乡至行政村通水泥路;全面解决正常年景下农村人畜饮水困难,95% 以上农户饮上卫生清洁水;农田有效灌溉率达到 90% 以上,较好满足生产经营和农村经济发展需要,贫困地区抗御自然灾害的能力明显增强;大力开展以小流域综合治理为重点的生态环境保护和建设,有效控制水土流失,贫困地区生态环境进一步得到改善。加快发展农村教育事业,把救助贫困学生作为扶贫开发的前瞻性工作来抓,对农村学生免收学杂费,对贫困家庭学生提供免费课本和寄宿生活费补助,确保贫困地区全面实现九年制义务教育,贫困地区小学、初中适龄人口入学率分别达到 99% 和 95% 以上,扫除青壮年文盲,大力提高农村劳动者素质和技能;更加重视贫困地区因病致贫问题,大力加强贫困地区公共卫生和基本医疗服务体系建设,力争贫困地区乡乡有合格的卫生院,贫困村有卫生室,新型农村合作医疗覆盖面达到 80% 以上,贫困地区的主要传染病和地方病得到有效控制,最大限度地减少因病致贫返贫;继续抓紧抓好计划生育工作,倡导少生优育,贫困地区人口自然增长率控制在 0.9% 以内,积极实施农村计划生育家庭奖励扶助制度,基本实现农村"五保"对象集中供养。充分挖掘农业内部增收潜力,广辟增收渠道,积极搞好产业化扶贫,因地制宜发展乡村特色产业,大力发展县域经济,加强劳动力技能和转移培训,引导富余劳动力有序转移,千方百计增加贫困群众收入,确保贫困乡村农民人均纯收入增长幅度明显高于全省平均水平,力争 2010 年全省 90% 以上的绝对贫困人口和 95% 以上的低收入贫困人口稳定解决温饱问题,全省重点贫困村农民人均纯收入 2010 年达到 2300 元以上。

规划确定的工作重点为整村推进工程、移民扶贫搬迁工程、以工代赈工程、劳动力转移培训工程、社会扶贫工程和民族地区扶贫与开发工程。1800 个重点贫困村作为"十一五"期间省扶贫开发工作重点村,要找准目标,突出重点,逐村制定村级扶贫规划,以村级规划为平台,整合扶贫资源实施整村推进。按照"省负总责,县抓落实,工作到村,扶贫到户"的原则,以帮助贫困人口解决温饱问题和增加低收入人口收入为目标,以加强村级领导班子建设和提高贫困群众自我发展能力为根本,继续实行参与式扶贫方式,着力改善重点村基本生产生活条件和社区环境,提高抵御自然灾害的能力,最大限度地调动村民的积极性,强化村级班子,探索并形成村级议事、决策、干事的长效机制,提高乡村自我管理和自我发展能力,大力发展村级经济,构建平安、和谐社会,确保计划实施,稳定脱贫一村。在全省 21 个国家扶贫开发工作重点县,继续对居住在深山区、水库库区和地质灾害频发区的困难群众实施移民搬迁扶贫工程,按照"整体搬迁、异地安置"的原则,采取"政府引导、群众自愿、省市支持、市县落实"的办法,完成移民扶贫搬迁 15 万人,确保在 2010 年前全省扶贫开发工作重点县完成移民扶贫搬迁 25 万人的任务。坚持以人为本,将这部分困难群众安置在具有良好人居和发展环境的地方,做到移民扶贫与城镇化建设、退耕还林、生态建设、环境保护相结合;做到有土安置与无土安置相结合。有土安置的要保证每个移民有0.5亩以上的耕地,无土安置的每户至少有1个劳动力稳定就业。同时,加快产业开发进程,加强对移民进行农业实用技术和务工技能培训,注重对移民的后期扶持,实现"整体搬得出、长期稳得住、逐步能致富"的目标。

规划指出,以工代赈农村道路建设应围绕全省实施大开放战略,坚持"完善网络、提高等级、强化功能"的思路,重点解决不通路行政村和自然村道路的建设和改造,提高通乡道路和重点行政村骨架道路等级,在保证多数贫困人口出行需要的同时,扶持为资源开发、特色农业生产基地和市场建设等配套的乡村公路项目建设。规划5年建设农村道路4000千米,其中路面硬化1500千米,力争在"十一五"期末,贫困地区的县乡公路等级全面得到改造提升,98%行政村通公路。基本农田和农田水利建设项目,以稳定提高耕地单产水平和调整优化种植结构为目标,坚持中型与小微型水利工程结合,以小微型为主,重点搞好中低产田改造、中小型水库除险加固和鄱阳湖区排灌设施更新改造,并结合水势建陂造圳,兴建必要的山区小型库坝,调控水资源,提高抗御自然灾害的能力,改善灌溉条件,提高水资源利用效率。规划5年累计增加、改善灌溉面积150万亩,从根本上改善贫困地区农田水利设施条件,基本满足生产经营和农村经济发展需要。人畜饮水工程应配合国家农村安全饮水工程建设,在人畜饮水困难的贫困地区,大力兴建蓄水池、集水井,储存天然降雨,适度开采地下水,对地方病突出或水质不达标的湖区和矿区实施改水工程,科学利用山区落差,建设具有一定规模的引水工程,适当建设乡镇自来水工程,全面解决人畜饮水困难,确保贫困地区群众的饮用水安全。小流域治理项目,应本着因地制宜、全面规划、分片实施、综合治理的思路,坚持工程措施与生物措施相结合,重点治理赣南地区的水土流失和"五河"源区水资源保护,进一步改善贫困地区生态环境。

规划指出,扶贫支柱产业及其龙头企业建设工程要按照"希望在山、潜力在水、重点在田、后劲在畜、出路在工"的农业发展思路,以市场为导向,调整优化贫困地区农业和农村经济结构,大力扶持贫困地区因地制宜发展具有特色和比较优势的主导产业,逐步形成一村突出一品或数村突出一品的特色产业村;加快扶贫贷款贴息方式改革,坚持贫困户受益、市场化运作、可持续发展的原则,鼓励任何金融机构选择扶贫项目发放贷款。积极支持"公司加农户""合作组织加农户"等多类型、多层次的农业产业化经营,优先安排扶贫贴息贷款重点扶持全省100家产业化扶贫龙头企业,加强扶贫龙头企业和贫困地区特色产业的衔接,搞好扶贫龙头企业与贫困农户利益共同体的对接;不断健全和完善各类重点乡村合作经济组织,发展和壮大贫困乡村集体经济,把支柱产业的培育、产业深层开发和贫困群众增收相结合,建立贫困地区经济发展、农民增收的长效机制。

规划指出,劳动力转移培训工程采取政府引导和市场运作相结合、加强培训与促进转移相结合的方式,进一步加大资金筹集力度,在重点村和移民扶贫搬迁户中大力开展贫困劳动力转移培训,实现农民"出路在工"的角色转换。贫困劳动力转移培训纳入扶贫项目管理,以市场需求为导向,以提高综合素质和就业能力为目标,坚持扶贫宗旨,瞄准贫困群体,体现扶贫特色,注重学以致用,突出实效,把好培训对象审核关、培训基地认定关、培训质量确保关和培训就业服务关。培训内容主要为引导性培训和职业技能培训。力争5年全省培训转移贫困劳动力20万人以上,基本做到重点贫困户和移民扶贫户中,有条件的有1个以上劳动力稳定转移,并有稳定的收入,确保劳务收入成为重点村和移民户稳定、持续并不断增长的主要收入来源,实现转移就业脱贫。

规划指出,社会扶贫工程继续实行省、市、县领导扶贫联系点制度,积极开展党员干部结对帮扶贫困户的活动,并长期坚持下去。继续开展党政机关、企事业单位定点扶贫工作。各帮扶单位要把帮扶工作列入本单位重要工作内容,每年实实在在为贫困地区办好事、办实事。针对贫困地区和贫困群众的实际困难,采取多种形式继续鼓励和倡导社会各界通过捐赠直接济贫。对于社会各界的捐款捐物,要建立高效的传送机制,及时解决困难群众尤其是灾区群众的实际困难。按照互惠互利、实现双赢的市场化运作机制,并配以优先安排扶贫贷款的优惠政策,进一步鼓励和引导企业特别是民营农副产品加工企业到贫困地区谋求发展,为农户提供产前、产中和产后服务,推动贫困地区经济和民营企业加快发展。积极扩大与国际组织在扶贫开发领域的合作,进一步争取国际组织和发达国家的援助和支持。重点是认真抓好中德合作技援项目的组织实施,创造科学、规范、实际、适用的扶贫监测评价体系;利用好亚洲开发银行赠款援助,研究探索非政府组织帮助制订和实施整村推进扶贫规划的新机制;广泛联系国际驻华机构和组织,积极争取各种国际扶贫资源帮助实施扶贫开发。2004 年全国扶贫领域最大的国际支援项目,中德合作扶贫监测评价体系江西试点项目,正式在江西省实施,德方无偿援助 500 万欧元;荷兰政府赠款帮助贫困地区医院建设项目,全国总共只有 17 个项目县,江西有 5 个县进入项目区;中国扶贫基金会"天使医疗设备捐助工程"项目,江西 15 家县医院得到援助,优惠金额 500 万元;亚洲开发银行无偿援助 100 万美元,动员组织非政府组织参与江西重点村制定实施村级扶贫规划试点项目。

规划指出,民族地区扶贫与开发要坚持共同团结进步、共同繁荣发展,本着同等优先和适度倾斜的原则,进一步加大扶持力度,加快民族地区发展,提高民族地区发展能力和少数民族群众的生活水平。加快民族地区基础设施建设。进一步搞好民族地区交通、水利及山水资源开发与保护为重点的基础设施配套建设。每年抓好 12 个少数民族村新农村建设,建设一批经济发展、生活文明、民族团结、社会稳定、基层政权巩固的小康型新农村。突出拓宽少数民族群众增收新渠道。以赣南民族地区果业精深度开发、赣中民族地区油茶林新垦和赣北民族地区毛竹林低改为平台,民族乡建立规模型特色产业工程,民族村建立规模型特色产业项目,建立一批低投入优势、科技含量优势、生态优势的新型农产品开发基地。加快民族地区基础教育发展步伐。设立全省民族地区教育专项基金,为民族地区实现"两基"教育和巩固少数民族学生入学率提供保障。完善 7 个民族中学远程教育网建设。选送民族地区中小学教师到高校和民族学院进修,在民族中学设立应用技术培训课程,在民族地区逐步建立就地、就近培训基地,对民族地区群众进行有发展前景的专业生产技术培训。5 年内电脑农业覆盖到每一个民族乡村。抓好民族乡村特色农业大户进行实用技术再提高型培训工作,帮助民族乡村进行优势产品和实用新型技术的嫁接。加快民族地区村镇建设。按照科学发展观的要求,策应城镇化发展战略,坚持超前性、科学性和民族特殊性相结合,搞好民族乡城镇建设,实现城镇化与经济社会发展协调发展,使少数民族群众和汉族共享现代文明。

第二节　整村推进

全省整村推进是以扶贫开发工作重点村为基本单位,面对贫困人口,以村级经济、社会、文化协调发展为目标,来改善基础条件、促进产业发展、提高人口素质、解决温饱问题为主要内容的扶贫开发工作措施。坚持扶贫开发宗旨,牢固树立村民和村级组织在整村推进工作中的主体地位,让他们在当家作主的过程中,增强自信、增长才干、增加收入,探索并形成村级议事、决策、干事的长效机制。突出发展生产,推进"一村一品"扶贫产业建设,使重点村群众能够持续、稳定增收;突出整治环境,改善重点村基本生产生活条件,实现"走平坦路、喝干净水、上卫生厕"。

根据《中国农村扶贫开发纲要(2001—2010)》,确定江西21个国家扶贫开发工作重点县,3000个扶贫开发工作重点村,以贫困村为重点,统一规划,集中力量,5年1个周期进行扶持。以贫困村为主战场,以贫困户增粮增收为主要目的,以改善贫困乡村生产生活条件为重点,坚持区别情况,分类指导;相对集中,重点使用。资金主要用于贫困村、组的微型水利、乡村道路等基础设施建设,缺粮村、组的基本农田建设,服务体系建设以及科技培训与科技推广。

2007年,省委常委、秘书长陈达恒和副省长熊盛文在全省扶贫办主任会议上讲话,提出把整村推进与新农村建设试点结合起来,以整村推进扶贫开发为平台和抓手,加快推进贫困地区新农村建设。省委、省政府在新农村建设10000个试点村中,扩大贫困地区的比例。10000个试点村一共安排16亿元资金,其中每个村安排10万元,另外6亿元是衔接配套资金,包括以工代赈资金、改水资金、沼气资金及其他资金。要求各地要根据新农村建设试点任务和要求,合理利用这批资金,指导试点的重点村完善整村推进扶贫规划,探索一条以自然村新农村建设试点为内容,促进整村推进扶贫开发的新路子,使试点村在1800个行政村整村推进中能够起到示范带头作用。

2008年又增补1269个扶贫开发工作重点村,全省实施整村推进扶贫开发的重点村总数为4269个,覆盖全省11个设区市。在基础设施方面,新修乡村道路28322千米,804万人行路难问题得到有效解决,新建水池2万口、新建机井1万个,解决185万人和89万头大牲畜的饮用水困难问题,新修梯田17.7万亩;扶贫产业发展方面,种植药材14.8万亩、蔬菜瓜果22万亩、油料糖料6.8万亩、林果67.7万亩、茶叶15.2万亩;养家畜397万头、家禽4260万只、鱼11445万尾;在公共设施建设及服务方面,建设文化活动室111667平方米、村卫生室89908平方米、村小学520067平方米、危房改造25916间、培训农民39万人次。2009年全省农村低收入人口为86.5万人,比2002年低收入人口310万人减少224万人。

"十一五"期间,重点村农民收入大幅增长,贫困人口大幅下降。2009年全省实施整村推进工作,1800个重点村的农民人均收入达到2357元,比2006年增长98%。按照国家新的扶贫标准,2009年全省农村低收入人口为86.5万人,与2006年相比有较大幅度下降。2006年至2009年,全省扶贫重点村新修乡村道路22091千米,627万人行路难问题得到有效解决,新建水池1.5万个,新建机井0.78万个,解决144万人和70万头大牲畜的饮用水困难问题。

2010年,加大"三个确保"村资金整合力度,3069个重点村新修乡村道路5857千米;新增水地23.56万亩,解决安全饮水困难23.68万人,解决大牲畜饮水困难23.8万头;经济结构日趋合理。以扶贫特色优势产业开发,突破单一传统种植、养殖结构。发展家畜禽养殖:牛0.57万头,羊1.13万只,猪18万头,鸡723万只,其他养殖689万只;发展经济作物种植:马铃薯0.08万亩,药材0.35万亩,干果类0.25万亩,瓜菜类20.59万亩,果梨类8.96万亩,其他种植业59.05万亩。部分县已经打造成具有一定规模的连片开发扶贫产业集群片区。同时,一批扶贫专业合作社正在形成,农民组织化程度逐步提高;社会公益事业不断发展。新修文化活动室22382平方米,修建村卫生室18236平方米,危房改造481间,新修村小学42059平方米,丰富群众的文化生活,促进精神文明建设,群众自我发展能力逐步提高。通过劳动力转移培训、农业实用技术和科技培训,让农户掌握1—2种就业技能和实用技术,户户有一个致富明白人,提高自我发展能力,为脱贫致富奠定基础,共培训5.6万人次。重点村产业发展后劲明显增强,重点村结合当地实际,因村因地制宜,大力发展具有当地特色的"一村一品"主导产业。整合大量资金投入到"三个确保"村,进一步夯实"三个确保"村的扶贫主导产业发展的基础,为如期完成"三个确保"村整村推进任务提供有力保证。重点村贫困群众脱贫步伐加快,随着项目效益的发挥,贫困人口逐步减少,农民人均纯收入由2009年的2357元增加到2010年的2602元。

资金投入

自2002年实施至2009年,全省投入到重点村整村推进扶贫资金465970万元,其中,中央财政扶贫资金162474万元,地方财政配套资金40583万元,整合部门资金128179万元,其他资金134734万元。

表1-2-11 2002—2009江西省整村推进扶贫开发重点村资金投入表

单位:万元

设区市名	总投资	其中			
		中央财政扶贫资金	地方财政扶贫资金	整合部门资金	其他资金
全省合计	465970	162474	40583	128179	134734
南昌市	27996	3261	3646	7937	13152
九江市	59169	19050	4882	11858	23379
景德镇市	3610	842	772	1468	528
萍乡市	19440	5283	901	6457	6799
新余市	2623	684	424	1398	117
鹰潭市	1976	1050			926
赣州市	139413	58941	11760	39546	29166
宜春市	28573	4721	3577	16927	3348
吉安市	59071	27393	4761	16530	10387
上饶市	89866	30013	8223	15249	36381
抚州市	34234	11236	1637	10809	10552

2010年,全省投入整村推进项目的各类资金共计96961万元,其中"三个确保"村资金55786万

元,占 57.5%。资金主要来源有:中央财政扶贫资金 34539 万元,地方配套资金 7726 万元,整合部门资金 48404 万元,其他资金 6292 万元。

南昌市整村推进

2001—2009 年,南昌市整村推进重点村村数 120 个,其中"十五"期间 50 个(省定重点村 26 个、市定重点村 24 个),"十一五"期间 70 个(省定重点村 42 个、市定重点村 28 个)。整村推进工作覆盖南昌县、新建县、进贤县、安义县、湾里区,项目覆盖人口 57736 户、255353 人,项目扶持人口 6850 户、21550 人,其中贫困人口 21419 户、79558 人。2001—2009 年,全市共投入扶贫资金 20345.1 万元,其中财政扶贫资金 11408.1 万元,部门整合资金 8937 万元。全市 120 个扶贫开发重点村投入财政扶贫资金 9621.26 万元用于整村推进建设,共实施各类扶贫开发建设项目 1517 个。整村推进资金主要用于基础设施和公共设施建设、种养产业的发展扶持,其中基础设施建设 6692.16 万元、公共设施建设 629.7 万元、种植业 930.7 万元、养殖业 552.2 万元。2010 年,全市共投入财政扶贫资金 1366.1 万元,其中省级以上财政扶贫资金 766.1 万元。70 个扶贫开发重点村共实施各类建设项目 273 个,有 46 个重点村新建校舍,14 个重点村对学校进行配套改造,38 个重点村建立电化教室,70% 的重点村用上干净水;硬化道路 108 千米,实现重点村行政路硬化率达 100%,自然村道路硬化率超过 90%;新建、维修水利设施 46 处,改水改厕 58 处。培训农民 7.78 万人次,贫困人口的综合素质迅速提高,贫困劳动力有序转移,增收显著。重点村扶贫主导产业经过近 10 年的扶持,基本形成水禽(鸭、野鸭)、特种水产(鳝、蟹)、草食畜禽(羊、鹅)、水果、花卉苗木、茗茶、蔬菜、食用菌、黑芝麻、生猪等 10 大主导产业,每个村都拥有一至多项扶贫产业发展项目,自主创业农户增收渠道进一步拓宽。全市扶贫开发重点村人均纯收入从 2001 年的 650 元增长到 2009 年的 3380 元,净增加 2730 元,增长 42%;贫困人口减少 7.5 万人,较 2001 年下降 66%。

进贤县 2010 年,进贤县共硬化道路 17 条,村便道 2 条,共 42.4 千米,各贫困村实现村村通水泥路,方便贫困村群众的出行及农产品和生产资料运输;其次,加强农田水利基本建设,共兴修水利设施 16 处,主要是完成排灌站设备更新和沟渠的开挖及门塘水库的护坡,受益面积 3000 余亩,粮食增产达 700 吨,增加产量和提高土地利用率;帮助贫困村改善教育条件,重点是和教育部门一道新建学校及校舍危房改造,新建学校 1 所,面积达 600 平方米,校舍危房改造 3 所;改善贫困村生态环境、改变贫困村社会、文化的落后状况。结合新农村建设搞好改水改厕工作,确保贫困村人民群众的饮水安全(共改水 880 户,改厕 160 户);建设文化活动中心及文化广场,丰富人民群众的业余文化生活(共建设文化活动中心 5 个,图书室 16 个,文化广场两个)。

安义县 2010 年,安义县 13 个重点村共实施基础设施项目 13 个,其中硬化村组公路 4 千米,渠道改造 14 千米,维修加固和新建水库各一座,新建机耕桥 2 座,新建电排站 1 座,新打抗旱井 6 口,维修村委会 260 平方米;培育壮大无公害水果、苗木、果苗培育、红薯种植、绿化草皮、生猪养殖等 10 大扶贫主导产业;完成 59 名重点村劳动力转移培训任务;扎实有序,顺利推进社会帮扶工作,各单位筹集协调帮扶资金 124 万元,扶助贫困村发展农村基础设施和社会事业建设;扶贫整村推进和社会帮扶等各项工作取得良好的成绩。

湾里区 2010年,湾里区实施整村推进扶贫开发的行政村共5个,其中列入省级整村推进扶贫开发的行政村3个,列入市级整村推进扶贫开发的行政村2个。有自然村31个,1384户,5780人。整村推进扶贫开发,是湾里区扶贫开发工作的重中之重。2010年全区共投入整村推进扶贫资金221万元。其中,财政扶贫资金74万元,整合其他各类资金147万元,实施整村推进扶贫项目12个,其中基础设施项目7个,文化设施建设项目1个,主导产业发展项目4个。新修村级公路5.85千米,维修公路4.5千米,建设休闲广场900平方米,配备多功能健身器材1套,石桌石凳2套,修建简易桥一座、公厕一座。同时,立足本地优良生态资源,充分发挥比较优势,大力扶持贫困村主导产业发展,努力强化贫困村造血功能,重点扶持实施牛岭村生态油茶高产示范项目、南岭村高山有机绿茶基地低改和扩建项目、东昌村和太平村笋竹两用林基地建设项目、南溪村花卉苗木基地项目。截至2010年末,5个整村推进重点扶贫村,实现农民人均纯收入3790元,当年新增脱贫人口508人。

九江市整村推进

2002年,经省扶贫开发领导小组批准,修水县被确定为国家级扶贫开发重点县,都昌县被确定为省级扶贫开发重点县。2002—2005年,全市重点在修水、都昌等10县(市)134个重点村积极开展整村推进工作(其中修水42个重点村、都昌县40个重点村)。共投入各类扶贫资金14600.28万元,其中财政扶贫资金8147.1万元,以工代赈资金1256.75万元,定点单位投入1021.24万元,农民自筹资金(含投工投劳)2977万元,其他资金1198.19万元;实施项目1864个,修路1792.69千米,修建桥梁402座,修建小水电站32座,水利设施574处,建饮水工程1735处,修建学校92所,建村级卫生所34所,建沼气池507个,发展种植业面积30175.3亩,养猪、牛、羊18577头,养鸡、鸭、鹅346357羽,养鱼11182.7亩。共有62186户、4239711人受益。同时开展"三清三改一创建"活动,共清除垃圾6712吨,清理污水1445处,清理路障866处,改路1384.2千米,改水1008处,改厕1932个。修水、都昌分别举办3期规划骨干培训班。采取集中上课、分组座谈、问卷测试等方式,县、乡主管规划编制的领导和业务骨干,134个重点村的村党支部书记或村委会主任和规划骨干共400人参加培训。

2008年,将修水县和都昌县未实施整村推进的148个贫困村增补为"十一五"期间扶贫开发工作重点村,全市"十一五"期间实施整村推进的重点村达到357个。2008—2009年,全市认真做好357个重点村的整村推进项目实施工作,共实施项目2150个,累计投入资金33868.03万元,其中财政扶贫资金6689万元,群众投资投劳11493.98万元,争取其他资金15685.05万元,共有263802户、1224459人受益。在所扶持的扶贫开发项目中,实施基础设施项目1214个,其中修路1597.89千米,修建桥梁32座,水利维修164处,建饮水工程24处,修建中、小学校34所,修建村级卫生所40所。实施产业化扶贫的项目645个,种植业项目517个,种植面积达55617亩,其中种植九江水梨31850亩,种植蚕桑950亩,其他种植项目34个,扶持养殖业的项目121个。同时大力开展社会公益扶持事业,共投入资金237.73万元,其中财政扶贫资金210.23万元,这一项目的实施,271名贫困家庭学生得到圆梦助学的援助,13732名贫困户农民得到科学技术培训。在357个重点村的整村推进工作中,九江市重新编制、科学制订209个重点村和新增148个重点村的整村推进扶贫规划。2006年初,209个重点村制订"十一五"村级扶贫开发规划,由于2006年、2007年两年按照省委要求集中力量抓新农村建设,两年中安排2500万的财政扶贫资金进行新农村建设,原来制订的规划要相应调整。2008年初,对209个重点村在重新编制村级扶贫开发规划(2008—2010年),对后3年209个重点村的扶贫项目进行科学规划。同时,对新增补的148个重点村也组织村级扶贫开发规划(2008—2012年)的编制工作,在扶贫规划编制工作中,坚持自下而上、群众参与原则,以村为单位制订规划。各县(市)均举办村级扶贫规划骨干培训班,广泛深入听取农民群众对村级扶贫规划的意见,充分发扬民主、集思广益、尊重群众意愿,采取"海选"办法产生规划项目,并严格审查,明确规划项目既符合群众意愿,是农民急需解决的问题,又符合政策的要求。实施项目1520个,修路893千米,桥梁24座,维修水利98处、建饮水工程14处,修建学校11所、村级卫生所14所。发展种植面积2万亩,其中,九江水梨5669亩,蚕桑、吊瓜562亩,养牲畜5.5万头、水面养殖1.4万亩。389个自然村按照"一大四小"的要求,进行绿化美化环境。

都昌县 2003年,九江市扶贫办在都昌县徐埠镇合力村、武宁县横路乡港北村、泥山村等行政村开展"三清三改一创建"工作试点,2004年在重点贫困村全面启动,对127个自然村共投入财政扶贫资金320万元。2005年,修水县白岭镇三千坂村等209个村被确定为全省"十一五"期间实施整村推进扶贫开发计划的重点村,数量较"十五"期间增加56%。"十一五"期间,从2006年到2007年,按照"整村推进扶贫开发、构建和谐文明新村"的要求,完成全市209个重点村整村推进扶贫开发工作,共投入资金6729.32万元,其中财政扶贫资金2121万元,农民自筹资金(含投工投劳)2570.82万元,其他资金2037.5万元,实施项目681个,修路432.2千米,修建桥梁27座,水利设施35处,建饮水工程494处,修建学校13所,建村级卫生所8所,建农民活动中心26个,发展种植业面积14050亩,养殖业面积11.32万亩。共有99689户、446716人受益。同时指导在全市209个扶贫开发重点村中确定的125个新农村建设试点自然村,按照"走平坦路、吃安全水、用卫生厕、住舒适房"的要求制定扶持项目并督促实施。共投入资金7208.63万元,其中财政扶贫资金2500万元,农民自筹资金(含投工投劳)3826.67万元,其他资金881.96万元,实施项目1680个,改路278.73千米,改水、建饮水工程6984处,改栏、改厕、建沼气4167户,改房3553间,绿化58550平方米(其中绿化树木81301株),普及电话715部,普及有线电视955户,普及太阳能457户,建垃圾池306个,建村民议事活动中心26处、农民文化活动中心35个。新农村建设使125个整治试点自然村的生产生活设施和公共服务更加完善,村容村貌显著改观,农村民主政治和精神文明建设进一步加强,让55497人受惠。

2001—2010年,都昌县以解决贫困地区"五难"即行路难、上学难、就医难、用水难、发展难为重点,有针对性实施一些群众迫切需要的项目。共规划项目3099个,所有项目做到自下而上,民主决策,逐级审核。项目实施过程充分发挥监督小组的作用,严格把关,项目竣工后必须经过验收,确保项目质量,发挥项目的最大效益。完成农村公路改造988.37千米,均为水泥路面;完善水利设施

146 处,新增灌溉面积 34895 亩,完善学校配套设施 49 所;新建农村医疗所 54 个;建筑面积 17280 平方米,对 1025 个自然村实行"三清三改",帮助 11.976 万人脱贫。

修水县 2010 年,修水县在扶贫开发工作重点村开展整村推进扶贫工作。全年争取财政扶贫资金 1480 万元,建设扶贫项目 457 个。建设"三清三改"示范点 148 个,修建村级公路 119 条 426 千米,桥梁 10 座 373.9 千米,水利工程 17 处。新建小学 2 所 660 平方米,新栽经济林木 0.81 万亩。在何市镇下田蒲等 11 个重点村开展试点,每村投入财政扶贫资金 15 万元,互助资金总额达到 183.23 万元,发放借款 515 笔共计 175.34 万元,按照"民有、民用、民管、民受益、周转使用,滚动发展"的要求,建立"农民自己的银行",帮助贫困农民发展蚕桑、畜牧等致富产业。

永修县 2010 年,永修县全县 17 个重点村共实施整村推进项目 61 个,其中公路建设项目 21 个,水利设施项目 8 个,产业开发项目 15 个。通过这些项目的实施,新建或改(扩)建乡村道路 20 条,30.2 千米;新建或维修水利设施(提灌站、渠道、水库、水坝等)6 处,受益农田面积 0.31 万亩;新增果业种植面积 0.24 万亩。全县扶贫重点村"十一五"整村推进规划项目全面完成,基本实现"基础设施不断改善,公益事业逐步完善,产业发展日益扩大、基层民主规范有序、环境优美乡风文明"整村推进工作目标。主要依托重点村现有的产业基础,大力整合资金,在整村推进资金中平均每个基地安排 3 万元,加大对九江水梨、柑橘、油茶、生猪、家鸭、雁鹅、葡萄等重点村产业基地的扶持。全县形成"一村一品"特色产业发展势头的重点村有 8 个,为贫困村农户逐步脱贫致富创造坚实的基础。

瑞昌市 2010 年,瑞昌市始终坚持以改善贫困村的基础设施为重点,大力实施公路改造、水利建设、学校卫生所、农户改水改厕等基础设施项目,为重点贫困村经济发展奠定坚实基础。完成硬化改造道路 23 处,共 24.9 千米(72800 平方米),总投资 369 万元,其中财政扶贫资金 50.5;完成饮水项目 7 个,总投资 87.5 万元,其中财政扶贫资金 28.5 万元;完成农田水利项目 9 个,总投资 78 万元,其中财政扶贫资金 21 万元,为 9 个村修建 11 处农田水利设施,改善灌溉面积 830 亩;修建村级卫生所项目,为 2 个村新建两所村级卫生所共 360 平方米,总投资 26 万元,其中财政扶贫资金 3 万元;三清三改项目 3 个,总投资 50 万元,其中财政扶贫资金 13 万元,在 16 个重点村的 16 个自然村进行绿化环境整治;硬化村小学操场 300 平方米、建立垃圾焚烧炉 2 个等。项目直接受益人口达到 8372 户 35162 人。

星子县 2010 年,星子县整村推进中央财政扶贫资金 142 万元,实施项目 69 个,其中产业发展 62 万元,主要是饮用菊开发、茶园改造、九江水梨扩种和水产养殖等;水利设施 51 万元,主要是修路、建桥和水利设施维修;社会事业 29 万元,主要是学校、卫生室和村部设施建设改造。经过中央财政资金、地方配套资金、社会扶贫资金和群众自筹等多方资源整合,项目建设取得良好的效果,重点村经济社会全面发展进步,新农村建设不断加快。

武宁县 2010 年,九江市批复武宁扶贫开发整村推进资金 114 万元,项目 43 处。下拨使用资金 114 万元,占计划资金的 100%,其中:人畜饮水 2.5 万元,完工 1 处;农田水利 38.5 万元,完工 17 处;地方交通 25 万元,完工 10 处;生产开发 33 万元,完工 15 处;村庄绿化树苗 6 万元;助学培训 9 万元,完成助学 47 人,培训贫困人员 1260 人。

彭泽县 2010年,彭泽县实施扶贫开发项目80个,财政扶贫资金286.54万元,其中:8个扶贫重点村整村推进项目25个,资金83万元,所有项目已竣工验收。财政扶贫资金的使用和项目管理,严格按照上级有关规定,严格要求,规范操作,实行县级报账制,专款专用,封闭运行,确保扶贫资金使用效益的最大化。在2010年全市年度综合考评中,获九江市委、市人民政府项目资金管理先进单位和社会扶贫工作先进单位。

湖口县 2010年,湖口县按照年初工作计划,面向7个重点村整村推进工作,32个整村推进项目全部按计划实施验收完工,完工率达到100%。全年7个重点村共改造修建水泥路12.2千米,砂石路5千米;在7个自然村进行三清三改,村庄的群众家家用上自来水、卫生厕,村庄面貌焕然一新;开发九江水梨300亩,开发水产养殖800亩。在项目资金管理上,将全县12万元县级财政扶贫配套资金输入网上资金监测系统,所得财政扶贫资金均按照有关资金管理办法拨付给项目单位,程序正规,手续完备,账目规范,效率高效;资金全部及时录入网上资金监测系统,并全部拨付到项目单位且全面完成网上报账。7个重点村的"两委"班子均有较强的组织管理和议事、决策、干事能力,村支书和村主任均是当地乡(镇)能力较强的人,各村环境都有较明显改善,各村的扶贫开发制度均制牌上墙,资料档案保管完备,扶贫资金明细台账清楚规范,7个重点村中有6个是当地乡(镇)的先进村和各种检查评比参观的亮点村,村级组织管理得到加强。

德安县 2010年,德安县采取"突出重点,整村推进"的扶贫思路,继续在吴山乡大岭村和邹桥乡源口村实施整村推进工作,完成实施整村推进基础设施建设项目11个,安排财政扶持资金21万元。大岭村修1条乡级公路1500米;修水渠1900米,增加灌溉面积160亩。治理源口村六组上边坝河床险段,解决上游积水问题;开发鱼塘20亩。

九江县 2010年,九江县坚持项目规划公开公示原则,因地制宜制订切实可行的项目规划;坚持项目资金专款专用原则,加强项目资金的管理和使用是扶贫开发项目实施的关键,严格按照财政纪律和上级业务部门的要求执行到位。在资金管理方面,建立财政专户,专人管理,严格要求资金申报程序,制订和健全财政扶贫资金管理和使用制度以确保资金正常运转,建立乡镇长负责制,由乡镇长一支笔审批,建立县办检查制度;坚持村级组织优化组合原则,提升村级班子战斗力,积极与当地党委政府保持沟通,完备扶贫开发档案,建立资金明细台账。

景德镇市整村推进

2010年,景德镇以"民生工程"为重点,全面完成重点村整村推进工作。全市12个扶贫重点村的整村推进工作是"民生工程"的一项硬指标,为完成好这项工作,市扶贫办从以下几个方面入手:按照"整村推进扶贫开发,构建和谐文明新村"的要求,继续抓好"十一五"全市的12个扶贫开发工作重点村实施整村推进扶贫规划工作,并加大重点村资金、项目的投入,努力落实全市重点村各项规划,各项目资金到位。村容村貌有较大改观,村级组织工作能力得到提高。积极争取在扶贫开发重点村当中安排新农村建设自然村整治点,从而为贫困村争取各方的资金,建立更好的平台,全年共争取各方帮扶资金200余万元,新农村建设点规划项目进展顺利,项目已全部完工;完善全市贫困户的建档立卡系统。经市、县扶贫办全体工作人员的共同努力,"十五""十一五"重点村中的贫困户全部做到户有卡、村有册、乡有簿、县有微机档案,为瞄准扶贫开发工作对象奠定基础。同时,在劳动力转移培训、基础设施建设、移民搬迁等方面对持卡贫困户优先安排,确保贫困人口真正受益。2001—2010年,全市12个扶贫重点村的整村推进工作按照"民生工程"的指标,通过整合各项资金,重视基础设施建设,切实改善贫困村生产、生活条件。共修建乡村公路278千米,大小桥梁(洞)57座,解决2.60万人的行路难;修建饮水工程23处,解决1.7万人的引水困难,扶助铺设电缆线2200米、修建电视及通讯机站19座,解决群众看电视、通电话、打手机难。新建群众文化活动中心2200平方米,解决0.6万名群众无场所学习活动的问题;新修大小水堰等水利设施115处,增加灌溉面积0.6万亩。在实施重点村整村推进工作中,着重抓好沼气建设及"三清三改",改善人居环境。

乐平市 "十一五"期间,乐平市有4个省级贫困村,2006年启动扶贫整村推进工作,2010年确保整村推进项目顺利按规划内容进行。截止到2010年底,4个重点贫困村整村推进项目均已实施完成,5年间投入项目资金达225万元,其中省拨专项补助资金43万元。

浮梁县 2010年,浮梁县投资111万元用于修建边远山区乡镇、村、组公路共120千米。解决5.6万村民行路难问题。投资15万元修建小桥6座,投资9万元修建水渠3600米,解决120亩农田灌溉问题。投资20.5万元,修建自来水8处,解决1820人饮水困难问题。投资3.5万元修建村民活动室2处。

昌江区 2010年,昌江区整村推进项目为硬化村内道路1000米,惠及丽阳乡余家村委会石口、余家、山门、小源坞4个自然村338户1285人。所用资金13万元来源于扶贫资金10万元,村民投工投劳3万元。

萍乡市整村推进

"十五"期间,全市44个重点村规划项目406个,2005年底,所有规划项目都按时、保质、保量完成。2009年底,全市共投入43844.29万元资金,其中:财政扶贫资金11007.55万元,市、县财政配套资金2489.64万元,以工代赈5962.24万元,用于龙头企业的扶贫贴息贷款11587.41万元,定点扶贫工作组筹资和物资折款3008.31万元,其他社会资金9789.14万元。在这些资金的扶持下,44个重点村贫困人口下降61%,从2001年的10044人下降到2005年的3910人;低收入人口下降50.4%,从2001年的16048人下降到2005年的7974人;共修建公路1054.91千米,建桥梁168处4100.1米。修建小水电站7座,装机容量2050千瓦时,架输电线路72320米,解决无电自然村297个,受益农户5214户;修建排灌站6座,架管道48100米;维修小水库32座,增加库容242.24万立方米;修水坝55座,修建水塘61口,修水渠水圳235100米,修河堤5658米,修建其他水利设施300处,增加有效灌溉面积54971亩。建自来水厂1个,修建饮用水工程971处,铺饮水管道514742米,建水池66个,打水井99口,解决15.31万人的饮水困难问题,98%以上村民饮用上安全水。架闭路电视线36000米,架程控电话线69700米,建移动通信塔5个,改变重点村信息闭塞的落后状况。

建沼气池 270 个。建村综合楼 94 栋,40027.1 平方米;修建卫生院 15 所,1462 平方米,解决 18921 人看病难的问题;修建和改造小学危房 55 所 7294 平方米,解决 7428 个学生上学难问题。全市 44 个重点村农民人均纯收入从 2001 年的 760 元增加到 2005 年底的 1800 元。电视、电话普及率分别达到 100% 和 82%,部分村民还购有手机;新购农用车辆 658 辆,总量达到 1433 辆;新建翻修砖木结构住户达 2000 户,面积达 30 万平方米,有 200 户农户建起高标准的小洋房。各重点村把"三清三改"列入重点工作,发动群众积极参与。共清理垃圾 26722 吨,清污沟 359 处,清路障 647 处,改水 21688 户,新建排水沟 5000 米,改路 236.23 千米,改厕 6202 个。大部分贫困群众实现走平坦路,喝干净水,上卫生厕的愿望。2010 年,加大整村推进力度,重点村经济社会全面发展,新修水泥公路 135 千米,修桥 26 座 456 米;修水渠、水圳 60542 米,增加有效灌溉面积 21008 亩;修建饮水工程 75 处,铺饮水管道 176485 米,解决 65430 人的饮水困难;修水坝 82 处,修建小学 6 所,修建村文化活动中心 18 栋、面积 5465 平方米。107 个重点村完成整村推进项目 408 个,其中计划内项目 173 个,计划外项目 235 个。全市有 4 个村获得全省整村推进示范村称号,并得到奖励资金 8 万元。2010 年,在贫困地区共投入扶贫移民资金 15134.9 万元,同比增长 26.7%,其中:中央、省财政扶贫移民资金 3107.41 万元,市、县财政配套资金 277.45 万元,67 个工作组争取和帮扶资金 1743.25 万元,村民自筹和投工投劳折款 1357.06 万元,其他资金 8649.73 万元。预计解决 12500 人贫困人口温饱和脱贫问题,贫困地区农民人均纯收入由 2009 年的 1846 元增加到 2600 元,增长 40.8%。

莲花县 2010 年,莲花县 76 个扶贫工作重点村以 868 万元财政扶贫资金为"酵母",整合新农村建设、小农水建设等其他资金 653.8 万元,共修筑道路 82 条计 62.5 千米,桥梁 11 座,修建水圳 22 条计 16687 米,建造净化水池 4 个,计 1355 立方米,铺设管道 24720 米,新建村综合楼 6 栋,续建村综合楼 9 栋,新装网络电视 685 户。

上栗县 2010 年,上栗县桐木镇、上栗镇、鸡冠山乡、长平乡、东源乡中 15 个重点扶贫村申报并得到批准,共投入资金 700 余万元,财政扶贫资金 182 万元,市级及县配套资金 49.45 万元,村民自筹和投工投劳折款 199.96 万元,其余资金筹集来自社会帮扶单位,修建水泥公路 17.4 千米,建村水坝 7 座,砌河岸 336 立方米,修水圳 900 米。

泸溪县 2010 年,省财政下拨芦溪县扶贫资金 136 万元,全年安排基础设施建设项目 22 个,其中投资 525 万元修建村组公路 13 条 25 千米;投资 29 万元修建便桥 3 座;投资 26.5 万元建设安全饮水工程 5 处,解决 0.21 万人的饮水困难;投资 38 万元改造水渠道 2.6 千米,新修拦河坝 5 处,解决旱涝保收农田面积 1538 亩,每年增产稻谷 20 万千克;投资 315 万元,新建村级综合楼三栋计 3724 平方米,集住宿、餐饮、娱乐、休闲为一体,既解决 3 个村的村民文化活动场所又兼顾旅游业的发展,增加村级经济来源;投资 53 万元改造中心小学 2 所,方便 260 余名小学生就读;投资 24.5 万元改厕、改灶 400 户,较大地改善 2000 余人的生活环境。

湘东区 2010 年,湘东区新修水泥公路 4.5 千米,修水渠 8054 米,增加有效灌溉面积 0.30 万亩;修建饮水工程 3 处,铺饮水管道 10485 米,解决 3430 人的饮水困难;修水坝 18 处,修建小学 1 所,修建村文化活动中心 1 栋、面积 465 平方米。3 个重点村完成整村推进项目 9 个,其中计划内项目 6 个,计划外项目 3 个。3 个自然村的新农村建设中,每个自然村投入资金总量在 20 万元以上。

新余市整村推进

"十五"期间,全市5个重点贫困村共投入财政扶贫资金245万元,筹资1360万元,实施交通、水利、农田基础设施、人畜饮水、教育及实用技术培训等项目63个,扶持贫困户1040户,1440人贫困人口告别饮水难;新增农田灌溉面积1700亩,新建中型水井8口,修建村组公路36千米。"十一五"时期,上级下拨新余市重点贫困村整村推进资金523万元,实施项目81个,新修公路86千米,新建饮水工程14处,解决859户贫困户饮水难问题,维修水库15处,园田化平整面积上千亩,种植高产油茶林600亩。通过扶贫开发,新余市贫困人口逐年降低。2008年,全市贫困发生率为1.4%,贫困人口为10185人。2009年,国家调整低收入人口标准为年人均收入低于1196元,按新标准,全市贫困发生率为0.87%,低收入人口为6329人。基础设施建设得到改善。贫困村全部实现村村通,60%以上的村委实现组组通,新建饮水工程基本解决村民行路难。初步形成果业种植、高产油茶林为支柱的扶贫产业。

新余整合各部门资金,把新农村建设、定点扶贫单位与整村推进相结合。全市5个省定重点贫困村每年都有4—5个村小组列入省市新农村建设试点村,新增新农村建设试点资金18万元。市民政局连续3年选择市级贫困村仙女湖九龙山乡城上村作为新农村建设挂点帮扶单位,结合该村移民数量多的特点,积极争取移民项目。3年累计为该村投入资金120多万元,帮助3个村小组进行村组改造,植树造林,将1个贫穷落后的贫困村打造成环境优美、经济发展、管理民主的社会主义新农村。省直帮扶单位情系贫困村,真心帮扶,按照制定的帮扶规划,稳步推进,分步实施,累计自筹资金55.22万元,争取其他单位扶贫资金75.5万元,捐赠资金13.1万元,为当地修路、改水、改厕,改善基础设施建设,扶持当地发展一村一品,提高村民收入。2010年,全市10个省定重点村财政扶贫资金105万元,实施项目12个。通过财政扶贫资金的扶持,贫困村行路难、灌溉难、饮水难得到进一步改善,贫困村实现"走平坦路、喝干净水、上卫生厕"的目标。据不完全统计,新修公路1.9千米,新修渠道7.65千米,维修水库1座,新建饮用水1处,维修塘坝0.16千米,改造低产田1000亩,受益农户1066户。积极引导贫困村结合当地优势,调整产业结构。为贫困村制定优惠政策、建立合作组织、提供技术支持、解决资金难题,使粮食、果树、药材等重点产业得到快速发展。通过扶持新余蒙山实业有限公司蜜桔示范园推广和新余振源工贸有限公司葛根药材开发,取得明显效益,为农户带来很大的收益,实现财政扶贫资金带动贫困群众脱贫致富的功能。共种植新余蜜桔300亩,葛根4000亩,马岭坑综合养殖20亩,优质稻300亩,高产油茶林4400亩,可带动2570户农户受益,人均增收800元。

分宜县 2010年,分宜县将74万元扶持资金重点用于硬化村组水泥路面3.5千米,解决120户农户人畜饮水。以整治环境、实现"走平坦路、喝干净水、上卫生厕"为基本目标,改善重点村民生。重点村环境得到改善、乡风更加文明、村级政治更加民主、基层组织更加坚强有力,洞村乡霞贡村更成为典型示范村。圆满完成"十一五"省定扶贫重点村"整村推进"项目。

渝水区 "十一五"期间,渝水区共确定扶贫开发省定贫困村3个,分别是罗坊镇新和村、人和乡西村村、鹄山乡兰塘村。渝水区把整村推进与新农村建设紧密结合起来,以新农村建设促进扶贫工作,促进贫困村经济和社会发展。2010年,3个重点村投入资金126万元,其中财政扶贫资金31万元,实施扶贫项目5个,实施新农村建设点3个,新修和改造乡村公路2千米,3个重点村行路难问题基本解决,新修桥梁1座;维修水库3座;新增农田灌溉面积800亩,结合新农村建设,130户农户改建卫生厕所,修建村部及活动中心1000平方米;种植高产油茶林3000亩,饲养畜禽200多头,养鱼1万余尾。

高新区 2010年,高新区全区硬化水泥路面139.05千米,解决饮水困难人口7014人,新建沼气池589个,开发果园2.1万亩。

孔目江区 2010年,孔目江区共投入财政扶贫资金8.5万元,新建和改造乡村公路里程0.5千米;新建村组道路硬化、环境整治等村组改造维修1处;新建维修山塘水库等水利设施共3处(座),结合本区实际情况,完善移民饮水、道路等基础设施,有效解决村民出行难、灌溉饮水困难等问题。

鹰潭市整村推进

2000—2009年,全市共投入财政扶贫资金2716.9万元,其中省分配下达的发展资金2492.9万元、市财政配套的扶贫资金224万元,加之社会各界的大力支持和贫困地区广大干部群众的共同努力,绝对贫困人口的温饱问题基本解决,贫困人口和低收入人口分别由2000年底的8678人和78000人减少到2009年底的9946人(含低收入人口)。考虑到返贫因素,平均每年递减的人数在8526人以上;贫困人口和低收入人口占农村人口的比例分别由2000年底的12.4%下降到2009年的1.21%;交通建设方面,共投入财政扶贫资金1650万元,扶持项目150个,修建乡村公路170条224千米,架设桥梁45座235米;农田水利设施建设方面,共投入财政扶贫资金659.9万元,扶持贫困乡、村修建电灌站18座,兴修水库及山塘11座,增加有效灌溉农田面积7万亩;兴修饮水工程68处,解决2.5万人的饮水困难;科教文卫方面,共投入财政扶贫资金127万元,扶持兴建和改建乡村中小学8所,兴建乡村卫生院(所)5所,方便0.4万多名学生就近入学,解决0.3万多人就近看病,有效地缓解老区人民上学难、就医难、行路难等问题。按照"整村推进扶贫开发、构建和谐文明新村"的要求,全市结合新农村建设在重点村中的12个自然村开展整治建设试点工作,以促进贫困地区和谐社会建设。在整治村容村貌方面,共投入财政扶贫资金280万元,通过开展"三清三改",清运垃圾450吨,清理污沟7千米,清除路障300处,改路35.7千米,改水792处,改厕899个,改善贫困地区群众的居住环境。2010年,着重抓12个扶贫开发工作重点村的实施"整村推进"计划,不断强化贫困群众在扶贫开发中的主体地位,大力提倡"自己的家业自己创、自己的家园自己建、有困难政府社会帮"的自力更生精神,让贫困群众在参与开发的过程中不断增强自信、增长才干、增加收入,让村级组织在实施规划过程中形成议事、决策、干事的长效机制,实现可持续发展,以促进农村贫困地区的和谐社会建设。省下达全市12个重点村财政扶贫发展资金130万元、安排项目14个,该年度计划项目全面完成。

贵溪市 2010年,贵溪市筹集财政扶贫资金86万元,用于全市8个重点村全面开展整村推进扶贫开发工作。把村级扶贫规划层层分解、级级落实,纳入各级党政的目标管理,发动群众积极参与,真正把扶贫工作落到实处。精心组织项目的实施,2010年共实施扶贫开发项目23个,完成一批农田水利建设、交通建设、文化科技、种养殖和乡加工业项目,扶持贫困人口3000余人。

赣州市整村推进

2000—2009年,赣州投入财政扶贫资金25092.2万元,共新修和改造乡村公路里程达11230千米,重点村到乡路面基本硬化,1450个重点村行路难问题基本解决,新建、新修桥梁22680米;新建维修水陂、水坝、河堤、山塘、水渠等水利设施2000多处(座);新增农田灌溉面积35.1万亩,新增基本耕地面积1.5万多亩;架设输电线路100多千米;新建改造学校20357平方米,新建改造卫生院16994平方米。2006—2010年,结合新农村建设,扶持6581户农户安装自来水,7654户农户改建卫生厕所,新建公厕110处;修建村部及社区活动中心49350平方米;居民住房改造20130平方米;种植油料糖料作物273.5万亩,种植林果作物9.2万亩,发展茶叶2.3万亩,饲养畜禽1132.7万头,养鱼2668万尾。全市行政村通公路比例由2000年的92.71%提高到2009年的98.88%,通电比例由2000年的96.16%提高到99.7%,通电话由2000年的88.8%提高到100%,通广播电视比例由85.86%提高到100%;2009年,农民人均年纯收入达到3856元,比2000年的2100元提高1756元;初步建立以"十大救助制度"为主要内容的城乡社会救助体系和农村低保制度,10.2万人享受城市低保,30.78万人享受农村低保,新建灾民新村139个,灾后倒房重建率达到100%,五保集中供养率达到65%,新型农村合作医疗试点覆盖人口达到258.2万,解决29.5万农村人口的饮水安全问题。全市饮水困难人口由2000年的256.14万人下降到169.2万人,行政村有卫生室的比例由2000年的15.42%提高到80.5%。2009年全年安排整村推进项目资金10679万元,安排项目2543个。至2009年底,已完成项目2034个,完工率为80%。据统计,全市新修水泥路2598千米、简易公路327千米,新修桥梁2116米,新修水渠、水圳等水利设施16万多米,铺设饮水工程水管72360米,解决饮水困难人口5.39万人,改造输电线路2012千米,发展种植业面积5030平方米,修建村小学49711平方米,改造危房305间。2010年,全市争取上级重点村实施整村推进资金11930万元,共安排重点村项目2798个。重点村新修水泥公路2798.79千米,简易公路382.33千米,桥梁132座4080.30米,改水906户。试点村实际投放资金1575万元,受益农户4500多户,其中贫困户及移民户占60%以上。

2010年,全市1047个整村推进重点村坚持以"三个确保"为重点,与新农村建设紧密结合,整体推进农村基础设施建设、产业建设和生态文明建设,完成2009年度整村推进项目的实施、验收工作。2010年9月,以优异的成绩迎接省扶贫和移民办、省财政厅组织的扶贫项目财政扶持资金绩效考评,被评为全省A级先进单位。全市争取上级重点村实施整村推进资金11930万元,共安排重点村项目2798个。重点村新修水泥公路2798.79千米,简易公路382.33千米,桥梁132座4080.30米,改水906户。完成全市扶贫产业项目规划。全市8个重点县和2个西部政策延伸县(市)按要求编制扶贫产业项目规划,建立扶贫产业项目库项目343个,完成全市扶贫产业项目规划;编制"十二五"贫困地区集中连片综合治理规划,确定兴国、宁都等六县(市)35个乡镇432个行政村为贫困地区集中连片综合治理规划区域。90个贫困村互助资金试点工作中,试点村实际投放资金1575万元,受益农户4500多户,其中贫困户及移民户占60%以上。完成到户贷款资金贴息380多万元,为农户贷款7300多万元提供贴息支持,使3000多户农户受益。全市已入库项目1595个,为龙头企业贷款8733万元提供贷款贴息262万元。全市8个重点县1196元以下的农村贫困人口有272612个扶贫对象进行建档立卡。

兴国县 2010年,兴国县扶持全县基础设施建设投入资金2252.5万元(含配套385万元),新修和改造乡村或村组公路129条319千米,兴建桥梁24座,新建或维修水陂87座,排灌站3座,水渠水圳4395米,河堤1875米,新增有效灌溉面积3.5万亩;投入40万元扶持改善村组安全饮用水,大大改善重点村交通、水利等基础设施条件,同时投入80万元建设新农村,利用优惠政策大抓以改变人居环境为主要内容的"三清六改"工程和"一大四小"工程,改变"脏""乱""差"现象,村容、村貌明显改观。坚持以改善重点村生产生活条件,提高贫困群众自我发展能力,增加农民收入为重点,积极抓好扶贫项目、资金的使用管理,努力确保有限的扶贫资金发挥最大的效益,全县安排扶贫项目479个,扶贫资金3945.59万元,完工率达100%,优质率达96%。

于都县 2010年,于都县扶持156个重点村实施整村推进基础设施项目178个1693.68万元,其中交通建设项目98个943.07万元、水利建设项目46个448.46万元、饮水工程建设项目3个34.04万元、医疗点建设项目22个194.58万元,学校建设项目9个73.53万元。开工项目178个,完工并验收项目164个,资金拨付1571.56万元,分别占92.1%和92.8%。配套364万元全部拨付到位。全县重点村完成通村公路150.9千米,通组路57.3千米,水渠、水圳22520米,新建村医疗所22所3180平方米,新建学校及附属设施9所4239平方米,改饮水3处铺水管3500米,建水塔(池)3座。2010年,按照"兴产业,强基础,解贫困,促增收"的总体思路强力推进整村推进连片开发试点。试点项目总投入3.4亿元,其中试点补助资金1000万元,整合涉农资金、银行信贷资金、招商引资、农户投资投劳共33000万元,共规划建设产业发展和改善民生二大类项目19个,覆盖7个乡镇30个行政村13690户农户58860人。2010年底完成总投资31338万元,完工项目17个,占计划的92.2%。这些项目在改善群众生产生活条件,培育特色主导产业,均衡发展各项社会事业等方面取得明显成效。新开加工橙面积1.5万亩,完善原有果园道路、灌溉等基础设施项目48个,建设万吨脐橙贮藏商品化生产线1条;新建高产油茶林4000亩,改造油茶低产林2000亩;建成规模以上蔬菜基地3个,无公害商品蔬菜面积1500亩;完善16个移民集中安置区水利、交通等基础设施建设项目23个,扶持62户移民搬迁户发展家庭经营项目。

宁都县 2002年,宁都县赖村镇邮村被确定为全省集中扶持的重点村,村级班子抓住机遇,积极带领群众实施整村推进扶贫开发规划,共整合各种扶贫投入131.5万元,其中财政扶贫资金62.5万元,新修通村水泥路2.5千米,新修改扩建村组公路9千米,新增农田有效灌溉面积1360亩,帮助342人改善饮水条件。与实施整村推进扶贫规划前相比,全村贫困户由96户540人减少到41户183人,低收入户由147户753人减少到97户506人。截至2005年,村民在实施规划建设项目中自愿投工投劳达到18000余个工日,完成土方13000余立方米。全村4个自然村都修通环村路,硬化路面6.2千米,新建村部办公楼260平方米,开挖抗旱井5口,修水峡1座,桥梁3座,塘岸护坡600米,种植风景树5000余株,实施退耕还林建果园100亩,涌现养大户26户,其中养鹅、养鸭16户、养牛7户、养鱼3户,全村优质稻种植率达到100%,建成户户通自来水,建沼气池110座,180户农户开通有线电视,103户接通程控电话。2007年9月始,宁都县连续2年被列入全国"县为单位、整合资金、整村推进、连片开发"试点县,2009年又将于都县列入全国试点县。在试点工作中突出蘑菇、黄鸡、加工橙等三大扶贫产业开发,促进特色产业连片开发快速发展,也为有效解决连片贫困问题在全省和全国作出示范。在试点工作的2年时间里,整合投入6.55亿元资金,新建和改造村组公路206.5千米,建成小型农田水利70项,新建、扩建和改建学校10所,扩建乡镇卫生院2个、新建村级卫生室21个,新建乡镇宣传文化站3个、村组文化活动室23个,新建乡镇敬老院2个,新建移动、联通基站8个、新开程控电话400门,还开通远程教育网、电信宽带网、有线电视网等,新建社区活动场所27个,新建4个村委会办公房。同时,在试点区域7个乡镇的17个行政村连片开发加工橙近3万亩,新修通园公路50千米;建立黄鸡标准化养殖小区23个,新建与改建养殖大棚500个,新增黄鸡养殖500万羽,年黄鸡出笼达3500万羽;新建10万平方米蘑菇房,新增种植蘑菇面积50万平方米以上,新建二级菌种场2个1500平方米,年生产优质蘑菇种50万瓶以上。三大产业共覆盖农户10108户,其中贫困户1203户,为农民长期稳定增收打下坚实基础。2010年,宁都县把整村推进扶贫与新农村建设紧密结合起来,以新农村建设促进扶贫工作,促进贫困乡村经济和社会发展。共扶持118个贫困村实施基础建设项目135个,投入扶贫资金1336.2万元;社会发展项目5个,投入资金55万元。

赣　县　2010年,赣县立足全县各重点村实际情况,编报2010年整村推进项目计划并获市扶贫和移民办批复,加强项目管理和监督,按照有关程序和要求,指导督促各乡镇和扶贫重点村实施好整村推进项目,确保工作实效。到2010年底,全县116个扶贫重点村整村推进257个项目总资金1312.5万元,开工项目230个;竣工项目193个,占项目总数的75%,累计拨付项目资金230万元,占资金总数的17.5%。

会昌县　2010年,会昌县扶贫开发围绕新农村建设中心,以贫困户增收、贫困户自我发展能力提高为目标,以管好用好扶贫开发资金,开展整村推进、移民扶贫、劳动力转移培训和社会扶贫工作为重点,取得较好成效。以增加贫困群众收入为核心,以完善基础设施建设、发展社会公益事业、改善群众生产生活条件为重点,促进经济社会全面发展,取得明显成效。2010年,争取上级扶贫资金2527.52万元,其中整村推进资金1240.5万元。共安排整村推进扶贫项目371个,新修和改造乡村公路98条331.71千米(其中硬化水泥公路82条261.01千米),新建桥梁12座261米,新建村级医疗卫生所7个1523平方米,新建或维修水陂、水渠等水利设施22处(座)26320米,新(改、扩)建村小学校7所3600平方米,铺设饮水管道9500米,扶贫绿化植树54315棵。较好解决重点村群众行路难、子女上学难、科技培训难、水利灌溉难、村民议事难等问题。

寻乌县　2010年,寻乌县加大扶贫重点村整村推进力度,在申报扶项目时,按照自下而上原则,坚持在规划中选项目;认真组织扶贫项目实施,加强扶贫项目实施监督工作。做到经常深入扶贫重点村检查督促项目实施,对项目实施进行全程跟踪服务和监督管理,形成县、乡、村三级监督机制,扶贫项目得到顺利实施。根据扶贫开发规划和上级扶贫部门批准,2010年安排整村推进项目217个,资金1128.5万元。安排在全县82个重点村,到12月底,100%的项目开工并完成验收。

安远县 2010年,安远县整村推进项目列入全县"百个重点项目"和民生工程,实行定期调度,定期督查,限期竣工。安排重点村整村推进财政扶贫资金995万元,申报实施项目226个,其中"十一五"42个重点村建设项目101个,安排资金420万元;46个新增重点村建设项目125个,安排资金575万元。在项目实施中,建立项目"编制小组""执行小组"和"监督小组"负责扶贫项目的编制、实施、验收,同时注重引导重点村群众投工投劳,参与扶贫项目的实施管理,引导民间组织参与民主管理,实现民主决策、村民自治。

上犹县 2010年,上犹县有57个扶贫开发重点村,覆盖全县701个自然村,26153户,106622人。全县投入扶贫开发到村项目资金649万元,安排生产生活基础设施项目149个,在营前镇珠岭村、安和乡车田村等48个村实施水利工程。解决2512户9650人的生产生活用水难题,改变过去饮河水的现象,增加有效灌溉农田5000亩。修建社溪镇社陈村、梅水乡新建村等51个村公路74条,共121.88千米;修建桥梁11座209米;解决11个乡51个村6万多人的交通出行问题。养殖开发项目1个,资金5万元。安排营前镇梅里村雷公陂水面养殖200亩,养殖淡水鱼类12万尾。在寺下乡新华村兴建医疗室1栋,计260平方米,有利于近1560人就地看病就医。

瑞金市 2010年,瑞金市向35个贫困村共投入财政扶贫资金380万元,新修水泥路31条,计31.6千米,新修桥梁3座,计41米,解决2万余群众行路难问题;新修维修渠道12410米,电灌站1座,新增和改善农田灌溉面积4512亩,年增产粮食450吨;新建卫生所1所,建筑面积216平方米。

石城县 2010年,石城县21个重点村当年累计投入各类资金约549万元,其中上级下拨财政扶贫资金219万元,捆绑部门资金近300万元,群众投劳折款30万元,主要用于修建乡、村公路,桥梁、水渠和"一村一名中专生"教育等方面支出。

章贡区 2010年,章贡区把整村推进扶贫开发与新农村建设结合起来,以新农村建设促进扶贫工作,促进贫困村经济和社会发展。投入整村推进资金57万元,其中国家扶持资金24万元,区财政配套资金6万元,新农村建设投入资金20万元,群众投工投劳7万元资金。在潭东镇的茶园和水西镇的石珠两个重点村,修建水泥公路2.6千米,桥梁1座,灌溉水渠1000米,村民文化活动中心1处,解决两个贫困村行路难的问题和新增农田灌溉面积500余亩。

南康区 2010年,南康区把整村推进扶贫与新农村建设紧密结合起来,以新农村建设促进扶贫工作,促进贫困乡村经济和社会发展。2投入财政扶贫资金180万元,新建扶贫重点村通村、通组水泥公路13条计20.8千米;新修河堤1条长150米;新建水渠1条长1000米;新建排洪水沟1条长1000米;新建电灌站1座;深挖山塘1口,新增农田灌溉面积1100亩;为扶贫重点贫困农户建蓄水池45口,建水塔45处,铺设引水管道3000米。

大余县 2010年,大余县以扶贫规划项目的实施为主线,按照"开发式"扶贫工作方针,全面推进重点村建设;以基础设施建设为着力点,切实改善重点村农民的生产生活条件,不断增强重点村发展后劲。充分发挥群众主体作用,以财政扶贫资金为牵引,整合多方资金,积极动员贫困投工投劳共同建设。投入整村推进资金188万元,整合资金36万元,群众投工投劳折合资金30万元,新修和改造乡村公路达 19 千米,修建水渠 380 米、河堤 880 米、饮水管道 11.5 千米,新增绿化面积 220 亩。

崇义县 2010 年,崇义县共实施整村推进项目 17 个、资金 73 万元,其中基础设施项目 10 个、资金 69.36 万元,"一村一名中专生"项目 7 个、资金 3.64 万元,所有项目均完工并取得较好的效益;整村推进示范点建设工作,崇义县在丰州乡九岭村实施整村推进示范点工作,从基础设施、产业建设、社会事业三方面入手,新建 2.1 千米的通组公路,扩大种养基地,养殖土鸡达到 2 万羽,完善村诊所各项设施并且新建村图书室 1 个。

龙南县 2010 年,龙南县将整村推进工作与民生工程任务有机结合,强化监管,扎实推进,采取健全制度强化考核、严格执行项目管理制度、充分发挥群众主体作用等措施,有效改善贫困村村容村貌,推动贫困村农业主导产业发展。全县共投入财政扶贫资金 276.96 万,累计新建简易公路 3.8 千米,新建水泥公路 7.13 千米,新建桥梁 3 座长 66 米;新建及加固水陂 4 座长 190 米,新建水渠 10540 米,开通蔬菜基地道路长 0.5 千米,新修引水渠道长 480 米,带动农户种植蔬菜 450 亩。通过贴息贷款扶持扶贫龙头企业发展,为龙南县恒泰实业有限公司 180 万元的贷款贴息 6 万元,为龙南县宏昌生态养殖有限公司 90 万元的贷款贴息 3 万元。同时,为提高贫困人口素质,优选 23 名贫困子女参与中专教育,增强农民科技致富能力。

全南县 2010 年,全南县扶贫开发重点村 2010 年财政扶贫资金项目 14 个,总投资 235.68 万元,其中财政扶贫资金 42 万元。其中交通建设项目 4 个,硬化村组道路 5.75 千米、修建桥梁 2 座;农田水利建设项目 3 个,修建水陂 2 座、水渠 316 米,改善灌溉面积 262 亩;引水工程项目 2 个,帮助 470 户农户喝上干净卫生的饮用水;环境整治项目 1 个,实施改厕等新农村项目,改善 32 户村民居住环境;"一村一名中专生"项目 4 个,共选送 11 名贫困户子女免费到赣州远大中专和赣州农校参加中等专业学校学习。

定南县 2010 年,定南县把整村推进扶贫与新农村建设紧密结合起来,以新农村建设促进扶贫工作,促进贫困乡村经济和社会发展。2001—2010 年,定南县 30 个重点村共新修和改造乡村公路 329 千米,新建桥梁 31 座 372 米,重点村到镇的路面全部硬化,新建水陂、水渠、挡水墙 25706 米,新增农田灌溉面积 3473 亩。新建改造学校 1472 平方米。结合新农村建设,扶持 3520 户农户安装自来水,3309 户农户用上卫生厕所,新建公厕 3 处,种植林、果作物 3 万亩,扶持大棚蔬菜 2000 亩,生猪养殖 3 万头。2009 年,龙塘镇新农村建设"五新一好"整镇推进工作取得阶段性成效:完成新建、整修、硬化乡村道路 36 千米,村庄主干道硬化率达 100%,形成道路"村村通"格局;改水 1461 户,改厕 1155 户;新建垃圾池 76 个,修砌水沟 6784 米;整修裸墙 13.8 万平方米,拆除废旧猪舍、牛栏、厕所、空心房等 8.2 万平方米;清除污泥垃圾等 760 余吨。所有建设点都有支柱产业,如长富村的生猪生产,黄龙岗的果业生产,龙塘村的食用菌生产等等,并建立生猪生产基地 5 个,年出栏生猪 6 万头;脐橙、柑橘种植规模扩展至 1.9 万亩;食用菌栽培规模达到 180 万袋;抚育竹林面积达到 3 万亩;蔬菜种植面积达到 800 亩,基本形成"一村一品"的农业产业化格局。生猪协会、脐橙协会、林产品加工协会、农产品流通协会等农村经济合作组织得到蓬勃发展,在为农民提供产前、产中、产后服务中发挥着重要作用,提升农民的组织化水平,增强农副产品的竞争力。共组建各类协会 20 多个,覆盖农户50%以上。新农村建设的实施,使村风民风发生明显变化,村民的文化素质、道德修养明显提高,健康、文明、科学的生活方式逐步形成。设立农村社区、经济合作社、产业协入党小组31个,参加党员105名,带领268名群众共同致富;已有32名农民主动向党组织提交入党申请,其中有18名农村致富能人。

宜春市整村推进

"十五"期间,全市32个省定扶贫开发工作重点村人平均纯收入每年增加135.86元。2002—2009年,全市投入整村推进扶贫资金总额26843.5万元(其中:中央财政扶贫资金1412万元,省财政扶贫资金3836.5万元,地方(市、县)财政扶贫资金1320万元,部门整合资金16927万元,其他资金3348万元),主要用于"十五"和"十一五"期间90个省定整村推进扶贫开发重点村("十五"期间32个,"十一五"期间58个)的规划建设,扶贫建设项目1011个,安排改善生产生活条件资金18384.5万元,建设项目846个,占总项目38.7%。交通建设项目496个,修公路445条1684.17千米,修桥87座,解决128.01万余群众行路难的问题。水利建设项目232个,新修人畜饮水工程123处,解决3.82万人饮水困难;修渠道27005米,水圳29670米,其他水利85处,解决59692万亩粮田灌溉。文卫科技项目42个,新建维修小学教学楼32幢18198平方米,解决1.89万余学生上学难问题;建卫生所6个5400平方米,解决3.60万余人看病难问题,建文化科技培训中心4处1562平方米。"三清三改"项目76个,清垃圾10396吨、清路障378处、清污沟110665米、改水790处、改路73595米、改厕2062座。种养资金5778万元,建设项目130个,占总项目13.9%。种植业项目66个,新种改造油茶7815亩,毛竹林低改4988亩,经济作物15210亩。养殖业项目64个,养家畜10525头,养家禽66250羽,养鱼754亩。其他资金2101万元,建设项目35个,占总项目3.4%。项目覆盖农户49506户20539人。扶持农户14851户59404人,其中扶持贫困农户10395户41582人。从2002年至2007年底,全市共投入基础设施建设项目资金2569.2万元,占整村推进总投入的76%,建成基础设施规划项目508个,其中交通项目220个,修建公路316千米,修建桥梁65座,解决45.2万人行路难;水利项目138个,修善水库16座,修建水渠26983米,解决0.82万人饮水难和2.38万亩良田灌溉;文卫项目29个,修建学校24所,解决部分群众就医难和上学难。2005年与2001年比,32个重点村中的468个自然村通公路、通电、通广播电视、通电话的分别增加269个、290个、363个和241个。全市投入科技培训资金167.6万元,举办农村实用技术培训班266期,培训贫困农民2.6万人次。2005—2007年,投入专项资金143.7万元,分期分批分专业培训4130人,培训合格率达到100%,转移就业率达到96%,转移务工劳动力年平均工资收入达到8000—10000元。

2006—2007年,结合新农村建设,全市投入财政扶贫资金660万元,在省定扶贫开发工作重点村选择33个自然村实施新农村建设试点,建成环村庄公路、村庄绿化、公共厕所、沼气池、自来水、文化中心等项目192个。2010年,全市58个重点村共投入整村推进财政扶贫资金670万元,实施整村推进规划项目137个,其中基础设施建设项目121个,投入资金634.5万元,新修和维修公路

87.27 千米,修桥 7 座;新修人畜饮水工程 5 处,解决 1985 户 8900 多人饮水困难,修水坝、水库等 11 座,水渠 0.4 千米,解决 1.5 万亩农田灌溉难题;种养业项目 16 个,投入资金 35.5 万元,扶助油茶、白茶等增收产业的发展。截至 2009 年底,重点村贫困人口脱贫率达 95% 以上,人均收入由 2001 年初的 778 元提高到 1989 元。

袁州区 2010 年,袁州区 12 个重点村整村推进工作全年共投入扶贫资金 152 万元,整合资金 800 余万元。规划项目 28 个,其中交通项目 9 个,水利项目 8 个,种植项目 8 个,文卫项目 1 个,"三清三改"项目 2 个。9 个交通项目,修公路 9 条 24.7 千米,其中水泥路 14.2 千米,砂石路 10.5 千米,解决 52 个村小组 7500 余人的行路难问题;8 个水利项目,修水渠 1500 米,维修水库 3 座,改善和新增灌溉面积 1800 余亩,建饮水工程 1 处,解决 600 余名群众的安全饮水问题;8 个种植项目,新种高产油茶 150 亩,油茶低改 400 亩,种植百合、生姜各 50 亩;2 个"三清三改"项目,改厕 40 个;文卫项目,完善村小学校基础设施 1 处,改善 200 余名师生的办公学习条件。在整村推进规划项目中,安排种养等产业发展项目 8 个,投入资金 10.5 万元,扶助飞剑潭柘源等 7 个重点村发展油茶、百合、生姜等主导产业,促进当地主导产业的发展壮大;投入扶贫项目贷款贴息专项资金 8 万元,贷款规模 240 万元,分别扶助建刚种养殖专业合作社和宜春天鹏畜牧生园科技有限公司 2 家产业化龙头企业,通过贴息扶助,促进经济组织和企业发展,带动农民增收。举办农村实用技术培训班 18 期,免费培训农民 6300 多人次,加强贫困户的能力建设。

樟树市 2010 年,樟树市在服从"十一五"扶贫总体规划的前提下,从重点村贫困现状出发,通过召开村民代表会议,充分尊重群众意愿,在全市 9 个扶贫开发重点村安排整村推进扶贫开发建设项目 19 个,其中交通项目 8 个,水利项目 1 个、"三清三改"项目 9 个、文卫项目 1 个,安排项目建设资金 119 万元。硬化村级公路 8 条,总里程达 9.2 千米,硬化村内巷道 1200 米,改水 132 户,改厕 120 户,兴建水冲厕 1 座,清垃圾 97 吨,清污沟 7500 米,新修排水沟 600 米、清路障 16 处。

丰城市 2010 年,丰城市贫困村共新修、维修、硬化公路 12 条计 27 千米;新修或清淤排灌渠道 4500 米,水坝 1600 米,新增或改建排灌机电设备 3 套(处);新建、维修村小学教学楼 1200 平方米,建操场 1000 多平方米;新建人畜饮水工程 2 处;修建垃圾池 21 个,维修整治下水道 2700 米;拆除占道路障 10 余处;新建公厕 10 余处;新建村民文化活动中心及活动场 6 处,极大地改善丰城市贫困地区群众的生产、生活条件,增加农民收入,有效解决贫困地区群众上学难,就医难,行路难问题。

靖安县 2010 年,靖安县"十一五"重点村有 4 个,分别是罗湾乡石境村、合洞村,中源乡三坪村,宝峰镇周郎村。投入财政扶贫资金 42 万元,完成规划项目 11 个,其中交通项目 5 个,新修水泥路 1.47 千米,桥梁一座;水利项目 2 个,修建水渠 500 米,拦水坝一座,清澈水渠 2000 米;饮水工程项目 2 个,安装引水管 5500 米,解决近 500 人的饮水难问题;种植项目 1 个,新开发笋竹林 400 亩;"三清三改"项目 1 个,硬化校园操场面积 400 平方米。完工率 100%,资金报账率 100%。

上高县 2010 年,上高县全县有镇渡乡洋田村、埠头村,田心镇新田村,泗溪镇漕港村等 4 个省定重点贫困村,共投入资金 103 万元(其中财政扶贫资金 42 万元),完成基础设施和生产发展项目 9 个,贫困村的村容村貌明显改观,基础设施建设也得到进一步加强。

铜鼓县 2010 年,铜鼓县 4 个省定重点村整村推进项目 6 个,两个市定贫困村项目 2 个,其中完成新修村级水泥路 6.4 千米，维修公路 10 千米，维修钢丝桥 40 米，新修防洪堤 200 米，新建大段镇双红村新建希望小学一所，总建筑面积为 872 平方米。

万载县 2010 年，万载县继续坚持开发式扶贫方针，共投入整村推进财政扶贫资金 105 万元，全县 8 个重点村，即：白水乡老山、永新村，赤兴乡浙桥、书堂村，仙源乡双溪村，岭东乡柴田、荷岭村，黄茅镇大土村。实施整村推进项目 21 个，其中：村、组公路建设项目 8 个，投入资金 75 万元，新修、维修公路 30.9 千米；"三清三改"项目 8 个，投入资金 16 万元，改水 19 处、改路 3 千米、建沼气池 10 只、改造危桥 1 座；种植业项目 5 个，投入资金 14 万元，种植百合 40 亩、有机稻 1300 亩。发动群众广泛参与并积极投工投劳用于重点村多年盼望解决的路、水、电等基础设施和村容村貌建设。

吉安市整村推进

实施《中国农村扶贫开发纲要（2001—2010 年）》后，吉安市重点村的贫困面貌得到改善，贫困状况明显缓解，群众收入稳步提高，到 2009 年全市贫困人口由 2000 年的 110.68 万人下降到 12.78 万人。其间共投入财政扶贫资金 3.49 亿元，修建乡村公路 1983 条，3617 千米；架设桥梁 395 座，4998 米。建设小水电站 2 座，架设输电线路 48 条，315 千米。扶持贫困乡、村修建电灌站 95 座，兴修水库 293 座，增加有效灌溉农田面积 16.12 万亩。兴修饮水工程 319 处，解决 12.17 万人的饮水困难。同时，着力改善贫困群众生活环境，共投入财政扶贫资金 3155.03 万元，开展"三清三改"，共清理垃圾 42755 吨，清理污沟 53.9 千米，清理路障 17412 处，改路 27 千米，改水 4918 处，改厕 29643 个；引导重点村全面整治村庄环境，绿化美化村庄。为提高贫困群众生活质量，在井冈山、吉安、永新 3 个县（市）率先开展沼气扶贫，按照"猪沼果、猪沼菜、猪沼鱼和猪沼粮"等模式，大力推进沼气扶贫工程建设，2003 年，省扶贫办下达吉安市沼气扶贫工程 500 万元和吉安县永和镇巩固发展"三个代表"教学活动成果与扶贫开发相结合试点经费 200 万元，共计 700 万元。到 2009 年，共投入扶贫资金 2584.82 万元，建沼气池 3.31 万座，受益农户达 3.33 万户；投入财政扶贫资金 704.27 万元，扶助 2.79 万户贫困群众安装自来水，大大改善贫困群众饮用水的卫生状况。社会事业稳步发展，农村和谐稳定。扶持兴建和改造乡村中、小学 157 所，兴建乡村卫生院 60 所，方便 1.98 万名学生就近入学，解决 8.3 万人就近看病，有效地缓解了老区人民上学难、就医难、行路难等问题。

吉州区 2010 年，吉州区 9 个扶贫开发重点村坚持与新农村建设相结合，全面实施整村推进扶贫开发规划，通过合理有效利用财政扶贫资金，加强基础设施建设，基本实现"走平坦路、喝干净水、上卫生厕所、用洁净能源、逐步富裕"的新生活。共投入财政扶贫资金 49 万元用于修路，总长 21 千米。农田水利设施得到进一步完善，新建小山塘 2 座，维修加固小山塘 7 座，保障千亩农田灌溉。整村推进扶贫资金 94 万元，编制项目 36 个，其中交通建设项目 3 个，资金 13.3 万元；农田水利建设项目 9 个，资金 39.2 万元；加工业项目 1 个，资金 1 万元；养殖业项目 3 个，资金 3 万元；种植业项目 5 个，资金 5 万元；文教卫生项目 1 个，资金 4 万元；"五通一气"项目 3 个，资金 11 万元；其他项目 11 个，资金 17.5 万元。吉州区扶贫办被吉安市扶贫和移民办授予社会扶贫工作先进单位、整村推进工作先进单位。

贫困群众安装自来水。扶持兴建和改造乡村中、小学4所，兴建乡村卫生院2所，方便150多名学生就近入学，解决近千人就近看病，有效地缓解老区人民上学难、就医难、行路难等问题。

峡江县　2010年，峡江县新修和扩建进村公路20千米，硬化巷道544921平方米，水渠硬化263米，新修和维修水库各2座，维修桥涵1座，扶持发展烟叶种植260亩，新建烤房3幢，发展蒿菜种植150亩，发展蔬菜种植100亩，共投入财政扶贫资金44万元。

吉水县　2010年，吉水县以整村推进工作为主导，找准根源，突出重点，按照"县抓落实、工作到村"的原则，有针对性地开展帮扶，做到村村有规划，事事有人抓，想群众所想，急群众所急，充分调动农民参与扶贫开发积极性，着力完善努力改造生产生活设施，提高抗自然风险能力。2010年，共实施项目93个，投入财政扶贫资金580.04万元，整合其他社会资金395万元。修建公路16.8千米，维修山塘水库6座，水渠18千米，排灌站11座，增加有效灌溉面积3600亩，新建饮水工程12处，解决2600余人饮水问题。电视普及率达到100%，电话、手机用户逐年增长。

泰和县　2006—2010年，泰和县对34个重点扶持村开展扶贫整村推进项目的实施，项目覆盖12418户农户，项目受益人口50607人。主要开展重点村基本生产生活和基础设施建设、"三清三改"、村容村貌整治、种养业、文教卫生、有线电视等公共设施及服务类项目及贫困地区干部和农民的科技培训。项目实施资金总量达2360万元，每个重点村每年平均投入达18万元。通过"十五"和"十一五"期间的重点扶持，34个重点村的社会经济建设得到较快发展，已经实现村村通水、通路、通电、通有线电视及电话。村级小学全面改造，村容村貌大大改观。

万安县　2010年，万安县全年共下达76个重点村整村推进扶贫资金860万元，安排扶贫项目261个，建成乡村公路、水利等基础设施项目112处，扶持"一村一品"产业项目76个。

遂川县　2010年，遂川县投入财政扶贫资金1233.5万，在108个重点村实施整村推进项目297个。其中新建和改善村道项目216个779万元，占总资金的63%；另外26%为水利、学校和医疗室建设；11%为产业发展项目。通过修建桥梁、改建公路、改善学校、医疗室条件，发展主导产业，从根本上改善重点村生产生活面貌。对全县108个重点村进行绩效考核，根据考核结果，对2010年度的项目资金按规定进行浮动分配，即对考核排名前30名的重点村给予1万元的奖励，对考核排名后30则扣减2万元项目资金。并挤出资金，对省、市、县14个整村推进示范村进行扶持。

安福县　2010年，安福县以整村推进贫困村为主战场，全县7个省定贫困乡26个扶贫重点村共启动实施扶贫项目38个，总投资803.88万元，其中财政扶贫资金272万元，有关单位投入和群众投资531.88万元。完成修路项目17个，兴修公路26千米，投入扶贫资金125.03万元；完成"三清三改"项目4个，投入扶贫资金24.96万元；新修排灌设施1座，投入扶贫资金4万元，增加有效灌溉面积700亩；安装"户户通"自来水农户480余户，投入扶贫资金13.16万元；种养业项目5个，投入扶贫资金10.47万元；新建村级活动场所项目6个，投入扶贫资金49.5万元；举办各种科技培训班6期，人数0.12万人。

永新县　2010年，永新县共投入财政扶贫资金835.7万元，新修及改造乡村公路169条，长108千米，修建桥梁7座，长度55米，有效解决133个贫困村行路难的问题；投入财政扶贫资金243.2万元，新修和维修水陂、水坝、河堤、山塘、水渠等水利设施71处，增加有效灌溉面积0.79万亩，投入财政扶贫资金39万元,修建小型水电站及输电线路7处,解决11个自然村322户农户用电问题;投入财政扶贫资金431.6万元,结合新农村建设实施"三清三改",共修建饮水工程32处,为2819户农户安装自来水,解决11840人的饮水安全问题,清理垃圾369吨,清理污沟18450米,清理路障129处,改厕2183个,改水40处,巷道硬化6740米;投入财政扶贫资金45万元,发展经济林木1260亩,种植大棚蔬菜41亩,种植金银花、蚕桑等经济作物680余亩;投入资金1505万元,对133个扶贫重点村组织实施整村推进,进一步改善重点村的基础设施,共发展大棚蔬菜41亩,经济作物及林木1940亩;修建公路108千米;修建7座桥梁;修建水陂、水渠、水塘等农田水利设施71处,增加或改善有效灌溉面积7620亩;修建饮水工程32处,解决11840人的饮用水困难问题;实施"三清三改"工程42处,共硬化巷道6740米,改厕2183处。

上饶市整村推进

2001—2009年,全市完成217个"十五"重点村的整村推进任务、继续实施"十一五"610个重点村整村推进工作,有100多万群众受益。累计争取到财政扶贫资金、信贷扶贫资金、社会扶贫资金(含省、地、县定点扶贫工作队及社会各界捐赠)等各类扶贫资金98858万元,在贫困地区累计投放实施2442个富民、利民的扶贫开发项目,促进全市广大贫困乡村社会经济的全面发展。在贫困乡村共新修改造乡村公路3967.74千米,新建公路桥57座,村通公路率达到86.9%,解决182万余农民群众行路难难题。新建水池5220口,饮水工程344处,帮助饮水困难人口34.26万人解决饮水难题,新修维修水渠22.23万米,维修水库43座,新建改造电排灌站75座,新增灌溉面积24.17万亩,初步形成以灌溉、防洪、供水为主的水利服务体系。在214个重点村开展"三清五改"工程,"三清五改"户达19046户,新建文化娱乐活动中心46处,文化活动室9277平方米,农民书屋213家,绿化村庄13.7万平方米;改造卫生室,医疗所2978平方米,方便15万人就医,改造村小27320平方米,方便1.8万名学生就学,群众民生状况进一步改善。到2009年末,重点村贫困人口、低收入人口下降到13万人,贫困发生率下降到3.5%。"十五"期初,上饶市重点村农民人均纯收入不足800元,贫困人口、低收入人口近40万人,贫困状况甚为严重。到2009年末,通过重点村"两委"班子和广大干部群众的共同努力,重点村农民人均纯收入已达4003元,净增3200余元,贫困人口、低收入人口下降到13万人,贫困发生率也下降到3.5%。全市有85%以上的重点村实施入户项目建设,贫困户人居环境和精神面貌都得到明显的改善。德兴市张村乡大畈村实施入户道路建设后,公路硬化里程达到10余千米,解决本村及周边几个村的群众行路难的问题,惠及5000多人口,并且极大地带动该村的交通运输业,"十五"期初全村只有6辆机动车,而到2009年底,该村已拥有机动车164辆。2001—2005,上饶市开始实施以让贫困农民直接受益为宗旨的扶贫项目"六到户"工程,即"三清五改到户,环境绿化到户,卫生防疫到户,信息网络到户,移民搬迁到户,产业扶持到户"。在重点村全面推行"三清五改"工程,即清垃圾、清路障、清污沟、改水、改厕、改路、改厨、改圈。到2009年底,全市共改路233.4千米,改水158处,解决128128人的饮水问题,改厕20758所,清垃圾16660.16吨,清路障1280处,贫困户改厨985处,改猪、牛圈1863个。

2010年,全市各地以完成重点村扶贫开发规划为目标,全市共投入重点村财政扶贫资金6832万元,在467个重点村实施505个规划项目,共改造硬化村道739.55千米,修建桥梁4座;兴修水库6座,电排灌站2座,增加有效灌溉面积3000亩;新建饮水工程49处,解决贫困人口6500人的饮水难题;改造教学楼1幢,方便200名学生就学;改造卫生院,医疗所9处,方便0.9万人就医。同时,为充分发挥典型示范带动作用,提升全市整村推进工作水平,在结合省办培育打造省级典型示范村基础上,重点创建具有上饶特色的特色示范村。全年共培育打造省级典型示范村33个,市级特色示范村50个,为高标准、高质量完成"十一五"整村推进工作任务打下了坚实的基础。

信州区 2010年,信州区把整村推进扶贫与新农村建设紧密结合起来,以新农村建设促进扶贫工作,促进贫困乡村经济和社会发展。新修和改造乡村公路里程0.5千米,重点村到乡路面已基本硬化,重点村行路难问题基本解决。结合新农村建设,户户通水泥路面1.3千米。信州区行政村通公路比例由2006年的85%提高到2010年的100%,通电比例由2006年的91%提高到100%,通电话由2006年的97%提高到100%,通广播电视比例由87%提高到98%;饮水困难人口由2006年的1128人下降到180人。

玉山县 2010年,玉山县把整村推进扶贫与新农村建设紧密结合,以新农村建设促进扶贫开发工作,促进贫困村经济和社会发展。全年共筹集资金635余万元(其中财政资金180万元),实施项目17个,拓宽改造路基约18千米,硬化进村路及村内主干道23千米,改水改厕376户,新建农田灌溉水渠3800米,维修山塘水库2座。结合新农村建设新建下水道1.4万米,建设垃圾处理场37个,清垃圾247吨,绿化面积1.45平方米,扶持634户农户安装自来水,232户农户改建卫生厕所;修建村部及社区活动中心550平方米,居民房屋改造3743平方米。按照整村推进的要求,确定72个县行政事业单位挂钩帮扶贫困村,县级领导各挂钩联系3户困难户,科级干部各挂钩联系1户,帮扶贫困户1211户,全年实施帮扶项目64个,累计投放资金134万元。此外,省核工业厅、省高速公路管理局、省建材集团、华安保险公司和市级有关部门帮扶我县资金52万元,帮扶项目13个,支援玉山县的扶贫开发工作。

上饶县 2010年,上饶县整村推进工作通过以强化领导为着力点,以科学规划、规范管理为立足点,以整合资源、培育产业为切入点,推进整村工作的实施。全县共投入财政扶贫资金1898万元,扶持项目63个,修建乡村公路63条112.7千米;农田水利设施建设方面,共投入财政扶贫资金204万元,扶持贫困乡、村兴修水渠5890米,增加农田有效灌溉面积0.20万亩。

广丰县 2010年,广丰县按照省、市扶贫部门的要求,结合实际,坚持以贫困户为基础,以贫困村为单元,会同交通、规划等部门进行实地勘察、设计,共确定"十一五"期间的铜钹山镇石人村等5个重点村10个项目列为本县2010年整村推进的项目,共改造村级公路4.56千米,其中:村级水泥硬化公路1.8千米,泥石路2.76千米,农业生产资料、农副产品运输困难和晴通雨阻现象大为改观。修建渠道2200米,整治河堤1处200米,新增灌溉面积1400亩,贫困村抵御自然灾害的能力进一步加强。种植泡桐树6000余棵,随着经济林果的投产,农业实用技术的掌握,贫困农户经济收入将会逐步增加。环境整治项目1个,移民并组项目1个。

横峰县 2006—2010年,横峰县共投入中央财政扶贫资金5380万元,完成40个重点村村级主干道硬化210千米,建设桥梁39座210米;进村入户道硬化135千米;维修水库32座,排灌站25座,塘坝、水圳等小型水库设施118处,新建、维修渠道61千米、修建水坝6处50米,维修河堤37千米,中、低产田改造4万亩,增加灌溉面积2万余亩;修建饮水工程47处(自然村),解决3.2万人畜的饮水问题;改建农村村级小学5所3500平方米,村级医疗点7所;改水、改厕5700余户。

弋阳县 2006—2009年,弋阳县共计整合各类资金2677.5万元,用于重点村建设,其中财政扶贫资金546万元,部门配套资金1202万元,定点单位帮扶资金85万元,县乡配套资金201万元,群众投工投劳折款643.5万元,15个重点村整村推进扶贫开发工作取得突破性进展,实现扶贫开发工作新跨越。到2008年末,全县重点村人均纯收入2029.66元,均达到或超过所属乡镇平均水平;贫困人口下降到1471人,减少2525人,减幅达63.1%,现有贫困人口仅占重点村总人口的3.4%;低收入人口下降到2071人,减少3472人,减幅达62.6%,现有低收入人口仅占重点村总人口的4.8%;新建水泥路94.2千米,改造砂石路30.8千米,受益人口达2.78万余人;维修水库9座,维修灌溉坝3座,改造维修灌溉水渠29200余米,新建护河堤3000余米,新建电灌站1个,改善灌溉面积0.7万余亩。到2010年,重点村贫困人口明显减少,"十一五"15个重点村原有贫困户1030户,贫困人口3995人,低收入户1368户,低收入人口5793人,通过5年的整村推进建设,到2010年末贫困人口下降到100人,低收入人口下降到104人,分别占贫困人口和低收入人口总数的2.5%和1.8%。2010年末,15个重点村农民人均纯收入4450元,比2009年净增800元,增幅为17.9%,均达到或超过当地乡镇的平均水平。

德兴市 2010年,德兴市把整村推进扶贫与新农村建设紧密结合起来,以新农村建设促进扶贫工作,促进贫困乡村经济和社会发展。整村推进共安排6个项目,总投资313.1万元,其中财政扶贫资金61万元。具体为:文化活动中心建设项目和雷竹种植项目在皈大乡港首村实施,总投资98.66万元,其中财政扶贫资金11万元;凉平坞公路硬化项目和农民中心文化站建设项目在新岗山镇丁村实施,总投资56.7万元,其中财政扶贫资金11万元;南岸至樟树岭公路建设项目在张村乡南岸村实施,总投资64.9万元,其中财政扶贫资金15万元;蒋家坊饮水工程项目由张村乡梅溪村实施,总投资24.6万元,其中财政扶贫资金11万元。

婺源县 2010年,婺源县按照年度计划和实施方案,坚持一手抓去年项目的收尾和验收,一手抓项目的启动。2009年项目全部实施完毕并通过验收,资金封闭运行,账目合理。在项目实施着重抓三项工作,抓好人员培训,组织重点村支书、会计学习扶贫项目的规划编制、项目实施、资金报账等具体操作内容;分村指导,组织有关人员下到19个重点村,指导各村依据"十一五"规划因地制宜筛选项目,到项目规划地实地考察确定项目;于7月底将项目和资金下达到村。中云镇霞港重点村建设4年里,投资500万元,先后进行行政村、自然村公路改造和硬化,9个自然村有6个自然村开展新农村建设,有7个村通村公路进行硬化,通村公路改造和硬化达到20千米。

万年县 2010年,万年县按照"缺什么、补什么、发展什么"和"因地制宜、量力而行、突出重点、连片开发"的要求,全年共投入资金393.6万元为12个重点村实施财政扶贫项目20个,其中:中央财政扶贫资金221万元,群众投劳、自筹资金172.6万元。扶贫项目中有基础设施项目17个,农田水利建设项目1个,产业扶持项目2个;共硬化村道22.1千米,修缮灌溉水渠1000米,引进优良种猪130头。顺利实现各重点村五年投入扶贫总资金超过50万元的目标,个别重点村达到60万元,圆满完成"十一五"规划扶贫工作任务。

余干县 2010年,余干县按照省、市扶贫部门的要求,结合实际,坚持以贫困户为基础,以贫困村为单元,会同交通、规划等部门进行实地勘察、设计,共确定"十一五"期间的黄埠镇长岭村等49个重点村及玉亭镇宝珠村等38个增补贫困村的87个项目列为本县整村推进的项目,共改造村级公路92.37千米,其中:村级水泥硬化公路87.27千米,泥石路5.1千米;修建电排站及水渠2座,改造水库及配套工程1个;种植泡桐树5万余棵。

鄱阳县 2010年,鄱阳县整村推进项目建设投入3954.91万元(其中:中央财政扶贫资金2320万元,县财政配套资金656万元,整合其他资金978.91万元),实施工程项目168个,按照"整村推进扶贫开发、构建和谐文明新村"的总体要求,把整村推进扶贫开发和新农村建设有机地结合起来,有效地改善贫困地区的生产、生活条件,共完成新农村建设9个自然村,建设生态渔村1个,硬化村级公路532.6千米,新建、改造电力排灌站7座,装机230千瓦,渠道维修1750米,渠道衬砌4860米,增加和改善有效灌溉面积24万亩,水库除险加固8座,解决安全饮水人口1590人。

抚州市整村推进

2001年,省扶贫开发领导小组确定扶贫开发工作重点村后,抚州市制订重点村扶贫开发规划。规划中所有的项目均由村民自由推选,经县乡规划制订领导小组审核论证,再召开村民大会通过。与此同时,成立由村民自己推选出来的规划执行小组、规划监督小组,以确保规划的顺利实施。在实施过程中,如确因特殊情况要对规划中的项目进行变动,必须经村民代表大会同意。按照"完善扶贫开发机制,树立扶贫开发新理念"的总体要求,改变全市老建扶贫工作采取编制年度计划发展特(贫)困户、村、乡镇的种养业,着重于面向投资少、见效快的项目,及制定扶贫支柱产业和主导产业发展规划,采取以村为单位、统一规划、集中投入、分年实施、工作到村、扶贫到户的开发方式。2001—2010年,全市村级扶贫开发规划作为扶贫开发工作的平台,上级下达计划内资金全部用于规划中的项目建设。截至2009年底,309个重点村投入资金总额达33680万元,平均每个村102万元,完成规划的90%;其中财政扶贫资金投入15597万元,完成规划的100%;实施扶贫规划项目1446个,占项目总数的102%。全市集中人、财、物,并采取多种形式筹集社会各方面资金,面对重点县2个,贫困乡镇56个,重点村309个,在乡村基础设施建设方面共投入财政扶贫资金15597.29万元,扶持各类项目1181个。其中:投入财政扶贫资金8782.1万元,新建和改造乡村公路1014条,3662.5千米;兴建大、小桥梁136座,3158米,所有贫困乡村都通公路,大部分乡村还通水泥路或油路;扶持乡村电力建设项目29个,投入财政扶贫资金79.5万元,架设输电线路16条,长100.5千米;新建和改造乡村小水电站8座,装机容量840千瓦,所有贫困乡、村、组都用上电;扶持农田基本建设项目345个,投入财政扶贫资金1064.8万元,用于修建陂坝、塘堰165处,总长36414米;兴建排灌站48座,新增灌溉面积9.8万亩;改造低产田6700亩;打水井68口,兴建人畜饮水工程172处,解决16个乡、163个村、1378个村小组17.9万人和数万头牲畜饮水问题,从根本上解决因饮水导致地方病发生的问题;新建和扩建乡村卫生院 47 所,建筑面积 17418 平方米,大大改善老区贫困地区的医疗卫生条件,方便就医 23.6 万人;新建和改(扩)建乡村中、小学校 113 所,建筑面积 6.6 万平方米,贫困地区适龄儿童就学率达到 97% 以上,并基本普及初等教育。

2010 年,按照"整村推进扶贫开发,构建和谐文明新村"的要求,突出重点,继续抓好重点村整村推进工作。调查摸底,科学调整村级扶贫规划项目。经过"十一五"以来的扶持,针对少数村村级扶贫规划与当前建设实际需求不符,经过深入调查,充分尊重群众意愿和需求,对不适应当前村级发展要求的规划项目及时进行调整和补充。重点抓好 140 个重点村扶贫项目建设,全面完成重点村"十一五"扶贫村级规划目标,扎实推进 77 个增补重点村扶贫规划。全市共投入 217 个重点村总资金 2457.5 万元,其中用于基础设施建设资金 2136.6 万元,占 2010 年总投入的 86.9%,新增及改扩建公路 455 千米,新修或改造水陂、水坝、水渠 37 处 62 千米,新建、改造水库 6 座,打井 12 口;用于农村社会事业建设资金 139.9 万元,新(改、扩)建中小学 6 所,新(改、扩)建村级卫生所 10 所,新增教育、卫生用房面积 6497 平方米。集中力量,培育和打造一批整村推进工作典型示范村。通过县区推荐,市里审定,各县(区)按照新农村建设标准,总结培育 26 个整村推进典型示范村镇,以点带面,推动全局。不断强化群众在扶贫开发中的主体地位。大力提倡"自己的家业自己创、自己的家园自己建、有困难政府社会帮"的自力更生精神,通过扶持,贫困群众在参与开发的过程中增强自信、增长才干、增加收入。同时,村级组织在实施规划过程中逐步形成议事、决策、干事的长效机制,可持续发展能力得到增强。2010 年,争取 27 个省直单位和安排 276 个市县直单位挂点帮扶贫困村,充分利用挂点单位的优势,从资金、技术、信息等各方面进行帮扶。省市县定点扶贫单位帮扶或争取援助资金 2700 多万元,扶持生产项目 186 个,组织劳务输出 5147 人,通过劳务输出等形式使贫困户户均增收 1500 元以上。组织党员干部开展结对帮扶活动。在全市范围挑选一批思想觉悟高、经济条件好、致富有技术、就业有门路的党员干部与重点村贫困群众进行结对帮扶。安排 9008 名党员干部与 9012 户贫困户进行"一对一"的帮扶,通过帮扶,基本实现为贫困户发展一个好产业、传授一门好技术、介绍一份好职业的目标。全市党员干部帮扶资金 132.66 万元,捐赠物资折款 68 万元,安排劳务输出 3000 余人次。大力引导非公企业参与扶贫。全市参与扶贫的非公企业达 120 个,帮扶贫困村 147 个,捐助资金 850 万元,帮助重点村兴建基础设施和公益项目 52 个,吸收贫困劳动力就业 5600 人次,就业贫困群众人年均增收 8000 多元。争取非政府部门和社会各界力量帮扶上新台阶。通过争取,中国扶贫基金会捐助 25 万元在抚州市援建广昌县尖峰乡营前村宏图小学;发放 5260 个爱心包裹和 70 多个学校型包裹,折款 70 多万元;资助贫困老师 20 位,每人 2000元,资助灾区贫困大学生 202 人,每人 1000 元,共计 24.2 万元。

广昌县 2010 年,广昌县 59 个重点村整村推进共投入项目资金总量达到 4577.5 万元,比上年增长 18.9%,其中:省财政扶贫资金 669.5 万元,增长 13.3%;县级配套 70 万元,较上年增长 14.8%;整合部门 2870 万元,增长 16.2%;群众自筹 968 万元,增长 3.4%。实施批复项目 67 个。通过规范运作,强化监管,项目开工率、完工率达 100%。其中:扶贫口整合实施交通项目 51 个,扩建、硬化村组公路 90 千米;实施水利设施项目 8 个,新增农田灌溉面积 2060 亩;实施饮用水项目 5 个,解决贫困地区农村安全饮水人数 0.1 万人;实施"三清三改"项目 4 个,改善 4 个自然村生活居住条件和生态环境。

广昌县吁江镇新安村辖 11 个村民小组,有农户 351 户 1639 人,实施整村推进扶贫开发之前,由于资源贫乏,观念落后,农业靠天吃饭,贫困程度较深,2000 年人均收入仅 772 元,村集体负债达 4 万元。2002 年该村被确定为全省实施整村推进的扶贫开发工作重点村后,村班子抓住机遇,充分发动村民参与制定和实施整村推进扶贫规划。至 2004 年底,农民人均收入达到 1337 元,贫困人口由原来的 409 人减为 49 人,村集体纯收入每年达 3 万余元,新建了村办公大楼。2005 年,整村推进扶贫规划项目建设投入 98.6 万元,其中财政扶贫资金 70 余万元,先后新修水泥道路 3.5 千米,修建引水渠道 1200 米,增加有效灌溉面积 1600 亩,拓宽加固河堤 0.9 千米,建起 300 平方米的科技文化中心,通过"三清三改",年清理垃圾 60 吨,清污沟 1 千米,清路障 30 处,改水 351 户,改路 1.5 千米,改厕 2 所,并为村民安装洁净安全的自来水,入户率达到 100%。实施整村推进后,全村农户开发太空莲 560 亩,人均收入达 70 元;种茶树菇 150 万筒,黑木耳 50 万筒,实现纯收入 75 万元,人均 457 元,形成莲、瓜、果、菌、苗等五大产业齐头并进的良好格局,年出栏良种猪 245 头。

乐安县 2009 年 8 月,乐安县列入全省"县为单位、整合资金、整村推进、连片开发"项目试点县之一,试点专项资金为 1000 万元。2010 年,全县 87 个重点村,其中"十一五"重点村 41 个,增补村 46 个,获得整村推进资金 985 万元,批复整村推进项目 104 个,其中新建水泥路 12 条长 32 千米,续建水泥路 58 条长 148 千米,新建桥梁 4 处 42 米,改善 6 万村民行路难;兴建教学楼 6 幢,面积 3668 平方米,改善 600 多名儿童读书环境;兴建卫生所 4 处,面积 1580 平方米,为 6000 多农民提供看病便利;兴建水利设施 12 处,改善有效灌溉面积 4500 亩,新增灌溉面积 620 亩。

金溪县 2010 年,金溪县整村推进扶贫开发投入项目建设资金 476.5 万元,其中财政扶贫资金 159 万元,部门及社会捐赠 246 万元,群众自筹及投工投劳 71.5 万元,实施项目 20 个。修建水泥路 16.5 千米,桥梁一座,方便 3 万群众出行。圩堤加高加固 2160 米,维修水库一座,水渠、水坝 4 千米,增加灌溉面积 1600 亩。在项目建设中,坚持开发式扶贫方针,积极发动群众参与,公开项目建设每一个环节,做到立项公开、资金公开、招投标公开,充分调动群众积极性。同时严格按照有关规定,切实加强对项目的监测与监管,项目资金规范高效运作,确保项目进展顺利。

黎川县 2010 年,黎川县向市扶贫和移民局申报并批准项目 15 个,覆盖人数 1.5 万,总投资 490.57 万元,其中财政扶贫资金 119 万元,定点包扶单位及部门扶助 199.6 万元,村民投工投劳投资 80.67 万元,乡村自筹 91.3 万元。项目实施中,严格按照有关规定,切实加强对项目的监测与监管,项目资金规范高效运作,项目进展顺利。到 2010 年底,全县 11 个重点村均全面完成年度整村推进实施任务。全年共新修公路 16 千米,桥梁 2 座;新建维修水陂、水坝、河堤、山塘、水渠等水利设施 20 余处;解决 2100 人饮水困难;新增有效灌溉面积 1512 亩,经济林、花卉苗木面积 1500 亩。

资溪县 2010 年,资溪县向抚州市扶贫和移民局申报并得到批准项目 10 个,项目覆盖户数 2215 户,总投资 339.1 万元,其中财政扶贫资金 85 万元,定点包扶单位及部门扶助 131 万元,乡村自筹及村民投工投劳投资 106 万元,其他 17.1 万元。到 2010 年底,全县 8 个重点村均全面完成年度整村推进实施任务。全年共新修公路 9.5 千米;共维修水渠 2700 米;新建水坡一座,新建自来水工程 2 个,解决 800 余人饮水安全隐患;新建 200 平方米小学卫生所综合楼一座;扶持生猪养殖产业发展。

宜黄县 2006年,宜黄县按照"整村推进扶贫开发、构建和谐文明新村"的要求,3年内结合新农村建设,在重点村中的12个自然村开展整治建设试点投资210万元。通过开展"三清三改",清运垃圾410吨,清理污沟6千米,清除路障282处,改路29.7千米,改水782处,改厕799个。8个扶贫开发工作重点村共计投入整村推进财政扶贫资金83万元,整合其他各类资金378.7万元。按照"群众参与、整合资金、综合开发、整村推进"的思路,以基础设施、环境整治和产业开发为重点,大力实施整合资金战略,全年新修村组公路20.7千米(其中道路硬化15.2千米,改造路基5.5千米),修建路桥2座;新建自来水工程3处,解决饮水困难人口480人;新建村小1幢,建筑面积530平方米;新栽毛竹100亩。

金溪县 2010年,金溪县全县8个重点村均全面完成年度整村推进实施任务。全年共新修公路9.5千米;共维修水渠2700米;新建水陂一座,新建自来水工程2个,解决800余人饮水安全隐患;新建200平方米小学卫生所综合楼一幢;扶持生猪养殖产业发展。

崇仁县 2010年,崇仁县整村推进财政扶贫资金104万元,覆盖交通、农田水利设施建设、科教文卫设施建设、科技推广、种植业等13个扶贫项目。着力在8个重点村的基础设施建设、提高贫困人口素质、增加农民收入、改变村容村貌、推进村级组织建设等方面做好文章,把做好2010年的扶贫项目规划作为实施好"十一五"规划最重要的一年,各项目建设基本完成。

南丰县 2010年,南丰县继续对"十一五"规划的8个重点贫困村实施整村推进扫尾工作。共争得上级下拨财政扶贫资金100万元,建设项目8个,其中学校建设项目1个、交通项目7个。年度财政扶贫资金到位率在92%以上,8个项目基本完成,财政扶贫资金项目完工率总体达93%以上,所有项目扫尾工作均可在该年度12月底前全部竣工。根据项目完工进度,已申请年度财政扶贫报账资金92万元,报账率为92%,县配套资金根据省市批复文件已100%落实到位,资金的整合和投入,有力促进贫困村的项目建设。在整村推进工作中,按照"省负总责,县抓落实,工作到村,扶贫到户"的原则,以开发式扶贫方针为主方向,以提高扶贫对象自我发展能力为工作重点,以尽快解决温饱并实现脱贫致富为首要任务,在加强基础设施建设和产业开发的同时,着力强化项目建设,圆满完成"十一五"8个村的整村推进建设任务。8个村年人均纯收入由800元左右增至扶贫后的3000元左右,低收入人口脱贫率达90%以上。

临川区 2010年,临川区共修建重点村的乡村(组)水泥公路25.1千米,桥涵2座,新建小学3000平方米、修建水利工程10个、结合新农村建设改水改厕,为1300多户困难群众解决饮水问题,新增有效灌溉面积1512亩,经济林、花卉苗木面积1500亩。

东乡县 2001—2010年,东乡县贫困群众和水库移民生产生活条件明显改善,2个扶贫开发工作重点村结合新农村建设的要求,全面实施整村推进扶贫规划,累计投入财政扶贫资金120万元,改善重点村的基础设施建设,基本实现"走平坦路,喝干净水,上卫生厕,用洁净能源"的目标。其中投入资金100万元,开展"三清三改",共清理垃圾427吨,清理污沟2.3千米,清理路障16处,改路6千米,改水15处,改厕36个;投入资金20万元,为600户贫困群众安装"户户通"自来水。

表1-2-12　江西整村推进扶贫开发重点村分布表

单位：个

设区市名	合计	"十五"期间重点村数	"十一五"期间重点村数	增补重点村数
全　　省	4269	1200	1800	1269
南昌市	66	24	42	
九江市	491	134	209	148
景德镇市	17	5	12	
萍乡市	151	44	67	40
新余市	15	5	10	
鹰潭市	20	8	12	
赣州市	1450	403	571	476
宜春市	90	32	58	
吉安市	833	236	350	247
上饶市	827	217	329	281
抚州市	309	92	140	77

第三节　产业化扶贫

产业化扶贫是以市场为导向，以龙头企业为依托，利用贫困地区所特有的资源优势，逐步形成"贸工农一体化、产加销一条龙"的产业化经营体系，持续稳定地带动贫困农民脱贫增收。全省主要通过扶贫贴息贷款的方式，在资金上着重扶持扶贫产业，具体扶贫措施包括发展种植业、养殖业、加工服务业、休闲农业和乡村旅游。同时，以科学发展观为统领，围绕贫困地区扶贫开发中心任务，通过运用现代理念、现代方式、现代科技实施产业开发，不断壮大扶贫主导产业、增强贫困农民素质、增加贫困群众收入，促进贫困地区的经济发展，全面推进社会主义新农村建设。

基本原则　（1）贫困户受益原则。强调瞄准贫困群体，以确保贫困户受益为优先条件，重点支持对贫困农户辐射带动作用大、贫困户增收明显的扶贫主导产业。（2）集中扶持原则。一是集中扶持区域，重点支持扶贫开发工作重点县和比照实施西部大开发政策县发展扶贫主导产业。二是集中扶持产业，依托各地现有优势产业，结合全省实施现代农业发展"十百千"工程及"一村一品"建设的安排部署，重点支持各地2-3个扶贫主导产业的发展。（3）市场运作原则。遵循市场规则，尊重经济规律，充分发挥市场配置资源的作用，鼓励引导社会各方资源参与产业化扶贫，提高贫困农户的信用意识，放大财政扶贫资金效用，加快产业化扶贫进程。（4）公开透明原则。坚持阳光操作，加强资金监管，所有产业化扶贫资金的安排使用实行项目资金公示公告制，全面接受群众和社会的监督。（5）奖优罚劣原则。将产业化扶贫资金使用管理纳入财政扶贫资金绩效考评体系一考评。

对扶贫效益突出、经济效益明显的地方,在分配安排产业化扶贫资金时给予倾斜;对工作明显落后的地方调减当年产业化扶贫资金额度。

工作方法及扶持措施 (1)财政扶贫专项资金支持扶贫产业建设。省安排扶贫项目贷款贴息资金,集中支持各地扶贫主导产业基地建设及扶贫龙头企业发展;省安排扶贫到户贷款贴息资金,集中支持21个重点县的贫困农户和能人大户开展"一村一品"基地建设;国家及省安排的重点县"贫困村互助资金"试点资金,重点支持贫困户开展因地制宜、因户制宜的产业建设;省下达各地的财政扶贫资金中扶持重点村实施"整村推进"扶贫规划资金,优先用于改善贫困农村发展扶贫产业的基础条件,科技培训及劳动力转移培训资金,重点用于开展产业化扶贫技能培训和组织实施产业开发的实用人才培训。(2)整合各项涉农资金支持产业建设。按照"渠道不乱、管理不变、各司其职、各记其功"的原则,积极协调、努力整合相关支农资金支持扶贫主导产业壮大发展。

组织实施 产业化扶贫通过各地对重点支持发展的扶贫主导产业逐一制订发展规划,按照"有规模、有特色、关联度大、带动力强"的要求,紧扣扶贫宗旨,有组织、有重点地进行扶持,确保扶贫对象受益,使重点发展产业真正成为贫困地区群众脱贫致富的支柱产业。全省主要通过扶贫贴息贷款的方式着重对扶贫产业进行扶持。

2002—2009年期间,全省扶贫贴息贷款工作分为两个阶段:

第一阶段:2002—2005年。根据《江西省扶贫开发领导小组会议纪要》和《关于转发〈扶贫贴息贷款管理实施办法〉的通知》精神,全省扶贫贷款主要把解决农村贫困人口温饱问题作为首要任务;重点扶持贫困县中贫困乡、村、户发展种养业以及以农副产品为原料的加工业。其中,小额到户贷款优先支持贫困户和贫困村兴办种养业和农副产品加工业,项目贴息贷款优先支持农业产业化龙头企业。同时,积极参与支持国家和地方大型扶贫开发项目。

第二阶段:2006—2009年,全省根据2006年国务院扶贫办、财政部、中国农业银行《关于深化扶贫贴息贷款管理体制改革的通知》和2008年国务院扶贫办、财政部、中国农业银行、中国银监会《关于全面改革扶贫贴息贷款管理体制的通知》精神,从2006年开始对扶贫贷款管理运行体制进行改革,将原由农业银行统一下达指导性计划并组织发放贷款,改为两部分运作:将到户贷款贴息资金全部下放到国家扶贫开发工作重点县,由县选择金融机构发放并与其直接结算贴息。产业化扶贫龙头企业和基础设施等项目贷款贴息资金由省选择愿意承担扶贫贷款任务的金融机构发放并与其直接结算贴息。

2006年,省扶贫办、财政厅、中国农业银行江西省分行联合下发《关于印发〈江西省扶贫贴息贷款管理体制改革工作方案〉的通知》,2008年又下发《关于印发〈江西省深化扶贫贴息贷款管理体制改革工作方案〉的通知》,对扶贫贴息贷款管理体制进行改革。安排扶贫项目贷款贴息资金支持扶贫龙头企业,2010年全省共发放项目贷款贴息资金1015万元,支持产业扶贫项目181个,引导贷款33834万元,213万贫困人口从中受益。安排扶贫到户贷款贴息资金重点支持贫困农户扩大生产规模,开展产业扶贫项目。

从2006年开始到2009年底,全省共在22个县300个重点村开展试点工作。共筹集村级发展互助资金5025万元。入社农户19089户,其中贫困农户7852户。

2007 年,全省鼓励和扶持大中型农业企业实施产业扶贫,形成一批直接带动农民增收的扶贫龙头产业。江西作为农业大省,农业资源丰富,但贫困地区资源利用率低,贫困群众自我发展能力差,贫困户增收渠道少。全省根据贫困地区实际,培育和扶持了一批有江西农业特色的支柱产业,如脐橙、柑橘、茶叶、蚕桑、白莲、苗木及优质粮食种植等 27 个支柱产业,覆盖全省 56 个县(市、区),有 21 个贫困县,823 个贫困村的 25 万户、110 万人,其中有 7.7 万户贫困户,31 万贫困人口,累计实现产值 45 亿元。如南昌煌上煌集团的养鸭产业已发展到全省 30 多个县,辐射贫困县 13 个,带动养殖户 2.6 万户,其中贫困户 9000 户,累计帮助农户增收超过 2 亿元。截至 2007 年,国家在江西认定 20 家扶贫龙头企业,省里再认定 48 家扶贫龙头企业。扶贫龙头企业带动农产品基地规模已达到 530 多万亩,受益贫困农户户均增收 1048.6 元。3000 个重点村已建立产业化合作经济组织 1815 个,联结贫困农户达 32.35 万户。

2002—2009 年,全省把财政扶贫资金投入到农林牧渔中,共开发桑果茶园 74.95 万亩,造育林 50.29 万亩,经济作物播种面积 41.74 万亩,粮食作物播种面积 22.29 万亩,饲养家畜 83.3 万头,饲养家禽 1730.58 万羽,投入鱼苗 2071 万尾。到 2009 年,扶贫开发工作重点村共有村级合作经济组织 1187 个,参与村级经济合作组织的农户有 11.97 万户,其中贫困户 28368 户。2009 年扶贫龙头企业带动辐射农户 12.28 万户,其中贫困户有 2.92 万户,带动农户人均增收 2045 元。

表 1-2-13　2002—2009 年重点村扶贫资金使用效益表(种养业)

年份 指标	2002	2003	2004	2005	2006	2007	2008	2009
开发桑果茶园(千公顷)	4.01	4.70	3.13	2.80	2.71	3.94	7.18	21.50
造育林面积(千公顷)	15.77	5.89	6.17	5.70				
经济作物播种面积(千公顷)	2.90	2.00	3.40	0.60	2.50	4.30	7.10	5.03
粮食作物播种面积(千公顷)	13.40	43.18	51.45	1.04	3.05	7.20	14.30	15.00
饲养家畜(万头)	13.00	11.50	5.60	1.58	5.12	8.20	31.00	7.30
饲养家禽(万羽)	211.00	127.75	179.53	44.30	80.00	109.00	493.00	486.00
投入鱼苗(万尾)	548.00	511.00	597.00	415.00				

2010 年,以发展现代农业为重点,按照"相对集中、突出重点、扶优扶大、加快发展"的思路,通过创新财政扶贫资金使用管理机制和模式,引导社会优质资源参与产业化扶贫,做大做强扶贫龙头企业,发展贫困农户受益广、参与深、可持续的特色主导扶贫产业。

2010 年,全省共发放项目贷款贴息资金 1015 万元,支持产业扶贫项目 181 个,引导贷款 33834 万元,213 万贫困人口从中受益。加强对 20 家国家级扶贫龙头企业和 100 家省级扶贫龙头企业的扶持和管理,充分发挥扶贫龙头企业对贫困农村和贫困农户的辐射带动作用,通过在贫困地区实施的"县为单位、整合资金、整村推进、连片开发"试点项目,依托当地现有优势和主导产业,统筹规划开展试点工作,集中资金重点扶持一批经济效益好、辐射带动强的扶贫主导产业。

从 2006 年开始到 2010 年底,全省共在 22 个县 300 个重点村开展试点工作。共筹集村级发展互助资金 5025 万元。入社农户 19089 户,其中贫困农户 7852 户。

2010 年"连片开发"试点工作坚持以扶贫开发为宗旨,通过政策统筹和机制创新,加大财政扶贫资金与其他涉农资金整合使用的力度,建立扶持项目与贫困农户直接有效受益的利益连接机制,探索整村推进与扶贫产业连片开发相结合的新路子。2010 年的试点工作在井冈山市、余干县、广昌县、修水县开展,项目总投资 59467 万元。截至年底,完成投资 41601 万元、占投资总额的 70%,其中整合各类资金 39601 万元。

南昌市产业化扶贫

2001—2009 年里,南昌市对贫困地区的产业发展给予大力扶持、培育、壮大,扶贫主导产业已成为贫困农民增收重要渠道。仅主导产业一项促使参与贫困农户户均增收超过 200 元,主导产业产生的经济效益已经成为重点村贫困农民增收的重要部分。其中产业发展采取"四个举措":采用"以奖代补"的方式,对产业发展效益较好、带动农户较多的重点村和龙头企业进行奖补,每年均单列最少 80 万元专项资金用于奖补,激励和促进重点村主导产业的发展。采用典型示范、以点带面的方法,打造南昌县塘南镇蔡家村蔬菜种植、新建县松湖镇黄家村食用菌栽培、进贤县下埠集乡柯溪村肉鸡养殖、安义县新民乡峤岭村水果种植和湾里区招贤镇南岭村茗茶油茶种植等扶贫主导产业发展示范点。与龙头企业联结进一步紧密,扶贫龙头企业的带动力作用日益明显。如天豫食品有限公司带动农户发展红薯种植达 4000 多亩,玉丰公司带动农户种植苦瓜 1000 多亩,江西煌上煌集团为重点村养殖基地(户)提供皇禽鸭苗 100 多万羽,并全部提价回收。扶贫科技示范基地进一步加强建设。南昌市扶贫科技示范园占地 500 多亩,引进绍兴麻鸭、野鸭、肉牛、种猪、虎纹蛙、朗德鹅、水果等优质品种种养项目 20 余个,项目的顺利推进对扶贫产业种养技术和新品种的推广起到较好的示范带动作用。2009 年江西红雁禽产品开发有限公司共投放鸭苗 7.3 万羽、朗德鹅苗 1.1 万羽。2001—2009 年扶贫开发重点村现有发展养鸭 109 万羽,养朗德鹅 0.4 万羽,养牛、羊 1328 头,养猪 8.3 万头,网箱养鳝 6600 箱,果树种植 880 亩,花卉苗木种植 1320 亩,油茶 4627 亩,茗茶 496 亩,黑芝麻 1620 亩,玉米 2000 亩,食用菌栽培 11400 平方米,大棚蔬菜 1018 亩。

进贤县 2010 年,进贤县结合贫困村特色资源、传统技术、农民意愿和市场需求,在贫困村重点扶持好"五大产业",即养鸡、养鳝、黑芝麻、高产油茶和优质果业。果业种植面积达 3000 亩,油茶种植面积逾万亩,黑芝麻种植面积 8000 亩,网箱养殖黄鳝 12000 箱,养鸡 100 万羽以上。在主导产业进一步壮大的同时,积极吸收贫困户和低收入户参与主导产业,让更多的群众享受到主导产业发展带来的成果。各贫困村的群众通过主导产业的带动,人均收入提高近千元。

安义县 2010 年,安义县重点培植无公害小水果、花卉苗木、果苗培育、生猪养殖等扶贫主导产业,增加贫困农户收入。罗丰村生猪养殖 3000 余头;峤岭村果苗培育优质 150 余亩,每亩收入超过 2 万元;茅店村花卉苗木近 500 亩,每亩收入 4000 元;塘口村 300 亩冬枣正式投产,2010 年每亩收入可达到 6500 元。同时,安义县还争取主导产业示范点建设资金 16 万元,重点建设新基村苗木基地和塘口村300亩冬枣基地。主导产业的培育壮大,强化产业对贫困户的带动和辐射功能,加快贫困户增收脱贫步伐。

九江市产业化扶贫

九江市主要抓以修水、武宁的蚕桑、黄姜和药材,都昌、湖口、彭泽、九江县的特色水产及大棚蔬菜,瑞昌市的山药、猕猴桃,星子的石材、果业开发等。2001年,新种桑树3万亩,扶持蚕塑具400万张,种植中药材1.44万亩,发展经济作物大棚蔬菜4200亩,养殖猪、牛、羊及各类家禽24万头(只)。为支持扶贫企业的发展,共为其发放贷款8300万元。2002年,积极扶持产业化扶贫企业,发放扶贫贷款5400万元,扶持项目100个。同时,修水县积极开展"农民贷款,干部担保"活动,动员全县1500名行政事业单位的干部职工、145名村书记、100户产业大户为3356户贫困户担保贷款260多万元。担保结对农户发展蚕桑8021亩,药材2040亩,养牛800头,养羊12000头。做到"农民贷得到、银行放得了,干部担了保,产业效益好,贷款还得了"。2003年,结合农业产业结构调整,投入扶贫资金800多万元,实施项目112个,扶持发展蚕桑2.3万亩,养殖山羊5万只,培育黄姜、花椒等药材基地8万亩,初步形成蚕桑、茶叶、中药材、水产等十大扶贫产业,覆盖贫困乡村农户60%以上,带动贫困户户均增收180元。同时,加大对农业产业化龙头企业扶持力度,农行实际发放扶贫贷款5365.2万元。2004年新增蚕桑面积4200亩,新增水果、药材面积2.85万亩,有11642户贫困户、13547户低收入户从中受益,户均增收624元。并适当扩大扶贫贷款使用范围,积极扶持各县(市)农业产业化龙头企业,发放扶贫信贷资金3584万元。2005年,通过扶贫贷款支持和政策优惠,进一步发展壮大产业化扶贫龙头企业和一批覆盖面广、辐射能力强、能带动贫困群众增产增收的项目,修水县的蚕桑、药材,星子、九江县的赣北水梨,武宁的雷竹,都昌的水产等日渐成为贫困群众增收的重要途径。全市共计开发种植业7884亩,其中:蚕桑面积780亩,水梨和大白桃等果业6506亩,茶叶450亩;养猪、牛、羊1010头,养殖家禽18000羽;鄱阳湖青虾、河蟹、彭泽鲫、淡水珍珠等特种养殖水面1967亩。积极探索"龙头企业 + 贫困农户"的扶贫开发模式,扶持以种养加工为主体的国家级扶贫龙头企业1个,省级扶贫龙头企业7个,并为扶贫龙头企业发放扶贫贴息贷款3584万元。

2006年,进一步加大产业化扶贫力度,投入资金115.57万元,发展早熟梨种植面积1万亩。全年为产业化扶贫龙头企业发放贷款2594万元,贴息80.30万元,扶持项目9个。修水县发放扶贫到户贷款贴息资金50万元。2007年,按照市委、市政府发展"两水"产业的部署,投入资金470万元,在贫困地区种植九江水梨1.5万亩。全年为产业化扶贫龙头企业发放贷款5056万元,贴息104万元,扶持项目22个。修水县发放扶贫到户贷款贴息资金50万元,投入财政扶贫资金75万元,开展"贫困村村级发展互助资金"试点工作。以招商引资促进产业扶贫发展,引进外资3000万元人民币,用于开发荒山、荒坡、荒滩10万亩。

2008年,九江加大产业化扶贫与现代农业相结合的力度,依托丰富的山地资源,大力发展九江水梨,新增水梨种植面积21585亩,投入资金692.60万元,其中财政扶贫246.78万元,以"公司 +

农户"、基地带贫困户形式发展扶贫支柱产业,全年为鄱湖水产、三兴纺织等产业化扶贫龙头企业发放贷款3603万元、贴息108.1万元,扶持项目15个。在认定九江市鄱湖水产为国家级扶贫龙头企业的基础上,增补认定国定贫困县修水县五星制丝有限公司为国家级扶贫龙头企业。按照"增优汰劣、动态管理"的原则,增补认定12家效益好、前景优、扶贫功能强的企业为省级扶贫龙头企业。2009年,全市新增水梨种植面积9500亩,投入资金643.15万元,其中财政扶贫262.65万元;各县(市)根据各自优势发展"一村一品",如修水的吊瓜、油菜、脐橙,都昌、湖口的网箱养殖,瑞昌的生猪、獭兔养殖,带动更多的贫困户实现增收;积极培育农民专业合作经济组织,支持有条件的农民专业合作社自办流通企业,提高农产品商品率,大力发展"市场+龙头企业+农民企业合作社+农户"的经营和流通新模式。如修水的蚕桑合作社在全年市场价格下滑的情况下,积极对外联系,打开市场,扭转蚕茧滞销的不良局面。九江县积极培育生猪养殖合作社、食用菌栽培合作社,充分发挥流通的纽带作用,在占领市场上下工夫,加速农产品的商品转化;大力扶持龙头企业,为春妙米业、天兴农业等产业化扶贫龙头企业发放贷款3867万元、贴息116万元,扶持项目13个;积极争取贫困村村级发展互助试点资金,继2007年修水县被省列为互助资金试点县后,2009年都昌县又被列为互助金试点县,在修水、都昌新增10个贫困试点村新增互助金150万元。截至年底,全市共有15个重点村得到"贫困村村级发展互助试点资金"的扶持,累计入社户数849户,其中贫困户382户。累计放款426户,今年放款金额99.8万元。互助资金缓解贫困农户发展资金短缺和融资渠道缺乏等问题,增强扶贫重点村自我发展、持续发展的能力。

修水县 2010年,修水县以连片开发项目的实施为契机,大力培育壮大扶贫主导产业。新扩低改桑园5000亩、标准化桑园培植1万亩,培育优质桑苗繁育基地150亩,蚕种繁育基地500亩;新扩茶园8000亩、低改茶园4200亩;同时将原一家公司、五星制丝和广东潮州高雅印务有限公司强强联合组建为亿元茧丝绸深加工企业一家实业有限公司,新增8组自动缫生产线和1条丝绒生产线。引进浙江等茶叶发达地区的生产加工企业6家,通过建立"公司+基地+农户+合作社"利益联结机制,带动农户9.5万户,促进农户增收1亿元。

都昌县 2001—2010年,都昌县产业扶贫重点是抓好产业结构调整,以中馆镇千亩早熟梨基地为纽带,引导和扶持农户发展林果业,种植早熟梨12269亩,种植柑橘1200亩,种植吊瓜800亩,种植中药材2100亩,种植大棚蔬菜1600亩;以芗溪乡井头村网箱养殖和中馆镇龙虾养殖为示范,新增网箱3800箱,龙虾养殖面积500亩,参加养殖的有820户,以淡水珍珠之乡的金字招牌为平台,养殖珍珠6070亩,发展珍珠加工310户。为解决种养户的后顾之忧,由县政府筹备投资40万元建冷库,解决贮藏保鲜问题。推行公司加农户的方式和订单农业,为种养户解决农副产品和水产品的销售问题。

永修县 2010年,永修县扶贫产业在原有产业发展的基础上,重点抓好产业示范基地的建设,以点带面,促进扶贫特色产业的形成。狠抓鄱阳湖生态扶贫产业示范基地的建设。主要结合全县农业产业化"十百千万"工程,在柘林镇易家河村建立鄱阳湖生态扶贫产业柑橘示范基地。借助易家河柑橘的知名度,带动辐射贫困村果业发展逐步走上"基地+合作社+农户"的产业化轨道。着力打造重点村"一村一品"特色产业。主要依托重点村现有的产业基础,大力整合资金,在整村推进资金中平均每个基地安排 3 万元,加大对九江水梨、柑橘、油茶、生猪、家鸭、雁鹅、葡萄等重点村产业基地的扶持。目前,全县形成"一村一品"特色产业发展势头的重点村有 8 个,为贫困村农户逐步脱贫致富创造坚实的基础。

瑞昌市 2007 年起,瑞昌市抓住"十一五"扶贫开发机遇,不断创新扶贫方式,采取"1 + 10"滚动扶贫模式,大力实施产业化扶贫,取得明显成效。该市通过实施"1 + 10"产业化扶贫,创建螃蟹、生猪、獭兔、鱼、鸡等养殖基地和水梨、山药、油茶、西瓜等种植基地共 11 个,带动贫困村户农民参与其中,共减少贫困人口 1 万余人,贫困村人均收入增加 400 元。为贫困乡村的农民开辟一条产业化致富路。

2010 年,瑞昌市注重种植业、养殖业、农副产品加工业等的发展,其中发展种植、林果业 4685 亩,包括水梨、油茶、山药、西瓜、茶叶等带动发展养殖户 280 户,包括畜牧业、水产业、家禽类。全市扶贫产业实现人均增收 600 元。2010 年共投入产业化扶贫资金 481 万元,其中财政扶贫资金 80 万元,集中用于壮大"一村一品"和特色种养业的发展。种植业项目,共投入财政扶贫资金 47 万元,发展水梨 300 亩、山药 500 亩、油茶 2000 亩、西瓜 500 亩、其他经济林果 900 亩;养殖业项目,共投入财政扶贫资金 32 万元,扶持农户发展养殖生猪 1100 头、养牛 510 头、水面养殖 3230 亩。项目直接受益人口达到 2930 户 12330 人。

星子县 "十五"期间,星子县累计投入各类扶贫资金 2652.88 万元,其中财政专项扶贫资金 851.88 万元,地方财政配套资金 64 万元,扶贫贴息贷款 1160 万元,群众投工投劳折合资金 180 万元,其他资金 300 万元,定点单位帮扶资金 97 万元。先后实施包括基础设施、产业化扶贫、村办龙头企业和科技培训等各类建设项目 250 个,项目全部建设完工并投入使用。这些项目覆盖农户达到 80% 以上,农户从项目中直接受益人平均近百元。经过 4 年来的扶贫开发,重点村农户人均年纯收入由 2001 年底的 909 元增加到 2005 年底的 1450 元。

2010 年,星子县始终把农业产业结构调整与扶贫开发项目相结合,立足本地自然资源优势和特色产业,大力发展有机、绿色、环保产业,促进贫困农户增收。结合鄱阳湖生态经济区建设和全县旅游业的发展,引进浙商开发杭白菊产业,试种面积千余亩,取得初步成功,经济效益明显。扩大九江水梨种植,新增面积 600 亩。新增改造庐山云雾茶基地 200 余亩,开发油茶 300 亩,水产养殖 520 亩,以及其他特色种养业,形成"一村一品"产业发展规模。通过产业辐射带动一方经济,促进贫困农户增收。

湖口县 2010 年,湖口县在扶贫产业化方面主要是按照县农业产业规划,围绕"两水"做文章,兼顾其他产业发展。利用荒山荒坡发展九江水梨,全县开发九江水梨 1500 亩,其中重点村开发 300 亩;利用荒芜水面和水淹田发展水产养殖,全县开发精养鱼池 2600 亩,其中重点村开发 800 亩。文桥乡枫树村开发九江水梨 100 亩,开发精养鱼池 300 亩;流芳乡流芳村开发九江水梨 150 亩,开发精养鱼池 250 亩。在发展"两水"的同时,注重抓好油菜、茶叶、中药材的发展,全县全年开发油茶 4000 亩,茶叶 1000 亩,中药材 1600 亩。采取多渠道多形式,探索公司加农户和能人大户带动的产业发展模式(如中药材、油茶、九江水梨、水产的开发,)搞好全县产业化扶贫工作,使贫困群众在产业化扶贫开发中增加更多的收入,尽快脱贫致富。重点村参与扶贫产业的有 316 户 1325 人,其中贫困户 218 户 915 人,人均可从扶贫产业中增加收入 500 元以上。在发展扶贫产业的过程中,针对性地对参与产业开发的农户进行实用技术培训,共办 2 期九江水梨技术培训班和 5 期其他实用技术培训班,参与培训达到 700 余人次,对提高贫困劳动力素质和扶贫产业发展起到很好的效果。

景德镇市产业化扶贫

2010 年,景德镇进一步推动全市贫困地区现代农业发展,加快贫困群众增收脱贫步伐,按照发展现代农业,建设社会主义新农村的要求,在做好此项工作调研的同时,积极咨询各相关部门对于现代农业的构想,完成全市老区扶贫开发与发展现代农业相结合重点产业发展规划。其中乐平以蔬菜基地及其绿色食品生产加工为主,浮梁以有机茶叶加工为主的产业发展规划已见雏形。乐平市江盛特种动物繁养场、思红蜂业园、接渡镇、镇桥镇蔬菜基地;浮梁昌南茶叶有限公司等扶贫产业,提升农业科技水平,带动村民就业增收,为现代农业发展夯实基础。

乐平市 乐平市积极扶助龙头企业,如江盛特种动物繁养场、思红蜂业、彩云食品有限公司、江德蔬菜加工公司等优势产业,通过扶持公司企业开发新项目,当年带动 500 余户贫困户脱贫致富。

浮梁县 浮梁县投资 12 万元,发展县级支柱产业——茶叶生产,解决 120 个劳动力就业和带动 760 户 1700 人发展茶叶生产脱贫增收。

昌江区 昌江区编制"鄱阳湖生态经济开发区"扶贫产业项目计划,将丽阳特种野生动物蛇类养殖、新源绿色生态养殖场大中型沼气工程建设和荷塘乡药材种植示范基地 3 个项目列入其中。编制易地扶贫搬迁"十二五"规划,涉及 3 个乡镇,7 个村委会,11 个村小组,5 年计划搬迁 283 户 1113 人。

萍乡市产业化扶贫

"十五"以来,萍乡市扶贫开发工作树立产业化带动的扶贫理念,坚持"扶持龙头企业,就是扶持农业,就是扶持农民"的方针,加大了对森美农林、福义实业、一村食品、大兴农牧、源华食品等国家和省扶贫龙头企业的扶持力度,在资金和政策上给予重点倾斜,不断增强其带动贫困农户脱贫致富的能力。近 9 年,萍乡市用于龙头企业的扶贫贴息贷款达 11587.41 万元,用于产业化基地建设的扶贫贴息贷款资金 400 多万元。在萍乡市的贫困地区不仅带动农户近万户,户均增收 1700 余元,还初步形成了具有地方特色的支柱产业。同时,在龙头企业与贫困农户的对接上下功夫,积极引导龙头企业把产业化基地当作"第一原料生产车间",协调龙头企业与贫困户逐步建立起利益联结机制,确保实现利益共享、风险共担,按照市场规律实现了扶贫宗旨。

莲花县 莲花县根据"培植主导产业,发展特色产业,扶持龙头企业,逐步形成县有龙头企业、村有主导产业、户有增收项目的扶贫开发格局"的扶贫开发思路,加强产业化扶贫龙头企业的扶持。2010 年,选择森美农林有限公司、赣星实业有限公司等省市产业化扶贫龙头企业在项目贷款贴息、科技扶贫方面进行重点扶持,并要求其通过发展好产业,做给农民看,带着农民干。据统计,在森美公司的影响带动下,全县近年来发展以花卉苗木、水果、中药材为主的农业产业化企业就有 30 余家,开发利用荒山荒地 3 万余亩,辐射带动农户 9000 余户,户均增收近万元;加强农户小额贷款贴息工作。以贫困农户为主、以发展农业产业化为主,2010 年全县发放小额贴息资金 52 万元,充分调动农民发展生产的积极性。

上栗县 2010 年,上栗县扶贫龙头企业宏明食品的扶贫贷款贴息额 3 万元,企业带动农村经济发展,带动农户由原来的 1000 户,增加到 3527 余户。2010 年农户人均收入由过去的 500 元增加到现在的 1800 元左右。

芦溪县 2010 年,芦溪县投入资金 7.2 万元扶持种养专业户 56 户,发展武功紫红米、无公害蔬菜、中药材、畜禽养殖。给予武功山农业开发有限公司、江莲食品有限公司、九龙食品有限公司等三家省、市、县农业龙头企业扶贫贴息 18 万元,解决就业岗位 426 个(其中安置贫困户和残疾人 238 人),为 400 余个家庭提供稳定的经济收入;同时带动周边乡村的种养户 320 余户,并为他们提供技术服务和产品收购。投入资金 70 余万元进行竹林低改和高产油茶林改造,改造面积 3620 亩。

新余市产业化扶贫

新余坚持以生态效益为导向,以贫困户受益为目标,重点选择有新余特色的产业进行扶持,积极推动科技扶贫示范基地的发展。充分利用本地优越的自然环境和"早脆王"红枣种植适应性强的优势,建立万亩鲜枣"早脆王"科技示范基地。新余绿林枣业有限公司的"早脆王繁育基地"分别在仙女湖区、产业园区等地种植面积达 2000 亩,进入丰产期后亩产可达 2500 千克,销售收入上亿元,成为江西最大的"早脆王"种植示范基地。按照产业扶贫计划,将在 10 个省定重点贫困村进行引种和试点推广,每个贫困村建设 200 亩种植基地,使其成为贫困户脱贫致富的"摇钱树"。扶贫部门充分利用当地丰富的红壤土地资源,打造十万亩"新余蜜桔"科技园区。新余蜜桔 1997 年开始示范推广,栽培面积 8 万亩,蒙山实业有限公司的"新余蜜桔"示范区面积 2500 亩,辐射区延伸到渝水区人和乡、鹄山乡、南安和分宜县的洞村乡、高岚乡、操场乡等 8 个贫困乡镇地区,采取"公司 + 基地 + 专业合作社 + 农户"的模式,建立可靠的利益联结机制,带动农户近 3000 户,人均年增收 2000 元。"十五"期间,建立各种种养殖业基地 30 个,其中苎麻产业基地被列为产业化扶贫基地,全县种植面积 3.50 万亩,年销售收入上亿元,帮扶带动贫困人口 1.5 万人。

2010 年,新余在基础设施条件较好,群众积极性较高的村组安排一部分产业化扶持项目,采取多种形式扶持群众发展生产,取得明显成效。通过为群众购买种苗、以奖代补、基地加农户等形式,建成一批起点高、市场前景好的示范基地,如分宜镇芦塘新疆骏枣、钤山镇新祉村生猪养殖、操场乡赤土村和河下镇洋田村高产油茶、洞村乡霞贡村新余蜜桔、分宜镇横溪村养鱼,渝水区下村镇葡萄种植。扶贫和移民部门在产业化扶持过程中,主要是通过引导的方式,为贫困群众和移民群众提供技术培训与指导、政策咨询和扶持等服务。2010 年,新余振源工贸有限公司和新余蒙山实业有限公司取得省扶贫和移民办扶贫贷款贴息 6 万元。

分宜县 通过 5 年的扶持,分宜县帮助"十一五"7 个省定扶贫重点村逐步建立赤土村高产油茶、凤塘村蛋鸭养殖、盆溪村紫玉杨梅、弓江村的冬枣、午桥村的苎麻种植、霞贡村的新余蜜桔和龙源村的生猪养殖等基地。贫困群众通过这些特色种、养项目，每人每年可直接增收300元以上。

渝水区 根据贫困村的实际，渝水区充分征求村民意见，积极采取引进项目、扶持地方特色产业等方式，大力发展"一村一品"产业。如人和乡西村旱地较多，秋季易干旱，为充分利用这一资源优势，增加村民经济收入，从山西引进"枣脆王"红枣项目，种植面积300亩，且长势很好，投产后预计每亩达1500千克—3000千克，每亩收入6000元—8000元，全村可产生经济效益180万元—240万元。罗坊镇新和村委有山林面积8000余亩，其中油茶林有300亩，该油茶林都是本地土油茶，产量低、出油差、经济效益低，新和村委在新和村小组实施高产杂交油茶开发项目，规模为3000亩，投资10万元，预计可产生经济效益450万元—500万元，可带动600余户农户通过发展产业实现增收。

孔目江区 孔目江区重点村和水库移民村"一村一品"产业得到快速发展。葡萄、高产茶油、无公害绿色蔬菜等产业取得丰硕的成果，群众在发展产业中得到实惠，加快脱贫致富的步伐。2010年孔目江区湖陂村有葡萄面积1800亩，拥有珍珠无核、夏黑、醉金香等近30个品种，年葡萄总产量280万千克，销售收入1800万元，人均收入达8000元，在新余现代农业科技园内建设天工葡萄酒庄，酒庄投产后，年消化酿酒葡萄1200万千克，可增加葡萄种植面积6000万亩，将成为财政增收的又一亮点；位于"全国生态环境建设实验区"内的港背村绿色蔬菜生产基地，抓住发展蔬菜的有利时机，大力发展蔬菜产业。全村现有蔬菜面积850亩，每亩收入4600元，蔬菜收入391万元，惠及农户500余户。该村建立仰天岗港背村蔬菜生产农民专业合作社，合作社通过统一培训，提高农民种植技术；统一供应农资，提高蔬菜品质；统一包装对外营销，打响仰天岗蔬菜品牌，使港背蔬菜供不应求；孔目江区在做大做强葡萄和蔬菜的基础上，着力打造优质高产油茶基地。成立油茶基地股份公司，投资160万元建立油茶基地，已种植油茶面积1500余亩。预计5年后开始挂果，亩产油茶10千克，亩产值可达200元；8年后进入盛产期，亩产油茶50千克左右，产值可达2000元，油茶将成为当地农民的摇钱树。

鹰潭市产业化扶贫

2008年，全市贫困地区的农业产业化程度得到提升，始终把农业产业化建设当作贫困地区发展生产和贫困农户增收的重头戏来抓，先后加大对大忙人、金沙蔬菜、天师养生茶等省级龙头企业的扶持力度，在资金和政策上给予倾斜，不断增强其带动贫困农户脱贫致富的能力。近4年来，全市用于龙头企业的扶贫贴息33万元，并根据各龙头企业的市场需求，采取"公司+基地+农户"的经营方式，把周边的农户特别是贫困农户组织起来，发挥当地资源优势，以资源的开发、加工和综合利用为依托，以市场为导向，发展效益农业。贵溪市龙虎山食品有限公司充分发挥技术优势、品牌优势和市场优势，依托当地独特的气候资源和环境条件，建立0.35万亩茶叶基地和7000亩笋菇基地，直接带动扶贫开发重点乡樟坪乡等周边乡、镇的3500余农户（其中贫困户370户）实现户均增收6000余元。同时将产业链延伸到该地区近6000户农户家庭，实现户均增收1000余元，并在其食品加工企业安排270名贫困劳动力就业，为促进本市贫困地区农业产业结构调整，提升农产品附加值,带动贫困群众致富起到积极的示范作用。

贵溪市产业化扶贫龙头企业进一步发展壮大,现已形成较大的规模,发挥积极的扶贫辐射带动作用,贫困群众直接受益获利;扶贫贴息资金对扶贫龙头企业的扶持,每年可带动农户2400余户,安排13600名农村剩余劳力专业从事产业生产,农户从中获益,实现人均年增收1300元以上。

赣州市产业化扶贫

2009年,全市审核认定80家市级扶贫龙头企业。经过多年努力,各具特色的扶贫优势产业不断发展,各种类型的扶贫龙头企业不断壮大,贫困农户参与产业开发的组织化程度不断提高,产业化扶贫的辐射带动功能不断增强。全市国家级扶贫龙头企业增加到5家,省级扶贫龙头企业增加到24家,2009年又审核认定市级扶贫龙头企业80家。2001年至2009年,全市重点村共发展各类种植业面积约20万亩,农民收入有较大增加,重点村"一村一品"产业格局初步形成。全市农民人均纯收入由2000年的2100元增加到2009年的3856元,比2000年的2100元提高1756元。

在扶贫工作中,通过村级扶贫互助资金会、小额到户贴息贷款、科技扶贫、项目贷款等扶持方式,帮助农户发展产业,增加收入。投入1005万元资金在全市52个重点村开展扶贫互助资金会工作试点,每村安排资金15万元,解决4323户贫困户发展生产缺乏资金的困难;在8个重点县投入1850万元财政扶贫资金,累计为1.5万多户贫困户发展生产贷款3.7亿元提供贴息支持,促进产业的发展;投入4万元为109家扶贫龙头企业贷款2.9亿元提供贴息支持;投入2900多万元用于宁都、于都实施连片产业开发,通过发展产业辐射带动贫困农户增产增收;投入1000余万元科技扶贫示范项目资金,辐射带动2万多户农户通过发展产业实现增收。这些举措既解决贫困农户发展产业缺乏资金的难题,又从根本上增强贫困群众脱贫致富"造血"功能,使贫困群众通过产业实现增收。

"八七"扶贫攻坚时期,扶贫开发的果茶、蚕桑、林化、畜牧养殖、经济作物等五大支柱产业,逐步上规模、上水平、上档次,直接覆盖了全市72.2万贫困人口,解决温饱,农村贫困户年人均收入由1994年的433元上升到830元,农民年均收入由1994年的1114元上升到2095元。

兴国县 2010年,兴国县通过村级互助资金会、农户自立服务社、小额到户贴息贷款、科技扶贫、项目贷款贴息等扶持方式,帮助农户发展产业,增加收入。投入150万元资金在全县10个重点村进行扶贫互助资金会工作试点,每村安排资金15万元,解决211户贫困户发展生产缺乏资金的困难;投入52万元财政扶贫资金,累计为398户贫困户发展生产贷款1040万元提供贴息支持,促进产业的发展;为扶贫龙头企业国家级1家、省级4家、市级5家贷款50万元提供贴息支持,达到扶贫龙头企业帮村带户效益;投入25万元科技扶贫示范项目资金,发挥龙头企业的带动辐射作用,加快改造传统农业步伐,建立起农户稳定增收的产业,逐步形成规模化、区域化、科学化、市场化的现代农业格局。

于都县 2010年,于都县按照"兴产业,强基础,解贫困,促增收"的总体思路强力推进整村推进连片开发试点。试点项目总投入3.4亿元,其中试点补助资金1000万元,整合涉农资金、银行信贷资金、招商引资及农户投资投劳共 3.30 亿万元,共规划建设产业发展和改善民生两大类项目 19 个,覆盖 7 个乡镇 30 个行政村 13690 户农户 58860 人。2010 年底完成总投资 3.13 亿元,完工项目 17 个,占计划的 92.2%。这些项目在改善群众生产生活条件,培育特色主导产业,均衡发展各项社会事业等方面取得明显成效。新开加工橙面积 1.5 万亩,完善原有果园道路、灌溉等基础设施项目 48 个,建设万吨脐橙贮藏商品化生产线 1 条;新建高产油茶林 4000 亩,改造油茶低产林 2000 亩;建成规模以上蔬菜基地 3 个,无公害商品蔬菜面积 1500 亩;完善 16 个移民集中安置区水利、交通等基础设施建设项目 23 个,扶持 62 户移民搬迁户发展家庭经营项目。

宁都县　2010 年,宁都县通过担保公司、农户自立服务、村级扶贫互助资金会、小额到户贴息贷款、科技扶贫、项目贷款贴息等扶持方式,共投入扶持资金 4479 万元,帮助农户发展产业,增加收入。扶贫开发担保有限公司为扶贫龙头企业和规模种养加大户共担保贷款 1745 万元,担保项目 63 个,实现农业产值 2600 余万元,辐射带动周边农户 2650 多户 10580 人,安排贫困人口就业 925 余人,帮助农民增收 180 余万元。农户自立服务社完成全年放贷 1300 万元的目标,有效地解决农村小型种、养殖户、个体运输户、个体经营户在项目经营中遇到的小额资金周转困难问题。

赣　县　2010 年,赣县着力扶持农户特别是贫困户大力发展脐橙、甜叶菊、大棚蔬菜、生猪、水产等种养业,壮大农业支柱产业,促进农民增收致富,项目贷款贴息申报 17 万元,发放扶贫到户贷款贴息资金 31 万元。

安远县　2003 年,安远县大力发展“果、药、瓜、菌”四大扶贫产业,走出一条产业扶贫的好路子。全县以无公害脐橙为主的果业面积达 18.5 万亩,以黄姜为主的中药材面积 1.2 万亩,以草料菇为主的食用菌 1500 万袋,以中小型特色瓜为主的西(甜)瓜 6 万亩。被农业部确定为“全国无公害脐橙生产示范基地县”,被农业部、外经贸部确定为“全国优质园艺产品(脐橙)出口示范区”,是全省农业产业化经营 3 个试点县之一;“三百山”牌脐橙取得“绿色食品证书”和“无公害农产品标志证书”,在中国赣州第二届脐橙节上荣获“赣南脐橙王”和“脐橙金奖”称号。围绕“工业兴县,产业富民”的发展思路,引导农民发展以脐橙为主的扶贫产业 35.6 万亩。浙江养生堂公司把公司安家落户在安远,实施产业化扶贫和社会扶贫,扶持当地农民种植加工脐橙,收购滞销脐橙。安远养生堂基地果业有限公司先后投资 3.5 亿元,积极谋划加工橙产业开发建设。2006 年 11 月,公司与当地群众协作开发加工橙产业,承诺合作开发的相关政策,引进国外先进的加工设备和生产工艺,运用产业化发展模式进行橙汁、橙浆深加工,打造出日处理 3800 吨的鲜果、原浆和浓缩汁生产线,实现“当年投资、当年建设、当年运行”。2006 年到 2010 年,安远养生堂公司依托品牌优势和研发能力,橙汁、橙浆深加工,使丰富的林果资源优势转化为经济优势,解决果农因销售周期过于集中而产生卖果难的问题;利用“公司 + 协作社 + 农户”发展模式,吸纳贫困户参与加工橙基地建设,解决贫困户就业难问题。截止到 2010 年,全县建立加工橙基地 23 个,有加工橙 3.8 万亩,依靠公司就业的贫困人口人均年收入在 1.4 万元以上,通过公司带动增收的贫困户达 5000 余户,为贫困户脱贫致富奠定基础。该公司通过比市场价多 1 到 2 毛钱的价格收购滞销的二、三级脐橙,进行榨汁深加工直接拉动脐橙价格。2009 年,收购县内脐橙次果 0.3 万吨,农民直接增收 120 余万元。

2010 年,安远县立足优势,大力实施产业化扶贫,扶持贫困地区脐橙、西瓜、生猪、食用菌等产业发展,产业面积和总量进一步扩大,产品质量得到提高。贫困地区的产业发展后劲增强。在扶贫重点村,20%以上的低收入户和贫困户都有脱贫产业,70%有产业管理能力的贫困户都得到扶持,特别是脐橙、西瓜、生猪、食用菌等主导产业通过扶贫贴息贷款扶持得到发展壮大。新开发果园5600亩,种植西瓜1.5万亩,发展食用菌1500万袋,建成"果、瓜、菌"综合示范园10个、专业示范基地21个。伦晚脐橙、无公害蔬菜等新产业得到发展,脐橙、加工橙等深加工企业生产规模不断扩大。安排扶贫贴息资金65万元,扶持贴息贷款1077.79万元,贷款农户1083户,其中贫困户482户,争取项目贴息贷款633.33万元。孔田镇下魏村、欣山镇教头村、版石镇松岗村等"互助资金"试点村把种植大棚西瓜和蔬菜的农户作为重点扶持对象,贫困户参与发展现代农业。

上犹县　2010年,上犹县将油茶、茶叶、桂花苗木作为农业主导产业,多渠道促进"两茶一苗"发展,着力打造农民增收致富平台。重点建设油石嶂、五指峰、园村、梅岭、营前5个茶叶基地,东山石坑、社溪麻田、社溪社陈、黄埠合溪、油石水村、紫阳高基坪6个万亩油茶基地,形成"一带三圈五基地"的茶叶产业布局和"一带三圈六基地"的油茶产业布局,增强基地的扶贫辐射带动作用。以梅岭茶场、犹江绿月、五指峰茶场等10余家茶叶企业和宝生园、强旺油茶等6家油茶企业为骨干,通过"公司＋基地＋农户"的模式,采取合作社、投资投劳、入股分红等方式吸引周边农户参与,促进农民增收致富。2010年底,新增茶园3.3万亩,实现产值4000万元以上,茶农人均增收1200元;新开发油茶林6万亩,解决山区2万余农民的就业问题,人均增收2000元以上。

瑞金市　2010年,瑞金市财政扶贫资金为2家扶贫龙头企业贷款366.7万元提供贴息支持,贴息资金11万元。

章贡区　2010年,章贡区通过对龙头企业项目贷款贴息的扶持方式,为江西仰山园油茶开发有限公司、赣州朱师傅预混饲料有限公司、赣州铭馨茶业有限公司等3家企业提供17万元的项目贴息,企业通过"公司＋基地＋农户"的农业产业化经营模式,引导和帮助贫困农民种植油茶、种植茶叶、饲养禽畜,实现产业化扶贫,全年为帮助农户解决种苗、饲料和技术的农户共有2609户,受益人口13045人,人均增加收入412元。

全南县　2010年,全南县省级扶贫龙头企业由无增加到2家,市级扶贫龙头企业由无增加到3家。扶助全南现代牧业有限公司发展到存栏种猪3000余头、年出栏生猪6万头的规模,生猪产品主要销往香港和深圳等地。公司采取"公司＋合作社＋农户"的农业产业化经营模式,带动农户发展生猪养殖,2010年,公司共计带动周边6个村的1500余户农户养殖生猪,户均纯收入突破6000元。

定南县　2010年,定南通过科技扶贫、项目贴息等扶持方式,帮助农户发展产业,增加收入。投入科技示范推广扶贫项目12万元用于科技示范推广项目,通过该项目的实施,辐射带动1000余户农户通过养殖生猪实现增收脱贫。为3个扶贫龙头企业1313.30万元企业贷款提供39.40万元贴息支持,有效地带动2000余户农户通过发展产业实现增收。

宜春市产业化扶贫

宜春市把农业产业化建设当作贫困地区发展生产和贫困农户增加收入的重头戏来抓。2001

年以来,全市投入科技扶贫资金近百万元,扶助建起袁州高产油茶苗木、铜鼓高山蔬菜、万载有机农业、樟树青皮冬瓜、丰城肉牛养殖、宜丰超级水稻生产等科技示范基地;投入扶贫贷款3.3亿元,贴息938.6万元扶持仁和药业集团发展有限公司、江西济民可信药业有限公司、万载县青叶食品有限公司等42家农业产业化龙头企业,通过龙头企业辐射和带动,油茶、蔬菜、有机食品、青皮冬瓜、中药材和超级水稻在全市贫困地区已形成主导产业。以农民增收为目标,着力开展产业化扶贫。着力培育主导产业。根据各地自然生态资源优势,在贫困地区因地制宜培植袁州油茶、万载有机农业、樟树青皮冬瓜、高安肉牛养殖等一批主导产业,目前已成为当地农民增收的支柱产业;着力发展"一村一品"。对于目前规模不大但具有地方特色和发展前景的一些优势农产品,积极鼓励和扶助重点村按照"一村一品"的思路大力推广,目前已有宜丰的葛根、铜鼓、靖安的食用菌、上高的绿色大米、丰城同田乡的水禽养殖等都已逐步形成生产规模,成为当地的主导产业;着力开展科技示范。在省办的大力支持下,投入科技示范与推广专项资金,扶助建立袁州高产油茶苗木、铜鼓高山蔬菜、万载有机农业、樟树青皮冬瓜、丰城肉牛养殖、宜丰超级水稻推广等科技示范基地,为这些产业的发展提供示范带动效应;着力支持龙头企业发展。近年来累计争取扶贫专项贴息贷款3.3亿元,扶持万载、铜鼓、上高等县农业产业化扶贫龙头企业发展,这些企业通过建基地、联农户,带动一大批贫困农民增收致富。

2001—2009年,全市共投入扶贫项目贷款贴息资金938.60万元,贷款规模3.32亿元,扶持袁州济民可信药业、樟树仁和集团等42家产业化龙头企业,以"龙头+基地+农户"的扶助方式,通过扶贫龙头企业带动贫困地区发展比较优势产业,有效地促进贫困农户增产增收,充分发挥扶贫贴息资金效益,收到三个明显成效。首先,壮大产业化龙头企业,支持地方经济发展。全市把产业化龙头企业列为扶贫贴息贷款扶持的重点,帮助农业产业化企业走专业化、精加工、大流通、外向型的路子,延伸农业产业的产业链和收益链,促进农村经济全面发展。万载青叶食品有限公司通过扶贫贴息贷款支持,企业不断做强做大,已成为万载县带头帮助农民走上富裕之路的民营企业之一。济民可信药业2005年得到扶贫贴息贷款扶持,当年实现税收7000万元,成为袁州区纳税第一名。其次,推进全市贫困地区优势特色产业初步形成。全市依托农业产业化龙头企业的发展,加快农业产业结构的调整和贫困地区的资源开发,初步形成贫困地区优势特色产业。铜鼓县棋坪镇千亩有机茶叶基地,排埠镇的竹木深加工,万载县的有机农业等已初具规模,效益非常显著。第三,促进当地农户增收,加快脱贫致富步伐。扶贫贴息贷款扶持企业共累计免费培训贫困地区劳动力5100人,安排贫困家庭子女就业8440人,连接重点村90个,覆盖贫困户3.1万户、15.02万人,实现农民人均收入3150元。

樟树市 2010年,樟树市在重点村选择一批市场前景好、经济效益高、群众易接受的优势产业进行扶持,充分发挥贫困乡村的生态环境、人力资源等优势,依托各地现有的优势产业基础,制定优惠政策,优化发展环境,加大产业发展资金投入。同时围绕主导产业的发展,加大科技培训力度,在贫困乡村举办种养方面的科技培训9期,累计培训农民2071人,促进贫困乡村扶贫主导产业的发展。目前重点乡村的生猪养殖、青皮冬瓜种植、中药材种植等产业已有相当规模,成为当地贫困农民增收致富的主导产业。全市9个重点村新建或改扩建种养基地10余个。其中洲上乡早晚冬瓜面积就达 5000 余亩,生猪养殖达 10 万余头。

万载县 2010 年,万载县信贷扶贫工作取得一定的突破,扶贫部门与农村合作银行、财政局和各乡镇协作配合,争取上级扶贫贴息贷款 17 万元,扶助 3 个产业化扶贫龙头企业发展和产业化基础建设,通过发展百合种植、有机农业和农副产品加工等产业促进增收,尽快实现脱贫致富目标。

靖安县 2010 年,靖安县投入科技扶贫资金 25 万元和移民产业扶持资金 20 万元,重点扶持省级龙头企业靖安县白云白茶开发有限公司和靖安周口茶厂,采取“公司 + 基地 + 农户”的模式,引导带动移民和贫困群众参与白茶种植,并加入合作社享受利润分成,公司安排移民和贫困群众进厂务工 2500 余人,月平均工资 1000 元以上,鲜茶采摘期间,1600 余劳动力获得采茶工资就有 200 万元,带动当地移民和贫困群众人均增收 100 元以上。

袁州区 2010 年,袁州区在整村推进规划项目中,安排种养等产业发展项目 8 个,投入资金 10.5 万元,扶助飞剑潭柘源等 7 个重点村发展油茶、百合、生姜等主导产业;在资金投入上,扶贫项目贷款贴息专项资金 8 万元,贷款规模 240 万元,分别扶助袁州区建刚种养殖专业合作社和宜春天鹏畜牧生园科技有限公司 2 家产业化龙头企业,通过贴息扶助,促进经济组织和企业发展,带动农民增收;通过举办农村实用技术培训班 18 期,免费培训农民 6300 余人次,加强贫困户的能力建设。

铜鼓县 2010 年,铜鼓县加大产业扶贫工作力度,密切配合新农村建设,结合全县实际,继续在重点村搞好产业扶贫,因地制宜实施好“一村一品”,在棋坪镇、大段镇推广有机白茶种植;在棋坪村、港口村引导发展竹木加工。同时,为永宁镇坪田村高山茶铁观音争取扶贫资金 10 万元,为县龙头企业江桥竹木业有限公司争得扶贫贷款贴息资金 17 万元,引导公司帮助解决贫困人口就业 650 余人,辐射带动 1120 户 6000 余人人均增收 1000 元以上。

吉安市产业化扶贫

扶贫开发的重点是要解决贫困户的增收问题。因此,吉安市选择了以产业扶贫为突破口,按产业化要求培植扶贫支柱产业,把贫困户组织到产业开发中来,使贫困户在产业开发中获得收益。据测算,2009 年全市产业化扶贫实现产值 110 亿元,带动农民人均增收 184 元,主要农产品加工率达到 70% 以上,产业化扶贫取得了较好的成效。一是培育扶贫龙头企业带动群众增收。坚持把做大做强扶贫龙头企业作为推进产业化扶贫的核心环节来抓,每年都选择一批企业进行重点跟踪帮扶,积极为企业跑项目、争资金、促融资,促进了企业的发展壮大。到目前,全市已培育国家级扶贫龙头企业 5 家,省级扶贫龙头企业 20 家。同时,坚持把农业招商作为产业化扶贫工作的重点来抓,瞄准大型农产品加工企业进行定点、定向招商,成功引进了一批大型农业产业化项目落户。

扶贫产业初显效益。作为扶贫开发“一体两翼”战略的重要内容之一,吉安市始终把产业化扶贫作为重要工作来抓,以增强贫困群众和水库移民的“造血功能”,增强其自全发展能力为目标,重点扶持扶贫龙头企业,着力抓好“一村一品”产业,使贫困群众和水库移民通过发展产业来增加收入,从而实现脱贫致富。2007 年,全市以产业扶贫为突破口,按产业化要求培植扶贫支柱产业,把贫困户组织到产业开发中来,让贫困户在产业开发中获得收益。依托资源优势,调整产业结构,在

"一乡一业、一村一品"上创特色,在产业化上做文章,走出一条颇具特色的增收之路。为彻底改变贫困村的落后状况,全市集中人力、物力、财力,狠抓基础设施建设,打破制约老区建设发展的瓶颈,贫困村面貌发生翻天覆地的变化,为其可持续发展积蓄后劲。

2008年,吉安市以产业扶贫为重点,不断拓宽贫困群众的增收渠道。以产业扶贫为突破口,按产业化要求培植扶贫支柱产业,把贫困户组织到产业开发中来,使贫困户在产业开发中获得收益。具体措施是:首先,依托资源优势,选准扶贫开发项目。充分利用当地资源优势,大力发展种植业、养殖业和以农副产品为原料的加工业。不少县市的农民围绕产业化经营,靠种植反季节蔬菜、蚕桑、果茶、烟叶和草饲畜禽养殖、毛竹加工等支柱产业的开发脱贫致富。在山区,当地群众把山当田作,大力发展果、竹、药、茶和草饲畜禽等。在库区,搞好水面开发,从养鱼中获得收益,一户搞一个网箱,一年收入上千元,联户合伙或村组集体搞库汉养鱼,收入更为可观。随着种养业的发展,因地制宜地发展农副产品加工业、运销业,不断延伸产业链,实现多次增值,提高农业综合效益。其次,调整产业结构,在"一乡一业、一村一品"上创特色。紧紧围绕发展县域经济抓扶贫开发,依托县域经济的发展带动扶贫开发。始终围绕市委、市政府确定的农业产业化的要求,主攻安福火腿、泰和乌鸡、遂川板鸭、茶叶、金桔,吉安县温氏养鸡、永新的蚕桑等叫得响的品牌产品,加大投入,扩大规模,提高产品的市场占有率,提升产品档次,提高产品的科技含量,走优质高效之路。再次,按产业化要求,实行种养加一条龙,贸工农一体化经营。这是转变农业增长方式的有效途径,实行这种经营体制,重点推行三种组织形式:1.基地带农户。对一些已经建成一定规模的农业基地,发挥其辐射带动作用,尽量向贫困户延伸;对新建的特色农业基地,更多地考虑覆盖贫困村、贫困户。2.实体加农户。以加工企业为龙头,带动农户加入一体化经营。最典型的就是遂川的红毛鸭,永新的蚕桑等扶贫支柱产业。通过扶持发展板鸭加工、羽绒加工和鸭苗孵化等"龙头"企业,企业为养鸭户提供鸭苗、技术、防疫和毛鸭收购,推动红毛鸭养殖业的发展,以带动农民通过养鸭增加收入;永新县成立蚕桑公司,由蚕桑公司统一贷款购买桑苗、蚕种,供应给农户,并回收蚕茧,回收蚕茧时扣回桑苗、蚕种款,调动蚕农积极性,也降低蚕农的风险。同时,扶持兴办缫丝厂来提高产业开发效益,推动蚕桑产业稳步发展。3.股份联农户。贫困户通过资金、土地、劳动力等入股,用股份合作制的形式把贫困户联合起来,组成股份合作制的扶贫经济组织。如遂川翔云药业,采取农民以土地、劳动力入股的形式,合作开发种植药材5万多亩,使不少贫困户获得稳定的收入。2005—2009年,全市共为涉农企业争取扶贫贷款达20360万元,直接贴补利息610.8万元,扶贫开发重点县全面实施到户小额贴息贷款,共发放贷款2.72亿元,直接贴补利息1360万元,扶持贫困群众发展产业。在万安、遂川、永新、吉安、井冈山5个重点县的60个重点村开展"贫困村村级发展互助资金"试点,每个试点村投入财政扶贫资金15万元,带动民间资金入股,帮助贫困群众发展生产。2009年底,互助社资金总额达1032.88万元,发展会员4072户农户,累计发放借款952.10万元。2005—2009年,全市还安排科技示范项目资金1200余万元,科技推广项目共43个,受益的农户6.9万余户,受益人口达32万余人,新增效益2.65亿元。到2009年底,全市累计注册农民专业合作社287家,入社社员1.85万人。

以产业扶贫为突破口,按产业化要求培植扶贫支柱产业,把贫困户组织到产业开发中来,使贫困户在产业开发中获得收益。2009年,全市产业化扶贫实现产值110亿元,带动农民人均增收184元,主要农产品加工率达到70%以上,产业化扶贫取得较好的成效。培育扶贫龙头企业带动群众增收。坚持把做大做强扶贫龙头企业作为推进产业化扶贫的核心环节来抓,每年都选择一批企业进行重点跟踪帮扶,积极为企业跑项目、争资金、促融资,促进企业的发展壮大;坚持把农业招商作为产业化扶贫工作的重点来抓,瞄准大型农产品加工企业进行定点、定向招商,成功引进一批大型农业产业化项目落户全市。泰和县引进的和泰肉牛加工项目投资规模1.3亿元,建成后年加工肉牛15万头,加工生猪20万头。吉安县引进的正邦科技股份公司生猪产业化项目,总投资10亿元。青原区引进的广州丛玉菜业发展公司,目前已建立高标准供港蔬菜生产基地1000亩,成为推动青原蔬菜产业发展的龙头;突出地方特色,培育重点产业。以"一村一品"为切入点,切实加强农产品生产专业村、特色乡镇、农产品生产基地建设,重点加快肉牛、蔬菜、特种水产以及横江葡萄、吉安肉鸡、遂川金桔、永丰蘑菇、新干生猪、永新蚕桑等特色产业发展步伐。吉安温氏发展合作养鸡户2600多户,出栏肉鸡2000万羽,在吉安县凤凰、横江一带建立多个养殖小区;永丰县蘑菇种植规模达到120万平方米,成为全省最大的食用菌生产县。成立专业合作社带动农民致富。全市各地从实际出发,围绕主导产业,突出地方特色,扎实做好农民专业合作社创建工作。到2009年底,全市累计注册农民专业合作社287家,较上年新增181家;入社社员1.85万人,比上年增加4700人;入股资金1.39亿元,比上年增加4966.4万元;共实现收入11.95亿元,上缴税金312万元,提取公积金419.3万元,股金分红2976.6万元,带动农户9.7万户,成为活跃在农村经济大舞台中的一支重要力量,真正起到"建一个合作社,兴一个产业,活一地经济,富一方百姓"的作用。

2010年,全市有5家国家级扶贫龙头企业和20家省级扶贫龙头企业,辐射带动贫困地区贫困群众人均年增收200元以上,促进贫困地区经济的发展。重点村和水库移民村"一村一品"产业红红火火,葡萄、肉鸡、生猪、水产、蚕桑、油茶、无公害蔬菜等产业初具规模,群众在发展产业中得到实惠,加快脱贫致富的步伐。

2010年,大力扶持发展产业。投入财政扶贫资金612.57万元,扶持项目393个,其中养殖业项目167个、种植业项目224个、加工业项目2个。2010年,产业化扶贫和移民产业扶持试点初显效益。发放贷款1.08亿元,直接贴补利息420万元,重点扶持扶贫龙头企业发展壮大规模,扶持贫困群众发展"一村一品"产业。扶贫龙头企业辐射带动贫困地区贫困群众人均年增收200元以上。同时,投入财政扶贫资金300万元,扶持建立20个"贫困村村级发展互助资金"。还用10%—20%的重点村整村推进资金扶持发展"一村一品"产业,葡萄、肉鸡、生猪、水产、蚕桑、油茶、无公害蔬菜等产业初具规模,群众在发展产业中得到实惠。遂川县发展金橘种植和深加工、万安县发展移民生态农业被确定为全省移民产业扶持试点项目。

永丰县 2001年,省扶贫办拨出资金11万元,与市扶贫办一起,帮助永丰县龙岗乡引进白鹅2万羽,种黑麦500亩,建孵化场一个,年孵化能力10万羽,帮助引种日本高产"玉泰"萝卜240亩,投入资金5万元,受益农户140户,其中畲族58户,平均亩产4000千克,引种台湾梨子姜300亩,扶持农户167户,其中畲族69户。2002年,省扶贫办经同市、县扶贫部门及龙冈乡协商,在协助龙岗乡抓好粮食生产和经济作物的同时,花大力气抓好毛竹、油茶开发,引进优质高产新品种,重点投入扶持垦荒、改良油茶、毛竹品种资金 15 万元,扶持种植优质高产油茶新品种 750 亩,毛竹低改 200 亩,新造 200 亩。共扶助农户 170 户,其中畲族 81 户。

2007 年,永丰县陶唐乡园内村在上级政府扶贫资金的帮助和村党支部、村委会的带领下,不断夯实发展基础,积极调整产业结构,成为远近闻名的脱贫致富"新星",人均收入超过 1800 元,有 90% 的村民建起新房。自新阶段扶贫开发以来,永丰县按照国家提出的"一体两翼"的要求,以贫困村整村推进为主,劳动力转移培训和产业化扶贫为两翼,配以移民搬迁扶贫、"1 + 1"干部包户帮扶和非公有制经济参与扶贫等,通过"多轮驱动",着力帮助贫困地区改善生产生活条件、拓宽基本增收门路和提高基本素质。"十五"以来,在县委、县政府领导下,全县绝对贫困人口从 2.2 万下降到 0.9 万,低收入贫困人口从 5.8 万下降到 2.4 万,近 4.7 万贫困人口走上脱贫致富的康庄大道。扶持龙头企业,构建"一村一品"新格局,在推进产业化扶贫的过程中,永丰县立足资源优势,找准自身定位,发挥自身特色,确定以蔬菜和油茶产业为主导,因地制宜地推进"一村一品"的发展思路。提升特色,唱好"重头戏"。重点在北部贫困乡镇发展早春无公害蔬菜、秋延后蔬菜和常规特色蔬菜,形成"科技示范园—生产核心区—种植基地"金字塔式生产格局。全县贫困乡镇蔬菜栽培品种达 10 多个,种植面积达 3 万余亩,总产 1.5 万吨,产值 1.2 亿元。强化特色,唱好"传统戏"。油茶是永丰县南部山区的传统特色产业,为使油茶产业扬优成势,本县积极实施油茶低改工程,促进油茶产业的发展。到 2007 年,全县 12 个贫困乡镇 4 万余户农户都有从事油茶生产经营,产业覆盖率 78.4%。培育特色,唱好"地方戏"。在抓好蔬菜、油茶两大重点产业的同时,因地制宜地发展壮大具有比较优势的地方特色产业。如中村的毛竹、古县的肉牛、潭头的绒蟹、滕田的百合、石马的红皮花生和无籽西瓜、君埠的白莲等产业,成为永丰县农民增收的"新干线"。

吉安县　2008 年,吉安县围绕肉牛、生猪等特色产业开展农业招商,鼓励引导工商资本投资农产品精深加工,以项目带动农业产业化升级。重点引进培育广东温氏、江西正邦等高起点、高档次、超大型国家农业产业化龙头企业。对龙头企业实行政策倾斜,由县财政和龙头企业出资成立担保公司,信用社按信贷担保基金总额 1∶10 放大贷款,对需要贷款的农户,通过信贷担保公司担保,信用社按标准发放贷款,农户在产品上市时由龙头企业为信用社代扣本息。协调龙头企业与银行的关系,对龙头企业的信誉进行评估,核定授信额度,简化贷款审批手续,及时发放贷款,为企业提供资金保证。全县共有市级以上农产品加工龙头企业 13 家,其中省级龙头企业 2 家,实现年销售收入 5000 万元以上企业 8 家,其中年销售收入 1 亿元以上企业 5 家。2010 年,吉安县计划安排扶贫资金 80 万元,用于扶持贫困村农户发展致富产业。全县 113 个重点村、试点村新增肉鸡养殖户 115 户,新建鸡舍面积 6.5 万平方米。新增葡萄 450 多亩,其中横江的屋头村、永阳的蒋坊村、桐坪的陈家村新增葡萄连片面积都在 100 亩以上。新增肉猪养殖户 35 户,新建栏舍面积 16000 平方米。为发挥扶贫产业的示范带动作用,主抓横江镇壕云村和永阳镇蒋坊村两个"一村一品"示范村,每个村倾斜资金 8 万元,支持农户发展致富产业。蒋坊村发展横江葡萄种植面积近 600 亩、肉鸡养殖 5 万羽,覆盖农户 65 户。先后引进 2 家电子厂、1 家皮具厂、1 家大米加工厂、1 个千亩螺旋藻养殖基地,吸纳本村 200 多名在家的 35 岁以上的壮劳力进厂务工,"一村一品"产业特色鲜明。壕云村新增肉鸡养殖户 3 户,肉猪养殖户 2 户,新增葡萄种植面积 50 多亩,仕江口综合开发项目正在加紧筹建之中。继续安排小额到户贴息贷款补助资金52万元，对贫困村在册贫困户和种养大户贷款进行利息补贴，完成2009—2010年扶贫村贫困户和种植大户贷款贴息申报1024户。同时，还积极帮助博智实业有限公司、江西健友米业有限公司、江西红牧畜禽有限公司、吉安县北源乡郭家店林场、吉安县阳光畜牧有限公司等5家企业完成项目贷款贴息申报工作，争取贴息资金14万元，进一步扩大县内园区企业融资渠道，减轻企业信贷负担。

吉州区 吉州区围绕无公害蔬菜、水产、草食畜禽等支柱产业，积极推进产业扶贫。根据"实际、实用、实效"的科技推广原则，为重点村和新农村建设示范点提供种苗、栽培技术，抓好10亩莲藕示范种植，并多次到村进行指导授课，使示范户掌握种植技术。积极为鸿运糯米粉厂、南健实业有限公司等农业扶贫龙头企业提供贴息资金10万元，助其发展。在资金安排上，按照省、市的要求对每个重点村都安排1万元以上产业化发展资金，培育泸田村松籽产业、田畔村蔬菜产业、田东村黄牛交易养殖产业、罗家坊村养猪产业、桥头村蔬菜产业等。

井冈山市 2010年，井冈山市新增标准化油茶基地5520亩；新种金桔800多亩，改造低产310多亩；新种奈李0.15万亩，完成改造低产奈李430亩。结合井冈山市连片开发规划发展需要，建立良种苗木繁育基地50亩，进行油茶、奈李等苗木的繁育，落实油茶育苗300万株，奈李育苗40万株，确保当年油茶等产业种植所需苗木；建立高产优质油茶示范基地。在睦村、菖蒲、罗浮等分别建立3个标准示范基地面积计1000亩、奈李种植示范基地500亩。大力发展重点村"一村一品"建设，在油茶产业的带动下，其他扶贫产业在贫困村蓬勃发展，已成燎原之势，涌现油茶村、金桔村、奈李村、网箱村、西瓜村、桃子村等共12个。以重点村贫困农户为"瞄准"对象，实行产业项目重点帮扶，帮扶每个村贫困农户10户以上，共计500户，以此进一步鼓励和带动贫困农户积极参与扶贫产业开发，实现稳步增收。

新干县 2010年，新干县产业化扶贫实现产值1.2亿元，带动农民人均增收284元，主要农产品加工率达到70%以上。全县已培育省级扶贫龙头企业1家。同时，坚持把农业招商作为产业化扶贫工作的重点来抓，瞄准大型农产品加工企业进行定点、定向招商，成功引进生猪、粮食生产加工等农业产业化大项目落户，极大促进全县生猪和粮食产业的发展。此外，具有新干特色的扶贫产业，如红橘、葡萄、药材、食用菌、油茶等产业发展迅速，带动农户3万余户。

永丰县 2010年，永丰县争取上级产业化扶贫贴息专项贷款330万元，贴息额11万元，均比上年有所增加，扶助永丰县绿源食品公司等4家产业化扶贫龙头企业的生产经营，涵盖农产品加工、种植等产业，扶贫效应明显。突出抓好产业的培植与壮大。继续实施产业扶贫工程。重点村在项目安排时都要求拿出10%—20%资金用于发展当地产业。大力发展碳酸钙、烟叶、白莲、油茶、毛竹等适宜山区发展的优势项目，同时依托绿海油脂、绿源食品、圣达食品等农业龙头企业，辐射带动贫困村发展有机农业和特色种养业发展。全县共安排产业扶贫项目30个，其中新造或低改油茶1830亩、种植白莲1000亩、烟叶380亩、项目涉及资金42.4万元，占计划的15.6%。

峡江县 2010年，峡江县整合资源，加大产业扶持力度。在江口、官田、宋家村投入财政扶贫资金各1.5万元发展烟叶生产；省定点帮扶单位帮扶北门蔬菜种植落实大棚蔬菜种植专业户25户，新建钢架大棚25个，投入资金18万元。投入16万元为2家扶贫龙头企业贷款提供贴息支持；

投入 25 万元科技扶贫示范项目建设,辐射带动 800 农户种植蒿菜并实现增收。

吉水县 2010 年,吉水县按照"激活传统产业、挖掘特色产业、打造优势产业"的思路,以市场为导向,"盘活青山、用活土地",积极调整优化产业结构,因地制宜发展特色、优势产业。全县猪、牛、鸭和水稻等传统产业持续增长,尚贤高粱、螺田生姜大蒜、北岭煎草等特色产业初具规模。目前,贫困村年出栏大牲畜达 30000 余头,家禽 10 万余羽,发展经济作物种植面积 4.13 万亩;加大农业龙头企业帮扶,每年发放贷款贴息项目资金 15 万元,吸引银行贷款近 100 万元,努力增强企业竞争力,采取企业 + 农户经营方式,依托龙头企业资金和技术扶持,带动全县发展养鹅户共 300 余户,年出栏肉鹅达 10 万羽;发展优质稻种植面积 4.10 万亩,种植户亩均可增收 200 元,进一步巩固商品粮生产基地县地位,使资源优势与市场经济充分结合。

泰和县 产业扶贫是泰和扶贫开发的重要方向,因地制宜发展种养业,是增加群众收入,脱贫致富最有效、最可靠的途径。泰和县把产业扶贫的重点放在乌鸡、生猪、肉牛三大主导产业上。2003—2007 年,县扶贫和移民办连续 5 年投资 100 多万元,在澄江镇新池村兴办养殖示范基地,占地 200 亩,以种草养牛、养鹅为产业链,引进白鹅、肉牛进行繁育,然后分散到贫困户饲养,以公司加农户的形式带动贫困户发展生产,脱贫致富。2006 年,县扶贫和移民办为江西生物谷投资有限公司解决贴息贷款 2200 万元发展生产;2007 年为久天实业有限公司解决贴息贷款 300 万元进行乌鸡生产加工,促进泰和县乌鸡产业的发展壮大。

万安县 2010 年,万安县安排使用扶贫小额贷款贴息资金 51 万元,扶持 710 户农户发展扶贫产业,其中贫困户 221 户。使用产业扶持贴息资金 13 万元,支持江西省赣泉啤酒有限公司等 3 家扶贫开龙头企业发展壮大。争取 25 万元科技扶贫资金,支持万安县水产公司进行新品种引进和新技术开发。

遂川县 1995 年至 2010 年,遂川县开发地方特色农业,加快农业产业化进程和农民脱贫致富的步伐,利用以工代赈资金开发地方特色农业,新建和低改毛竹林(含早园竹)1.12 万亩,新建和低改狗牯脑等名优茶叶 3500 亩,金桔果树 6200 亩,综合治理水土流失面积 5 万亩,为推动遂川县毛竹、茶叶、金桔等三大农业产业化进程奠定坚实的基础。这些特色农业基地的建成,可年增产毛竹 56 万根,竹笋 112 万斤,金桔 206.7 万斤,茶叶 17.5 千克,年创产值 1100 余万元,项目使农民年人平直接增加收入 200 元以上,大批贫困群众因此而摆脱贫困。

安福县 安福县始终把产业扶贫作为带动贫困人口脱贫致富、加快贫困地区经济发展的重要举措,用好用活信贷扶贫政策,认真实施好产业扶贫项目。县扶贫办成立"一村一品"工作领导小组,落实人员负责,健全工作制度。加大资金的投入,明确 2010 年各重点村的整村推进资金至少安排 10%—15% 用于产业化扶贫和"一村一品"建设,重点对竹江乡店上村 3000 头规模养猪村、寮塘乡东岸村等 5 个烤烟村、山庄乡秀水村 400 亩药材基地等全县 12 个特色种养乡镇村实施资金鼓励支持,使这批种养村农民走上致富路,从而以点带面,推动扶贫产业和"一村一品"逐步发展壮大。积极向省、市争取贴息贷款指标,2010 年争取 10 万元的贴息贷款指标,重点扶持省级扶贫龙头企业竹江米厂发展生产,充分发挥扶贫龙头企业辐射带动作用。

上饶市产业化扶贫

2006年6月3日,上饶市以《上饶贫困地区丰产速生原料林基地建设项目》技术方案论证会召开为标志,贫困地区丰产速生原料林基地建设示范项目正式启动。按照泡桐扶贫主导产业发展规划,以鄱阳、余干、上饶、横峰4个重点县为重点,以有条件种植泡桐的农户为对象,以具有育苗能力和条件、可大面积集中连片种植的农业企业和具有加工型连接市场能力的工业企业为龙头,让种植、加工、销售有机连接,按产业化的要求发展泡桐产业。到2009年底,已投入泡桐产业开发1亿多元,种植泡桐10万亩,重点村1万多农户参与泡桐产业。预计到2012年,户均年泡桐种植收入达2000元以上,泡桐年型材加工生产能力10万立方米,年型材销售收入达3亿元,形成具有规模效应和市场竞争能力的扶贫支柱产业。2001年—2010年,上饶在推进产业化扶贫工作中,始终坚持"因地制宜、分类指导"的原则,在狠抓全市扶贫大产业的同时,大力扶持保护地方特色产业,在龙头企业的带动下,创出特色产业品牌,增加贫困人口经济收入,至2009年末全市发展扶贫龙头企业80余家,参与扶贫产业贫困农户1.7万余户。把支撑贫困农民增加收入的产业培植作为扶贫开发工作的重点,不断加大投入力度,有效增强贫困地区脱贫致富的"造血机能",从2001年至2010年共投入各类财政资金近4000多万元,投放信贷扶贫资金6亿多元,根据各类扶贫龙头企业的市场需求,围绕龙头企业建设产业化基地,采取"公司+基地+农户"的方式,在贫困地区初步形成具有地方特色的支柱产业。

合理规划,形成具有上饶特色的扶贫产业布局。根据地理环境实际,在产业化扶贫中,合理布局,建立各具特色的全市扶贫主导产业并形成一定的规模。采用租赁、承包、托管、异地开发和股份合作等形式,发展壮大梨柚、速生泡桐、有机白茶三大区域性扶贫主导产业。"东茶西桐""村村有梨柚"扶贫主导产业格局已基本形成,并在逐步壮大。同时,大力发展传统和特色产业,壮大"一村一品"经济。余干双港村的"丰收辣椒"、万年塘背村的"生猪"、横峰县义门村的"香芋"、弋阳芳湖村的"雷竹"、广丰石人村的"红薯"、婺源庆源村以农家乐为主的"乡村旅游"、上饶姚家村的"蜂蜜",德兴港首村的"兰花",玉山县均郑村的"白茶",鄱阳胡赵村的"特种水产"、铅山南耕村的"毛竹"。这一系列产业的发展和兴盛正逐步引领贫困群众创业、增收,为贫困群众脱贫致富,建立长效增收机制奠定坚实的基础;加大扶持力度,激活地方特色产业品牌。对于有些贫困地区在市场经济下渐渐衰落的优势产业,通过扶持龙头企业和基地的形式,使其重新焕发生机,成为带动贫困群众致富的新载体。葛业是横峰县的传统优势产业,为进一步增强葛业的整体竞争力和辐射贫困群众的带动力,2001年以来,扶贫部门累计无偿注入200多万元扶贫资金,扶持以葛业开发有限公司为代表的一大批龙头企业和基地,到2009年该县种植葛根面积近4万亩,实现葛业系列产值1.5亿元,带动贫困户5000余户,农户从每亩葛根中年受益平均达500元;将贫困地区生态文化资源化为产业优势,实施旅游扶贫战略。婺源县充分利用本地深厚的文化底蕴和生态优势,利用扶贫资金改造基础设施,形成江湾、李坑等一大批旅游景点。

扶贫产业有新发展。进一步狠抓区域性扶贫主导产业基地建设。至2010年12月,全市贫困地区已累计栽种"9501"速生丰产泡桐 11 万余亩,三清山有机白茶 2 万余亩,"东茶西桐"区域扶贫主导产业格局已基本形成。同时,继续大力抓好各地产业品牌,创特色产业。全市 610 个重点村已发展特色产业 100 余个,贫困群众户均增收 1000 余元。如德兴市实行"以奖代补"的形式扶持重点村特色产业发展,张村乡的千亩无公害蔬菜基地和畈大乡的兰花种植基地成为当地农民新的致富产业。广丰县围绕县域经济发展马家柚、杨梅等农业主导产业的部署,利用"公司+农户"的模式,安排 8.5 万元资金用于马家柚、杨梅产业化扶贫,共新种、改造马家柚 540 亩、杨梅 150 亩。婺源县在重点村大力发展乡村旅游扶贫产业,重点村已开发乡村旅游和正在开发的有 7 个村,占重点村总数的 40%,使旅游产业化扶贫成为贫困地区农民增收的又一条新的路子。全市立足农业大市、资源大市实际,通过育龙头、建基地、拓市场、树品牌、延链条,走出一条产业化扶贫经营特色之路。全市扶贫产业经营规模达到 12.8 亿元,现有各类扶贫龙头企业 148 家,扶贫产业基地 320 个,带动和辐射贫困农户近 10 万户,贫困农民从扶贫产业中获得的户均收入达到 1200 余元。

培育三大扶贫主导产业。全市根据东部山地多、西部丘陵多、北部旅游资源丰富的特点,通过认真研究论证,将生态速生林泡桐产业、三清山有机茶产业和乡村旅游扶贫产业三大产业分别作为全市东、西、北部"十一五"扶贫主导产业致力发展,并分别制定《泡桐速生林发展规划》《三清山有机茶发展规划》和《旅游扶贫产业总体规划》,至 2010 年底,全市贫困地区已累计栽种"9501"速生丰产林泡桐 11 万余亩,三清山有机茶 2 万余亩,旅游扶贫产业接待旅客达 490 万人次,门票收入达 1.61 亿元,旅游综合收入 16.67 亿元,旅游从业人员近 6 万人,"东茶西桐北旅游"的区域扶贫主导产业格局基本形成。

打造五大扶贫产业集群。全市各地根据本地资源优势,以"一乡一业""一村一品"的形式,大力发展传统和特色扶贫产业,着力培育粮油、果蔬、水产、畜禽、林木等五大优势产业集群。全市 610 个重点村已发展特色产业 100 余个,形成一大批产业发展特色村、专业村。

延伸七大扶贫产业链条。发挥扶贫龙头企业上连市场、下接农户的带动作用,进一步延伸扶贫产业链条,带动贫困农民增收致富。全市已建成蔬菜、鱼类、果品、油脂、葛业、小食品、毛竹等七大扶贫产业链条,链内企业年加工量各类初级农副产品 600 余万吨,带动贫困农户 4.8 万户。

培植壮大扶贫主导产业。应鄱阳湖生态经济区建设要求,建立重点产业项目库。投入专项扶贫资金实施以奖代补项目 32 个,打造产业示范点 10 个,争取省级贷款贴息支持扶贫龙头企业发展项目 6 个。2010 年,扶贫开发重点村发展养鸭 129 万羽,养朗德鹅 0.35 万羽,养牛、羊 1508 头,养猪 7.3 万头,网箱养鳝 6600 箱,果树种植 1020 亩,花卉苗木种植 1425 亩,油茶 5400 亩,茗茶 525 亩,黑芝麻 1890 亩,水果玉米 990 亩,食用菌栽培 1.4 万平方米,大棚蔬菜 1800 亩。从 1990 年至 2007 年,上饶市共投入各类财政资金近 4000 万元,投放信贷扶贫资金 6 亿多元,根据各类扶贫龙头企业的市场需求,围绕龙头企业建设产业化基地,采取"公司+基地+农户"的方式,在贫困地区初步形成具有地方特色的支柱产业,带动贫困农户达 3000 余户。

上饶县 2007 年,上饶县远泉实业集团以农业产业化为主体,以订单农业的形式,带动 4457 户村民发展苗木,接收贫困劳动力 5000 余人务工。同时为 12 个贫困村无偿提供苗木,贫困群众从参与苗木产业中户年均增收 2201 元,2300 户贫困户增收脱贫。2010 年,全县采取开发式扶贫的方法,整合资源培育产业,以国家有限的扶持资金为抓手,以"四两拨千斤"的手法,围绕市办产业扶贫"东茶西桐"的指导思想,利用"产业扶贫""科技扶贫""小额信贷""到户贴息"等举措,巩固苗木、油茶、毛竹、茶叶、蔬菜、水产养殖等农业产业。此外,依托扶贫资金扶持起来的远泉实业、金标果业、盛水种养、茗龙茶叶、农业科技示范园等龙头企业,带动3.5万户农民从事苗木、果业、毛竹、油茶、蔬菜等产业开发,为农民增收1.2亿元,吸收2万余名贫困户、低收入户就业;捐赠资金156万元,帮助重点村建设公路、水利等生产生活项目29个。同时,根据地理环境和资源优势,积极培育"一村一品",做到"水资源丰富的村种草养鱼,毛竹资源丰富的发展竹业,靠近市区的种植蔬菜"。现已初步形成苗木、油茶、毛竹、茶叶、蔬菜、水产养殖等六大农业产业,半数以上的村具有各自特色的"一村一品",90%以上的重点村形成"一村一品",70%以上的农户从事该产业,40%的家庭收入来自该产业,每户每年能增收1000元以上。致力于发展生态速生林泡桐和三清山有机绿茶这两项扶贫主导产业。至2009年底,生态速生林泡桐种植基地达10万亩,三清山有机绿茶达1.3万亩,有544个贫困村34670户农户参与泡桐和绿茶产业开发。另一方面,大力推广和发展传统特色产业,壮大"一村一品"特色经济。"一村一品"等特色产业发展到100余项,上饶县的油茶、毛竹、蜜蜂业。婺源的茶叶和以"农家乐"为主要形式的乡村旅游业,万年的生猪、大米业,鄱阳、余干的特种水产业,横峰的葛业,弋阳的年糕食品业,广丰的白云鹅、红薯粉加工业等,贫困群众从中户均年增收已达1000余元。

婺源县 2009年,婺源县扶贫办安排11万元资金用于茶产业化扶贫,每个重点村新种(改造)50亩优质标准化有机茶园,共新种、改造茶园1000亩,形成"一村一品"的产业格局。2010年计划继续安排11万元资金给予扶持的同时,安排扶贫贷款贴息15万元扶持2个茶叶龙头企业,还积极融入全县旅游大发展的形势,对重点村中的旅游资源给予支持进行开发。截至2010年,重点村已开发旅游和正在开发的有7个村,占重点村的40%,重点村农家乐旅游产业初步形成,使旅游产业化扶贫成为贫困地区农民增收的又一条新的路子。

余干县 截至2009年底,余干县种植枫树辣椒50亩,新建大棚180个;繁育养殖生猪2400头,新建猪舍5幢,共1600平方米,繁养一般性鱼苗180万尾,鲑鱼苗35万尾;养殖红毛鸭65万羽,新建鸭棚2200平方米;养殖肉鸽100万羽,新建鸽棚6幢;种植蔬菜面积45亩,新建大棚130个。2010年,帮助贫困村制定"一村一品"产业规划,重点抓好洪家嘴枫树辣椒、百湖水产繁殖、乌泥红毛鸭养殖、白马肉鸽、古埠蔬菜等产业化基地建设,通过"以点带面",促进产业发展,提高贫困户的收入;整合各类资金总投资1.03亿元,其中:国家安排试点补助资金500万元,县级整合涉农资金2860万元,企业银行贷款资金投入1623万元,企业自有资金与农户筹资(含投工投劳)5390万元。扶持以下5个专业合作社的发展:扶持国珍枫树辣椒种植专业合作社,新增种植枫树辣椒200亩,新建标准塑钢大棚600个,修建通基地主干道水泥路2条及水利灌溉、供电等设施;扶持古竹北湖种养专业合作社新建生猪产房3幢,生猪定位栏舍3幢,肉猪育肥栏舍10幢,新增繁育生猪3800头,新增养一般性鱼苗700万尾,新增鲑鱼苗80万尾,新增繁养珍珠2000亩;扶持乌泥鄱湖养鸭专业合作社,新增养殖红毛鸭115万羽,新建改建鸭棚10个,新建保温棚2幢,购买设备37套;扶持白马种肉鸽养殖专业合作社,新建鸽棚40幢,新增种鸽5.5万对,养殖肉鸽110万羽;扶持古埠镇新增种植蔬菜面积 80 亩,新建简易大棚 160 个,修通往蔬菜道路 1 条,新建电灌站 1 座。

广丰县 2010 年,广丰县通过大力扶持农业产业化龙头企业江西白云淀粉有限公司,以龙头企业为核心,采取"公司 + 基地 + 农户"的经营模式,辐射带动周边重点贫困村的贫困农户进行红薯种植,为贫困农户提供技术服务、资金扶持、销售保证,使广大农户在产业发展上有目标,在效益上有收获,在收入上有提高。经扶贫办与县农业银行协商,共为他们争取 330 余万元扶贫贷款并给予 6 万元贴息,以增强龙头企业的扶贫功能。据统计,5 个重点村、600 余户贫困户、2400 余贫困人口受益,受益贫困农户均增收约 1200 元。

玉山县 2010 年,玉山县根据资源情况,重点扶持和推广油茶、有机茶叶、红芽芋、冷水茭白、大棚西瓜、玉山黑猪、獭兔等种植养殖为主的扶贫支柱产业。全县新建有机茶种植基地 0.20 万亩,高产油茶种植基地 3.5 万亩,红芽芋种植 2 万亩,冷水茭白种植 3000 亩,大棚西瓜种植 2500 亩,大棚蔬菜 1500 亩,玉山黑猪出栏 1.2 万只,家禽存栏 6.9 万羽。新增省级扶贫龙头企业 1 家,市级扶贫龙头企业 3 家,建立农民专业合作社 45 家。产业项目累计投入发展扶助资金 37 万元,为 2 家龙头企业贴息 9.5 万元。

弋阳县 2010 年,弋阳县在大力发展速生丰产泡桐的同时,因地制宜,大力发展当地特色产业:曹溪、三县岭等重点乡(镇)大力发展雷竹产业;中畈、湾里、漆工等重点乡(镇)大力发展大禾谷、生猪产业;清湖大力发展科技鹅、鸭养殖业;叠山大力发展红芽芋种植业;港口大力发展中药材种植业。锁定农产品加工企业,加大扶持力度,以"公司 + 基地 + 农户"的方式,让资源优势变为商品优势,以市场来拉动产业发展。

铅山县 2010 年,铅山县因地制宜在移民点和贫困村推进产业开发,在汪二镇徐家新村发展雷竹 80 亩,杨梅 120 亩,在武夷山镇石垅村开发瓜篓种植 200 亩,在鹅湖镇古埠村推广蔬菜种子培育 500 亩;引进技术和资金在葛仙山乡南耕村兴办 1 个原料加工制衣厂,购置缝纫机 40 余台,解决 60 名妇女就业。

德兴市 2010 年,德兴市年度产业扶持项目的实施,扶持效益比较明显,经济效益也十分显著,以奖代补起到"四两拨千斤"的作用,带动村域经济的发展,大幅度提高移民和贫困农民的人均收入。引领全市的产业扶持试点海口镇海口村八队移民村,大力发展具有区域特色的高效现代生态农业。该村移民在 2010 年增收达 7000 余元。重点村已初步形成"一村一品"产业格局。

万年县 2010 年,万年县共投入各类产业扶持资金 70 万元,先后建立万年县齐顺畜牧科技有限公司、万年县美欣农林科技有限公司两个科技扶贫示范点和江西省湖云牧业有限公司一个"生猪—沼气—果业"生态产业开发项目,并在原"公司 + 基地 + 农户"的基础上,创新一种"五包一赊"的合作模式,引导、带动 2000 余贫困群众和移民从事生猪养殖,雷竹、泡桐、油茶和大棚蔬菜等种植,为从事产业开发的贫困户和移民户家庭直接增收 10000 余元。

鄱阳县 2010 年,鄱阳县共发放扶贫贷款 1733 万元,支付贴息资金 72 万元。其中项目贷款贴息资金 120 万元,到户贷款贴息资金 52 万元。累计扶持种植业 1313 万元,养殖业 420 万元。项目覆盖全县 8 个乡镇,50 个贫困村,直接受益农户 4200 户,户均增收 4000 元以上。省级扶贫资金 15 万元,安排科技扶贫项目 1 个。充分利用扶贫互助资金,帮助贫困户解决生产发展紧缺问题,先后借贷资金 185 万余元,带动农户 450 户。按照"以项目为龙头,以农户为主体,以协会为依托,以能人为示范"的发展思路,在实施以泡桐为主的速生丰产林开发过程中,成功引进鄱阳原生药业股份公司马卿等 5 家企业投资泡桐种植产业,种植泡桐 2 万余亩。金盘岭汪桥、枧田街城墩等村成葡萄种植专业合作社,昌洲小渡、三庙前东朋等村成立甘蔗种植专业合作社,莲湖利滨、鄱阳镇姚公渡等村成立水产协会,基本形成"一村一品"产业格局。

抚州市产业化扶贫

全市产业扶贫按照"扶持农业产业化就是扶持农业,扶助龙头企业就是扶助农民"的原则,全市把产业扶贫工作作为加快贫困群众增收脱贫步伐的重要手段。通过在重点村实施"一村一品"工程,309 个重点村有 90% 都有一个特色产业,一批生猪村、黄栀子村、蚕桑村、蔬菜村、麻鸡村、白莲村、食用菌村、蜜橘村等脱颖而出,农民年人均从"一村一品"中可直接增收 860 元,"一村一品"工程已成为重点村农民增收脱贫的重要渠道。崇仁县六家桥乡南岸村发展麻鸡养殖,涌现万羽以上的专业大户 40 多户,户均养殖麻鸡达 1 万余羽,麻鸡产业为该村农民年人均增收 1200 多元。经过多年的扶持,全市产业扶贫工作取得明显的经济效益和社会效益。2005 年 7 月底,国务院扶贫办在广昌县召开"国家扶贫龙头企业现场交流会"。

产业富民,发展"一村一品"。按照"扶贫农业产业化就是扶持农业,扶助龙头企业就是扶助农民"的原则,把产业扶贫工作作为加快贫困群众增收脱贫步伐的重要手段。通过集中扶持,每个县都建立 1 至 2 个扶贫支柱(主导)产业,并形成规模。如广昌的白莲、烟叶,南丰的蜜橘,乐安的瘦肉型生猪、蘑菇,黎川的瘦肉型生猪、食用菌、烟叶,宜黄、资溪的毛竹、白茶,金溪、临川的香料、黄栀子等。要求每个村要根据当地的产业规划,全面实施"一村一品"工程。通过实施"一村一品",一批生猪村、黄栀子村、蚕桑村、蔬菜村、麻鸡村、白莲村、食用菌村、蜜橘村等脱颖而出。广昌县驿前镇驿前村发展白莲产业,几年间全村种植白莲面积达 0.22 万亩,白莲产业为该村人均年增收 1020 元,昔日的贫困村如今变成白莲专业村。南城县蔡王殿村,依托靠近城郊地理优势,大力发展大棚蔬菜种植,全村 90% 以上村民都种植蔬菜,全村蔬菜种植面积达 0.09 万亩,人均年收入上万元。乐安县牛田镇旁安村,近年来大力发展蘑菇生产,全村蘑菇面积达近 0.05 万亩,成为全省蘑菇种植第一村,从蘑菇产业中人均增收 1200 元以上。崇仁县六家桥乡南岸村、七分村发展麻鸡养殖,现养殖万羽以上的专业大户 40 多户,麻鸡产业为两村农民年人均增收 1200 多元。通过扶持农业产业化龙头企业,充分发挥龙头企业对产业发展和对农民增收的牵引带动作用。通过扶助广昌县昌顺公司,采取公司+农户模式,把原材料基地建立在广大贫困户之中,每年仅以订单形式向群众收购白莲就可使该县贫困群众增加收入 300 余万元。实施农村乡土能人与贫困户结对创业,促进产业发展。结合"全民创业"活动,在全市重点村选择农村乡土能人,带领贫困群众增收脱贫。扶贫部门对此提供资金、技术、培训、信息等全方位的服务。通过产业扶贫,为贫困群众脱贫致富开辟有效途径,截至 2009 年底,全市扶贫产业已覆盖 309 个重点村 90% 贫困人口和 95% 的低收入人口,贫困人口从扶贫产业中人均收入达 910 元,占当年人均收入的 50% 以上,并涌现出一大批通过产业致富的典型。

全市产业扶贫按照"扶持农业产业化就是扶持农业,扶助龙头企业就是扶助农民"的原则,全市把产业扶贫工作作为加快贫困群众增收脱贫步伐的重要手段。2001—2009年,全市用于产业扶贫的财政扶贫资金达3800万元。通过重点扶持,全市309个重点村有90%都有一个自己的特色产业,一批生猪村、黄栀子村、蚕桑村、蔬菜村、麻鸡村、白莲村、食用菌村、蜜橘村等脱颖而出,已成为重点村农民增收脱贫的重要渠道。形成以南丰蜜橘、金溪蜜梨、茶叶为主的果茶业;以资溪、宜黄毛竹林和宜黄、乐安中药材为主的林业化工;以广昌白莲、烟叶、菌菇,资溪蚕桑、油茶、临川西瓜、黄栀子为主的经济作物;以东乡、黎川、临川养猪、崇仁养鸡为主的禽畜业;以南丰、黎川养鳖、南城养鱼为主的水产业等。

2009年以来,全市以增加群众收入为目标,以实施"一村一品"工程为切入点,培育和壮大扶贫产业,扩大覆盖面,使之真正成为群众增收的重要来源。重点抓好广昌县产业连片开发试点工作。继乐安后,又积极争取国家投入1200万元用于广昌县实施产业连片开发,为贫困群众发展产业、实现致富奠定良好的基础。扶持28个试点村种植绿色白莲2.2万亩,试点区白莲平均亩产90千克,实现白莲总产1980吨,实现试点区域内600户3000人脱贫困目标,成为贫困农户稳定增收的扶贫产业;建设白莲原种基地50亩;建设"太空莲"一级良种繁育基地1000亩;建设太空莲二级良种繁育基地3000亩。继续在盱江、抚河沿岸的有关县(区)做大做强南丰蜜橘产业,全力抓好"六县(区)百乡镇"南丰蜜橘集中连片开发。全市重点村今年新增南丰蜜橘种植面积0.50万亩,仅南城县当年就增加0.08万亩,2—3年后,南丰蜜橘将为该县重点村农民人均增收500元以上;以现有优势产业为基础,大力实施"一村一品"工程。加快发展广昌、乐安、黎川等县重点村的烟叶、白莲、食用菌、药材等产业,资溪、宜黄等县重点村的毛竹、木耳,崇仁的麻鸡养殖和东乡的生猪养殖等,每个县都打造一批各具特色的扶贫产业专业村,全市90%的重点村形成一项特色产业。如乐安县在每个乡镇因地制宜建立烤烟、蚕桑、生猪、蘑菇等特色示范基地,为带动周边群众发展"一村一品"起到良好的推动作用。广昌县在增补重点村的规划编制中,把发展"一村一品"作为整村推进工作的重要环节和贫困群众增收脱贫的重要手段来抓。按照"扶持农业产业化就是扶持农业,扶助龙头企业就是扶助农民"的原则,加大对国家、省级扶贫龙头企业扶持力度,充分发挥扶贫龙头企业的辐射带动作用。扶持产业贷款贴息项目35个,补助产业化扶贫龙头企业贷款贴息额134万元。通过扶持扶贫龙头企业发展,进一步增强其产业化扶贫的辐射面和带动力。2010年金溪县重点扶持波尔农庄、千佳米业以及思派思香料等省级龙头企业和抓好"一村一品"工程的实施。对省级龙头企业波尔农庄、千佳米业和思派思香料进行9万元贷款贴息,使企业减轻支付贷款利息的压力,增强企业的抗风险能力,提高辐射带动能力。通过扶持,当年扶贫龙头企业带动辐射农户280户,其中贫困户72户,带动农户人均增收520元;全力抓好"一村一品"工程的实施,按照"因地制宜、分类指导"的原则,整合各类扶贫资金近40万元,其中财政扶贫资金10万元用于加快"一村一品"的发展,抚河沿线石门、邹家、项山、上东、赖家、湾彭、荞岭等重点村新增南丰蜜桔1200亩。陈坊村和龚家村的花炮、对桥村的葡萄、曾家村的吊瓜、港东村的黄栀子、旸田村和湖坊村的养殖等特色产业应运而生,从而增强贫困乡村经济发展的后劲。

乐安县 2010年,乐安县通过村级扶贫互助资金会、扶贫到户贴息贷款、科技培训、项目贷款贴息等扶持方式,帮助农户发展产业,增加收入。投入75万元资金在全县5个重点村开展扶贫互助资金会工作试点,每村安排资金15万元,解决223户贫困户发展生产缺乏资金的困难;投入52万元财政扶贫资金,累计为841贫困户发展生产贷款1040万元提供贴息支持,促进产业的发展;投入12万元为5家扶贫龙头企业贷款400万元提供贴息支持。

广昌县 2010年,广昌县试点项目村主导产业发展项目完成投资8319万元。建成投入使用的白莲原种基地建设面积50亩;建成"太空莲"一级良种繁育基地1000亩、绿色食品标准化生产基地9400亩;改造中低产田3000亩;建成莲田套种4000亩、烟轮作基地1000亩;创建"合作社＋基地＋农户""协会＋基地＋农户"等扶贫模式,促使产业扶贫升级,培育出白莲、烤烟、食用菌等农民专业合作社61家,建立白莲、烤烟、食用菌等产业协会65个,在国家2010年"连片开发"项目资金中安排专项资金221万元,主要用于县白莲产业发展局白莲良种繁育基地建设;发放小额扶贫贴息52万元,覆盖农户1350户;在5个重点村建立"贫困村扶贫互助社",为贫困户提供生产资金帮扶资金;充分发挥"扶贫龙头企业＋基地＋农户"辐射带动作用,投入贷款贴息扶贫和科技扶贫资金共30万元,给予扶贫龙头企业广昌莲香食品有限公司扶持,该公司辐射带动贫困户3000余人增收;通过村级扶贫互助资金会、小额到户贴息贷款、连片开发、科技扶贫和项目贷款贴息等扶持方式,帮助农户发展产业,增加收入;投入75万元资金在全县5个重点村开展扶贫互助资金会工作试点,每村安排资金15万元,解决90户贫困户发展生产缺乏资金的困难;投入52万元财政扶贫资金,累计为1350余户贫困户发展生产贷款贴息支持,促进产业的发展;投入10万元为3家扶贫龙头企业贷款贴息支持;投入500万元用于实施连片产业开发,通过发展产业辐射带动贫困农户增产增收;投入25万元科技扶贫示范项目资金,辐射带动3000余户农户通过发展产业实现增收。

黎川县 2010年,黎川县涌现市级以上龙头企业17家,其中省级龙头企业3家,省级扶贫龙头企业2家,农业产业化企业几十家,专业技术协会、合作社等农民专业合作组织百余家。食用菌(茶树菇)、烤烟、林果、水产养殖等产业不断发展,基本形成"一村一品"格局。扶贫龙头企业带动辐射农户数13000户,其中贫困户近1000户,带动农户人均增收1500元;特色产业带动农户数34218户,带动农户户均增收6300元;充分利用资源优势,积极发挥信贷贴息、科技扶贫、科技培训等资金的作用,着力培育扶持龙头企业,鼓励和引导农业产业化企业采取"公司＋基地＋农户"形式投入扶贫产业开发;努力培育发展农村新型合作经济组织,大力发展特色农业产业;通过产业扶贫,全县食用菌(茶树菇)、林果、水产养殖、烤烟等农业特色产业得到快速发展,重点村基本形成"一村一品"格局。涌现出日峰镇百万筒食用菌示范基地、潭溪乡千亩优质稻示范基地、德胜镇千亩烤烟示范基地、中田乡万羽鹅鸭示范基地等100多个特色农业基地,并建设养殖业标准化饲养小区6处。全县有茶树菇、肉鸡、金针菇、蜜橘、番鸭等多个农产品获得农业部无公害农产品认证,鸣亚实业生产的肉鸡成为肯德基连锁店专销产品,生态养殖的甲鱼已进入上海各大超市,野趣香脆笋今年已申报QS和有机食品认证。黎川已成为全国"食用菌生产基地县""速生丰产林基地县""瘦肉型生猪基地县""优质水产基地县""山东中烟工业公司优质原料供应基地"。

崇仁县 2010年,崇仁县产业化扶贫工作有效加强。着力实施产业扶贫工程,密切配合新农村建设,结合本县实际,继续在 8 个重点村搞好产业化扶贫,因地制宜实施好"一村一品",典型引路,总结经验,积极引导,促进农民产业化发展。六家桥黄民芝,通过培训学习,麻鸡养殖扩大到6000 羽,通过科学养殖,极大地降低养殖成本,年收入超过 5 万余元。在黄民芝的带动下,邻近乡村的 30 余农户养殖麻鸡规模不断扩大,现养殖规模仅略少于巴山镇;张家村聂平孙通过培训学习水稻栽培技术,科学种植水稻,扩大种植面积 140 余亩,辐射带动周边群众发展水稻种植近 900 亩;支持和指导他们成立各种专业协会和技术协会,做好各种跟进服务;陈坊村发展木竹加工业,成立崇仁县相山镇竹木合作社,该合作社通过办厂经营,争取林业部门中、幼林抚育及阔叶林封山项目,实现人平均增收 300 元。

南丰县 南丰县大力实施"产业扶贫"战略,不断发展壮大南丰蜜橘支柱产业。2008 年,南丰蜜橘种植面积 50 万亩,总产可达 60 万吨,农民收入构成中有 65% 来自蜜橘产业收入。南丰县因势利导,对规模开发的农民予以解决优质橘苗、道路交通、灌溉设施等多种优惠政策支持,鼓励农户积极开发荒山荒坡,种植面积以年均 2 万亩的速度递增。通过科技培训、土壤改良、增施有机肥和加强精品橘园建设,把科技化、标准化、生态化、现代化生产工艺引入橘园,进一步提升南丰蜜橘品质。通过对扶持农村经济合作组织发展,整合资源,服务产业。组建以红橘源果业、微红果业为代表的蜜橘专业合作社 13 家,其中种植合作社 10 家,流通合作社、运输合作社、包装合作社各 1 家,拥有橘园面积 8 万亩,辐射面积 20 余万亩,占全县蜜橘面积的 40%。通过培育"金牌"经纪人队伍,不断拓展市场销售,南丰蜜橘协会吸纳 2000 余名农村经纪人,逐步建立稳定的销售渠道和营销网络。

2010 年,南丰县扶贫开发在坚持加强基础设施建设,改善生产生活和人居环境的同时,一直将扶持的重点致力于促进贫困地区的产业发展,由"输血"扶持逐步转向"造血"自我发展。策应全县蜜橘传统产业的特点,着力重点扶持的产业为江西省梦龙果业有限公司,以"公司 + 基地 + 农户"为模式逐步延长蜜橘产业链,实现南丰蜜橘的产业化、规模化、科技化发展。结合全县山林木竹资源较为丰富的特点,培育的扶贫龙头企业江西省振宇实业有限公司。该企业的经营项目为毛竹培植与精深加工,有力拓展全县林业的发展,实现林农的增收和生态林业的可持续发展。培育扶贫经济合作组织南丰县封金泉蜜橘物流有限公司。该企业覆盖重点村 6 个,覆盖贫困户 130 户 426 人,直接或间接带动全县蜜橘主导产业的生产和销售。上述三企业均为县 2010 年省扶贫贷款申请贴息重点扶持对象,产业链的延伸和帮带,有力促进全县支柱产业的发展。同时凭借各村资源优势,在全县主导产业的带动下积极创建和发展"一村一品""一村一业",以实现"户户有创业、村村有产业、人人能脱贫"的产业发展新局面,8 个重点村均基本实现"一村一品"模式,实施"一村一品"重点村占重点村总数比率接近 100%。禾溪村利用林业间伐着力发展食用菌,宝石村依靠省出入境检验检疫局的定点帮扶重点发展生姜和丝瓜络种植,坪上村依靠南昌航空学院的帮扶实施毛竹林低产改造,港下村重点发展白莲种植,云山村家家户户开展植树造林,创建绿色银行;珠湖村和小石村发展鱼塘养鱼及甲鱼等水产品,进贤村利用县城郊区交通便捷地理优势,重点发展南丰蜜桔,户均达到千株以上。另各村桔、畜、禽、茶、菜、林等特色产业均有不同程度发展。

临川区 2010 年,临川区全区 20 家龙头企业,其中省级龙头企业 2 家,农业产业化企业几十家,专业技术协会、合作社等农民专业合作组织百余家。食用菌、黄栀子、金银花、水产养殖、种植养殖等产业不断发展,基本形成"一村一品"格局。全区产业化扶贫项目贷款贴息资金15万元已按政策全部到位。

　　东乡县　2010年,东乡县产业化扶贫实现产值310万元,带动农民人均增收256元,主要农产品加工率达到70%以上。全市已培育国家级扶贫龙头企业2家,省级扶贫龙头企业6家。

第四节　劳动力转移培训

　　江西的劳动力转移培训是在政府主导、扶贫部门组织下,由教育培训机构运作、用工单位配合的培训转移工作格局,实现培训一人、输出一人、脱贫一户的目标。坚持"政府主导、基地承办、部门监管、扶贫到户、农民受益"的原则,以农村贫困青壮年劳动力为主要对象,以劳动技能培训转移就业、职业技能和创业技能培训为工作重点,以帮助贫困农户增收脱贫为基本目标,不断加大工作力度,创新工作机制,强化规范管理,充分调动培训基地和贫困农民参训的积极性,为全省老区、贫困地区的贫困农户脱贫致富作出了积极的贡献。

　　在众多培训当中,"雨露计划"规模最大、范围最广、成效最大。江西是全国率先实施"雨露计划"培训工作的省份,2004年开始试点,2005年在全省正式开展。"雨露计划"作为扶贫开发的五项重点工作之一,实施以后,坚持"政府主导、基地承办、部门监管、扶贫到户、农民受益"的原则,以农村贫困青壮年劳动力为主要对象,以劳动技能培训转移就业、职业技能和创业技能培训为工作重点,以帮助贫困农户增收脱贫为基本目标,不断加大工作力度,创新工作机制,强化规范管理,充分调动培训基地和贫困农民参训的积极性。2005—2009年期间,全省完成"雨露计划"培训人数累计约为25万,其中:贫困青壮年劳动力转移培训约20万,中高级技师培训9586人,农业实用技术培训43895人。转移就业约19万,转移就业率一直保持在95%以上,稳定就业率保持在90%以上;5年里,"雨露计划"培训补助资金累计为9900万元;贫困户青壮年劳动力经过培训并安置就业后,人月均收入由2005年的500元,上升到2009年的1200元,高于全省农民年均收入的年均增幅。"雨露计划"所产生的"培训转移一人、增收脱贫一户"的扶贫成效十分明显。到2009年,全省建立"雨露计划"培训基地174所,培训基地分为省、设区市、县三级,其中省级培训基地2所,分别为赣江职业技术学校、南昌女子职业学校。

　　根据国务院扶贫办关于新时期"雨露计划"培训的精神,调整培训名称,将"贫困地区青壮年劳动力转移培训"改为"贫困地区青壮年劳动力劳动技能培训";培训内容由过去的以转移培训就业为主向提高贫困劳动力劳动素质及技能培训为主转变,将贫困地区人口压力向人力资源优势转化;"中高级技工"培训改为"职业教育"培训。加大对贫困地区新生劳动力培养力度,即加大"职业教育(中高级技工)"的培训力度。经与省财政厅协商,提高"职业教育"培训的补助标准,每人每学年增加500元,即由过去的每人每学年补助1500元增加为2000元。

　　2010年,省级财政从中央财政扶贫资金中安排"雨露计划"培训资金为2100万元。全省实际累计培训37769人,完成计划的103.14%。其中:(1)贫困青壮年劳动力转移培训22005人,为年计划的102.83%;培训合格人数21617人,培训合格率为98.24%;转移就业21019人,转移培训就业率为 95.52%;省内转移就业 16726 人,占转移就业总人数的 79.58%。(2)中高级技工培训 4398 人,为年计划的 110.26%。自主创业技能和农业实用技术培训 11366 人,为年计划的 100%。

全省"雨露计划"工作,不仅为贫困户脱贫致富提供途径,而且培育一批优势专业和劳务品牌,为江西"雨露计划"培训创出品牌,创出形象,创出声誉,如赣江职业技术学校的农技专业、南昌女子职业学校的茶艺专业等;"吉安菜农""鄱阳缝纫工""宜春焊工""赣州铁路乘务员""资溪面包制作"等全国知名。

设市区劳动力转移培训

南昌市 2010 年,南昌市继续做好"扶志"工作,营造"自己的家业自己创、自己的家园自己建"的良好氛围。认真实施"雨露计划",加强贫困农民职业技能和农业实用技术培训,对于有培训意愿的扶持对象做到"想培尽培",千方百计增强贫困农民自我发展能力。财政扶贫资金培训项目实际完成"雨露计划"培训 515 人,科技培训 252 人,市直帮扶单位组织重点村干部培训 902 人次,农民实用技术培训 5201 人次,劳动力转移培训 7737 人次,组织劳务输出 7737 人次。

2010 年,进贤县根据"扶贫先扶志"的原则,加强劳动力技能培训,提高劳动者的基本技能和素质,并认真做好技能培训和劳务输出工作。按照上级的要求,有序地进行贫困村劳动力转移培训工作。培训学员 103 人(其中"一村一名"中高级技工 10 人),转移劳动力 800 余人。

九江市 九江市 2005 年实施"雨露计划",2008 年依托省、市级各大培训基地,共完成培训贫困劳动力 6185 人,完成年度任务的 101%,实现转移就业 5698 人,其中前往省外企业务工 3273 人,在当地工业园区就业 2425 人。通过培训后转移就业的贫困劳动力月平均收入达 1100 元。到 2009 年底,市扶贫部门共计投入资金 1200 余万元,完成劳动力转移培训 26875 人,转移就业 24322 人,就业率 90%,其中,当地工业园区就业 8766 人,外地转移就业 15556 人。通过培训后,转移就业的贫困劳动力月平均收入达 1200 元。为切实抓好"雨露计划"工作,采取一系列措施:市扶贫办和各县(市)扶贫办成立专门的组织机构,形成上有头下有脚的领导体制和工作体系。建立健全相关制度,研究制定《九江市 2006—2010 年"雨露计划"工作实施意见》《"雨露计划"量化考核细则》《加强培训基地管理措施》等。严格优选申报审批培训基地。认真考察,申报九江市科技中专、九江市旅游中专、赣北电子学校等三家培训机构,经省办批准为省级扶贫培训基地。2008 年,按照《关于对全省农村转移培训机构实行认定和授牌的通知》的要求,九江在原 14 个省、市培训基地的基础上,重新认定 23 个培训机构为江西省劳动力转移培训基地,其中,市区 7 个、县(市)16 个。严把政策关,坚持择贫而扶,享受优惠政策的贫困生必须是绝对贫困户和低收入农户的劳动力。参训学员严格按照个人申请、村推荐、乡审核、市审批、张榜公示的方式方能录取入学。并针对贫困学员的客观实际,区别不同对象制定扶持政策。对贫困生、特困生免交部分或全部培训费,对特困生还给予一定的生活补助。增强针对性,确保参训学员真正掌握一门专业技术。在与各培训基地进行深入调查研究的基础上,紧紧结合市场需求设置培训专业,先后开设计算机应用、电子电工、缝纫车工、农产品加工等 12 个专业。同时,各培训基地在严格管理中塑造学员形象,在因材施教中抓教学质量,在以人为本中抓管理服务。为提高贫困群众种植、养殖技术水平,组织有关专家深入重点村进行实用技术培训,采取集中授课、现场指导的方式,将群众需要的技术送到田间地头,安排专业技术人员定期为群众提供技术服务。在实施培训过程中,注重探索培训模式,增强培训效果。2007 年,结合"一村一名中高级技工"培训计划,针对重点村后备干部薄弱的实际,与市委组织部村建办联合发文,根据重点村的需求,本人自愿、组织部门考察,将优秀毕业生列为村级后备干部培养和管理。为减轻培训成本,提高贫困劳动力参与培训就业的积极性,与培训基地推出"零缴费上学、零距离就业"行动。为实现贫困地区与发达地区的有效对接,进一步提高培训转移的质量,通过努力争取,与深圳高级技工学院签定合作办学协议,2009 年,在修水和都昌选派 27 名贫困子女进入该校学习,这些学生毕业后 100% 能在深圳就业,平均工资达到 2000 元以上,并能申请深圳户口。2009 年,针对金融危机带来的影响,出台《返乡农民工就业创业工作措施》。春节前后,在返乡农民工较为集中的修水县、都昌县、九江县组织政策宣讲和培训。在做好贫困地区返乡农民工和市内工业园区用工需求调查摸底的基础上,联合开发区就业部门组织市内工业园区缺工企业到都昌开展"送岗位下乡活动"。对安置就业的学员实行跟踪服务管理,对其进行定期回访,维护合法权益,对出现的问题及时协调处理。为激励贫困学生的学习热情,增强就业和创业的信心,邀请成功人士现身说法,并把其创业经历制作成光盘下发各培训基地。

2010 年,省、市分配修水县农村劳动力转移培训任务 1400 人。为解决全县贫困学生读书难、就业难问题,县扶贫办与深圳高级技工学校签订合作协议,输送 10 名应届高中毕业贫困生进入该校免费学习车身修复专业,拓宽培训就业渠道。全年共举办各类培训班 41 期,培训人数 1925 人,完成年度培训任务 138%,转移就业率 85%,达到"输出一人,致富一家"的目标。

2001—2010 年,都昌县加大农村剩余劳动力调查摸底力度,掌握全县劳动力状态,以便有针对性地开展工作;加大劳动力培训力度,坚持对象就是任务,做到应培尽培,10 年间共完成培训学员 5494 人,使学员有一技术之长,提高就业率,增加就业收入;加大培训基地的管理力度,关注教学质量,为学员提供优质服务;加大拓宽培训渠道的力度,安排 2642 名学员在都昌电脑学校进行短期培训,安排 2818 名学员在职业技术学校学习专业技术,对工业园区 1820 名员工提供免费职能培训,与深圳技师学院开展联合培训,通过考试择优录取 34 名学生学习高级技工,学生毕业后推荐到国有大型企业就业;通过"圆梦助学"活动,资助贫困大学生 148 人,每人 3000 元,共 44.4 万元。

2010 年,永修县依托江西通用技术工程学校,在贫困村开展以电算会计、电子数控、模具加工等工种为主的返乡农民工就业转移培训和中高级技工中长期培训。其中中高级技工培训人数 34 人,就读于江西通用技术工程学校,每年享受国家"雨露计划"培训补助资金 1500 元。返乡农民工就业培训 42 人,培训后推荐到沿海城市企业工作,转移就业率 95%。根据贫困村发展"一村一品"产业及农民对种养技能的实际需要,大力开展科技培训和实用技术培训,重点举办水梨栽培管理、吊瓜、葡萄、柑橘、茶叶、雁鹅、水产等种养业实用技术培训和现场参观活动 4 次,共培训 600 余人次,增长农民的科技文化知识,大大提高农民的科学种养技能。

瑞昌市通过"雨露计划"培训,410 人学到一技之长,就业能力和创业本领得到提升,一部分人已经成为当地产业大户或致富能手,为贫困村可持续发展增添后劲。

星子县贫困地区青壮年劳动力转移培训31人，转移就业29人；中高级工培训54人；举办各类科技培训班16期，培训村组干部和农民1181人次；举办各类水库移民培训班8期，培训人员120余人次；推广应用新技术，新品种6个。贫困群众和水库移民的生产能力、就业技能、创收水平及综合素质大为提高。

武宁县投入助学培训9万元，完成助学47人，培训贫困人员1260人。移民培训50.8万元，已开展培训20期，培训内容为工程项目管理、移民子女职业培训、生产开发种养及移民干部管理等。

彭泽县超额完成年度"雨露计划"培训任务。2009年度上级共安排彭泽县"雨露计划"43人，其中27人为农村劳动力转移培训，16人为输送贫困户子女就读九江市职业技术学校"一村一名中高级技师"专业。已完成60名劳动力转移培训和扶持资助88名贫困户子女大中小学上学梦。

湖口县扶贫办不断优化转移培训模式，加强培训管理，培训学员238名，其中转移培训48人，培训输出就业率达100%，科技培训190人，超额完成市下达培训120人的任务。培训经费3.8万元已全部拨付到培训学校。培训输出就业的学员平均月工资在1400元左右，基本达到"培训一人、输出一人、致富一家"的目标。

九江县全年的培训任务是57人，已完成65人，超额完成上级下达的任务。和深圳技师学院开展联合培训，通过考试，择优录取2名学员，一方面解决他们的深圳户口，另一方面学生毕业后推荐到国有大型企业就业，还与县工业园合作，对工业园的用工人员进行免费职业技能培训，培养他们的劳动技能，提高劳动效率，全年共培训员工50人。

景德镇市 为做到"便民、利民"，全办对培训方式做积极的改变，将以往在培训基地统一进行培训改为由培训基地派出师资力量携带教学工具进村入户进行上门培训。2010年，全省共下达全市劳动力培训转移任务90人（其中一村一名中高级技工20人），培训基地必须实行订单式培训，确保贫困学员全部能够实现转移，用工单位协商，建立贫困劳动力输出基地，与深宝电子有限公司、上海东方国际服装有限公司、江苏苏州科技电子有限公司等几家单位达成意向，成为定向输送贫困学员的基地。是年10月，"雨露计划"全部完成。

2010年，乐平市开展"雨露计划"培训班，共培训90人，投入资金3万元。其中，青壮年劳动力转移培训38人；中高级技工培训10人；自主创业技能农业实用技术培训42人。浮梁县贫困地区劳动力转移培训投资2.6万元，在黄坛乡黄坛村连续培训达60天，培训人员186人次。并做好学员建档工作，做到培训一人、转移一人、致富一家。昌江区"雨露计划"培训任务24人（其中：贫困青壮年劳动力转移培训3人，中高级技工培训1人，自主创业技能和农业实用技术培训20人），2010年共培训农民106人次。在景德镇市东方职业技能培训学校（学校所在地就在丽阳乡余家村）对10名贫困青壮年劳动力进行缝纫培训，这些学员大都在是上海、福建、深圳等地从事缝纫职业，月收入约1500—2000元，资助1人去景德镇技工学校读书。并与农业部门联合举办培训班，聘请专家授课、印发资料等多种有效形式，进一步强化农村实用技术培训，全年共开展各类实用技术培训4期，参训农民95人次。

萍乡市 把培训工作作为提高贫困人口素质，实现贫困户子女稳定就业和增加贫困户收入的重要工作来抓，并在扶贫开发工作中确定"授人以鱼不如授人以渔，给钱给物不如教会一项技术"的工作思路,从而逐步形成扶贫开发工作重点村和定点扶贫工作组注重实用技术培训,县(区)、乡(镇)注重骨干技术培训,市实行订单培训和承接省向外输送贫困青年教育培训的四级培训网络。近9年里,培训贫困地区农村劳动力8203人,转移就业7492人,大部分安排到沿海地区大中城市就业,月工资均在1000元左右,部分安排在萍乡本地就业的月工资也均在600元以上。举办各类转移就业培训班,重点村贫困户人均纯收入的30%—50%来自打工所得,达到一人务工,全家脱贫,输出一批,致富一方的扶贫培训效果。同时,萍乡市扶贫办在扶贫开发工作中针对重点村普遍存在知识贫乏,人才匮乏和干部队伍普遍年龄较大,文化层次低,观念陈旧的实际情况,联合市委村建办、市财政局、市教育局,委托江西工业工程职业技术学院开办重点村后备干部大专班,投资近70万元为每村培养1名大学生"村官",为重点村早日脱贫致富提供坚强的组织保障和人才支持。2005年9月份,大专班在萍乡市首次正式开学。2007年6月,该批学生如期毕业,聘用回村担任村委会主任助理职务,实现"十一五"扶贫开发工作重点村"村村有大学生村官"的目标。

2010年,莲花县扶贫和移民办坚持政府引导、市场运作、部门配合、农民受益的原则,以贫困农村富余劳动力为对象,以劳动力市场需求为导向,以实现转移就业、增加农民收入为目的,扎实开展劳动力转移培训工作。首先是实行培训与就业相挂钩。通过制定培训就业考核体系,督促培训基地加强实施校企合作培训、定向培训、订单培训力度,推行企业、劳动者、培训机构"三位一体"培训模式,并根据市场实际情况及时调整培训内容,拓宽培训领域,扎实提高劳动力转移效率;其次是实行培训与教学质量相挂钩。通过严格考核制度和建立比较完善的教学评估体系,督促培训机构加强学校师资力量,创新教学方法,保证教学时间,确保学员的理论水平和实际操作技能达标,切实提高培训质量。全县全年使用财政扶贫培训资金34.8万元,完成400人贫困劳动力转移培训任务和72名中高级技师招生培训任务(其中萍乡工业学校58人,赣江学院14人)。上栗县劳动力转移培训任务有233人,其中贫困青壮年劳动力培训187人,中高级技工培训36人。贫困青壮年劳动力培训全部完成并推荐就业,中高级技工培训已于6月25日在萍乡市工业学校开办。15个重点村共举办农村实用技术培训班30余期,参训人数达1万余人次,省办下达40人的移民劳动技术培训全部完成。芦溪县完成雨露工程计划培训人数100名,分别在萍乡市蓝翔培训学校50人、市工校14人、武功山职业技术学校36人。大部分学员走向就业岗位,为贫困家庭增加经济收入。举办短期种养技术培训班20期,培训学员1000余人次,为贫困村民发展农业生产奠定技术基础。湘东区扎实地做好2010年度3个重点村"一村一名中高级技工"培训的招生工作,全年完成"雨露计划"培训任务65人,完成年度任务的100%,下达"雨露计划"资金1.2万元。免费培训返乡农民工300余人,举办2期劳动力转移培训,培训人员630人。

新余市 新余是一座新能源工业城,工业企业众多,用工需求量大。新余市县区扶贫办在开展"雨露计划"培训任务时,瞄准市内广阔的就业机会,主动与工业园区联系,把培训办到园区,根据企业用工岗位的要求,设置相应的培训课程,并适应新余培养新能源专业人才的需求,在原有的课目基础上,增加新能源有关课程。帮助学员树立新观念,提高新技能,做到培训结束后,能迅速适应岗位的要求,直接输送到岗位就业上岗。全市每年培训结束后,所有学员实现全部转移,真正做到"培训一人,合格一人,转移一人,致富一家,带动一方"。2004年,全市对农村贫困户开展务工技能培训,2006年起开始实施"雨露计划",开展贫困村劳动力转移培训。通过发放培训券的形式补贴学员,培训方式主要采取就地就近在贫困村办班的形式,培训内容以电脑、农村实用技术为主。培训机构均是具有省认定资质的培训基地,分宜县扶贫办和渝水区扶贫办分别选择的是分宜县劳动就业服务管理中心、分宜县诚信学校和新余市广播电台职业技术学校。2008年开始实施重点村"一村一名中高级技师"培训,为期两年,每人每年发放培训券1000元,培训机构为赣江职业技术学校。2009年培训标准提高到每人每年1500元,培训机构调整为新余市电大。2010年"雨露计划"培训和"整村推进"一起被列入民生工程考核范畴。分宜县累计培训移民3600余人次,先后输送230名移民青年到省民政学院、赣江职业技术学校和新余广电职业技术学校学习。全县80%的移民劳动力掌握1—2门农业实用生产技术或劳动技能,群众自主创业本领得到增强。围绕高新区农业特色产业,结合一村一品工程,指导和扶持农户搞好种植业、养殖业和加工业,形成种、养、加一体化和产、供、销一条龙的产业化大格局。同时加大劳动力的培训转移,高新区建设3个劳动保障事务所,1个劳动就业服务站,常年开展免费求职登记、推荐就业和园区企业用工信息发布,经常召开园区工业企业专场大型招聘会和送岗下乡活动。渝水区坚持开发式扶贫方针,在抓基础设施、生产生活条件改善的同时,渝水区狠抓经济发展,做到调建结合。因地制宜调整产业结构,采取公司+基地,基地带农户的模式,带动贫困户脱贫,促进农户增加收入。全年共投入扶贫资金31.5万元,种植业投入达25.5万元,养殖业投入达6万元,共发展一村一品产业4个。实施扶贫"雨露计划"培训23人,开展农业实用技术培训860人次,贫困人口素质不断提高,输出就业能力明显增强。

鹰潭市 自2006年实施"雨露计划"以来,全市共投入扶贫资金28.5万元,开展家政服务、电动缝纫、电脑操作等10余项专业技能培训,先后培训农村贫困劳动力804人,转移就业率达93%以上。实施过程中,各地采取多种形式广泛宣传有关政策和"雨露计划"的致富典型,激发广大贫困群众参与转移培训的积极性。在加大地方财政配套资金投入的基础上,一方面坚持"优胜劣汰"的原则,严格按照申报条件,筛选和认定市、县两级培训基地;另一方面推行办班申报制度,严格培训对象和补助标准的审核,督促基地严格教学管理和学员管理。采取"请进来,走出去"的办法,努力促进培训基地与劳动力就业。4年里转移至本地区工业园区就业的有800人,占转移总人数的99.5%。

2010年,邀请全市农业专家分育秧、分蘖、抽穗三个阶段三次来到产粮大村"十五"扶贫开发重点村贵溪市志光镇塔桥村培训18名种田能手,并无偿提供30千克早稻新品种"中早39",对贫困地区劳动力实施农业实用技术培训,帮助其提高劳动技能,使其尽快脱贫致富。从试种情况看,虽受降雨天气影响,但其收成与传统的稻种相比效果比较明显。此外,扶助20名(其中:贵溪市13人、余江县7人)贫困户子女接受中高级技工职业技能培训和组织31名(其中贵溪市15人、余江县16人)贫困青壮年劳动力转移培训,县(市)都制定培训计划,已全面完成今年的培训任务。贵溪市发放科技资料和书籍1000份,对干部群众分层次举办各类培训班126期达1300人次。将"雨露计划"作为一项民心工程来抓,全年共培训输出劳动力25人。

赣州市 2006年,赣州市积极创新培训思路,不断改进工作手段,在全省率先开展重点村"一村一名"中专生培养计划实施工作,主要是对全市"十一五"重点村的贫困户、搬迁扶贫户、库区移民户和农村低保户子女开展的专业技能与学历培训,符合条件的学生在就读期间,可享受两年5200元的学费补贴,并免收住宿费。毕业后可由指定培养学校负责推荐安排到全国发达地区或本地工业园区就业。5年里全市共投入财政扶贫资金1597.7万元,委托赣州远大职业中等专业学校等5所学校共招收录取贫困家庭学生3415名,走上就业岗位的1350余人。

"十五"期间,全市8个重点县都争取进入科技扶贫示范县,投入资金2859万元,实施科技示范项目93个,推广应用新技术、新品种15个,如兴国灰鹅、于都奶牛、上犹油茶等。"十五"以来,全市共举办各类实用技术培训班2800余期,累计培训农民21万余人次,其中贫困地区劳动力技能转移培训3.7万余人,转移就业3.5万余人,就业率达95%以上;认真实施重点村"一村一名"中专生培养计划,全市共完成3415名招生培养任务;9年共招收农函大学员19440人,贫困劳动力素质有明显提高。

全市把贫困地区劳动力转移培训摆在突出位置,努力提高贫困劳动力综合素质,促进就业,实现增收。实际工作中,全市坚持短中长相结合、技能培训与学历教育相结合,采取订单培训、校企联训等多种形式,抓好贫困劳动力转移培训。强化对返乡农民工的自主创业培训,充分利用本地农民创业优惠政策,提供创业培训服务,兴国县健全县乡村三级工作网络,在工业园区兴办"日升科技学校"承担"雨露计划"任务,2009年培训转移3600余人到工业园区就业,被评为全省劳动力转移培训工作先进县;宁都县委、县政府在县城迎宾大道旁专门划拨50亩土地,兴建扶贫培训学校,强化对贫困劳动力的转移培训。加大工作力度,如提高补助标准,由370元/人次增加到600元/人次;扩大培训内容,增设"自主创业和农村适用技术培训"项目;增加培训补助资金,2009年全市补助资金达到627.8万元。自该项工作开展以来,全市共举办各类转移培训班2800期,对3.7万贫困劳动力实施培训,其中转移就业3.5万人,转移就业率达95%,基本达到"培训一人、转移一人、稳定一人、脱贫一户"的目标。同时,与市科协合作,招收培养农函大学员19440名。

2010年,全市举办"雨露计划"培训班236期,共计培训11217人,完成省下达年度计划101.6%,培训合格9871人,合格率97.9%,转移就业6259人,就业率97%;加大全市1047个重点村"一村一名"中专生和中高级技工招生培养工作力度。在初中生生源减少的情况下,2010年仍招收入学新生1209人,全面完成招生计划任务;认真做好毕业生就业推荐和服务工作,2005—2007年,已有3届1409名学生毕业生走上就业岗位,稳定就业率达到85%以上,月工资人均1600元左右,高的达到5000元,基本实现"培训一人,输出一人,稳定一人,脱贫一户"的目标;积极开展各类科技和实用技术培训,全市共举办各类科技和实用技术培训班287期,共计培训3万余人次,其中贫困户1.8万余人次,乡村扶贫干部0.9万余人次;兴国等7县(市)的7个科技扶贫示范项目实施进展顺利,共计培训3600人次,带动和辐射2.2万人受益。

2009年,兴国县完成农业实用技术培训2万人以上,完成农村劳动力培训1.6万人以上,向县工业园区企业输送技术工人5000人以上。2010年,坚持短中长相结合、技能培训与学历教育相结合,采取订单培训、校企联训等多种形式开展贫困劳动力转移培训,本着适应市场需求的原则,合理设置缝纫平车、汽车驾驶、自主创业技能和农业实用技术、电脑、电子电工培训、数控模具等8个专业。全县举办各类培训班13期,完成培训人数1206人,占计划的104%。其中兴国县职校:培训人数 345 人,占本校计划 100%,合格率 100%,转移 338 人;日升学校:培训人数 660 人,占本校计划 100%,合格率 100%,转移 634 人,共计培训资金 76.7 万元。在实施一村一名中高级技工和中专生培训过程中,为确保任务完成,制定培训方案,印发"一村一名中专生"和"一村二名中高级技工"宣传单,委托赣州农校等 6 所学校共招收贫困家庭学生 202 名;与县科协合作,招收培养农函大学员 320 名,扶持资金 9600 元。同时,坚持"突出特色,按需施训"的原则,积极开展花卉、烟叶、蔬菜、灰鹅等实用技术培训,培训各类技术人员和农民 175 人次,提高农民的科技文化素养和自我发展能力。

2010 年,于都县全县举办计算机、机电电工、电子、针织制衣、酒店服务等专业培训班 29 期 1348 人,其中农村青壮年劳动力培训 984 人,合格学员 984 人,转移就业 984 人,合格率和转移就业率均为 100%,农村自主创业实用技能培训 175 人。全年选送 189 名贫困户子女就读"一村一名"中专生和中高级技工入学,超额完成赣州市扶贫办下达的招生培养任务。宁都县坚持短中长相结合、技能培训与学历教育相结合,采取订单培训、校企联训等多种形式开展贫困劳动力转移培训,共开展各类技能培训班 27 期,培训专业农民、产业大户、农村科技带头人共 2406 人。

2010 年,宁都县在全省率先开展重点村"一村二名"中专生和中高级技工培养工作,共选送 184 名贫困户子女到省、市培训学校免费进行中职和中技能培养。

2010 年,赣县农村劳动力转移培训工作实施扶贫重点村"一村一名中专生或中高级技师"和扶贫重点村贫困户"一户一名中职生"培养计划,依托省、市扶贫和移民办确认的贫困地区劳动力转移培训基地的培训转移优势,实行长、中、短期培训相结合,分批次组织全县农村贫困劳动力进行培训和转移,完成扶贫重点村"一村一名中专生或中高级技师"招生培养 116 人;完成农村贫困地区劳动力培训 1147 人,转移 1147 人,其中:落实扶持贫困户"一户一名中职生"608 人,农村实用技术和青壮年务工技能培训 539 人。

2010 年,会昌县以产业为依托,以市场为导向,采取多层次、多形式、多途径、多项目的方式方法,紧扣农时季节和种养品种,对农民进行农业实用技术培训,努力提高贫困劳动力素质。开展扶贫业务培训,增强扶贫干部业务水平和管理能力。协助抓好农函大招生工作,动员和资助贫困农户参加学习。每年从科技培训费中安排专项资金用于招收贫困户参加农函大学习。在招生工作中,把好招生对象审核关、资金拨付审批关。同时,对农函大学员进行跟踪调查,并积极宣传报道农函大学员先进典型,用先进带动更多的贫困劳动力参加农函大学习。年内安排科技培训资金 14 万元,开展各类实用技术培训 12 期,培训贫困群众 545 人。争取科技扶贫项目资金 20 万元,建设优质脐橙智能节水灌溉基地 0.30 万亩。对培训基地采取"开班前申请、培训中检查、培训后审核验收和经常抽查、电话访查,按抽查结果定补助"的办法,开展订单培训、流动培训。联合劳动力转移培训基地制定"三免一补一报"(免学费、住宿费、书本费,补贴伙食费,报销往返车费)优惠政策,提高学员培训的积极性。继续实施 52 个扶贫重点村"一村一名中专生"和 57 个新增扶贫重点村"一村一名中高级技师"的招生培养工作,共招收贫困户子女 109 名免费读中专,为重点村培训培养"留得住、用得着"的技能型技术人才。年内共培训贫困劳动力 704 人,转移就业 676 人,就业率达 96%。就业输出人员人均月收入达 1000 元,实现"培训一人,致富一家"的目标。

2010年，寻乌县按照度培训计划的要求，根据各培训基地的基础条件，将全县的转移培训任务分解落实到3个培训基地进行培训，为了强化责任，县扶贫办与培训基地签订培训协议，实行部门学校配合，校企联合，围绕培训实用型、技能型人才做好文章，改革教学模式，科学设置专业，开办不同岗位的培训班，大力开展农村劳动力转移培训。所培训的学员全部转移到广东、深圳等地就业。学校还在当地设立联络处，保证就业学员的就业稳定性。2010年上级下达全县转移培训任务713人，其中："一村一名中高级技工"87人，电子技术100人，果品营销55人，农业实用技术培训150人，计算机应用100人，电工200人，企业机械30人；开展农村劳动力转移培训13期635人，完成计划的100%，实现转移就业635人，转移就业率100%。同时协同有关部门到农村巡回举办农村实用技术培训班36期，培训1660人次。同时还举办巩固退耕还林成果农民培训班4期，培训200人次。

2010年，安远县安排劳动力转移培训资金45.9万元，举办培训班13期，培训740人，完成计划的100%，其中：举办劳动力转移培训班培训贫困劳动力506人，培训合格率100%，转移就业率100%；举办农业实用技术培训班培训农民150人；培训"一村一名中专生和中高级技工"84人。在"雨露计划"实施过程中实行订单培训与定向输出相结合，中期和短期培训相结合，引导性培训与技能培训相结合，基地培训与创建劳务品牌相结合，自费培训与政府补助相结合，普通教育与转移培训相结合，基地培训与务工地再培训相结合，校内培训与送培训下乡相结合等"八个结合"，创新劳动力转移培训方式，有力地提高培训转移效果。上犹县依托各乡（镇）政府、犹江技校和农民培训学院，组织实施"雨露计划"培训任务1734人，安排培训经费43.9万元。按照"培训一个，转移一个，致富一家，带富一片"的总体要求，牢牢把握培训、就业、服务三个关键环节，加大工作力度，提高培训质量和农民综合素质，增强就业致富能力，加快农村劳动力转移。同时实施"一村一名中专生""一村一名中高级技师"培养计划，共选送79名农村初、高中毕业生到省市定点的培训基地学习培训，由政府财政补助农村贫困生在校学习期间的学费。

2010年，瑞金市按照"规划、专业、实用"的原则，采取"政府买单、市场运作、订单培训、跟踪服务"的方式，认真督促培训基地市职业中专搞好"雨露计划"贫困劳动力转移培训。安排财政扶贫培训资金28.02万元，培训8个专业490人，占赣州市下达瑞金462人培训任务的106%，培训合格率达99.6%，转移就业488人，就业率达99.6%，其中外省就业人数65人，占13.3%，省内就业人数423人，占86.3%，就业人员月工资在1300元以上的占72.1%。此外，在35个扶贫重点村招收"一村一名"中专生和中高级技工52名。从"十五"期间至2009年，瑞金市共举办各类实用技术培训班590期，累计培训农民4万余人次，其中，贫困地区劳动力技能转移培训2.1万余人次，转移就业2万余人，就业率达95%以上。

2010年，上级下拨石城县科技培训资金5.3万元，主要用于全县扶贫干部理论学习，乡镇分管领导和扶贫专干业务学习，重点村领导干部学习，县、乡扶贫干部业务考察学习等培训，累计开展各类培训6期计420人次。上级分配本县2010年"雨露计划"资金17.7万元，用于不少于332人的农村贫困劳力的培训。培训资金使用及培训情况如下：①补助县职校一村一名中、高级技工数、模专业的贫困生42人，每人1500元，共补6.3万元；②帮助工业园区和招商企业开展电子、针织等专业的短期培训140人,每人补600元,共计资金8.4万元;③开展白莲、烤烟、油茶等产业培训150人,每人补200元,共使用资金3万元。另外,上级下达石城县当年"一村一名中专生"招收培养任务21名,每人每年2600元,共补2年计5200元。实际完成20名,其中赣江学院13名,赣州远大5名,赣州农校1名,赣州科技应用学校1名。

2010年,章贡区全年在重点村贫困家庭中招收8名"一中一名"中专业到赣州农校和赣州应用技术学校等院校学习。学生在读期间,享受两年5200元的学费补贴,并免收住宿费。毕业后可由指定培训学校负责推荐安排到全国发达地区和当地工业园区就业。此外,还举办酒店服务管理、电脑文秘、形象设计等专业的短期培训班4期,培训人员156人,这些参加培训的贫困家庭学员在取得合格以上的成绩后,已有147人安排(劳动力转移)到赣州市的酒店和相关企业就业,月工资均在1800元以上。

2010年,南康市共举办各类培训班10期,培训农民551人次,其中:贫困地区劳动力技能转移培训278人,转移就业267人,就业率达96%以上;重点村"一村一名中专生"培养计划,共完成17名招生培养任务;举办水库移民培训班3期,培训人员达100人次;举办科技培训班4期,培训人员156人次。

2010年,信丰县扶贫办认真组织实施以贫困劳动力转移就业为主要内容的"雨露计划"。依托信丰县天华学校为省定点的培训基地,以计算机应用、电子电工等专业为主,为提高培训质量,县扶贫办抽查学校的培训情况,并参与每次考核监考中,确保每位学员合格。为了圆满完成转移就业任务,县扶贫办严把转移关,参训贫困学员必须成功转移就业,否则不予补助扶贫资金。2010年,已完成上级分配的"雨露计划"培训任务202人,转移就业率达到100%。

2010年,大余县共投入"雨露计划"培训资金18.18万元,开办8期培训班,转移培训贫困地区剩余劳动力400人,培训合格人员全部在本地就业或自主创业,就业率达95%以上,实现"零距离"就业的工作目标;举办移民技能培训班2期,培训移民90人;认真抓好重点村"一村一名中专生"的招收培养工作,选送学员25人。

2010年,崇义县在实施贫困劳动力培训转移工作中,以市场为导向,以贫困农民和农村后备劳动力为重点对象,以就业技能和职业技能培训为主要内容,以实现就业增收为根本目的,强化培训与转移相结合。制定《崇义县2010年度劳动力转移培训计划》;与用工企业签订就业合同,实施订单培训;发放劳动力转移培训券。2010年,共举办劳动力转移培训班4期,培训人员323人。其中:举办1期农村贫困青壮年劳动力转移培训,共培训劳动力100人;举办1期贫困地区留守劳动力自主创业技能培训,共培训劳动力100人;举办2期农业实用技术培训,共培训123人。"一村一名中专生"招生工作,充分利用县电视台、县政府网站等媒体,宣传"一村一名中专生"政策,到重点村所在的中学张贴招生简章,由分管领导带队对有意向就读学生进行家访,细致讲解"一村一名中专生"的优惠政策,完成21名招生任务。

2010年,龙南县合理利用有限的培训资金,采取多种培训方式,加强培训资金的使用管理,通过加强组织领导、多重宣传,培训与用工有效对接等方式扎实开展劳动力培训转移工作。上级下达"雨露计划"资金22.38万元,培训任务425人。实际完成培训481人,完成计划任务的113.18%,

其中:举办"自主创业技能和农业实用技术培训"脐橙种植、蔬菜种植、生猪养殖等专业 3 期,培训 180 人;举办"贫困青壮年劳动力转移培训"班 6 期,培训电车专业 91 人、计算机应用专业 47 人、电子电器专业 50 人、稀土冶炼专业 50 人、家具生产与营销专业 31 人、汽车驾驶专业 32 人,共计 301 人,合格 295 人,合格率达 98%,转移就业 294 人,就业率达 99.66%。全县共实施科技扶贫项目 7 个,投入扶贫资金 8.64 万元。全县共举办各类实用技术培训班 6 期,累计培训农民 516 人次,其中贫困地区劳动力技能转移培训 35 人,转移就业 34 人;认真实施重点村"一村一名中专生"培养计划,全县共完成 11 名招生培养任务。举办各类水库移民培训班 3 期,培训人员达 170 人次。

2010 年,定南县举办各类实用技术培训班 123 期,累计培训农户 1.1 万人次,其中贫困地区劳动力技能转移培训 1230 人次,就业率达 97% 以上;认真实施重点村"一村一名中专生"培养计划,全县共完成 102 名招生培养任务。

宜春市 劳动力素质普遍增强。2001—2010 年,全市投入科技培训资金 200 余万元,举办农村实用技术培训班 800 余期,培训贫困农民 4.2 万人次。2005 年开始,加大劳动力转移培训力度,把贫困地区劳动力转移培训作为"雨露计划"实施,并已列入民生工程。充分利用社会教育资源,报经省扶贫办审批、备案,设立省定培训基地 2 所,市定培训基地 16 所。2005 至 2009 年,投入专项资金 302.2 万元,分期分批分专业培训 7519 人,培训合格率达到 100%,转移就业率达到 96%,转移务工劳动力年平均工资收入达到 1 万元以上。

2004 年,"雨露计划"劳动力转移培训工作开始实施。2004 至 2009 年,全市共培训贫困地区富余劳动力达 7519 人,其中贫困青壮年劳动力转移培训 6281 人,培训合格率 100%,转移就业 5968 人,就业率达 95%,省内就业 4264 人,占转移就业人数的 71.4%。培养"一村一名中高级技工"290 人,其中 58 名顺利从宜春职业技术学院毕业,获得中等职业技工学校毕业证书和劳动技能等级证书,全部在广东、福建、上海等沿海地区和湖南等地外资企业实现就业,就业率达 100%。培训农村自主创业和农业实用技术人员 948 人,58 个省定重点村村村都有科技致富带头人。劳动力转移培训项目"雨露计划"的实施,为全市扶贫开发和贫困地区脱贫致富发挥巨大的推动作用,取得显著成效:贫困劳动力的劳动技能等综合素质有明显提高。经过培训的人员大多数掌握一门以上的劳动技能或一项以上的农业、林业、养殖等实用技术,脱贫致富本领明显增强;贫困家庭经济收入明显增加。通过培训后转移就业,工作由从事简单的重活累活转变为从事具有一定技术含量的技术工种,收入明显提高,一般每人每月增加收入在 300 元以上,年人均增收近 4000 元,中高级技工年均增收 6000 元以上,在家从事农业和养殖业生产的每人年均增收也在 1000 元以上。据粗略统计,"雨露计划"的实施,将使全市贫困地区年增收额 2600 万元以上,仅此一项,实现贫困地区人平增收 189.8 元。

2010 年,全市共投入专项经费 72.8 万元,培训贫困地区富余劳动力 1338 人。其中培训贫困青壮年劳动力 774 人,培训合格率达 100%,转移就业 712 人,就业率达 92%;培训中高级技工 116 人,第二届 58 名学员顺利毕业走上工作岗位,新招录 58 名学员进入宜春职业技术学院数控加工、锂电、电子电气等五个专业班学习培训;自主创业和农村实用技术人才 448 人。此外,全市还举办科学种、养技术培训班 120 余期,培训学员 1 万余人。袁州区通过实施"雨露计划"和移民培训,广泛开展科技培训和建立科技示范基地,深入发动群众参与项目的实施等方式,不断强化对重点村和移民安置区劳动力的培训、教育和引导,重点村和移民安置区劳动力的务工技能,科学种养等综合素质得到有效提升。是年,12 个省定重点村和库区移民村掌握 1—2 门实用技术的劳动力比上年增加600 余人,种养科技示范户增加 100 余户,新增转移培训就业和自主创业人员 1200 余人。

2010 年,樟树市完成贫困青壮年劳力转移培训举办食品加工、农产品加工营销等 2 期培训,培训学员 120 名,合格率 100%,经学校推荐,已有 116 人实现就业。自主创业和农业实用技术培训举办 1 期农产品加工营销培训班,培训学员 63 名,培训学员通过培训,提高在农村发家致富的本领。一村一名中高级技工培训在去年已公开择优推荐 9 个学员的基础上,又推荐 9 名新学员在秋季开学时到宜春职业技术学院报到,让贫困家庭享受到优惠政策。

2010 年,丰城市共投入各级科技培训资金及"雨露计划"资金 11.98 万元,举办农村实用技术培训 12 期,培训贫困农民及科技示范户 1100 人次。全市"雨露计划"实施是以提高贫困户劳动力技能,增强就业为宗旨,以职业教育、创业培训和实用技术培训为手段,以促进转移就业、自主创业为途径,最终达到提高贫困地区劳动力素质,增加贫困农民收入目的。2010 年全市"雨露计划"共培训 157 人,其中:贫困青壮年劳动力转移培训 83 人,中高级技工培训 14 人,自主创业和实用技术培训 60 人。参加宜春市职业技术学院中高级技工培训 14 人,历年培训转移就业率达 98% 以上。

2010 年,靖安县组织农业实用技术培训 8 期,培训 1600 余人次,使贫困群众和移民掌握 1—2门实用技术;组织"雨露计划"培训 56 人,其中劳动力转移培训 23 人,就业率 98%,留守劳动力实用创业技能培训 25 人,"一村一名中高级技工"培训 8 人,培训合格率达 100%。

2010 年,上高县积极实施扶贫培训工程,大力开展"雨露计划",实施贫困村农民实用技术培训、劳动力就业培训和劳动力创业培训、"中高级技工"培训,着力培训贫困村村民技术骨干和科技致富带头人,提高贫困农民的自我发展能力。按照"重点面向贫困村、同时兼顾面上村"的工作思路,全县已完成"雨露计划"培训人数 64 名,其中:贫困青壮年劳动力转移培训 30 人,中高级技工培训 8 人,自主创业和农业实用技术培训 26 人,共安排培训资金 3.76 万。

2010 年,铜鼓县"雨露计划"培训任务为 136 人,其中完成青壮年劳动力转移培训 103 人、企业和实用技术培训 25 人、中高级技工培训 8 人。

2010 年,万载县共投入专项资金 9.64 万元,积极探索"雨露计划"新途径,聘请专业人才授课,成功地完成劳动力技能培训 198 人,培训合格率 100%,就业率 100%,正确引导农村劳动力的有序转移,确保每一个贫困家庭有一个劳动力接受培训,并稳定转移就业。

吉安市 扶贫先扶智,吉安市高度重视贫困群众和综合素质的提升,始终把农村和实用技术培训作为重要工作来抓。9 年里共组织各类农村实用技术培训 3460 余期,培训 14.1 万余次,贫困群众掌握 1—2 门实用技术;组织 57269 名贫困劳动力参加"雨露计划"培训,转移就业率 96.3%;为提升贫困群众的生产能力、就业技能、创业水平及综合素质,每年组织 1200 人参加农函大学习。

坚持培训转移与增加收入相结合,着力于提高贫困群众综合素质。在省扶贫和移民办的统一部署下,把"雨露计划"培训作为贫困群众学习技能、增加收入、提高素质的重要任务来抓,坚持以人为本,把提高贫困地区群众的综合素质摆在更重要位置。大力开展农村实用技术培训。围绕实施的扶贫开发项目,市、县、乡三级开展种植、养殖等实用技术培训,培训的专业有养猪、养鱼、烟叶栽培、葡萄种植、蔬菜种植等,使大部分贫困群众都掌握1—2项实用技术,有效提高贫困群众的农业生产技能。大力开展青壮年劳动力转移培训。从2005年开始,在省办的统一部署下,共投入财政扶贫资金1919.65万元,先后举办数控、电子、电脑、机械、家政等专业的培训,培训学员57269人,培训合格率100%,95%以上的贫困学员得到较好的转移。经培训转移的学员综合素质得到明显提高,务工收入普遍提高20%以上,取得"培训一人、致富一家、带动一方、受益一生"的良好效果。不断探索和实践"雨露计划"的新模式。2008年开始,资助"十一五"350个重点村每村一名初、高中毕业生到指定学校参加"一村一名中高级技工"培训,通过2—3年的学习,学员在拿到毕业证的同时获得中级以上技术职称,培训质量和效果取得新的提升。2009年,还开展农村留守劳动力自主创业培训。

2005年,在省扶贫和移民办的关心和支持下,吉安市以科学发展观为指导,坚持以人为本,认真贯彻落实《江西省2005—2010年贫困地区劳动力转移培训规划》,以"实现贫困户劳动力转移就业,提高贫困户收入水平,加快贫困农民脱贫致富步伐"为目标,大力开展贫困地区劳动力转移培训,取得明显的成效。5年里全市共投入扶贫资金1919.65万元,开展计算机、电子、数控、模具、服装、导游、驾驶、家政等30余种专业技能培训,培训贫困户劳动力57269人,合格率达100%,转移就业率达97.8%。"雨露计划"的实施,对提高全市贫困劳动力的就业技能和综合素质,拓宽就业渠道和就业岗位,增加贫困农民收入发挥积极作用,产生较好的社会效益。基本达到"培训一人、脱贫一家,转移一批、致富一方"目标。自从2005年开展劳动力转移培训"雨露计划"以来,全市共投入扶贫资金701.50万元,开展计算机、电子、导游、家政等30余种专业技能培训,培训贫困户劳动力24914人,合格率达100%,转移就业23867人,就业率达95.7%。仅2007年,转移至本地工业园区就业的达8356人,占培训转移人数的65.1%。

2010年,贫困群众和水库移民综合素质全面提升。投入财政扶贫资金409.10万元,组织7761名贫困劳动力参加"雨露计划"培训,培训合格率100%,转移就业率97.80%;组织1200人参加农函大学习,还积极组织水库移民劳动力参加培训,贫困群众和水库移民的生产能力、就业技能、创业水平及综合素质大有提升。省下达吉安"雨露计划"培训任务为7297人,投入财政扶贫资金409.10万元,其中贫困青壮年劳动力转移培训4252人、中高级技工培训716人、自主创业和农业实用技术培训2329人。严格管理,实行项目管理,资金纳入专户封闭运行,全部采用培训券的形式报账。严格审批程序,按规定确定培训对象,进一步规范档案管理的内容和格式,继续实行月报制度和重大事项报告制度。将"中高级技工"招生工作纳入工作目标考核,8月中旬到9月初,对招生进度实行日报制,工作成效明显,完成总量和完成率均居全省首位。创新培训模式,要求各县(市、区)在完成任务的基础上,增加中长期培训比例,逐步与中职教育相结合,提高学员毕业获"两证"比例(学历证书和技能证书)。明确规定参加中长期班和学历教育的学员(除"中高级技工"培训任务外),比例要达到年度劳动力转移培训任务的10%以上,力争达到20%。据统计,已审批参加中长期培训计划928名,占劳动力转移培训任务的21.8%,有效提高培训质量。加强培训基地管理,根据省办统一部署,对现有转移培训基地实行重新审核认定,新增7家培训基地,进一步提高培训质量。同时,对中高级技工培训进行规范管理,严格成班率,规范使用班级名称和制挂班级牌等。

2010年,吉州区坚持"政府推动、学校主办、部门监管、农民受益"的原则,以市场需求为导向,以提高农民就业率、增加农民收入为重点,积极开展农村劳动力转移培训,共完成农村劳动力转移培训241人,安排培训资金11.24万元。以扶贫开发领导小组文件的名义,把"雨露计划"的241人指标,分解到3个重点乡镇中的9个重点村,形成乡镇、村、扶贫办三家共同抓好任务落实的格局。与乡镇、村干部一道深入到村、组搞好劳动力转移摸底调查,并且广泛宣传劳动力转移培训的好处,积极动员有条件、有意愿的贫困户子女和计划生育困难户参加培训,做到公开透明、严格有序。通力协作,搞好培训输出,以吉安市中等专业技术学校和天利职业培训学校为依托,由基地承担教学培训任务,做好职业技能和岗位培训。青原区"雨露计划"培训任务为298人,实际培训304人。完成全年计划数的102%。将全年培训指标直接下达到乡(镇)、村,列入年度目标考核,直接与扶贫资金分配挂钩,充分调动扶贫重点乡(镇)、村工作积极性。全区输送40名应历届初高中毕业的贫困户子女到高、中等职业院(校)培训基地进行2年期的培训。劳动力转移培训积极与本地工业园区企业联系,根据企业用工需求开展培训,贫困学员培训后到园区企业就业,既提高贫困群众的收入,又缓解企业用工需求的压力,达到双赢的目的。按照"实际、实用、实效"的要求,与区科协联合举办柑橘、长豆角、西瓜、养鱼等实用技术培训班,共培训农民860人次。上级下达井冈山市"雨露计划"任务597人。全面完成雨露计划培训597人(其中:劳动力转移技能培训355人,一村一名中高级技工42人,农村实用技术培训200人)。吉安县"雨露计划"培训任务为1147人,其中计划在县内培训机构开展培训转移1045人,计划向外输送"一村一名中高级技工"培训102人。根据全县劳动力转移培训工作统一部署,在总结过去工作经验的基础上,突出农村新生劳动力("两后生")就业技能资格证书式长期培训,重视女性、残疾人、农村合作组织成员以及中央彩票公益金项目后续管理培训。同时,还将全免学费的优惠政策在《吉安县报》、吉安县电视台、吉安县政府网上发布。免费培训贫困户子女的消息先后在《农民日报》《江西日报》、江西电视台、江西人民广播电台、信息日报、大江网、网易等媒体刊发,此外,还将这项政策向残联、妇联、教育局等部门作通报。全年共完成培训1192人,占总任务数的103%。其中:"一村一名技师"选送122名;青壮年劳动力技能培训(中等学历教育培训)636人;农村实用技术培训434人。

2010年,新干县共组织各类农村实用技术培训3期,培训382人次,使贫困群众掌握1—2门实用技术。组织182名贫困劳动力参加"雨露计划"培训,转移就业率96.3%。2010年资助7个重点村每村1名初、高中毕业生到指定学校参加"一村一名中高级技工"培训,通过2—3年的学习,在拿到毕业证的同时获得中级以上技术职称,使培训质量和效果取得新的提升,此外,还开展农村留守劳动力自主创业培训,组织10人参加农函大学习。

2010年,永丰县共组织各类农村实用技术培训10期,培训500人次,使贫困群众掌握1—2门实用技术。组织350名贫困劳动力参加"雨露计划"培训,转移就业率96.3%,资助"十一五"26个重点村每村一名初、高中毕业生到指定学校参加"一村一名中高级技工"培训,到2010年,已招收学员52人。此外,还开展农村留守劳动力自主创业培训。

2010年,峡江县组织各类农村实用技术培训5期,共培训贫困农民、移民787人次;组织农村留守劳动力自主创业培训，培训贫困农民 100 人；组织 58 名贫困青壮年劳动力参加"雨露计划"培训，转移就业率达 98%；资助 8 名初中毕业生到省、市"雨露计划"培训基地，进行为期 3 年的中高级技工培训。通过培训，贫困农民、移民的就业技能、创业水平、生产能力得到较大的提升。

2010 年，吉水县坚持"扶贫先扶智""授人以鱼不如授人以渔"的工作思路，以"雨露计划"培训为重点，以提高贫困群众创业和就业能力为目标，突出特色，注重实效，院校培训与上门培训，长、中、短期培训相结合，认真把好培训质量与就业服务关，确保培训—就业—脱贫目标，完成"雨露计划"培训 450 余人，其中"一村一名中高级技工"培训 23 人，超额完成年度计划任务，毕业学员就业率达 95% 以上，举办实用技术培训 23 期 2300 余人次，帮助一大批贫困户走上脱贫致富的道路。

2006—2010 年期间，泰和县共投入财政扶贫资金 75.33 万元，培训 1764 名农村劳动力，设计专业有：使用美术、电子操作、数控机床、汽车驾驶、电算化财会、服务制作等。就业率达 92%，其中，县工业园地就业率达 88%。"雨露计划"的实施，促进农村剩余劳动力的有序转移；促进农民收入的增加；促进务工农民整体素质的提高。2010 年，县扶贫和移民办分别委托省定培训基地——泰和职业中专和泰和县宏标驾校负责实施 213 人的培训。其中，泰和县宏标驾校负责汽车驾驶员专业培训任务 113 人，泰和县职业中专负责机电专业的培训 100 人。所有培训机构均按照项目申报批复，按时间按进度开展项目培训工作。

2010 年，上级下达万安县"雨露计划"任务为 827 人，并与万安县职校、县委党校等四所培训基地签订培训就业合同，共举办培训班 8 期，同时向赣江技校等中等学校选送"一村一名"中高级技工学员 51 人，全年共完成培训 877 人，占任务数的 106%。

2010 年，遂川县多形式、多角度、多渠道宣传"雨露计划"培训。实行训前报告，训中监管，训后抽查。对培训时间、培训课程，补助对象、优惠政策以及就业情况等，进行全程监管。全年共培训贫困劳动力 15 期 1474 人，超过 277 人，占任务的 123.1%，发放培训补助资金 69.8 万元。其中：青壮年转移培训 920 人，转移 902 人，转移就业率达 98%。自主创业 300 人，超过 20 人，占计划的 107.1%；"一村一名中高级技师"培训 121 人，超 70 人，占计划数的 237%。提前一个季度超额完成全年工作任务。

2010 年，省、市下达安福县扶贫办 459 人培训任务，截至 8 月底，提前完成 469 人的培训任务，培训合格人数达到 469 人，培训合格率达 100%。其中：完成贫困青壮年劳动力转移培训 210 人；自主创业和实用技术培训 205 人；中、高级技工培训 54 人。争取省办专项培训资金 24.22 万元，其中："雨露计划"资金 16.42 万元，"一村一名"中高级技师补助资金 7.8 万元（每人补助 1500 元）。

2010 年，永新县组织农村实用技术和自主创业技能培训 280 人，使其掌握 1—2 门实用技术。组织 694 人参加农村劳动力转移培训，其中开展学历教育培训 84 人，实现转移 610 人；资助 132 名重点村初、高中毕业生到指定学校参加"一村一名中高级技工"培训，培训取得明显的效果。通过这些培训，贫困群众的生产能力、就业技能和创业能力有很大的提高。

上饶市 大力发展技能培训，大力提高群众的科技文化素质和技能，围绕劳务输出，积极开展"雨露计划"培训。"雨露计划"培训被贫困群众誉为德政工程、民心工程。从 2005 年开始，全市开始启动实施"雨露计划"贫困地区劳动力转移培训工作，截至 2009 年底，"雨露计划"共投入资金

1546.3万元,培训农民41243人,转移就业39799人。"雨露计划"的实施,对提高农村贫困劳动力外出就业能力,促进富余劳动力转移,增加贫困农民收入发挥积极的作用,基本达到"就业一人,脱贫一家"的目标;围绕全市农业产业结构调整,开展科技扶贫增加贫困户收入,通过建立9个高规格的农业科技示范园示范带动、推广良种良法以及举办600余期科技培训班等加强贫困户的致富能力。万年县珍珠良种养殖场在全县推广良种三角帆蚌后,该县珍珠产量增产淡水珍珠1万千克,珍珠优质品率可提高5%—8%。作为全省最大的乌鱼养殖基地,余干县特种水产养殖场充分发挥科技扶贫基地的作用,带动周边800余农户发展乌鱼养殖3000余亩,安排贫困户子女300余人进场务工。建立激励机制,发动群众主动参与项目建设。在实施扶贫规划进程中,充分运用民主治村这一有效形式,在项目筛选、确定、实施、管理和监督等各个环节上,激励群众亲身参与,使他们在实践中转变观念,增长才干。弋阳县樟树墩镇火桥村全体村民为打通通向外界的公路,在宣传引导下,自发自愿参与项目建设的全过程,男女老少齐上阵,义务投工投劳劈山开路5.7千米。

2010年,"雨露计划"培训有新突破。全年共完成"雨露计划"培训6830人,占年计划的100%,其中贫困青壮年劳动力转移培训4208人,就业率达98%。各地实施"雨露计划"与工业园区发展需求对接、与当地优势产业发展结合。玉山县通过举办"雨露计划"茶叶培训班15期,培训贫困户和移民户劳动力1200人次,其中有22人获得茶叶种植中级职业资格证书,为玉山县种植和生产优质白茶提供人才支撑。万年县采取"校企联合"的方式,委托华龙电脑学校集中对贫困村的100名农民工进行计算机培训,并全部成功向浙江、广东等地企业推荐就业。信州区重点村投入资金1.5万元。举办实用技术培训班1期,培训农民38人。全区举办水库移民培训班1期,培训人员52人。2006—2010年,信州区共投入财政扶贫资金5.5万元,委托上饶市职业技术学校共招收录取贫困家庭学生4名,走上就业岗位的4人。经过中专技能与学历培训的贫困学生掌握专业技能,综合素质相对较高,毕业后更容易就业,工资收入水平也较快提高,学生成了家庭经济的顶梁柱。信州区还强化对返乡农民工的自主创业培训,充分利用本地农民创业优惠政策,提供创业培训服务。2010年,信州区重点村举办实用技术培训班,培训农民38人。2010信州区举办水库移民培训班1期,培训人员52人。基本达到"培训一人、转移一人、稳定一人、脱贫一户"的目标。

2006年,上饶县开始实施"雨露计划","十一五"期间,全县共投入培训费349.8万元,其中:短期培训2680人,中高级工培训270余人,创造1200余万元的经济收益。以上饶县电子工业学校、市劳动技工学校、市职院等几所学校为农民工培训基地,开展电子、计算机、幼师、驾驶等12种培训科目。经基地培训合格后输送到广东、上海、深圳和本市经济园区就业。2010年,上饶县劳动力转移培训资金69.9万元,培训农村贫困劳动力9316人,转移就业率达到95%以上。培训学员绝大部分已被输入到浙江、江苏等地就业,平均月工资在1500元以上。

2010年,广丰县共举办农村贫困劳动力转移培训4期,共培训学员600名(其中"雨露计划"培训22人),农村贫困劳动力就业率92%以上。另外聘请农业局、水产局等单位技术专家深入到农业龙头企业,水产养殖基地,蔬菜瓜果基地,养猪、养鸭基地和优质种植基地现场技术培训指导,广大贫困劳动者学到更多的实用知识。

2010年,玉山县坚持短中长相结合、技能培训与学历教育相结合、当地培训与异地培训相结合,采取订单培训、校企联训等多种形式开展贫困劳动力转移培训。全年共投入财政扶贫资金10.44万元,举办各类转移培训班21期,对1213名贫困劳动力实施培训,实现转移就业9704人。其中有22人获得中国农业科学院茶叶研究所颁发的茶叶种植中级职业资格证书。横峰县重点村村级组织建设进一步加强,更好地发挥其堡垒作用。群众积极参与到村级扶贫项目的决策和实施当中,改变"等、靠、要"的观念。通过"雨露计划"的实施,累计开展就业和创业技能培训3000人次。

2009年,省、市下达弋阳县重点村贫困户劳动转移培训任务210名,其中:一村一名中高级技工培训任务30名。经过培训,大部分劳动力都得到培训,也都学到一技之长。尚未得到培训的贫困户劳动力普遍都年龄偏大,文化程度偏低及家庭农事较忙。针对这一特点,采取基地培训与上门培训相结合的办法,在选送学员到基地培训的同时,与培训基地(学校)合作,组织教师,带上教学实验设备,深入到重点乡(镇)、重点村开办培训班,现场进行培训。截至2010年8月,全面完成210名贫困劳动力转移培训任务,占全年劳动力转移培训任务的100%。

2010年,德兴市充分利用"雨露计划"和移民培训的优势条件,在整合全市劳动力资源的基础上,以富余劳动力及就业困难群体为基础,以有就业愿望劳动力为重点,结合现行的相关政策,大力开展农民转移培训和转岗培训,提出"以技能培训为主、全面提高劳动者素质,以培训促就业"等具体要求,提高农民技能培训和转移培训的针对性和有效性。全年共举办培训班10期,参加培训人员749人,就业率(含创业)达98%。

2010年,婺源县按照"个人申请,村委会审核,县、市、省扶贫办审批"的工作程序,充分发挥"雨露计划"培训基地的积极性,满足学员参训要求,确保培训时间,提高培训质量,培训贫困地区劳动力140名,占年计划58%。

2010年,万年县一改以往单纯培训的方式,采取"校企联合"的方式对农民工开展"雨露计划"培训,即:在委托学校对农民工进行培训的基础上,学校必须负责为农民工联系企业推荐就业,共投入资金9.6万元对贫困村的112名农民工开展技工培训,并全部实现就业或创业。

2010年,鄱阳县充分利用劳动力转移培训和科技培训项目。加大对重点村主要干部进行培训,提高他们对扶贫开发工作的认识和业务水平,加大对重点村贫困劳动力转移就业培训。根据市场需求,举办服装缝纫、五金机械、电子技术等不同种类培训班10期,培训学员856人次,就业或自主创业达到90%以上。

2010年,省下达余干县"雨露计划"培训任务930人(其中166人为中高级技工),转移培训资金79.02万元。"雨露计划"作为民生工程,切实按照"市场引导、政府推动、当地培训、能人带动"的工作思路,以劳动力转移培训示范基地为平台,严格按照上级有关精神要求,开展形式多样的引导性培训和技能性培训。同时安排专人负责管理和发放培训券工作。共投入转移培训财政扶贫资金79.02万元,培训1068人(其中166人为中高级技工),转移就业1062人,培训完成率为100%、就业率为99%。

抚州市 全市自2004年开展贫困地区劳动力转移试点、2005年大规模实施"雨露计划"以来,6年共投入扶贫资金714.5万元,采取多种形式,共举办农机技能、电动缝纫、波尔山羊养殖、崇仁麻鸡、电脑操作、服装缝纫、电子电工、家政服务、汽车和农业机械驾驶与维修等各种职业技能培训班500余期,培训贫困农村青年19866人,转移就业率达96%,基本实现"培训一人,转移一人,致富一家"的目标,人均增收1000元以上。在实施"雨露计划"过程中,在以下几个环节加大工作力度:加大宣传工作力度,各地通过印发宣传单、黑板报、墙报、广播、电视、报刊、节假墟日走村入户等多种形式广泛宣传有关政策和"雨露计划"的致富典型,激发广大贫困群众参与转移培训的积极性。加大投入力度,各地在足额落实"雨露计划"配套资金的同时,安排一定数量的工作经费,此外一些用工企业主动出资增加学员培训补助。加大培训管理力度,坚持"优胜劣汰"原则,严格按照省里有关各级申报"雨露计划"培训基地的条件,在认真考察考核基础上,筛选和认定市、县两级培训基地。

2006年6月,全市还组织资溪建生艺术蛋糕培训基地,参加在北京举行的全国"雨露计划"成果展,成功展示全市"雨露计划"的成果和资溪面包培训这一品牌,向全国宣传江西和抚州。

2010年,全市"雨露计划"培训任务为2446人,全市实际举办服装缝纫、面包烘焙(裱花技术)、电脑操作、电子电工、建筑装潢等各类职业技能训班56余期,培训农村劳动力2521人,占全年任务数103%。基本实现"培训一人,转移一人,致富一家"的目标。参训人员其中大部分在本市工业园区就业,还有部分学员外出务工或积极自主创业。重点抓以下几个环节:抓领导,成立各级领导小组,抽调专人负责,并列为全市扶贫工作目标考评重要内容,进行考核验收,层层抓好落实。抓宣传,各地通过印发宣传单、黑板报、广播、电视、节假墟日走村入户等多种形式广泛宣传有关政策和"雨露计划"的致富典型,激发广大贫困群众参与转移培训的积极性和主动性。抓监督,进一步完善劳动力转移培训操作规程,促进培训工作规范有序。按照省办下发的有关劳动力培训文件精神,加强对"雨露计划"资金的指导和监督,制定"雨露计划"培训券管理使用细则,确保资金的安全和高效规范运行。抓典型,积极宣传通过培训开展创业人员的创收成果及外出就业的生活工作环境和发展前景,着力宣传"雨露计划"致富典型,发挥典型带动作用,将贫困农村富余劳动力外出务工的积极性主动性充分调动起来。抓基地,认真确定输出基地,规范输出基地贫困劳动力就业需求档案;加强对培训基地的管理与考核,对全市雨露计划培训基地进行全面检查和认定,对不符合条件的基地撤销资格,所有培训由培训基地根据与用工企业签订的用工协议,组织招生,进行订单培训,并确保90%以上的合格学员就业。

2010年,乐安县开展走进贫困村和移民区,走近贫困户和移民户科技下乡实用技术培训活动,举办以优质烟叶栽种烘烤、种桑养蚕、蘑菇、茶叶、油茶林生产,良种猪养殖等实用技术为主要内容的贫困户和移民户骨干培训班10余期,参训人员达2600余人次。各乡村也结合本地实际,采取各种形式,举办种养实用技术培训班达60余期,参训农民上万人次,使得每个重点村和移民区实现村村有科技带头人,户户有技术明白人。建立示范基地培训。各乡镇因地制宜建立烤烟、蚕桑、生猪、蘑菇、茶叶、油茶林等各具特色的科技扶贫示范基地,为周边贫困户推广应用新品种新技术起到很好的示范带动作用。紧扣劳务转移培训。在抓好农村实用技术培训的同时,狠抓贫困农民和移民户职业技能培训,在县职业中学建立农民职业技能培训基地。根据沿海发达地区和本县工业园区的用工需求,共举办9期培训班,参训人员679人,占省下划的105.4%,转移就业658人,就业率达96.9%以上,培训内容为电焊、电脑、缝纫、农机、驾驶等职业。

2010年,广昌县共举办各类实用技术培训班50余期,累计培训农民2000余人次,其中贫困地区劳动力技能转移培训382人,转移就业382人,就业率达100%以上;认真实施重点村"一村一名中专生"培养计划,共完成55名招生培养任务。台账管理规范,建档立卡并实行动态管理、工业园区企业用工管理台账、基地定向培训管理台账完成率分别达到100%。

2010年,黎川县投入财政扶贫资金7.02万元,组织农民培训200余人次,其中贫困农民160人次;劳动力转移培训84人,其中22人为一村一名中高级技师培训,青壮年劳动力转移培训62人(其中36人为贫困村民),53人已成功转移就业,劳动力转移就业率达85%。

培训项目

1996年,省工商联合会为贫困地区培训各类人才,对劳动力进行科技培训。为深入开展"巾帼扶贫行动",大力提高贫困地区妇女干部群众的科技文化素质和经济开发能力。省扶贫办同意在3个国家重点贫困县各联办1期(共3期)培训班,每期学员100人。

全省以推进"雨露计划"培训为重点,安排劳动力转移培训和科技扶贫专项资金,提高培训补助标准。突出返乡农民工的转移就业和自主创业技能培训,把"雨露计划"培训与全省工业园区的发展需求对接,与当地的优势产业发展结合;扶助贫困农户子女接受中技职业培训,并与"两后生"助学补助制度对接;开展"雨露计划"走进乡村活动,方便贫困劳力受训和对创业技能的需求。

江西是全国率先实施"雨露计划"培训工作的省份,从2004年开始试点,2005年在全省正式推开。实施"雨露计划"以来,按照国务院扶贫办和省委、省政府的统一部署,把实施"雨露计划"作为扶贫开发的五项重点工作之一,坚持"政府主导、基地承办、部门监管、扶贫到户、农民受益"的原则,以农村贫困青壮年劳动力为主要对象,以劳动技能培训转移就业、职业技能和创业技能培训为工作重点,以帮助贫困农户增收脱贫为基本目标,不断加大工作力度,创新工作机制,强化规范管理,充分调动培训基地和贫困农民参训的积极性,为全省老区、贫困地区的贫困农户脱贫致富作出积极的贡献。

在2005—2009年期间,全省完成"雨露计划"培训人数累计约为25万人,其中:贫困青壮年劳动力转移培训约20万人;中高级技师培训9586人;农业实用技术培训43895人。转移就业约19万人,转移就业率一直保持在95%以上,稳定就业率保持在90%以上。5年来,"雨露计划"培训补助资金累计为9900万元。贫困户青壮年劳动力经过培训并安置就业后,人月均收入由2005年的500元,上升到2009年的1200元,高于全省农民年均收入的年均增幅。"雨露计划"所产生的"培训转移一人、增收脱贫一户"的扶贫成效十分明显。到2009年,全省建立"雨露计划"培训基地174所,培训基地分为省、设区市、县三级,其中省级培训基地两所,分别为赣江职业技术学校、南昌女子职业学校。

根据"雨露计划"的性质、特点和工作中的具体情况,2005年,省扶贫办制订《江西省贫困地区劳动力转移培训"十一五"规划》,统一制订、下达全省"雨露计划"年度培训计划,并对各地执行情况进行监督检查、跟踪问效;为贫困地区贫困青壮年劳动力建档立卡;建立转移培训绩效考评制度;

执行《江西省农村劳动力转移培训券管理使用暂行办法》等等。各设区市也出台相关的管理制度，如抚州市的《抚州市扶贫办贫困地区劳动力转移培训基地年度考核办法》、赣州市的《重点村一村一名中高级技师培养实施方案》、宜春市的《宜春市贫困地区劳动力转移培训项目管理暂行办法》。确保"雨露计划"的实施和提高培训补助资金的使用效益。

对劳动力的培训多元化，贫困地区青壮年劳动力转移培训模式主要为：本地培训，省内（含就地）转移就业，降低转移就业成本，切实增收。本地培训，省外就业；与省外培训机构合作，共同合作办学培训，学员就业竞争力得到显著提升；设立省外培训就业基地，满足贫困青壮年劳动力省外就业意愿，稳定和提高其就业率；推行企业、劳动者、培训机构"三位一体"培训模式，开展订单培训、定向培训和校企合作培训转移就业；多渠道、多层次、多形式开展培训。多渠道：是根据贫困地区劳动力转移就业意愿，分别在省、设区市、县培训基地进行职业技能培训。多层次：即分为短期、中期和长期培训。短期的为农业实用技术培训；中期的为转移就业培训；长期的为新生劳动力（即：贫困家庭未考入大中专院校的初、高中毕业生）职业教育。多形式：除组织贫困劳动力在培训基地学习，还聘请专家深入农户、田间、山林和湖塘，开展农业实用技术和现场技术指导。培植致富典型，强化示范作用，注重培植和挖掘通过参加"雨露计划"培训而致富的典型，以典型案例引领贫困群众积极参加培训。大力开展自主创业及脱贫致富带头人的培训；加大对培训创业典型人员的宣传，引领、调动贫困农户积极参加培训和自主创业；积极总结各地市实施劳动力职业技能培训的典型经验和成功事例，作为各地实施职业技能培训的范例，并予以推广。

1994 年，省老建办委托省农函大在全省老区、贫困地区贫困户中招收农函大学员 1 万名，招生名额原则上按每个省定贫困乡 20 名分配，各地、市对分配到县（市）的名额可根据实际情况作适当调整。南昌、景德镇、萍乡（莲花县除外）、鹰潭、新余等 5 市按此原则在自行划定的贫困乡中招收贫困户学员。各地还可在 10% 的比例内招收有学习能力的残疾青年。

1998 年，省老建办与南昌女子职业学校协商后，决定在该校特别开设二年制半工半读职高商管文秘专业一个班，在学费、学历及工作方面给予支持。并在兴国、寻乌、会昌、于都、广昌、余干、宁都、宁冈、横峰、遂川、修水、上犹、赣县、上饶、波阳、永新、莲花、安远、石城、万安、乐安、都昌、永丰、瑞金、定南、星子等 26 个县招生，每县各 2 名，全省共 52 名。

1999 年和 2000 年，同样在南昌女子职业学校招生，1999 年在兴国、宁都、安远、寻乌、会昌，赣县、于都、上犹、广昌、乐安、石城、瑞金、定南、永丰、万安、遂川、永新、宁冈、井冈山、吉安、波阳、余干、上饶、横峰、弋阳、广车、莲花、修水、都昌、星子等 30 个县（市）招生，每个县市各 2 名，全省共 60 名。2000 年则在宁都、会昌、上犹、石城、永新、宁冈、乐安、余干、横峰、莲花、修水、进贤等县招生，每县各 5 名，共 60 名。

培训成效

科技培训班成效 1991 年，全省各级老建办举办科技培训班 3022 期，培训 35.65 万人次。

1992 年，扶持举办各级各类科技培训班 3215 期，培训学员 50.78 万人次。

1993 年,扶持举办各级各类培训班 1350 期,培训学员 15.4 万人次。

1994 年,扶持各级各类科技培训班 1432 期,培训农民 15.6 万人次。

1996 年,农业技术培训 570 期,共培训学员 9 万人次。

1997 年,帮助举办各类技术培训班 1900 期,为贫困地区培训各类技术人员 6.92 万人次。

1998 年,共举办各种类型的实用技术培训班 3431 期,参加学习的人数达 64.29 万人次,招收 4.4 万名贫困户的子女参加农函大学习,为贫困地区培养一批扎根基层的农技人才。并且已有 90% 以上的贫困户有 1 个以上的劳动力掌握 1—2 门实用技术。

雨露计划成效

表 1－2－14　2006—2010 年雨露计划实施情况培训资金统计表

单位:万元

| 年度 | 雨露计划培训补助资金 | | | | | | | | 财政扶贫资金总量 |
| | 按培训时间分 | | | | 小计 | 其中 | | | |
	引导性培训	3—4 个月培训	6—12 个月培训	学历教育补助		自主创业和实用技术培训	村级干部培训	其他补助资金	
2006	750.57	961.74	209.69	428.20	2350.20	138.62	46.50	250.20	2350.20
2007	694.34	886.36	518.87	283.40	2382.97	122.91	27.15	282.97	2382.97
2008	638.42	860.47	393.53	501.88	2394.30	256.51	24.45	294.30	2394.30
2009	537.75	834.08	374.36	703.79	2449.98	219.84	24.00	349.98	2449.98
2010	503.38	701.29	355.31	854.81	2414.79	216.23	24.00	396.88	2496.88
合计	3124.46	4243.94	1851.76	2772.08	11992.24	954.11	145.89	1574.62	12074.33

表 1－2－15　2006—2010 年雨露计划实施情况统计表

单位:人

| 年度 | 可培训转移劳动力总量 | 新增贫困劳动力总量 | 计划培训总人数 | 雨露计划培训人数 | | | | 就业安置总人数 |
				学历教育补贴人数	职业培训总人数	实用技术培训人数(人/次)	村级干部培训人数(人/次)	
2006	1115871	78513	53894	2062	45100	6932	687	43232
2007	908642	69386	61257	2436	50846	6145	695	48514
2008	930226	62305	51351	3314	36152	11875	897	35101

续表

年度	可培训转移劳动力总量	新增贫困劳动力总量	计划培训总人数	雨露计划培训人数				就业安置总人数
				学历教育补贴人数	职业培训总人数	实用技术培训人数（人/次）	村级干部培训人数（人/次）	
2009	921418	62684	39930	3698	27970	12835	894	27945
2010	937836	63184	36619	4398	22005	10412	954	21019
合计			243051	15908	182073	48199	4127	175811

雨露计划培训成效 至2010年,全省安排"雨露计划"培训资金2100万元,计划培训3.66万人。其中:劳动力转移培训2.14万人;中高级技工培训0.39万人;自主创业和农业实用技术培训1.13万人。

表1-2-16 2010年"雨露计划"培训完成情况统计表

单位:人

单位	全年计划培训人数（人）	全年实际培训人数（人）						职业教育（中高技工）	自主创业技能和农业实用技术培训
		实际培训人数（人）	完成年计划（%）	其中					
				贫困青壮年劳动力劳动技能培训					
				实际培训人数		转移培训就业人数			
				小计	培训合格人数	小计	省内转移就业		
南昌市	484	506	104.55	266	266	243	127	170	70
景德镇市	90	90	100.00	50	50	50	43	20	20
萍乡市	1233	1233	100.00	743	743	729	729	134	356
九江市	3513	3915	111.44	2527	2397	2354	404	418	970
新余市	53	53	100.00	21	21	16	16	12	20
鹰潭市	65	74	113.85	37	37	37	37	18	19
赣州市	11036	11217	101.64	6709	6451	6259	5086	1142	3366
宜春市	1338	1338	100.00	774	774	691	622	116	448
上饶市	6830	6830	100.00	4208	4208	4146	3793	658	1964
吉安市	7297	7755	106.28	4255	4255	4085	3532	1026	2474
抚州市	2446	2521	103.07	1582	1582	1576	1504	280	659
赣江学院	2100	2033	96.81	833	833	833	833	200	1000
南昌女职	134	204	152.24					204	
总 计	36619	37769	103.14	22005	21617	21019	16726	4398	11366

2010年,全省实际累计培训37769人,完成计划的103.14%。其中:贫困青壮年劳动力转移培训22005人,为年计划的102.83%;培训合格人数21617人,培训合格率为98.24%;转移就业21019人,转移培训就业率为95.52%;省内转移就业16726人,占转移就业总人数的79.58%。中高级技工培训4398人,为年计划的110.26%。自主创业技能和农业实用技术培训11366人,为年计划的100%。

第五节　科技扶贫

自1991年6月始,全省开始围绕各地扶贫支柱(主导)产业开发的实际,采取先试点、试验,再示范、推广的方法,在老区、贫困地区特贫困乡中的443个村实施"扶持一个开发项目、建立一个服务组织、组建一支科技扶贫队伍、兴办一所农民科技文化夜校"的村级"四一"工程建设。经过2年多的实践,已经取得明显效果。主要表现在:以集体经济开发项目为龙头,充分发挥当地资源优势,促进扶贫支柱(主导)产业开发。

1994年,科技扶贫全面展开,劳动者素质明显提高,特困户的劳力中掌握1—2门实用技术的占85%以上;老区和贫困地区不断加强对外联系,开放的渠道进一步拓宽,积极引进经济,技术和人才;干部群众的思想观念发生深刻的变化,在加强物质文明建设的同时加强精神文明建设。

1999年,全省把科技扶贫放在突出的位置来抓。除坚持与有关部门共同办好农函大,与南昌女子职业学校办好贫困户女子班,举办贫困乡村干部培训班之外,把科教扶贫的重点转向扶贫开发新品种、新工艺、新方法上,抓好农业生产的良种、良法的示范和推广运用。赣州市根据本市扶贫开发的特点,重点抓杂交制种、橙柚园改造、良种畜禽繁殖、菌种栽培等实用技术的培训,共举办这方面的培训班914期,培训9.79万人次。同时,在全市开展"文化扶贫"和"信息扶贫"活动。吉安市1999年引进新水稻良种34个,蔬菜品种24个,食用菌品种13个,引进新技术7项。赣州、吉安、上饶市在推广"猪、沼、果"工程方面取得较大进展。他们把扶贫项目中的种养业与贫困户的改灶、改厕、改猪圈"三改"结合起来,既保护环境,改善生态,节约燃料,又促进养殖业和种植业的发展。九江市直接扶持贫困户饲养良种种猪,采取招标的方式,选择种猪场的仔猪,送给有饲养能力的贫困户饲养,第一代仔猪又以优惠价提供给其他贫困户饲养。在这方面,九江市老建办在贫困户中推广新品种、新技术的经验,值得各地(市)借鉴。

2001年—2009年,全省的科技扶贫工作按照"实际、实用、实效"的原则,认真抓好科技扶贫项目建设、科技培训、科技示范以及新技术、新品种的推广使用;坚持以优势产业结构调整为主线,以扶贫攻坚为重点,依靠科技进步和创新,在促进贫困地区农业经济和扶贫龙头企业发展的同时,辐射带动贫困户共同脱贫致富。科技扶贫在社会效益、经济效益、扶贫效益和生态效益方面均取得较好的成效。2002年中央财政支持江西科技扶贫资金900万元,支持实施科技扶贫项目10个,发挥很好的带动示范效应,为项目区群众脱贫致富发挥重要作用。

以扶贫干部培训和贫困农民科技文化、实用技术培训为重点,2002—2007年全省各级共举办各类培训班7668期,培训扶贫干部81720人次;培训贫困群众50.85万人次。科技示范与推广工作稳步推进。

2003—2009,全省实施科技扶贫综合试点项目共 137 个;科技扶贫项目资金总投入 28562 万元,其中:国家级 2159 万元,省级 2441 万元,地方配套和自筹资金 21257 万元;科技扶贫项目受益农户 140398 户,受益人数 623808 人;年均增加效益 19530 万元。

全省实施的科技扶贫项目,全力支持贫困地区的扶贫开发工作,项目建设主要落实在优质大米、茶叶、白莲、蜜橘、脐橙、油茶、苎麻、蚕桑、苗木、养殖、食用菌等特色产业及其品种的开发上。赣南的脐橙,万载的有机种植和养殖,广昌的白莲,南丰的蜜橘,井冈山的油茶,遂川的金桔,泰和的乌骨鸡,永新的蚕桑种植,鄱阳的鲴鱼出口和泡桐树基地,上饶的天草苗木繁育及蔬菜加工和栽培,瑞金、莲花的优良猪种扩繁,乐安的蚕桑工程小蚕共育,南城的低胆固醇蛋禽产业化规模生产,宜黄的毛竹丰产高效技术示范与推广,资溪的有机白茶基地,修水的有机茶和优质高产蚕桑,高安的水稻轻型节本增效栽培技术,铜鼓的有机茶,都昌的水梨产业示范基地等都获得较好的社会、经济、生态和扶贫效益。

扶贫项目

2010 年科技扶贫项目 2010 年获得国家科技扶贫综合试点项目 2 个,安排资金 200 万元。项目实施期为两年,项目监管单位分别为修水县和上饶县扶贫和移民办公室。

表 1-2-17　2010 年江西国家科技扶贫项目

单位:万元

项目实施地		项目名称	项目实施单位	资金安排
九江市	修水县	万亩优质高产蚕桑示范基地建设	江西修水一家实业有限公司	100
上饶市	上饶县	有机茶(白茶)良种繁育及标准化茶园示范基地建设	江西三清山上饶县绿色食品有限公司	100
总计				200

2010 年,省级科技扶贫项目资金 600 万元,安排范围为全省 41 个西部政策延伸县。安排总体原则为:"实际、实用、实效";新技术、新品种的推广与使用;以优势产业结构调整为主线、扶贫攻坚为重点;以促进贫困地区经济和扶贫龙头企业发展、辐射带动贫困户共同脱贫致富为目的。科技扶贫项目实施最终目标为:争取在社会、经济、扶贫和生态方面发挥积极的作用。

2010 年,全省在 8 个设区市 27 个县安排 30 个省级科技扶贫项目。

"十二五"科技扶贫规划《江西省"十二五"科技扶贫规划》的总体目标是:力争在 5 年时间里通过全力实施科技扶贫"十百千万亿"工程,逐步夯实科技扶贫载体,培育示范亮点,以点带面,推动全省 41 个比照西部政策延伸县(市)、鄱阳湖生态经济区贫困人口脱贫增收、科技素质提高,县域特色

产业示范点及科技扶贫项目企业龙头效应基本形成。科技扶贫"十百千万亿"工程为:

"十":整合优势资源,着力培育、壮大 10 个以上以科技为支撑的区域主导产业或特色产业,提升县域支柱产业和特色产业的科技水平。围绕支柱、特色产业,着力培育、扶持 10 个具有较强实力和市场竞争力的科技扶贫龙头企业,增强龙头企业的辐射作用,带动和促进农户增加收入。

"百":培育打造 100 个科技致富示范点,探索新形势下依靠科技进步和劳动者素质提高,实现整村脱贫增收的有效模式。

"千":培育 1000 名农村科技致富带头人及技术骨干,提高农村贫困人口的科技素质和就业能力,促进和带动贫困人口向二、三产业转移。

"万":引导、鼓励贫困农户参与项目建设,并以项目为载体,扶助 1 万名贫困农民接受农业技术培训,带动贫困农户脱贫增收。

"亿":围绕支柱、特色产业,重点培育、扶持年产值超亿元的科技扶贫龙头企业,增强龙头企业的辐射作用,带动和促进农户增收致富。

设市区科技扶贫

新余市科技扶贫 新余市先后扶持建立科技示范与技术推广基地——新余犇腾肉牛养殖场示范基地、新余姗娜娜果业公司。2004—2010 年,连续 6 年扶持新余市绿林枣业有限公司种植推广"早脆王"优良品种,试种面积达到 3000 亩,并带动渝水区仁和乡西村村、分宜县洞村乡霞贡村两个贫困村 60 余户贫困群众种植枣树,人均年增收上万元;新余市蒙山实业有限公司连续 3 年被评为省级扶贫龙头企业,优先享受省财政贴息贷款政策,2010 年,其主要产品新余蜜橘被列入省鄱阳湖生态经济区减少贫困人口专项规划的产业发展规划。

2010 年,全市科技培训费 4.3 万元,其中市扶贫和移民办 1.7 万元,分宜县 1.8 万元,渝水区 0.8 万元。举办培训班 8 期,培训人员 400 余人,转移劳动力 300 余人。根据暑假农村人员相对集中的特点,"雨露计划"培训都选择在每年的 7、8 月份进行。2010 年,"雨露计划"培训资金 3.46 万元,其中分宜县 2.46 万元,渝水区 1 万元,培训任务 43 人;其中中高级技工 12 人、职业技能培训31 人。

新余不断加大科技扶贫力度,把扶贫重点转移到依靠科技进步上来,走科技扶贫的路子,2010 年,采取"实际""实用""实效"的原则,推广粮食、蔬菜、瓜果新品种,发放科技资料和书籍 1000 份,对干部群众分层次举办各类培训班 126 期达 1300 人次。努力将"雨露计划"作为一项民心工程来抓,共培训输出劳动力 25 人。

鹰潭市科技扶贫 2008 年,鹰潭以科技扶贫为抓手,大力推动科技进步。为推动本市贫困地区的科技进步和经济社会发展,与中国科学院南京土壤所共同创办"鹰潭市科技扶贫示范园"。并以推广新技术新品种为契机,在贫困地区开展实用技术培训。4 年来,共举办各类实用技术培训班51 批次,累计培训贫困劳动力 2730 人次。先后从中国水稻所等机构为部分重点村引进超高产中熟品种"中早 22 号"和早熟品种"中早 25 号"、花生新品种"粤油 256、产量高、藤条多的红薯新品种——苏薯 8 号。通过科技扶贫，提高贫困地区广大干部群众依靠科技发展商品经济的意识，加大开发项目的科技含量，推广应用的新技术新品种深受贫困群众的好评。

赣州市科技扶贫 2001 年，认真贯彻落实国务院《中国农村扶贫开发纲要(2001—2010 年)》精神，坚持以邓小平理论和"三个代表"重要思想为指导，深入贯彻落实科学发展观要求，坚持把科技扶贫、科技示范、技术培训、提高贫困劳力素质和致富能力摆到扶贫开发的重要位置来抓，按照"实际、实用、实效"的原则，严格按照市委、市政府实施"农民知识化工程"的要求，在省扶贫办的具体指导下，认真抓好科技扶贫、科技示范、技术培训各项工作以及新技术、新品种的推广使用，科技扶贫工作取得较好成效。2001—2009 年度，上级安排全市科技示范项目资金 2852 万元，扶持项目 50 个，安排科技培训专项经费 1786.2 万元。全市各级共举办各类农业实用技术培训班 3300 余期，培训扶贫干部和贫困劳力近 30 万人次。

会昌县积极开展科技扶贫：按照分级培训的原则，以产业为依托，以市场为导向，采取多层次、多形式、多途径、多项目的方式方法，紧扣农时季节和种养品种，对农民进行农业实用技术培训，努力提高贫困劳动力素质。开展扶贫业务培训，增强扶贫干部业务水平和管理能力。协助抓好农函大招生工作，动员和资助贫困农户参加学习。每年从科技培训费中安排专项资金用于招收贫困户参加农函大学习。在招生工作中，把好招生对象审核关、资金拨付审批关。同时，对农函大学员进行跟踪调查，并积极宣传报道农函大学员先进典型，用先进带动更多的贫困劳动力参加农函大学习。按照上级科技扶贫经费管理规定，建立和完善资料档案。做好资金使用计划，规范经费管理使用，用更少的钱，办更多的事，对每期培训做到"五有"，即：有培训通知、有培训内容、有培训教案、有培训人员签到册、有正式报账凭证等翔实的资料，并及时整理归档、登记造册，做到资料齐全、专人管理、手续完善、管理规范。年内安排科技培训资金 14 万元，开展各类实用技术培训 12 期，培训贫困群众 545 人。争取科技扶贫项目资金 20 万元，建设优质脐橙智能节水灌溉基地 3000 亩。

2000 年始，瑞金市大力培植龙头企业，建立科技扶贫示范基地，壮大扶贫主导产业。大力扶持红都水产、从玉菜业等 21 家起点高、规模大、带动力强的农业龙头企业，建立黄柏万亩脐橙基地、面积 0.25 万亩的叶坪农业科技示范园等千亩以上农业科技扶贫示范基地 13 个，辐射带动贫困农户。其中扶助重点村发展种植产业项目资金 83.7 万元，辐射贫困户 1967 户 8506 人，种植脐橙 0.84 万亩、落叶果 0.39 万亩，养殖肉牛 1.04 万头，每户年均增收 262 元。2010 年，瑞金市争取科技扶贫示范项目 1 个，资金 10 万元，带动 500 户贫困家庭 2225 人脱贫致富。安排科技培训专项经费 6.4 万元，举办各类农业实业技术培训班 11 期，培训扶贫干部、乡村干部和贫困劳力 520 人次。通过培训，干部和群众的科技素质明显提高，管理和治穷致富能力明显增强，95% 以上的受训人员掌握 1 项以上实用技术。

2010 年，南康市安排科技培训专项经费 3.1 万元，举办培训班 4 期，培训扶贫干部和贫困劳力 156 人次。

2001—2009 年，定南县安排科技示范项目资金 23 万元，扶持项目 3 个，安排培训专项经费 44.5 万元，全县共举办各类农业实用技术培训班 126 期，培训扶贫干部和贫困劳动力 11453 人次。

宜春市科技扶贫 为有效提高贫困地区群众科技素质和科学种养水平，增加农民收入，提升科技对农民增收的贡献率,按照省扶贫办的部署,全市从2004年开始有计划、分批次在全市各县市区实施科技示范与推广项目,6年来全市共在袁州区、丰城、樟树、高安、万载、宜丰、铜鼓等7个县市区实施高产油茶、有机农产品种植、高产超级杂交水稻、青皮冬瓜高产栽培等科技示范与推广项目11个,项目共投入省级扶贫资金118万元,项目单位自筹资金401.4万元,累计受益农户达23027户,受益人数达82353人,项目区新增纯收益2330.8万元,人均达283元。同时,各县市区还依托项目的实施,在不同的生产环节适时举办各种科学种、养技术培训班20余期,培训贫困群众3000余人次,辐射和带动项目区周边群众发展有机种植和推广科学种养技术,发挥科技项目巨大的示范和推广作用,在创造显著经济效益的同时产生明显的社会效益和生态效益。

2010年,丰城市投入科技资金4万余元,举办12期各类实用技术培训班,培训农民1100余人次。从江西农大、省农科院、省林科院、《致富快报》社等单位请来10余位专家、学者、教授深入田间地头现场讲授,500余农户直接受益。

吉安市科技扶贫 以提高贫困群众科技素质为目标,按照"实际、实用、实效"的原则,围绕扶贫开发的需要,开展形式多样的实用技术培训,进一步提高劳动者素质和扶贫开发的科技含量。一是广泛开展科技培训。2001年以来,全市共举办农业种植、家禽水产养殖、农副产品加工等各类农村实用科学技术培训班3460多期,培训农民14.1万人次。共组织选派了1.08万人参加农函大学习,并获得农函大结业证书。97%以上的贫困户劳动力普遍掌握了1—2门实用技术;二是抓好科技示范基地建设。结合产业扶贫,创建培植具有地方区域特色的"公司+基地+农户"实体,普及推广农业先进实用技术、优良品种,使之成为既是推广新品种、新技术的示范推广基地,又是开展实用技术培训的培训基地,收到了良好的经济效益和社会效益,有效地带动一方群众脱贫致富。2005年以来,上级安排全市科技示范项目资金1200余万元,科技推广项目共43个,通过项目受益的农户6.9万余户,受益人口达32万余人,新增效益2.65亿元;三是抓好项目资金管理。强化科技示范项目库建设和管理。组织各县(市、区)积极申报科技扶贫产业项目,筛选一批发展前景好、辐射带动力强的项目,上报进入"省级科技扶贫项目库",作为今后科技扶贫示范与推广项目的重要来源。对已安排扶持资金的科技示范推广项目实行日常监督管理,定期或不定期对项目建设进行实地督查,掌握各项目的建设情况,跟踪问效,确保项目的实效性。

同时严格按照专项资金管理要求,安排使用好科技扶贫培训资金,加强资金监管,确保不出现截留、挤占、挪用资金现象。提高资金的使用效益和项目推广效应。

为提高移民的素质,开阔移民眼界,帮助移民生产提供必要的技术支持,增强生产就业技能,使他们能为建设社会主义新农村起到引导作用,新干县全县12个乡、镇、场共200余名移民参加培训。培训期间,通过邀请专家讲课,聘请农艺技术人员传授专业技术,选择致富能手介绍经验等方式,使他们能够掌握1—2门职业技能和实用技术。为他们创业就业争取政策支持、项目支持、资金支持。移民依托本地荒山荒地开发以果树、苗圃、花卉、中药为主的特色种植业,发展养畜、水产养殖为主的养殖业。该示范工程,带动安置区移民群众创业致富的积极性,有效地促进移民增收。

永丰县结合实际,积极组织移民干部和移民实用技术培训。全年举办移民干部业务培训班1期和水库移民农业科技推广培训班4期。移民乡、组干部58名参加移民干部的业务素质培训;289

名移民群众参加实用技能培训。

万安县培训移民中青年劳动力416人,组织农业实用技术培训7期,培训农民348人,组织贫困群众优秀中学生30人参观上海世博会,圆满完成上级下达本县400人的培训任务。

遂川县组织新鹭食品有限公司认真实施"遂川县金橘种植与深加工扶贫项目"。该项目从2009年5月初开始实施,到12月底竣工。总投资121.69万元,其中财政扶贫资金10万元,项目单位自筹111.69万元。主要用于扩建金桔标准化生产基地0.05万亩,其中新种金桔0.03万亩,低改金桔0.02万亩。采用"公司+基地+农户(贫困户)"经营模式,公司实行四统一(统一品种、统一肥料供应、统一技术标准、统一管理),并保价收购。与贫困乡镇、村的农户(贫困户)结成利益共同体,公司独家承担项目风险,确保农户(贫困户)、农村低收入群体增收。该项目带动贫困农户120户,扶助150个贫困人口增加收入,人均年增收366元。另一方面,扩建50吨/年金桔白兰地酒生产线,使金桔增值16倍,金桔每年深加工数量达全县金桔总产量的1/16,达到年增产值199万元。公司招收贫困区域农村贫困户120户160人为公司员工,进厂做工,按件计酬,确保农村贫困群体增加收入。

永新县围绕引进和推广新技术,提高产业科技含量,有效帮助贫困户实现增收致富。安排财政扶贫资金49.5万元,举办实用技术培训班78期,推广新技术36个,培训人次达6150人;投入财政扶贫资金25万元,在里田镇夏幽村依埠组建设高产油茶科技示范基地,基地目前总面积522亩,引进经国家林业局认定推广的林系列品种,并建立一个50亩的油茶天性繁育良种采穗园,并在基地上开展山地除草剂使用和综合开民试验等,基地可解决当地贫困劳动力50余人用工,并可示范带动周边贫困群众发展油茶生产,促进农民增收致富。

上饶市科技扶贫 围绕全市农业产业结构调整,开展科技扶贫增加贫困户收入,通过建立9个高规格的农业科技示范园示范带动、推广良种良法以及举办600多期科技培训班等加强贫困户的致富能力。万年县珍珠良种养殖场在全县推广良种三角帆蚌后,该县珍珠产量增产淡水珍珠10000公斤,珍珠优质品率可提高5%—8%,这些看得见的效益,让参与的贫困农户尝到科技的甜头。作为全省最大的乌鱼养殖基地,余干县特种水产养殖场充分发挥科技扶贫基地的作用,不仅带动周边800多农户发展乌鱼养殖3000多亩,还安排了贫困户子女300余人进场务工,让科技扶贫的路越走越宽。

抚州市科技扶贫 科技引领,增长致富技能。以"依托产业培养高素质的农民,依靠高素质的农民推动产业发展"为工作思路,认真抓好科技扶贫工作。一是开展实用技术培训,不断提高贫困群众科技素质。在科技培训方面,按照"实际、实用、实效"的原则,围绕不同时期、不同区域扶贫开发的需要认真制定年度培训计划,选好培训内容,确定培训对象。为确保培训效果,要求每期培训班必须做到"七有",即有培训计划;有培训通知;有经费预算;有课程安排;有授课教材内容;有参训人员花名册;有培训总结。以上培训资料,每年都必须整理归档。在新品种新技术引进、推广方面,坚持"因地制宜,简便易行,优质高效"的原则。每引进一个新品种或推广一项新技术,各地都是组织技术咨询服务队进村入户,在田头地角手把手传授给农民,使广大贫困群众放心、用心、关心、欢心。广昌县盱江镇新安村农民游全忠,过去是村里有名的贫困户,近两年通过培训和实践,他不但学会了白莲种植技术，还掌握了果树嫁接、育苗、三元猪繁殖技术，如今他种植白莲10亩，种果树100亩，育苗12亩，饲养良种猪26头，年收入3万元以上。据不完全统计，10年来，全市举办各类科技培训班15100期，培训农民64.1万人次，引进推广新品种126个、新技术58项，扶助1.2万人贫困群众参加农函大学习，并获得结业证书。使95%以上的贫困户中有一名以上劳力普遍掌握了1—2门实用技术。二是充分发挥乡土能人的作用，推进贫困地区经济体制和增长方式的根本转变。采取"反弹琵琶"的方式，以启用乡土能人参与扶贫项目开发为契机，积极探讨适应社会主义市场经济条件下扶贫开发新路子，并在实践中探索了四种开发模式：以能人牵头组织技术承包，即由一技之长的能人对本地贫困户的种、养项目负责技术指导，签订合同，明确双方的责权利，实行全程服务。以能人牵头举办有贫困户参与的扶贫开发项目，单独核算，自主经营，自负盈亏。以能人牵头组织贫困户搞股份开发。即把扶贫资金作为各个贫困户的股金参与能人的项目开发，扶贫资金由能人统一承贷承还，开发利润投股分红。以能人牵头建立基地、培训、推广、服务一条龙体系，使项目、资金、技术、智力开发融为一体，提高扶贫开发的综合效益。到2009年，全市在贫困乡中由乡土能人为龙头组织建立的各种方式的扶贫经济实体已发展到2800个（其中有3个已形成了集团规模），综合产值已达到2.6亿元，利税总额达到4600万元，辐射农户4.2万户，其中贫困农户2.3万户，户均增收519元。他们中有制种大王、果业大王、天麻大王、食用菌专家、养猪能手、营销大户等等。他们一个个活跃在贫困地区经济生活中，形成了自己特殊的"小气候"。实践表明，他们不仅在帮助贫困户增收脱贫方面作出了显著贡献，而且在优化贫困地区生产要素，加速贫困地区产业化进程，推动贫困地区科技进步，引导贫困群众进入市场等方面也显示出了积极的推进作用，对贫困地区的经济体制转轨、增长方式转型具有重要的开拓意义。三是实施"雨露计划"，不断拓宽贫困户劳力的就业渠道。全市自2004年开展贫困地区劳动力转移试点、2005年大规模实施"雨露计划"以来，共投入扶贫资金714.5万元，采取多种形式，开展了家政服务、电子装配、电动缝纫、电脑操作、面包制作等20多种专业技能培训，培训农村贫困户劳动力19866人，转移就业率达95%以上。在实施"雨露计划"过程中，在以下几个环节加大了工作力度：一是加大了宣传工作力度。各地通过印发宣传单、黑板报、墙报、广播、电视、报刊、节假墟日走村入户等多种形式广泛宣传有关政策和"雨露计划"的致富典型，激发广大贫困群众参与转移培训的积极性。二是加大投入力度。各地在足额落实"雨露计划"配套资金的同时，安排了一定数量的工作经费，此外一些招工企业主动出资增加学员培训补助，使参与培训学员更安心学习、用心学习。三是加大了培训管理力度。一方面坚持"优胜劣汰"原则，严格按照省里有关各级申报"雨露计划"培训基地的条件，在认真考察考核基础上，筛选和认定市、县两级培训基地。另一方面，推行办班申报制度，严格了培训对象和补助标准的审核，督促基地严格教学管理和学员管理，出台优秀学员奖励办法，并参照科技培训档案"七有"要求，规范技能培训档案的管理。四是加大了转移工作力度。采取"请进来，走出去"的方法，努力促进培训基地与劳动力就业市场的沟通和对接，充分发挥当地工业园区就业的优势，引导培训基地进行定向培训。四是建立科技扶贫示范基地，以科技项目为带动，既进行了科技推广，又起到了良好的示范推动作用。从2001年至2009年共完成了24个科技项目建设任务，覆盖贫困农户44930户184652人，贫困农户覆盖率达70%，农户人均从中增收2000元，取得了良好的经济效益和社会效益。乐安参陂村由于大力发展蚕桑产业,全村蚕桑产业占到总产值的 60% 以上,成为全村的第一大产业,人均纯收入由发展蚕桑前的 2006 年的不足 1000 元上升到 2009 年的 2950 元,为贫困村脱贫致富找到了一条新路。黎川县通过科技扶贫示范基地的辐射,目前,已在重点乡、村建立了 70 个以二级扩繁场为基础,集综合开发为一体的基地,每个二级扩繁场年产 500—600 头三元杂交商品猪,70 个二级扩繁场带动 500 多户贫困户和低收入户,参与项目实施的农户人均增收 460 多元。广昌县 2002 年投入 60 万元扶贫资金,在全县 11 个乡(镇)建立了解 3000 亩太空莲示范基地,既为全县农户提供了良种,又进行了培训,效果明显。农民种一亩莲只要投入 273 元,可创收 1500 元。全县农民人均收入 25% 来自白莲产品,莲农人均纯收入的 80% 来自白莲生产。

2010 年,广昌县安排科技扶贫资金 25 万元,科技培训专项经费 11.2 万元。全县各级共举办各类农业实用技术培训班 50 余期,培训扶贫干部和农村劳动力 2000 余人次。

2010 年,省财政厅、扶贫和移民办下达黎川县科技扶贫项目资金 35 万元,扶持无公害肉鸡养殖基地建设和食用菌保鲜加工示范与推广项目 2 个。黎川县严格按照资金使用方向和有关制度规定,加强管理、监测和监督检查,切实提高资金使用效益和项目实施质量;并认真执行公示公告制和县级财政报账制,做好资金安排、使用、管理等工作。

科技扶贫培训基地

江西省移民经济技术服务中心　1992 年 6 月 27 日,省编委下文同意成立江西省移民经济技术服务中心。1993 年 5 月 28 日,据省移民办《关于要求批建“省移民科技培训中心大楼”的报告》,鉴于省内和省外水电工程历年来引起的库区移民总人数在全省已逾百万,移民遍及省内 8 个地市的 40 多个县(市),为加强对移民工作的指导,搞好开发性移民工作及加强对移民的科技培训和经济技术服务工作,同意在南昌新建江西省移民科技培训中心楼。

建设规模:新建主体工程 10000 平方米,附属建筑面积 4000 平方米。

总投资及投资来源:工程总投资控制在 800 万元以内。资金来源向水利部移民办申请经费 200 万元;万安库区移民培训费 200 万元;省移民办自筹 400 万元。

地市级科技示范推广基地　1993 年 11 月 18 日,省老建办主任会议就关于建立科技扶贫示范基地问题展开讨论研究,原则同意秘书处提出的意见。从省留科技培训费中拨出资金 9 万元分别在宁冈、德安、畈大建立中草药、美国青蛙、椪柑科技扶贫示范基地。由秘书处负责组织实施。2003 年,根据省扶贫办开发领导小组审定同意的《关于 2003 年财政扶贫资金安排和管理意见的请示》,在 2003 年财政扶贫资金中,专项安排 1190 万元用于省级科技扶贫示范园区建设,安排的专项资金 1120 万元已全部投入到园区筹备建设中。

农函大　到 1992 年底,“七五”以来,全省老建扶贫系统举办各类实用技术培训班 41443 期,培训 425 万人次,培养农函大学员 9 万余人,85% 的特贫困户劳力掌握 1—2 门实用技术。

截至 1998 年 11 月,共举办各种类型的实用技术培训班 3431 期,参加学习的人数达 64.29 万人次,招收 4.4 万贫困户的子女,参加农函大的学习,为贫困地区培养一批基层的农技人才。到 1999

年,全省举办各种类型的实用技术培训班 7159 期,参加学习的人数达 102.5 万;招收贫困户的子女 5.1 万人参加农函大的学习。

1994 年,省农函大计划招收贫困户学员工 10000 人,各地指标均有限额。1995 年,分配给各地市科技培训经费总计 140 万元,并下达农函大贫困生学员计划招生指标分配情况,其中赣州地区、吉安地区、上饶地区、抚州地区、宜春地区、九江地区、萍乡地区招生指标总数为 9380 个。1997 年年度农函大贫困户学员计划招生 6660 名,安排补助资金 20 万元,每位学员补助 30 元。

培训班 1992 年 4 月 19—28 日,在江西农业大学培训推广中心举办 1 期依靠科技进步,发展老区经济培训班,参加对象为各有关地、市、县老建办负责培训工作的领导,计 70 人。

1993 年 11 月 30—12 月 6 日,在萍乡市举办全省老建公司经理培训班,

1996 年 3 月 20—23 日,在吉安市举办巴西旱(陆)稻试种培训班。参加对象为承担试种任务的地(市)、县老建办主任和农业局农技人员等共 50 余人。

实用技术培训 1998 年度新安江富春江水库迁赣移民实用技术培训计划,全省共培训 203 期,划拨经费共 150 万元。

表 1-2-18 1998 年度新安江富春江水库迁赣移民技术培训计划表

单位:万元

地区	地办、市、县	培训内容	培训时间	培训经费
抚州地区	地办	50 名移民脱产培训	1 年	20.0
	南城县	种养技术	8 期	4.0
	黎川县	种养技术	8 期	4.0
	资溪县	种养技术	12 期	6.0
	金溪县	种养技术	12 期	6.0
	宜黄县	种养技术	8 期	4.0
	南丰县	种养技术	6 期	3.0
	崇仁县	种养技术	6 期	3.0
	广昌县	种养技术	2 期	1.0
吉安地区	地办	种养技术	3 期	5.0
	吉安县	种养技术	6 期	3.0
	安福县	种养技术	4 期	2.0
	新干县	种养技术	4 期	4.0
	峡江县	种养技术	4 期	2.0
	永丰县	种养技术	2 期	1.0

续表

地区	地办、市、县	培训内容	培训时间	培训经费
上饶地区	地办	50 名移民脱产培训	半年	8.0
		种养技术	4 期	2.0
	德兴市	种养技术	14 期	7.0
	婺源县	种养技术	8 期	4.0
	铅山县	种养技术	8 期	4.0
	波阳县	种养技术	6 期	3.0
	弋阳县	种养技术	6 期	3.0
	横峰县	种养技术	4 期	2.0
景德镇市	地办	种养技术	4 期	2.0
	浮梁县	脱产培训移民 10 人	半年	3.0
		种养技术	6 期	3.0
鹰潭市	地办	种养技术	4 期	2.0
	贵溪市	种养技术	8 期	4.0
九江地区	地办	种养技术	8 期	5.0
	武宁县	脱产培训移民 10 人	半年	3.0
		种养技术	8 期	4.0
	永修县	脱产培训移民 5 人	半年	1.5
		种养技术	5 期	2.5
	德安县	种养技术	4 期	2.0
宜春地区	地办	种养技术	4 期	2.0
	靖安县	种养技术	5 期	2.5
		脱产移民技术 5 人	半年	1.5
	奉新县	种养技术	6 期	3.0
	宜丰县	种养技术	3 期	1.5
	铜鼓县	种养技术	3 期	1.5
	丰城市	种养技术	3 期	1.5
	樟树市	种养技术	3 期	1.5

科技推广

叶面宝、喷施宝　实行科技扶贫是实现特贫困户增收的有效手段,1991年度在老区、贫困地区推广应用"叶面宝"100万亩(200万瓶)。1992年完成推广使用"叶面宝"125万亩(250万瓶)。

1993年度,省老建办决定仍把在老区、贫困地区推广应用"叶面宝"作为科技扶贫的重要内容,列入目标管理。全省计划推广130万亩共260万瓶,其中60%按照发展资金分配,40%按照贴息贷款分配,计划下达到地(市)老建办,再由地(市)老建办下达给所属县(市)老建办。

1994年,全省老区、贫困地区推广应用"叶面宝"计划维持去年250万瓶的规模不变。

1996年,下达全省老区、贫困地区"叶面宝""喷施宝"推广应用计划246万瓶。其中"喷施宝"50万瓶,为广西博白喷施宝公司产品。

1997年,继续在全省老区、贫困地区推广使用"叶面宝""喷施宝"。推广应用计划为250万瓶(其中"喷施宝"24万瓶)。

1998年,继续在老区、贫困地区推广应用"叶面宝""喷施宝"250万瓶(其中"喷施宝"80万瓶)。

2000年,继续在全省老区、贫困地区推广应用"叶面宝"250万瓶,赣州90万瓶(其中"喷施宝"2.4万瓶),吉安46万瓶,上饶50万瓶,抚州21万瓶,宜春3万瓶,九江32万瓶,萍乡4万瓶,南昌、新余、鹰潭、景德镇各1万瓶。

牲血素　"牲血素"是广西化工研究院研制生产的新型高效仔猪补铁剂,能有效防治仔猪缺铁性贫血,促进生长,在全国以至江西不少地区早已应用。1992年,全省30个重点老区贫困县曾进行试点应用,也取得明显效果,受到群众普遍欢迎。

各地市分配数:赣州7000瓶,吉安、上饶各5000瓶,抚州2000瓶,九江3000瓶,宜春、景德镇、萍乡、鹰潭各1500瓶,合计28000瓶。

1994年8月13日,为搞好老区、贫困地区科技示范、应用工作,经研究决定向广西化工研究院购"牲血素"28000瓶,并作为省级科技示范推广项目,按赣建办(1994)28号文分发至全省老区贫困县试验应用。从省级科技培训经费中拨付7.2万元,委托江西利民叶面宝分装厂办理采购储运和分发工作,并向省赣建办计划财务处办理有关财务手续。

高美施　美国"高美施"有机质腐殖酸液肥(活性)营养素,是一种液态复合78种元素的植物营养素。它是经美D、E、I公司与国际有关科学院多年联合研究、开发,而成的高科技产品。它具有促芽、促根、促花、保果、增实、早熟等功能,还有增强作物抗旱、抗病虫的能力,不仅增产效果显著(一般能增产30%—50%),而且能改善品质,还能减少化肥施用量(氮肥可减少用量30%—50%,磷、钾可减少用量15%—30%),同时又能防止农田土壤衰退,对人、畜无毒害,不污染环境,使用安全。

1992年8月6日,美国D、E、I科技公司股东、高美施(远东)有限公司主席陈建行,捐赠给中国扶贫基金会一部分"高美施"有机腐殖酸液肥,分配给省老建系统2吨。经研究决定,在国家和省定点扶持贫困县内进行试验、示范。为尽早开展试验示范,以地、市为单位在9月20日前凭省老建办介绍信到省农科所提取"高美施"。试验经费除外商可能提供一部分外,各县可向使用农户收取每千克5元的试验经费。

巴西旱稻 在出席1992年联合国环境与发展大会期间,李鹏总理代表中国政府接受巴西政府赠送的9类31个农作物品种。回国后,李鹏总理委派时任国家计委副主任的刘江将这批品种转交中国农科院,并致信要求:"希结合中国实际情况进行试种"。在上述11个农作物品种有1种巴西选育的优良旱稻,品名为巴西陆稻IAPAR9,通过中国水稻研究所安排在江西宜黄县试种。经过3年时间和省内外200余个地点的试验,取得巴西陆稻的初步引种成功和基本栽培经验。

江西是个内陆省份,国土面积16.69万平方千米,人口4100万,其中农业人口占80%。1996年全省生产总值1500余亿元,财政收入123亿元,农民人均年纯收入1870元。经济基础比较薄弱,贫困面也比较大。为解决老区、贫困地区群众的缺粮问题,探索温饱攻坚的新路子,1996年,在10个不同气候和生产条件的老区贫困县试种巴西陆稻100亩,获得初步成功。1997年,又在38个老区县、市(包括18个国家定点贫困县)扩大试种,计划面积3800亩,实际种植4300余亩。巴西陆稻安排早稻试种面积共3794.5亩(不含宁冈、宁都县被山洪冲毁的100亩),总产836620千克,平均亩产220.48千克。亩产最高达550千克(新干县三湖镇),最低的51.45千克(会昌县麻州镇)。从栽培模式上比较,有秧移栽的产量高于直播;从试种地块上比较,新垦果园套种的产量较高,坡度大的山地产量较低。另外,有些地方根据当地气候和土壤条件,安排再生稻试验280亩,二晚试种300亩。充分利用省内老区贫困地区的高排田和荒山、荒坡、荒地多的优势,种植巴西旱稻,为缺田少粮贫困乡找到一条增粮、增收、解决温饱的有效途径,为全省实现粮食增产计划做贡献。

1997年7月23—25日,南昌市顺利举办"巴西陆稻引进试种现场观摩会",来自皖、浙、闽、豫、鄂、湘、粤、桂、琼、川、云、贵、渝、陕等14个省(区、市)和45个地(县)以及江西各地(市),国家科委、中国科学院、中国农科院、农业部技术推广总站、中国水稻研究所、江西省农科院、江西农大等单位也安排有关干部和专家到会,与会人员规模约160人,经济日报、农民日报、科技日报、中央电视台、新华社江西分社等新闻单位到会采访。会议之后,人民日报、经济日报、农民日报已先后发表专题报道中央电视台第一套节目还派员赴江西拍摄科教角度的专题片。

1998年,继续在全省老区、贫困地区进行巴西陆稻扩大试种工作。已下达早稻试种计划1万亩,用种39650千克;二晚试种计划1.63万亩,用种76100千克。经协商,早稻种子价格为每千克40元,种子货款计1586000元,二晚种子价格为每千克24元,种子货款计1826400元,两项合计种子款3412400元。

主要成效

根据国务院扶贫办通知,对2003—2009年期间全省扶贫和移民办实施的科技扶贫综合试点项目的建设情况进行总结。就实施科技扶贫项目建设的"基本情况;经济效益、社会效益、扶贫效益、生态效益等主要成效；精心组织实施、扶持优特产业重点推广和示范辐射、提升科技素质和推广新技术、依托企业和联合产业协会及经济合作社、技术创新和提升产业效能、严格资金管理和确保资金安全等措施；存在的问题和建议"几方面进行总结，向国务院扶贫办和有关单位报送。

总体成效 各地积极争取、参与科技扶贫项目的建设，科技扶贫产品形成品牌效应，科技扶贫项目示范效果良好，各方参与，社会反响热烈。全省农林院校、科研院所及其专家积极参与科技扶贫项目的建设；民营企业家、农村致富带头人积极参与科技扶贫项目的建设。2003—2009 年，受益农户达 14 万余户；受益人数为 62 万余人，项目辐射人数则数倍于受益人数；年均增加效益 19530 万元。扶持、发展和壮大优势产业及其特色优质品种。如赣南的脐橙、南丰蜜橘、广昌白莲、遂川金桔、泰和乌骨鸡、各地的有机大米、茶叶等。扶贫企业成为当地龙头企业、支柱产业。促进生产，增加收入。新技术、新品种得到较大的推广与发展，提升产业效能，经济效益倍增。

科技扶贫综合试点项目建设促进贫困地区经济的发展，为当地农户增产增收、贫困农户脱贫致富发挥巨大的作用，科技扶贫效益显著，大幅、稳定增加贫困农户的收入。通过科技培训，提高贫困地区劳动力的劳动素质和技能。解决贫困地区富余劳动力就地就业。一方面项目公司招收当地劳动力为产业工人；另一方面贫困农户参与项目建设，其富余劳动力则就地转移就业。

科技扶贫项目建设均采用生态农林模式，为保持生态平衡、改善土壤结构、促进自然资源的合理开发利用创造条件，有效地保护生态平衡和自然环境。如利用计算机控制施肥和喷洒农药技术，改变过去施肥、喷药大部分冲到溪水、河流中而污染环境的现状；采用"养殖—沼—果"相配套的生态农业模式，增加植被覆盖率、防风固沙、净化空气、减少污染的生态效用。

在科技扶贫的过程中，大力引进和改造优良农、林、渔、禽、畜品种，积极推广农作物高产栽培、节水灌溉、防虫治病、配方施肥等实用农业新技术，建立丰产、畜禽优化养殖、高效产业经济等示范基地，培育科普示范乡镇、科普示范村、科普示范户，开展科技培训，积极建立县、乡、村三级科技培训网络，争取贫困劳动力至少掌握一至二门农业实用技术，举办专题技术培训班，重点培育农村科技能人和脱贫致富带头人，带动贫困农户脱贫致富，依托高等院校、科研院所，组织有关专家深入实地，进行现场技术咨询和指导，向农户发放科技应用和生产技术手册，积极推广新技术、新品种的应用；积极推行和完善"企业（或基地）+农户""企业+专业合作社（或产业协会）+农户"等多种经营模式，带动和辐射农户增产增收，最大程度发挥科技扶贫效益，建立科技扶贫资金严格管理体系，确保资金安全。

至 2010 年，全省科技扶贫工作基本实现"上一个项目、推动一个产业、带动一片农户"科技扶贫的目的。

2010 年 11 月 5 日，省扶贫和移民办在九江县成功举办"融入鄱湖建设，实现生态扶贫"主题科技扶贫系列活动启动仪式。此次活动分别在环鄱阳湖经济生态区 10 个县举行，至 2010 年底，已在九江县、新干县、丰城市成功举办。以上科技扶贫活动，均聘请有关专家开展现场技术咨询和技术指导；赠送相关生产技术和科技致富资料。尤其是"融入鄱湖建设，实现生态扶贫"主题科技扶贫系列活动启动仪式，受到江西电视台、《江西日报》《老区建设》《致富快报》以及九江市和九江县等多家媒体的报道与宣传，省扶贫和移民办的科技扶贫工作在社会上产生积极的反响。

第六节　搬迁扶贫

扶贫搬迁是指对居住在缺乏基本生存条件的深山区群众,通过采取一定的扶持激励政策,鼓励其搬迁到社会经济条件较好的地方进行易地开发,改善生产生活条件,达到逐步脱贫致富。全省自2003年开始在深山区、库区和地质灾害频发区实施扶贫搬迁工程,历经3个国定扶贫开发工作重点县先行试点、21个国定重点县全面铺开,进而扩大到41个比照实施西部大开发政策县实施。到2009年,已有30多万贫困群众告别了大山、走出了库区、规避了灾害,迈上了共享改革发展成果的康庄大道。

在实施实践中,省委、省政府明确了相关政策,确定了"整体搬得出、长期稳得住、逐步富得起"的目标,制定了"政府主导、群众自愿、省市支持、县乡落实"的原则。全省统一制定了扶贫搬迁规划,以每年扶贫搬迁贫困群众5万人加以落实,并在资金上提供了有效保障。2003—2009年,按搬迁安置每人补助3500元的标准,共筹集投入资金10.5亿元。有关部门大力支持,对建设扶贫搬迁安置配套基础设施、改善搬迁群众生产生活基本条件、提高搬迁群众自我发展能力等方面予以倾斜,在生态移民、以工代赈移民以及农村危房改造等方面给予配合。各地立足实际加强调研,探索创新、强化措施,将扶贫搬迁与优化人口布局、保护生态环境、实施退耕还林、推进新农村建设、加快城镇化发展、帮助搬迁户增收等方面紧密结合,在工作中坚持阳光操作、群众参与,坚持部门支持、形成合力,坚持因地制宜、创新方式,坚持健全制度、严格管理,坚持严密组织、加强领导,创造了各具特色的工作经验。

扶贫搬迁的实施范围是全省41个比照实施西部大开发有关政策县,搬迁对象为生活在距公路3公里以上的深山区、库区和地质灾害频发区,缺乏基本生存条件且自愿搬迁的农村贫困人口,优先搬迁最贫困和地质灾害频发区的村和农户。

2003—2009年,全省共投入财政扶贫资金85230.2万元,累计搬迁31.36万人,兴建了2262个搬迁集中安置点。从实施效果来看,贫困搬迁群众的生存环境明显好转、发展条件得到全面改善、贫困地区的干群关系进一步融洽、搬迁群众对政府的满意度大大提高。(1)搬迁群众的生存环境明显改善。出门行路便利了,子女上学便利了,有病求医便利了,获得信息便利了,寻找就业门路便利了,遇到自然灾害,生命财产安全有保障了。(2)贫困群众的脱贫步伐明显加快。实施扶贫搬迁的地区,搬迁户的生活发生了巨大的变化,思想观念发生了积极变化,就业机会大大增加,增收渠道不断拓宽,收入水平明显提高。(3)贫困地区的公共服务明显进步。集中安置点的教育、文化、卫生、广播电视、社会保障等公共事业发展迅速,大多数设有读报栏、篮球场、阅览室、医疗室、社区服务中心等公共服务设施。(4)贫困地区的生态环境明显好转。通过易地搬迁,大大减少了人类活动对环境的破坏,激发了搬迁群众植树造林和保护生态环境的自觉性和积极性,加快了植被等自然资源的恢复,保护了江河源头,改善了生态环境。(5)贫困地区的城镇建设明显推进。实现了农村人口由零星分散居住向中心村、集镇和工业园区的聚集,优化了人口分布,扩大了中心村和集镇规模,活跃了农村二、三产业,加快了农村城镇化步伐。(6)贫困地区的管理成本明显降低。搬迁户搬迁前居住极为分散,扶贫成本和行政管理成本极高。实施易地搬迁后,集中安置点都在公路边,实现了社区化服务和管理,搬迁户在后续扶持、医疗、教育等方面都有了依托和保障。(7)贫困地区的抗灾能力明显提升。通过实施易地扶贫搬迁,贫困群众远离了山体滑坡、泥石流、洪涝、冰冻等自然灾害的威胁,生命财产安全得到有力保障。

2010年,全省扶贫搬迁任务为5万人,后因遭遇特大暴雨灾害又追加因灾紧急避让搬迁7060人,实际落实搬迁13425户59021人,完成全部计划的103.4%。其中:集中安置45487人,分散安置13534人,分别占落实人数的77.1%和22.9%;有土安置37925人,无土安置21096人,分别占落实人数的64.3%和35.7%。全省整体搬迁率为81%,创历史新高。全省新建集中安置点395个,道路、电、水等"三通"都完成,集中安置点配套基础设施建设有了重大突破。全年计划筹措移民建房补助资金1.76亿元,全部落实到位。

九江市扶贫搬迁

从2002年开始,九江市先后在修水、武宁2个县进行了搬迁扶贫工作试点。2003年,修水县被省委、省政府列为全省三个搬迁扶贫试点县之一,总结出一整套新经验、新办法,形成了"县抓协调,统筹推进;乡村负责,具体落实;部门协作,配套实施"的搬迁扶贫工作机制和坚持"二个为主"的搬迁原则;对搬迁群众实行"三走一平",即户口迁走、财产搬走,耕地调走,旧房拆平。修水县把扶贫搬迁作为"一号工程"来抓,成立以县委书记为组长、县长为第一副组长的工作领导小组,每年从县财政支出100万元作扶贫搬迁配套资金,还将各部门的支农资金统一调度,重点向搬迁扶贫倾斜。2004年5月13日,国务院扶贫办副主任高鸿宾率"全国新阶段移民扶贫搬迁培训班"200余人到修水县参观,一致认为九江的搬迁扶贫工作走在全国前列。省委、省政府领导吴新雄、傅克诚、陈达恒、舒晓琴、孙用和等先后到修水县考察,对这里的搬迁扶贫安置工作给予充分肯定。2008年,九江搬迁扶贫工作扩大到3个西部政策延伸县,把深山区移民、生态移民、易地安置均纳入扶贫搬迁工作内容。同时各县扶贫搬迁工作紧密结合新阶段新农村建设工作,把搬迁安置小区打造成新农村的示范。

2009年,九江搬迁扶贫工作进一步扩大到修水、都昌、德安、武宁四县实施。具体实施过程中,主要坚持"三个不变""三个把关":坚持以自然村为单位整体搬迁政策不变;坚持以有土集中安置为主的安置方式不变;坚持人均0.5亩水田的"村民待遇"不变;坚持把好搬迁对象的资格审核关,将搬迁资格条件公布于社会,接受群众监督;坚持把好安置点的选择关,做到了"三个不批":村组干部和群众积极性不高的不批,条件还不具备或不成熟的不批,提过高要求的不批;坚持把好资金管理使用关,严格按照搬迁扶贫资金管理办法,根据搬迁户建房进度,搬迁建房补助资金全部实行"一卡通"发放,确保资金按时到户。同时,每月对各县搬迁进展情况进行一次督查;出台扶贫搬迁工作绩效考核办法,对全市有扶贫搬迁工作的县(市)进行考核。2009年底,36个安置点已全部实现三通,5430人都搬入了新居。修水县和都昌县被评为2009年全省搬迁扶贫先进单位。全市实施搬迁扶贫工作以来,到2009年底,共安置搬迁农户达8749户45907人,共投入扶贫搬迁资金1.72亿元。

2010年,全市全面落实了6490人扶贫搬迁任务,实际搬迁7348人,占计划人数的113.2%,春节前扶贫搬迁对象已全部搬入新居过新年。

2010年,省政府下达扶贫搬迁指标3300人。为使扶贫搬迁工作落到实处。市扶贫办组织人员,深入村组耐心细致地做好前期宣传发动、用地协调、项目建设规划等工作,在此基础上,制订《修水县2010年扶贫搬迁安排计划表》,切实解决山区搬迁群众"从哪里来"和"到哪里去"的问题,为工作有序开展提供了保证。

都昌县 2008—2010年,都昌县享受西部延伸县政策,对库区、深山区和地区灾害频发区的村民实施搬迁,围绕"整体搬得出,长期稳得住,逐步能致富"的目标,共投入财政扶贫资金637.65万元,其中县级配套16.79万元,补助到户资金按每人3500元,共587.65万元,基础设施资金50万元。都昌县坚持以搬迁户为主体,自主决策,政府指导的原则,一是实行阳光操作,三榜公布扶贫搬迁对象,充分保障搬迁群众的知情权、参与权和决策权;二是实行搬迁安置规划与新农村建设相结合,完善基础设施,优化公共环境;三是资金发放严格执行"一卡通",确保每笔资金都能直接发放到搬迁户手中。共建设扶贫搬迁集中安置点10个,搬迁人口1679人,分别是土塘镇外楼村、土桥村、潘垅村、小港村,大沙镇南垅村,和合乡水产村,狮山乡斗山村,中馆镇南塘村,大港武山林场,汪墩乡杨坞村,整体搬迁率达100%,集中安置率达100%。10个集中安置点全部实现了通路、通水、通电、通电话、通有线电视。搬迁后的生存问题是实施扶贫搬迁成功的关键,都昌县结合扶贫搬迁安置实际,帮助搬迁户发展产业:大港武山安置小区种植九江水梨150亩,户均3亩;土塘镇外楼村将镇政府的500亩黄栀子基地承包下来,当年就见效益;中馆镇南塘村种植杜冲80亩,油茶100亩;和合乡水产村发展网箱养殖达200余箱。同时免费为搬迁户子女进行职业技术培训,共培训学员18名;针对一些年龄偏大或在县工业园就业的搬迁对象进行实用技术培训,参加培训的搬迁群众达40余人,有效解决他们搬迁后的生存问题。

德安县 德安县扶贫办深入各乡镇进行详细调查,掌握第一手资料,使扶贫搬迁工作立足于早。加大宣传扶贫搬迁政策,政府认真讨论研究并出台会议纪要,明确扶贫搬迁工作目标,指导原则及相关部门职责任务,将扶贫搬迁集中安置点选择在自然条件相对较好、交通便利的地方。按照搬得出、稳得住、能致富的工作目标,集中安置点建设均由九江规划设计院的工程师现场勘测,并征求群众意见后进行规划,确保安置点建设在一个较高的起点上。将每人3500元的扶贫搬迁补助资金划为两块,一块是每人3000元,通过一卡通随搬迁农户建房进度分批下拨,一块是每人500元,由政府直接统筹用于新村的基础设施建设,有力地调动群众建设积极性,所有资金全部专户运行,确保资金安全。2008—2010年,上级下达全县的深山扶贫搬迁任务747人,实际完成747人(其中生态移民36人),投入财政扶贫资金261.45万元。

景德镇市扶贫搬迁

乐平市 乐平市根据省扶贫搬迁规划,结合《江西省移民扶贫搬迁规划(2008—2012年)》中的2009年度计划,在大量的调查摸底基础上,确定镇桥镇吊钟村委会鸽子山村246人为全市2009年度扶贫搬迁工作任务,扶贫搬迁工程在 5 月初正式启动。

2010 年,乐平市共有 198 名扶贫搬迁任务,其中深山搬迁 25 户 100 人,生态移民搬迁 33 户 98 人。仅洪岩镇峁山村委会就扶贫搬迁 83 人,扶贫搬迁工程在 2010 年 4 月初正式启动。在各级领导的支持与相关部门的配合下,两年度搬迁对象在新的集中安置点生产生活状况重新步入正轨,基本实行"搬得出、稳得住、能致富"的目标。

浮梁县 2010 年,浮梁县投资 11.16 万元,为蛟潭镇礼芳村高山组 13 户 30 人实施扶贫搬迁。蛟潭镇礼芳村高山组距礼芳村委会 7.5 千米,通过多方协调,于 2010 年将该村 13 户 30 人从山上迁到山下,解决了山上不通公路、不通电、信息不通的困难。全县共投入各类扶贫搬迁资金 600 万元,维修和新建乡村道路 69 千米,自来水等饮水工程 21 处,改造路灯 8 处;新建有机茶园 300 亩等,集中安置区基础设施明显改善。

萍乡市扶贫搬迁

2004—2009 年,莲花县坚持"政府引导、群众自愿"的原则,实施 9358 人深山区扶贫搬迁工程,其中:集中安置 872 户 3583 人,分散安置 1301 户 5775 人。投入财政扶贫资金 3336 万元,占同期财政扶贫资金总量的 30.3%。全县 27 个集中安置点,县、乡累计投入扶贫搬迁基础设施资金 800 多万元,建造安置住房 874 栋,修建泥沙公路 87 千米、人畜饮水设施 25 处,架设输电线路 67 千米。特别是投资 200 多万元建设了扶贫搬迁安置样板工程——琴亭镇御景湾集中安置点,安置了搬迁户 203 户 856 人。为实现搬迁户"整体搬得出,长期稳得住,逐步富得起"的目标,制订优惠政策,通过减免税费,简化办证手续等措施,鼓励搬迁户兴办种养和从事第三产业来发展生产,提高经济收入,加大对搬迁劳动力的培训力度,免费为深山搬迁户职业技能培训,并积极推荐到附近企业就业。据调查统计,全县搬迁户劳动力已就业 3500 多人,有土安置户年均增收 3000 元以上,无土安置户平均增收 5000 元以上。通过深山区扶贫搬迁,从根本上解决了深山边远地区搬迁群众的就医、就学、婚娶难等问题。

2010 年,莲花县紧紧围绕"整体搬得出,长期稳得住,逐步富得起"的工作目标,狠抓扶贫搬迁安置任务的落实,并始终按照"政府引导,群众自愿"的原则,坚持"阳光操作",从扶贫搬迁范围的界定、搬迁对象的核定到安置地和安置方式的选择,从建房补助资金的发放到公共设施建设的投入等,都做到公开、公正、透明,真正做到以搬迁户为本。全年有 116 户 500 人实施扶贫搬迁,通过分散安置,100% 地完成了建房、搬迁、入住的工作任务。

莲花县在扶贫搬迁工作中,紧紧围绕"移得出、稳得住、富得起"这一工作目标,主要采取了以下措施:(一)科学规划。集中安置点建设做到因地制宜、科学规划、分步实施,安置点的基础设施建设和搬迁户住房建设符合群众的承受能力,也符合新农村建设的要求。(二)严格标准。将贫困户优先纳入搬迁对象,进行公示、接受监督,同时制定了贫困群众差别化扶持的政策,确保扶贫搬迁真正惠及贫困人口。(三)注重后扶。一是实行有土安置。群众搬迁后,原居住地房产及经济林、责任田、自留山经营权保留,继续实施退耕还林补助政策。对搬迁后需要土地的搬迁户,分配一定的田地供其耕种;二是实行有业安置。通过放开户籍管理,鼓励有条件的群众搬到城镇,重点扶持搬迁群众经商、办企业或发展农业产业化致富项目,并按有关政策实行优先信贷和税费减免。三是加强技术培训。结合"雨露计划"的实施,对搬迁户中的青壮年劳动力进行技能培训。

新余市扶贫搬迁

2000 年,省移民办批复新余市江口库区应迁未迁移民搬迁实施方案,共搬迁 246 人。安排全市搬迁经费 100 万元,其中分宜县 80 万元,仙女湖区 20 万元。建房补助安排 49.2 万元,基础设施安排 50.8 万元。其中:宅基地平整 31 万元、输电线路 1.2 万元、乡村公路 10 万元,宅基地征用 3 万元、引水渠 3.4 万元、桥梁 1.8 万元、水井 0.4 万元。

2010 年,为确保少数民族搬迁扶贫工作顺利进行,全市通过成立机构、明确职责;制订方案、明确目标;积极落实配套资金;确定搬迁对象及搬迁安置点的方法,使樟坪畲族乡少数民族 290 人扶贫搬迁任务顺利完成,全部搬入宽敞明亮富有畲乡特色的新居。

赣州市扶贫搬迁

2004—2009 年,全市在 8 个国家扶贫开发工作重点县和瑞金、石城 2 个比照西部政策县范围内的库区、深山区、严重水土流失区、地质灾害频发区,实施有规划、有计划、有组织、分阶段稳妥有序的扶贫搬迁。在居住离公路 5 千米以外的深山区、库区和地质灾害频发区的群众有 171112 人中,6 年累计完成深山区、库区、地质灾害区群众扶贫搬迁 99874 人,占需要搬迁总人数的 58%,涉及到扶贫搬迁的村、组(自然村)有 2706 个,其中已完成整体搬迁的有 1091 个,整体搬迁率为 40.3%。全市投入扶贫搬迁资金 37772.25 万元,其中:中央、省下拨资金 29825.72 元,市财政配套 4458.5 万元,各有关县(市)配套 3488.03 万元,新建搬迁集中安置点 845 个,其中集中安置 69002 人,占搬迁总人数的 69%,分散安置 30872 人。

实施扶贫搬迁以来,全市围绕"整体搬得出,长期稳得住,逐步能致富"的目标,在政府引导、群众自愿的基础上,以居住点或自然村为单位实行整体搬迁,进行异地安置。补助资金直接补助给搬迁户用于兴建住房,配套资金用于搬迁户土地、山地的划拨以及安置点基础设施建设。全市把扶贫搬迁与新农村建设紧密结合起来,创新工作机制,破解工作难题,狠抓工作落实,扶贫搬迁各项工作得到全面落实。开展安置点社区管理模式试点探索,实施建立社区管理组织加强对搬迁集中安置点的管理,以及加强对搬迁户劳动力的转移培训、产业扶持、小额信贷、技术服务等措施,加大了后续扶持力度,搬迁群众生产生活条件得到了较大改善,搬迁后群众的收入普遍增加 30% 以上,相当一部分集中安置点都成了新农村建设的亮点和示范工程,贫困地区的群众生存环境得到根本改观。

2010 年,在实施扶贫搬迁过程中,全市注重科学规划、主抓集中安置,积极引导搬迁户向小城镇、工业小区和中心村集聚,着力改善生产生活条件,着力培育和提高就业创业能力,确保搬迁户"搬得出、稳得住、逐步能致富"。一是全面完成省下达扶贫搬迁任务。全市签定扶贫搬迁协议 3899 户 17070 人,完成省下达扶贫搬迁任务的 100%。其中集中安置 3374 户 14512 人,占

85.01%,分散安置 525 户 2558 人,占 14.99%;二是精心打造省、市扶贫搬迁集中安置示范点,按照"三个结合""五个统一"的要求,即安置点建设与新农村建设、城镇规划区开发、产业结构调整相结合,统一规划设计、标高、层面、下水道、配套设施,着力打造和谐文明安置新村;三是认真组织了扶贫搬迁"十二五"规划编制工作。规划涉及全市 18 个县(市、区),计划五年内搬迁 41439 户,搬迁人口 191101 人。

兴国县 2010 年,兴国县坚持"政府引导、农民自愿,自力更生为主、国家补助为辅"的原则,以推动农村城镇化为目标,对居住地十分偏僻、生存和发展环境极其恶劣、基础条件改善成本较高的村组农民实施了扶贫搬迁 2448 名,其中:以工代赈易地搬迁落实搬迁人口 1154 人,深山区扶贫搬迁落实 1228 人(含 11 月新增补灾后移民 188 人),巩固退耕还林成果项目落实生态移民 66 人。根据整体搬迁集中安置为主的原则,兴建 24 个集中安置点,集中安置 419 户 2092 人,占搬迁任务的 85.5%;分散安置 71 户 356 人,占搬迁任务的 14.5%。同时,组织搬迁对象参加全县各项技能培训,拓宽致富门路、提高致富能力,并破解安置用地、基础设施建设、整体搬迁、后续致富 4 个难题,达到"搬得出、稳得住、逐步能致富"的目标。

于都县 2010 年,于都县完成扶贫搬迁 1425 人,全面完成省下达扶贫搬迁任务。至 2010 年底,全部已搬迁入住。建成 12 个集中安置点,并打造了宽田圩镇安置点、利村圩镇安置点等省、市扶贫搬迁集中安置精品示范点。在全县建立集中安置社区"一会五组五统一"多方位后续管理机制,使集中安置点的后续发展有机构、有机制、有人管,提高了搬迁群众自我管理、自我教育、自我服务、自我发展的能力,将集中安置点建设提高到一个新的水平。2010 年 10 月,于都县被省扶贫办评为"2010 年度全省移民扶贫搬迁工作先进县"。

宁都县 2010 年,宁都县围绕"整体搬得出,长期稳得住,逐步能致富"的目标,与新农村建设紧密结合,实施扶贫搬迁。共投入财政扶贫资金 995 万元,完成 583 户深山区扶贫搬迁安置,建设集中安置点 19 个,安置搬迁群众 510 户,其中 5 个集中安置点成了新农村建设的亮点和示范工程。

赣　县 2010 年,赣县编制并上报了《赣县"十二五"移民扶贫搬迁规划》,制定了《赣县 2010 年移民扶贫工作意见》,及时将省下达的 1048 人扶贫搬迁计划落实到吉埠、阳埠和白鹭等乡镇,确定了新建和续建白鹭乡白鹭新村、阳埠乡密石大塘面新村 8 个集中安置点,协同有关乡镇对扶贫搬迁对象进行资格审核和确定,采取集中安置和分散安置相结合的办法,指导并协助各乡镇、村、搬迁安置点从早抓实抓好安置点的"三通一平"和安置房建设等工作。

寻乌县 2010 年,省下达寻乌县扶贫搬迁任务数 1078 人,按照"搬得出、稳得住、逐步富"的目标,坚持政府引导、群众自愿、县负总责、乡(镇)实施的工作原则实施扶贫搬迁,投入资金 431.2 万元,建成 2 个安置点安置了 146 户 771 人,分散安置 67 户 307 人。至 2010 年底 213 户 1078 人全部搬迁入住。搬迁群众走出大山,彻底改变了他们的生产、生活和生存条件,县乡级政府也减少扶贫成本和行政成本,保护了迁出地生态环境,促进了安置地村镇建设,加快了深山区群众脱贫致富步伐。

安远县 2010 年,安远县扶贫搬迁项目围绕"整体搬得出,长期稳得住,逐步能致富"目标,按照"政府引导,群众自愿"原则,采取集中及分散安置相结合方式,与圩镇建设、新农村建设工作相结合,共实施扶贫搬迁 198 户 1352 人,建设 10 个集中安置点安置 183 户 1264 人,分散安置 15 户 88 人。

上犹县 2010 年,上犹县共投入资金 559.1 万元,按人均 3200 元的补助标准直补到搬迁户账户,扶持 14 个乡镇 1400 人从深山区、库区等偏远山区搬迁出来,新建集中安置点 12 个,集中安置农户 194 户 832 人,分散安置 132 户 568 人,大大改善了居住环境,至年底所有搬迁户均迁入新居。扶贫搬迁群众的生产生活条件逐步改善,综合发展能力显著提高,增收渠道不断拓宽,脱贫步伐明显加快,迁出区生态环境也得到了有效保护和恢复,基本实现了消除贫困和改善生态的双重目标。

瑞金县 2010 年,瑞金市围绕"整体搬得出,长期稳得住,逐步能致富"的目标,与圩镇建设、新农村建设、能人帮扶、社会帮扶相结合实施扶贫搬迁。共投入财政扶贫资金 747 万元,其中,本级财政筹措配套资金 90 万元,落实深山区搬迁对象 370 户 1800 人,其中集中安置搬迁对象 238 户 1172 人,分散安置搬迁对象 132 户 628 人,落实生态移民对象 100 人。建房补助资金全部拨入搬迁户"一卡通"中。10 个集中安置点全部实现通电、通水、通路。

石城县 2010 年,上级下达石城县深山扶贫搬迁指标 900 个,实际完成搬迁 302 户计 1201 人。共投入搬迁扶贫资金 390.5 万元,其中:中央财政资金 360.3 万元,县政府配套 30.2 万元,搬迁安置对象人均享受搬迁经费 0.35 万元。全县共建设集中安置点 17 个,累计新建房屋 235 幢,建筑面积 8480 平米。

南康市 2010 年,是南康市实施扶贫搬迁第一年,共完成 1220 人的扶贫搬迁任务,扶贫搬迁工程投入财政扶贫资金 427 万元。其中:在农村或圩镇集中建房安置 180 户 859 人,到县(市)城分散购房 85 户 361 人。由于 4 个扶贫搬迁集中安置点都采取与新农村建设和文明圩镇建设紧密结合,工作基础较好,2010 年底至春节前,100% 的搬迁户全部搬进新居。

会昌县 2010 年,会昌县围绕"整体搬得出,长期稳得住,逐步富得起"目标,根据深山区地质灾区群众的不同经济状况以及搬迁意愿,结合推进城镇化建设新农村建设的要求,按照"政府引导,群众自愿"的原则,采取集中、分散安置相结合方式,共实施扶贫搬迁 344 户 1544 人,其中:集中安置 280 户 1259 人,分散安置 64 户 285 人。

宜春市扶贫搬迁

全市 2008—2009 年省下达全市扶贫搬迁计划 5793 人(铜鼓县 2406 人,万载县 3387 人),已落实 5808 人,占计划任务 100.2%。建立 24 个集中安置点安置 132 户 5139 人,占搬迁计划安置人数 88.7%;分散安置 232 户 669 人,占搬迁计划安置人数 11.5%。扶贫搬迁资金 2106.85 万元(中央资金 1448.25 万元,省资金 368.65 万元,市配套资金 231.7 万元,县配套资金 58.25 万元),到 2009 年底资金全部到位,搬迁户全部住上了整洁、干净的新房。

2010 年,全市共投入扶贫搬迁专项资金 1217.75 万元,其中:中央和省级财政扶贫资金 1052.9 万元,市县两级财政配套资金 164.85 万元,此外,还整合其他资金 277 万元,安置点自筹资金 3740 万元用于安置点基础设施建设。全市搬迁安置搬迁群众 877 户 3243 人,整体搬迁率达 80% 以上,圆满完成扶贫搬迁计划目标。

2010年,万载县落实扶贫搬迁省、市补助资金707.88万元。按照"整体搬得出、长期稳得住、逐步能致富"的原则,采取集中与分散相结合、有土与无土相结合的安置方式,共搬迁安置2082人,帮助他们改变了原来恶劣的生产、生活环境,迁入到水、电、路等基础设施配套,上学、就医方便的集中安置点居住生活。

吉安市扶贫搬迁

按照省委、省政府的统一部署,全市搬迁扶贫工作从2003年遂川、万安两县试点开始,2004年扩大到5个国家扶贫开发工作重点县(市),2008年开始扩大到全部11个西部政策延伸县,对居住在深山区、库区、地质灾害频发区的生存条件恶劣的贫困群众实施扶贫搬迁。各级党委、政府高度重视扶贫搬迁工作,认真落实扶贫搬迁的有关政策,坚持扶贫搬迁的工作原则,精心组织,扎实工作,将搬迁扶贫的各项工作落到实处。在安置工作中,做到高标准规划、高起点建设,637个集中安置点全部按照"通电、通水、通路、通有线电视、通电话、建沼气、环境绿化"的要求建设。全市坚持整体搬迁与加强后续服务管理相结合,确保扶贫搬迁户稳定增收致富。在做好搬迁安置的同时,尤其注重对搬迁户的后续服务与管理,集中安置点均成立了社区或村委会进行管理和服务,并对搬迁户在发展生产上进行扶持,优先安排小额信贷,支持搬迁户发展产业;优先安排"雨露计划"培训,增加搬迁户劳动力的务工收入;对从事工商经营的搬迁户予以政策优惠,使搬迁户具有"稳得住"的生活条件,具备"逐步富得起"的生产基础。

到2009年,吉安市共投入扶贫搬迁资金22219万元,实施搬迁75465人。受益群众覆盖全市11个县(市)的147个乡(镇)。建立集中安置点637个,建安置房16656栋283万平米。为使群众"搬得出、稳得住、能致富",全市各地精心组织,周密部署,高位推动,把搬迁安置与新农村建设、城镇建设、农业产业发展、农垦企业改制、社会扶贫工作等相结合,建设了一大批基础设施条件好、社区功能完善的新型扶贫搬迁安置小区。因地制宜成立了多种形式的互助资金和产业协会,激活了搬迁群众经商、办厂、农产品加工、运输、打工及农业产业发展等的热情,增强了发展后劲。据2008年调查显示,搬迁户由搬迁前的住房面积户均83平米增加到现在的户均170平米;人均收入由1200余元增加至现在的2000余元,人均增加800余元。

2010年,省下达吉安市扶贫搬迁任务为11973人,投入财政扶贫资金4425.55万元。吉安市投入财政扶贫资金4462.55万元,搬迁13381人,超计划1408人,为任务的111.7%,其中:少数民族人口搬迁3122人,地质灾害区人口搬迁718人,其他深山区人口搬迁9541人,建房3536栋,共计555152平米。同时,整合各类资金3310万元对99个集中安置点全部按照"五通一气一绿化"(通电、通水、通路、通有线电视、通电话、建沼气、环境绿化)的标准建设。

吉安市扶贫搬迁扎实推进。一是强化组织领导。各级党政主要领导担当搬迁扶贫第一责任人,分管领导具体抓落实,层层分解工作责任,部门联动帮扶,形成了强大的工作合力。市、县都制定了工作方案和年度考核办法,并将搬迁扶贫工作纳入年终目标考评;二是科学规划建设。集中安置点建设采取统一规划、统一图纸设计、统一组织施工的办法,高标准、高起点规划集中安置点建设。同时结合新农村建设、城镇建设和工业园区建设,既提升了集中安置点的建设档次,又为新农村建设、城镇建设和工业园区建设添砖加瓦,还为移民创业、就业、就学、就医等提供便利;三是抓好后续服务和管理。在土地征用、规划、办证及人力、物力、后续扶持等方面予以优惠。集中安置点全部成立社区或村委会进行管理,并在基础设施建设、农业生产、党员干部"1 + 1"帮扶、"雨露计划"等方面予以倾斜;四是落实好配套资金。加大了财政配套力度,全市计划财政配套资金463.16万元,实际配套资金563.1万元,超计划107.32万元。其中:市级计划配套360万元,实际配套450.48万元,超计划90.48万元;县(市)计划配套103.16万元,实际配套120万元,超计划16.84万元。市县两级财政都安排搬迁工作经费。

吉州市 2010年,省、市下达吉州区扶贫搬迁计划502人,全区共审核确认搬迁对象114户502人,完成古南街道钵盂山、兴桥镇秀江村、兴桥镇江下村、樟山镇文石村地质灾害避灾搬迁21户82人;兴桥镇钓源村、樟山镇曲沙村扶贫搬迁93户420人。新建扶贫搬迁集中安置点3个,集中安置97户437人,分散安置17户65人。吉州区整合多方资源,将搬迁安置示范点建设作为一项重要工作来抓。一是制定实施方案,对安置示范点提出高起点规划,高标准实施,高质量完工的工作目标;二是指导乡镇配齐配强村级领导班子,确保安置示范点建设有效进行;三是加大督促和指导力度,狠抓工程质量和进度,确保工程顺利完工;四是整合资源,多方筹集资金,将安置示范点建设和新农村建设结合起来,加快建设步伐,提高工程标准。

青原区 2010年,青原区扶贫搬迁计划1560人和生态移民计划143人,全区共审核确认扶贫搬迁对象361户1703人,完成值夏镇马埠村、坪上村退耕还林生态搬迁28户143人;东固畲族乡深山区扶贫搬迁333户1560人。新建集中安置点6个,集中安置131户599人,分散安置202户961人。青原区政府成立了以主要领导为组长,分管领导为副组长,区扶贫和移民办、民宗局、发改委、财政局、林业局、水务局、农业局、建设局、交通局、国土资源分局、电力公司等单位主要负责人为成员的领导小组。有关乡(镇)成立相应的领导机构,主要领导亲自抓,分管领导具体抓,乡村干部配合抓,实行目标管理考核,落实责任制,落实乡村干部专人抓扶贫搬迁工作。形成"区级主管、乡(镇)组织、村级实施"的工作运行机制,真正使扶贫搬迁工作的各项措施落到实处。

吉安县 2010年,省、市下达吉安县扶贫搬迁计划任务为1080人,全县共审核确认搬迁对象265户1193人。其中:退耕还林生态搬迁计划88人,完成搬迁21户88人;以工代赈易地搬迁计划792人,完成搬迁177户792人;扶贫搬迁计划200人,完成67户313人。全县建集中安置点7个安置126户549人,分散安置139户644人。在实施工作中,坚持把搬迁扶贫与新农村建设、小城镇建设、工业园区建设相结合,其中指阳、安塘等3个乡镇把集中安置点与新农村建设相结合,着力打造亮点工程,安塘乡赤陂安置新村被列为省级扶贫搬迁安置示范点,奖励项目资金20万元。天河、敖城等把扶贫搬迁与小城镇建设相结合,在乡镇街道安置近400人,促进当地小城镇发展。

新干县 新干县共投入扶贫搬迁资金196.76万元,实施搬迁564人。建立集中安置点4个,安置建房139栋16680平米。2010年,新干县把扶贫搬迁与新农村建设、城镇建设、农业产业发展、社会扶贫工作等相结合,把集中安置点建设成基础设施条件好、社区功能完善的新型移民小区,增强发展后劲。新干县荣获2010年度全省扶贫搬迁工作先进县。

永丰县 2010年,永丰县共投入扶贫搬迁资金787.85万元,其中:中央和省级财政扶贫资金675.3万元,市、县两级配套资金112.55万元,共落实搬迁对象2251名,其中少数民族搬迁1018人,生态搬迁829人。在工作过程中,在全年深山区扶贫搬迁任务仅为1228人的情况下安排1018人专门用于少数民族扶贫搬迁,占总计划的83%。突出抓好集中安置。全县共集中安置172户779人,占深山扶贫搬迁总计划的71.7%。将扶贫搬迁与新农村建设、城镇建设、农业产业发展、社会扶贫工作等相结合,建设了13个基础设施条件好、社区功能完善的新型安置小区。因地制宜成立多种形式的互助资金和产业协会,激活搬迁群众经商、办厂、农产品加工、运输、打工及农业产业发展等的热情,增强发展后劲。突出抓好整体搬迁。全县整村搬迁率达100%。通过扶贫搬迁,有力地促进了贫困群众脱贫,扶贫开发与生态保护实现"双赢"。

峡江县 2010年,峡江县围绕"整体搬得出,长期稳得住,逐步能致富"的目标,严格把好搬迁对象条件审核关,完成搬迁安置任务851人,投入财政扶贫资金297.85万元,其中县级筹措配套资金8.51万元,按每人3500元的补助标准,由县财政直接拨入搬迁农户"一卡通"账户。同时还整合灾后重建资金、新农村建设资金、危房改造资金、通村公路改造资金等,完成集中安置点进村公路硬化、巷道硬化、"户户通"自来水、有线电视线路安装,安置点基本达到亮化、美化、绿化、净化、硬化五化要求。

吉水县 2010年,吉水县将扶贫搬迁列入民生工程项目,按照"政府引导,群众自愿"的原则,对安置点实施"四统一分",落实"三通一平",到2010年先后实施深山区搬迁120户500人,地质灾害区搬迁56户160人,先后投入资金2500多万元,建设新建、南田、梓越、冻江4个集中安置点,集中安置445人,分散安置115人;今年又落实搬迁人数500人,分别为白沙本滩、银田、螺田南田、新建、吓呕等5个深山区。当地政府连续几年为深山区搬迁集中安置点安排新农村建设点,搬迁群众生活、娱乐设施得到明显改善。

泰和县 2008—2010年,泰和县扶贫和移民办严格按照政策规定,坚持以人为本,扎实工作。在政府的引导下全县共有882户3263人,搬出深山区、库区、地质灾害区,在村委会、圩镇、公路边等就医就学,交通、用水方便的地方建集中安置点33个,共投入搬迁资金1163.9万元。

万安县 2010年,万安县扶贫搬迁计划任务1120人,到年底完成搬迁316户1120人。其中已入住新房的262户918人,占计划总人数的82%;已建房(购房)未住的54户202人,占18%。建成涧田乡上陈村桥头、涧田乡小溪村半坑等集中安置点13个。

安福县 2010年,安福县争取扶贫搬迁资金324.45万元,建设集中安置点4个,采取集中和分散安置的办法,完成扶贫搬迁195户929人,其中集中安置60户272人,分散安置135户657人。

永新县 2010年,永新县共投入扶贫搬迁资金189万元,共完成深山区、库区和地质灾害频发区贫困群众扶贫搬迁559人,受益群众覆盖全县8个乡镇16个村组,建立集中安置点3个,安置建房112栋26880平米。按照高起点规划、高标准建设的要求,整合交通、民政、林业等13个部门资金100多万元,打造高桥楼镇白堡安置新村综合示范点。

至2010年底,6年来永新县共有35个自然村组实施整体搬迁,搬迁对象690户3006人,其中:

深山区搬迁 288 户 1259 人,就近避灾 343 户 1485 人,超额完成扶贫搬迁任务。大力开展"搬迁后续管理年"活动,共投入财政扶贫资金 187.2 万元,大力推进集中安置点配套设施建设,为搬迁群众营造了良好的居住环境。据 2009 年调查显示,搬迁群众扶贫搬迁前的住房面积由原来的户均 150 平米增加到现在的户均 240 平米;人均收入由 2860 元增加到 4280 元,人均增收 1420 元。

上饶市扶贫搬迁

2010 年,上饶市将生态搬迁、以工代赈易地搬迁纳入扶贫搬迁计划,安排专项资金支持安置点基础设施建设。落实扶贫搬迁对象 1365 户共 5970 人,截至当年底,扶贫搬迁对象全部动工建房,其中 93.5% 的搬迁对象入住新房。各地将搬迁后期扶持工作作为搬迁扶贫重点工作推进。鄱阳县积极利用县委、县政府税收政策,根据当地资源和劳动力丰富的特点,支持田畈镇牌楼安置新村做大做强村级支柱产业,该村已有 5 家竹木加工厂,3 家红砖厂,1 个环保厂,1 个特种精密铸造有限公司,1 个正在建设中的纯净水厂,还有养殖场,泡桐、中药材和无公害粮油基地等。这些企业的举办,对搬迁户的就业、投资、兴业发挥了巨大作用,稳定了搬迁群众增收致富的途径。

信州区 2010 年,信州区围绕"整体搬得出,长期稳得住,逐步能致富"目标,实施扶贫搬迁与新农村建设紧密结合,按每人 3500 元的标准直补给搬迁户兴建住房。全区居住在离公路 5 千米以外的深山区、库区和地质灾害频发区的群众有 505 人,到 2010 年底,已有 225 人实施了搬迁,其中 2010 年搬迁 75 人,占搬迁总人数的 14.9%。通过对搬迁户劳动力的转移培训、技术服务等措施,加大了后续扶持力度,搬迁群众生产生活条件得到了较大改善,搬迁后群众的收入普遍增加 30% 以上。

上饶县 2010 年,上饶县搬迁扶贫资金 701.1 万元,任务 1906 人,任务落实到黄沙岭、望仙、上泸、煌固、五府山、田墩、花厅和石人 9 个乡(镇)、12 个村委会、13 个自然村 444 户,建 11 个集中安置点安置 1639 人、分散安置 267 人,有土安置 1906 人。

横峰县 2010 年,横峰县实施扶贫搬迁 768 人。全县大部分深山区、库区、地质灾害点重点搬迁对象已经落实搬迁。

弋阳县 2010 年,弋阳县扶贫搬迁计划 592 人和生态移民 208 人,共计 800 人。到年底,搬迁对象自己建房的有 184 户 765 人,占 96%;购房安置的有 9 户 35 人,占计划数 4%。曹溪镇西山林场宋家新村被列为省级示范点。

德兴市 2010 年,德兴市围绕"整体搬得出,长期稳得住,逐步能致富"的目标,与新农村建设紧密结合,实施扶贫搬迁。在李宅乡李宅村和张村乡张村村分别实施搬迁工程,共 227 人搬迁,均属于有土集中安置。

万年县 2010 年,万年县按照"整体搬得出、长期稳得住、逐步能致富"的总体要求,全年共投入资金 278.6 万元完成 796 个扶贫搬迁,其中:生态搬迁 72 人;新建安置小区 4 个。万年县所采取"统一规划、统一设计、统一户型、统一基础设施"的施工建房举措得到了省办、市办的高度评价,连续两年被评为全省扶贫搬迁工作先进县。

余干县　2010年,余干县始终坚持"政府引导、农户自愿,适当扶持"的方针,采取扶贫搬迁与新农村建设相结合,积极稳步推进搬迁扶贫工作。共投入资金367.85万元,完成深山区、库区群众搬迁191户907人,其中:集中安置127户570人,分散安置64户337人,建立集中安置点3个,全部实现通电、通路、通水。

鄱阳县　2010年,上级下达鄱阳县扶贫搬迁指标1002人,落实到2个乡镇2个村委会3个自然村221户,建设集中安置点2个。投入财政扶贫专项补助资金420.9万元,其中:中央财政扶贫资金367.5万元,省财政专项资金26.7万元,市级配套资金21.36万元,县级配套资金5.34万元。用于搬迁户建房补助资金300.6万元,公用建设补助资金120.3万元。搬迁户建房已全部完工,2个集中安置点的水、电、路工程已完成,搬迁入住全部完成。资金已发放412.8万元,占补助资金的98.07%,其中:发放到户资金292.5万元,占到户资金的97.30%,发放公用建设资金120.3万元,占公用建设资金的100%。较好地完成了上级下达的扶贫搬迁任务。

抚州市扶贫搬迁

针对全市部分重点村组地处偏远深山区、山高水冷,生存环境恶劣的实际,为使这部分贫困群众尽快脱贫致富,2003年始,抚州市在乐安县招携、金竹乡先后进行了搬迁扶贫试点;2004年在全市广昌、乐安两县全面推开搬迁扶贫工作;2008年又推广至比照西部政策县宜黄、资溪、黎川、南丰等四县。按照"整体搬得出,长期稳得住,逐步能致富"的总体思路,2004—2009年,全市共下拨扶贫搬迁资金1.04亿元,已成功地搬迁安置了131个自然村6850户29618人,其中:集中安置3536户14145人,分散安置3314户15473人。兴建121个集中安置点,新建公路113.46千米、饮水点117个,架设输电线路110.1千米等,水、电、路、通讯等基础设施完善,安置点村容村貌焕然一新。谷岗乡板岭村谷坑集中安置点是2005年兴建的有土集中安置点,该点48户243名搬迁群众,分别从海拔370多米高的深山区整体搬迁下来的。该村已列为县新农村建设试点村,经过努力,谷坑村搬迁群众人居环境得到了根本性的改善。

2008年12月,省扶贫搬迁现场经验交流会在抚州召开;2009年12月,宜黄、资溪、南丰三县被省扶贫办评为全省扶贫搬迁工作先进县。2010年,为使扶贫搬迁优惠政策惠及更多贫困群众,抚州市共争取扶贫搬迁指标12125人,争取资金3989.55万元。至12月底,搬迁对象全部落实,实际安置12197人,建设集中安置点58个安置9308人,分散安置2889人。

广昌县　2010年,广昌县始终围绕"整体搬得出,长期稳得住,逐步能致富"的目标,实施扶贫搬迁,共投入中央财政扶贫资金147.75万元,其中省、市、县筹措配套资金105.27万元,按每人3000元的补助资金,直接补助给搬迁户用于兴建住房,配套资金用于集中安置点基础设施的建设,共完成整体搬迁591人的任务,涉及到搬迁的村、组(自然村)有6个,新建集中安置点4个,集中安置216人,占搬迁总人数的36.5%。同时还加强对搬迁户劳动力的转移培训、产业扶持、小额信贷、技术服务等措施,加大后续扶持力度,搬迁群众生产生活条件得到改善。

黎川县　2010年,黎川县搬迁任务是1528人,资金534.8万元;"6·18"洪灾后,省扶贫和移民办又追加 1780 人的搬迁指标,资金 623 万元,具体分配情况为:每人 0.1 万元作为基础设施建设资金,每人 0.25 万元作为建房补助通过农户一卡通直拨。县委、县政府十分重视因灾避险搬迁扶贫工作,将该工作作为重点民生工程来抓,抽调全县所有精干力量设立了工程指挥部驻点办公。扶贫搬迁工程进展顺利,并于 2011 年 1 月 9 日在德胜东山安置新村举行了黎川县灾后倒房恢复重建全面竣工暨全省受灾群众喜迁新居仪式。至 2010 年 12 月底,黎川全面完成了搬迁安置 3308 人的民生工程任务,整体搬迁率 100%。

第三章　多渠道扶贫

　　江西扶贫紧紧围绕全省扶贫开发整体部署,不断用新思路、新理念发掘和整合各类社会资源,开展多渠道扶贫,完善基础设施建设、发展教育文化事业、改善公共卫生,开展公益事业扶贫,改善了贫困地区发展环境,提升了贫困人口发展能力。同时,定点扶贫不断深化,党员干部结对帮扶积极推进,企事业参与扶贫不断拓展,对外合作与交流不断开展,形成了形式多样、内容广泛、重点突出的工作格局,有力地推进全省扶贫开发进程。

第一节　基础设施扶贫

　　1991—2010 年,江西投入大量资金进行贫困地区基础设施建设,生产生活条件得到一定改善。

　　1991 年,全省利用各项扶持资金共治理水土流失面积 0.16 万亩;修建农用机、电排灌站 113 座,计 4417 千瓦;扶持推广新式农机器(耕整机)50 台,帮助乡村 8961 户 35645 人解决了饮水困难;修建农村小水电站 10 座,装机容量 870 千瓦;架设农村输电线路 69 条,总长 452 千米;修建农村公路 24 条,总长 157 千米;桥梁 62 座,总长 1077 米;修建乡村中学 43 所、小学 71 所,校舍面积 35463 平方米;修建卫生院 18 所,建筑面积 14068 平方米;兴建乡村集贸市场 8 个。

　　1992 年,扶持建设饮水、改水工程项目 34 个;修建排灌站 105 座,装机容量 2194 千瓦;修建小水库和其他水利设施 164 处(其中:小水库 7 座,蓄水量 347 万立方米);扶持修建农村小水电站 8 个,装机容量 623 千瓦;架设农村输电线路 78 条,总长 174 千米;扶持修建农村公路 31 条,总长 212 千米;修建桥梁 30 座,总长 2103 米;扶持修建乡村中学 34 所,小学 51 所,校舍面积 37428 平方米;修建乡卫生院 26 所,建筑面积 16018 平方米;兴建文化站 3 个。

　　1993 年,扶持建设饮水、改水工程项目 37 个;修建排灌站 32 座,装机容量 673 千瓦;修建小水库和其他水利设施 246 处(其中:小水库 5 座,蓄水量 247 万立方米);扶持修建农村水电站 6 座,装机容量 623 千瓦;架设农村输电线路 19 条,总长 54.2 千米;扶持修建农村公路 10 条,总长 57.5 千米;桥梁 10 座,总长 820 米;扶持修建乡村中学 24 所,小学 35 所,校舍面积 11344 平方米;修建卫生院所 14 所,面积 3881 平方米;兴建文化站 2 个。

　　1994 年,农田建设饮水、改水工程 22 个;修建排灌站 27 座,装机容量 418 千瓦;修建小水库和其他水利设施 101 处(其中:小水库 9 座,蓄水量 321 万立方米)。扶持修建农村小水电站 5 座,装机容量 678 千瓦;架设农村输电线路 39 条,总长 168 千米。扶持修建农村公路 29 条,总长 139 千米;桥梁 15 座,总长 677 米;扶持修建乡村中学 17 所、小学 29 所,校舍面积 47215 平方米;修建卫生院 21 所,面积 5690 平方米;兴建农村文化站 2 个。

1995 年,修建小水库 4 座,蓄水量 7 万立方米;修建排灌站 48 座,装机容量 2132 千瓦,其他水利 584 处;农田基本建设 172 项;人畜饮水工程 18 处,解决了 784 户 15496 人的饮水问题;修建 84 条 268 千米的公路;架设 36 座 6263 米的桥梁;修建小水电站 4 座,装机容量 131 千瓦;架设 47 条 840 千米的输电线路;修建 31 所中学、51 所小学 19523 平方米和 23 所卫生院 15850 平方米;兴建文化站 13 个。

1996 年,修建小水库 2 座,蓄水量 41 立方米;排灌站 17 座,装机容量 642 千瓦;其他水利 66 处;农田基本建设 187 处;人畜饮水工程 14 处,解决 1.4 万人和 6 千牲畜饮水问题;修建 55 条 232 千米的公路;架设 19 座 528 米的桥梁。修建小水电站 2 座,装机容量 840 千瓦;架设 18 条 121 千米的输电线路;兴建 5 个文化馆,17 所中学 7992 平方米、20 所小学 8560 平方米和 9 所卫生院 4640 平方米。

1997 年,修建小水库 9 座,蓄水量 91 万立方米;排灌站 28 座,装机容量 99 千瓦,其他水利 192 处;农田基本建设 257 处;人畜饮水工程 14 处,解决 1.4 万人和 1 万牲口饮水问题;修建 139 条 93 千米的公路;架设 10 座 1220 米的桥梁;修建小水电站座,装机容量 750 千瓦;架设 27 条 50 千米的输电线路。建文化馆 3 个、中学 22 所 8852 平方米、小学 31 所 8960 平方米、卫生院 33 所 9640 平方米。

经过 5 年的"八七"扶贫规划实施,利用扶贫资金(以工代赈未统计)一共兴建了小水电站 236 座,架设 10 千伏以上输电线路 1345 千米,解决了 1067 个村的用电困难;修建乡村公路 1816 千米,架设桥梁 187 座,总长达 7340 米,帮助 57 个贫困村通了路;修建小水库 30 座、排灌站 340 座,以及水陂、水渠等小型水利设施 564 处,增加灌溉面积 545 万亩,新建基本农田 20.34 万亩,修建饮水工程 137 处,解决了 7.7 万农户的饮水困难;修建卫生院 128 所、学校 360 所。

"十五"期间共修建学校 4548 所,卫生院 162 所;2006—2009 年,修建学校 27.8 万平方米,卫生院 1461 所。2009 年,新建村民活动中心、阅览室 727 个。扶贫开发工作重点村村委会到最近小学的距离平均为 1.91 千米,到最近正规医疗点的距离为 5.64 千米,到最近集贸市场的距离为 11.41 千米。2001—2009 年期间,全省投入财政扶贫培训资金 10307 万元,累计培训人数 30.99 万人,转移就业人数 27.69 万人。

2002—2009 年,共新增灌溉面积 88.36 万亩,排灌站 49288.4 千瓦时,小水库 34298.75 万立方米,小水电站 10599 千瓦时,公路 29819 千米,桥梁 75166 米。到 2009 年,扶贫开发工作重点村中硬化了村内道路的自然村有 17078 个,占 45%,其中重点县有 11669 个,占 42%。有垃圾集中处理的自然村个数 6210 个,占 16%,其中重点县有 3738 个,占 13.6%。

表1-3-1 2002—2009年重点村扶贫资金使用效益情况(基础设施)

年度 指标	2002	2003	2004	2005	2006	2007	2008	2009
新增灌溉面积(公顷)	5460.00	7980.00	8270.00	8900.00	5300.00	4000.00	7000.00	12000.00
排灌站(座)	62	92	91	101	34	30	110	168
(千瓦)	4445.40	4380.00	16815.00	3001.00	4908.00	4072.00	5488.00	9180.00
小水库(座)	111	153	181	111	45	48	237	198
(万立方米)	1498.75	4866.00	26829.00	279.00	180.00	209.00	241.00	196.00
小水电站(座)	36	13	2	7	4	10	12	8
(千瓦)	4330.00	1089.00	550.00	785.00	550.00	1275.00	1060.00	960.00
公路(条)	1386	1256	1271	1143	1982		2614	2412
(千米)	4785.06	4732.00	3260.00	2828.00	3338.00	3894.00	4984.00	4826.00
桥梁(座)	723	721	468	324	281		487	1016
(米)	19752.00	8817.00	20722.00	5852.00	4181.00	5387.00	7320.00	8987.00

2009年,全省农村贫困人口为86.49万人,比2002年减少224万人。基础设施方面,新修乡村道路28322千米,804万人行路难的问题得到解决;新建水池2万口、新建机井1万个,解决了185万人和89万头大牲畜的饮用水困难问题;新修梯田17.70万亩。公共设施建设及服务方面,建设文化活动室111667平方米、村卫生室89908平方米、村小学520067平方米、危房改造25916间、培训农民39万人次。

2009年,全省重点村基础设施和基本生产生活条件进一步改善,主导产业加快发展,公益事业逐步完善。修建道路4826千米,新修梯田2100亩,发展集雨节灌4.27万亩,新增水地22.81万亩,解决饮水困难人口17.54万人,解决大牲畜饮水困难22.72万头,行政村基本实现通路、通电、通邮、通电话。以发展产业为主扶持贫困地区农户19万余户计80余万人次。在贫困农村兴建林果、油茶、蚕桑、烟叶、药材等种植面积39.85万亩,发展猪鸡鸭和草食畜牧养殖110.5万头(羽),扶持重点村新增造林面积2.6万亩。新建和修缮学校29584平方米,卫生所21079平方米,文化站8483平方米,建设村级活动场所6860平方米,改造危房625间。清理垃圾10万吨、污沟1.4万处、路障5千余处,村内改路4000千米、改水8千处、改厕4万个。

2010年,新修乡村道路5857千米;新增水地23.56万亩,解决安全饮水困难23.68万人,解决大牲畜饮水困难23.8万头;新修文化活动室22382平方米,修建村卫生室18236平方米,危房改造481间,新修村小学42059平方米;通过劳动力转移培训、农业实用技术和科技培训,让农户掌握了1—2种就业技能和实用技术,共培训了5.6万人次。

2010年,在"连片开发"试点工作的基础上,全省基础设施条件得到改善,试点村拓宽、硬化、新修村组公路141千米;新修、加固小型水利设施159座;新增有效灌溉面积2.7万亩。建立村级活动中心 35 个,新建和改造村级医务室 19 所、村级小学 17 所。

2010 年,贫困农村和移民安置区生产生活生态条件不断改善。各地将开展扶贫和移民工作与灾后恢复重建结合,扶持重点村和库区基础设施项目 8100 余个,修建道路 2.5 万千米、山塘水库 2350 座、桥梁 780 座、排灌站 539 座、沼气池 10191 个,解决饮水困难人口 26.82 万人,植树造林 3 万余亩。2010 年贫困地区和移民安置区公益事业发展,结合新农村建设在重点村和移民安置区实施公益事业建设项目 4682 个,共新建和修缮学校 570 个、卫生所 737 个、文化站 362 个、村级活动场所 381 个;清理垃圾 24 万吨、污沟 2.9 万处、路障 1 万余处,村内改路 9100 千米、改水 2 万处、改厕 5.6 万余个。

各设区市基础设施建设扶贫

南昌市 "十五"期间,南昌市重点村道路建设,继 2006 年实现了行政村道路全部硬化后,2009 年重点村自然村道路硬化率达 90%;重点村的生产生活用水得到改善,70% 的重点村用上了干净水;重点村小学全部实行维修、改造,无危房,大部分新建了教学大楼;培训农民 7.78 万人次。2010 年,南昌市共投入财政扶贫资金 1366.10 万元,其中省级以上财政扶贫资金 766.10 万元。70 个扶贫开发重点村共实施各类建设项目 273 个,有 46 个重点村新建了校舍,14 个重点村对学校进行了配套改造,38 个重点村建立了电化教室,70% 的重点村用上了干净水;修建硬化道路 108 千米,实现重点村行政路硬化率达 100%,自然村道路硬化率超过 90%;新建、维修水利设施 46 处,改水改厕 58 处。

2002 年,南昌县新修村道 21 千米,解决了 2.8 万人行路问题;新建电排站 3 座,整修沟渠 5530 米,确保了 8 千余亩稻田旱涝保收,年增收粮食 50 万千克,年节约排涝抗旱电费 5 万元;改建学校危房 3 处,改善近 1000 名儿童的就学条件。

2010 年,进贤县共硬化道路 17 条,村便道 2 条,共 42.4 千米,各贫困村已实现了村村通水泥路;加强了农田水利基本建设,共兴修水利设施 16 处,主要是完成排灌站设备更新和沟渠的开挖及门塘水库的护坡,受益面积 3000 余亩,粮食增产达 700 吨,增加了产量和土地利用率;帮助贫困村改善教育条件,重点是和教育部门一道新建学校及改造校舍危房,新建了 1 所面积达 600 平方米学校,校舍危房改造 3 所;改善贫困村生态环境,改变贫困村社会、文化的落后状况。首先结合新农村建设,搞好改水改厕工作,确保贫困村人民群众的饮水安全(共改水 880 户,改厕 160 户);其次建设文化活动中心及文化广场,丰富人民群众的业余文化生活(共建设文化活动中心 5 个,图书室 16 个,文化广场 2 个)。安义县 13 个重点村共实施基础设施项目 13 个,其中硬化村组公路 4 千米,渠道衬砌改造 14 千米,维修加固和新建水库各 1 座,新建机耕桥 2 座,新建电排站 1 座,新打抗旱井 6 口,维修村委会 260 平方米。湾里区新修村级公路 5.85 千米,维修水毁公路 4.5 千米,建设休闲广场 900 平方米,配备多功能健身器材 1 套,石桌石凳 2 套,修建简易桥 1 座、公厕 1 处。

九江市 2010 年,修水县修建 119 条 426 千米的村级公路,修建 10 座 373.9 米的桥梁,水利工程 17 处。新建 2 所 660 平方米的小学,新栽经济林木 8100 亩。

2010 年,都昌县完成了农村公路改造 988.37 千米,解决了 38.06 万人行路难题;完善水利设施 146 处,新增灌溉面积 34895 亩;完善学校配套设施 49 处,解决了 16820 人上学难问题;新建医疗所 54 所,建筑面积达 17280 平方米,解决了 9.72 万村民就医难问题。

2010 年,永修县共新建或改(扩)建 20 条 30.2 千米的乡村道路;新建或维修水利设施(提灌站、渠道、水库、水坝等)6 处,受益农田面积 3100 亩;新增果业种植面积 2400 亩。

2010 年,瑞昌市共修建道路 31.5 千米,修建桥梁 1 座,解决了 12560 人的行路难问题。建设人畜饮水项目 7 个,建蓄水池 2 个,打深水井 12 口,铺设自来水管道 2.3 千米,解决了 7200 人的饮水难问题。建设农田水利项目 9 个,修水渠 6700 米,修建水堰 1 座,新增有效灌溉面积 830 亩。修建学校 2 所,建筑面积 1160 平方米,解决 280 名适龄儿童入学问题。卫生事业项目共修建卫生室(所)4 个,新建面积 940 平方米,解决了 3.26 万人的就医难问题。新建村民文化活动中心 5 个,共使 4250 人受益。

2010 年,星子县新修和改造 24 千米的乡村公路;新修桥梁 3 座;新增农田灌溉面积 456 亩,新增水产养殖面积 105 亩;维修改造水利设施 28 处;解决 4100 余人的饮水困难问题,50 余农户改建了卫生厕所;新建改造学校、卫生室 450 平方米;修建村部及农民活动中心 1200 平方米。

2010 年,彭泽县完成对芙蓉墩镇白莲村的驻村包点工作,协助该村引进新农村建设资金 20 余万元。完成 12 栋旧房的改造工作,改造面积达 2280 平方米,改厕 24 个,开排水沟 1200 米,新修村内主干道及户户通水泥路 1700 米。

2010 年,九江县 3 个乡镇 5 个贫困重点村共投入扶贫开发资金 450.9 万元,其中财政扶贫资金 82 万元;群众投工投劳和自筹资金 101.9 万元;社会各界投放资金 267 万元。全年共完成农村公路改造 6.5 千米,其中水泥硬化路 3.5 千米。完善水利 1 处,新增灌溉面积 500 亩;完成 2 个自然村的"三清三改",改善 300 余村民生存环境;落实九江水梨种植面积 600 亩,柑橘种植面积 300 亩,特种水产养殖面积 1500 亩,解决部分贫困户增收问题;完成劳动力转移培训 65 人。

景德镇市 2001—2010 年,景德镇市共修建乡村公路 278 千米,大小桥梁(洞)57 座,解决了 2.6 万余人的行路难;修建饮水工程 23 处,解决了 1.7 万人的饮水困难,扶助铺设电缆线 2.2 千米、修建电视及通讯机站 19 座。新修大小水堰等水利设施 115 处,增加灌溉面积 6000 余亩。

2010 年,浮梁县共投资 111 万元用于修建边远山区乡镇、村、组公路共 120 千米,解决了 5.6 万村民的行路难问题;投资 15 万元修建小桥 6 座,方便了群众生产、生活;投资 9 万元修建水渠 3600 米,解决了 120 亩农田灌溉问题;投资 20.5 万元,修建自来水 8 处,解决 1820 人饮水困难问题;投资 3.5 万元修建村民活动室 2 处。

2010 年,昌江区财政扶贫资金为 33.73 万元(其中:中央及省级安排财政扶贫资金 28.73 万元,市级安排财政扶贫资金 5 万元),实施扶贫项目的村数 11 个,硬化村内公路 2 千米,修复公路 5 千米,改水改厕 65 户。受益人口 13500 人。

萍乡市 2010 年,莲花县扶贫工作重点村有 76 个,财政扶贫资金为 868 万元,整合新农村建设、小农水建设等其他资金 653.8 万元,共修筑道路 82 条计 62.5 千米,桥梁 11 座,修建水圳 22 条计 16687 米,建造了净化水池 4 个计 1355 立方米,铺设管道 24720 米,新建村综合楼 6 栋,续建村综合楼 9 栋,新装网络电视 685 户。

2010 年,芦溪县获得省财政下拨扶贫资金 136 万元,安排基础设施建设项目 22 个,其中:投资 525 万元修建村组公路 13 条 25 千米;投资 29 万元修建便桥 3 座;投资 26.5 万元建设安全饮水工程 5 处,解决了 2150 人的饮水困难;投资 38 万元改造水渠道 2.6 千米,新修拦河坝 5 处,解决旱涝保收农田面积 1538 亩,每年增产稻谷 20 万千克;投资 315 万元,新建村级综合楼 3 栋(3724 平方米);投资 53 万元改造中心小学 2 所,方便 260 余名小学生就读;投资 24.5 万元改厕、改灶 400 户,较大地改善 2000 余人的生活环境。

2010 年,湘东区新修水泥公路 4.5 千米,修水渠、水圳 8054 米,增加有效灌溉面积 0.30 万亩;修建饮水工程 3 处,铺饮水管道 10485 米,解决 3430 人的饮水困难;修水坝 18 处,修建小学 1 所、村文化活动中心 1 栋,面积 465 平方米。

新余市　"十五"期间,新余市 5 个重点贫困村共投入财政扶贫资金 245 万元,筹资 1360 万元,实施交通、水利、农田基础设施、人畜饮水、教育及实用技术培训等项目 63 个,扶持贫困户 1040 户。1440 人贫困人口解决了饮水难问题;新增农田灌溉面积 1700 亩,新建中型水井 8 口;修建村组公路 36 千米;建立各种种养殖业基地 30 个;其中苎麻产业基地被列为产业化扶贫基地;全县种植面积 3.5 万亩,年销售收入上亿元,帮助贫困人口 1.5 万人。2010 年,全市 10 个省定重点村财政扶贫资金 105 万元,实施项目 12 个。新修公路 1.9 千米,新修渠道 7.65 千米,维修水库 1 座,新建饮用水 1 处,维修塘坝 0.16 千米,改造低产田 1000 亩,受益农户 1066 户。

2010 年,分宜县共修建水泥公路 29.1 千米,解决了重点村群众出行难题;兴建人畜饮水项目,全面解决了 7 个重点村群众的饮水问题;新建村委办公场所 7 处,改善了贫困村的基础设施。贫困群众的生产生活条件得到较大改善。

2010 年,渝水区新修和改造乡村公路里程达 11 千米,新修桥梁 3 座;新建维修了水陂、水坝、河堤、山塘、水渠等水利设施 40 余处(座);新增农田灌溉面积 2500 亩,新建改造学校 600 余平方米,改水改厕 465 户,使贫困村基本实现了村村通水泥路,户户通自来水。

鹰潭市　2001—2009 年,在交通建设方面,全市共投入财政扶贫资金 1650 万元,扶持项目 150 个,修建 170 条 224 千米的乡村公路,架设 45 座 235 米的桥梁。在农田水利设施建设方面,共投入财政扶贫资金 659.90 万元,扶持贫困乡、村修建电灌站 18 座,兴修水库及山塘 11 座,增加有效灌溉农田面积 7 万亩;兴修饮水工程 68 处,解决了 2.5 万人的饮水困难。在科教文卫方面,共投入财政扶贫资金 127 万元,扶持兴建和改建乡村中小学 8 所,兴建乡村卫生院(所)5 所,方便了 0.4 万余名学生就近入学,解决了 0.3 万余人就近看病,有效地缓解了老区人民上学难、就医难、行路难等问题。按照"整村推进扶贫开发、构建和谐文明新村"的要求,全市结合新农村建设在重点村中的 12 个自然村开展了整治建设试点工作,以促进贫困地区和谐社会建设。在整治村容村貌方面,共投入财政扶贫资金 280 万元,通过开展"三清三改",清运垃圾 450 吨,清理污沟 7 千米,清除路障 300 处,改路 35.7 千米,改水 792 处,改厕 899 处。

赣州市　2001—2009 年,全市投入财政扶贫资金 2.50 亿元,新修和改造乡村公路里程 11230 千米,重点村到乡路面已基本硬化,1450 个重点村行路难问题基本解决,新建、新修桥梁 22680 米;

新建维修了水陂、水坝、河堤、山塘、水渠等水利设施2000余处(座);新增农田灌溉面积35.1万亩,新增基本耕地面积1.5万余亩;架设输电线路100余千米;新建改造学校20357平方米,新建改造卫生院16994平方米。"十一五"以来,结合新农村建设,扶持6581户农户安装了自来水,7654户农户改建了卫生厕所,新建公厕110处;修建村部及社区活动中心49350平方米;居民住房改造20130平方米;种植油料糖料作物273.5万亩,种植林果作物9.2万亩,发展茶叶2.3万亩,饲养畜禽1132.7万头,养鱼2668万尾。全市行政村通公路比例由2000年的92.71%提高到2009年的98.88%,通电比例由2000年的96.16%提高到99.7%,通电话比例由2000年的88.8%提高到100%,通广播电视比例由85.86%提高到100%;全市饮水困难人口由2000年的256.14万人下降到169.2万人,行政村有卫生室的比例由2000年的15.42%提高到80.5%。

2010年,寻乌县扶持修建了上津等14个村的公路路基工程30.05千米,硬化黄坑等79条公路长85.03千米;修建剑溪等村桥梁4座,长61.8米;新建东江源等村水陂5座,长595米,水圳5条,长3849米;新建项山村等河堤项目4个,长300米;黄坡等2个村兴建饮水工程2个,铺设饮水管道4900米;架设输电线路2千米;修建小田小学1所120平方米;兴建溪尾等村卫生所3栋460平方米;续建大仙背村柑橘储藏库1栋500平方米。

2010年,安远县在扶贫重点村新开果园公路29.4千米,硬化村组道路46.9千米,新建桥梁10座,进一步增强产业发展后劲,解决贫困地区群众行路难题;新建蓄水池2个;新建、维修灌溉渠道、水圳21条11020米,水陂、水坝5座164米,河堤800米,新增有效灌溉面积5290余亩。

2010年,南康市投入整村推进财政扶贫资金180万元,新建了扶贫重点村通村、通组13条计20.8千米的水泥公路;新修1条长150米的河堤;新建1条长1000米水渠;新建1条长1000米的排洪水沟;新建1座电灌站;深挖1口山塘,新增1100亩农田灌溉面积;为扶贫重点贫困农户建蓄水池45口,建水塔45处,铺设引水管道3千米。

2010年,信丰县共投入各种扶贫资金223.32万元,其中:财政扶贫资金110.10万元,县财政配套资金8万元,社会筹资105.22万元。安排各类扶贫项目16个,其中:交通建设项目8个,养殖业1个,加工类2个,村卫生所建设1个,改水项目1个,其他类项目3个。新修水泥路7条,总长12千米,新建村卫生所300平方米,铺设自来水管道1130米,蓄水池1个,改水401户。扶贫项目覆盖全县7个乡(镇)9个行政村3271户11450人。

2010年,大余县投入财政扶贫资金282.16万元,新修和改造乡村公路达18千米,修建水渠380米、河堤880米、饮水管道11.5千米,新增绿化面积220余亩。

宜春市 2001—2009年,全市共投入整村推进资金2.68亿元(其中:中央财政扶贫资金1412万元,省财政扶贫资金3836.5万元,市、县地方财政扶贫资金1320万元,部门整合资金16927万元,其他资金3348万元),主要用于重点村的开发建设,其中安排改善生产生活条件的基础设施建设资金18384.5万元。新修维修公路1684.17千米,桥梁87座,解决了128万群众行路难问题;新修人畜饮水工程123处,解决了3.82万人饮水困难,修排灌渠道2.7万余米,水圳近3万米,解决了近6万亩农田灌溉问题;新建或维修村小学教室1.8万平方米,新建村级卫生所5400平方米等,重点村基本实现了通电、通路、通广播电视,半数以上的贫困村通了自来水。2006—2007年,结合新农村建设,全市投入了财政扶贫资金 660 万元,在省定扶贫开发工作重点村选择 33 个自然村实施新农村建设试点,建成环村庄公路、村庄绿化、公共厕所、沼气池、自来水、文化中心等项目 192 个。

2010 年,袁州区修了 9 条公路计 24.7 千米,其中水泥路 14.2 千米,砂石路 10.5 千米,解决了 52 个村小组 7500 余人的行路难问题;建设 8 个水利项目,修水渠 1500 米,维修水库 3 座,改善和新增灌溉面积 1800 余亩,建饮水工程 1 处,解决了 600 余名群众的安全饮水问题;进行 2 个"三清三改"项目,改厕 40 处;建设文卫项目,完善村小学校基础设施 1 处,改善了 200 余名师生的办公学习条件。

2010 年,丰城市新修、维修、硬化公路 27 千米,解决了 8000 名余村民的行路难问题,新修或清淤排灌渠道 4500 米,水坝 1600 米,新增或改建排灌机电设备 3 套(处),解决了 7000 亩基本农田的灌溉问题;新建、维修村小学教学楼 1200 余平方米,建操场 1000 余平方米;新建人畜饮水工程 2 处,解决了 400 余名村民的安全饮水问题。修建垃圾池 21 个,维修整治下水道 2700 米;拆除占道路障 10 余处;改建新建公厕 10 余处;新建村民文化活动中心及活动场 6 处。铜鼓县新修了村级水泥路 6.4 千米,维修公路 10 千米,维修钢丝桥 40 米,新修防洪堤 200 米,新建大段镇双红村新建希望小学 1 所,总建筑面积为 872 平方米。

吉安市 2001—2009 年,全市共投入 3.49 亿元财政扶贫资金,着力完善 833 个扶贫开发重点村的基础设施。共投入财政扶贫资金 3155.03 万元;开展了"三清三改"活动,共清理垃圾 42755 吨,清理污沟 53.9 千米,清理路障 17412 处,改路 27 千米,改水 4918 处,改厕 29643 处;投入扶贫资金 2584.82 万元开展沼气扶贫,建沼气池 3.31 万座,受益农户达 3.33 万户;投入财政扶贫资金 704.27 万元,为 2.79 万户贫困群众安装"户户通"自来水。2010 年,投入财政扶贫资金 5491.55 万元,实施项目 1215 个,还开展了"三清三改"(清垃圾、清路障、清污沟,改水、改厕、改路)和安全饮水工程建设,并鼓励进行美化亮化,贫困群众的生产生活环境得到明显改善。

2010 年,吉州区 9 个扶贫开发重点村坚持与新农村建设相结合,全面实施整村推进扶贫开发规划,通过合理有效地利用财政扶贫资金,加强基础设施建设,基本实现了"走平坦路、喝干净水、上卫生厕所、用洁净能源、逐步富裕"的新生活。共投入 49 万元财政扶贫资金用于修路,修路总长 21 千米。农田水利设施得到进一步完善,新建小山塘 2 座,维修加固小山塘 7 座,保障千亩农田灌溉。

2010 年,青原区新修和改造通村(自然村)公路 33.58 千米,巷道 21620 米;维修和加固桥涵 7 座(处)86 米;除险和修建水利设施 28 座(处)小型水库,增加有效灌溉面积 7100 亩;修建村卫生室 9 所 2775 平方米,方便群众就医 15085 人。

2010 年,井冈山市新建饮水工程 9 处,解决饮水困难群众 686 户;村组硬化 38 条道路计 26.36 千米,修建桥梁 7 座;维修 21 处 9200 米的水渠,增加农田有效灌溉面积 3500 亩;新建或改造村农民活动室和卫生室 9 所。

2010 年,吉安县新修 95 条乡村公路计 102.6 千米;修建桥梁 7 座计 66 米;修建小水库 12 座,增加库容 60 万立方米;修建水利设施 126 座,增加有效灌溉面积 1500 亩;修建 5 所村卫生室计 1200 平方米,方便 6200 人就医。

2010 年,永丰县共投入财政扶贫资金 338 万元,修建 14 条乡村公路计 56 千米;架设 4 座桥梁计 150 米。扶持贫困乡、村修建电灌站 4 座，兴修水库 1 座，增加有效灌溉农田面积 500 亩。兴修饮水工程 6 处，解决了 0.2 万人的饮水难题。

2010 年，峡江县的 4 个扶贫开发重点村投入财政扶贫资金 40 万元，新修和扩建进村公路 20 千米，硬化巷道 544921 平方米，水渠硬化 263 米，新修、维修水库 2 座，维修桥涵 1 座。

2010 年，吉水县重点村共投入基础设施建设资金 460 万元，整合各类资金和村民投工投劳折款达 530 万元，重点完善了贫困村道路交通、水利等基础设施。共铺设农村水泥巷道 2.4 万平方米，通村水泥路 16.8 千米；建成沼气池 120 座；安装自来水 600 户；发放科技读物 3 万册；兴建或维修村级小学 3 所，面积达 600 余平方米；兴修水渠 1.8 万余米，改造易旱易涝耕地近 0.36 万亩。

2010 年，安福县完成修路项目 17 个，兴修公路 26 千米，投入扶贫资金 125.03 万元；新修排灌设施 1 座，投入扶贫资金 4 万元，增加有效灌溉面积 0.07 万亩；安装"户户通"自来水农户 480 余户，投入扶贫资金 13.16 万元；种养业项目 5 个，投入扶贫资金 10.47 万元；新建村级活动场所项目 6 个，投入扶贫资金 49.5 万元。

上饶市 1999 年，扶贫与村建结合，全市共在贫困村创办了 480 个示范服务基地，年创利 1080 万元，帮助贫困地区修公路 85 千米、桥梁 14 座，架设电线 1.8 万米。兴修基本农田 0.80 万亩，760 户贫困户基本解决温饱。2001—2009 年，全市累计争取到财政扶贫资金、信贷扶贫资金、社会扶贫资金（含省、地、县定点扶贫工作队及社会各界捐赠）等各类扶贫资金 9.88 亿元，在贫困地区累计投放实施了 2442 个富民、利民的扶贫开发项目，促进了上饶市广大贫困乡村社会经济的全面发展。在贫困乡村共新修改造乡村公路 3967.74 千米，新建公路桥 57 座，村通公路率达到 86.9%，解决 182 万余农民群众的行路难难题。新建水池 5220 口，饮水工程 344 处，解决 34.26 万人饮水困难，新修维修水渠 22.23 万米，维修水库 43 座，新建改造电排灌站 75 座，新增灌溉面积 24.17 万亩，初步形成了以灌溉、防洪、供水为主的水利服务体系。在 214 个重点村开展了"三清五改"工程。"三清五改"户达 19046 户，新建文化娱乐活动中心 46 处，文化活动室 9277 平方米，农家书屋 213 家，绿化村庄 13.7 万平方米，群众生活环境大为改观；改造卫生室、医疗所 2978 平方米，方便了 15 万人就医，改造村小 27320 平方米，方便了 1.8 万名学生上学，群众民生状况进一步改善。2010 年，扶持基础设施项目 1673 个，重点村和水库库区修建道路 2133.1 千米，修建山塘水库 54 座，修建桥梁 48 座，新建排灌站 23 座，修建沼气池 237 个，解决 6.55 万人饮水困难。4 个国家扶贫开发工作重点县农民人均纯收入由 2000 年末的 1803 元增加到 2009 年末的 4003.67 元，年均增加 272 元。2010 年，全市共投入重点村财政扶贫资金 6832 万元，在 467 个重点村实施 505 个规划项目，共改造硬化村道 739.55 千米，修建桥梁 4 座，兴修水库 6 座，电排灌站 2 座，增加有效灌溉面积 3000 亩；新建饮水工程 49 处，解决 6500 人饮水困难；改造教学楼 1 幢，方便 200 名学生就学；改造卫生院、医疗所 9 处，方便 0.9 万人就医。

2010 年，信州区投入财政扶贫资金 38.2 万元，新修和改造乡村公路里程 0.5 千米，重点村到乡路面已基本硬化，重点村行路难问题基本解决，结合新农村建设，户户通水泥路面 1.3 千米。信州区行政村通公路比例由 2006 年的 85% 提高到 2010 年的 100%，通电比例由 2006 年的 91% 提高到100%，通电话比例由 2006 年的 97% 提高到 100%，通广播电视比例由 87% 提高到 98%；饮水困难人口由 2006 年的 1128 人下降到 180 人。

2002—2004 年,上饶县在国家扶贫资金的扶持下,新建、改扩建公路 228.8 千米,平均宽 5 米;建自来水厂 2 个,解决 1500 余人饮水困难,新建学校 2600 平方米,解决了 1000 余人就业难问题。同时新建、筑堤坝,增加有限灌溉面积 700 余亩,大大改善了人们的生产生活。"十一五"期间,在上级扶贫政策的支持下,多方筹集资金,集中人力、物力、财力,狠抓基础设施建设。共整合扶贫、新农村建设、交通、医疗、教育等各类资金 1.9 亿元用于贫困地区基础设施建设,完成基础性项目 614 个,其中新改建公路 660 千米,80% 路面进行水泥硬化,建立公路桥 14 座,基本实现了村村通公路,解决了 27 万人行路难问题;新修水利设施 184 处,水渠 19 万余米,河堤 2 万米,新增农田有效灌溉面积达 9.6 万亩,解决了 10.28 万人的饮水困难问题;通电、通电话和收看电视节目的自然村分别占 100%、94.6% 和 95.1%;上饶县 95% 行政村都建有卫生所(室);95% 的村距离最近的小学在 2 千米以内;80% 的村距离最近的邮电所在 5 千米以内;超过 60% 的村设有候车亭。

2010 年,广丰县投入资金建设了村级水泥硬化公路 1.8 千米;建设泥石路 2.76 千米,改善了贫困村的基础设施,提升了农产品附加值,提高了农民收入;1 个环境整治项目和 1 个移民并组项目,极大地改善了群众居住环境。为了解决重点村及周边村长期受内涝、干旱造成的农田灌溉等问题,进行了农田基本建设,有农田水利项目 2 个,修复渠道 2200 千米。

2010 年,玉山县拓宽改造了路基 76 千米,硬化进村路及村内主干道 190.74 千米,改水改厕 1374 户,新建农田灌溉水渠 1.2 万余米,新增基本耕地面积 351 亩。结合新农村建设新建下水道 5.6 万余米,建设垃圾处理场 84 个,清垃圾 893 吨,绿化面积 7650 平方米,扶持 4360 户农户安装了自来水,3621 户农户改建了卫生厕所;修建村部及社区活动中心 1700 平方米。

2006 年以来,横峰县共投入中央财政扶贫资金 5380 万元,完成 40 个重点村村级主干道硬化 210 千米,建设 39 座 210 米的桥梁;进村入户道硬化 135 千米;维修水库 32 座,排灌站 25 座,塘坝、水圳等小型水库设施 118 处,新建、维修渠道 61 千米,修建 6 处 50 米的水坝,维修河堤 37 千米,中、低产田改造 4 万亩,增加灌溉面积 2 万余亩;修建饮水工程 47 处(自然村),解决 3.2 万人畜的饮水问题;改建 5 所 3500 平方米的农村村级小学,改建 7 所村级医疗点;改水、改厕 5700 余户。

2010 年,德兴市新修和改造乡村公路里程 63.16 千米,重点村到乡路面已全面硬化,并实现了村村通。新建、新修桥梁 2 座;新增农田灌溉面积 500 亩;安装路灯 420 盏;绿化面积 3200 余平方米,新建机井 22 口;结合新农村建设,扶持 760 户农户安装了自来水,620 户农户改建了卫生厕所;修建村部及社区活动中心 4 个;种植经济作物 870 亩。

2010 年,万年县新建桥梁 3 座,新建维修了水陂、水坝、水渠等水利设施 36 处(座);新增农田灌溉面积 3800 亩,改善灌溉面积 6400 亩。全年共投入资金 393.6 万元,其中:中央财政扶贫资金 221 万元,群众投劳、自筹资金 172.6 万元;为 12 个重点村实施财政扶贫项目 20 个,其中:重点项目扶贫项目中有基础设施项目 17 个,农田水利建设项目 1 个,产业扶持项目 2 个;共硬化村道 22.1 千米,修缮灌溉水渠 1000 米,引进优良种猪 130 头。

抚州市　通过实施村级扶贫规划项目,从 2006 年到 2009 年底,投入到 309 个重点村中用于基础设施建设的财政扶贫资金 1.55 亿万元,扶持各类项目 1181 个。新建和改造乡村公路 1014 条

3662.5 千米;兴建大、小桥梁 136 座 3158 米,所有贫困乡村通了公路,大部分乡村通了水泥路或油路。架设输电线路 16 条,长 100.5 千米;新建和改造乡村小水电站 8 座,装机容量 840 千瓦,所有贫困乡、村、组都用上了电。扶持农田基本建设项目 345 个,修建陂坝、塘堰 165 处,总长 36414 米;兴建排灌站 48 座,新增灌溉面积 9.8 万亩;改造低产田 6700 亩,打水井 68 口,兴建人畜饮水工程 172 处,解决了 16 个乡、163 个村、1378 个村小组 17.9 万人和数万头牲畜饮水问题,从根本上解决了因饮水导致的地方病的发生。新建和扩建了乡村卫生院 47 所,建筑面积 17418 平方米,大大改善了老区贫困地区的医疗卫生条件,方便 23.6 万人就医;新建和改(扩)建乡村中、小学校 113 所,建筑面积 6.6 万平方米,贫困地区适龄儿童就学率达到 97% 以上,基本普及了初等教育。2010 年,全市共投入 217 个重点村总资金 2457.5 万元,其中用于基础设施建设资金 2136.6 万元,占总投入的 86.9%,新增及改扩建公路 455 千米,新修或改造水陂、水坝、水渠 37 处 62000 米,新建、改造水库 6 座,打井 12 口;用于农村社会事业建设资金 139.9 万元,新(改、扩)建中小学 6 所,新(改、扩)建村级卫生所 10 所,新增教育、卫生用房面积 6497 平方米。

2010 年,金溪县扶贫开发累计投入资金 560.24 万元,其中财政扶贫资金 245.74 万元,完成扶贫开发建设项目 49 个。项目覆盖 36 个行政村,1.6 万户 7.2 万人。修建水泥路 27 千米,其中入户路 8.5 千米,新建桥梁 2 座。新建水坝 1 座,改造水渠、圩堤 4 处 7.56 千米,维修水库 2 座,新增灌溉面积 1950 亩;安装户户通自来水 120 户,解决 680 余人卫生饮水问题,改厕 60 户。

2010 年,崇仁县投入扶贫项目 13 个,其中交通项目 4 个,农田水利项目 4 个,科技推广项目 1 个,种植业项目 1 个,文卫建设项目 3 个,总投资 237.05 万元。其中航埠镇航埠村水泥路面改建 96 万元,孙坊镇月塘村水泥路面建设 13 万元,相山镇陈坊村罕浒车坊桥头水泥钢筋桥梁建设 9.5 万元,罕浒村中心水塘桥梁建设 5 万元,六家桥乡七分村疏通车上至坑下村水渠 15 万元,航埠镇下章村农田渠道改造 12 万元,航埠镇下章村打机井 12 万元,孙坊镇南门村打机井修渠道 5 万元,8 个重点村科技推广 4 万元,八个重点村果园示范基地项目建设 6.55 万元,孙坊镇南门村教学楼附属建设 8 万元,六家桥乡曹坊村文卫楼建设 26 万元,三山乡张家村文卫楼建设 25 万元。

2010 年,黎川县共新修公路 16 千米,修建桥梁 2 座;新建维修了水陂、水坝、河堤、山塘、水渠等水利设施 20 余处,解决 2100 人饮水困难;新增有效灌溉面积 1512 亩,经济林、花卉苗木面积 1500 亩。

贫困乡卫生院

1992 年,省老建办决定对一些贫困乡卫生院项目进行扶持,并要求各地市按核定的扶持资金数额相应追加预算,将其分别列入"支援不发达地区发展资金"和"卫生事业费"支出科目预算,"卫生事业费"安排部分则相应减少省卫生厅 1992 年预算指标。

表 1 - 3 - 2　1992 年扶持老区特困乡卫生院建设项目表

单位	项目名称	扶持金额（万元）		
		合计	老建发展资金	卫生事业费
全省		100.0	50.0	50.0
赣州地区		29.0	14.5	14.5
瑞金县	瑞林卫生院	6.0	3.0	3.0
安远县	濂江卫生院	7.0	3.5	3.5
上犹县	金盆卫生院	6.0	3.0	3.0
会昌县	庄口卫生院	5.0	2.5	2.5
兴国县	崇贤卫生院	5.0	2.5	2.5
吉安地区		24.0	12.0	12.0
吉安县	桐坪卫生院	6.0	3.0	3.0
安福县	洲湖卫生院	6.0	3.0	3.0
吉水县	富滩卫生院	7.0	3.5	3.5
莲花县	路口卫生院	5.0	2.5	2.5
上饶地区		18.0	9.0	9.0
上饶县	华坛山卫生院	7.0	3.5	3.5
横峰县	青板卫生院	6.0	3.0	3.0
德兴市	畈大卫生院	5.0	2.5	2.5
抚州地区		11.0	5.5	5.5
资溪县	石峡卫生院	4.0	2.0	2.0
广昌县	驿前卫生院	7.0	3.5	3.5
宜春地区		7.0	3.5	3.5
万载县	赤兴卫生院	7.0	3.5	3.5
九江市		11.0	5.5	5.5
修水县	大椿卫生院	5.0	2.5	2.5
瑞昌市	肇陈卫生院	6.0	3.0	3.0

表 1 - 3 - 3 1993 年老区特困乡卫生院建设项目计划表

卫生院名称	扶持金额(万元)		
	合计	老建发展资金	卫生事业费
全省	100.0	50.0	50.0
赣州地区	25.0	12.5	12.5
信丰县崇仙卫生院	6.0	3.0	3.0
兴国县永丰卫生院	7.0	3.5	3.5
石城县横江卫生院	6.0	3.0	3.0
于都县小溪卫生院	6.0	3.0	3.0
吉安地区	18.0	9.0	9.0
永丰县君埠卫生院	6.0	3.0	3.0
泰和县石山卫生院	6.0	3.0	3.0
永新县象形卫生院	6.0	3.0	3.0
上饶地区	15.0	7.5	7.5
铅山县英将卫生院	9.0	4.5	4.5
德兴市万村卫生院	6.0	3.0	3.0
抚州地区	15.0	7.5	7.5
宜黄县南源卫生院	7.0	3.5	3.5
黎川县东堡卫生院	4.0	2.0	2.0
广昌县尖峰卫生院	4.0	2.0	2.0
九江市	13.0	6.5	6.5
武宁县杨津卫生院	7.0	3.5	3.5
武宁县东林卫生院	6.0	3.0	3.0
宜春地区	7.0	3.5	3.5
宜春市水江卫生院	7.0	3.5	3.5
鹰潭市	7.0	3.5	3.5
贵溪县鸿塘卫生院	7.0	3.5	3.5

表 1－3－4　1994 年老区特困乡卫生院建设项目计划表

卫生院名称	扶持金额(万元)		
	合计	老建发展资金	卫生事业费
全省	122.0	62.0	60.0
赣州地区	40.0	24.0	16.0
宁都县肖田卫生院	6.0	3.0	3.0
上犹县梅水卫生院	6.0	3.0	3.0
赣县大埠卫生院	6.0	3.0	3.0
寻乌县留车卫生院	6.0	3.0	3.0
安远县东坑卫生院	6.0	3.0	3.0
兴国县隆坪卫生院	6.0	5.0	1.0
兴国县埠头卫生院	4.0	4.0	
吉安地区	16.0	8.0	8.0
万安县弹前卫生院	8.0	4.0	4.0
吉水县白沙卫生院	8.0	4.0	4.0
上饶地区	16.0	8.0	8.0
上饶县茗洋卫生院	8.0	4.0	4.0
广丰县比古卫生院	8.0	4.0	4.0
抚州地区	12.0	6.0	6.0
广昌县尖峰卫生院	3.0	1.5	1.5
黎川县东堡卫生院	3.0	1.5	1.5
乐安县万崇卫生院	6.0	3.0	3.0
九江市	12.0	8.0	4.0
九江县新圹乡卫生院	6.0	3.0	3.0
修水县靖林乡卫生院	6.0	5.0	1.0
宜春地区	8.0	4.0	4.0
宜春市飞剑潭卫生院	8.0	4.0	4.0
萍乡市	8.0	4.0	4.0
萍乡市安源镇卫生院	8.0	4.0	4.0

表 1－3－5　1995 年老区特困乡卫生院建设项目计划表

卫生院名称	扶持金额(万元)		
	合计	老建发展资金	卫生事业费
全省	87.0	43.5	43.5
赣州地区	21.0	10.5	10.5
会昌县白鹅乡卫生院	7.0	3.5	3.5
安远县长沙乡卫生院	7.0	3.5	3.5
大余县新城乡卫生院	7.0	3.5	3.5
吉安地区	16.0	8.0	8.0
吉安县云楼乡卫生院	4.0	2.0	2.0
泰和县中龙乡卫生院	4.0	2.0	2.0
永新县高市乡卫生院	4.0	2.0	2.0
宁冈县新城乡卫生院	4.0	2.0	2.0
上饶地区	21.0	10.5	10.5
上饶县石人乡卫生院	7.0	3.5	3.5
上饶县董团乡卫生院	4.0	2.0	2.0
波阳县古县渡乡卫生院	4.0	2.0	2.0
务源县晓容乡卫生院	6.0	3.0	3.0
抚州地区	10.0	5.0	5.0
金溪县陈坊积乡卫生院	5.0	2.5	2.5
黎川县坊坪乡卫生院	5.0	2.5	2.5
宜春地区	11.0	5.5	5.5
樟树市洲上乡卫生院	7.0	3.5	3.5
铜鼓县三都乡卫生院	4.0	2.0	2.0
萍乡市	8.0	4.0	4.0
萍乡市龙台乡卫生院	4.0	2.0	2.0

表1－3－6 1996年老区特困乡卫生院建设项目计划表

卫生院名称	扶持金额(万元)		
	合计	老建发展资金	卫生事业费
全省	100.0	50.0	50.0
赣州地区	31.0	15.5	15.5
兴国县东村卫生院(含隆坪卫生院2万)	7.0	3.5	3.5
宁都县赖村卫生院	5.0	2.5	2.5
于都县沙心卫生院	5.0	2.5	2.5
安远县鹤仔卫生院	4.0	2.0	2.0
石城县大由卫生院	5.0	2.5	2.5
于都县利村卫生院	5.0	2.5	2.5
吉安地区	18.0	9.0	9.0
万安县宝山乡卫生院	5.0	2.5	2.5
吉安县泯田乡卫生院	4.0	2.0	2.0
永新县龙田乡卫生院	5.0	2.5	2.5
宁冈县睦村乡卫生院	4.0	2.0	2.0
上饶地区	18.0	9.0	9.0
务源县许村镇卫生院	5.0	2.5	2.5
上饶县汪村乡卫生院	5.0	2.5	2.5
玉山县南山乡卫生院	4.0	2.0	2.0
横峰县港边乡卫生院	4.0	2.0	2.0
抚州地区	9.0	4.5	4.5
宜黄县中港乡卫生院	4.5	2.5	2.0
广昌县塘坊乡卫生院	4.5	2.0	2.5
宜春地区	10.0	5.0	5.0
靖安县罗湾库区卫生院	5.0	2.5	2.5
铜鼓县高桥乡卫生院	5.0	2.5	2.5
九江市	9.0	4.5	4.5
湖口县流芳乡卫生院	4.5	2.5	2.0
修水县上杭乡卫生院	4.5	2.0	2.5
萍乡市	5.0	2.5	2.5
芦溪区长丰乡卫生院	5.0	2.5	2.5

表1-3-7 1997年扶持贫困乡卫生院建设项目计划表

卫生院名称	扶持金额(万元)		
	合计	老建发展资金	卫生事业费
全省	100.0	50.0	50.0
赣州地区	34.0	17.0	17.0
兴国县方太乡卫生院	5.0	2.5	2.5
石城县小别乡卫生院	5.0	2.5	2.5
于都县葛坳乡卫生院	4.0	2.0	2.0
赣县石芫乡卫生院	4.0	2.0	2.0
宁都县蔡江乡卫生院	4.0	2.0	2.0
宁都县田埠乡卫生院	4.0	2.0	2.0
安远县车头乡卫生院	4.0	2.0	2.0
寻乌县文峰乡卫生院	4.0	2.0	2.0
吉安地区	13.0	6.5	6.5
泰和县南溪乡卫生院	5.0	2.5	2.5
吉水县西沙乡卫生院	4.0	2.0	2.0
吉安县长塘乡卫生院	4.0	2.0	2.0
上饶地区	21.0	10.5	10.5
波阳县游城乡卫生院	5.0	2.5	2.5
务源县浙源乡卫生院	4.0	2.0	2.0
广丰县二度关乡卫生院	4.0	2.0	2.0
横峰县司铺乡卫生院	4.0	2.0	2.0
玉山县南山乡卫生院	4.0	2.0	2.0
抚州地区	13.0	6.5	6.5
金溪县合市乡卫生院	4.5	2.0	2.5
乐安县中田镇卫生院	3.5	2.0	1.5
黎川县厚村乡卫生院	5.0	2.5	2.5
宜春地区	5.0	2.5	2.5
万载县赤兴乡卫生院	5.0	2.5	2.5
九江市	9.0	4.5	4.5
修水县庙岭乡卫生院	4.5	2.0	2.5
都昌县芦溪乡卫生院	4.5	2.5	2.0
萍乡市	5.0	2.5	2.5
萍乡市大安中心卫生院	5.0	2.5	2.5

表 1-3-8　1998 年扶持贫困乡卫生院建设项目计划表

项目名称	金额(万元)
兴国县龙口卫生院	5
会昌县站塘卫生院	5
赣县攸镇卫生院	5
吉安县永和镇锦源卫生院	4
吉安县富田卫生院	4
务源县梅林乡卫生院	4
铅山县港东乡卫生院	4
南丰县波罗乡卫生院	5
万载县白水乡卫生院	5
修水县黄龙乡卫生院	5
莲花县湖上乡中心卫生院	4
合计	50

表 1-3-9　2000 年扶持贫困乡卫生院建设项目计划表

项目名称	金额(万元)
上犹县陡水镇卫生院	8
会昌县筠门岭镇卫生院	8
于都县岭背镇卫生院	8
大余县浮江乡卫生院	7
兴国县鼎隆乡卫生院	5
永丰县上溪乡卫生院	10
安福县竹江乡卫生院	10
婺源县浙溪乡卫生院	8
上饶县姚坪乡卫生院	8
上饶县石人乡卫生院	6
黎川县西城乡卫生院	10
宜黄县东陂镇卫生院	10

续表

项目名称	金额(万元)
樟树市洲上乡卫生院	8
宜丰县黄岗乡卫生院	6
修水县西港镇卫生院	10
都昌县狮山乡卫生院	10
上栗县杨歧乡卫生院	9
芦溪县新泉乡卫生院	9
合计	150

中小学建设

1992年,省老建办根据地市上报的扶持贫困乡中小学建设项目计划研究后,决定对一些中小学给予扶持,老建发展资金按扶持金额追加预算,并列入1992年"支援不发达地区发展资金"预算科目。

表1-3-10 1992—2000年部分年份江西扶持贫困乡中小学建设项目计划表

地、市	1992年				1993年				1994年				1995年			
	中小学个数	扶持金额(万元)			中小学个数	扶持金额(万元)			中小学个数	扶持金额(万元)			中小学个数	扶持金额(万元)		
		合计	老建发展资金	省教委		合计	老建发展资金	省教委		合计	老建发展资金	省教委		合计	老建发展资金	省教委
全省	69.0	160.0	80.0	80.0	78.0	160.0	80.0	80.0	50.0	160.0	80.0	80.0	36.0	107.0	53.5	53.5
赣州地区	23.0	47.0	23.5	23.5	27.0	41.0	20.5	20.5	15.0	50.0	25.0	25.0				
吉安地区	13.0	30.0	15.0	15.0	14.0	28.0	14.0	14.0	8.0	28.0	14.0	14.0	8.0	25.0	12.5	12.5
上饶地区	10.0	19.0	9.5	9.5	9.0	20.0	10.0	10.0	10.0	30.0	15.0	15.0	9.0	30.0	15.0	15.0
抚州地区	7.0	17.0	8.5	8.5	7.0	15.0	7.5	7.5	6.0	16.0	8.0	8.0	6.0	16.0	8.0	8.0
九江市	5.0	14.0	7.0	7.0	7.0	15.0	7.5	7.5	6.0	20.0	10.0	10.0	8.0	22.0	11.0	11.0
宜春地区	5.0	16.0	8.0	8.0	5.0	15.0	7.5	7.5	3.0	8.0	4.0	4.0	3.0	8.0	4.0	4.0
景德镇市	3.0	8.0	4.0	4.0	3.0	8.0	4.0	4.0								
鹰潭市	1.0	4.0	2.0	2.0	2.0	8.0	4.0	4.0	1.0	3.0	1.5	1.5				
萍乡市	2.0	5.0	2.5	2.5	4.0	10.0	5.0	5.0	1.0	5.0	2.5	2.5	2.0	6.0	3.0	3.0

续表

地、市	1996 年				1997 年				1998 年				2000 年			
	中小学个数	扶持金额（万元）			中小学个数	扶持金额（万元）			中小学个数	扶持金额（万元）			中小学个数	扶持金额（万元）		
		合计	老建发展资金	省教委		合计	老建发展资金	省教委		合计	老建发展资金	省教委		合计	老建发展资金	省教委
全省	46.0	160.0	80.0	80.0	56.0	160.0	80.0	80.0	42.0	160.0	80.0	80.0	42.0	360.0	180.0	180.0
赣州地区	11.0	38.0	19.0	19.0	16.0	45.0	27.0	18.0	12.0	39.0	19.5	19.5	9.0	78.0	39.0	39.0
吉安地区	8.0	26.0	13.0	13.0	10.0	26.0	13.0	13.0	6.0	25.0	12.5	12.5	6.0	55.0	27.5	27.5
上饶地区	8.0	30.0	15.0	15.0	11.0	30.0	15.0	15.0	7.0	31.0	15.5	15.5	8.0	70.0	35.0	35.0
抚州地区	6.0	20.0	10.0	10.0	6.0	20.0	10.0	10.0	5.0	21.0	10.5	10.5	6.0	50.0	25.0	25.0
九江市	8.0	25.0	12.5	12.5	9.0	26.0	13.0	13.0	6.0	23.0	11.5	11.5	7.0	60.0	30.0	30.0
宜春地区	3.0	12.0	6.0	6.0	2.0	8.0	2.0	6.0	3.0	12.0	6.0	6.0	4.0	29.0	14.5	14.5
景德镇市																
鹰潭市																
萍乡市	2.0	9.0	4.5	4.5	2.0	5.0		5.0	3.0	9.0	4.5	4.5	2.0	18.0	9.0	9.0

县级妇幼保健院扶持项目

1996 年,省老建办根据省卫生厅关于利用世界银行信贷资金加强部分县妇幼保健院建设的意见研究决定,同意给下表中县妇幼保健院以发展资金进行扶持。并要求各地市按核定的扶持资金数额相应追加各地(市)1996 年预算,将其列入"支援经济不发达地区发展资金"支出科目预算。

表 1 - 3 - 11　县妇幼保健院扶持项目

单位:万元

项目名称	投入资金
寻乌县妇幼保健院	2
定南县妇幼保健院	2
南康市妇幼保健院	2

续表

项目名称	投入资金
永丰县妇幼保健院	2
宜黄县妇幼保健院	2
广丰县妇幼保健院	2
铅山县妇幼保健院	3
宁都县妇幼保健院	2
赣县妇幼保健院	2
吉水县妇幼保健院	2
遂川县妇幼保健院	2
乐安县妇幼保健院	2
横峰县妇幼保健院	2
莲花县妇幼保健院	3
合计	30

第二节　公益事业扶贫

贫困是一个长期积累而又十分复杂的问题,江西扶贫任务较重,全省有不少扶贫重点村。在省委、省政府倡导下,社会力量进行公益扶贫,减轻扶贫的压力。

省公益事业扶贫

2001年,根据《省委办公厅省政府办公厅关于印发〈关于在全省开展经常性扶贫济困捐赠活动的实施方案〉的通知》要求,为进一步加强对捐赠工作的领导,经省人民政府研究,成立以省政府秘书长为组长的省扶贫济困捐赠工作领导小组。

2001年,根据省委办公厅、省政府办公厅印发《关于在全省开展经常性扶贫济困捐赠实施方案的通知》要求,每年10月份为扶贫济困集中捐赠月并开展"慈善一日捐"活动。

2010年,省老建办联合中国扶贫基金会、英特尔集团联合派出调研组赴瑞金市,开展资助贫困乡村中心小学信息扶贫项目调研;8月25日—26日联合中国扶贫基金会和加多宝集团赴乐安、资溪寻访阳光操场和孤儿活动,向学校捐赠体育器材,向孤儿捐赠书籍。并专门派员带领上犹县贫困乡村教师赴广州参加阳光操场项目发布会,协调联系中国扶贫基金会向上犹援建阳光操场;策划推动与省邮政公司合作,在全省各相关高校积极开展"天道酬勤——关爱贫困学子行动"勤工助学项目试点活动;牵头开展组织全省扶贫龙头企业支援玉树灾区,结合爱心包裹项目,统筹有序开展募捐工作。全省共有103家各级扶贫龙头企业向玉树灾区捐助善款总额达146.10万元;6月9日深入定南县"5.7"洪灾发生地,实地调研灾情,撰写灾情调研报告;协调中国扶贫基金会捐赠22万元资助抚州202名灾区农村贫困大学新生;紧急调拨价值320万元的营养餐、衣物、鞋、大米、食用油等救灾款物到抚州、赣州、吉安、鹰潭、上饶等洪灾灾区,于7月3日在抚州举办交接仪式,组织和协调物资额度分解、运输分发等工作。

2010年,共引进社会扶贫捐助项目14个,开展相关活动16次,项目资金及物资折款达2553万元。与江西电视台五套、江西邮政公司联合开展"爱心包裹"项目,受到中国扶贫基金会的高度称赞;在全省募集169万余元善款的同时,使广昌、万安、莲花、宁都、宜黄五县306所小学2万余名小学生收到来自全国各地捐助的学生型包裹21746个、学校型包裹306个,共计善款248万余元,实现全省项目学校、学生包裹全覆盖。其中,协调联络南昌市万达影城于7月24日开展爱心包裹公益活动举行启动仪式,6月5日派员参加艾格菲国际集团公司爱心包裹捐赠授牌仪式;协调开展资助孤儿、援建便民桥、贫困地区基本医疗服务体系建设、援助电脑设备等7个项目,资金总量达1626.2万余元;争取中国扶贫基金会孤儿项目部在资溪县开展救助孤儿项目,共有100名孤儿连续三年,每年得到1200元资助;争取中国老区建设促进会捐赠全省农村饮水净化器20台,价值近1.2万余元;协调中国扶贫基金会落实溪桥工程在全省开展,共捐建农村便民桥5座,项目款项25万元等;协调联系上海市信息服务行业协会、上海盛大网络发展有限公司捐赠全省电脑100台。2010年,全省接收社会各界捐助资金物资1亿余元,其中:中国扶贫基金会捐助救灾物资320万元,中国扶贫开发协会捐助贫困乡镇医院医疗设备980万元。引进香港嘉里集团郭氏基金会在修水县建立长期扶贫基地,开展了"爱行2010——爱心包裹"公益活动募集善款164万余元,动员103家扶贫龙头企业向玉树地震灾区捐款146.1万元。

设区市公益事业扶贫

九江市 2002年以来,多方推动扶贫开发领域的对外交流与合作,建立与海外华人、港、澳、台同胞、国外侨胞、慈善机构和各种募捐基金组织的沟通渠道。共引进境外资金用于扶贫开发超过2亿元人民币。2007年8月,市扶贫办会同市电视台联合发起"爱心助学圆梦行动",积极动员各定点扶贫单位、民营企业、社会爱心人士等捐资,对录取的重点村贫困大学生实行资助。当年有50名贫困大学生受到资助,每人得到了2千元至2万元不等的资助。此后每年重点村只要有录取的贫困大学生,各县(市)扶贫办都会专门安排一定的助学资金,连同社会捐献资金一起对贫困大学生进行资助。从2007—2009年,扶贫部门共计安排专项助学资金42.35万元。2010年,积极参与组织开展"爱行2010—爱心包裹"公益活动,募集善款21万元。其中,上好佳集团捐赠10万元,为全省单笔捐款额度之首。2010年,市扶贫和移民部门组织扶贫龙头企业参加国务院扶贫办、中国扶贫基金会及中国邮政总局组织的"帮助灾区学生尽快复学"为主题的"爱心包裹项目六一关爱行动"募捐活动,在当地工商联、红十字会以及慈善总会捐款近60万元的情况下,九江扶贫龙头企业已为灾区儿童捐赠爱心包裹 1870 个计人民币 18.7 万元。参加捐款活动的企业有江西上好佳食品工业有限公司等 17 家企业。德安县扶贫和移民办和邮政局联合启动"爱行 2010—爱心包裹"捐助灾区及贫困地区孩子大型公益活动。收到来自社会各界爱心人士捐赠的 1330 个"爱心包裹"，捐赠金额达 13.3 万元。上好佳食品和达晟纺织两个扶贫龙头企业发挥了带头表率作用，其中上好佳食品捐款 10 万元。

萍乡市 2009 年 7 月，萍乡市组织扶贫系统干部职工和扶贫龙头企业开展"爱心包裹"捐购活动，为玉树地震灾区、四川地震灾区、西南旱区和莲花县贫困地区捐款 19900 元，认购学生包裹 175 个，学校包裹 6 个。2010 年，莲花县在县扶贫部门的精心组织和县教育局、县邮政局的共同参与下，全县 24 所学校 5349 个贫困学生顺利收到了 5349 个价值 100 元的爱心包裹，同时，24 所学校顺利收到了 70 个价值 1000 元的学校包裹。

新余市 从 2009 年开始，全市启动"爱心包裹"项目，为汶川地震灾区和贫困地区儿童捐购"爱心包裹"，两年来累计捐赠 20 万元。

鹰潭市 为营造全市社会各界参与的良好氛围，展现出全市广大市民良好的精神风貌和社会公德，市老建办和市邮政局通过多种形式组织和倡导了此项活动。此次活动，全市社会各界共捐赠 38800 元，其中学生型包裹 368 个共计 36800 元，学校型包裹 2 个共计 2000 元。

赣州市 为争取更多的社会捐赠资金投入，全市积极创新爱心人士捐赠工作机制，搭建受捐平台，为爱心人士和贫困户之间的帮扶活动建立联系。中国老区建设促进会李永海副会长在会昌县投资兴建教科一体化示范学校和生态科技园，牵头争取中泰华威国际投资有公司"雨露计划·中泰华威行动"健康扶贫办公室和其他企业爱心人士向会昌、全南、石城、于都、龙南等县捐献医疗设备共折捐资 2 亿余元。2010 年 5 月，专门成立了"赣南老区建设促进会"，并召开成立大会，会上现场捐赠款物总价值 120 余万元。通过努力，全市共接受各类社会捐赠资金 6.52 亿元。2010 年市、县两级通过各种方式，积极开展社会捐赠工作，共募集资金 1.38 亿元。其中动员 58 家国家和省、市级扶贫龙头企业向玉树地震灾区募集捐款 68.92 万元，组织动员全市扶贫移民系统和全市邮政系统干部职工、扶贫龙头企业及社会各界爱心人士捐助善款 31.91 万元，两项爱心捐赠共计 100.83 万元，为青海玉树地震灾区学生寄送"爱心包裹"3191 个。

2010 年，兴国企业在玉树发生地震以后捐款 3.6 万元帮助灾区群众。将军红果业捐款 1 万、绿宝米业捐款 1 万元。除此之外，兴国还开展了"爱心包裹"活动，共为灾区学生捐购"爱心包裹"善款 3 万余元。

2010 年，于都县有 21 家扶贫龙头企业以及扶贫移民干部职工向玉树地震灾区寄送"爱心包裹"180 个，捐赠金额达 18000 元。

2010 年，宁都县争取中国扶贫基金会"爱心包裹"捐赠试点，有 5 个贫困山区乡镇接受了学生型包裹 5395 个，学校型包裹 81 个，总价值达 62.05 万元。

2010 年，会昌县倡导社会各界爱心捐赠，利用电视、新会昌周刊等各种方式，积极宣传社会人士为扶贫事业献爱心的好人好事。在革命老区会昌珠兰示范学校启用仪式上，争取到社会各界爱心人士捐赠书画作品、图书、电脑、卡车、电风扇等物资 1600 万元。为拓展社会捐赠渠道，12 月 2

日,成立会昌县老区建设促进会。全年共争取社会各界捐助资金 2500 万元。

2010 年,安远县争取市外社会捐赠项目 10 个,捐赠资金 1653 万元。

2010 年,瑞金市接受社会各界爱心人士捐建长征希望小学 8 所,资金 298 万元,接受上海市出版集团公司捐赠的科技书籍 4000 余册。

2010 年,崇义县县慈善协会共接受各类捐款 320 余万元,与县邮政局共同开展为玉树地震灾区儿童捐助"爱心包裹"的活动,捐赠包裹 21 个。

2010 年,全南县倡导爱心包裹认购活动,为 26 名灾区学生邮寄了爱心包裹。

2010 年,瑞金市接受社会各界爱心人士捐建长征希望小学 8 所,资金 298 万元;接受上海市出版集团公司捐赠的科技书籍 4000 余册。

2001—2009 年,定南县共接受社会捐赠资金 4239 万元。

宜春市 2001—2019 年,全市各级帮扶单位和广大党员干部及社会各界人士共捐赠资金 2100 余万元,资助贫困学生达 3 万余人次。

2010 年,铜鼓县开展为玉树灾区捐款活动,捐赠金额折合款物共计 28.76 万元。另外与县邮政局联合组织开展"爱心包裹"活动,捐赠金额为 2000 元。

吉安市 1990—2002 年,共青团吉安市委引资兴建希望小学 305 所,引进资金 7170 万元,救助贫困学生 2.8 万余名,解决了 6 万余名贫困学生的就学难和 2000 余名教职工无住房的问题。积极争取外援参与扶贫,社会各界公益机构和爱心人士关爱援助老区、贫困地区建设。积极争取希望小学、阳光操场、资助特困老人等外援项目和资金达 1200 万元。2010 年,积极配合人事部门开展"三支一扶"人员的招募工作,招募扶贫志愿者 62 名。会同邮政部门继续开展"爱心包裹"活动。组织向玉树灾区捐款活动。做好中国扶贫基金会捐赠价值 75 万元救灾物资的接收和发放工作,争取中国扶贫基金会捐赠安福县电脑 100 台,价值 22 万元。

2010 年 5 月 7 日,在全省扶贫系统"支援玉树地震灾区"和"爱行 2010—爱心包裹"捐助活动中,吉安县两家扶贫龙头企业——国家级扶贫龙头企业吉安温氏畜禽有限公司、省级扶贫龙头企业吉安锅丰(集团)米业有限公司,分别捐款 1.18 万元和 1.2 万元。

2010 年,万安县通过中国扶贫基金会"爱心包裹"项目共争取和发放中小学生"爱心包裹"5000 个。

2010 年,安福县同年累计接收捐赠爱心包裹 56 个,捐赠金额达 5600 元。

上饶市 2010 年 5 月,全市开展"爱心包裹"活动,向青海玉树灾区捐献"爱心包裹"1456 个,折合人民币 145600 元,为全市赢得较好声誉。并通过积极争取,中国扶贫协会向鄱阳县无偿捐赠医疗设备一套,价值 960 万元。

2000 年,上饶市上饶县争取中国侨联基金会 20 万元修建应家乡安坑村侨心学校一所,解决 3 个村 800 余名学生的就学难问题,走访慰问贫困户 80 余户,帮扶资金 5 万元,资助贫困学生 200 余名,金额达 6 万元;援助资金 60 余万元,引进澳大利亚南德温肉牛两种,扶助贫困群众。2004 年,帮扶 180 万元,用于修建 1 条公路和 1 条水渠,新建 4 所侨心小学。

抚州市 2010 年,争取中国扶贫基金会捐助 25 万元,援建广昌县尖峰乡营前村宏图小学,发放

5260 个爱心包裹和 70 余个学校型包裹,折款 70 余万元,资助贫困老师 20 位,每人 2000 元,资助灾区贫困大学生 202 人,每人 1000 元,共计 24.2 万元。

2010 年,乐安县开展"爱心包裹"关爱行动。与县工、青、妇、教育、邮政等部门,发起和组织社会各界向灾区和贫困地区的中小学生捐赠礼物的主题活动,共募集资金 3 万余元,汇往灾区和贫困地区,给小朋友送来"6·1"大礼包。

2010 年,广昌县向中国扶贫基金会争取到 26 所小学 5260 名贫困学生 5260 只"爱心包裹",折资 52.6 万元;6 月份会同县邮政局联合开展"献爱心、送包裹"项目活动,动员全县党员干部和社会各界人士共捐资 7 万元,上缴中国扶贫基金会捐献到全国各个贫困地区

2010 年,资溪县动员县直机关单位员工、扶贫重点村、扶贫龙头企业参与"爱行 2010——爱心包裹"捐赠仪式,共向灾区学生捐赠了 1.14 万元"爱心包裹"。

2010 年,黎川县社会各界人士和团体捐赠资金 652.95 万元,其中国扶贫基金会新长城助学资金 6.6 万元、洪灾救灾物资 20 万元,鼓励引导各界向地震灾区捐赠爱心包裹 3.15 万元(利康、龙恒两家扶贫龙头企业各 1 万元),协调争取知名人士捐赠 3.2 万元支持际溪民生小学建设,参与争取洪灾各类捐赠资金 640 万元。苏州博雅房地产开发公司严金泉总经理捐资 100 万元成立的助学基金已帮扶了 10 余名贫困学生。

2010 年,临川区社会各界人士和团体捐赠资金 700 万元,其中:中国扶贫基金会新长城助学资金 5.2 万元,灾后重建资金 40 万元,洪灾救灾物资 20 万元,其他捐款资金 634.8 万元。

第四章 社会扶贫

　　动员和组织社会各方面的力量,参与农村贫困地区的开发建设,是中国特色社会主义扶贫开发道路的重要内容,是社会主义制度优越性的充分体现,更是全面贯彻落实科学发展观、构建和谐社会的迫切要求。新世纪以来,江西社会扶贫工作,紧紧围绕全省新阶段扶贫开发整体部署,不断用新思路、新理念,发掘和整合各类社会资源,定点扶贫不断深化,党员干部结对帮扶积极推进,企业参与扶贫不断拓展,形成了形式多样、内容广泛、重点突出的工作格局,为推进全省扶贫开发进程注入强大动力。

第一节 定点帮扶

　　定点扶贫工作是中国特色扶贫开发工作的重要组成部分,是加大对革命老区、民族地区、边疆地区、贫困地区发展扶持力度的重要举措,也是定点扶贫单位贴近基层、了解民情、培养干部、转变作风、密切党群干群关系的重要途径。切实做好这项工作,对于确保完成扶贫开发任务,顺利实现全面建设小康社会奋斗目标,具有十分重要的意义。

中央部委定点帮扶

　　1997 年 1 月 3 日,省革命老根据地建设委员会同意工商银行将挂钩扶持贫困乡由上犹县的双溪乡改为上犹县的梅水乡。同年,国务院扶贫开发领导小组、中共中央直属机关工委、中共中央国家机关工委联合下发《中央、国家机关及人民团体和有关单位定点帮扶贫团县名单》。

表 1-4-1　1996 年中央有关单位定点帮扶的贫困县

科学技术部	永新县
民政部	遂川、莲花县
国土资源部	宁都、兴国、于都、会昌、安远、寻乌、赣县、上犹县
中国石化集团公司	宁冈县
中保(集团)公司	宁都县

表 1-4-2 中央国家机关、企事业单位及人民团体定点扶贫情况统计表

起止时间:1996 年 1 月 1 日至 1996 年 12 月 31 日

单位	蹲点人数				考察人数				本部门直接投入(万元)			引进扶贫资金(万元)	共上扶贫项目(个)	引进技术人才(人)	引进技术(项)	教育扶贫		举办培训班	
	合计	领导	局级	处级	合计	领导	局级	处级	合计	资金	物资					修建校舍	资助学生	培训班	培训(人次)
国家科委					4			4	44	42	2		4	12	3		50	3	300
民政局					3			3	130	130			9						
地矿部	12	1	4	7	10	3	3	4	140	140			24	2	2	4		2	90
石化总公司	3		2	1	7	1	3	3	80	70	10	700	8	5		1	37	2	150
保险总公司	2		1	1	2	2			101	100	1		2						
合计	17	1	7	9	26	6	6	14	495	482	13	700	47	19	5	5	87	7	540

表1-4-3 1996年江西(市、区)机关、单位定点扶贫情况统计表

起止时间:1996年1月1日 至1996年12月31日

扶贫单位	扶贫因县市区(名)	本年度蹲点人员				本部门直接投入(万元)			帮助引进资金(万)	共上扶贫项目(个)	引进技术人才(人)	引进技术(项)	举办各类培训班		备注
		合计	厅级	处级	科级	合计	资金	物资					培训班(期)	培训(人次)	
省委办公厅	兴国县	4	1	1	2	17.0	11.0	6.0					2	32	
省委组织部	宁都县	3	1	1	1	13.0	13.0						4	52	
省物资公司	宁都县	3		2	1	31.0	28.0	3.0	52.0	3	1	1			
省台湾工作办公室	于都县	3		1	2	5.7	5.2	0.5							
省石化总公司	于都县	2		1	1	77.5	57.0	20.5							
省交通厅	寻乌县	3		1	2	43.0	31.0	12.0		5					
省地矿厅	会昌县	4		1	3	45.0	44.5	0.5		7	1	1	6	80	
省国家安全厅	乐安县	2		1	1	0.8	0.6	0.2							
省委宣传部	上犹县	4	1	1	2	2.5	2.0	0.5					2	30	
省工商银行	上犹县	2		1	1	46.0	46.0								
省邮电管理局	赣县	2		1	1	2.0	2.0								
省储备物资局	瑞昌市	3		1	2	10.0	10.0								
省审计厅	赣县	2		1	1	0.3		0.3							
省华赣企业公司	安远县	2		1	1	1.2	1.0	0.2							
省政协办公厅	安远县	2		1	1	16.5	16.5		246.0	3	8		5	2000	组织劳务输出160人次
省计委	永新县	3		1	2	55.5	55.4	0.1		4			1	6	
省林业厅	永新县	3		1	2	25.0	25.0			11					

续表

	扶贫困县市区(名)	本年度蹲点人员				本部门直接投入(万元)			帮助引进资金(万)	共上扶贫项目(个)	引进技术人才(人)	引进技术(项)	举办各类培训班		备注
		合计	厅级	处级	科级	合计	资金	物资					培训班(期)	培训(人次)	
省农业厅	遂川县	5	1	2	2	41.0	35.0	6.0	14.0	8	6	5	10	340	
省教委	宁冈县	3		1	2	40.9	38.3	2.6		5	20		5	200	组织劳务输出300人次
省农办	莲花县	2		1	1	17.0	17.0		210.0	4					
省煤炭公司	莲花县	2		1	1	10.0	8.0	2.0		1					
省水利厅	波阳县	4	1	1	2	34.0	23.0	11.0		3			3	57	
省冶金公司	波阳县	3		1	2	14.0	12.0	2.0		2			3	40	
省国际经济技术公司	余干县	3		1	2	3.6	3.0	0.6		1					
省电力局	余干县	4		2	2	294.0	286.0	8.0		3					
省财政厅	上饶县	3		1	2	70.0	70.0								
省农业发展银行	上饶县	2		1	1	15.0	12.0	3.0	160.0	2					
省国际信托投资公司	横峰县	2		1	1	17	15	2		2					
省机械厅	横峰县	3		1	2	122.0	120.0	2.0	160.0	10	13		3	276	
省工商联	横峰县	5	1	2	2				29598.6	139					组织劳务输出1300人
省农业银行	广昌县	2		1	1	80.4	80.0	0.4							
省纺织公司	广昌县	3		2		2.0	2.0			1					
省政府办公厅	修水县	4	1	1	2	30.0	20.0	10.0	20.0	3	1	1	2	50	
省商业厅	修水县	3		1	2	6.0	5.0	1.0							
省有色金属公司	瑞金市					0.2		0.2					1	10	

续表

扶贫部门	扶贫困县市区（名）	本年度蹲点人员				本部门直接投入（万元）			帮助引进资金（万）	共上扶贫项目（个）	引进技术人才（人）	引进技术（项）	举办各类培训班		备注
		合计	厅级	处级	科级	合计	资金	物资					培训班（期）	培训（人次）	
省委政研室	定南县	2		1	1	19.0	19.0			3					
省档案局	井冈山	3		1	2	1.1	0.7	0.4							
省文化厅	永丰县	2		1	1	2.0	2.0						1	12	
省人大办公厅	吉安县	2		1	1	0.3		0.3					1	12	组织劳务输出200人次
省乡企局	弋阳县	4		2	2	37.3	35.3	2.0	30.0	3	2	2	1	50	
省直工委	弋阳县	4	1	1	2	13.0	11.0	2.0	5.0		1	1	2	36	
省建设厅	广丰县	2		1	1	27.0	22.0	5.0		3					
省党史厅	大余县	2		1	1	2.6	2.5	0.1		2			10	250	
省卫生厅	乐安县	3		1	2	66.88	50.88	16.0		5	6		4	300	
省工商局	星子县	2		1	1	0.4		0.4					1	10	
省保险公司	德安县	3		1	2	4.0	1.0	3.0							
省物价局	瑞昌市	2		1	1	0.2		0.2		2					
省中国银行	武宁县					14.0	14.0			2					
省检察院	贵溪县	3		1	2	2.0	2.0		15.0	2	2		1	14	
省建设银行	万载县	3		1	2	48.0	48.0			3					
省司法厅	资溪县	2		1	1	0.4		0.4							
团省委	宜黄县	2		1	1	0.6		0.6	130.0						
省统计局	玉山县	2		1	1	0.3		0.3							

续表

帮扶单位	扶贫困县市区(名)	本年度蹲点人员				本部门直接投入(万元)			帮助引进资金(万)	共上扶贫项目(个)	引进技术人才(人)	引进技术(项)	举办各类培训班		备注
		合计	厅级	处级	科级	合计	资金	物资					培训班(期)	培训(人次)	
省环保局	婺源县	2		1	1	6.0	5.0	1.0		1					
省委统战部	铅山县	4	1	1	2	3.4	3.0	0.4							
省建材工业公司	万年县	3		1	2	9.0	7.0	2.0							
省轻工厅	万年县	3		2	1	35.0	32.0	3.0		3	2	2	2	40	
省社科院	靖安县	3		1	2	1.5	1.0	0.5		1			1	10	
省国防科工办	吉安县	6	1	3	2	10.0	5.0	5.0		1					
省妇联	泰和县	2		1	1	0.4		0.4	18.0		1	1	1	13	
省科委	泰和县	3		1	2	183.6	183.0	0.6		12	6	3	3	150	
省外办	吉水县	3		1	2	8.0	5.0	3.0							组织劳务输出600人次
省建筑工程公司	安福县	3		1	2	17.0	13.0	4.0		2					
省经贸委	万安县	4	1	1	2	54.0	54.0		32.8	5	2	2	15	200	
省粮食局	万安县	3		1	2	10.0	8.0	2.0					2	42	
省口岸办	龙南县	2		1	1	2.5	2.0	0.5	2.0	1					
省电子总公司	全南县	2		1	1	1.2	1.0	0.2							
省纪委	樟树市	2		1	1	1.2	1.0	0.2							
省外经贸厅	吉安市	5	1	2	2	87.0	66.0	21.0	156.0	8	3	3	4	73	组织外贸出口68万元
省人民银行	南康市	2		1	1	12.0	12.0								
省供销合作社	九江县	3		1	2	32.7	12.1	20.6							
合计		198	12	79	107	1903.1	1713.0	190.1	30849.4	279	80	27	818	22515	组织劳务输出2560人

表 1－4－4　1997 年江西中央国家机关、企事业单位及人民团体定点扶贫情况统计表

起止时间:1997 年 1 月 1 日至 1997 年 11 月 30 日

项目帮扶部门	本年度蹲点人员				本部门直接投入	共上扶贫项目(个)	举办各类培训班	
	合计	厅级	处级	科级	资金(万元)		培训班(期)	培训(人次)
国家科委					63.0	5		
民政部					200.0	6		
地矿部	4	1	1	2	220.0	38	3	1800
石化总公司	3		1	2	116.9	7		
保险总公司	2		1	1	100.0	2		

表1-4-5 1999年江西中央国家机关及有关单位和人民团体定点扶贫情况统计表

起止时间:1999年1月1日至1999年12月31日

项目帮扶单位	蹲点人数				本部门直接投入			引进资金	共上扶贫项目	引进人才	引进技术	修建校舍	资助学生	举办培训班	
	合计	局级	处级	科级	合计	资金	物资							培训	培训
					(万元)			(万元)	(个)	(人)	(项)	(所)	(人)	(期)	(人次)
科技部	1		1		34.00	34.00				2				2	34
民政部					125.00	125.00			11					8	176
国土资源部	3	2	4		393.54	375.84	17.70	11600.00	21		2	2	398	69	7829
石化集团公司	2	1	2		104.00	25.00	79.00		12		1		58	9	370
保险公司	2		1	1	0.89		0.89								
合计	6	3	8	1	657.43	559.84	97.59	11600.00	44	2	3	2	456	88	8409

表1-4-6 2000年江西省中央国家机关及有关单位和人民团体定点扶贫情况统计表

起止时间:2000年1月1日至2000年12月31日

项目 帮扶单位	蹲点人数				本部门直接投入(万元)			引进资金(万元)	共上扶贫项目(个)	引进人才(人)	引进技术(项)	修建校舍(所)	资助学生(人)	举办培训班	
	合计	局级	处级	科级	合计	资金	物资							培训(期)	培训(人次)
科技部	1		1		53.0	50.0	3.0	700.0	5	30	3			1	100
民政部	4	1	1	3	125.0	125.0		210.0	5	7	5	3	30	9	1040
国土资源部	6	1	5		370.0				38			3	437	19	2880
石化集团公司	4		4		38.7	34.5	4.2		5		3		2	5	170
保险公司															
合计	15	1	11	3	586.7	209.5	7.2	910.0	53	37	11	6	469	34	4190

2010年,在优先向西部省份新增中直定点扶贫单位的政策背景下,国扶办下文确定中国石油天然气总公司定点扶贫横峰县。通过参加科技部扶贫团交接仪式、起草和上报《2010年度中直单位在赣定点扶贫工作情况汇报》等多种形式,进一步指导了相关重点县加强与有关中直单位的协调联系,不断强化了帮扶力度。据统计,2010年驻赣开展定点扶贫的8个中直单位共投入,引进各类帮扶资金、物质折款达1.27亿元。

省直单位及国有大中型企业定点帮扶

建立省领导定点联系县制度。省委、省政府、省人大、省政协所有领导每人联系一个重点县和重点乡较多的县,指导、督促县委、政府切实贯彻落实党的新阶段扶贫开发方针政策,为重点县贫困群众解决生产生活上的实际困难。

1993 年,省老建办新增和调整部分省直单位挂钩扶贫点,省计生委、省监察厅挂钩扶持万载县,省供销合作社挂钩扶持修水县,省口岸办挂钩扶持龙南县,省烟草专卖局挂钩扶持石城县。省委统战部的挂钩扶贫点,由龙南县调整为铅山县。

1995 年,省直机关共派出人员 255 人次(其中厅级干部 30 人次、处级干部 88 人次),扶持资金 1962.58 万元,兴办扶贫经济实体 146 个,帮助举办各类培训班 28 期,为贫困地区培训各类实用技术人员 8423 人次。捐赠衣被 15 万余件,以及一大批钢材、水泥、化肥、柴油等物资,省级组织的对口支援单位共批入资金 6071 万元,在贫困地区兴办或联办经济开发项目 40 个,派出技术人员 59 人次,帮助引进资金 1405 万元。

1996 年,中央扶贫工作会议后,省委、省政府根据省扶贫攻坚的实际情况,安排 50 个有一定实力的省直单位和国有大中型企业重点扶持 50 个温饱攻坚任务最艰巨的贫困乡,确保这 50 个乡在 3 年内基本解决贫困户的温饱问题。

表 1-4-7 1996 年部分省直单位及国有大中型企业重点挂钩扶持贫困乡安排表

单位	挂钩乡
省经贸委	赣县长洛乡
省邮电管理局	赣县石芫乡
省乡镇企业局	赣县湖新乡
省委宣传部	上犹县水岩乡
省工商银行	上犹县双溪乡
省机械厅	上犹县沿湖乡
省华赣公司	安远县凤山乡
江西铜业公司	安远县长沙乡
省建设银行	定南县老城镇
省石化工业总公司	于都县罗江乡
省粮食局	于都县高龙乡
省委组织部	宁都县蔡江乡
省物资集团公司	宁都县钓峰乡

续表

单位	挂钩乡
江铃汽车集团公司	兴国县南坑乡
省财产保险公司	兴国县茶园乡
省中国银行	瑞金市丁陂乡
省地矿厅	会昌县洞头乡
省盐业公司	会昌县庄埠乡
省交通厅	寻乌县河角乡
省物价局	寻乌县丹溪乡
省民政厅	石城县小别乡
省文化厅	永丰县古县乡
省农业厅	遂川县戴家埔乡
新余钢铁厂	遂川县黄坑乡
省计委	永新县泮中乡
省林业厅	永新县芦溪乡
省建设厅	永新县龙田乡
省教委	宁冈县柏路乡
省人寿保险公司	宁冈县荷花乡
省财政厅	上饶县郑坊乡
省农发行	上饶县铁山乡
省工商联	横峰县莲荷乡
省国际信托投资公司	横峰县新篁乡
省电力局	靖安县罗湾乡
省国际经济技术合作公司	余干县金山嘴乡
江中制药厂	余干县古埠乡
省水利厅	波阳县柘港乡
省冶金工业总公司	波阳县四十里乡
省卫生厅	波阳县莲湖乡

续表

单位	挂钩乡
省医药总公司	乐安县坪溪乡
省农业银行	广昌县杨溪乡
省纺织工业总公司	广昌县大株乡
省商业厅	修水县西港乡
省人民银行	修水县新湾乡
九江炼油厂	修水县溪口乡
省外经贸厅	修水县上杭乡
省轻工厅	星子县蛟塘乡
省供销合作社	都昌县和合乡
省建材工业总公司	莲花县六市乡
省煤炭公司	莲花县闪石乡

　　1996年,79个省直单位和各地市党政机关都安排了挂钩扶贫任务,组织322个较发达城市、国营大中型企业、大专院校和科研单位与贫困地区结成对口支援的对子,其中79个省直单位共派出扶贫人员198人次,其中厅级领导12人次,处级干部79人次;扶持资金1713万元,兴办扶贫经济实体279个,帮助举办各类农村实用技术培训班818期,为贫困地区培训人员22515人次,捐赠衣物5万余件,及一大批钢材、水泥、化肥、柴油等物资。全省党政机关和社会各界共派出扶贫工作组1510个,派出人员9360人次,其中地、厅级领导203人次,县、处级干部865人次,投入扶贫资金12241万元,扶持项目809个;帮助举办各类培训班1508期,为贫困地区培训各类实用技术人才54243人次,捐赠衣被15万件(套),及一大批钢材、水泥、化肥、柴油等物资;帮助引进资金32128万元,组织贫困地区劳力输出达23930人次。

　　1996年,省外经贸厅党组成员到挂钩点达12人次,带领厅机关主要处室负责人到现场办公27人次,投入扶贫资金66万元,帮助组织了挂钩点加工出口服装产值达68万元;并利用对外经济合作的优势,争取到澳大利亚政府无偿援助款28.3万元用于"改善农村饮用水"项目。为解决当地经济开发中资金短缺的困难,省农业发展银行投入扶贫资金160万元,并无偿扶持12万元,帮助当地进行毛竹林低改和建拦水坝,政河造田。省地矿厅在会昌县筠门岭镇挂钩扶贫,根据当地实际,大力发展村级集体经济,在文武坝村,投入扶持资金5万元,帮助村里办起蜂窝煤加工厂,投产后每月纯利达2000元;投入资金4万元,提供专利技术,帮助该村建立了涂料厂,生产新型钢化仿玉涂料。省林业厅党组成员全年到挂钩点调查研究达15人次,处级干部24人次,帮助永新县江畔乡实施大小扶贫项目10余项,项目包括采沙厂、高效林业示范区、果业基地、竹业带、杉木速生丰产林基地、高效桑园示范区、水利网系建设等,桑园示范区建设对1000亩低产桑园进行改造,提高产量,仅此一项为群众增收 10 万余元,并带动全乡蚕桑生产的发展。

1997 年,全省各级党政机关和参加对口支援工作的单位共向贫困地区派出扶贫工作组 1570 个。派出常驻扶贫人员 4300 人次;帮助落实扶贫项目资金 1.49 亿元,其中部门直接拨款 4500 万元,安排项目 1038 个;帮助举办各类技术培训班 1900 期,为贫困地区培训各类技术人员 69200 人次;捐赠一大批钢材,水泥,化肥,汽柴油,农物等生产生活物资;组织贫困地区劳务输出 22560 人次,1997 年 50 个重点挂钩扶贫的省直单位共有厅级领导 187 人次到扶贫点进行调查研究,指导当地扶贫工作;各挂钩单位派出扶贫工作组 47 个,派出长期蹲点的扶贫人员 134 人次,其中处级干部有 43 人次;共扶持资金 1340 万元,安排扶贫项目 306 个。抽样调查中,50 个省直单位重点扶持的贫困乡,1997 年人均收入增幅普遍高于其他贫困乡人均收入的增幅。截至 1997 年底,全省组织 121 个扶贫企业带帮 121 个贫困村,扶持贫困户 2708 户,扶持资金达 380 万元。

1997 年,省老建办进一步动员和组织了社会力量参与贫困地区的经济开发,共安排了 79 个省直单位定点挂钩扶持 79 个贫困县、乡,组织了省地(市)两级共 335 个较发达城市,国营大中型企业、大专院校和科研单位到贫困地区对口支援老区建设。

1997 年 1 月 1 日—11 月 30 日,参加定点扶贫部门共 79 个,扶持贫困县市区(含省定)共 57 个,省直等部门派出蹲点人员共 197 名,其中处级 65 名,科级 118 名。部门全年直接投入(含无偿和贷款)共 1833 万名,其中:资金 1780 万元,物资折款 53 万元。帮助引进资金 1230 万元、帮助上扶贫项目共 433 个、帮助引进技术人才共 75 名,引进技术 52 项,共举办各类培训班 820 期,共培训 2.5 万人次。

1998 年,省直单位共有厅级领导 180 人(次)深入到挂钩点,派出扶贫工作组 78 批(次),人员 114 人(次),单位扶持资金 2603 万元;扶持重点贫困村 111 个,温饱攻坚户 3868 户 13.42 万人。派出 3 万干部投入扶持资金 15377.7 万元,其中帮助贷款 9498.2 万元,扶持兴办项目 7264 个、扶持贫困户 3.47 万户。同时,还帮助引进资金 1758 万元。省委组织部扶贫工作组开展排贫到户工作,组织 11 个调查组对 1329 户贫困户进行调查,确定了 678 户攻坚对象,一户一策,逐户制定到户措施,从项目、资金、帮扶责任人方面进行综合扶持,使 270 户贫困户基本解决温饱。在 1998 年发生的特大洪涝灾害中,省直党政机关挂钩扶贫捐款 154 万元,捐物折款 200 万元。省水利厅、冶金厅、省供销社、省经济技术合作公司等单位挂钩点都是重灾区。省水利厅工作组救灾期间坚守岗位,到抗洪第一线巡堤、堵口,先后 5 次乘船走访重灾户、慰问灾民。

1998 年,全省有 4.3 万名党员干部包扶 4.59 万户贫困户,落实扶助资金 1.69 亿元,1.12 万户贫困户基本解决温饱。省、地、县各级党政机关 3924 个、派出干部 2.08 万人到贫困乡村挂钩扶贫,重点扶持贫困乡镇 749 个、贫困村 2610 个、贫困户 3.19 万户。赣州 18 个县市 16336 名科以上党员干部结对扶持 2.06 万户温饱攻坚户,共落实帮扶资金 2979 万元,其中党员干部个人帮扶资金 26 万元。吉安 10100 名科以上干部,共包扶 1.17 万户;抚州共计帮扶 1 万户。

1999 年,全省共有 83 个省直单位,定点帮扶贫困县(区、市)57 个,挂钩扶持贫困乡村 140 个,派出蹲点扶贫干部 180 名,其中处级 87 名,科级 93 名,扶持开发项目 336 个。重点帮扶贫困户 9269 户,投入和引进资金 2702 万元,帮助贫困地区引进人才 369 人,引进资金 1800 万元,举办技术培训班622次(期),培训人员1.7万人(次)。全年直接投入合计3031万元(含无偿和贷款),其中资金2900.9万元,物资折款130.1万元;帮助引进资金1850万元(含无偿和贷款),帮助上项目336个(含全额、部分资助或引进);帮助引进人才369名,引进技术230项;修缮中小学校舍65所,资助贫困学生1820名;举办各类培训班622期,共培训17698人次。省财政厅蹲点干部下到贫困乡村,和贫困乡干部群众实行"三同",切实了解当地的致贫原因和资源优势,帮助制订全乡脱贫致富规划,和群众一起筹集资金,实施项目,从省内外引进资金、人才,全年共组织实施扶贫开发和基础设施项目11个,当年完成的有8个。

1999年,共有4399个省地县各级党政机关和大中城市企事业单位参与挂钩扶贫和对口支援,重点扶持贫困乡村3756个,派出蹲点干部3.02万人(次),帮扶贫困户7.89万户,实施扶贫开发项目5899个,共投入扶贫资金1.89亿元。

2000年,全省(区、市)级单位定点扶贫情况中参加扶贫的省级单位共83个,共帮扶18个贫困县,派出蹲点干部190名,其中处级79名。全年直接投入合计3430万元(含无偿和贷款),其中资金3170万元,物资折款(约)260万元;帮助引进资金2030万元(含无偿和贷款);帮助上项目721个(含全额或部分资助或联系引进);帮助引进人才416名,引进技术76项;修缮中小学校舍36所,资助贫困学生1762名;举办各类培训班684期,共培训19240人次。

进入21世纪后,全省认真贯彻实施《中国农村扶贫开发纲要(2001—2010年)》,把政府的扶贫投入与各级部门、单位定点扶贫结合起来,作为推动扶贫开发工作的重要措施。

2001年,全省各地市县共有4816个各级党政机关,企事业单位挂钩扶贫或对口支援,扶持贫困乡村3616个,派出党员干部3万人(次),结对包户扶贫6.97万户。

2002年5月起,全省开始部署和实施21世纪的定点扶贫工作,省、市、县三级党政机关,国有企事业单位,以及科研院校、驻地部队等根据相应各级政府的统一安排,在定点的贫困县和贫困乡村,派驻2—3人组成的扶贫工作组,以多种形式开展扶贫助困工作。

"十五"期间,全省共有各级1945个党政机关和企事业单位参与了定点扶贫。"十一五"开始之际,省扶贫和移民办与省委组织部密切配合,把整村推进扶贫开发与农村基层组织建设相结合,由省委办公厅、省政府办公厅联合下文,组织部署178个省直单位开展以"党旗引领致富路,携手共建新农村"为主题的定点包扶贫困村工作。省政府扶贫开发领导小组安排70家省直二级单位和省(属)企事业单位开展定点扶贫工作。还与省委新村办协商议定,从2008年开始,将省直单位对口帮扶的248个村纳入"十一五"全省新农村建设示范试点范围,每年由省直单位和受扶村共同选择1个自然村作为新农村示范试点,由省直单位指导建设,为受扶村每年增添新农村建设扶助资金3472万元。在省直单位定点包扶工作的带动下,全省市县各级党政机关、企事业单位共有1972个单位参与到扶贫开发中来。

2010年,各级定点扶贫单位对照既定工作目标任务,加大扶贫工作力度,全省各级共1947个帮扶单位投入各类资金、物质折款达1.15亿元,引进整合各类资金9780万元。

为贯彻落实中央"两办"的《关于进一步做好定点扶贫工作的通知》(厅字〔2010〕2号)精神以及为开展下一轮全省定点(包)扶贫工作和扶贫办制定"十二五"社会扶贫规划提供参考,两次向各设区市扶贫办下发《关于预报下一轮定点(包)扶贫工作计划的通知》,经汇总和统计,全省各县(市、区)预报在"十二五"期间需定点(包)扶贫的扶贫开发重点村数量为4500个,其中需省级单位帮扶的有483个。中共江西省委组织部、省扶贫和移民办公室在春节前下发《关于认真做好春节期间走访慰问定点包扶贫困村工作的通知》,要求全省各级帮扶单位,尤其是248个省直单位根据自身职责、行业特点、社会资源与物资资源优势,将定点扶贫和创业服务进行有效对接。仅此一项,全省定点扶贫单位投入援助资金和物资折款达1860万元。省扶贫和移民办公室下发《关于开展定点扶贫工作情况调查的通知》,要求各市县协助省直(属)各帮扶单位做好收尾工作,为2010年年底开展的检查验收和召开全省社会扶贫工作总结表彰会做好准备。

为服务和推进鄱阳湖生态经济区建设,落实省直单位《关于在鄱阳湖生态经济区广泛开展"四级联动、携手共建"活动的通知》(赣直党发〔2010〕2号),省直机关工委《关于在定点帮扶工作中积极开展"四级联动、携手共建"活动的通知》,要求省直各定点扶贫单位将定点扶贫工作与"四级联动、携手共建"活动紧密结合起来,落到实处。

2010年11月中下旬—12月中旬,对70家省直(属)单位开展了"十一五"定点扶贫工作验收检查;联合省委组织部共同组织省市委组织部、扶贫和移民办相关人员30人,组成7个工作组,对178家省直单位开展了"十一五"定点包扶工作验收检查。两次检查参加人员42人,时间14天,检查验收的县(市区)达127个(次),所到定点帮扶村232个。

2010年,全省各级1947个单位开展定点扶贫投入和引进资金物资2.13亿元,8个中直单位在赣定点扶贫投入和引进资金物资近1.3亿元。全省各级共有10.07万名党员干部和农村致富能手结对帮扶贫困户10.12万户,投入帮扶资金、物质折款达4500余万元。其中,帮助受扶贫困户实现创业就业达1.36万户。

市、县机关事(企)业单位定点帮扶

南昌市　"十五"与"十一五"期间,全市确定120个市直机关,"十一五"又增加70个企业与贫困村结对帮扶,各帮扶单位都成立以一名副县级以上干部为组长的帮扶工作组,并组成了工作组进驻定点扶贫村抓扶贫。至2009年,省、市直帮扶单位共投入和引进帮扶资金8937万元,干部职工捐款捐物近1066万元,走访慰问贫困户达10150户次,送去慰问金815.9万元。2010年,南昌市省、市直帮扶单位共投入和引进帮扶资金2200万元,干部职工捐款捐物近138.7万元,走访慰问贫困户达1940户次,送去慰问金67.3万元,领导干部深入到帮扶点达1040人次,其中市领导深入帮扶点56人次,1989名党员干部与1940户贫困户结对帮扶。

2010年,进贤县各单位领导到扶贫点调研、现场办公119次,下派定点扶贫干部46人,包村干部每月驻点天数平均为11天。省、市直帮扶单位共筹集和争取扶贫资金183.6万元(其中自筹资金114.6万元,争取资金69万元),用于进一步完善全县贫困地区的交通、水利等基础设施。各帮扶单位还帮助受扶持村调整产业结构,发展生产,千方百计增加贫困户收入,为扶贫村送技术、上项目、筹资金。通过各帮扶单位的共同努力,全县的扶贫重点村中形成了很多特色村和特色产业。前坊镇太平村的旅游和蔬菜果业;三里乡曹门村、三阳集乡的网箱养鱼养鳝;钟陵乡盈塘村、下埠集乡柯西村的养鸡小区;白圩乡剑溪村的油茶种植等等。工作组队员还长期与贫困户结对帮扶,给帮扶对象传授技术,介绍工作,帮助孩子上学就业等。共结对 86 户、助学 31 人。

九江市 2001—2005 年,有 1 个国家机关、21 个省直单位、145 个市直部门参加了全市的定点扶贫工作,各县(市)也安排了自己的定点扶贫单位。全市 134 个重点村,每个村都安排了 2 个以上的省或市、县的定点扶贫单位,各级定点扶贫单位共投入各类帮扶资金 1686 万元,捐物折款 573 万元。2006—2009 年,有 30 个省直单位,183 个市直(驻市)部门参加全市的定点扶贫工作,共投入各类帮扶资金 7772 万元,捐物折款 267 万元。2010 年,全市省、市共有 213 个党政机关、单位开展定点扶贫,投入帮扶资金物资 3582 万元,引进整合各类资金 3678 万元。共有 9000 名党员干部和农村致富能手结对帮扶贫困户 9000 户,帮扶资金和物资达 500 余万元。

2010 年,修水县有 75 个省市定点扶贫单位继续在全县开展定点扶贫工作。省市定点扶贫单位领导和工作队员 900 余人次下到定点扶贫村,帮扶资金 300 万余元。全县有 2088 名党员干部参与结对帮扶工作,共扶助贫困户 2150 户。

2010 年,省直 6 个帮扶单位,市直 61 个帮扶单位,县直 75 个帮扶单位,在都昌县 133 个重点村挂钩扶贫,到位资金总额为 135 万元。

2010 年,省、市、县共有 31 个定点扶贫(包扶)单位在永修县 17 个贫困村开展定点帮扶和党员干部结对帮扶工作,投入和争取帮扶资金 100.6 万元,在贫困村修建道路、维修水利设施、发展种养项目、举办科技培训班和开展扶贫济困等活动。

2010 年,省直 2 个、九江 9 个定点帮扶单位共投入帮扶资金 89.05 余万元,重点解决了一批重点贫困村急需解决的难题,为瑞昌市扶贫开发事业增添了新的活力。省新闻出版局和省交通银行,分别投入 15.8 万余元和 7 万余元,为三金和新桥村的扶贫开发作出了较大贡献。在市交通局帮扶下,大林村长达 7 千米的通村公路修建完成;三金村有临湖水资源优势,在水产局帮扶下,三金村的水产发展迅猛,成了老百姓脱贫致富的主导产业。2010 年全市社会名人及私营企业老板共为贫困村投入资金 63 万余元。

2010 年,湖口县定点单位扶贫,全县有省级定点扶贫单位 2 个,市级定点扶贫单位 4 个,县级定点扶贫单位 88 个。省、市、县三级定点扶贫单位共为定点村帮扶款物 170 万元,其中省级 58 万元,市级 16 万元,县级 96 万元。

2010 年,九江县争取定点单位的扶持,全县有省直帮扶单位 2 个,市直帮扶单位 3 个,县直帮扶单位 5 个。争取定点帮扶单位的资金达 55.6 万元。省直帮扶单位省财保公司的领导多次来到城门乡金兰村指导工作,投入帮扶资金 18 万元,南昌工程学院投入帮扶资金 16 万元,市水利局、市直机关工委、市供电公司投入帮扶资金都在 5 万元以上。争取了党员干部的扶持,从帮扶单位的领导,县委、县政府的领导,乡镇党委、政府的领导干部到村干部和普通党员都对贫困户实行结对帮扶,全县已有 98 户贫困户进行了党员领导干部结对帮扶。

2010 年,德安县县直各单位参加"包户富民"活动的单位的干部职工下乡入村开展帮扶活动累计达 1000 余人次,投入帮扶资金累计 10 万元,物资折款 3 万余元,帮扶项目 20 余项,资助贫困学生

80余名,帮助劳务输出800余人次。省、市对全县开展定点包村工作单位也派出人力、拿出物力对全县的有关贫困村开展了帮扶活动。省财政厅和市人大定点包扶吴山乡大岭村。省财政厅工作组先后又赠送了办公桌椅、床、课桌等物资价值3万元,为重点村争取了扶持资金30万元用于修水渠;市人大工作组为大岭村养鸡合作社资助4万元,鼓励村民加快产业化发展,使他们都能脱贫致富;市地方海事局定点包扶邹桥乡源口村。针对包村(扶贫)点的发展态势,拟定了两个重点帮扶项目(村部设施建设、新农村建设点)约4万余元的帮扶资金额度。向该村2名考上二本以上的大学生每人资助1000元;领导针对贫困户实施"一帮一"每户各资助1000元;党员干部包户扶贫对象15户,共资助1.5万元;对农村纯女户给予每名女学生阳光助学资助1000元。

萍乡市 "十五"期间,萍乡市、县定点扶贫工作组共有138名副县级以上干部轮流担任了工作组长,321名干部轮流在重点村工作过,37位市级领导、8名县的主要领导直接挂到重点村,负责指导重点村的扶贫开发。市委、市政府为38个重点村派去了由市、县125个单位组成的38个定点扶贫工作组。2006—2009年,107个扶贫开发工作重点村共有67个定点包扶工作组在村帮扶指导工作。其中,省直工作组10个,由10个省直机关和省属企业组成;市直工作组40个,由160个市直机关单位组成;县直工作组17个,由68个县直单位组成。市、县定点包扶工作组共有80名副县级和34名科级以上干部轮流担任了工作组长,456名干部轮流在重点村帮扶指导工作。同时,安排了57位县区领导挂点重点村协助开展工作。2008年,在原有工作组和县区领导挂点基础上,市委、市政府又安排了40位市级领导挂点联系40个扶贫开发工作重点村,负责指导挂点村的新农村建设和扶贫开发等工作。2006—2009年,定点扶贫工作组帮扶资金达2619.51万元,帮扶物资折款147.90万元,帮助争取有关部门无偿资金2708.52万元,举办实用技术培训班554期,培训农民2.8万余人次,协助重点村输出劳动力7000人次,帮助发展种养大户824户,扶贫助学、走访慰问资金达115.72万元。

2010年,莲花县抓实定点包扶重点村工作,全县有省直单位定点包扶贫困村工作组4个,市直单位定点包扶贫困村工作组22个,县直单位定点包扶贫困村工作组10个。全年各帮扶单位直接扶助资金130.2万元,争取扶持资金61万元。江西煤炭安全监察局定点包扶鸡冠山乡流源村,市级40个部门(单位)分别定点包扶10个扶贫开发重点村,10名市领导分别在上栗镇关上、关下、金鸡,长平乡杉木、马良、菱角、福寿,鸡冠山乡鸡冠,东源乡田心挂点帮扶。

2010年,上栗县有18个县级部门(单位)定点包扶4个扶贫开发重点村,15名副县级以上领导分别在15个重点村挂点扶贫。省、市、县三级定点帮扶单位和民营企业共为扶贫开发工作重点村引进投入帮扶资金130余万元。其中:江西煤炭安全监察局20万元、市直80余万元、县直20余万元,各级领导协调资金10余万元。各挂点领导、单位到各村开展帮扶调研工作100余次,为贫困村解决生产和生活中的实际困难。在各定点包扶工作组的支持下,各扶贫开发重点村村"两委"的共同努力,共扶助绝对贫困户228户880人,低收入户514户2564人。

2010年,芦溪县扶贫挂点单位有56个,其中省属企业和部门3个,市直单位和部门28个,县直单位和部门25个。帮扶结对贫困户138户,扶助钱物6.8万余元,扶助贫困高中和大学生55名,帮扶资金7.1万余元。为7个贫困村争取了新农村建设项目,总投资162万元,受益农户210户,受益人口 1600 余人。

新余市 省扶贫和移民办 2010 年下派 5 家社会扶贫帮扶单位,定点帮扶新余市 10 个省定重点贫困村,共组织党员 2045 名结对帮扶贫困户 200 户,自筹资金 18 万元,争取扶持资金 17 万元,落实帮扶资金 35.23 万元。按照既定的帮扶规划,为帮扶村修路、改水、改厕,改善基础设施,发展"一村一品"。绿林枣业有限公司为 10 个省定贫困村实施"早脆王"提供种苗 4000 棵,在 0.06 万亩试种面积的基础上继续推广种植;在有关人员的帮助与指导下,渝水区人和乡西村村和分宜县霞贡村再建枣园 40 亩和 20 亩,长势良好。

2010 年,渝水区 3 个省定扶贫开发重点村都落实挂点帮扶单位。其中省直单位 1 个、市直单位 2 个、区直单位 2 个,定点扶贫单位共投入帮扶资金 15 万元。

鹰潭市 "十五"以来,全市共有 8 个省直部门、12 个市直单位和 12 个县(市、区)直单位安排在重点村开展定点包扶和定点扶贫工作,并帮助所在重点村的自然村开展新农村建设试点工作,帮扶资金 350 余万元,兴建学校 2 所,乡村桥梁 3 座,电灌站 2 座,新(扩)建小型以下水库 9 座,新(改)建乡村道路 30 千米,扶持贫困群众栽种毛竹 0.01 万亩。还动员组织广大党员干部开展结对帮扶活动。2001—2010 年,全市共有 0.32 万余名党员干部参与了此项活动,帮扶贫困户近 0.33 万户。

2007—2010 年,贵溪市各级党委政府分别安排部分省直、市直单位,对全市 8 个重点村开展以"党旗引领致富路、携手共建新农村"为主题的定点包扶,实行重点村包扶工作全覆盖。省检察院挂点志光镇柏山村,省委接待办挂点周坊镇库桥村。

赣州市 2010 年,兴国县 6 个省直部门共出资近 360 万元,帮定点村修路、建学校、修河堤。市直三家共出资 45 万元,帮助硬化了公路、新修了水渠。全年县直单位共出资 390 余万元,硬化村组公路 76.8 千米,帮改水、改厕达 3600 余户,发展烤烟 1.8 万亩,发展灰鹅 8.6 万羽。全县 8 个企业实施结对帮扶,投入资金 196 万,发展种养业和基础设施建设项目,安排劳动力 2150 人,形成了"公司+基地+农户"的运行机制。争取到国家级单位"兵器集团"挂点帮扶兴国县,2010 年资助 1000 万元兴建兴莲乡官田兵工厂旧址群。

2010 年,于都县全县共筹集社会帮扶资金 5664.4 万元,其中:省、市、县三级 148 个定点扶贫单位扶持 156 个重点村 171 个项目,共投入帮扶资金 2223.6 万元。县直单位共派出下乡扶贫干部 2620 人次,125 个县直单位定点帮扶 125 个村,1800 名机关干部结对帮扶 1992 户贫困户,投入各类扶贫资金 638 万元,其中单位自筹资金 281 万元,个人出资 106 万元,争取扶持资金 209 万元,捐赠物资价值 42 万元,实施扶贫开发项目 215 个,举办实用技术和劳动力转移培训 196 期,培训人员达 2510 人次。

2010 年,来自省、市、县共 116 个单位 234 名工作队员参加赣县扶贫重点村定点扶贫,扶建项目 238 个,帮扶资金 182.64 万元;860 名领导干部和党员与全县 1561 户贫困户结成帮扶对子,已有 326 户顺利脱贫;组织企业帮村带户,共争取扶持资金(含物资折价)475 万,受益人口达 10.58 万人。寻乌县有 2 个省直单位、3 个市直单位、26 个县直单位对 26 个扶贫工作重点村进行定点帮扶,各定点扶贫单位帮助贫困乡村发展支柱产业,强化基础设施和加强科技劳务技能培训。安远县有 2

个省直单位和企业、3个市直单位、105个县直单位参与定点扶贫,投入扶持资金639.7万元。

2010年,省国土资源厅在上犹县社溪镇乌溪村实施定点包扶工作,省山江湖办在安和乡黄坑村实施定点扶贫工作。帮扶单位投入155万元修建桥梁3座,铺设引水管道2100米,解决了96户320余人的安全饮水问题,向农户提供新品种早脆王苗1200余株、土鸡苗1000余羽,为贫困农户脱贫致富创造条件。瑞金市市直各定点扶贫单位共帮扶重点村项目40个,资金116万元,提供致富信息74条,赠送科技书籍2000余册,送去慰问金3.4万元。章贡区开展单位定点扶贫,如水西镇石珠村有驻市的96162部队定点扶贫。定点扶贫单位利用部队的各类资源优势,帮助石珠村进行环境整治,改善村民居住条件,指导农民科学生产,发展特色农业经济,并对农民进行技术培训,同时,为解决石珠村无办公场所和贫困家庭生活困难等问题,资助10万元钱物,促进了石珠村经济社会的发展。

2010年,信丰县扶贫办先后争取省交通厅、市建筑设计院等3个省市定点扶贫单位落实帮扶资金(物资)累计62万元,帮扶项目涉及交通建设、农田水利、校舍改建、产业扶贫等,受益人口3567人。

2010年,大余县定点单位帮扶,省消防总队、省气象局、市水电设计院等7个省、市帮扶单位共直接投入帮扶资金55万元,物资折款19万元。帮扶项目15个,修建道路9.8千米、桥梁2座,受益人口达4800余人;县直单位投入资金260万元帮扶项目56个,浇筑水泥路13千米。龙南县争取了32个单位省、市、县直单位定点帮扶16个重点村。32个单位已到位帮扶资金49.2万元,帮助争取资金80.6万元;促成651名领导干部结对帮扶901户贫困户(含155户计划生育贫困户),其中在16个重点村有134名领导干部结对帮扶189户贫困户,还落实了75名致富能手结对帮扶75户贫困户。

2010年,全南县开展领导干部"321"结对帮扶贫困户活动,全县共有27名县级领导、486名科级干部与540户贫困户进行结对帮扶。在加强联系定点单位方面,全县共有8个省、市、县单位在4个扶贫开发重点村开展定点扶贫工作。

自2001年起,定南县先后有4个省直单位和12个市直单位以及一大批县直单位分别在各个重点村开展定点扶贫,实现了全县119个重点村均有1个以上省直、市直或县直单位开展定点扶贫工作,定点扶贫单位共投入帮扶资金1440万元,促进了贫困乡村经济社会的发展。

宜春市 2001—2009年,安排27个省直单位、59个市直单位、1个驻宜部队机关和69个县(市、区)直单位开展定点扶贫。省、市、县各级帮扶单位分别为帮扶村拨专款和争取项目资金达2523万元、963.20万元和608万元,帮助贫困村加强基础设施建设,改善生产生活条件。2010年,部门定点扶贫工作继续深入,全市58个重点村共落实省直单位20个、市直单位33个、驻宜部队机关2个、县(市、区)直单位44个,合计99个单位开展定点扶贫,完成了省里下达的目标任务;帮扶力度继续加大,99个帮扶单位自筹资金近671万元,争取扶持资金602万元,各项捐赠折款近百万元,支持了全市贫困地区各项事业发展。

2006—2010年,袁州区的定点扶贫成效斐然,省科技厅自筹资金60余万元帮田段村建了村小篮球场、电教室、科技活动中心、硬化道路、支持产业发展及慰问困难户。2010年,省科技厅再筹12

万元,争取其他资金 10 万元,支持兴修洪灾冲毁水利工程,受益农田 1500 余亩,修建饮水工程 3 个,硬化了组级公路 0.9 千米。为搞好该村产业结构调整,该厅在年初组织专家开展了科技下乡活动,为当地群众提供良种、良法服务;至 2010 年,该厅在田段村建立甜叶菊种植示范基地 200 亩、甜玉米种植示范基地 20 亩、毛豆种植示范基地 100 亩;省武警水电二总队为经楼镇后窑村提供帮扶资金 9 万元,支持该村建桥、新农村建设、新建文化活动室添置书籍、修建文化长廊。袁州区 15 个省、市、区三级定点帮扶和定点扶贫单位帮扶贫困村加强基础设施建设,帮助贫困村发展主导产业和开展劳务输出等。三级帮扶单位共拨出专款 172 万元,争取无偿资金 108 万元,帮助 12 个受扶村新修维修中小学校 3 所,修建村部办公楼 2 处,新修公路 21.6 千米,建桥梁 2 座,维修水渠 2300 余米,修建饮水工程及其他基础设施 18 处,捐赠资金 8 万余元,资助贫困学生 160 余人次,走访慰问贫困农户 400 余户,捐赠书籍 1000 余册。

2010 年,丰城市有 4 个省直单位,4 个宜春市直单位及 7 个丰城市直单位在丰城市的 7 个省定贫困村开展定点包扶工作。定点扶贫单位共投入帮扶资金 9 万元,向上争取无偿项目资金 50 余万元,扶助各类物资折款 6.8 万元,扶助各类项目 7 个。开展领导干部扶贫帮困工作,全市有 173 个单位的 1171 个科级干部,45 个县处级干部和一个市级干部参加扶贫帮困工作,帮扶困难对象 1288 户,帮扶资金 52.01 万元。

2010 年,上高县有贫困重点村 4 个,定点包扶单位中有省直单位 1 个,市直单位 7 个,县直单位 85 个。定点单位共计投入帮扶资金 168.5 万元,帮助修建基础设施和公共项目 31 个,走访党员群众 500 余人次,发放慰问钱物折款 30 余万元。

2010 年,铜鼓县组织干部结对帮扶,元旦春节期间,组织干部走访慰问困难群众 1395 户 1805 人,发放慰问金 33.8 万元,慰问物品折款 32.2 万元,总计发放折现金额达 66 万元。全县帮扶干部 1812 人,帮扶对象 1423 户,落实帮扶资金 36.7 万元,捐赠帮扶物款合计 135.2 万元。做好定点帮扶与包扶联络工作,省直帮扶单位到点 4 人次,其中处级 2 名,处以下 2 名,为重点村提供扶助资金 5 万元,电脑 10 台,帮助培训干部 15 名,结对帮扶 2 户,下派定点扶贫干部 1 名。

2010 年,万载县 8 个重点村共落实省直 3 个单位开展定点扶贫,各级包村扶贫部门单位投入大量物质和资金对口联系帮扶 8 个重点贫困村,促进了县域经济的发展和农村社会的进步。

吉安市 2010 年,吉安市共安排 672 个省、市、县党政机关事（企）业单位到扶贫开发重点村开展定点扶贫工作,筹集扶持资金 5425.13 万元。共有 13 个省、市、区部门、单位参加了吉安市吉州区的定点扶贫工作,580 余名科级领导干部与贫困户结成了"1＋1"帮扶对子,400 余名村党员干部也开展了"1＋1"结对帮扶工作,争取社会扶贫资金 160 余万元,举办各类培训班 30 期,培训人员 800 人次,组织劳务输出 200 余人。省科协、省武警总队、市旅游局到吉州区开展定点扶贫,筹集帮扶资金 116.5 万元,其中:省科协筹集项目资金 70 万元用于陂下村农田改造;省武警总队投入 10 万项目资金帮助富滩镇丹村推进新农村建设。科技部投入吉安市井冈山市扶持资金（通过科技部牵线争取资金）560 万元,省旅游局、省委党史研究室、人行南昌中心支行、省军区机关、吉安市扶贫和移民办、吉安市石油公司等 7 家省、市直定点帮扶单位扶持项目 7 个,扶持资金 80 万元。

2010 年,吉安县县直各定点扶贫单位和个人累计捐款资金 1059 万元,捐物折价 319 万元,资助贫困学生 5138 名,帮助贫困户输出劳动力 4120 名,支援项目 156 个,支持重点村的基础设施建设和产业发展;中央、省、市直定点扶贫单位帮扶力度加大,中国人民保险集团公司捐赠 100 万元,用以发展横江葡萄产业和产业基础设施建设,共扩大葡萄种植面积 100 亩,建设多功能葡萄庄园一座;省人大常委会办公厅坚持常驻敦厚镇廖家村,开展帮扶工作,并争取到项目资金 127.2 万元,促进了廖家村水利、交通、环境、村部等生产生活基础设施建设;省扶贫和移民办在永和镇开展扶贫开发试点工作,支持项目资金 300 余万元;南昌铁路局重视扶贫挂点工作,派出了专门工作组,局领导多次深入偏远山区的天河镇白泥村开展调研,支持项目资金 60 余万元;省建工集团为官田乡湖霞村支持村部建设 5 万元;市委办、市房管局、市中国银行、市直机关工委、市民族宗教局对所挂的重点村分别给予了 3 万、4 万、2.5 万、3.5 万、6.6 万元的资金支持,推动了贫困村新农村建设。

2010 年,峡江县的定点包扶中,2 个省直单位,8 个县直单位在重点村开展定点帮扶。中电投江西分公司帮扶资金 30 万元,拨付救灾物资 5 万元,江西国际经济技术合作公司帮扶资金 35 万元,拨付救灾物资 15 万元,县直帮扶单位帮扶资金 6.7 万元。2 个省包扶单位帮助重点村新建村部大楼 1 座,改建维修村部大楼 1 座,新建村民科技文化楼 1 座共 1300 平方米,帮扶 2 个自然村开展新农村建设,硬化巷道 1340 米,改水改厕 48 户,维修村活动广场一个,新建活动室一个,新建垃圾焚烧房两座,维修水渠 1460 米,发展大棚蔬菜 10 亩,受益农户达 1798 户,农户人均增收 120 元。2010 年 6 月 19—29 日,北门、宋家等 4 个贫困村遭受了 50 年一遇的洪涝灾害,省直包扶单位分别为北门、宋家两个村送来了救灾资金和物质共计 40 万元。

2010 年,吉水县委、县政府共为贫困村安排定点帮扶单位 20 余个,争取省、市派驻定点帮扶单位 3 个。省妇联、南昌大学、粮油总公司、市航务局四个定点扶贫单位分别在吉安市泰和县石山乡上居村、上模乡老居村、沙村镇兴华村、南溪乡洲尾村挂点帮扶,从资金、技术、信息等各方面对贫困重点村进行帮扶。

2010 年,泰和县共有 17 个扶贫开发重点村,全部落实县级定点扶贫单位。

2010 年,安福县全年帮扶单位援助资金近 64.47 万元,扶持生产项目 41 个,其中养殖业 12 个,种植业 13 个,修路项目 8 个,水利设施项目 4 个,村部建设 4 个。省公路局资助 7 万元为扶贫村建造一栋村部大楼,省大地保险公司到挂点村开展帮扶工作。省劳动保障厅包扶在洋门乡下陂村,支持吊瓜生产"一村一品"项目资金 10 万元,帮助下陂村屋下等自然村对 200 亩油茶低产户进行改选,帮助下陂村的 8 个自然村扩展了 1200 头肉牛养殖。为下陂村争取水利厅项目 15 万元修建小水库。

2010 年,永新县有 1 个中直单位(科技部)、3 个省直单位、10 个市直单位、122 个县直单位和 21 个非公有制企业分别在各个重点村开展定点扶贫,实现了全县 133 个重点村都有 1 个单位开展定点扶贫工作,定点扶贫单位共投入帮扶资金 813 万元,促进了贫困乡村经济社会的发展。

上饶市 2007—2010 年,上饶市共落实定点扶贫单位 746 个,受扶贫村 751 个,定点帮资金和物资折款达到 751 万元,争取各类资金 1500 万元,全市已有 1.2 万名党员结对帮扶 1.2 万户贫困户,其中结对帮扶贫困户创业就业有 1200 人、党员干部结对帮扶资金 600 万元。

自 2006 年起,信州区有 1 个省直单位和 1 个市直单位以及一大批区直单位分别在重点村和非重点村开展定点扶贫,定点扶贫单位共投入帮扶资金 100 余万元,其中 2010 年投入 20 余万元。在领导干部结对帮扶中,信州区按照市级干部 2 户、县级干部 2 户、科级干部 1 户的要求与贫困户开展结对帮扶活动,每年平均有 35 名领导干部结对帮扶贫困户 70 余户,2006—2010 年,共为结对贫困户投入帮扶资金 410 万元,其中 2010 年投入 84 万元。

2010 年,上饶县整合各方力量,结合实际,对全县"十一五"期间 54 个重点贫困村开展社会扶贫工作。先后有 81 个国家、省、市、县党政有关部门、直属单位、驻县单位与上饶县重点乡镇、村实施定点挂钩扶贫,共投入帮扶资金 315 万元,加强对贫困村基础设施建设。

2010 年,弋阳县 15 个重点村均安排了定点扶贫单位,其中省直单位 2 个,市直单位 8 个,县直单位 9 个在重点村开展定点扶贫工作。在特大洪涝期间,各包扶单位积极帮助帮扶重点村进行抗洪救灾,各包扶单位自筹和争取资金 20 余万元用于重点村灾后重建。以项目载体,整合农、林、水、交通等有关部门政策资源,形成合力,共整合资金 100 余万元,用于重点村整村推进项目建设。

抚州市 2001—2009 年,全市有 520 余个省、市、县级定点帮扶单位,为挂点乡村建设筹集帮扶资金 2.62 亿元。2010 年,争取各级党政机关、企事业单位与贫困村开展定点扶贫,争取了 27 个省直单位和安排了 276 个市县直单位挂点帮扶贫困村,利用挂点单位的优势,从资金、技术、信息等各方面进行帮扶。省市县定点扶贫单位帮扶或争取援助资金 2700 余万元,扶持生产项目 186 个,组织劳务输出 5147 人,通过劳务输出等形式使贫困户户均增收 1500 元以上。

2010 年,乐安县落实县直单位挂驻重点村,对全县"十一五"46 个增补重点村均安排了县直单位和县级领导挂驻,进行定点扶贫。全县 41 个"十一五"重点村均安排了县直单位挂点扶贫,组织 1600 名党员干部与贫困户实行包户扶贫,组织了 120 名乡土能人与 600 名贫困户实行"结对创业"扶贫。

2010 年,金溪县省直定点包扶工作成效显著,省委政研室、省中小企业局、省招投标咨询集团有限公司等单位来金溪县重点村开展定点包扶工作,单位捐赠 32 万元,协调资金 61 万元,兴修公路 4.7 千米,兴建水利工程 2 处,受益农田 460 亩,引进吊瓜、蜜橘、葡萄、大棚蔬菜栽培等 6 项新技术。省委政研室、省招投标咨询集团有限公司领导在春节期间先后到对桥乡对桥村、秀谷镇港东村走访慰问贫困户 30 户,发放慰问金 3 万元。开展县直定点帮扶和结对帮扶工作,县委、县政府先后安排了 12 位县级领导干部和 19 个县直单位对全县 14 个扶贫开发工作重点村进行定点帮扶,从各单位抽调了 38 名精干人员到帮扶单位开展包扶工作,并规定每个帮扶单位不少于 1 万元。全年县纪委、法院等 19 个单位帮扶资金 22 万元,协调资金 96 万元,分别用于重点村基础设施、产业扶贫和新农村建设等项目建设。通过这些资金的投入,各帮扶村生产生活及基础设施得到改善。

2007 年,资溪县争取上级定点帮扶资金,争取到江西日报社定点帮扶重点村港东村。至 2010 年,共为港东村争取到帮扶资金 50 余万元,支持港东村小学、卫生所及道路建设,帮助贫困学子完成学业,其中 2010 年为港东村争取到灾后重建帮扶资金 22 万余元用于基础设施建设,并在港东村建起了"农村书屋"投入资金 2.8 万元;江西日报社还提供价值 40 余万元的广告版面用于宣传港东村的投资环境。

自 2007 年起,宜黄县先后有 3 个省直单位(省纪委、省机械行业办、江西中医学院)在重点村开展定点扶贫工作,各级定点包扶、定点扶贫单位为各扶贫点争取无偿资金960万元,扶助各类项目29个,举办各类培训班7期,培训人员304人次,干部职工捐款、捐物11.12万元,帮扶困难学生13人,助学资金0.88万元。东陂镇江背村在省纪委书记尚勇的协调下,争取到社会扶贫资金800万元,建设包括全省第一个村级科技大楼、移民搬迁点和林区公路等基础设施,打造出一批江背村精品示范建设工程。省机械行业办单位一次性拨款10万元,用于余溪村小学建设,省中医学院组织医疗专家组深入管坊村,进行了现场诊治。为400余人有针对性地开具处方,还免费提供了部分治疗药物,并向村卫生所、镇卫生院赠送了5000余元的常用药物,发放健康咨询手册600余份。

2010年,黎川县省直定点包扶工作成效显著,有江西师范大学、江西中烟工业有限责任公司、东华理工大学等单位来黎川县重点村开展定点包扶工作,共捐资64.47万,其中35.47万元修建了坊坪小学(金叶源)教学楼,9万元帮扶洵口村灾后重建,20万元帮扶了洵口镇下叶村修建了7千米的入村公路;争取项目资金270万,其中240万为洵口镇集中供水项目,30万为洵口镇修复灾后重建水毁项目;江西中烟工业有限责任公司利用自身技术优势,开展烤烟生产技术培训,帮助坊坪村村民发展烤烟生产0.06万亩,产值达到128万元,为村里创税4.8万元。

2010年,南丰县全县8个重点村全部实行了定点帮扶。其中省直单位帮扶情况为:省出入境检验检疫局定点帮扶宝石村、南昌航空学院定点帮扶坪上村;县直单位挂点帮扶情况为:县地税局、人劳局挂点进贤村,县供电局、国税局挂点云山村,县扶贫办、财政局挂点坪上村,县农业开发办、县信用联社挂点小石村,县教育局、县林业局挂点珠湖村,县文广局、县公路分局挂点港下村,县移民办、县药监局挂点宝石村,县发改委、县农业局挂点禾溪村。定点扶贫单位数量:省直单位2个、县直单位16个共18个。定点帮扶资金和物资折款达62万元,包括资金26万元及棉被、办公桌椅、学生课桌椅、电脑、电视、经济作物种子等折款36万元。同时,在县扶贫和移民局的组织和协调下,各单位参与争资金和争项目。在加强各重点贫困村的基础设施建设中,帮扶单位共争得各类项目资金92万元,完成硬化路面建设33.7千米和修建珠湖村小学校舍,硬化路面包括小石村4.5千米、坪上村1.5千米、云山村3千米、进贤村11.4千米、港下村5千米、禾溪村3.7千米、宝石村4.6千米,加强了各贫困村的基础设施建设。

2010年,临川区省直定点包扶工作成效显著,省科学院对云山镇云山村开展定点包扶工作,共捐资50万,其中4万元帮助村民进行灾后重建,7万元协助云山村村委会建设云山村委会办公大楼,其余物资和资金用于帮助困难户。

第二节　企事业扶贫

企事业单位拥有人才、资源、资金、技术等各方面优势,省政府出台系列政策,以充分调动企事业单位的积极性,充分发挥其作用,为全省扶贫工作作出贡献。

省企事业扶贫

1996年仅省级组织的18个对口支援单位派出干部、技术人员78人次,投入资金8000万元,实施联合开发项目 55 个。赣州市在以果业为支柱产业进行开发时,引导各级党政机关、企业 987 个,投入资金 2351 万元在贫困地区联合开发果园 8.10 万亩。

在贫困县、乡有一批由国家扶贫资金扶持兴办的县、乡扶贫企业,其中大部分投入生产经营,取得较好经济效益,自身具有一定的经济实力。上饶县霞光企业集团是一个股份制民营扶贫企业,先后得到 90 万元扶贫贷款的扶持。1996 年开展带村帮户试点,共安排贫困户劳力 120 名,年人均工资 8000 元,先后投入 5 万余元,扶持村集体和贫困户联办果园,帮助修建 4 千米村级公路,改造输电线路 2 千米,并捐资兴建村小学。根据全村 14 户贫困户无耕牛的情况,每户扶助 1 头耕牛。到 1998 年,全省扶贫企业带村帮户企业 248 个,投入资金 1257 万元,受帮扶村 222 个,扶持种养加等项目 753 个。

1996 年,民营企业投入资金 2.95 亿元,与贫困地区联合开发项目 139 个。在上饶市联系结对 52 个村,包扶贫困户 1021 户,筹集帮扶资金 104 万元。江中制药厂在帮助余干县第三制药厂和珠湖制药厂的对口支援工作中,投入 2000 万元资金和专利技术,扶持两家贫困地区企业生产"江中健胃消食片",1996 年实现产值 7000 万元,税利 900 余万元。省委统战部、省工商联充分发挥与民营企业联系密切的优势,积极组织民营企业家到贫困地区考察,利用民营企业的资本与贫困地区兴建联合开发项目。

1997 年,全省共安排 79 个省直单位定点挂钩扶持 79 个贫困县、乡,组织省地(市)两级共 335 个较发达城市,国营大中型企业,大专院校和科研单位到贫困地区对口支援老区建设。其中,保险总公司常年派出扶贫工作组深入贫困地区,指导并参与扶贫开发工作,"八七"实施以来累计投入扶贫资金 2.20 亿元,在当地建成了一批经济开发项目。各地、市共安排了 3 万多名科级以上干部与 3 万多户贫困户结成帮扶对子,平均每名干部无偿扶助贫困户资金 300 元左右,扶助化肥、农药、种苗、农物等折价,人均达 100 元左右。1997 年抚州地区"种子大王"朱新华共为全省 18 个贫困县提供巴西陆稻稻种 1.5 万千克,利用荒坡地、山地,为缺水地区群众的吃粮问题找到了一条新路。1997 年通过"光彩事业"动员民营企业的资本与贫困地区兴建联合开发项目,共利用民管企业资金 1.10 亿元,兴建了 69 个联合开发项目;发动全社会为"希望工程"献爱心,筹集 3500 万元资金,兴建了一批希望小学。

1997 年,省老建办专门组织人员到各地进行调查,了解全省社会扶贫工作情况。1997 年年初和年中,分别召开了省直单位挂钩扶贫工作座谈会和全省扶贫企业带村帮户工作现场会,探索和推广在新形势下动员社会力量参与扶贫工作的多种形式。全省一批由国家扶贫资金扶持兴办的扶贫企业,大部分已投入生产经营,取得较好的经济效益,按照扶贫资金的要求,利用这批扶贫企业的自身优势,量力而行帮扶一个村,包扶一批贫困户。截至 1997 年底,全省已组织了 121 个扶贫企业带帮 121 个贫困村,扶持贫困户 2708 户,扶持资金达 380 万元。

1998 以来,省地组织对口支援 258 家,实施联合开发项目 173 个,投入资金 1815 万元,吸纳贫困户 2397 人。通过对口支援,各单位派出技术人员 757 人(次)帮助贫困地区解决生产技术上的困难,帮助引进人才 122 人,培训技术骨干 3300 人(次),救活濒临倒闭企业 45 家。在国家扶贫资金扶持兴办的县、乡扶贫企业的基础上,全省扶贫企业带村帮户企业 248 个,投入资金 1257 万元,受帮扶村222个,扶持种养加等项目753个。1999年,江中制药厂根据中药材市场情况,因地制宜,扶持50户贫困户发展黄姜生产,每亩黄姜当年可获利1500元—2000元,仅此1项每户约增收2000元。

全省开展组织农业专业大户、能人帮带扶持贫困户活动。在各地探索4种开发模式:能人牵头组织技术承包,签订合同,明确双方的责权利,实行全程服务;以能人牵头兴办有贫困户参与的扶贫开发项目,单独核算,自主经营,自负盈亏;以能人牵头组织贫困户搞股份开发,即把扶贫资金作为各个贫困户的股金参与能人的项目开发,扶贫资金由能人统一承贷承还,利润按股分红;以能人牵头建立基地、培训、推广,服务一条龙体系。广昌县赤水镇农民谢远泰,依靠本地资源,成功研制一种以茶树壳为主要原料的茶新菇,被称为"神菇"。1993年,扶贫部扶持他组建了"江西远大神菇集团公司",并在全省范围内建立了18个生产经营基地,1997年实现产值近亿元,利税率达35%以上,先后帮带贫困户有2000余户,仅此一项,户均增收达2000余元,基本摆脱贫困。到1998年为止,全省由乡土能人大户为龙头组织建立的各种扶贫联合体达2200个,帮扶贫困户1.7万户。联合体形成的综合产值已达3.7亿元,利税4500万元。

2004年,省扶贫办、省工商联、省光彩会3家联合签订了《关于在扶贫开发领域全面开展合作的协议》。为进一步将协议落到实处,3家单位于2005年5月24日—6月3日,组织以省工商联执委和省光彩会理事为主体的200余位非公有制经济人士参与扶贫开发项目考察活动。整个活动采取开座谈会和现场考察相结合的办法进行,21个国定扶贫开发重点县拿出300余个强势项目与企业家进行广泛对接。

自1998年以来,"村建"工作扶持老区贫困地区经济薄弱村上千个,扶持村集体经济资金近亿元。光彩事业在各级扶贫部门的配合参与下,在老区贫困地区累计实施光彩事业项目近30个,投入资金1000余万元。

"十一五"期间,不断健全完善"政府推动、企业参与、政策激励、合作共赢"的亿元企业参与扶贫工作体系,逐步建立起企业参与扶贫工作的长效机制,全省共有1474个各类企业通过定点扶贫、光彩事业、"千企联千村"等多种形式积极参与贫困地区扶贫开发。各级扶贫部门安排扶贫贷款,重点鼓励和引导农业产业化龙头企业和有一定规模民营企业按照"公司+基地+农户"的产业化经营模式,遵照市场运作规律,到贫困地区投资建基地、搞加工、拓展流通渠道,促进扶贫主导产业结构的调整优化并发展壮大,实现企业发展、贫困群众增收的"双赢"目标。同时,倡导各类创业成功人士到贫困村,与贫困户开展捐资助建、助学、助困和人力资源培训、吸纳劳动力就业、推广新技术新品种等"帮村带户"活动。

2010年,企业参与扶贫日益成为全省社会各界参与扶贫的重要力量。全省共有780个民营企业通过定点扶贫、产业带动、村企合作等多种形式,参与到各地的扶贫开发工作,共投入各类帮扶资金、物资折款达1.21亿元。

各设区市企事业扶贫

南昌市 从2007年起,为每个重点村落实一家民营企业,开展对口帮扶,形成"1+2"的帮扶机制。帮扶企业对扶贫开发重点村水、电、路、校等项目已投入资金 560 余万元,帮助重点村修建排灌站、硬化道路等基础设施建设。

九江市 2005 年 11 月,市扶贫办联合工商联在全市组织了民营企业家参与"扶贫开发光彩事业修水行"活动,20 余名民营企业家参加,共计签约资金 5.3 亿元,捐赠资金 110 万元,帮助贫困地区修路建校。2010 年,瑞昌市全市社会名人及私营企业老板共为贫困村投入资金 63 万余元。

萍乡市 2010 年,在莲花县的"爱心包裹"捐助活动中,莲花森美农林开发有限公司、莲花县赣星实业有限公司、江西永特合金有限公司等民营企业踊跃捐购爱心包裹 110 个;在帮扶重点村的基础设施建设方面,非公企业捐资达 20 余万元。

新余市 1997 年,蜜橘开始示范推广,至 2009 年有栽培面积 8 万亩,蒙山实业有限公司的"新余蜜橘"示范区面积 0.25 万亩,辐射区延伸到渝水区人和乡、鹄山乡、南安和分宜县的洞村乡、高岚乡、操场乡等 8 个贫困乡镇地区,采取"公司 + 基地 + 专业合作社 + 农户"的模式,建立利益联结机制,带动农户近 3000 户,人均年增收 2000 元。

鹰潭市 组织有关单位和企业对未列入省、市定点包扶的重点村开展以"党旗引领致富路,携手共建新农村"为主题的定点包扶工作。2010 年 10 月 15 日,召开新一轮市光彩事业促进会三届一次理事会,部分民营企业家与帮扶村签订帮扶合作协议,其中扶贫开发重点乡樟枰乡的两个村、彭湾乡的一个村分别与民营企业家签订帮扶合作协议。扶贫办把农业产业化建设当作贫困地区发展生产和贫困农户增收的重点,先后加大对大忙人、金沙蔬菜、天师养生茶等省级龙头企业的扶持力度,在资金和政策上给予倾斜。2010 年,鄱阳湖生态经济区建设中的生态扶贫产业扶持项目、全市唯一的省级扶贫龙头企业贵溪市龙虎山食品有限公司充分发挥技术优势、品牌优势和市场优势,依托当地独特的气候资源和环境条件,建立 0.35 万亩茶叶基地和 0.70 万亩笋菇基地,直接带动扶贫开发重点乡贵溪市樟坪乡等周边乡、镇、场的 3500 余农户(其中贫困户 370 户)实现增收。同时将产业链延伸到该地区近 6000 户农户家庭,安排一定数量的贫困劳动力到其食品加工企业就业。

赣州市 2001—2010 年,全市各级扶贫龙头企业实行了帮村带户工作,其中国家级扶贫龙头企业 1 家、省级扶贫龙头企业 4 家、市级扶贫龙头企业 5 家。动员组织 813 家(次)非公有制企业参与"企业帮村带户"活动,共帮扶贫困村 917 个,帮带重点村 1012 个(次),投入生产性项目资金和帮扶资金 3.2 亿元,发展种养项目 882 个,带动 36774 户农户受益,就地带动劳动力就业 53762 人次。2010 年,全市组织动员了 252 家企业参与了"帮村带户"活动,共帮带扶贫开发重点村和农户 450 个 10200 户。

2010 年,兴国县开展全县 8 个企业实施结对帮扶,投入资金 196 万,发展种养业和基础设施建设项目,安排劳动力 2150 人,形成了"公司 + 基地 + 农户"的运行机制。

2010 年,于都县 45 家"帮村带户"企业帮带 46 个重点村 1042 户农户,投入帮扶资金及物资折款 763 万元。

2010 年,宁都县组织 10 个民营企业开展帮村带户,扶贫开发担保有限公司为扶贫龙头企业和规模种养加大户共担保贷款 1745 万元,担保项目 63 个,当年实现农业产值 2600 余万元,辐射带动周边农户 2650 余户 10580 人,安排贫困人口就业 925 余人,帮助农民增收 180 余万元。

2010 年,会昌县组织民营企业进行帮村带户。对帮村带户企业予以项目贴息贷款和免费培训工人,共引导 8 个非公有制企业参与扶贫开发,帮扶贫困村 11 个,捐助资金 63 万元,帮助重点村兴建基础设施和公益项目 13 个,以定金的形式免息借给 179 户农户 152 万元用于发展果业、烟叶、生猪等生产,吸收贫困劳动力就业 1058 人次。

2010 年,安远县有 26 个企业参与"帮村带户"活动,帮扶贫困村 26 个,捐赠资金 12.2 万元,帮扶资金 1000 万元。

2010 年,瑞金市全市有 8 家企业参与帮村带户,投入帮扶资金 343 万元,物资折款 31 万元,受益人口 15600 人。

2010 年,章贡区由企业进村经营帮村带户,如经营蔬菜企业把无公害生产基地安排到贫困村,增加农民的经济收入,解决农民就近就业和学习新的生产技术。

2010 年,大余县动员南安板鸭厂、江西榄菊日化有限公司等一批内资、外资企业参与到扶贫事业当中,共帮扶项目 6 个,为贫困群众提供就业岗位 163 个,受益群众达 500 人。大余县创新开展产业扶贫到户工作,动员 10 位民营企业家分别扶持 10 户贫困户发展产业,每户帮扶资金 3000 元,在村干部的指导和帮助下,进行短平快地种养帮扶。2010 年,10 位爱心民营企业家与 10 个重点村102 户贫困户结对,签订帮扶合同,累计投入扶贫资金 30.6 万元,扶持了生猪、白鸭、毛竹、香菇、甜玉米、薄皮西瓜、花卉等 10 多种种养业的发展。被帮扶的 102 户贫困户户均纯收入增加 6000 元至30000 元不等。

2010 年,崇义县包扶单位共投入包扶资金 122 万元,实施项目 12 个。开展"321"结对帮扶活动,全县副科级以上干部帮扶结对贫困户 800 户。

2010 年,龙南县安排了 7 家非公有制企业结对帮扶 6 个重点村,7 家企业共向结对村捐赠帮扶资金 15.1 万元,捐物折款 4 万元。全县 16 个重点村共接受社会捐赠 67.42 万元。

2001—2009 年,定南县动员组织了 5 家(次)非公有制企业参与了"企业帮村带户"活动,共帮扶贫困村 11 个,帮带重点村 13 个(次),投入生产性项目资金和帮扶资金 250 万元,发展种养项目 4个,带动 312 户农户受益,就地带动劳动力就业 419 人次。

宜春市 全市累计共有 260 多家民营企业积极参与扶贫济困,积极捐资帮助贫困村改善基础设施,资助贫困学生等,捐资额达 1700 余万元。2010 年,宜春市非公有制经济组织参与扶贫开发,全市共有 65 家非公有制经济组织继续与 63 个村结对帮扶,捐款捐物达 620 余万元。

2010 年,袁州区共有 8 家非公企业挂钩帮扶 8 个村,共捐赠资金 86 万元用于受扶村改善生产生活条件,同时积极开展村企合作,形成协议合作项目 5 个,实际投资 60 万元,吸纳贫困劳力 221人就业,带动贫困农民脱贫增收。

2010,丰城市全市有 110 家经济实力强劲的非公有制企业结对帮扶 110 个村(其中贫困村 7个),投入帮扶资金 750 余万元,帮扶产业性项目 56 个,基础设施改造性项目 68 个,使 10 余万农民直接受益。

2010 年,上高县非公有制经济参与帮扶捐资助学,其中捐资兴建学校 1 所,投入资金 16.5 万元,匹克集团捐资 10 万元帮助 20 名贫困大学生圆大学梦。

吉安市 非公有制经济踊跃与重点村开展结对帮扶和开展村企互惠合作。到2009年,全市有131家非公有制企业参与扶贫开发,全市共帮扶326个重点村,捐助资金达1800余万元,帮助修建基础设施和公益项目110个,吸收8380人就业。2010年,吉安市产业化扶贫和移民产业扶持试点初显效益,发放贷款1.08亿元,直接贴补利息420万元,重点扶持扶贫龙头企业发展壮大规模,扶持贫困群众发展"一村一品"产业。扶贫龙头企业辐射带动贫困地区贫困群众人均年增收200元以上。全市共有202个非公有制企业参与扶贫,捐赠资金583.28万元,接受帮扶村354个。

2010年,青原区共争取8家非公有制企业参与到社会扶贫工作中来,以农民增收为目标,大力发展扶贫产业:做强龙头企业,以"吉安富荣蘑菇开发有限公司"为龙头,以村企共建为抓手,采取"公司+基地+农户"的模式,推动菌种繁育生产标准化种植、科技服务、产品收购于一体的食用菌产业链的延伸,吸收贫困户的参与,增强辐射带动农民增收能力;做精"一村一品"工程,采取以奖代补的方式,扶持农户发展产业,从财政扶贫资金中切出16万元用于各扶贫重点村发展种养业,引导农户发展以果业、食用菌种植、毛竹低改等产业,形成富滩丹村、三友"一村一品"2个果业村,参与果业农户260余户,种植果业达到0.10万余亩;做大专业合作社,培植食用菌龙头企业带动农户发展种植基地1个,组建食用菌种植合作社,参与农户达26户,组建三友村果业、黄沙村毛竹农民合作社,使果业、毛竹产业规模日益扩大。

2010年,吉安县温氏养鸡、遂川县翔云药业等龙头企业采用"公司+农户"模式带动大批贫困群众发展产业致富。吉安县温氏公司、正邦公司采取"四提供一回收"及信贷担保、分担保险等形式对合作养殖户开展产业扶贫,每年帮扶资金达500余万元;整合水利、林业、农业、产业等部门资金400余万元。5月7日,在全省扶贫系统"支援玉树地震灾区"和"爱行2010——爱心包裹"捐助活动现场会主会场上,县内两家扶贫龙头企业——国家级扶贫龙头企业吉安温氏畜禽有限公司、省级扶贫龙头企业吉安锅丰(集团)米业有限公司,分别捐款1.18万元和1.2万元。2010年,吉安县发生特大洪涝灾害,吉安燕京啤酒、锅丰米业、华忆教育等全县25家企业捐款捐物折合人民币100万元到受灾最严重的乡镇、村。引导24家企业参与社会扶贫。整合水利、林业、农业、产业等部门资金400余万元。在县办的协调下,郭家店林场、井冈山食品公司分别支持重点村新农村建设。

2010年,新干全县共有7个非公有制企业参与扶贫,筹集帮扶资金140余万元。有1家省级扶贫龙头企业,辐射带动贫困村5000余农户种养致富,受扶农户人均年增收200元以上,促进了贫困地区经济的发展。重点村和水库移民村"一村一品"得到产业,葡萄、生猪、水产、油茶、无公害蔬菜等产业初具规模,群众在发展产业中得到实惠,加快脱贫致富的步伐。全县安排科技扶贫项目共1个,投入扶贫资金25万元,帮扶900多贫困户发展食用菌产业,受益户人均增收3500元。

2010年,永丰县有1家省级扶贫龙头企业,辐射带动贫困地区贫困群众人均年增收200元以上,促进贫困地区经济的发展。重点村和水库移民村"一村一品"产业红红火火,白莲、油茶、无公害蔬菜、烟叶等产业初具规模,群众在发展产业中得到实惠,加快了脱贫致富的步伐。共为涉农企业争取扶贫贷款达330万元,直接贴补利息11万元。全县4个非公有制企业参与扶贫,捐赠资金20余万元,受扶村26个,争取各类捐赠资金56万元。

2010年,峡江县组织2家非公有制企业与农户建立"农户+基地+公司"模式的利益共享体,帮助 4 个贫困村发展蒿菜、优质稻种植,带动 1000 户农户受益。两公司还向贫困村捐资捐物 3.8 万元,捐赠爱心包裹 400 个,援建水泥路 0.5 千米。

2010 年,泰和县采取扶贫贴息贷款的方式扶持泰和久天实业有限公司和泰和忠鑫实业有限公司发展生产,这 2 家企业主动给贫困村安排劳动力就业和传授养殖技术等方面,帮助 3 个村 50 余户农民实现增收致富。

2010 年,万安县全年共有 28 家非公有制企业到贫困村进行结对帮扶,捐助款物达 94.7 万元。

2010 年,安福县引导非公有制企业参与扶贫。全县非公有制经济参与扶贫企业 10 个,共捐资 130 余万元,受扶村 20 个,资助贫困学生 110 名。如甘洛乡石陂村塔口徐家自然村个人捐款近 15 万元(其中徐金山个人捐款 5 万元),修建水泥路 1.2 千米;还有齐峰水泥厂、江西金太阳教育研究有限公司等单位与重点村结对帮扶,为重点村献计献策,出资帮扶。

上饶市　2007—2010 年,扶贫的企业数量为 200 个,企业帮扶资金 3000 万元,上饶市争取各类社会捐赠资金 1800 万元,行业扶贫资金达到 2200 万元。2010 年以来,江西远泉实业集团有限公司、江西金标实业有限公司、江西茗龙实业有限公司等一大批非公有制经济继续加大力度参与扶贫行列。远泉实业集团捐资 4 万元扶助董团乡板桥村配套硬化村道 6 千米,吸纳贫困劳动力就业 300 人;金标实业公司捐资 2 万元扶助董团乡魏家村新农村建设点用于自然村道硬化,吸纳贫困劳动力就业 100 名;茗龙实业公司尊桥茶叶基地吸纳当地贫困女劳动力就业 100 名;还争取中国石油天然气集团公司列为中直机关派驻横峰县"十二五"扶贫开发定点帮扶单位。

2010 年,上饶县引导非公有制经济参与扶贫,通过远泉等企业帮助贫困村完善道路硬化,同时吸纳了贫困劳动力就业 400 余人。

2010 年,广丰县全县参与扶贫开发的非公有制企业增加到 6 家,帮扶成效明显。江西白云科技发展有限公司等采取"公司 + 农户"形式,为农户提供种苗、技术等,帮助群众脱贫致富,并吸收 60 余个贫困劳动力就业。上饶市横峰县通过对龙头企业贷款贴息、农户小额贷款贴息和互助金试点等项目的实施,示范推广种植泡桐"9501"7000 亩,速生葛根 4 万亩,涌现各类种养大户 600 余家,扶持扶贫龙头企业 5 家,加快贫困户脱贫致富步伐。

2010 年,万年县采取措施扶持壮大一批农业龙头企业,通过龙头企业的示范带动作用,并建好企业和贫困群众及移民的合作模式,引导贫困群众和水库移民发展特色主导产业增收致富。全县形成以生猪、贡米、雷竹、油茶、蔬菜等为农业主导产业的工作格局。通过"公司 + 基地 + 农户"和"五包一赊"模式,扶持、引导贫困群众和移民发展生猪养殖 1 万余头,发展雷竹种植 5000 亩,油茶 3000 亩,蔬菜 2000 亩,为从事产业开发的贫困户和移民户带来净增 1 万余元的收益。

2010 年,余干县大力扶持农业产业化龙头企业,以龙头企业为核心,辐射带动周边重点贫困村的贫困农户进行种植、养殖发展,采取公司 + 基地 + 农户的经营模式,为贫困农户提供技术服务,资金扶持,销售保证。扶持江西卫彩米业、余干县粤赣米业、余干县富湾水产养殖有限公司等省、市龙头企业,发展扩大种植业、养殖业、农副产品加工业。经扶贫办与县农业银行协商,共为他们争取 500 余万元扶贫贷款并给予 18 万元贴息。83 个重点村、2000 余户贫困户、1 万余贫困人口受益,受益贫困农户户均增收约 720 元。另外借助连片开发项目在余干县试点之际,重点扶持国珍枫树辣椒种植专业合作社、古竹北湖种养专业合作社、乌泥鄱湖养鸭专业合作社、白马种肉鸽养殖专业合作社、古埠镇邱家墩村等产业发展。

抚州市 充分发挥扶贫项目贷款贴息的激励作用，对享受扶贫项目贷款贴息优惠的非公有制企业赋予扶贫任务，帮助贫困村兴建基础设施，资助贫困户子女上学，安排贫困户劳动力就业等，引导非公有制参与扶贫。至 2009 年底，全市参与扶贫的非公企业达 55 个，帮扶贫困村 167 个，累计捐资 560 万元，捐物折款 400 万元，投资兴建村企协作项目 170 个，吸收贫困劳动力就业 4.3 万人次，就业贫困群众人均增收 6000 余元。2010 年，全市参与扶贫的非公企业达 120 个，帮扶贫困村 147 个，捐助资金 850 万元，帮助重点村兴建基础设施和公益项目 52 个，吸收贫困劳动力就业 5600 人次，就业贫困群众人年均增收 8000 余元。南城洪门养殖公司采取"公司 + 农户"形式，为农户提供鸡种，提供技术，调动贫困户自身积极性，受益农民达 800 余户，每户农民年增收近 700 元。

2010 年，广昌县非公有制企业参与扶贫开发 20 个，企业帮扶贫困村组发展资金达到 400 余万元。通过"扶贫龙头企业 + 基地 + 农户"辐射带动，投入贷款贴息扶贫和科技扶贫资金共 30 万元，给予扶贫龙头企业广昌莲香食品有限公司扶持，该公司辐射带动贫困户 3000 余人增收。

2010 年，金溪县思派思香料、波尔农庄、千佳米业、双辉果业等 11 家企业参与扶贫开发，各类企业帮扶资金 210 余万元。2010 年，宜黄县引导企业帮村带户，江西坚华、三和药业等 8 家非公有制企业参与扶贫，帮扶资金 160 万元。

2010 年，崇仁县产业化扶贫工作加强。结合该县实际，继续在 8 个重点村搞好产业化扶贫，实施"一村一品"，引导促进农民产业化发展。六家桥黄民芝，通过培训学习，麻鸡养殖由原来的 2000 羽扩大到 6000 羽，通过科学养殖及时地运用及场地规划，降低了养殖成本，年收入超过 5 万余元，在黄民芝的带动下，邻近乡村的 30 余农户养殖麻鸡规模不断扩大，现养殖规模仅略少于巴山镇；三山张家村聂平孙学员通过培训水稻栽培技术，科学种植水稻，扩大种植面积 100 余亩，辐射带动周边群众发展水稻种植 900 余亩；支持和指导成立各种专业协会和技术协会，做好各种跟进服务，如陈坊村发展木竹加工业，成立崇仁县相山镇竹木合作社，该合作社通过办厂经营，争取林业部门中、幼林抚育及阔叶林封山项目，实现人平均增收 300 元。

2007 年，省中烟公司为黎川县熊村镇坊坪村无偿扶助发展烤烟资金 12 万元，对新发展烤烟生产的农户每户补助资金 1000 元，同时，与信用社积极联系，为烟农发放小额贷款，对缺少启动资金的农户每户发放 3000 元的小额贷款，解决该村群众烤烟的启动资金。2007 年该村新增烤烟 28 烤，达 300 亩。全县有江西利康、龙恒食品、野趣食品、鸣亚实业等 9 家企业参与扶贫，各类企业帮扶资金 200 余万元。至 2010 年，全县共有市级以上龙头企业 17 家，其中省级龙头企业 3 家，省级扶贫龙头企业 2 家，农业产业化企业几十家，专业技术协会、合作社等农民专业合作组织百余家。食用菌（茶树菇）、烤烟、林果、水产养殖等产业不断发展，基本形成"一村一品"格局。扶贫龙头企业带动辐射农户数 1.3 万户，其中贫困户近 1000 户，带动农户人均增收 1500 元；特色产业带动农户数 34218 户，带动农户户均增收 6300 元。

2010 年，南丰县在引导 100 家非公有制企业参与扶贫工作中，全县参与的企业数量达 8 家，8 企业帮扶资金达 160 万元。

2010年,临川区临川酒厂、江西闽昌实业生态有限公司、抚州市苍源药业开发有限公司、江西天顺农业有限公司等企业参与扶贫,各类企业帮扶资金共200余万元。

第三节 社会力量扶贫

江西贫困地区和贫困人口都相对较多,人们的生活、工作、学习等都存在困难,省老建办动员广大社会力量、利用项目扶持的方式帮扶贫困群众。

在"十五"期间,全省有5万名党员干部结对帮扶5万户贫困户,其发展规模、帮扶资金、效益,都有质的飞跃,各地多种形式的结对帮扶工作不断发展完善。"十一五"期间,全省共组织了10万名党员干部帮扶了10万户贫困户。

1998年,全省开展扶贫企业带村帮户、乡土能人帮扶贫困户、"村建""光彩事业""妇女双学双比""计划生育'三结合'"等社会扶贫活动,推动实施"国家"八七"攻坚计划",加大扶贫开发力度。

2010年6月,全省遭受历史罕见的严重洪涝灾害,给广大群众的生活和农业生产造成重大损失。为帮助贫困地区和移民安置区受灾群众减少损失、恢复生产,2010年7月9日,省扶贫和移民办在南城县、峡江县同时举办"灾后重建,恢复生产,科技帮扶"的科技扶贫活动。聘请省农、林、渔、牧专家为受灾群众生产自救和恢复生产进行现场技术咨询和技术指导;并向受灾群众赠送有关生产技术和科技资料3000余份。科技帮扶活动为两地受灾群众挽回经济损失350余万元,受益群众1800余人。

南昌市 进贤县在贫困村重点扶持"五大产业",即养鸡、养鳝、黑芝麻、高产油茶和优质果业。到2010年止,果业种植面积达3000亩,油茶种植面积逾万亩,黑芝麻种植面积达8000亩,网箱养殖黄鳝达12000箱,养鸡100万羽以上。各贫困村的群众通过主导产业的带动,人均收入提高近千元。

2010年,参与安义县全县社会帮扶的省市单位和企业共29家,筹集或协调帮扶资金120万元,帮助重点村搞建设,其中市财政局筹资45万元,支持新基村修建公路桥,改水改厕,维修水利设施等;市公安局筹资5万元帮助黄洲村修桥修路;市工商局筹资12万元,扶持罗丰村修建公路和完善水利设施;市药监局筹资5万元,为长埠村修建村组公路;市国税局筹资3万元,为塘口村完善村级办公场所和村级卫生设施等;南昌家具行业商会为潘家村解决村级小学维修资金3万元。全县重点培植了无公害小水果、花卉苗木、果苗培育、生猪养殖等扶贫主导产业,增加了贫困农户收入。罗丰村生猪养殖3000余头;峤岭村果苗培育优质150余亩,每亩收入超过2万元;茅店村花卉苗木近500亩,每亩收入4000元;塘口村300亩冬枣正式投产,2010年每亩收入可达到6500元。争取主导产业示范点建设资金16万元,重点建设了新基村苗木基地和塘口村300亩冬枣基地。

九江市 1999年,修水县以连片开发项目的实施为契机,大力培育壮大扶贫主导产业。新扩低改桑园5000亩、标准化桑园培植1万亩,培育优质桑苗繁育基地150亩,蚕种繁育基地500亩;新扩茶园8000亩、低改茶园4200亩;同时将原一家公司、五星制丝和广东潮州高雅印务有限公司强强联合组建为亿元茧丝绸深加工企业一家实业有限公司,增加8组自动缫生产线和1条丝绒生产线。引进浙江等茶叶发达地区的生产加工企业6家,通过建立"公司＋基地＋农户＋合作社"利益联结机制,带动农户9.5万户,促进农户增收1亿元。

2010年,修水县争取社会各界的帮扶资金1000万余元。香港嘉里集团郭氏基金会高级顾问彭对喜、人力资源部主任冯洁莲率基金会主管卫生、教育、产业、监控与合规、水利基建等项目科目主管,就扶贫基地建设和项目实施深入修水县考察,组建成立香港嘉里集团郭氏基金会修水扶贫基地工作团队,修水正式成为该基金会在内地的第8个扶贫基地,也是该基金会在江西省唯一的扶贫基地县。

2010年,都昌县党员干部与106户贫困户结对帮扶。"世界宣明会——都昌项目办"援助资金120万元,此外,参与社会扶贫,鼓励农民群众投工投劳,参与扶贫开发项目建设,全县村民投工投劳及自筹资金为2820.2万元。该县以中馆镇千亩早熟梨基地为纽带,引导和扶持农户发展林果业,种植早熟梨2369亩;以芗溪乡井头村网箱养殖和中馆镇龙虾养殖为示范,新增网箱1000箱,龙虾养殖面积350亩,参加养殖的有280余户。推行公司加农户的方式和订单农业,为种养户解决农副产品和水产品的销售问题。重点做好实用技术培训工作,分期分批适时举办实用技术培训班,先后举办早熟梨栽培与管理、网箱养鱼、龙虾养殖、珍珠养殖与加工、三黄鸡养殖、中药材种植等实用技术培训班,参训对象为专业户和村干部,培训共计2600余人次。

2010年,星子县结合鄱阳湖生态经济建设和全县旅游业的发展,引进浙商开发杭白菊产业,试种面积千余亩。扩大九江水梨种植,新增面积600亩。新增改造庐山云雾茶基地200余亩,开发油茶300亩,水产养殖520亩以及其他特色种养业,使之形成"一村一品"产业发展规模。

2010年,湖口县有490名党员干部参与了包户扶贫。其他社会扶贫方面,7个重点村通过其他社会扶贫渠道筹集帮扶资金68万元。全县开发九江水梨150亩,其中重点村开发300亩;利用荒芜水面和水淹田发展水产养殖,全县开发精养鱼池2600亩,其中重点村开发800亩。文桥乡枫树村开发九江水梨150亩,开发精养鱼池250亩;流芳乡流芳村开发九江水梨150亩,开发精养鱼池250亩。在发展"两水"的同时,注重抓好油菜、茶叶、中药材的发展,全县开发油茶4000亩,发展茶叶1000亩,开发中药材1600亩。在发展扶贫产业的过程中,对参与产业开发的农户进行实用技术培训,共办了两期九江水梨技术培训班和5期其他实用技术培训班,参与培训达到700余人次.

2010年,九江县积极争取社会各界对扶贫工作的支持。争取本村能人参与扶贫开发事业,一些老板赞助家乡的扶贫事业,金兰村老板捐资10万元,支持新农村建设。发展九江水梨和柑橘等产业,全年共向全县贫困地区免费发送梨苗3.5万株、柑橘苗2万株。抓好龙头企业的带动作用,江西博莱集团、仙客来公司等企业通过合同订购、技术指导等措施,辐射带动贫困群众发展,以生猪为主的养殖业和食用菌产业。九洲粮油公司带动江洲农民棉花、油菜的稳定发展。抓好实用技术培训工作,全县先后举办了早熟梨栽培与管理,葡萄种植、食用菌种植、棉花栽培等实用技术和农产品流通经纪人培训班,参加培训的是专业户、贫困户和村干部,人数达到800人次。

萍乡市 2010年,莲花县选择了森美农林有限公司、赣星实业有限公司等省市产业化扶贫龙头企业在项目贷款贴息、科技扶贫方面进行重点扶持。在森美公司的影响带动下,全县发展以花卉苗木、水果、中药材为主的农业产业化企业有30余家,开发利用荒山荒地3万余亩,辐射带动农户

9000 余户,户均增收近万元;加强了农户小额贷款贴息工作。以贫困农户为主、以发展农业产业化为主,同年全县发放了小额贴息资金 52 万元。开展党员结对帮扶贫困户工作,市、县参加包户扶贫党员干部 3000 人,结对帮扶贫困户 3000 户,落实帮扶资金 50 万元,捐赠物资折款 4 万元。

新余市 2000—2009 年,通过扶持新余蒙山实业有限公司蜜橘示范园推广和新余振源工贸有限公司葛根药材开发,共种植新余蜜橘 300 亩,葛根 4000 亩,马岭坑综合养殖 20 亩,优质稻 300 亩,高产油茶林 4400 亩,可带动 2570 户农户受益,人均增收 800 元。全市通过为群众购买种苗、以奖代补、基地加农户等形式,建成了一批起点高、市场前景好的示范基地,分宜镇芦塘新疆骏枣、钤山镇新祉村生猪养殖、操场乡赤土村和河下镇洋田村高产油茶、洞村乡霞贡村新余蜜橘、分宜镇横溪村养鱼、渝水区下村镇葡萄种植。

2010 年,渝水区发展"一村一品"产业。人和乡西村旱地较多,秋季易干旱,为了充分利用这一资源优势,增加村民经济收入,从山西引进了"枣脆王"红枣项目,种植面积 300 亩。罗坊镇新和村委有山林面积 8000 亩,其中油茶林有 3000 亩,这些油茶林都是本地土油茶,产量低、出油差、经济效益低。新和村委在新和闹村小组实施高产杂交油茶开发项目,规模为 3000 亩,投资 10 万元。共联系 1000 名党员结对帮扶贫困户。

2010 年,孔目江区湖陂村有葡萄面积 1800 亩,拥有珍珠无核、夏黑、醉金香等近 30 个品种,年葡萄总产量 280 万千克,销售收入 1800 万元,人均收入达 8000 元,在新余现代农业科技园内建设天工葡萄酒庄,酒庄投产后,年消化酿酒葡萄 1200 万千克,可增加葡萄种植面积 6000 亩;位于"全国生态环境建设实验区"内的港背村绿色蔬菜生产基地,抓住发展蔬菜的有利时机,大力发展蔬菜产业。全村现有蔬菜面积 850 亩,每亩收入 4600 元,蔬菜收入 391 万元,惠及农户 500 余户。该村建立了仰天岗港背村蔬菜生产农民专业合作社,合作社通过统一培训,提高了农民种植技术。孔目江区在做大做强葡萄和蔬菜的基础上,打造优质高产油茶基地。成立油茶基地股份公司,投资 160 万元建立油茶基地,已种植油茶面积 1500 余亩。

赣州市 在国务院扶贫办等国家有关部门的关心和支持下,实施了"山上再造一个高效益的赣南"和"兴果富民"工程,发展以脐橙、甜柚为主的果业生产。1995 年,省财政厅专项下达兴国县灰鹅生产项目的发展资金计划 40 万元,列入该地区 1995 年"支援经济不发达地区发展资金"支出预算科目。1996 年,果园面积达 3.6 万亩(其中脐橙 2 万亩),水果总产达 48 万吨。1997 年,全市果树面积达 262 万亩。

1996 年,上犹县根据本县实际,经中科院南方考察团实地考察,把发展湆溪蜜柚、沙田柚等优质水果作为调整产业结构、发展"三高"农业,解决贫困人口温饱的重大举措。并决定分两年时间兴建万亩甜柚基地,以建立样板在全县推广

1997 年 8 月,省老建办同意在赣州和上饶两地选择两个试点的计划。1998 年,省老建办同意在兴国、波阳两县建设贫困地区农村气象防灾减灾警报服务系统,并承担该系统建设配套经费 26 万元。

1999 年,省计划委员会批准立项实施瑞金市百春农业开发有限责任公司,该公司在五个贫困乡 1036 户农户(贫困户 310 户)中进行推广,创产值 936 万元,创税款 27.6 万元,310 户贫困户直接

收入为 487 万元。2000 年,该公司成为江西唯一的獭兔专业养殖、供种、销售基地。

2000 年,组织贫困户开展大规模的山地开发,果茶产业覆盖辐射贫困户 16 万余户,贫困户从中年人均增收 200 余元,建成千亩以上的果茶基地 35 个,500 亩以上的基地 176 个,100 亩以上的基地 1516 个。2001—2010 年,全市发挥党员领导干部结对帮扶平台作用,全市共组织动员了 19932 名党员领导干部参与结对帮扶了 22113 户贫困户。各级领导干部共筹资 8497.74 万元。

2010 年,通过搭建各类融资平台,共筹集各类社会扶贫资金 45527 万元,比 2009 年度社会扶贫资金的总量增长了 4.88%,实施各类帮扶项目 28775 个。发挥老区建设促进会的平台作用,2010 年 5 月 28 日,在赣南老区建设促进会成立大会暨第一届一次理事会议上,现场接受 3 家企业捐赠物资折款 120 万元。会昌、全南两县相继成立了老区建设促进会,会昌县通过中国老区建设促进会牵线搭桥引进 3000 万元新建了珠兰示范学校,于 12 月 1 日正式启用,学校建筑面积达 3 万平方米,拥有 60 个教学班,建有微机教室、实验室、图书室、远程教育中心等各种功能教室及运动场,实行 12 年义务教育。

2010 年,兴国县开展"321"结对帮扶工作,全县所有领导共帮扶贫困户 3230 户,提供资金 96.9 万元,物资折款 145.35 万元,扶持种植业项目有 1750 个,扶持养殖业项目有 1926 个,介绍务工 3650 人,帮助贫困学生 720 人。

2010 年,于都县 938 名领导干部和党员结对帮扶了 1876 户贫困户,投入帮扶资金 118.5 万元。

2010 年,寻乌县在动员全县党员干部开展结对帮扶活动方面成绩斐然,全县有 28 名县级领导、523 名党员干部结对帮扶 1130 户贫困户,其中计划生育户 105 户。全年组织举办大小培训班 23 期,培训人员达 1120 人次,发放各类技术资料 2600 余份。

2010 年,安远县有 45 名县处级领导干部、470 名正副科级干部、1220 名党员干部参与了结对帮扶贫困户活动,结对帮扶贫困户 1780 户,帮扶资金 330 万元。全县争取市外社会捐赠项目 10 个,捐赠资金 1653 万元;争取行业扶贫资金 243 万元。累计帮扶资金 3877.9 万元。通过社会帮扶,挂点单位帮助贫困村硬化村道 53 千米,修建桥梁 5 座,实施饮水工程 10 个,修建学校 6 所,扶持种植项目 178 个、养殖项目 123 个,吸收劳动力就业 2230 人,慰问贫困户、受灾户 560 户。组织领导干部开展"321"结对帮扶活动,全县共参与结对帮扶领导 612 人,结对帮扶 645 户;联系并争取到香港社会基金会明德集团捐献 164 万元扶持东山镇南河小学、茶亭小学、广田格力小学,营前镇合溪小学建设教学楼,新建校舍面积 2300 余平方米,解决 1000 余名学龄儿童上学难问题;获得了中国扶贫基金会捐助的 1000 余万元医疗卫生器械和 52.4 万元惠民补助卡。

2010 年,上犹县将油茶、茶叶、桂花苗木作为农业主导产业,多渠道促进"两茶一苗"发展,打造农民增收致富平台。建设了油石嶂、五指峰、园村、梅岭、营前五个茶叶基地,东山石坑、社溪麻田、社溪社陈、黄埠合溪、油石水村、紫阳高基坪 6 个万亩油茶基地,形成了"一带三圈五基地"的茶叶产业布局和"一带三圈六基地"的油茶产业布局。同时增强基地的扶贫辐射带动作用,以梅岭茶场、犹江绿月、五指峰茶场等 10 余家茶叶企业和宝生园、强旺油茶等 6 家油茶企业为骨干,通过"公司 + 基地 + 农户"的模式,采取合作社、投资投劳、入股分红等方式吸引周边农户参与,促进农民增收致富。2010 年底,新增茶园 3.3 万亩,实现产值 4000 万元以上,茶农人均增收 1200 元;新开发油茶林

6 万亩,解决了山区 2 万余农民的就业问题,人均增收 2000 元以上。

2010 年,瑞金市 31 名副处以上领导干部和 681 名科级干部共结对帮扶贫困户 976 户,帮扶资金 21.6 万元,提供致富信息 35 条,赠送科技书籍 1200 册,捐赠衣被 3013 件,大米 24 吨,食油 340 千克,化肥 12 吨,抽水机 6 台。

2010 年,石城县社会扶贫中,省民政厅挂点大由河斜村,扶持资金 45 万元;省科技师范学院挂点木兰新河村,扶持资金 10 万元;市港航管理处挂点琴江镇江背村,扶持资金 2 万元;市畜牧研究所挂点屏山镇新富村,扶持资金 3.5 万元;市网络传输有限公司挂点横江镇友联村,扶持资金 2 万元。全县 87 个行政事业单位挂村扶贫共投入资金 186.8 万元,扶助各类项目 300 个,举办各类培训 310 期,培训农民 7000 余人,干部职工捐钱捐物 10 万余元;资助学生 120 人;有 565 名领导党员干部结对帮扶 599 个贫困户,帮扶资金 30 万元,捐赠资金 7 万余元,共扶养殖项目 120 个,安排劳务输出 120 个。

2010 年,章贡区按照县级干部 2 户、科级干部 1 户、党员自愿的要求与贫困户开展结对帮扶活动,全年已有领导干部和党员 900 余人结对帮扶贫困户 1000 余户。通过对龙头企业项目贷款贴息的扶持方式,为江西仰山园油茶开发有限公司、赣州朱师傅预混饲料有限公司、赣州铭馨茶业有限公司等 3 家企业提供 17 万元的项目贴息,企业通过"公司 + 基地 + 农户"的农业产业化经营模式,引导和帮助贫困农民种植油茶、茶叶,饲养禽畜,实现产业化扶贫,全年共帮助 2069 户农户解决种苗、饲料和技术问题,受益人口 13045 人,人均增加收入 412 元。

2010 年,南康市共筹捐社会扶贫资金 884 万元,其中:单位扶持资金 210 万元,帮助引进资金 301 万元,协助贷款 215 万元,提供物资扶贫款 36 万元;个人捐赠资金 25.5 万元,捐物折款 52 万元,其他资金 44.5 万元。共安排扶贫项目 53 个,其中:修建乡村公路 23 千米,修建水利设施 24 座(处),扶持新农村建设点 17 个,实现脱贫人口 2289 人。

2010 年,信丰县"321"结对子帮扶贫困户 960 户,累计落实帮扶资金和物资达 28 万元。

2010 年,大余县在党员干部帮扶方面共有 564 名副科级以上干部与 632 户贫困户结对,帮扶资金 32 万元,有 240 户贫困户脱贫。

2010 年,全南县通过科技扶贫、项目贷款贴息等扶持方式,帮助农户发展产业,增加收入。扶助全南现代牧业有限公司发展到存栏种猪 3000 余头、年出栏生猪 6 万头的规模,生猪产品主要销往香港和深圳等地。公司采取"公司 + 合作社 + 农户"的农业产业化经营模式,带动农户发展生猪养殖。截至 2010 年,公司共计带动周边 6 个村的 1500 余户农户养殖生猪,户均纯收入突破 6000 元。

2010 年,定南县按照县级干部 3 户、正科级干部 2 户、副科级干部 1 户的要求与贫困户开展结对帮扶活动,每年平均有 500 名领导干部结对帮扶贫困户 530 户。2001—2009 年,共为结对贫困户投入帮扶资金 702 万元。

宜春市 万载县 1996 年开始种百合,年底人均纯收入就达到 802 元,其中种植百合收入人均增收 161 元,当年有 3 户贫困户解决了温饱。1997 年,全乡 413 户贫困户有 411 户参与种植百合,借贷种子资金 48 万元。乡政府跟踪调查了文义村 10 户贫困户 49 人,了解和掌握贫困户参与种植百合的收益情况,这 10 户贫困户 1995 年人均纯收入为 563 元,1997 年人均年纯收入达到 1547 元,其中百合收入人均增收 291 元,10 户贫困户全部解决了温饱问题。1999 年该乡有 85% 的贫困户参加百合生产,人均从中增收 445 元,财政从中收入达 65 万元,占全乡财政收入的 43%。2000 年,白水乡大力发展百合产业,成为全国三大百合产地之一。种植百合是该乡的主导产业,其产出效益高,一次性投入大,每亩仅种子费就要投入 1200 元左右,为解决扶贫资金投入的问题,该乡采取包扶干部担保,贫困户向龙头企业借款并签订还款合同,企业收购百合时归还本息的办法,解决乡财政增收的问题,免除贫困户市场经营的风险,解决眼前增收的问题,同时又解决长期受益的问题。

2000 年,靖安县中源乡把扶贫开发纳入到全乡经济开发的总体规划,扶持贫困户种植反季节香菇、绞股蓝,并研究制定了扶贫到户的实施方案。规定副科以上干部带资 600 元包扶 2 户贫困户,一般干部和村干部带资 200 元包扶 1 户。对包扶干部实行目标管理,并与年终考评挂钩。扶持资金由包扶干部向乡村借款,年终负责归还本金,利息由乡政府补贴。

2003 年起,宜春市开展万名干部扶贫帮困活动,2005 年结合帮扶活动组织实施绿色帮扶工程,每个帮扶干部每年帮助贫困户栽种杨树等速生树种 50 棵以上。2003—2009 年,全市累计共有近 11 万名党员干部参与帮扶活动,累计帮扶贫困户 13.5 万户,帮扶资金达 4500 余万元,为贫困户栽种杨树达 580 余万棵。2010 年,宜春市争取上级扶贫贴息专项贷款 1500 万元,贴息 45 万元,扶助了万载、铜鼓、袁州区和丰城四个县(市、区)的 7 个产业化扶贫龙头企业的经营和发展,扶助项目覆盖 36 个乡、镇和 28 个贫困村;市、县配合在万载和铜鼓两个县实施有机土鸡养殖和有机茶生产加工等科技示范项目获得成功,带动 2000 余户贫困农户发展土鸡养殖和茶叶生产;安排财政扶贫资金 35.5 万元,扶助袁州油生产,促进了油茶产业的发展。开展万名干部扶贫帮困活动,共有 11160 名党员干部与 16065 户贫困户结成帮扶对子,扶助资金 525.6 万元,帮助农村贫困户栽种杨树、桤木等整生树种 60 余万棵。

2010 年,袁州区共有 883 名领导干部与 1358 户贫困户结对帮扶,帮扶资金达 96.5 万元,帮助农村贫困户栽种杨树 8 万余棵,走访慰问贫困户 2092 户,送慰问金 62.8 万元,慰问品折款 14.6 万元,资助贫困学生 100 余人次,助学资金达 10 万余元。

2010 年,樟树市参与扶贫帮困的副科级以上干部有 1036 人(其中,县处级干部 54 人),结对帮扶困难户 1085 户。全市各级帮扶干部下到农村、社区与贫困户结帮扶对子,共为困难户捐资捐物 42.75 万余元,送化肥 16 吨,送种子 700 余千克,落实支农贷款 652 万元,支持发展种养项目 528 个,提供致富信息 300 余条,推荐引导农民就业 980 人,帮助解决上学 157 人。945 名在农村开展帮扶的副科级以上干部实施了绿色帮扶工程,为 922 户农村困难户植树 56200 余棵,户均 50 棵以上。

吉安市　1994 年 6 月,省老建办帮扶永丰县发展江西赣丰化工厂项目。项目固定资产投资为 600 万元,年产值可达 580 万元,利税 167 万元,省老建办帮助筹集资金 200 万元,永丰自筹资金 300 万元。省老建办委托江西省农业科学院具体组织实施"食用菌开发"项目,向中国扶贫基金会申请解决项目经费 2800 万元(其中拨款 1400 万元,低息贷款 1400 万元)。

1996 年初,吉安市召开扶贫工作动员及表彰大会,从各单位抽调 180 人,组成了 60 个工作组,深入贫困乡、村蹲点扶贫,在年中和年终进行检查,对扶贫成绩好的单位进行通报表扬,对扶贫 1 年内没有成效的单位进行通报批评,并要求单位主要领导亲自挂点。

2000 年,遂川县金橘种植和深加工、万安县移民生态农业被确定为全省 15 个移民产业扶持试点项目。

2010 年,全市参与党员干部"1 + 1"结对帮扶的党员干部达 17540 人,帮扶贫困户 17540 户,帮扶资金达 748.76 万元。

2010 年,吉州区对全区 580 余名副科级以上领导干部和 400 余名普通党员干部"1 + 1"帮扶进行了建档。全区已有 580 余名科级干部与贫困户结成"1 + 1"帮扶对子,送去发展资金 30 万余元,化肥、种子等折款 10 万余元;省监狱局筹资 14 万元帮助田畔村建桥、修水库;省兴业银行南昌分行帮扶泸田村 15 万元资金用于新农村建设、修水库、修路等;区直帮扶单位自筹资金 30 万元帮扶;部门行业资金投入到重点村达 160 万元。

2010 年,青原区共有 724 名党员干部结对帮扶 724 户贫困户,其中计生户 74 名。以"吉安富荣蘑菇开发有限公司"为龙头,以村企共建为抓手,采取"公司 + 基地 + 农户"的模式,推动菌种繁育生产标准化种植、科技服务、产品收购于一体的食用菌产业链的延伸,吸收贫困户的参与,增强辐射带动农民增收致富。做精"一村一品"工程,采取以奖代补的方式,扶持农户发展产业。从财政扶贫资金中切出 16 万元用于各扶贫重点村发展种养业,引导农户发展果业、食用菌种植、毛竹低改等产业,已基本形成了富滩丹村、三友"一村一品"两个果业村,参与果业农户 260 余户,种植果业达到 1000 余亩。做大专业合作社,培植食用菌龙头企业带动农户发展种植基地 1 个,组建了食用菌种植合作社,参与农户达 26 户。组建了三友村果业、黄沙村毛竹农民合作社,使果业、毛竹产业规模日益扩大。

2010 年,井冈山市开展党员干部"1 + 1"帮扶工作,协同组织部门动员全市党员干部参加结对帮扶贫困户活动,全市党员干部结对帮扶贫困户 1350 户,落实帮扶资金及捐赠帮扶物资折款共计 63 万元。自井冈山市遭受特大洪灾以来,通过行业投入、财政投入、社会捐赠、定点单位投入等投入救灾帮扶资金 350 万元,引导群众切实发展农业产业化,弥补水灾损失,确保农业增效,农民增收。建立良种苗木繁育基地 50 亩,进行油茶、奈李等苗木的繁育,落实油茶育苗 300 万株,奈李育苗 40 万株,确保当年油茶等产业种植所需苗木。建立高产优质油茶示范基地,在睦村、菖蒲、罗浮等分别建立了 3 个标准示范基地面积计 1000 亩,奈李种植示范基地 500 亩。发展重点村"一村一品"建设,在油茶产业的带动下,其他扶贫产业在贫困村蓬勃发展,涌现了一批油茶村、金橘村、奈李村、网箱村、西瓜村、桃子村等。以重点村贫困农户为"瞄准"对象,实行产业项目重点帮扶,帮扶每个村贫困农户 10 户以上,共计 500 户。

2010 年,吉安县 2300 名党员干部参加"1 + 1"结对帮扶工作,开展了技术服务、项目支持、助学、转移劳动力等众多形式的帮扶活动。

2010 年,新干县产业化扶贫实现产值 1.2 亿元,带动农民人均增收 284 元,主要农产品加工率达到 70% 以上。全县已培育省级扶贫龙头企业 1 家。此外,具有新干特色的扶贫产业,如红橘、葡萄、药材、食用菌、油茶等产业发展迅速,带动农户 3 万余户,促进增收。

2010 年,峡江县开展党员干部"1 + 1"帮扶活动,全县参加帮扶干部党员 380 人,帮扶对象 380

户,落实帮扶资金21万元,捐赠帮扶物资折款6万元,扶助困难学生19名,解决就业人员98人,扶助发展项目4个。

2010年,吉水县开展党员干部"1+1"结对帮扶,发挥党员干部、农村致富能人模范作用,组织全县机关、企事业单位优秀党员干部和乡镇致富能人帮扶贫困户,重点帮助贫困户开展生产自救,提高创业就业能力。共有近5000名党员干部和致富能人参与包户扶贫。鼓励社会各界支持扶贫事业,动员在外创业人士、本地老板捐资捐款,帮扶贫困村和贫困户。引导民营企业到贫困村建原料基地,开展合作经营,推动贫困村经济发展,实现互惠共赢。全年省、市、县各级帮扶单位共筹集帮扶资金180余万元,争取项目资金50万余元,帮扶贫困户达1050户,帮助近100户困难家庭实现创业,帮扶就业近千人。

2010年,泰和县全县所有副科级领导干部都有"1+1"结对扶贫对象,党员干部"1+1"结对帮扶达到1050人,合计帮扶资金和物资达60余万元。

2010年,万安县共有4个省直单位,6个市直单位和66个县直单位在全县76个重点村开展重点扶贫工作,投入帮扶资金356.6万元,为贫困村争取各类资金251.7万元。开展了党员干部"1+1"结对帮扶,全县有1862名党员干部参与,共计捐助款物90.2万元。

2010年,遂川县组织省、市、县直单位共为重点村筹集扶贫资金470.66余万元,其中:单位扶助243.41万元、引进项目资金117.6万元,全县2300余名党员干部与贫困户(移民户)结成"1+1""1+2"帮扶对子,帮扶资金109.65万元。

2010年,安福县组织市、县直有关单位和贫困乡(镇)村干部党员1216人,与贫困户开展"1+1"结对帮扶,其中帮扶计划生育家庭120户,投入帮扶资金16.5万元,物质折款16万元,合计32.5万元。

2010年,永新县采取县、乡、村党员干部三级联动的方式,开展结对帮扶的党员干部达到了2681人,共帮扶贫困户2572户,帮扶贫困学生531人次。

2010年,井冈山市启动试点项目第一期工程。新增标准化油茶基地5520亩;新种金桔800余亩,改造低产300余亩;新种奈李1500亩,完成改造低产奈李430亩。

上饶市 建立扶贫贷款企(事)业帮扶基金反哺贫困农户。在全省使用了扶贫贷款的企(事)业单位,拿出所享受的部分国家贷款贴息建立基金,专项用于帮扶贫困村、户增加收入或解决一些实际生活困难。在"十五"期间扶贫企业共帮扶资金203.90万元,有关学校建立扶贫助学基金81.38万元,有关医院建立扶贫济困基金31.77万元,部分贫困户子女读书难和贫困户就医难等问题得到解决。

2010年,上饶市进一步狠抓区域性扶贫主导产业基地建设。全市贫困地区已累计栽种"9501"速生丰产泡桐11万余亩,三清山有机白茶2万余亩,"东茶西桐"区域扶贫主导产业格局形成。同时,继续大力抓好各地产业品牌,创特色产业。全市610个重点村发展特色产业100余个,贫困群众户均增收1000余元。大力培育三大扶贫主导产业。全市根据东部山地多、西部丘陵多、北部旅游资源丰富的特点,通过认真研究论证,将生态速生林泡桐产业、三清山有机茶产业和乡村旅游扶贫产业三大产业分别作为全市东、西、北部"十一五"扶贫主导产业致力发展,并分别制定《泡桐速生林发展规划》《三清山有机茶发展规划》和《旅游扶贫产业总体规划》,旅游扶贫产业接待旅客达490万人次,门票收入达1.61亿元,旅游综合收入16.67亿元,旅游从业人员近6万人,"东茶西桐北旅游"的区域扶贫主导产业格局基本形成。

2010年,德兴市实行"以奖代补"的形式扶持重点村特色产业发展,张村乡的千亩无公害蔬菜基地和畈大乡的兰花种植基地成为当地农民新的致富产业。

2010年,广丰县围绕县域经济发展马家柚、杨梅等农业主导产业的部署,利用"公司+农户"的模式,安排8.5万元资金用于马家柚、杨梅产业化扶贫,共新种、改造马家柚540亩、杨梅150亩。

2010年,婺源县在重点村大力发展乡村旅游扶贫产业,重点村已开发乡村旅游和正在开发的有7个村,占重点村总数的40%,使旅游产业化扶贫成为贫困地区农民增收的一条新路子。

2010年,玉山县在紫湖、怀玉山、樟村、下塘发展有机茶产业基地3000亩;在文成、六都、双明等形成葡萄、大棚西瓜、红芽芋、紫甘薯和冷水茭白等果蔬基地1.2万亩;在三清山旅游沿线冰溪镇、四股桥、双明、紫湖发展"农家乐"52户。形成山区以发展有机茶产业,城郊发展果蔬种植业,旅游沿线发展"农家乐"的玉山特色移民产业发展区域规划。

2010年,鄱阳县在实施产业化扶贫工作中,积极策应鄱阳湖生态经济区建设,紧密结合滨湖欠发达地区资源优势,充分发挥县域内234万亩山地的优势,着力整合生产要素,大力发展泡桐产业,实施大产业扶贫战略,从小规模零星扶持向推动区域经济统筹发展转变;从单纯的业务部门扶贫向上下结合、部门密切协作转变;从单纯调整种植业结构向规划产业布局、强化基地建设、扶育龙头企业等多环节并举转变。积极支持田畈镇牌楼移民新村做大做强村级支柱产业,利用县委、县政府税收政策,根据当地资源和劳动力丰富的特点,加大了对外引资工作。该村有5家竹木加工厂,3家红砖厂,一个环保厂,一个特种精密铸造有限公司,还有养殖场,泡桐、中药材和无公害粮油基地等,对移民户的就业、投资、兴业发挥巨大作用,稳定了移民增收致富的途径。

全县种植泡桐16万余亩,建立泡桐育苗基地1万亩,泡桐技术培训现场教学点2个,引进年加工能力达20万立方米的木材精深加工企业2家。全县有近2万农户投入发展泡桐产业,8.4万农民成为泡桐产业的直接受益者,其中涌现出泡桐种植大户29户,种植泡桐达10万余亩,解决贫困户劳动力4730人就业。

2010年,余干县帮扶单位累计投入贫困村各类帮扶资金1082.2万元。其中,帮扶单位直接投入71.2万元、物资折款33万元、协调资金978万元。截至2010年年底,余干县种植枫树辣椒50亩,新建大棚180个;繁育养殖生猪2400头,新建猪舍5幢,共1600平方米,繁养一般性鱼苗180万尾,鲑鱼苗35万尾;养殖红毛鸭65万羽,新建鸭棚2200平方米;养殖肉鸽100万羽,新建鸽棚6幢;种植蔬菜面积45亩,新建大棚130个。

2010年,上饶县通过54名县级领导、500名科级干部和党员干部结对帮扶,实施"321"扶贫工程,为贫困农户订规划、定项目、助资金、捐物资、搞培训、解难题、送科技,累计包户扶贫2135户,其中计划生育贫困户220户。受扶贫困户获得各级领导和党员干部捐款捐物近100万元,获得产业小项目支持777个,获得以劳务输出为主体的就业机会805人次,获得助学资金6.5万元,避免失学儿童325名。利用产业扶贫、科技扶贫、小额信贷、到户贴息等举措,发展了苗木、油茶、毛竹、茶叶、蔬菜、水产养殖等农业产业。此外,依托扶贫资金扶持起来的远泉实业、金标果业、盛水种养、茗龙茶叶、农业科技示范园等龙头企业,带动3.5万户农民从事苗木、果业、毛竹、油茶、蔬菜等产业开发,为农民增收1.2亿元,吸收2万余名贫困户、低收入户就业;捐赠资金156万元,帮助重点村建设公路、水利等生产生活项目29个。初步形成苗木、油茶、毛竹、茶叶、蔬菜、水产养殖等六大农业产业,半数以上的村打造了有各自特色的"一村一品",90%以上的重点村形成了"一村一品",70%以上的农户从事该产业,40%的家庭收入来自该产业,每户每年能增收1000元以上。

2010年,广丰县帮扶单位援助资金近98万元,扶持生产项目40余个,安排就业270余人,通过劳务输出等形式使贫困户户均增收1500元以上。组织党员干部开展结对帮扶活动,继续组织了900名党员干部与1052户贫困户结对帮扶。

2010年,横峰县通过对龙头企业贷款贴息、农户小额贷款贴息和互助金试点等项目的实施,示范推广种植泡桐"9501"7000亩,速生葛根4万亩,600余家各类种养大户兴起,扶持扶贫龙头企业5家。

2010年,弋阳县在发展速生丰产泡桐的同时,发展当地特色产业:曹溪、三县岭等重点乡(镇)大力发展雷竹产业;中畈、湾里、漆工等重点乡(镇)大力发展大禾谷、生猪产业;清湖大力发展科技鹅、鸭养殖业;叠山大力发展红芽芋种植业;港口大力发展中药材种植业。锁定农产品加工企业,加大扶持力度,以"公司+基地+农户"的方式,让资源优势变为商品优势,以市场来拉动产业发展。

2010年,铅山县在移民点和贫困村推进产业开发,在汪二镇徐家新村发展雷竹80亩,杨梅120亩,在武夷山镇石垅村开发瓜蒌种植200亩,在鹅湖镇古埠村推广蔬菜种子培育500亩;引进技术和资金在葛仙山乡南耕村兴办一个原料加工制衣厂,购置缝纫机40余台,解决60名妇女就业。

2010年,德兴市建立了四个基地:张村乡的千亩无公害蔬菜基地、畈大乡港首村兰花种植基地、新岗山镇石田岗村金银花生产基地和新岗山丁村茶叶基地,市"一村一品"的产业格局已初步形成。

2010年,万年县共有796名科级以上领导干部同829户贫困户建立了扶贫帮困联系,共争取到各类帮扶资金40余万元。

抚州市 2001—2009年,组织党员干部开展"1+1"和"321"帮扶活动,参加各种形式结对帮扶的党员干部累计超过7万人次,每年帮扶贫困户达7000户,累计帮扶资金(含物资折款)突破3000万元。2009年,全市共争取上级财政扶贫资金28895万元,实际发放扶贫贴息贷款4.7亿元,水库移民资金2.24亿元。另外还争取了荷兰政府援助乐安县医院急救、康复项目,总投资800万元左右。组织党员干部开展结对帮扶活动,安排9008名党员干部与9012户贫困户进行"一对一"的帮扶。全市党员干部帮扶资金132.66万元,捐赠物资折款68万元,安排劳务输出3000余人次。

继续在盱江、抚河沿岸的有关县(区)发展南丰蜜橘产业,抓好"六县(区)百乡镇"南丰蜜橘集中连片开发。全市重点村全年新增南丰蜜橘种植面积5000亩。以现有优势产业为基础,实施"一村一品"工程。加快发展广昌、乐安、黎川等县重点村的烟叶、白莲、食用菌、药材等产业,资溪、宜黄等县重点村的毛竹、木耳开发,崇仁的麻鸡养殖和东乡的生猪养殖等,每个县都打造了一批各具特色的扶贫产业专业村,全市90%的重点村形成一项特色产业。乐安县在每个乡镇因地制宜建立了烤烟、蚕桑、生猪、蘑菇等特色示范基地,为带动周边群众发展"一村一品"起到推动作用。

2010年,广昌县组织协调社会扶贫投入资金总量达到800余万元,较上年增长11.2%,其中:机关单位(含省、市定点扶贫单位)累计投入59个重点村定点扶贫资金300余万元。全县党员干部"1+1"结对帮扶贫困户1350人,党员干部结对帮扶贫困户发展生产和解决实际生活困难捐资捐物累计到户达50余万元。扶持28个试点村种植绿色白莲2.2万亩,试点区白莲平均亩产90千克,实现白莲总产1980吨,实现试点区域内600户3000人脱贫困目标,成为贫困农户稳定增收的扶贫产业;建设白莲原种基地50亩;建设"太空莲"一级良种繁育基地100亩;建设太空莲二级良种繁育基地300亩。广昌县扶持产业贷款贴息项目35个,补助产业化扶贫龙头企业贷款贴息额134万元。

2010年,乐安县引资兴建了希望小学,同年7月份引进乐安籍抚州格力空调销售老总何海荣先生在贫困村——南村乡太平村小学兴建新教学大楼,个人捐资30万元,整合其他资金30万元,总建筑面积为1200余平方米。

2010年,金溪县700名党员干部"1+1"结对帮扶工作,落实帮扶资金42万元。此外,宣传、发动社会各界参与扶贫开发,开展捐赠,共获捐赠资金62万元,加快了贫困乡村的脱贫致富的步伐。

2010年,资溪县全县重点扶持1个千亩有机白茶产业,安排科技示范与推广资金25万元。培育扶贫龙头企业1个,即青云地板有限公司,培育扶贫经济资溪县生态葡萄专业合作社组织1个。引导和帮扶支持8个重点村发展"一村一品"富民产业,马头山镇榨树村和港东村、石峡乡堡上村以发展毛竹产业为主,人均面积超过100亩,亩均增收300余元每年;高田乡里木村和翁源村、鹤城镇三江村以发展面包、烟叶产业为主、鹤城镇下长兴村以发展烟叶产业为主,高阜镇初居村以发展生猪养殖、白茶产业为主,95%以上贫困农民参与了产业发展,促进了增产增收,生产条件、生活质量得到改善。联系拓展社会扶贫,县办争取到中国扶贫基金会孤儿助学项目、资金45万元,连续三年扶持该县100名孤儿助学,扶助每人每学年1200元,到位资金12万元;争取到中国扶贫基金会对全县农村受灾地区35名贫困大学生补助,每人1000元,共3.5万元;同县人口计生委联合开展"贫困母亲"扶贫,全县15名贫困母亲得到1000元的物资帮扶,共1.5万元;6.19特大洪灾后,联系汇报,争取上级30余万元的救灾物资和50万元的灾后重建资金。

2010年,宜黄县利用龙头企业的扶贫带动功能,扶持龙头企业发展壮大,通过龙头企业的带动,促进农民增收和农村经济的发展。江西坚华林业有限公司开展毛竹丰产高效技术示范与推广,做强做大毛竹产业,以毛竹基地为依托、以生产竹地板产品为龙头、以外向型经济为主导,建立公司+农户生产模式5000户,实现培育改造毛竹林面积达8000亩,采取资源培育与产品开发相结合,发展壮大毛竹经济林,辐射全县经济发展,增加农民收入。党员干部结对帮扶中,有42个县直单位,169名党员干部包户扶贫工作,结对贫困户帮扶630人,帮扶资金达60万元。

2010年,崇仁县在县直单位机关开展以"党旗引领致富路,携手共建新农村"为主题的定点包扶贫困村工作,确保全县"十一五"每个扶贫开发工作重点村都有一个县直机关单位或企业定点帮扶;在全县党员干部中开展"1+1"结对帮扶贫困户活动,全县结成500对帮扶对子,并做好建档立卡工作,动员村民参与扶贫开发。

2010年,黎川县开展750名党员干部"1+1"结对帮扶工作,落实了帮扶资金48万元。通过产业扶贫,全县食用菌(茶树菇)、林果、水产养殖、烤烟等农业特色产业得到发展,重点村基本形成了"一村一品"格局。涌现出日峰镇百万筒食用菌示范基地、潭溪乡千亩优质稻示范基地、德胜镇千亩烤烟示范基地、中田乡万羽鹅鸭示范基地等100余个特色农业基地,并建设养殖业标准化饲养小区6处。全县有茶树菇、肉鸡、金针菇、蜜橘、番鸭等多个农产品获得农业部无公害农产品认证;鸣亚实业生产的肉鸡成为肯德基连锁店专销产品;生态养殖的甲鱼已进入上海各大超市;野趣香脆笋已申报 QS 和有机食品认证。黎川已成为全国"食用菌生产基地县""速生丰产林基地县""瘦肉型生猪基地县""优质水产基地县""山东中烟工业公司优质原料供应基地"。

2010 年,南丰县策应全县蜜橘传统产业的特点,扶持江西省梦龙果业有限公司,以"公司+基地+农户"为模式逐步延长蜜橘产业链,实现南丰蜜橘的产业化、规模化、科技化发展。结合全县山林木竹资源较为丰富的特点,今年重点培育扶贫龙头企业江西省振宇实业有限公司。该企业的经营项目为毛竹培植与精深加工,拓展了全县林业的发展。培育的扶贫经济合作组织为南丰县封金泉蜜桔物流有限公司。该企业覆盖重点村 6 个,覆盖贫困户 130 户 426 人,带动了全县蜜橘主导产业的生产和销售。同时凭借各村资源优势,在全县主导产业的带动下创建和发展"一村一品""一村一业",以实现"户户有创业、村村有产业、人人能脱贫"的产业发展新局面,8 个重点村均基本实现了"一村一品"模式,实施"一村一品"重点村占重点村总数比率接近100%。如禾溪村利用林业间伐重点发展了食用菌;宝石村依靠省出入境检验检疫局的定点帮扶重点发展生姜和丝瓜络种植;坪上村依靠南昌航空学院的帮扶实施了毛竹林低产改造;港下村重点发展了白莲种植;云山村家家户户开展了植树造林,创建了绿色银行;珠湖村和小石村发展了鱼塘养鱼及甲鱼等水产品;进贤村利用县城郊区交通便捷地理优势,重点发展了南丰蜜橘,户均达到千株以上。另各村桔、畜、禽、茶、菜、林等特色产业均有不同程度发展。全县参与市 9000 名党员干部帮扶 9000 名贫困户活动。全县参与结对帮扶贫困户的党员干部人数达 930 人,实现结对帮扶贫困户创业就业 65 户,全年 930 名党员干部结对帮扶资金达 39 万元,加快了贫困户的脱贫步伐。全年共争取各类社会捐赠资金 126 万元,争取交通、文卫、水利等行业扶贫资金 185 万元。

2010 年,临川区有 20 家龙头企业,其中省级龙头企业 2 家,农业产业化企业几十家,专业技术协会、合作社等农民专业合作组织百余家。食用菌、黄栀子、金银花、水产养殖、种植养殖等产业不断发展,基本形成了"一村一品"格局。全区产业化扶贫项目贷款贴息资金 15 万元已按政策全部到位,其中:江西省宏绿实业有限公司 4 万元、抚州市苍源药业开发有限公司 4 万元、江西闽昌生态农业有限公司 7 万元。扶贫龙头企业带动辐射农户数 15000 户,其中贫困户近 3000 户,带动农户人均增收 4000 元;特色产业带动农户数 30000 户,带动农户户均增收 8000 元。开展 1000 名党员干部"1+1"结对帮扶工作,落实了帮扶资金 100 万元。

2010 年,东乡县有 5 家国家级扶贫龙头企业和 20 家省级扶贫龙头企业,辐射带动贫困地区贫困群众人均年增收 200 元以上。重点村和水库移民村"一村一品"产业发展,生猪、水产、蚕桑、油茶、无公害蔬菜等产业初具规模。2006—2010 年,东乡县共为涉农企业争取扶贫贷款达 3065 万元,直接贴补利息 85 万元,还安排科技示范项目资金 20 余万元,科技推广项目共 6 个,受益的农户 5300 余户,受益人口达 6000 余人,新增效益 360 万元。

第四节 国际合作与交流

扶贫领域的对外交流与合作是指通过多种渠道、不同方式争取国内外扶贫组织及机构对扶贫开发的帮助和支持,开展扶贫捐赠、课题研究、能力建设、项目试点、设施援建等各种形式的扶贫活动。随着《中国农村扶贫开发纲要(2001—2010)》的颁布实施,全省扶贫开发工作进入了一个崭新的阶段,一方面取得了巨大成就,积累了丰富的扶贫经验;另一方面,全省扶贫开发工作又呈现出许多新特点,出现了许多新问题,面临许多新挑战,亟须适应新形势下的扶贫开发的工作新方法、新模式和新思路。因此,加强国内外扶贫领域的交流与合作,引进先进的工作思路和方法,争取资金、技术支持,成为全省扶贫开发的重要工作内容。

20 世纪 90 年代初期,中国就开始利用外资进行扶贫,先后与世界银行、联合国开发计划署、亚洲开发银行等国际组织和英国、德国、日本等国家以及国外民间组织在扶贫领域开展了卓有成效的减贫项目合作。截至 2010 年,扶贫领域共利用各类外资 14 亿美元,加上国内配套资金,直接投资总额近 200 亿元人民币,共实施 110 个外资扶贫项目,覆盖了中国中西部地区的 20 个省(区、市)300 余个县,使近 2000 万贫困人口受益。2001 年以来,世界银行、亚洲开发银行、德国技术合作公司、国务院扶贫办外资项目管理中心、中国扶贫基金会、中国扶贫开发协会、中国老区建设促进会等各类国内外扶贫组织及机构,先后从不同角度参与了江西的扶贫开发工作。

外资扶贫作为中国扶贫开发工作的重要组成部分,把国际上一些先进的减贫理念和方法,如参与式扶贫、小额信贷、项目评估和管理、贫困监测评价等,逐步应用于中国扶贫实践中,在创新扶贫开发机制、提高扶贫工作水平、开发扶贫队伍人力资源等方面产生积极影响。随着江西扶贫国际交流与合作的日益频繁,外国专家来赣工作的人数越来越多,扶贫办严格遵守相关的涉外及外国专家管理法律法规和办事程序,依法为外国专家提供相关服务和帮助,成立对外联络处负责外国专家的管理,制定外国专家联系人制度,建立外国专家档案。指派 1 名工作人员专门负责外专的服务工作,帮助外国专家办理相关手续和证件,并且与外国专家加强沟通、精诚合作,实行“人性化”管理。在工作中较好地将中国的思维、工作方式与德国技术合作公司思维、工作方式有机结合,制定了会议纪要制、每周 1 次例会、每周五业务交流会和周末看影碟学英语等制度,并通过内部局域网、简报、通知栏等多种渠道及时地将项目工作信息向全体项目办成员通报。在日常工作中,双方遇事及时商议,遇有不同意见,不回避、不激化,而是本着理解的态度积极地想办法解决,尽量在符合双方原则和规定的前提下寻找彼此可接受的解决办法。除在工作中真诚合作外,双方还缔结了深厚的友谊,经常开展团队建设活动,每逢圣诞节、春节等两国的传统佳节,双方都会聚集一起相互祝福,不定期地为长短期专家组织生日聚会等活动。

2002 年,省扶贫办为加强国际交流与合作,成立对外联络处专门负责管理全省扶贫系统的国际交流与合作。至 2007 年,在全省开展实施了 3 个大型国际合作项目,外方援助金额达 6553 万元;先后接待外国考察团、评估团 13 次,接待短期外国专家 72 人次,长驻江西工作 1 年以上的外国专家 3 位;3 个大型外援项目,分别是中德合作扶贫监测评价体系江西试点项目、亚洲开发银行支持非政府组织参与村级规划项目及荷兰 ORET 医疗设备捐助项目。

亚洲开发银行资助项目

2007 年,国务院扶贫办副主任高鸿宾在出席非政府组织与政府合作实施村级扶贫规划试点项目中期政策论坛时表示:"政府部门首次将财政扶贫资金委托非政府组织进行管理,并以招标的方式选择非政府组织来具体实施政府扶贫项目。"

2007 年,国务院扶贫办和江西省扶贫办提供 1100 万元人民币财政扶贫资金,委托中国扶贫基金会组织招标选择一些非政府组织,在江西省 22 个重点贫困村实施村级扶贫规划项目。亚洲开发银行通过英国政府设立的扶贫合作基金中提供 100 万美元用于支持非政府组织村级扶贫规划试点项目的设计和示范推广,新加坡金鹰国际集团提供 8 万美元,用于支持非政府组织的能力建设。第一批参与试点的 6 家非政府组织于 2006 年 2 月通过招标产生,这 6 家机构分别是国际小母牛项目组织、江西省山江湖可持续发展促进会、江西省青少年发展基金会、宁夏扶贫与环境改造中心、中国同际民间组织合作促进会和陕西省妇女理论婚姻家庭研究会。宁夏扶贫与环境改造中心、江西省山江湖可持续发展促进会、昆明思瑞德自然资源可持续发展研究院、北京梁漱溟乡村建设中心、宁都县社区扶贫研究会 5 家非政府组织在第二批非政府组织的招标会上胜出,获得参与政府扶贫项目的机会。

亚洲开发银行资助非政府组织参与村级扶贫规划项目。该支援项目的长远目标是通过非政府组织参与政府实施的更有效、更高效和瞄准更准确的扶贫活动,以实现减少农村贫困的目的,其具体目标是建立和推广非政府组织参与由政府资助的村级扶贫规划的模式和机制,并就非政府组织参与中国扶贫活动并发挥主导作用的综合框架达成共识。项目资金由中国政府、亚洲开发银行和中国扶贫基金会共同承担,其中亚洲开发银行提供 100 万美元的赠款。该项目于 2005 年 4 月—2007 年 10 月在国家扶贫开发工作重点县兴国、宁都和乐安的 6 个乡镇的 18 个村试点实施。该项目截至 2007 年 5 月,共接待 5 批外国专家组成的考察团。

中荷 ORET 医疗设备捐赠项目

该项目目标是通过为贫困地区医院提供基础和应急的医疗设备以及培训医院的管理人员和医疗技术骨干,来提高医务人员的诊治技术和服务水平,提升项目医院的医疗技术和管理水平,改善贫困地区医院的急救设施和医疗系统反应能力,扩大医院服务覆盖范围,方便贫困地区群众就医,降低医疗费用,促进贫困地区医疗卫生事业发展。本项目的建设期为 4 年。江西是全国 4 个项目省之一,莲花、乐安和宁都 3 家县医院是项目医院,3 家医院项目总额 2207 万元,其中,荷方赠款 753 万元,约占 35%,该项目接待外国专家考察团 3 次。

中德合作扶贫监测评价体系

中德合作扶贫监测评价体系江西试点项目是中德政府在中国扶贫领域开展的第一个大型双边

技术援助项目。项目目标是通过在全省采取参与式的方法试点建立一套从村级到国家级的扶贫监测评价体系,以支持新阶段中国农村扶贫开发纲要的有效实施。项目期为5年,分两个阶段进行。第一阶段是在吉安、遂川、于都3个县开展,项目中方执行机构为国务院扶贫办外资项目管理中心和江西省扶贫办,德方执行机构为德国技术合作公司。项目于2004年正式启动,已制定第一阶段的项目行动规划(3年),开展9个项目试点村的基线调查,评估主要利益相关者对项目的需求、不同部门开展的与贫困相关的调查和数据采集系统及工具、现有的扶贫监测评价体系等。扶贫监测评价体系框架也初步定型,拟定了指标体系和方法体系,多次在3个试点县开展了模拟测试,并将在国内外专家的指导下进一步修改完善正在开展软件设计招标和咨询活动,举办了27期培训班(含考察、研讨),培训中方工作人员1000余人。

至2008年,项目内容全面完成并取得成效。这套评价体系的数据收集来源于村民自身,相关问卷被直接发放到村民手中,并确保村民能看懂并会填写问卷。有关专家定期对村民进行访谈,通过村民在问卷中填写收入支出情况和对扶贫效果的满意度,调查员可以拿到第一手的数据,这些数据直接进入省扶贫办有关网络,可以有效解决扶贫对象的瞄准和扶贫资金的渗漏问题,为消除失真的贫困统计提供帮助。省扶贫办把项目成果由3个项目县推广到全省54个县,完成两期全省贫困监测报告。

此外,扶贫办还多次接待国外扶贫部门来赣考察团。2004年3月,陪同加拿大国际发展署"西藏自治区基本生活改善项目"专家团实地考察吉安县村级规划实施情况。2005年6月,埃塞俄比亚社会重建与发展基金代表团访问江西,扶贫办组织安排了考察座谈活动。2005年11月,负责接待了越南荣军和社会保障部考察团一行13人。

第五章 资金投入与管理

资金投入与管理工作是扶贫工作的重要组成部分,分为两个方面:资金投入和资金管理。资金投入包括政府以及社会的投入,江西将资金投入于扶贫事业的各个方面,为扶贫工作的开展提供基本保障,制定了扶贫资金及项目的管理使用原则,合理计划和分配各类资金。在资金使用过程中,根据资金具体的使用情况做出相应调整,确保工作的顺利开展。根据具体的扶贫情况,贯彻国务院扶贫办《关于进一步加强扶贫统计信息工作的通知》精神,做好全省扶贫统计工作,保证财政扶贫资金使用的安全性、管理的规范性和扶贫开发的有效性,对财政扶贫资金进行绩效考评,综合性考核与评价其使用管理过程及其效果。

第一节 资金投入

政府投入

1990 年至 2000 年,全省投入扶贫资金共计 294608 万元。国家分配扶贫资金 27.44 亿万元,占投入总额的 93%,其中:财政资金 52630 万元、信贷资金 221770 万元;省各级配套扶贫资金 20208 万元,占投入总额的 7%,其中:省财政配套 12694 万元、设区市财政配套 4247 万元、县(市)财政配套 3268 万元。

1991 年,国家财政分配给江西发展资金 2280 万元,省财政配套安排资金 500 万元,合计 2780 万元。另分配信贷资金 7200 万元。

1992 年,国家财政拨给江西发展资金 2280 万元,省财政配套安排资金 500 万元,地、市、县财政扶持安排资金 175 万元(用于本地区自行划定的贫困乡 90 万元,用于省定特困乡 85 万元),合计 2955 万元(不含省财政专项用于贫困县的扶持资金)。另分配信贷资金 7030 万元。

1993 年,国家财政拨给江西支援经济不发达地区发展资金 2280 万元,省财政配套安排发展资金 600 万元;地、市、县财政扶持安排支援资金 117 万元,合计资金 2997 万元(不含省财政专项用于贫困县的扶贫资金)。另分配信贷资金 9740 万元。

1994 年,国家财政拨给江西支援经济不发达地区发展资金 2280 万元,省财政配套安排发展资金 800 万元,合计 3080 万元。另分配信贷资金 1.25 亿元。

1995 年,国家财政拨给江西支援经济不发达地区发展资金 2280 万元,省财政配套安排发展资金800万元,省发展基金30万元,合计3110万元。另分配信贷资金1.7亿元。

1996年,国家财政拨给江西支援经济不发达地区发展资金2280万元,省财政配套安排发展资金800万元,合计3080万元。另分配信贷资金1.9亿元。

1997年,国家财政拨给江西支援经济不发达地区发展资金5280万元,新增财政扶贫资金3717万元,合计6547万元。另分配信贷资金2.4亿元。

1998年,国家财政拨给江西支援经济不发达地区发展资金7900万元,省财政配套安排发展资金1267万元,合计9167万元。另分配信贷资金3.03亿元。

1999年,国家财政拨给江西支援经济不发达地区发展资金1.07亿元,省财政配套安排发展资金2568万元,合计13268万元。另分配信贷资金5亿元。

2000年,国家财政拨给江西支援经济不发达地区发展资金15070万元,省财政配套安排发展资金3562万元,合计18632万元。另分配信贷资金4.5亿元。

表1-5-1 1991—2000年江西省扶贫资金投入情况表

单位:万元

年份	国家分配扶贫资金总额	财政资金	信贷资金	江西财政扶贫资金配套数	省财政资金配套数	设区市财政资金配套数	县(市)财政资金配套数
1991	9480	2280	7200	680	500	150	30
1992	9310	2280	7030	680	500	150	30
1993	12020	2280	9740	78	600	157	30
1994	14780	2280	12500	1009	800	169	40
1995	19280	2280	17000	1224	830	317	77
1996	21280	2280	19000	1336	800	304	233
1997	29280	5280	24000	2206	1267	594	345
1998	38200	7900	30300	2430	1267	676	487
1999	60700	10700	50000	4248	2568	809	871
2000	60700	15070	45000	5609	3562	921	1126
合计	274400	52630	221770	20208	12694	4247	3268

2002年,全省21个扶贫开发重点县得到中央扶贫贴息贷款累计31803.6万元,中央财政扶贫资金13243.6万元,省级财政安排的扶贫资金1610.25万元,合计34738.45万元。

2003年,全省21个扶贫开发工作重点县得到中央扶贫贴息贷款累计发放额32859.7万元,占扶贫投资总额的34.31%;中央财政扶贫资金14011.7万元,占14.63%。省级财政安排扶贫资金1721.8万元。合计48593.2万元。

2004 年,全省 21 个扶贫开发重点县得到中央扶贫贴息贷款累计发放额 25385.5 万元,比上年减少 22.75%,占扶贫投资总额的 29.21%;中央财政扶贫资金 21887.8 万元,比上年增长 56.21%,占扶贫投资总额的 25.19%;省级财政安排的扶贫资金 1490 万元,比上年减少 13.46%。合计 48763.3 万元。

2006 年,全省 21 个扶贫开发重点县得到中央扶贫贴息贷款累计发放额 29752.34 万元,比上年增长 25.84%,占扶贫投资总额的 32.77%;中央财政扶贫资金 25385.75 万元,比上年增长 16.95%,占扶贫投资总额的 27.96%;省级财政安排的扶贫资金 4886.45 万元,比上年增长 41.68%,占扶贫投资总额的 5.38%,所占比重比上年提高 1.18%。合计 60024.54 万元。

2008 年,中央扶贫贴息贷款累计发放额 31943.74 万元,中央财政扶贫资金 32409.8 万元,省级财政安排的扶贫资金 4864.02 万元。合计 69217.56 万元。

2009 年,中央扶贫贴息贷款累计发放额 30512.27 万元,比上年减少 4.48%;中央财政扶贫资金 36848.23 万元,增长 13.69%;省级财政安排的扶贫资金 6156.23 万元,比上年增长 26.57%。合计 73516.73 万元。

2010 年,全省共发放项目贷款贴息资金 1015 万元,支持产业扶贫项目 181 个,引导贷款 33834 万元,213 万贫困人口从中受益。2010 年,全省 21 个重点县共发放到户贷款贴息资金 1015 万元,引导贷款 2.03 亿元。贫困群众利用贴息贷款发展生产,实现产业覆盖 56.5 万农户,其中贫困户 12.9 万户,年户均增收 923 元。

贷款项目 1994 年 10 月,省老建办同意兴国、安远县的 16 个扶贫贷款项目立项。项目扶贫贷款共为 1624 万元,其中:中央贴息贷款 772 万元,省贴息贷款 398 万元,不贴息贷款 454 万元。11 月,批准于都、赣县、会昌、寻乌、兴国等 5 个县的 38 个扶贫贷款项目立项,项目共需扶贫贷款 1838 万元,其中:中央贴息贷款 1340 万元,省贴息贷款 498 万元。11 月 12 日,研究同意宁都、上犹、广昌、莲花 4 个县的 39 个扶贫贷款项目立项,项目共需扶贫贷款 1431 万元,其中:中央财政贴息贷款 941 万元,省财政贴息贷款 390 万元,不贴息贷款 100 万元。11 月 25 日,批准波阳、余干、上饶、横峰、修水等 5 个县的 87 个扶贫贷款项目立项,项目共需扶贫贷款 3252 万元,其中:中央财政贴息贷款 2379 万元,省财政贴息贷款 873 万元。12 月 2 日,研究同意永新、永丰等 2 个县的 2 个扶贫贷款项目立项,项目共需扶贫贷款 800 万元,其中:中央财政贴息贷款 558 万元,省财政贴息贷款 112 万元,不贴息贷款 130 万元。12 月 9 日,同意永新、遂川、宁冈、永丰、吉安市、井冈山、吉安县、修水等 8 个县(市)的 26 个扶贫贷款项目立项,项目共需扶贫贷款 2030 万元,其中:中央财政贴息贷款 1048 万元,省贴息贷款 98 万元,不贴息贷款 884 万元。12 月 20 日,研究同意安远等 19 个县的 39 个扶贫贷款项目立项,项目共安排不贴息扶贫贷款 2000 万元。

1995 年 8 月 18 日,同意于都、安远、赣县、上犹县等 4 个县的 41 个扶贫项目立项,项目的扶贫贷款为 2540 万元,其中:中央贴息贷款为 1988 万元(后进村 300 万元),省贴息贷款 552 万元;9 月 5 日,同意兴国、寻乌、宁都、会昌、于都县等 5 个县的 52 个扶贫贷款项目立项,项目的扶贫贷款为 3609 万元,其中:中央贴息贷款为 2443 万元(后进村 290 万元),省贴息贷款 866 万元,不贴息贷款 300 万元;9 月 21 日,同意上饶、横峰、广丰县、修水、莲花县等 5 个县的 66 个扶贫贷款项目立项,项目的扶贫贷款为3205万元,其中:中央贴息贷款为2422万元(后进村415万元),省贴息贷款783万元;10月9日,同意余干、波阳、上饶、遂川、永新、宁冈、吉安市、永丰县、吉安县、井冈山市等10个县的131个扶贫贷款项目立项,项目的扶贫贷款共为6401万元,其中:中央贴息贷款4551万元(后进村488万元),省贴息贷款350万元,不贴息贷款1500万元;12月6日,同意宁都、寻乌、兴国、上犹、赣县、于都、安远、会昌、定南、上饶、波阳、余干、横峰、永新、宁冈、遂川、吉安、永丰、广昌、修水、莲花县等21个县(市)的80个扶贫贷款项目立项,项目的扶贫贷款共为6196万元,均为不贴息贷款。

1996年5月20日,同意永新、宁冈、遂川、吉安、永丰、上饶、横峰、余干、鄱阳县、井冈山、吉安市等11个县(市)的203个扶贫贷款项目立项,项目的扶贫贷款为10401万元,其中:中央贴息贷款为5396万元(后进村656万元),不贴息贷款5005万元;5月23日,同意兴国、于都、宁都、赣县、安远、上犹、会昌、寻乌、定南、广昌、修水、莲花等12个县(市)的157个扶贫贷款项目立项,项目的扶贫贷款为9555万元,其中:中央贴息贷款为6027万元(后进村785万元),不贴息贷款3528万元;7月18日,同意兴国等21个县(市)的108个扶贫贷款项目立项,项目的扶贫贷款为7599万元;12月15日,经1998年扶贫贷款项目立项三级会审会初审、省老建办室务会研究,同意安远县小水电公司等5个项目立项,总投资额为2705万元,其中:扶贫贷款不贴息贷款为1060万元,其他资金投入1645万元。

1998年12月9日,经1999年扶贫贷款项目立项三级会审初审、省老建办研究,同意兴国县梅窖镇企业办水泥纸袋厂等48个项目立项,共安排扶贫贷款3989万元。

2000年4月6日,同意兴国等27个县的56个扶贫贷款项目立项,共安排扶贫贷款9450万元,总投资额为41363.07万元,其他资金投入31913.07万元;7月6日,同意南康等12个县(市)的55个扶贫贷款项目立项,共安排扶贫贷款2500万元;7月21日,同意武宁县宋溪乡杭白菊加工和武宁县鲁溪镇川芎加工2个扶贫贷款项目立项,分别安排扶贫贷款30万元和60万元;9月19日,同意弋阳县龟峰旅游开发有限公司的清水坝改造、移民搬迁项目立项,同意瑞昌市金圣麻纺厂续建麻纺生产线项目立项,安排扶贫贷款140万元;11月23日,同意会昌县鑫达矿产品有限公司等74个扶贫贷款项目立项,共安排扶贫贷款6700万元,其中赣州市投入扶贫贷款1960万元,吉安市投入扶贫贷款1348万元,上饶市投入1432万元,九江市扶贫贷款为1280万元,抚州市投入300万元,萍乡市投入380万元。

2003年4月10日,同意赣县中学等5个扶贫贷款项目立项,共安排扶贫贷款6770万元;5月15日,同意广昌县昌顺实业有限公司等5个扶贫贷款项目立项,共安排扶贫贷款11100万元;12月31日,同意宜春中学和靖安中学2个扶贫贷款项目立项,分别安排扶贫贷款1400万元和600万元。

2004年7月27日,同意上饶县梨子坑水力发电有限公司等8个扶贫贷款项目立项,共安排扶贫贷款1亿元;12月6日,同意上饶县江西鑫新实业股份有限公司等6个扶贫贷款项目立项,共安排扶贫贷款10400万元;12月15日,同意井冈山市红色之旅旅游开发等9个扶贫贷款项目立项,共安排扶贫贷款14100万元;12月28日,同意江西煌上煌集团食品有限公司扶贫贷款项目立项,从2004年国家下达江西的扶贫贷款计划中安排扶贫贷款3000万元。

2005 年 4 月 20 日,同意吉安贸易广场开发有限公司农产品批发市场扩建扶贫贷款项目立项,共安排扶贫贷款 5000 万元;8 月 30 日,同意广昌县昌顺集团有限公司扶贫贷款项目立项,共安排扶贫贷款 600 万元;10 月 13 日,同意兴国县金莹氟业有限责任公司等 8 个扶贫贷款项目立项,共安排扶贫贷款 7500 万元;12 月 9 日,同意兴国县金莹氟业有限责任公司等 4 个扶贫贷款项目立项,共安排扶贫贷款 7300 万元。

政府实际投入 截至 1991 年 12 月底,全省财政累计拨付资金 2749.2 万元,加上年结转使用资金 1235 万元,全年可用资金合计 3984.2 万元。1991 年核销发展资金支出 2315.3 万元。完成项目 1150 个(含以前年度项目 669 个)。

1992 年,全省可用发展资金 3931 万元(其中包括上前结转使用资金 976 万元)。截至 12 月底核销发展资金支出 8868 万元,银行支出未报资金 198 万元,结转下年使用资金 881 万元。完成项目 1308 个(含以前年度 309 个)。

1993 年,全省可用发展资金共 3878 万元(其中包括上年结转使用资金 881 万元)。截至 12 月底核销发展资金 2139.2 万元,银行支出未报资金 229.3 万元,结转下年使用资金 1509.5 万元。完成项目 965 个(含以前年度 612 个)。

1994 年,全省可用发展资金 4589.5 万元(其中上年结转 1509.5 万元),截至 12 月底核销发展资金 1745.5 万元,银行支出未报资金 1058.8 万元,结转下年使用资金 1785.2 万元。完成项目 751 个(含以前年度 584 个)。

1995 年,全省可使用资金 4895.2 万元(其中上年结转 1785.2 万元),截至 12 月底核销发展资金 3065 万元,银行支出未报资金 1794.3 万元,结转下年使用资金 36.9 万元。完成项目 1213 个(含以前年度 733 个)。

1996 年,全省可用发展资金 5324 万元(其中上年结转 1510 万元),截至 12 月底核销发展资金 2841 万元,银行支出未报资金 1220 万元,结转下年使用资金 1263 万元。完成项目 1009 个(含以前年度项目 750 个)。

1997 年,全省可用发展资金 7810 万元(其中上年结转 1263 万元),截至 12 月核销发展资金 4423 万元,银行支出未报资金 2124 万元,结转下年使用资金 387 万元。完成项目 1520 个(含以前年度项目 695 个)。

2003 年,被监测的 215 个行政村,到位扶贫资金总额为 516.6 万元,平均每个参加过扶贫项目的村为 8.76 万元,其中扶贫贷款为 86 万元,占到位的扶贫资金总额的 16.65%。使用扶贫资金总额为 509.3 万元,占当年到位的扶贫资金总额的 98.59%。从扶贫资金投向来看,投资最多的是修建及改建公路,资金总额为 250.8 万元,占扶贫投资总额的 49.24%。其次是学校及设备,投资总额为 71 万元,占扶贫投资总额的 13.94%。第三是改养基本农田建设,投资总额为 55.5 万元,占 10.89%。第四是农业,投资总额为 54.1 万元,占扶贫投资总额的 10.62%,其中:林业为 2 万元,占农业投资额的 3.69%,养殖业为 3.3 万元,占 6.09%;种植业为 48.8 万元,占 90.2%。第五是人畜饮水工程,投资总额为 36.5 万元,占 7.17%。第六是退耕还林还草,投资总额为 21.7 万元,占 4.26%。

2004 年,当年到位扶贫资金总额为 707.1 万元,平均每个参加过扶贫项目的村为 9.56 万元,其中扶贫贷款为 184 万元,占到位扶贫资金点额的 26.02%。当年使用扶贫资金总额为 694.01 万元,占当年到位的扶贫资金总额的 98.15%。从扶贫资金投向来看,投资最多的是修建及改建公路,资金总额为 397.5 万元,占扶贫投资总额的 56.22%,其次是学校及设备,投资总额为 78.75 万元,占扶贫投资总额的 11.14%;第三是改善基本农田建设,投资总额为 67 万元,占 9.48%;第四是人畜饮水工程,投资总额为 35 万元,占 4.95%;第五是农业,投资总额为 31.16 万元,占 4.41%。其中:林业为 2 万元,占农业投资额的 6.42%;养殖业为 1.4 万元,占 4.49%;种植业为 27.76 万元,占 89.09%。另外,投向其他方面的投资总额为 41 万元,占扶贫投资总额的 5.8%。

2005 年全省财政支援农村生产支出 45.7 亿元,比上年增长 7.9%。

2006 年,国家扶贫开发重点县当年项目覆盖农户数量为 15.51 万户,比上年下降 22.42%;项目扶持人口 67.2 万人,下降 25.16%;项目吸收劳动力 11.39 万人,下降 4.27%,当年得到扶贫贷款的农户为 27038 户,增长 159.96%。参加扶贫项目村当年到位的扶贫资金平均每个村为 7.36 万元,比上年下降 22.12%,其中扶贫贷款为 2.79 万元,下降 10.58%,占到位扶贫资金额的 37.9%。平均每个村当年使用扶贫资金总额为 7.01 万元,占当年到位的扶贫资金总额的 95.24%。

2010 年,全省各级扶贫和移民专项投入突破 20 亿元,达到 20.31 亿元,比上年增加近 1.6 亿元,增幅 8.5%。其中:争取国家资金 18.02 亿元,增加 1.36 亿元,增幅 8.14%;省财政配套资金 1.33 亿元,增加近千万元,增幅 7.5%;市、县财政配套资金 9689 万元,增加 617 万元,增幅 6.8%。国家安排资金对江西抗灾自救给予倾斜支持,下达扶贫和移民灾后恢复重建资金 1.28 亿元,比上年增加 3400 万元,增幅达 36.2%。

经费用途 江西的扶贫工作逐渐在向依靠科技进步、提高劳动者素质的轨道上转移。1991 年、1992 年分别安排 150 万元、200 万元投资建设老区、贫困地区经济开发培训中心。1992 年 4 月,省老建办在江西农业大学培训推广中心举办一期依靠科技进步、发展老区的经济培训班,并拨付办班经费 1.6 万元。8 月,在江西农业大学培训推广中心举办了"全省老建系统首期宣传骨干培训班",并一次性拨付办班经费 1.65 万元。

1993 年,省老建办分配地、市科技培训示范基地建设扶持资金指标,其中:赣州地区 25 万元,吉安地区 24 万元,上饶地区 24 万元,抚州地区 24 万元,宜春地区 18 万元,九江市 20 万元,景德镇市 15 万元,萍乡市 15 万元,鹰潭市 15 万元。合计 180 万元。

1993 年,省老建办一次性补助省委党校课题经费 1.5 万元,用于第二期青年干部政治理论培训班赴赣南、吉安老区调查;在萍乡市举办一期"全省老建公司经理培训班",拨付 3.1 万元;6 月,省老建办在省军队离退休干部活动中心举办一期"全省老区、贫困地区牲血素试验示范培训班",拨付 10183 元;8 月,省老建办在江西农业大学培训推广中心举办了一期"全省老区、贫田地区新技术、新品种推广应用培训班",拨付 1.42 万元;9 月,省老建办委托江西省教育服务公司在江西师范大学举办了一期地、市扶贫统计微机培训班,一次性拨付 13383.70 元;10 月,省老建办在井冈山举办"全省老建系统第二期通讯员培训班",拨付 3.1 万元;1993 年,省老建办委托江西省民政学校为全省老区、贫困地区举办财务统计等培训班五期,一次性拨付 10 万元,并研究决定在江西农业大学科技培训中心、江西财经学院财会系举办一期为期10天的《财务通则》《会计准则》及一系列新会计制度相关内容的培训班,拨付培训经费3.45万元(其中财院财会系1.2万元,农大培训中心2.25万元)。

1994年,省老建办在9月份举办一期老区边贸培训班,支出22829.66元。

1995年,全省国有单位专业技术人员共79.5万人,科技活动经费投入达8.4亿元,比上年增长12%。

1995年12月,在兴国县老建培训中心举办一期"全省老建财会干部培训班",拨付1.5万;老建办研究分配建设科技培训示范推广基地经费,其中:赣县17万元,会昌15万元,上犹15万元,瑞金13万元,遂川17万元,宁冈15万元,永丰12.5万元,余干18万元,横峰15万元,弋阳12.5万元,乐安12.5万元,都昌12.5万元,莲花15万元,宜春市10万元,合计200万元;老建办决定利用宜春市飞剑潭乡大搞修田造地,加强基本农田建设的经验和现场,举办一期全省老区贫困乡基本农田建设培训班,拨付培训经费8.3万元;支持省妇女联合会在老区贫困县举办两期实用技术培训班,并拨付培训经费2万元;省老建办支持省委村建办对全省老区、贫困地区农村基层党组织的党员、干部开展系统的培训工作,拨付《农村基层组织建设》培训教材的编印等补贴经费6万元;4月,在莲花县、永新县举办一期全省对口支援工作培训班,一次性补助培训经费3.5万元(其中:莲花县7.5万元,永新县1万元);省老建办委托莲花县在10月份举办一期"全省老区、贫困地区联合开发项目培训班",一次性补助培训经费4万元;11月,在安远县举办一期全省老区发展扶贫支柱产业研讨班,拨付办班费用共计25.1万元(其中组织代表赴寻乌县参观、考察费用2万元)。

1996年,省老建办支持省工商联"光彩事业"培训费2万元,支持省妇联在贫困县培训贫困户妇女经费2万元。

1997年,在省老区建设扶贫开发培训中心举办一期老区、贫困地区"温饱攻坚领导干部培训班",拨付办班经费42768元。

1998年,委托省民政学校举办五期"老区、贫困地区村干培训班",拨付办班经费5期共15万元。

1999年,省老区建设扶贫开发培训中心已正式挂牌运营。老建办拨付该中心资金5万元(其中:注册资金3万元,开办经费2万元)。

2000年,省老建办进行科技培训经费分配,其中:赣州107万元,吉安54万元,上饶73万元,抚州23万元,宜春10万元,九江39万元,萍乡10万元,鹰潭3万元,景德镇6万元,新余3万元,南昌12万元。

2001年以来,宜春市投入科技培训资金167.6万元,举办农村实用技术培训班266期,培训贫困农民2.6万人次。2005年始,加大了劳动力转移培训力度,把贫困地区劳动力转移培训作为"雨露计划"实施,并列入民生工程。充分利用社会教育资源,报经省扶贫办审批、备案,设立省定培训基地2所,设立市定培训基地5所。2005至2007年,投入专项资金143.7万元,分期分批分专业培训了4130人,培训合格率达到100%,转移就业率达到96%,转移务工劳动力年平均工资收入达到8000元—10000元。

2002 年,全省扶贫总资金 90518.17 万元,其中技术培训和技术推广 1070.192 万元,占扶贫投资总额的 1.28%。

2003 年,全省扶贫总资金 95760.47 万元,其中技术培训和技术推广 1310.16 万元,比上年增长22.42%,占扶贫投资总额的 1.37%。

2003 年 9 月 17 日至 30 日,省扶贫办委托陕西省西安市止园宾馆在陕西省举办了 1 期社会扶贫工作培训班,学习陕西省社会扶贫工作经验,共开支 4 万元。

2003 年,省扶贫办为全省 563 个扶贫开发工作重点乡和 1200 个扶贫开发工作重点村订阅 2004 年度《农村百事通》杂志共 1763 份,每份年订价 36 元,共计 63468 元,在省级科技培训经费中列支。

2004 年,全省扶贫总资金 86894.09 万元,其中技术培训和技术推广 946.13 万元,比上年减少27.79%,占扶贫投资总额的 1.09%。

2004 年 2 月 13 日至 17 日,省扶贫办在南昌市召开了全省设区市扶贫办主任研讨会,共开支经费 66183.50 元,在省级培训经费中列支。6 月 23 日至 25 日,省扶贫办在抚州市交通宾馆召开部分省直和中央驻赣单位定点扶贫工作组长劳动力转移与就业培训工作座谈会,共开支 36800 元,在省级培训经费中列支。8 月 28 至 29 日,省库区深山区移民扶贫工作领导小组在江西饭店召开全省移民扶贫工作会议暨市县领导干部移民扶贫工作培训班,共开支 28155 元。

上饶市从 1990 年至 2007 年共投入各类财政资金 4000 余万元,投放信贷扶贫资金 6 亿余元,根据各类扶贫龙头企业的市场需求,围绕龙头企业建设产业化基地,采取"公司 + 基地 + 农户"的方式,在贫困地区初步形成具有地方特色的支柱产业,带动贫困农户达 3000 余户。"十五"期间,全市贫困地区共培训和转移劳动力 4 万余人。

会议经费 1996 年 7 月,省老建办在井冈山市召开由地(市)及有关县(市)老建办主任参加的研究部署、筹备全省扶贫工作会议的典型材料准备工作会议,并拨会议经费 3 万元。

1997 年 12 月,省老建办与省统计局在赣州市联合召开了"全省农村贫国监测工作暨培训会议",各地、市老建办计财科长和 18 个国定贫困县老建办主任参加了会议,一次性补助会议经费8000 元。

1998 年 7 月,省老建办在宜春地区召开全省地(市)老建办主任会议及扶贫现场观摩会,拨付会议经费 12 万元。

2000 年 3 月中旬,省老建办在九江市召开全省地(市)老建办主任会议,拨付会议经费 5 万元。8 月,在上饶市召开全省直(属)单位挂钩扶贫工作现场交流会,拨付会议经费 18 万元。同年定于 8 月在吉安市井冈山老建培训中心召开全省地(市)老建办主任会议,拨付经费 8 万元。

2004 年 11 月 3 日至 4 日,省扶贫办在新余市分宜县省市定点扶贫座谈会(暨定点工作组长培训班),拨付经费 3 万元。

宣传经费 1994 年,省老建办一次性补贴省《老区建设》杂志社 3.5 万元。

1995 年,省老建办拨付 4 万元用于解决省《老区建设》杂志编辑部经费不足的困难,支持开展《老区建设》杂志创刊 10 周年发行 100 期纪念活动,补贴活动经费 1.5 万元,两项合计 5.5 万元。同年,参加财政部发展资金 15 年成果展示会的全部具体工作,委托省革命烈士纪念堂承办,拨付经费30万元,并资助由中央电视台和江西电影制片厂联合拍摄的反映老区人民脱贫致富奔小康的电视连续剧"万橙花"摄制经费5万元。老建办和江西人民广播电视台新闻部联合举办了一次"老建扶贫有奖征文"活动,拨付4万元经费用于该项宣传活动中内容安排、采制、播出及奖励等项工作。

1996年,拨付老建办和江西人民广播台农村专题部联合举办的"老区建设和扶贫开发"专题广播宣传经费2万元。

1998年,省老建办拨付农村致富技术函授大学教材补助经费2万元。

2000年,决定2001年度继续订购《农村百事通》,每期1800册,按每期订价1.10元计,拨付全年订费47520万元。

2004年,经省扶贫办与《人民论坛》杂志社协商,由杂志社安排一个专栏宣传江西扶贫开发工作,省扶贫办一次性向《人民论坛》杂志社支付宣传费用人民币2万元,从省级预留的宣传费用中开支。

2004年,省扶贫办协助省电视台拍摄扶贫开发电视专题片一集,在《情系"三农"》栏目中播出,时间10分钟。省扶贫办一次性向工作组支付节目摄制费用1万元,从省级预留的宣传费用中开支。

补助经费　省老建办将1994年度调查经费14万元拨付给省农村社会经济调查队,主要用于调查户和辅助调查员的补助、特贫困户调查会议补助、资料录入处理费用以及调查账表的印制费用等。

1995年,经研究决定,支持省农村致富技术函授大学对组织和参与省农村致富技术面授学习的优秀教师、先进单位及优秀学员开展表彰活动,拨付补助经费2万元。省老建办与省委政研室社会发展研究处合作进行了关于扶贫开发工作的课题调查研究,一次性拨付该处经费6000元,用于差旅、材料打印等费用。

1996年,省老建办拨付给婺源县生产自救专项经费15万元,拨付给浮梁县、昌江区生产自救专项经费各10万元,用于特大洪灾后贫困乡村生产生活设施的修复及贫困户种苗费用补助。同年,鉴于赣州市水西乡联三村出现局部滑坡,拨付个人搬迁所需的住房、附属建筑、果树补偿以及搬迁补助费共计25万元,并对迁建新址涉及的征地"三通一平"费补助5万元,合计30万元。

1997年,省农调队完成了1996年、1997年的扶贫统计监测任务,为老建办提供了有关全省和地、市的贫困状况数据,同意一次性补助调查经费16万元(其中:1996年4万元,1997年12万元)。省老建办同意捐助省减灾协会资金3万元,并收到省收容管理所《关于请示解决东村乡移民供电设备设施资金不足的报告》的文件。经研究后同意扶持资金10万元,用于帮助解决供电设备设施资金不足问题。同时决定为农函大贫困户学员安排补助资金20万元,每位学员补助30元,其中:赣州6.6万元,吉安4万元,上饶4万元,抚州2万元,宜春0.6万元,九江2万元,萍乡0.8万元。

1998年,省老建办在兴国、波阳2县建设贫园地区农村气象防灾减灾警报服务系统,并承担该系统建设配套经费26万元。

社会投入

江西的扶贫工作在20世纪90年代进入了一个较快发展的阶段,其中社会扶贫的扶持成果占据了不少的比重。

1996年,国家科委、民政部、地矿部、石化总公司、保险总公司常年派出工作组深入江西贫困地区调查研究,指导扶贫开发工作,累计投入扶贫资金4280万元,建成了一批扶贫开发项目。

1996年,全省党政机关和社会各界共投入扶贫资金12241万元,扶持809个项目;帮助引进资金32128万元。省直各单位都非常重视挂钩扶贫工作,绝大多数单位都派出工作组深入贫困县、乡、村,帮助当地进行扶贫开发。当年共有79个省直单位共派出扶贫人员198人次,其中厅级领导12人次,处级干部79人次。扶持资金1713万元,兴办扶贫经济实体279个,帮助举办各类农村实用技术培训班818期,为贫困地区培训人员22515人次;捐赠5万余件衣物,以及一大批钢材、水泥、化肥、柴油等物资。

1996年,全省9个有贫困县的地市党政机关共派出2727人次到贫困县、乡蹲点扶贫,其中地、厅级领导191人次,县、处级干部594人次;投入扶持资金2338万元,扶持项目475个,实现年产值7178万元,税利812万元。

1996年,仅省级组织的18个对口支援单位就派出干部、技术人员78人次,投入资金8000万元,实施联合开发项目55个;江中制药厂在帮助余干县第三制药厂和珠湖制药厂的对口支援工作中,投入2000万元资金和专利技术,扶持两家贫困地区企业生产"江中健胃消食片",1996年实现了7000万元的产值,税利900余万元。

1996年,民营企业投入资金29598.6万元,与贫困地区联合开发项目139个。抚州市"种子大王"朱新华通过科技培训,提供优良稻种,指导科学种田等方式带动了全县种粮和推广优质、先进稻种的积极性。

1997年,全省通过"光彩事业"动员民营企业的资本与贫困地区兴建联合开发项目,共利用民管企业资金1.1亿元,兴建了69个联合开发项目;发动全社会为"希望工程"献爱心,筹集3500万元资金,兴建希望小学。

1997年,省各级党政机关和参加对口支援工作的单位共向贫困地区派出扶贫工作组1570个,派出常驻扶贫人员4300人次;帮助落实扶贫项目资金14960万元,其中部门直接援款4500万元,安排项目1038个;帮助举办各类技术培训班1900期,为贫困地区培训各类技术人员69200人次;捐赠一大批钢材、水泥、化肥、汽柴油、农物等生产生活物资;组织贫困地区劳务输出22560人次。地、市、县各级党政机关,以省直单位为表率,也积极开展挂钩扶贫工作。全年共派出3万名干部投入扶持资金15377.7万元,其中帮助贷款9498.2万元,扶持兴办项目7个,扶持贫困户3.47万户。各地、市共安排了3万余名科级以上干部与3万余户贫困户结成帮扶对子,平均每名干部无偿扶助贫困户资金约300元,扶助化肥、农药、种苗、农物等折价人均约达100元。

1997年,赣州地区在全市党政机关中开展了"321"帮扶活动,即每个市、厅级干部负责帮扶3

户贫困户,每个县处级干部负责帮扶2户贫困户,每个科级干部负责帮扶1户贫困户。从资金、技术、信息等方面帮扶贫困户进行经济开发,帮助贫困户解决温饱问题,扶持贫困群众走上富裕道路。全区有837名副县级以上干部帮助1696户贫困户,3124名科级干部在878个贫困村帮扶了3124户贫困户。

1997年,吉安地区开展"1+1联万户"的扶贫活动,即在全区党政机关中组织了10100名副科级以上干部,采取1名干部帮扶1户贫困户进行经济开发的办法,加大扶贫攻坚力度。

1997年,抚州地、县领导每人帮扶2户,地、县直每单位帮扶4户,县乡科以上干部每人帮扶1户,全区共计帮扶1万户。全省各地共有4.8万各级党员领导干部包扶4.59万户贫困户,落实扶助资金1.6亿元—9亿元,有1.12万户贫困户基本解决温饱问题。

1998年,全省扶贫企业带村帮户企业248个,投入资金1257万元,222个村和6732万户贫困户受帮扶,扶持种养等753个项目。

1998年,全省由乡土能人大户为龙头组织建立的各种扶贫联合体达2200个,帮带贫困户1.7万户。联合体形成的综合产值已达3.7亿元,税利4500万元。在全省范围内建立了18个生产经营基地,实现近亿元的产值,利税率达35%以上。乡土能人大户先后帮带贫困户有2000余户,仅此一项,贫困户户均增收达2000余元,基本摆脱贫困。

1999年,共有4399个省地县各级党政机关和大中城市企事业单位参与挂钩扶贫和对口支援,重点扶持贫困乡村3756个,派出蹲点干部3.02万人(次),帮扶贫困户7.89万户,实施扶贫开发项目5899个,共投入扶贫资金1.89亿元。

1999年,全省共有83个省直单位挂钩扶持140个贫困乡村,蹲点干部180人,扶持开发项目336个,重点帮扶贫困户9269户,投入和引进资金2702万元。同时,还帮助贫困地区引进369名人才,引进资金1800万元,举办技术培训班622次(期),培训人员1.7万人(次),省财政厅蹲点干部下到贫困乡村,和贫困乡干部群众实行"三同",切实准确地掌握当地的致贫原因和资源优势,帮助制订全乡脱贫致富规划,和群众一起筹集资金、实施项目,从省内外引进资金、人才。全年共组织实施11个扶贫开发和基础设施项目,1999年完成了8个。江中制药厂根据中药材市场情况,因地制宜,扶持50户贫困户发展黄姜生产,每亩黄姜当年可获利1500元—2000元,仅此一项每户约增收2000元。

1999年,全省各地市县共有4816个各级党政机关、企事业单位挂钩扶贫或对口支援,扶持贫困乡村3616个,派出党员干部3万人(次),结对包户扶贫6.97万户。扶持及帮助引进资金上亿元,引进人才3326人,举办科技培训班6516期。同时,还捐赠了1193万元资金,及一大批化肥、钢材、汽柴油、水泥等物资。新余市民政局为挂点村贫困户每户建成1.3亩高产农田,2.5亩药材园,不仅解决了贫困户吃饭问题,也较好地解决了贫困户的增收问题。扶持的49户贫困户中有70%的贫困户解决温饱问题。

1999年,萍乡市、新余市等扶贫任务较轻的地方,也积极行动起来,做出相应部署安排。

1999年,吉安市县两级525个部门和单位的上万名干部到525个贫困村,结对帮扶1.01万户贫困户,无偿援助资金362万元,帮助贷款750万元,培训人员3.89万人。

1999年,上饶市在地直机关开展了"百村千户"活动,能人带帮、富贫结对,组织2万名党员干部、能人、富裕户与2万户贫困户结对。

1999年,抚州市通过多种形式,组织各级干部、党员、能人共结1.3万对扶贫对。

2000年,宁都县开展领导干部"321"结对帮扶活动。截至7月底,共组织党员干部5303名(其中县处级干部36人,科级干部401人)结对帮扶贫困户5816户,落实帮扶资金113.56万元,其中捐赠30.7万元,捐赠化肥31100千克,农药1400千克,衣物1552件,科技书籍19700份(册),帮助新上项目4166个。

社会扶贫工作进一步和有关部门、单位的扶贫活动紧密配合,如"村建""光彩事业""希望工程""妇女双学双比"等扶贫活动。上饶市扶贫与"村建"紧密结合,共在贫困村创办了480个示范服务基地,年创利1080万元,帮助贫困地区修建公路85千米和桥梁14座,架设电线1.8万米,兴修基本农田8千余亩,使760户贫困户基本解决温饱问题;抚州市先后有2500名科级以上干部及1500名教育工作者与4000名贫困学生认亲结对,援助资金130余万元。

2003年,被监测的215个行政村的88897户中,得到扶持的农业户数为3910户,占被监测总户数的4.4%。修建人畜饮水工程,受益农户为18680户,占总户数的21%;修建基本农田18680亩,退耕还林还草20910亩,修建及改扩建公路862千米,修建电力设施10千米,修建学校及学校设施90个,修建卫生室及设施10个;完成技术培训3680人次。全省当年项目覆盖农户数量20.60万户,当年项目扶持人口数及吸收劳动力人数分别为85.14万人和15.88万人,分别比上年增长22.87%和36.5%;新增基本农田5079.9亩,新增及改扩建公路5820.98千米,比上年增长1倍多;新增经济林面积15.3万亩、草场面积2983.05亩;新增教育、卫生用房面积7.02万平方米;输出劳动力人数为120.1万人,比上年增加15.67万人,增长15%。其中向外省输出劳动力人数为97.30万人;当年解决饮水困难人口18.61万人,解决饮水困难牲畜头数9万余头,退耕还林还草面积60万亩,组织培训14.24万人次,同比上年增长68.88%。

2004年,被监测的215个行政村的91996户中,修建人畜饮水工程的受益农户为447户,占总户数的4.86%,得到农业扶持的户数为301户,占被监测总户数的3.27%。修建基本农田2107亩,退耕还林还草2428.8亩,修建及改扩建公路119.4千米,修建电力设施25千米,修建学校及学校设施10个;完成技术培训800人次。

2006年,国家扶贫开发重点县当年项目覆盖农户数量为15.51万户,比上年下降22.42%;项目扶持人口67.2万人,下降25.16%;项目吸收劳动力11.39万人,下降4.27%,当年得到扶贫贷款的农户为27038户,增长159.96%。通过项目扶持,新增基本农田3691.5亩,新增数量比上年增长78.46%;当年解决饮水困难人口28.97万人,增长88.61%。新增经济林面积66261亩,新增及改扩建公路4008.93千米,新增教育、卫生用房面积2.62万平方米,当年解决饮水困难牲畜7.13万头,当年退耕还林面积还草面积22980亩,当年组织培训25.05万人次,向其他地区输出劳动力149.49万人。

产业投入

1991年,省老建办扶持大跨度项目贷款300万元作为江西九二盐矿启动资金,扩建年产5万吨晒盐规模。

1991年8月,兴建婺源县南婺化工原料厂,总投资300余万元,其中扶贫资金200万元。

1992年,省老建办从贫困县扶贫专项贴息贷款中安排4个项目和100万元贷款,其中余干县康山垦殖场落脚湖灭螺开发40万元,鄱阳县莲西圩灭螺开发20万元,星子县苏家垱灭螺开发20万元,都昌县枭阳湖灭螺开发20万元。

1992年,横峰县青板乡油茶面积2.8万亩,投入扶贫资金进行底改。1993年扶持20万元办精制油厂。

1993年,省老建办一次性有偿扶持利民"叶面宝"分装厂发展资金21万元,同意安排南城龙湖乡玉坪村果园抚育费2万元。

九江市 2001年,主要抓以修水、武宁的蚕桑、黄姜和药材,都昌、湖口、彭泽、九江县的特色水产及天棚蔬菜,瑞昌市的山药、猕猴桃,星子的石材、果业开发等。新种桑树3万亩,扶持蚕塑具400万张,种植中药材1.44万亩,发展经济作物大棚蔬菜4200亩,养殖猪、牛、羊及各类家禽24万头(只)。为支持扶贫企业的发展共为其发放贷款8300万元。

2002年,积极扶持产业化扶贫企业,发放扶贫贷款5400万元,扶持项目100个。

2003年,结合农业产业结构调整,投入扶贫资金800余万元,实施项目112个,扶持发展蚕桑2.3万亩,养殖山羊5万只,培育黄姜、花椒等药材基地8万亩,初步形成了蚕桑、茶叶、中药材、水产等十大扶贫产业,覆盖贫困乡村农户60%以上,带动贫困户户均增收180元;同时加大对农业产业化龙头企业扶持力度,农行实际发放扶贫贷款5365.2万元。

2004年,新增蚕桑面积4200亩,新增水果、药材面积2.85万亩,有11642户贫困户、13547户低收入户从中受益,户均增收624元。并适当扩大扶贫贷款使用范围,积极扶持各县(市)农业产业化龙头企业,发放扶贫信贷资金3584万元。

2005年,通过扶贫贷款支持和政策优惠,进一步发展壮大产业化扶贫龙头企业和一批覆盖面广、辐射能力强、能带动贫困群众增产增收的项目,修水县的蚕桑、药材,星子、九江县的赣北水梨,武宁的雷竹,都昌的水产等日渐成为贫困群众增收的重要途径。全市共计开发种植业7884亩,其中:蚕桑面积780亩,水梨和大白桃等果业6506亩,茶叶450亩;养猪、牛、羊1010头,养殖家禽18000羽;鄱阳湖青虾、河蟹、彭泽鲫、淡水珍珠等特种养殖水面1967亩。积极探索"龙头企业+贫困农户"的扶贫开发模式,扶持以种养加工为主体的国家级扶贫龙头企业1个,省级扶贫龙头企业7个,并为扶贫龙头企业发放扶贫贴息贷款3584万元。

2006年,全市投入资金115.57万元,发展早熟梨种植面积1万亩。全年为产业化扶贫龙头企业发放贷款2594万元,贴息80.3万元,扶持项目9个。

2007年,按照市委、市政府发展"两水"产业的部署,投入资金470万元,在贫困地区种植九江水梨 1.5 万亩。全年为产业化扶贫龙头企业发放贷款 5056 万元,贴息 104 万元,扶持项目 22 个。

2008 年,全市加大产业化扶贫与现代农业相结合的力度,依托丰富的山地资源,大力发展九江水梨,新增水梨种植面积 21585 亩,投入资金 692.6 万元,其中财政扶贫 2467875 元。"公司+农户"、基地带贫困户,是全市发展扶贫支柱产业的重要形式,全年为鄱湖水产、三兴纺织等产业化扶贫龙头企业发放贷款 3603 万元、贴息 108.1 万元,扶持项目 15 个。在认定鄱湖水产为国家级扶贫龙头企业的基础上,增补认定国定贫困县修水县五星制丝有限公司为国家级扶贫龙头企业。按照"增优汰劣、动态管理"的原则,增补认定 12 家效益好、前景优、扶贫功能强的企业为省级扶贫龙头企业。

2009 年,全市新增水梨种植面积 9500 亩,投入资金 643.15 万元,其中财政扶贫 262.65 万元;各县(市)根据各自优势发展"一村一品",如修水的吊瓜、油菜、脐橙,都昌、湖口的网箱养殖、瑞昌的生猪、獭兔养殖,带动了更多的贫困户实现增收;积极培育农民专业合作经济组织,支持有条件的农民专业合作社自办流通企业,提高农产品商品率,大力发展"市场+龙头企业+农民企业合作社+农户"的经营和流通新模式。修水的蚕桑合作社在全年市场价格下滑的情况下,积极对外联系,打开市场,扭转了蚕茧滞销的不良局面。九江县积极培育生猪养殖合作社、食用菌栽培合作社,充分发挥流通的纽带作用,在占领市场上下工夫,加速农产品的商品转化;大力扶持龙头企业,为春妙米业、天兴农业等产业化扶贫龙头企业发放贷款 3867 万元、贴息 116 万元,扶持项目 13 个;积极争取贫困村村级发展互助试点资金,继修水县 2007 年被列为互助资金试点县后,2009 年都昌县被列为互助金试点县,在修水、都昌新增 10 个贫困试点村新增互助金 150 万元。至 2009 年底,全市共有 15 个重点村得到了"贫困村村级发展互助试点资金"的扶持,累计入社户数 849 户,其中贫困户 382 户。累计放款 426 户,2009 年放款金额 99.8 万元。互助资金缓解了贫困农户发展资金短缺和融资渠道缺乏等问题,增强了扶贫重点村自市发展、持续发展的能力。

2010 年,瑞昌市共投入产业化扶贫资金 481 万元,其中财政扶贫资金 80 万元,集中用于壮大"一村一品"和特色种养业的发展。种植业项目,投入财政扶贫资金 47 万元,发展水梨 300 亩、山药 500 亩、油茶 2000 亩、西瓜 500 亩、其他经济林果 900 亩;养殖业项目,投入财政扶贫资金 32 万元,扶持农户发展养殖生猪 1100 头、养牛 510 头、水面养殖 3230 亩。项目直接受益人口达到 2930 户 12330 人。

萍乡市 2010 年,上栗县扶贫龙头企业宏明食品的扶贫贷款贴息额为 3 万元,企业带动农村经济发展,带动农户由原来的 1000 户,增加到 3527 余户,农户人均收入由过去的 500 元增加到现在的 1800 元左右。扶持贫困户发展种养业和农副产品加工业,进而促进贫困乡村的脱贫致富和群众增收。

2010 年,芦溪县投入资金 7.2 万元扶持种养专业户 56 户,发展武功紫红米、无公害蔬菜、中药材、畜禽养殖。给予武功山农业开发有限公司、江莲食品有限公司、九龙食品有限公司等三家省、市、县农业龙头企业扶贫贴息 18 万元,解决了就业岗位 426 个(其中安置贫困户和残疾人 238 人),为 400 余个家庭提供了稳定的经济收入;同时带动了周边乡村的种养户 320 余户,并为他们提供技术服务和产品收购。投入资金 70 余万元进行竹林低改和高产油茶林改造,改造面积 3620 亩。

鹰潭市 2004—2009年,用于龙头企业的扶贫贴息33万元,并根据各龙头企业的市场需求,采取"公司＋基地＋农户"的经营方式,把周边的农户特别是贫困农户组织起来发展效益农业。如贵溪市龙虎山食品有限公司充分发挥技术优势、品牌优势和市场优势,依托当地独特的气候资源和环境条件,建立了3500亩茶叶基地和7000亩笋菇基地,直接带动扶贫开发重点乡樟坪乡等周边乡、镇、场的3500余农户(其中贫困户370户)实现户均增收1500余元。将产业链延伸到该地区近6000户农户家庭实现户均增收1000余元,并在其食品加工企业安排了270名贫困劳动力就业,为促进全市贫困地区农业产业结构调整,提升农产品附加值,带动贫困群众致富起到了积极的示范作用。

赣州市 1994年,赣州地委、行署和全区人民发出了"打好扶贫攻坚战""在山上再造一个赣南"的号令。围绕植树造林、绿化荒山、水土保持为中心,老建部门首先在赣南314个乡镇,3240个贫困村,建起以果茶、蚕桑、毛竹、松杉为主的产业扶贫基地。至1999年底,投入2.2亿元扶贫资金,建立以脐橙、甜柚、落叶果为主的127.87万亩果业基地;投入2130万元新植垦复油茶面积41603亩;投入1275.7万元,新植、改造茶园面积44250亩;投入22130万元,种植蚕桑面积41603亩;投资523.6万元,培育各种苗木7693亩;投入444万元,建立中药材基地9739亩;投入15562万元,用于猪、牛、鱼、鹅、鸭等养殖项目的良种改良、繁殖、养殖。

1995年,下达兴国县灰鹅生产项目的发展资金计划40万元。经与省农行商定,由省农行安排150万元专项贷款,由老建办给予贴息2年,贴息月利率为4.6%,下达给全南县老建办贴息资金计划16.56万元,在计划限额内,每半年结息一次。

2008年,安远县扶持安圣达、天华现代、天祥果品等3家农业龙头企业扶贫项目贷款贴息资金16万元。

2009年,全市有国家级扶贫龙头企业5家,比2008年增加3家;省级扶贫龙头企业24家,增加11家;2009年首次认定市级扶贫龙头企业80家。全市入库项目200余个,为龙头企业贷款8800万元提供了贷款贴息264万元。8个贫困重点县共争取上级资金8385万元提供了贴息贷款。

2010年,全市做好扶贫到户贴息贷款工作,完成到户贷款资金贴息380余万元,为农户贷款7300余万元提供了贴息支持,使3000余户农户受益。抓好扶贫项目贷款项目库建设,全市已入库项目1595个,为龙头企业贷款8733万元提供了贷款贴息262万元。

2010年,安远县立足优势,实施产业化扶贫,扶持贫困地区脐橙、西瓜、生猪、食用菌等产业发展,产业面积和总量进一步扩大,产品质量得到了提高。安排扶贫贴息资金65万元,扶持贴息贷款1077.79万元,贷款农户1083户,其中贫困户482户,争取项目贴息贷款633.33万元。孔田镇下魏村、欣山镇教头村、版石镇松岗村等"互助资金"试点村把种植大棚西瓜和蔬菜的农户作为重点扶持对象,贫困户参与发展现代农业。

2010年,大余县10位爱心民营企业家与10个重点村102户贫困户结对,签订了帮扶合同,累计投入扶贫资金30.6万元,扶持了生猪、白鸭、毛竹、香菇、甜玉米、薄皮西瓜、花卉等10余种种养业的发展。被帮扶的102户贫困户户均纯收入增加6000元至30000元不等。

2010年,龙南县通过贴息贷款扶持扶贫龙头企业发展,为龙南县恒泰实业有限公司180万元的贷款贴息 6 万元,为龙南县宏昌生态养殖有限公司 90 万元的贷款贴息 3 万元。

2010 年,定南县通过科技扶贫、项目贴息等扶持方式,帮助农户发展产业,增加收入。投入了科技示范推广扶贫项目 12 万元用于科技示范推广项目,通过该项目的实施,辐射带动了 1000 余户农户通过生猪的养殖实现增收脱贫。为 3 个扶贫龙头企业 1313.3 万元贷款提供了 39.4 万元贴息支持,带动 2000 余户农户通过发展产业实现增收。

宜春市　2001—2009 年,共投入扶贫项目贷款贴息资金 938.6 万元,扶持袁州济民可信药业、樟树仁和集团等 42 家产业化龙头企业。万载青叶食品有限公司通过扶贫贴息贷款支持,成为万载县带头帮助农民走上富裕之路的民营企业之一。济民可信药业 2005 年得到扶贫贴息贷款扶持,当年实现税收 7000 万元,成为袁州区纳税第一名。铜鼓县棋坪镇千亩有机茶叶基地,排埠镇的竹木深加工;万载县有机农业等已初具规模,效益显著。当地农户增收,加快了脱贫致富步伐;通过"公司＋农户"的模式,增强了帮扶辐射作用,促进了贫困地区农户的增收脱贫;扶贫贴息贷款扶持企业累计免费培训贫困地区劳动力 5100 人,安排贫困家庭子女就业 8440 人,连接重点村 90 个,覆盖贫困户 3.1 万户、15.02 万人,实现农民人均收入 3150 元。全市投入科技扶贫资金近 100 万元,扶助建起袁州高产油茶苗木、铜鼓高山蔬菜、万载有机农业、樟树青皮冬瓜、丰城肉牛养殖、宜丰超级水稻生产等科技示范基地;投入扶贫贷款 3.3 亿元,贴息 938.6 万元扶持仁和药业集团发展有限公司、江西济民可信药业有限公司、万载县青叶食品有限公司等 42 家农业产业化龙头企业,通过龙头企业辐射和带动,油茶、蔬菜、有机食品、青皮冬瓜、中药材和超级水稻在全市贫困地区已形成主导产业。

2010 年,铜鼓县继续在重点村发展产业扶贫,实施"一村一品",在棋坪镇、大段镇推广有机白茶种植;在棋坪村、港口村引导发展竹木加工。同时,为永宁镇坪田村高山茶铁观音争取扶贫资金 10 万元,为县龙头企业江桥竹木业有限公司争得扶贫贷款贴息资金 17 万元,引导公司帮助解决贫困人口就业 650 余人,辐射带动 1120 户 6000 余人人均增收 1000 元以上。

吉安市　1996 年,永丰县萤石精选厂的萤石精粉产品列为东西大跨度联合开发项目,得到中国贫困地区经济开发服务中心和老建、银行部的大力支持,先后 3 次安排资金 270 万元。

1998 年,吉水县轻工厂筹建,总投资 30 万元,其中扶贫专项贷款 22 万元。

2000 年,省老建办同意安排吉安市沼气扶贫工程项目资金 200 万元。投资 55 万元给龙牙百合保健食品有限公司建全封闭无尘无菌机械化生产线进行技改,全面改造给水系统生产车间、供应系统,使生产能力提高 3 倍。

"十五"期间,泰和县共投入扶贫资金 743 万元,其中为生物谷科技投资有限公司等 6 家龙头企业争取扶贫贴息贷款 2800 万元。

2003 年至 2005 年,吉安县 3 年总共向金安、生物制品等涉农企业投放扶贫专项贷款 1600 万元。重点扶持葡萄、草食畜禽等富农项目。共为横江葡萄项目争取扶助资金 200 余万元,发展种植户 50 余户,扩大种植面积 1000 亩。

2010 年,吉安市通过扶贫贴息贷款大力扶持龙头企业发展壮大,投入财政扶贫资金 180 万元,对企业进行贴息扶持。吉安县温氏养鸡、遂川县翔云药业等龙头企业采用"公司＋农户"模式带动了大批贫困群众发展产业致富；扶持贫困群众发展产业，为重点县贫困群众提供小额贴息贷款240万元；投入财政扶贫资金300万元，新增遂川县"贫困村村级发展互助资金"20个试点村，扶持群众发展产业；认真做好科技示范推广工作，在建设好原有基地的基础上，投入财政扶贫资金120万元加强基地建设，引进新品种、新技术，增强了科技示范基地的示范带动作用。

2010年，吉州区为鸿运糯米粉厂、南健实业有限公司等农业扶贫龙头企业提供贴息资金10万元，助其发展。在资金安排上，按照省、市的要求对每个重点村都安排了1万元以上产业化发展资金，培育了泸田村松籽产业、田畔村蔬菜产业、田东村黄牛交易养殖产业、罗家坊村养猪产业、桥头村蔬菜产业等。

2010年，吉安县计划安排扶贫资金80万元，用于扶持贫困村农户发展致富产业。全县113个重点村、试点村新增肉鸡养殖户115户，新建鸡舍面积6.5万平方米；新增葡萄450余亩，其中横江的屋头村、永阳的蒋坊村、桐坪的陈家村新增葡萄连片面积都在100亩以上；新增肉猪养殖户35户，新建栏舍面积16000平方米；为发挥扶贫产业的示范带动作用，主抓了横江镇壕云村和永阳镇蒋坊村两个"一村一品"示范村，每个村倾斜资金8万元，支持农户发展致富产业。蒋坊村发展横江葡萄种植面积近600亩、肉鸡养殖5万羽，覆盖农户65户；先后引进了两家电子厂、一家皮具厂、一家大米加工厂、一个千亩螺旋藻养殖基地，吸纳了本村200余名在家的35岁以上的壮劳力进厂务工，"一村一品"产业特色鲜明；壕云村新增肉鸡养殖户3户，肉猪养殖户2户，新增葡萄种植面积50余亩，仕江口综合开发项目正在加紧筹建之中；继续安排小额到户贴息贷款补助资金52万元，对贫困村在册贫困户和种养大户贷款进行利息补贴，完成2009—2010年扶贫村贫困户和种植大户贷款贴息申报1024户；帮助博智实业有限公司、江西健友米业有限公司、江西红牧畜禽有限公司、吉安县北源乡郭家店林场、吉安县阳光畜牧有限公司等5家企业完成项目贷款贴息申报工作，争取贴息资金14万元，进一步扩大了县内园区企业融资渠道，减轻企业信贷负担。

2010年，永丰县争取上级产业化扶贫贴息专项贷款330万元，贴息额11万元，均比上年有所增加，扶助了永丰县绿源食品公司等4家产业化扶贫龙头企业的生产经营，涵盖农产品加工、种植等产业，扶贫效应明显；突出抓好产业的培植与壮大。继续实施产业扶贫工程，重点村在项目安排时都要求拿出10%—20%资金用于发展当地产业；发展碳酸钙、烟叶、白莲、油茶、毛竹等适宜山区发展的优势项目，同时依托绿海油脂、绿源食品、圣达食品等农业龙头企业，辐射带动贫困村发展有机农业和特色种养业发展；全县共安排产业扶贫项目30个，其中新造或低改油茶1830亩、种植白莲1000亩、烟叶380亩、项目涉及资金42.4万元，占计划的15.6%。

2010年，峡江县整合资源，加大产业扶持力度，在江口、官田、宋家村投入财政扶贫资金各1.5万元发展烟叶生产；省定点帮扶单位帮扶北门蔬菜种植落实大棚蔬菜种植专业户25户，新建钢架大棚25个，投入资金18万元；投入16万元为两家扶贫龙头企业贷款提供了贴息支持；投入25万元科技扶贫示范项目建设，辐射带动800户农户种植蒿菜并实现增收。

2010年，吉水县猪、牛、鸭和水稻等传统产业持续增长，尚贤高粱、螺田生姜大蒜、北岭煎草等特色产业初具规模。贫困村年出栏大牲畜达30000余头，家禽100000余羽，发展经济作物种植面积41329亩；加大农业龙头企业帮扶，发放贷款贴息项目资金15万元，吸引银行贷款近100万元；

增强企业竞争力,采取企业＋农户经营方式,依托龙头企业资金和技术扶持,带动全县发展养鹅户共300余户,年出栏肉鹅达10万羽,发展优质稻种植面积4.1万亩,种植户亩均可增收200元,进一步巩固了商品粮生产基地县地位,使资源优势与市场经济结合。

2010年,泰和县扶贫办为3家企业落实贷款贴息12万元,其中江西久天实业公司7万元,井冈绿米业有限公司3万元,金福米业有限公司2万元。

2010年,万安县全年安排使用扶贫小额贷款贴息资金51万元,扶持710户农户发展扶贫产业,其中贫困户221户;使用产业扶持贴息资金13万元,支持江西省赣泉啤酒有限公司等3家扶贫开发龙头企业发展壮大;争取25万元科技扶贫资金,支持万安县水产公司进行新品种引进和新技术开发。

2010年,遂川县重点村共安排项目80个,资金129.5万元,占资金总量的12%,用于发展"一村一品"产业,重点是金橘、茶叶、油茶、药材、畜禽养殖等传统优势产业。并选取了有基础、效益好、群众积极性高的堆子前镇鄢背村、久渡村和汤湖镇汤湖村作为示范基地,予以重点扶持,推动金橘、茶叶两大产业发展。

2010年,安福县重点对竹江乡店上村3000头规模养猪村、寮塘乡东岸村等5个烤烟村、山庄乡秀水村400亩药材基地等全县12个特色种养乡镇村实施资金鼓励支持。积极向省、市争取贴息贷款指标,争取10万元的贴息贷款指标,重点扶持省级扶贫龙头企业竹江米厂发展生产,充分发挥扶贫龙头企业辐射带动作用。

2010年,永新县投入150万元在全县10个贫困村开展扶贫互助金工作试点,每个试点村安排15万元,吸纳会员485户,帮助贫困农户解决生产发展中缺乏资金的困难;全面实施到户小额贴息贷款,发到户小额贷款贴息资金52万元,为3226户贫困农户发展生产的贷款提供贴息支持,促进了产业的发展;培育龙头企业发展带动,贫困农户脱贫致富,投入扶贫项目贷款贴息资金14万元为江西鑫阳光制革有限公司和江西永新县龙门皮箱厂等2家扶贫龙头企业贷款700万元提供了贴息支持,覆盖贫困农户456户,覆盖贫困人口达1486人。

上饶市 2001—2009年,扶贫部门累计无偿注入200余万元扶贫资金,扶持了以葛业开发有限公司为代表的一大批龙头企业和基地,到2009年,横峰县种植葛根面积近4万亩,实现葛业系列产值1.5亿元,带动贫困户5000余户,农户从每亩葛根中平均年收益达500元左右。

2006—2009年,全市已投入泡桐产业开发1亿余元,种植泡桐10万亩,重点村1万余农户参与泡桐产业。

2010年,广丰县扶贫贴息贷款的对象是带动贫困地区经济发展的省、市龙头企业江西白云淀粉有限公司。县办与县农业银行协商共为其争取330余万元扶贫贷款并给予6万元贴息,以增强龙头企业的扶贫功能。5个重点村、600户贫困户、2400贫困人口受益,受益贫困农户均增收约1200元。

2010年,玉山县重点扶持和推广了油茶、有机茶叶、红芽芋、冷水茭白、大棚西瓜、玉山黑猪、獭兔等种植养殖为主的扶贫支柱产业。全县新建有机茶种植基地2000亩,高产油茶种植基地3.5万亩,红芽芋种植2万亩,冷水茭白种植3000亩,大棚西瓜种植2500亩,大棚蔬菜1500亩,玉山黑猪出栏1.2万头,家禽存栏6.9万羽;新增省级扶贫龙头企业1家,市级扶贫龙头企业3家,建立农民专业合作社45家。产业项目累计投入发展扶助资金37万元,为2家龙头企业贴息9.5万元。

2010年,万年县共投入各类产业扶持资金70万元,先后建立了万年县齐顺畜牧科技有限公司、万年县美欣农林科技有限公司两个科技扶贫示范点和江西省湖云牧业有限公司一个"生猪—沼气—果业"生态产业开发项目,并在原"公司+基地+农户"的基础上,创新了一种"五包一赊"的合作模式,引导、带动2000余名贫困群众和移民从事生猪养殖及雷竹、泡桐、油茶和大棚蔬菜等种植,从事产业开发的贫困户和移民户家庭直接增收10000余元。

2010年,余干县帮助贫困村制订"一村一品"产业规划,重点抓好洪家嘴枫树辣椒、百湖水产繁殖、乌泥红毛鸭养殖、白马肉鸽、古埠蔬菜等产业化基地建设,通过"以点带面",促进产业发展,提高贫困户的收入。整合各类资金总投资10373万元,其中:国家安排试点补助资金500万元,县级整合涉农资金2860万元,企业银行贷款资金投入1623万元,企业自有资金与农户筹资(含投工投劳)5390万元。扶持五个专业合作社的发展:扶持国珍枫树辣椒种植专业合作社,新增种植枫树辣椒200亩,新建标准塑钢大棚600个,修建通基地主干道水泥路2条及水利灌溉、供电等设施;扶持古竹北湖种养专业合作社新建生猪产房3幢,生猪定位栏舍3幢,肉猪育肥栏舍10幢,新增繁育生猪3800头,新增养一般性鱼苗700万尾,新增鲑鱼苗80万尾,新增繁养珍珠2000亩;扶持乌泥鄱湖养鸭专业合作社,新增养殖红毛鸭115万羽,新建改建鸭棚10个,新建保温棚2幢,购买设备37套;扶持白马种肉鸽养殖专业合作社,新建鸽棚40幢,新增种鸽5.5万对,养殖肉鸽110万羽;扶持古埠镇新增种植蔬菜面积80亩,新建简易大棚160个,修通往蔬菜道路1条,新建电灌站1座。

2010年,鄱阳县共发放扶贫贷款1733万元,支付贴息资金72万元。其中:项目贷款贴息资金120万元,到户贷款贴息资金52万元。累计扶持种植业1313万元,养殖业420万元。项目覆盖全县8个乡镇,50个贫困村,直接受益农户4200户,户均增收4000元以上;省级扶贫资金15万元,安排科技扶贫项目1个;利用扶贫互助资金,帮助贫困户解决生产发展紧缺问题,先后借贷资金185万余元,带动农户450户;在实施以泡桐为主的速生丰产林开发过程中,引进了鄱阳原生药业股份公司马卿先生等5家企业投资泡桐种植产业,种植泡桐2万余亩。金盘岭汪桥、枧田街城墩等村成立葡萄种植专业合作社,昌洲小渡、三庙前东朋等村成立甘蔗种植专业合作社,莲湖利滨、鄱阳镇姚公渡等村成立水产协会,基本形成"一村一品"产业格局。

抚州市2001—2009年,用于产业扶贫的财政扶贫资金达3800万元。通过重点扶持,全市309个重点村有90%都有一个自己的特色产业,一批生猪村、黄栀子村、蚕桑村、蔬菜村、麻鸡村、白莲村、食用菌村、蜜橘村等脱颖而出。形成了以南丰蜜橘、金溪蜜梨、茶叶为主的果茶业;以资溪、宜黄毛竹林和宜黄、乐安中药材为主的林业化工产业;以广昌白莲、烟叶、菌菇,资溪蚕桑、油茶,临川西瓜、黄栀子为主的经济作物产业;以东乡、黎川、临川养猪、崇仁养鸡为主的禽畜业;以南丰、黎川养鳖、南城养鱼为主的水产业等。

2010年,乐安县投入75万元资金在全县5个重点村开展扶贫互助资金会工作试点,每村安排资金15万元,解决了223户贫困户发展生产缺乏资金的困难;投入52万元财政扶贫资金,累计为多户841贫困户发展生产贷款1040万元提供了贴息支持,促进了产业的发展;投入12万元为5家扶贫龙头企业贷款400万元提供了贴息支持。

2010年,广昌县试点村主导产业发展项目完成投资8319万元。建成投入使用的白莲原种基地建设面积50亩;建成"太空莲"一级良种繁育基地1000亩、绿色食品标准化生产基地9400亩;改造中低产田3000亩;建成莲田套种泽泻4000亩、烟轮作基地1000亩。

2010年,金溪县重点扶持波尔农庄、千佳米业以及思派思香料等省级龙头企业和抓好"一村一品"工程的实施。对省级龙头企业波尔农庄、千佳米业和思派思香料进行了9万元贷款贴息,使企业减轻支付贷款利息的压力,增强了企业的抗风险能力,提高了辐射带动能力。通过扶持,扶贫龙头企业带动辐射农户280户,其中贫困户72户,带动农户人均增收520元;全力抓好"一村一品"工程的实施,整合各类扶贫资金近40万元,其中财政扶贫资金10万元用于加快"一村一品"的发展,抚河沿线石门、邹家、项山、上东、赖家、湾彭、荞岭等重点村新增南丰蜜橘1200亩;陈坊村和龚家村的花炮、对桥村的葡萄、曾家村的吊瓜、港东村的黄栀子、旸田村和湖坊村的养殖等特色产业应运而生,从而增强了贫困乡村经济发展的后劲。

2010年,崇仁县获扶贫贷款贴息的企业有三家,分别为江西宝深达纺织有限公司、崇仁县跃鸣食品有限公司和崇仁县国品麻鸡发展有限公司,贴息额度11万元,其中的30%将分别用于孙坊月塘村、航埠镇航埠村的扶贫事业。

第二节　资金计划与分配

2002年1月10日,省扶贫开发领导小组全体成员会议召开,会议确定扶贫资金的管理使用原则:省财政配套资金继续列入财政预算,逐年增加,并和中央财政扶贫资金合并使用,设区市和县级配套资金列入同级财政预算,逐年有所增加;财政扶贫资金80%用于重点村,其中:60%用于重点县的重点村,40%用于非重点县的重点村;在财政扶贫资金中专项安排10%用于科技扶贫,其中:5%用于建立科技扶贫示范基地,5%用于科技培训和技术推广;在财政扶贫资金中专项安排10%用于机动支出,严格管理,由省扶贫办提出机动支出项目扶持计划,报省扶贫开发领导小组审定后下达。

资金和项目管理原则为年度资金安排使用计划,由省扶贫办、省财政厅提出,报省扶贫开发领导小组审定后,两家联合发文下达实施。要求扶贫专项贷款原则上在重点县范围内使用;扶贫专项贷款重点用于农业产业结构调整、培育和发展支柱产业和主导产业,向龙头企业倾斜;扶贫专项贷款扶持项目,由农行提出,省扶贫办同意后发放贷款。

扶贫资金计划

扶贫贷款项目计划　经省老建办研究后下达1993年扶贫贷款项目计划。扶贫贷款要专款专用,个别项目确因情况变化需要调整,必须报经省行和省老建办同意。贷款项目计划除新增部分扶贫贷款规模外,还包括部分扶贫收回再贷计划,超收部分由地市自行安排。对于扶贫贷款项目各地要督促企业按计划落实自筹资金,保证项目资金不留缺口和按时竣工投产,发挥效益。扶贫贷款项目计划新增部分相应增加各地贷款规模,资金由各行自行筹措解决。各地市扶贫收回再贷任务,共11个项目,下达贷款指标为1126万元,其中:新增指标750万元,收回再贷指标376万元;技术改造贷款续建项目,贷款共计1126万元,其中:赣州地区为293万元,吉安地区为153万元,九江市为200万元,上饶地区为200万元,萍乡市为120万元,抚州地区为100万元,宜春地区为60万元。

1995年,省农业银行继续安排2000万元扶贫贷款计划(其中500万元用于后进村建设),由省老建办贴息,用于43个非贫困县中的217个省定贫困乡。扶贫贷款优先安排贫困户能直接受益的种养项目、配套基础设施以及以农产品为原料的加工业。贷款项目立项权在地(市)老建办。地(市)老建办下达立项批准文件时,要抄送省老建办和省、地(市)、县(市)农行。贷款的审批权在地(市)农行。地(市)农行要根据国家扶助贫困地区经济发展和商业银行经营要求,在地(市)老建办立项范围内,根据贷款条件和程序,在坚持效益原则和偿还性原则基础上,择优批准项目贷款。在下达贷款批准文件时,要同时抄送省农行和省、地(市)、县(市)老建办。贷款利率和贴息办法按规定执行。全省项目控制数为9000万元,其中后进村为1500万元,1995年贷款收回数为9158万元。赣州地区项目控制数为3845万元,上饶地区项目控制数为3200万元,吉安地区项目控制数为850万元,抚州地区项目控制数为210万元,九江市项目控制数为670万元,萍乡市项目控制数为225万元。

贴息贷款项目计划　1992年,省老建办下达省扶贫专项贴息贷款项目计划(含小跨度项目),共37个项目,安排扶贫贴息贷款1010万元。其中:赣州地区总投入17375万元,贴息贷款为307万元;吉安地区总投入1001.9万元,贴息贷款为263万元;上饶地区总投入1684.2万元,贴息贷款为255万元;九江市总投入456万元,贴息贷款为115万元;抚州地区总投入87.6万元,贴息贷款为50万元;鹰潭市总投入50万元,贴息贷款为20万元。并相应地增加贷款规模和资金,其中:永丰酿酒二厂项目贷款30万元,乐安航桥花生加工厂项目贷款50万元,贵溪激光图像制品厂项目贷款20万元,这3个项目是省财政贴息的扶贫专项贷款。同意3项扶贫专项贴息贷款项目:一是赣县老区建设服务开发公司兴建硫酸铝生产线,总投资150万元,安排贴息贷款50万元;二是定南县定丰针织有限公司,总投资300万元,安排贴息贷款40万元;三是弋阳县大理石厂扩建大理石薄板生产线,总投资180万元,安排贴息贷款100万元。项目所需的190万元贴息贷款在1992年度省留指标中安排。

1993年,省老建办下达国家和省留扶贫专项贴息贷款项目计划(含小跨度项目),这批贴息贷款共1800万元,其中:省批项目资金1280万元,地市安排项目资金520万。其中:赣州地区投入贴息贷款600万元,吉安地区投入300万元,上饶地区投入400万元,抚州地区投入180万元,九江市投入200万元,萍乡市投入100万元,鹰潭市投入20万元。

1996年,省老建办下达扶贫贷款贴息计划资金2000万元,其中:后进村贷款500万元,贴息资金为331.5万元;赣州地区扶贫贷款为660万元,其中贴息资金为109.3万元;吉安地区扶贫贷款为440万元,其中贴息资金为72.9万元;上饶地区扶贫贷款为280万元,其中贴息资金为46.4万元;抚州地区扶贫贷款为200万元,其中贴息资金为33.2万元;宜春地区扶贫贷款为80万元,其中贴息资金为13.3万元;九江市扶贫贷款为330万,其中贴息资金为54.7万元;鹰潭市扶贫贷款为

10万,其中贴息资金为1.7万元。

发展资金扶持项目计划 1993年,经省老建办研究同意使用发展资金扶持一些项目。金额列入各地(市)1993年"支援不发达地区发展资金"支出预算科目。全省发展资金总计170万元,赣州地区投入42万元,吉安地区投入30万元,上饶地区投入25万元,抚州地区投入24万元,宜春地区投入24万元,九江市投入16万元,景德镇市投入6万元,萍乡市投入2万元,鹰潭市投入1万元。

1995年,省老建办根据各地上报的老建扶贫项目,同意扶持各地(市)一些项目。金额被列入各地(市)1995年"支援不发达地区发展资金"支出预算科目。发展资金共计295万元,其中赣州地区投入89.5万元,吉安地区投入52万元,上饶地区投入30.5万元,抚州地区投入40万元,宜春地区投入21万元,九江市投入35万元,景德镇市投入5万元,鹰潭市投入4万元,萍乡市投入9万元,南昌市投入3万元,新余市投入6万元。

1996年,省老建办研究同意使用发展资金扶持一些项目。金额列入各地(市)1996年"支援不发达地区发展资金"支出预算科目。全省发展资金总计360万元,赣州地区投入118.5万元,吉安地区投入50.5万元,上饶地区投入51.5万元,抚州地区投入41万元,宜春地区投入22.5万元,九江市投入38万元,景德镇市投入4万元,萍乡市投入17万元,鹰潭市投入5万元,南昌市投入2万元,新余市投入10万元。

1997年,省老建办研究同意使用发展资金扶持一些项目。金额列入各地(市)1997年"支援不发达地区发展资金"支出预算科目。全省发展资金总计500万元,赣州地区投入179万元,吉安地区投入75万元,上饶地区投入68万元,抚州地区投入54万元,宜春地区投入25万元,九江市投入49万元,景德镇市投入14万元,萍乡市投入20万元,鹰潭市投入4万元,南昌市投入2万元,新余市投入8万元,全省贫困地区乡妇女干部培训投入2万元。

发展基金计划项目 1995年,省老建办同意使用省级发展基金扶持各地(市)扶贫开发项目,共计投入发展基金380万元,其中:赣州地区投入92万元,吉安地区投入35万元,上饶地区投入68万元,抚州地区投入50万元,宜春地区投入15万元,九江市投入75万元,景德镇市投入25万元,萍乡市投入20万元。

1996年,省老建办同意使用省级发展基金扶持各地(市)扶贫开发项目,共计投入发展基金350万元,其中:赣州地区投入100万元,吉安地区投入34万元,上饶地区投入53万元,抚州地区投入50万元,宜春地区投入23万元,九江市投入50万元,景德镇市投入14万元,萍乡市投入26万元。

1997年,省老建办同意使用省级发展基金扶持各地(市)扶贫开发项目,共计投入发展基金350万元,其中:赣州地区投入116万元,吉安地区投入40万元,上饶地区投入40万元,抚州地区投入50万元,宜春地区投入25万元,九江市投入47万元,景德镇市投入9万元,萍乡市投入23万元。

1998年,省老建办同意使用省级发展基金扶持各地(市)扶贫开发项目,共计投入发展基金350万元,其中:赣州地区投入128万元,吉安地区投入46万元,上饶地区投入36万元,抚州地区投入45万元,宜春地区投入26万元,九江市投入53万元,景德镇市投入8万元,新余市投入8万元。

新增财政资金控制计划 1998年9月15日,省政府同意,中央新增省内财政扶贫资金重点用于支持受灾老区贫困地区开展生产自救,资金控制计划主要考虑各地受灾面积大小、受损程度和原有贫困面大小,在向重灾区倾斜的同时,也适当考虑了轻灾区和各地先后几次受灾的实际情况。受灾情况主要是根据各级民政部门提供的灾情资料。计划有关地(市)老建办、财政局在组织编报,项目重点向波阳、余干、都昌、永修、修水、湖口、黎川、浮梁、乐平、安远、十都、兴国、遂川、吉安、永丰等县倾斜。在扶持范围和对象上,原则上用于受灾的省、地、县确定的贫困乡、村。重点扶持实施国家"八七"扶贫攻坚计划时登记造册的受灾贫困户和因灾返贫户,然后是因灾致贫户。在项目的选择上,规定要按照确保灾区贫困户"双安全"的要求,主要扶持三类项目:一是受灾贫困户当年能够增粮增收的项目;二是水毁农田恢复项目;三是基础设施项目。各地严格按照扶贫资金管理的原则使用资金,该批资金主要是用于受灾的老区贫困地区贫困群众生产自救。新增财政扶贫资金总计1400万元,其中:赣州地区投入280万元,吉安地区投入135万元,上饶地区投入380万元,抚州地区投入140万元,宜春地区投入50万元,九江市投入305万元,景德镇市投入30万元,萍乡市投入35万元,鹰潭市投入10万元,南昌市投入20万元,新余市投入15万元。

资金调整与回收

资金调整 1995年,据省财政厅《关于国际农发基金会贷款建设江西赣州农业综合开发项目有关问题的报告》(征求意见稿),省老建办要求国家设立的专项扶贫资金不宜作为其他资金的配套资金;扶贫资金与农发基金在项目上要搞好配合。

1997年6月2日,省扶贫办对当年扶贫资金作出相关调整:从省调剂资金,原拟发展资金安排400万元,新增财政扶贫资金安排300万元,共700万元调整为发展资金安排500万元,新增财政扶贫资金不安排调剂资金,原来安排的直接分配下达地(市)。因此,发展资金中的调剂资金比原来增加了100万元,下达给地(市)的资金相应减少100万元为1620万元,新增财政扶贫资金分配给地(市)的相应增加300万元为2137万元。

省老建办为了规范扶贫贷款财政贴息工作,与中国农业银行协商,制定了《扶贫贷款财政贴息办法(暂行)》。

扶贫贷款的贴息范围。2000年1月1日起,中央财政根据国务院确定的年度扶贫贷款计划规模(含当年新增、收回再贷、未到期的上年新增扶贫贷款),在计划额度内进行贴息。1998年底前发放的所有扶贫贷款均不再贴息。

扶贫贷款的贴息比例。2000年1月1日起,所有扶贫贷款均实行优惠贷款利率3%,该利率与商业银行同期同档次正常贷款基准利率之间的差额由财政贴息,康复扶贫贷款贴息由中央与省级财政各贴一半,其余扶贫贷款贴息全部由中央财政承担。

扶贫贷款的贴息年限。根据国务院作出的"从2000年开始,把当年新增扶贫贷款,收回再贷的扶贫贷款,以及未到期的上年新增扶贫贷款全部纳入当年扶贫贷款计划;财政部根据年度扶贫贷款计划给予贴息"的决定,中央财政在国务院批准的年度扶贫贷款计划规模内贴息,原则上只贴一年。

扶贫贷款贴息的结算。扶贫贷款贴息实行按季据实结算。每季末由农业银行各省级分行(直属分行列其中数)汇总填报《扶贫贷款财政补贴利息结算表》,经省级财政部门会同省级扶贫主管部门审核同意后,上报财政部和农业银行总行,由农总行汇总后(附分省表),于次季第一个月底前报财政部,由财政部审核,并与农业银行总行结算。

资金回收　1992年5月18日,中国农业银行总行下达给江西贷款计划6870万元,其中:中央财政贴息6170万元,省财政贴息700万元,加上到逾期贷款回收中上交省统筹安排的700万元,全省可分配的贷款共7570万元。抚州地区1991年到逾期贷款回收率低于80%,扣减贷款12万元。赣州、吉安、上饶地区和九江市1991年到逾期贷款回收率高于80%,共增加贷款12万元。1991年温饱巩固率的目标是80%,各地(市)的温饱巩固率均高于80%,15%的效益资金全部返回,1991年省政府下达的人口自然增长率的目标是15.7%,各地(市)的人口自然增长率均低于15.7%,5%的效益资金全部返回。全省扶贫专项贴息贷款和到逾期贷款回收计划总金额分别为6370万元、6500万元。其中:赣州地区扶贫专项贴息贷款为2487万元,贷款回收计划为2800万元;吉安地区扶贫专项贴息贷款为968万元,贷款回收计划为1010万元;上饶地区扶贫专项贴息贷款为1784万元,贷款回收计划为2000万元;抚州地区扶贫专项贴息贷款为250万元,贷款回收计划为150万元;九江市扶贫专项贴息贷款为624万元,贷款回收计划为540万元;鹰潭市扶贫专项贴息贷款为257万元,贷款回收计划无。

1993年,省扶贫专项贴息贷款和到逾期贷款回收计划总金额分别为6100万元和5000万元。其中:赣州地区扶贫专项贴息贷款为2250万元,贷款回收计划为2150万元;吉安地区扶贫专项贴息贷款为807万元,贷款回收计划为730万元;上饶地区扶贫专项贴息贷款为1671万元,贷款回收计划为1540万元;抚州地区扶贫专项贴息贷款为266万元,贷款回收计划为120万元;九江市扶贫专项贴息贷款为726万元,贷款回收计划为415万元;鹰潭市扶贫专项贴息贷款为257万元,贷款回收计划无;萍乡市扶贫专项贴息贷款为123万元,贷款回收计划为45万元。发展资金与有偿资金回收计划总金额分别为1420万元、980万元。其中:赣州地区发展资金为552万元,有偿资金回收计划为375万元;吉安地区发展资金为315万元,有偿资金回收计划为220万元;上饶地区发展资金为178万元,有偿资金回收计划为115万元;抚州地区发展资金为88万元,有偿资金回收计划为75万元;宜春地区发展资金为62万元,有偿资金回收计划为45万元;九江市发展资金为118万元,有偿资金回收计划为70万元;景德镇市发展资金为37万元,有偿资金回收计划为28万元;鹰潭市发展资金为35万元,有偿资金回收计划为25万元;萍乡市发展资金为35万元,有偿资金回收计划为27万元。

1994年,全省发展资金与有偿资金回收计划总金额分别为1460万元和1215万元。其中:赣州地区发展资金为530万元,有偿资金回收计划为460万元;吉安地区发展资金为232万元,有偿资金回收计划为210万元;上饶地区发展资金为365万元,有偿资金回收计划为300万元;抚州地区发展资金为83万元,有偿资金回收计划为80万元;宜春地区发展资金为30万元,有偿资金回收计划为15万元;九江市发展资金为170万元,有偿资金回收计划为130万元;萍乡市发展资金为30万元,有偿资金回收计划为20万元。

1997年3月,省农发行向各地(市)农发行下达了扶贫贷款回收计划。扶贫专项贷款余额和贷款回收总金额分别为96281万元和7400万元。其中:赣州地区扶贫专项贷款余额为40184万元,贷款回收计划金额为 3400 万元;吉安地区扶贫专项贷款余额为 16719 万元,贷款回收计划金额为 700 万元;九江市扶贫专项贷款余额为 5933 万元,贷款回收计划金额为 600 万元;萍乡市扶贫专项贷款余额为 2335 万元,贷款回收计划金额为 400 万元;抚州地区扶贫专项贷款余额为 3425 万元,贷款回收计划金额为 100 万元。

1998 年,全省扶贫信贷资金与到逾期贷款回收计划总金额分别为 20000 万元和 5600 万元。其中:赣州地区扶贫信贷资金为 8620 万元,贷款回收计划金额为 2380 万元;上饶扶贫信贷资金为 6600 万元,贷款回收计划金额为 1860 万元;吉安地区扶贫信贷资金为 1980 万元,贷款回收计划金额为 690 万元;抚州地区扶贫信贷资金为 700 万元,贷款回收计划金额为 200 万元;九江市扶贫信贷资金为 1500 万元,贷款回收计划金额为 300 万元;萍乡市扶贫信贷资金为 600 万元,贷款回收计划金额为 170 万元。

赣中南农业开发项目 1992 年,省老建办调整了 1991 年度支援经济不发达地区发展资金分配计划,从中安排 345 万元用于第一期赣中南农业开发项目区内 10 个老区县的项目开发配套资金,其中:吉安县 51 万元,永丰县 51.3 万元,吉水县 37.5 万元,万安县 27.5 万元,泰和县 25.7 万元,宁都县 44 万元,石城县 28 万元,安远县 32 万元,乐安县 32 万元,宜黄县 16 万元。

1993 年,对于赣中南农业开发项目第二期工程配套资金的筹集仍按第一期确定的原则,由省财政厅、省计委、省水利厅、省老建办四家多渠道解决,其中省老建办每年安排 100 万元。其中:分配赣州地区 40 万元,分配吉安地区 36 万元,分配抚州地区 24 万元。

1994 年,在赣中南农业开发项目第二期工程配套资金的筹集问题上仍按第一期确定的原则继续安排 100 万元,并将这 100 万元列入"支援不发达地区资金"预算科目。其中:分配赣州地区 61 万元,分配吉安地区 23 万元,分配抚州地区 16 万元。

1995 年,根据省政府的决定,继续从发展资金中安排赣中南农业开发项目第二期工程省级配套资金 100 万元。其中:分配赣州地区 62 万元,分配吉安地区 18 万元,分配抚州地区 20 万元。

1996 年,继续从发展资金中安排赣中南农业开发项目第三期工程省级配套资金 100 万元,这 100 万元资金已在分配给有关地区(市)的发展资金计划中下达。其中:分配赣州地区 42.5 万元,分配吉安地区 27.5 万元。

1997 年,根据省政府的决定,继续从发展资金中安排赣中南农业开发项目第三期工程省级配套资金 100 万元,用于相关地(市)安排给赣中南农业开发项目区内的 16 个县(市)39 个贫困乡,重点向贫困户增拨增收的开荒造田、改造中低产田、造林种果及配套的小型水利设施和人畜饮水工程等项目倾斜。其中:分配赣州地区 45 万元、吉安地区 21 万元、抚州地区 16 万元。

预算追加

基本农田建设项目 1997 年 12 月 1 日,省老建办研究决定批准各地申报的项目,资金列入地(市)1997 年"新增财政扶贫资金"支出预算科目。扶助资金主要是解决一些必须购置的硬件,使有限的资金最大限度地发挥作用。要加强对基本农田建设项目和资金的管理。项目资金必须专款专用、尽快到位,严格按照下达的项目计划实施。"全省基本农田建设项目资金总金额为 500 万元,其中:赣州地区投入 205 万元,吉安地区投入 75 万元,上饶地区投入 95 万元,抚州地区投入 45 万元,九江市投入 55 万元,宜春地区投入 15 万元,萍乡市投入 10 万元。

1998 年,对各地(市)基本农田建设项目进行扶持,并相应追加各地(市)1998 年预算,列入"支援不发达地区发展资金"支出预算科目。基本农田建设项目资金总金额为 500 万元,其中:赣州地区投入 188 万元,吉安地区投入 88 万元,上饶地区投入 70 万元,抚州地区投入 72 万元,九江市投入 50 万元,宜春地区投入 20 万元,萍乡市投入 12 万元。

贫困乡中小学建设项目预算追加 1992 年,根据扶持老区特困乡中小学建设项目计划,研究批准一些项目,按扶持金额追加预算,并申请列入 1992 年"支援不发达地区发展资金"预算科目。扶持金额总计 160 万元,其中老建发展资金与省教委资金均为 80 万元。赣州地区投入 47 万元,吉安地区投入 30 万元,上饶地区投入 19 万元,抚州地区投入 17 万元,九江地区投入 14 万元,宜春地区投入 16 万元,景德镇市投入 8 万元,鹰潭市投入 4 万元,萍乡市投入 5 万元。

1993 年,同意扶持贫困乡中小学建设项目共计 78 个,投入 160 万元,其中老建发展资金与省教委资金均为 80 万元。赣州地区投入 41 万元,吉安地区投入 28 万元,上饶地区投入 20 万元,抚州地区投入 15 万元,九江地区投入 15 万元,宜春地区投入 15 万元,景德镇市投入 8 万元,鹰潭市投入 8 万元,萍乡市投入 10 万元。

1994 年,同意扶持贫困乡中小学建设项目共计 50 个,投入 160 万元,其中老建发展资金与省教委资金均为 80 万元。赣州地区投入 50 万元,吉安地区投入 28 万元,上饶地区投入 30 万元,抚州地区投入 16 万元,九江地区投入 20 万元,宜春地区投入 8 万元,鹰潭市投入 3 万元,萍乡市投入 5 万元。

1995 年,同意扶持贫困乡中小学建设项目共计 36 个,投入 107 万元,其中老建发展资金与省教委资金均为 53.5 万元。吉安地区投入 28 万元,上饶地区投入 30 万元,抚州地区投入 16 万元,九江投入 22 万元,宜春地区投入 8 万元,萍乡市投入 6 万元。

1996 年,同意扶持贫困乡中小学建设项目共计 46 个,投入 160 万元,其中老建发展资金与省教委资金均为 80 万元。赣州地区投入 38 万元,吉安地区投入 26 万元,上饶地区投入 30 万元,抚州地区投入 20 万元,九江市投入 25 万元,宜春地区投入 12 万元,萍乡市投入 9 万元。

1997 年,同意扶持贫困乡中小学建设项目共计 56 个,投入 160 万元,其中老建发展资金与省教委资金均为 80 万元。赣州地区投入 45 万元,吉安地区投入 26 万元,上饶地区投入 30 万元,抚州地区投入 20 万元,九江市投入 26 万元,宜春地区投入 8 万元,萍乡市投入 5 万元。

1998 年,同意扶持贫困乡中小学建设项目共计 42 个,投入 160 万元,其中老建发展资金与省教委资金均为 80 万元。赣州地区投入 39 万元,吉安地区投入 25 万元,上饶地区投入 31 万元,抚州地区投入 21 万元,九江市投入 23 万元,宜春地区投入 12 万元,萍乡市投入 9 万元。

2000 年,扶持贫困乡中小学建设项目有 42 个,投入 320 万元,其中老建发展资金与省教委资金均为 180 万元。赣州地区投入 78 万元,吉安地区投入 55 万元,上饶地区投入 70 万元,抚州地区投入 50 万元,九江市投入 60 万元,宜春地区投入 29 万元,萍乡市投入 18 万元。

贫困乡卫生院项目 1992年，省老建办决定对贫困乡卫生院项目计划进行扶持，要求各地市按核定的扶持资金数额相应追加预算，将其分别列入"支援不发达地区发展资金"和"卫生事业费"支出科目预算，"卫生事业费"安排部分则相应减少省卫生厅1992年预算指标。总投入100万元，其中老建发展资金与卫生事业费均为50万元。赣州地区投入29万元，吉安地区投入24万元，上饶地区投入18万元，抚州地区投入11万元，九江市投入11万元，宜春地区投入7万元。

1993年，扶持老区特困乡卫生院建设项目投资共计100万元，其中老建发展资金与卫生事业费均为50万元。赣州地区投入25万元，吉安地区投入18万元，上饶地区投入15万元，抚州地区投入15万元，九江市投入13万元，宜春地区投入7万元，鹰潭市投入7万元。

1994年，扶持老区特困乡卫生院建设项目投资共计112万元，其中老建发展资金投入62万元，卫生事业费为60万元。赣州地区投入40万元，吉安地区投入16万元，上饶地区投入16万元，抚州地区投入12万元，九江地区投入12万元，宜春地区投入8万元，萍乡市投入8万元。

1995年，扶持老区特困乡卫生院建设项目投资共计87万元，其中老建发展资金与卫生事业费均为43.5万元。赣州地区投入21万元，吉安地区投入16万元，上饶地区投入21万元，抚州地区投入10万元，宜春地区投入11万元，萍乡市投入8万元。

1996年，扶持老区特困乡卫生院建设项目投资共计100万元，其中老建发展资金与卫生事业费均为50万元。赣州地区投入31万元，吉安地区投入18万元，上饶地区投入18万元，抚州地区投入9万元，宜春地区投入10万元，九江地区投入9万元，萍乡市投入5万元。

1997年，扶持老区特困乡卫生院建设项目投资共计100万元，其中老建发展资金与卫生事业费均为50万元。赣州地区投入34万元，吉安地区投入13万元，上饶地区投入21万元，抚州地区投入13万元，宜春地区投入5万元，九江地区投入9万元，萍乡市投入5万元。

1998年，扶持老区特困乡卫生院建设项目投资共计50万元，投入建设11所卫生院，其中包含兴国县龙口卫生院、会昌县站塘卫生院、赣县攸镇卫生院等。2000年则投入150万元用于建设包括上犹县陡水镇卫生院在内的18所卫生院。

沼气项目 2000年12月29日，省老建办同意安排吉安市沼气扶贫工程项目资金200万元，并相应追加吉安市2000年预算，列入"支援不发达地区支出"预算科目。

少数民族项目 1992年，省老建办根据报来少数民族乡村集体经济开发建设项目，研究同意对一些项目进行扶持，并列入各地（市）1992年"支援不发达地区发展资金"支出预算。要求项目建设单位应根据资金情况，从实际出发，认真制定项目建设方案，切实落实配套资金，专款专用，及时向县老建办、财政局报送项目实施方案和用款计划。全省少数民族经济发展项目扶持资金总计30万元，其中：赣州地区投入9万元，吉安地区投入6.5万元，上饶地区投入8万元，九江市投入1.5万元，抚州地区投入5万元。

1995年，省老建办研究同意对一些项目进行扶持，并列入各地（市）1995年"支援不发达地区发展资金"支出预算。全省少数民族经济发展项目扶持资金总计30万元，其中：赣州地区投入8万元，吉安地区投入5万元，上饶地区投入8万元，九江地区投入2万元，抚州地区投入4万元，鹰潭市投入3万元。

1996年,省老建办研究同意对一些项目进行扶持,并列入各地(市)1996年"支援不发达地区发展资金"支出预算。全省少数民族经济发展项目扶持资金总计30万元,其中:赣州地区投入11万元,吉安地区投入5.5万元,上饶地区投入6.5万元,九江地区投入3.5万元,抚州地区投入3.5万元。

1997年,省老建办研究同意对一些项目进行扶持,并列入各地(市)1997年"支援不发达地区发展资金"支出预算。全省少数民族经济发展项目扶持资金总计30万元,其中:赣州地区投入12万元,吉安地区投入5万元,上饶地区投入3万元,九江市投入2万元,抚州地区投入4万元,鹰潭市投入2万元,萍乡市投入2万元。

1998年,省老建办研究同意对一些项目进行扶持,并列入各地(市)1998年"支援不发达地区发展资金"支出预算。全省少数民族经济发展项目扶持资金总计40万元,共扶持17个项目,其中包括兴国县均村解决畲族学生饮水、安远县高云山乡圩岗畲族村修桥、铅山县太源畲族乡修复水毁工程等项目。

2000年,省老建办研究同意对一些项目进行扶持,并列入各地(市)2000年"支援不发达地区发展资金"支出预算。全省少数民族经济发展项目扶持资金总计50万元,其中:赣州地区投入18万元,吉安地区投入14万元,上饶地区投入2万元,九江地区投入2万元,抚州地区投入6万元,宜春市投入2万元,萍乡市投入2万元,鹰潭市投入3万元,新余市投入1万元。

发展资金项目　1998年,省老建办研究批准对各地(市)一些项目给予扶持,并相应追加各地(市)1998年预算,列入"支援不发达地区发展资金"支出预算科目中。追加的发展资金预算总计500万元,其中:赣州地区投入174万元,吉安地区投入81万元,上饶地区投入82万元,宜春地区投入25万元,九江地区投入67万元,抚州地区投入19万元,萍乡市投入18万元,鹰潭市投入6万元,景德镇市投入13万元,新余市投入15万元。

新增财政扶贫项目　1998年国家给江西新增财政扶贫资金。老建办研究批准对各地(市)一些项目给予扶持,并相应追加各地(市)1998年预算,列入"支援不发达地区发展资金"支出预算科目。当年新增的财政扶贫资金预算总计920万元,其中:赣州地区投入504万元,吉安地区投入110万元,上饶地区投入103万元,宜春地区投入24万元,九江地区投入98万元,抚州地区投入52万元,萍乡市投入21万元,鹰潭市投入8万元。

2000年,国家给江西新增财政扶贫资金。老建办研究批准对各地(市)一些项目给予扶持,并相应追加各地(市)2000年预算,列入"支援不发达地区发展资金"支出预算科目。当年新增的财政扶贫资金预算总计1034万元,其中:赣州地区投入255万元,吉安地区投入145万元,上饶地区投入180万元,宜春地区投入78万元,南昌市投入38万元,九江地区投入119万元,抚州地区投入78万元,萍乡市投入87万元,鹰潭市投入32万元,景德镇市投入19万元,新余市投入3万元。

第二批新增财政扶贫项目　1998年12月10日,国家增加江西财政扶贫资金。老建办研究批准对各地(市)一些项目予以扶持。并按核定的扶持资金数相应追加各地(市)1998年预算,列入"支援不发达地区发展资金"支出预算科目。第二批新增财政扶贫资金预算总计300万元,其中:赣州地区投入89万元,吉安地区投入50万元,上饶地区投入60万元,九江地区投入25万元,抚州地区投入 20 万元,萍乡市投入 21 万元,鹰潭市投入 10 万元,景德镇市投入 15 万元,南昌市投入 10 万元。

2000 年,省老建办下达第二批新增财政扶贫资金计划,研究批准对各地(市)一些项目予以扶持。并按核定的扶持资金数相应追加各地(市)2000 年预算,列入"支援不发达地区发展资金"支出预算科目。第二批新增财政扶贫资金预算总计 1000 万元,其中:赣州地区投入 330 万元,吉安地区投入 120 万元,上饶地区投入 120 万元,九江地区投入 110 万元,抚州地区投入 130 万元,宜春地区投入 50 万元,萍乡市投入 40 万元,鹰潭市投入 20 万元,景德镇市投入 30 万元,新余市投入 20 万元,南昌市投入 30 万元。

科技示范基地扶持项目

1993 年,省老建办下达科技示范基地扶持项目计划,总投入为 180 万元,其中:赣州地区投入 25 万元,吉安地区投入 24 万元,上饶地区投入 24 万元,抚州地区投入 24 万元,宜春地区投入 18 万元,九江地区投入 20 万元,景德镇市投入 15 万元,萍乡市投入 15 万元,鹰潭市投入 15 万元。

1995 年,投入 200 万元用于科技示范基地项目扶持。其中:赣县投入 17 万元,会昌投入 15 万元,上犹投入 15 万元,瑞金投入 13 万元,遂川投入 17 万元,宁冈投入 15 万元,永丰投入 12.5 万元,余干投入 18 万元,横峰投入 15 万元,弋阳投入 12.5 万元,乐安投入 12.5 万元,都昌投入 12.5 万元,莲花投入 15 万元,宜春市投入 10 万元。

扶贫贷款、信贷资金分配

第一批扶贫贷款 1993 年,扶贫专项贴息贷款中的 20% 由国家掌握,80% 直接分配下达。江西为 5200 万元,加上永丰、乐安、贵溪 3 县专项扶贫贷款 700 万元和用收回再贷资金专项安排给弋阳、横峰、修水 3 个省定贫困县的 700 万元,可扶持的资金共计 6600 万元。经与省农行协调,要求逐级分配下达到各地、市、县 6100 万元,用于各地扶贫支柱产业开发和温饱攻坚;省集中掌握 500 万元,主要用于解决扶贫功能比较大、效益比较好的温饱攻坚和支柱产业项目的资金缺口和小跨度联合开发项目以及余干县血防项目的省级配套资金。

1994 年,国家下达江西扶贫专项贷款共 1.65 亿元,其中,人民银行总行先期下达 4000 万元,由省人民银行安排给"原老少边穷贷款项目"的续建;农业银行总行在吉安地区专项安排了 2000 万元(国家财政贴息的贷款 1000 万元,不贴息贷款 1000 万元)用于挂点扶贫,可供省安排的扶贫专项贷款实有 1.05 亿元(国家财政贴息贷款 6000 万元,省财政贴息贷款 2000 万元,不贴息贷款 2500 万元)。经与省农行协商,要求由省老建办与省农行联文,根据贫困县中贫困乡的农业人口和截至 1993 年底的原扶贫贷款的使用效益情况,8000 万元(国家财政贴息贷款 6000 万元,省财政贴息贷款 2000 万元)意向性贷款指标逐级分配下达到 18 个国家"八七"扶贫攻坚计划的贫困县;省集中掌握 2500 万元贴息贷款,主要用于已出列的原贫困县扶贫项目的续建和影响面大的扶贫支柱产业中的龙头加工项目以及部分技术起点高、效益好的联合开发项目。

扶贫专项贷款的立项审批权在省老建办,各贫困县按照确定的贷款投资方向和贷款分配意向数1:2的比例向地(市)老建办选报项目;地(市)老建办根据贷款的投资方向、项目效益和扶贫支柱产业开发规划等,对所有项目进行审查、提出意见后,按贷款分配意向数1:1.5的比例向省老建办选报项目。

1994年,在发展资金中安排了400万元贴息资金,主要用于原安排的由省财政贴息的专项贷款项目的续贴(280万元)和省农业银行本级安排的用于211个非国家贫困县的贫困乡的2000万元扶贫专项贷款的贴息。

2000年,国务院扶贫开发领导小组安排给江西省扶贫贷款4.5亿元,其中扶贫贷款2.5亿元,分配下达到18个国定贫困县,分配原则是:60%按贫困人口,20%按解决温饱问题的贫困人口率,20%按资金回收率。

扶贫贷款项目由老建办按资金计划1:1.5的比例批准立项,农业银行在老建办立项的项目中择优选项,按贷款条件,自主审批贷款。

新增扶贫贷款　1998年11月5日,省老建办经与省农行协商,年度新增扶贫贷款由老建办批准立项,农行批准项目贷款,主要用于受灾地区贫困户的生产自救;全省共计投入2900万元,其中:赣州地区投入1000万元,上饶地区投入800万元,吉安地区投入400万元,抚州地区投入200万元,九江地区投入200万元,萍乡市投入300万元。

第二批扶贫贷款　省老建办经与农行协商,下达1998年第二批扶贫贷款计划。其中在管理使用方面,巴西陆稻试种贷款是国家安排的专款,应专款专用。贷款主要用于国定贫困县。其他贷款项目由省老建办立项,农行从中择优批准项目贷款。全省共计投入5000万元,其中:赣州地区投入1000万元,上饶地区投入893万元,吉安地区投入2140万元,抚州地区投入500万元,宜春地区30万元,九江地区330万元,萍乡市107万元。

扶贫信贷资金　1997年4月7日,省老建办向省老建委递交关于1997年扶贫信贷资金分配计划的请示,对1997年国务院扶贫开发领导小组分配给江西省的扶贫信贷资金2.4亿元(其中:贴息资金1亿元,不贴息资金1.4亿元)提出1997年扶贫信贷资金分配计划,并要求资金按贫困县的贫困人口分配。1998年的资金除依据贫困人口外,还要依据贫困县资金使用效益和资金配套比例进行分配。根据上述原则将1.8亿元(其中:贴息1亿元,不贴息8000万元)分配到18个贫困县。省掌握6000万元(含吉安地区2000万元)。

1998年,国务院扶贫开发领导小组根据党中央国务院确定的原则,分配给江西扶贫信贷资金2.5亿元。扶贫贷款2亿元按效益分配原则(60%按贫困人口,20%按温饱巩固率,20%按资金回收率)分配到18个国定贫困县。扶贫贷款4000万元由省掌握安排。根据国务院扶贫办安排使用要求,扶贫贷款1000万元用于巴西陆稻扩大试种,由省掌握。安排项目时坚持"一坚持六优先",即:坚持以贫困户能直接参与的种养项目为主,种养项目的资金要占总资金的70%以上,扶贫到户的资金占总资金的50%以上;到村到户的项目优先,边远地区的项目优先,科技含量高的项目优先,经济效益好的项目优先,扶贫支柱产业规划中的项目优先,续建项目优先。扶贫贷款的扶持对象主要是已建档立卡的贫困户,其次是承担扶贫任务的各类经济实体和服务组织。

1999 年,国务院扶贫开发领导小组分配给江西扶贫信贷资金 3 亿元。国家扶贫信贷资金 2.4 亿元,按效益分配原则分配到 18 个国定贫困县,并考虑到面上的贫困人口较多(1998 年约占全省贫困人口的一半),省内难以拿出更多的资金扶持,为使扶贫工作均衡发展,拟用国家扶贫信贷资金 6000 万元,扶持部分贫困面较大的非国定贫困县。使用范围主要是国定贫困县以及贫困面较大的非贫困县的省定贫困乡。安排项目时坚持"一坚持六优先"。在贷款项目管理方面,国家扶贫信贷资金按照分配原则,由省老建办和省农业银行按商定的分配方案分别下达年度贷款分配计划。扶贫贷款项目由老建办批准立项,农行批准项目贷款。各级老建办按资金计划 1:1.5 的比例批准立项。农行在老建办立项的项目中择优批准贷款。对专项贷款实行收支双线管理,收回再贷部分原则上全部留给当地使用,项目贷款按审批权限,批准后发放,并且要求强化对扶贫信贷资金的管理和监督。

发展资金、新增财政扶贫资金分配

1992 年,国家财政拨给江西发展资金 2280 万元;省财政配套安排资金 500 万元;地、市、县财政扶持安排资金 175 万元(用于本地区自行划定的贫困乡 90 万元,用于省定特困乡 85 万元),合计 2955 万元(不含省财政专项用于贫困县的扶持资金)。其原则上仍坚持 30% 按照省定特困乡数分配;30% 按省定特困乡 1985 年的人口数分配;40% 按资金的使用效益分配。考核发展资金使用效益的指标有两项:一是资金回收率(即 1991 年实际收回金额占计划回收额的比重);二是温饱巩固率。资金回收率达到 70% 以上,温饱巩固率达到 80% 以上的地(市)参加效益资金的分配。根据中央和省委、省政府的部署,为了继续做好少数民族地区的扶贫工作,省已预留 30 万元发展资金专项用于扶持散居在老区、贫困地区的少数民族村、组、户的经济开发。

1993 年,国家财政下达给江西发展资金 2280 万元,省财政配套安排 600 万元,共计 2880 万元。经与省财政厅协商,逐级分配下达各地、市、县 1520 万元,重点用于温饱攻坚和扶贫支柱产业开发以及不低于发展资金总数 5% 的农民实用技术培训经费、赣中南农业开发项目的省级配套资金。分配原则不变,仍是 60% 按特困乡数量和人口分配,40% 按效益分配。衡量效益的标准仍为特贫困户温饱巩固率和到期有偿资金回收率,对特困乡少、温饱攻坚任务重、不能使用专项贴息贷款的地(市)给予适当照顾。专项安排 1360 万元(其中老区特困乡、村中小学校舍建设补助经费 80 万元)和省教委资金配套,继续用于老区特困乡中小学危房改造。老区特困乡卫生院建设补助经费 50 万元,和省卫生厅资金配套,继续用于老区特困乡卫生院门诊楼和病房改造。支持少数民族经费 30 万,用于铅山的太源乡和贵溪的樟坪乡以及全省面上 29 个少数民族村开展扶贫主导产业和必要的基础设施建设。科技培训示范基地建设 300 万元。其中 100 万元用于省老区贫困地区经济开发培训中心续建,200 万元用于地(市)科技培训、示范、推广基地项目。省级基金 250 万元,主要支持抚州、宜春等特困乡较少、不能使用扶贫专项贴息贷款的县加快开发步伐。贴息资金 400 万元,用于弋阳、横峰、修水、永丰、乐安、贵溪 6 县和国家专项安排的扶贫基本农田建设及水毁工程专项贷款的贴息。待分配 250 万元,主要用于解决个别投资少、效益好的温饱攻坚或支柱产业项目的资金缺口和省级培训经费。

1994年,国家财政下达给江西发展资金2280万元,省财政配套安排800万元,共计3080万元。经与省财政厅协商,逐级分配下达各地、市、县1560万元。重点用于温饱攻坚和扶贫支柱产业开发以及不低于发展资金总数5%的农民实用技术培训。专项安排1520万元,其中省"八七"扶贫攻坚计划贫困乡、村中小学校舍建设补助经费80万元,和省教委资金配套,继续用于贫困乡中小学危房改造。省"八七"扶贫攻坚计划贫困乡卫生院和妇幼保健院建设补助经费80万元,和省卫生厅资金配套,继续用于贫困乡卫生院门诊楼、病房和妇幼保健场所的改造。支持少数民族经费30万元。用于铅山县的太源乡和贵溪县的棒坪乡以及全省面上29个少数民族村,发展扶贫主导产业和必要的基础设施建设。科技培训示范基地建设300万元。用于部分《国家"八七"扶贫攻坚计划》贫困县科技培训、示范、推广基地项目,有计划、有步骤地形成全省老区贫困地区科技培训、示范、推广体系。省级基金250万元。按项目效益择优借出,收回后全省周转使用。主要支持抚州、宜春等贫困乡较少、不能使用扶贫专项贷款的县加快开发步伐。贴息资金400万元。用于弋阳、横峰、修水、永丰、乐安、贵溪6县原国家安排的扶贫专项贴息贷款项目的续贴和国家专项安排的扶贫基本农田建设及水毁工程专项贷款和非贫困县的贫困乡贷款贴息。参加全国发展资金15周年成果展示会30万元。用于收集、拍摄、编选、联系在参展的材料、图片、录像、实物等,展示江西省15年来发展资金使用、管理的成果。待分配350万元。主要用于解决个别投资少、效益好的温饱攻坚或支柱产业项目的资金缺口、未列入省"八七"扶贫攻坚计划贫困乡的原特困乡扶贫项目续建和省级培训经费。

1995年,国家财政下达江西支援经济不发达地区发展资金2280万元,省财政配套安排800万元,共计3080万元,逐级分配下达各地、市、县1620万元。重点用于温饱攻坚和扶贫支柱产业开发以及不低于发展资金总额5%的农民实用技术培训。资金主要按省"八七"扶贫攻坚计划贫困乡和贫困乡人口的数量分配,对贫困乡少、温饱攻坚任务重、不能使用扶贫专项贷款的地、市给予适当照顾。专项安排1460万元。其中贫困乡、村中小学校舍建设补助经费80万元,与省教委资金配套,继续用于贫困乡中小学危房改造。贫困乡卫生院建设补助经费50万元,与省卫生厅资金配套,继续用于贫困乡卫生院门诊楼、病房的改造。支持少数民族经费30万元。用于铅山县的太源乡和贵溪县的樟坪乡以及全省面上29个少数民族村,发展扶贫主导产业和必要的基础设施建设。科技示范、推广基地建设补助经费200万元。用于补助部分国家"八七"扶贫攻坚计划贫困县的科技培训、示范、推广基地建设,有计划、有步骤地形成全省老区、贫困地区科技培训、示范、推广体系。省级基金350万元。按项目效益择优借出,收回后全省周转使用。重点支持抚州、宜春等地区贫困乡较少、不能使用扶贫专项贷款的县加快开发步线。贴息资金400万元。用于弋阳、横峰、永丰、乐安、贵溪5县原国家安排的扶贫专项贴息贷款项目的续贴;国家专项安排的扶贫基本农田建设及水毁工程专项贷款贴息;非贫困县的贫困乡贷款贴息。待分配350万元。

1996年,国家财政下达江西支援经济不发达地区发展资金2280万元,省财政配套安排800万元,共计3080万元,逐级分配下达各地、市、县1640万元。资金主要按省定贫困乡和贫困乡人口的数量分配。对领导重视扶贫工作、配套发展资金落实好的地方,对贫困乡少、扶贫攻坚任务重、不能使用扶贫专贴贷款、且资金项目使用管理好的地(市)给予适当照顾。农民实用技术培训经费按照不低于发展资金总额5%的比例由各地(市)作出安排。专项安排1440万元,其中贫困乡中小学校舍建设补助经费80万元,与省教委资金配套,继续用于贫困乡中小学危房改造。贫困乡卫生院建设补助经费50万元,与省卫生厅资金配套,继续用于贫困乡卫生院病房、门诊楼的改造。省定贫困乡所在的县妇幼保健院建设补助经费30万元,与省卫生厅资金配套,用于妇幼保健院病房、门诊楼的建设。支持少数民族发展经费30万元,用于全省2个少数民族乡和全省面上的其他少数民族村,发展扶贫主导产业和必要的基础设施建设。省级基金350万元,按项目效益择优借出,收回后全省周转使用,重点支持抚州、宜春等地区贫困乡较少、不能使用扶贫专项贷款、且资金项目使用管理比较好的县。贴息资金500万元,用于弋阳、横峰、永丰、乐安、贵溪5县原国家安排的扶贫专项贴息贷款项目的续贴、国家专项安排的扶贫基本农田建设和水毁工程专项贷款贴息、非贫困县的贫困乡贷款贴息。待分配400万元,主要用于解决个别投资少、效益好的扶贫支柱产业项目及其配套设施的资金缺口,未列入省定贫困乡的原特困乡的部分扶贫项目续建,贫困乡中缺田少粮的村修田造地项目补助,部分重点基础设施建设项目补助以及省级培训经费。各地(市)的配套发展资金计划也随同省发展资金分配计划下达各地(市),并要求各地(市)将配套发展资金随同省发展资金的分配下达各县(市)。发展资金的使用和管理,原则上仍按原来省政府和有关部门下达的关于扶贫资金统筹安排使用暂行规定,发展资金管理办法及其补充规定、发展基金管理试行办法执行。

1997年,国务院扶贫开发领导小组根据党中央、国务院确定的原则,分配江西支援经济不发达地区发展资金2280万元,新增财政扶贫资金3000万元,共计5280万元。根据中央和全省扶贫开发工作会议精神及省政府领导的指示,地方的配套资金不能低于中央投入扶贫资金总量的40%。省内确定按40%配套资金安排,省、地、县三级配套的比例为6:2:2。依此计算,对发展资金和新增财政扶贫资金,应安排地方配套资金2117万元,其中省级财政应配套安排1267万元,地、县财政应配套安排850万元。省财政原来已安排800万元,需增467万元。发展资金和新增财政扶贫资金共计6547万元(发展资金2280万,新增财政扶贫资金3000万,省配套1267万)。发展资金共计2830万元(国家下达2280万,省配套550万)。按照省定贫困乡和贫困人口的数量逐级分配下达各地、市、县1620万元。专项安排1210万元,其中贫困乡中小学校舍建设补助经费80万,贫困乡卫生院建设补助经费50万,支持少数民族发展经费30万,省级基金550万,省调剂资金500万。新增财政扶贫资金共计3717万元(国家下达3000万,省配套717万)。按照省定贫困乡和贫困人口逐级分配下达各地、市、县2137万元,专项安排1580万元,其中贴息资金500万,国际农发基金省级配套资金80万,缺田少粮地区基本农田建设补助经费500万,巴西旱稻扩大试种补助经费200万,科技培训经费300万。国家下达的支援经济不发达地区发展资金、新增财政扶贫资金和省安排的配套资金由省老建办、省财政厅按照省老建委确定的资金分配原则,逐级下达年度资金分配计划,与地、市、县财政安排的配套资金合并使用。各级老建办和同级财政部门根据审批权限编报或审批项目计划。

1998年,国家分配下达江西发展资金、新增财政扶贫资金共5280万元(发展资金2280万元,新增财政扶贫资金3000万元)。资金安排与1997年基本相同,有两项作了一些调整:少数民族扶贫开发扶持由去年的30万元增加到40万元;省调剂资金由去年的500万元增加到690万元,其中

190 万元拟用于赣南帝龙生物工程有限公司扶助资金。省级配套资金应安排地方配套资金 2117 万元,其中省级财政配套安排 1267 万元。地、县财政配套安排 850 万元。在资金投入方向和使用范围方面,发展资金和新增财政扶贫资金主要用于生产生活条件的改善,扶贫经济实体建设,服务体系建设以及科技培训与科技推广。对教育、卫生等社会事业的发展,给予适当补助,使用范围是省定贫困乡。在资金分配方面,发展资金和新增财政扶贫资金共计 6547 万元(发展资金 2280 万元,新增财政扶贫资金 3000 万元,省配套 1267 万元)。发展资金分配共计 2830 万元(国家下达 2280 万元,省配套 550 万元)。按照省定贫困乡和贫困人口的数量逐级分配下达到有关地(市)及非贫困县 1620 万元。专项安排 1210 万元,其中贫困乡中小学校舍建设补助经费 80 万元,贫困乡卫生院建设补助经费 50 万元,支持少数民族发展经费 40 万元,省级基金 350 万元,省调剂资金 690 万元。新增财政扶贫资金共计 3717 万元(国家下达 3000 万元,省配套 717 万元)。按照省定贫困乡和贫困人口逐级分配下达有关地(市)及贫困县 2117 万元,专项安排 1600 万元,其中贴息资金 500 万元,国际农发基金省级配套资金 80 万元,缺田少粮地区基本农田建设补助经费 500 万元,巴西旱稻扩大试种补助经费 200 万元,科技培训经费 300 万元,贫困监测专项经费 20 万元。在资金和项目计划管理程序方面,国家下达的支援经济不发达地区发展资金、新增财政扶贫资金和省安排的配套资金由省老建办、省财政厅按照省老建委确定的资金分配原则,逐级下达年度资金分配计划,与地、市、县财政安排的配套资金合并使用。各级老建办会同级财政部门编报或审批项目计划,并且要求强化对发展资金和新增财政扶贫资金的管理和监督。

1999 年,国务院扶贫开发领导小组分配江西支援经济不发达地区发展资金 3500 万元、新增财政扶贫资金 4800 万元,共计 8300 万元。地方配套资金要按中央投入扶贫资金的 40%—50% 配套。省内确定按 40% 安排配套资金,其中省级配套 60%。据此计算,应对中央下达发展资金 8300 万元,安排地方配套资金 3320 万元,其中省级财政应配套安排 1992 万元,地、县应配套安排 1328 万元。省财政 1998 年安排 1267 万元,需再增加 725 万元;在资金分配方面,中央下达的发展资金和新增财政扶贫资金 8300 万元,省级配套资金 1992 万元,共计 10292 万元,除专项安排的 2070 万元外,其余 8222 万元分配到地(市)。18 个贫困县的资金直接分配到县,下达到地(市),非贫困县的资金分配下达到地(市)。在分配下达到地、县的资金中,明确 20% 的资金用于面上扶贫。发展资金共计 4340 万元(国家下达 3500 万元,省配套 840 万元),逐级分配下达到地(市)及非贫困县 3520 万元。专项安排 820 万元,其中贫困乡中小学校舍建设补助经费 80 万元,贫困乡卫生院建设补助经费 50 万元,支持少数民族发展经费 40 万元,省调剂资金 600 万元,新中国成立 50 周年扶贫成果展等宣传经费 50 万元。新增财政扶贫资金共计 5952 万元(国家下达 4800 万元,省配套 1152 万元),逐级分配下达到地(市)及贫困县 4702 万元,专项安排 1250 万元,其中国际农发基金省级配套资金 80 万元,贴息资金 500 万元,扶持贫困户种植巴西旱稻专项经费 250 万元,科技培训费 40 万元,贫困监测专项经费 20 万元。在投资方向和使用范围方面,资金的 40% 以上必须扶持到贫困户。资金使用要相对集中,重点用于基本农田建设,帮动解决贫困乡中贫困村、组的小型水利、乡村道路等基础设施建设,扶贫经济实体建设,服务体系建设以及科技培训与科技推广等,对贫困乡村的学校、卫生院的建设,实行限额补助。资金的使用范围主要是省定贫困乡,对于面上扶贫适当考虑。

在资金和项目计划管理程序方面,国家下达的发展资金和省安排的配套资金由省老建办、财政厅按照省老建委确定的资金分配原则,逐级下达年度资金分配计划,与地、县财政安排的配套资金合并使用。各级老建办会同财政部门编报或审批项目计划。同时,强化对发展资金的管理和监督,提高扶贫资金的使用效益,保证扶贫攻坚顺利进行,和财政部门要密切配合,强化资金的管理的监督,保证资金及时足额到位。

2005 年,国务院扶贫开发领导小组分配下达江西财政扶贫资金计划 27400 万元。全省按中央下达资金的 40% 落实财政配套扶贫资金,省、市、县配套比例为 6∶2∶2。即全省应配套资金 10960 万元,其中省级财政应配套 6576 万元,新增 672 万元;市、县两级财政应配套 4384 万元。

表 1-5-3 2005 年江西省下达财政扶贫资金分配方案

单位:万元

单位	2005 年省下达财政专项扶贫资金计划					下达市县配套资金计划	下达市县配套资金计划
	合计	已先期下达财政扶贫资金计划					
		小计	重点村实施整村推进扶贫规划资金数	移民扶贫资金			
				专项安排资金数	置换以工代赈资金数		
全省合计	25904	25400	12900	7500	5000	504	4384
赣州市	8000	7905	4200	2100	1585	95	1354
赣县		630	340	165	125		
上犹县		380	120	150	110		
安远县		680	155	300	225		
宁都县		1005	400	345	260		
于都县		1120	540	330	250		
兴国县		1270	530	420	320		
会昌县		760	235	300	225		
寻乌县		490	330	90	70		
信丰县		65	65				
大余县		160	160				
崇义县		70	70				
龙南县		220	220				
定南县		160	160				
全南县		30	30				

续表

单位	2005 年省下达财政专项扶贫资金计划					下达市县配套资金计划	下达市县配套资金计划
	合计	已先期下达财政扶贫资金计划					
		小计	重点村实施整村推进扶贫规划资金数	移民扶贫资金			
				专项安排资金数	置换以工代赈资金数		
石城县		245	245				
瑞金市		410	410				
南康市		210	210				
吉安市	4780	4705	1901	1650	1145	75	809
井冈山市		255	125	75	55		
吉安县		945	75	495	375		
遂川县		945	0	600	345		
万安县		640	110	300	230		
永新县		720	400	180	140		
吉州区		90	90				
青原区		130	130				
吉水县		240	240				
新干县		80	80				
永丰县		255	255				
泰和县		185	185				
安福县		220	220				
上饶市	5225	5155	2709	1350	1015	70	884
上饶县		1180	265	525	390		
横峰县		460	65	225	170		
余干县		1035	770	150	115		
鄱阳县		1535	745	450	340		
广丰县		35	35				
玉山县		115	115				
铅山县		65	65				
弋阳县		215	215				
万年县		130	130				
婺源县		285	285				

续表

单位	2005 年省下达财政专项扶贫资金计划					下达市县配套资金计划	下达市县配套资金计划
	合计	已先期下达财政扶贫资金计划					
		小计	重点村实施整村推进扶贫规划资金数	移民扶贫资金			
				专项安排资金数	置换以工代赈资金数		
德兴市		100	100				
抚州市	1999	1930	880	600	450	69	338
乐安县		820	165	375	280		
广昌县		480	85	225	170		
临川市		35	35				
南城县		35	35				
黎川县		90	90				
南丰县		65	65				
崇仁县		95	95				
宜黄县		55	55				
金溪县		185	185				
资溪县		70	70				
九江市	3585	3535	1650	1350	535	50	607
修水县		1885	0	1350	535		
九江县		95	95				
武宁县		90	90				
永修县		205	205				
德安县		20	20				
星子县		180	180				
都昌县		700	700				
湖口县		70	70				
彭泽县		80	80				
瑞昌市		210	210				
萍乡市	1075	1035	315	450	270	40	182
莲花县		720	0	450	270		
上栗县		180	180				
芦溪县		115	115				

续表

单位	2005 年省下达财政专项扶贫资金计划					下达市县配套资金计划	下达市县配套资金计划
	合计	已先期下达财政扶贫资金计划					
		小计	重点村实施整村推进扶贫规划资金数	移民扶贫资金			
				专项安排资金数	置换以工代赈资金数		
湘东区		20	20				
宜春市	555	505	505	0	0	50	94
袁州区		170	170				
丰城市		50	50				
樟树市		95	95				
奉新县		25	25				
万载县		85	85				
上高县		20	20				
宜丰县		10	10				
靖安县		25	25				
铜鼓县		25	25				
南昌市	380	355	355	0	0	25	64
湾里区		15	15				
南昌县		90	90				
新建县		105	105				
安义县		70	70				
进贤县		75	75				
景德镇市	95	85	85	0	0	10	16
浮梁县		85	85				
新余市	70	60	60	0	0	10	12
分宜县		60	60				
鹰潭市	140	130	130	0	0	10	24
贵溪县		100	100				
余江县		30	30				

2009 年,国家下达江西一般性财政扶贫发展资金 41080 万元,较上年增加了 3160 万元;下达江

西各类专项财政扶贫资金 7270 万元,较上年减少了 1390 万元。省财政按照中央下达江西一般性财政扶贫资金的 24% 进行配套,配套资金为 9860 万元,较上年增加了 1105 万元,增幅为 12.62%、此外,还对移民搬迁扶贫工作专项安排配套资金 2500 万元。一般性财政扶贫资金使用中,安排 31428 万元用于全省"十一五"期间 3069 个扶贫开发工作重点村实施整村推进扶贫规划;安排 14500 万元用于 41 个比照实施西部大开发政策县的深山区、库区、地质灾害频发区实施 5 万人移民扶贫整体搬迁;安排 2100 万元用于 36619 人的劳动力转移培训;安排 600 万元用于开展扶贫培训、科技示范与农业新技术推广;安排 600 万元用于扶持科技扶贫项目;安排 400 万元用于各设区市调剂,重点安排部分重点村整村推进;安排 800 万元用于奖励 2008 年度财政扶贫资金绩效考评先进设区市和重点县安排扶贫项目。安排 322 万元用于全省扶贫统计监测;安排 300 万元用于吉安县永和镇开展贫困农村党员先进性教育活动与扶贫开发相结合试点;安排 500 万元用于环都阳湖生态经济区建设;安排 1890 万元用于解决面上部分分散的贫困乡村和贫困人口的扶持。中央专项资金使用安排情况如下:安排 900 万元用于安远等 12 个重点县 60 个贫困村开展建立"贫困村村级发展互助资金"试点工作;安排 2000 万元用于于都、乐安两县开展"县为单位、整合资金、整村推进、连片开发"试点工作;安排 1025 万元用于 21 个重点县贫困户和低收入户发展生产的到户贷款贴息;安排 1025 万元用于开展扶贫项目贷款贴息资金下放到省管理试点;安排 400 万元用于部分重灾贫困村受损扶贫项目的恢复重建及生产自救;安排 660 万元用于开展扶贫项目管理工作;安排 1000 万元用于奖励 2008 年度财政扶贫资金绩效考评先进设区市和重点县安排扶贫项目;安排 250 万元用于井冈山、都昌两县科技扶贫;安排 10 万元用于重点县贫困村住户固定观测点建设。在财政扶贫发展资金使用绩效情况方面,坚持以扶贫开发规划为平台实施扶贫开发,突出扶贫主导产业建设和贫困农户自我发展能力建设,突出民生工程建设,集中资金、确保重点、总结经验、探索创新,进一步提高了财政扶贫资金使用绩效。2009 年,全省农民人均纯收入为 5075.01 元,比上年增加 377.82 元,增长了 8.04%。其中 21 个扶贫开发工作重点县农民人均纯收入为 2659.52 元,比上年增加 228.32 元,增长了 9.39%,比全省农民人均纯收入增长比例高出 1.35 个百分点;全省贫困人口人均纯收入为 1031.32 元,比上年增加 208.32 元,增长了 25.31%,比全省农民人均纯收入增长比例高出 17.27 个百分点。按照新的贫困标准,贫困人口(包含因灾返贫人口)由 2008 年的 132.5 万人降为 864946 人,比上年减少 460032 人,降幅为 34.72%,贫困发生率由 2008 年的 3.91% 降至 2.55%,降幅为 39.22%。

科技培训经费分配

1993 年,省老建办下达 1993 年度培训经费及农函大学员控制指标表,共投入资金 200 万元,计划招收 10000 名学员。其中:赣州地区投入 72.6 万元,计划招生 3250 名学员;吉安地区投入 39.4 万元,计划招生 2100 名学员;上饶地区投入 38.5 万元,计划招生 2000 名学员;抚州地区投入 14.3 万元,计划招生 1000 名学员;宜春地区投入 5 万元,计划招生 200 名学员;九江市投入 17.8 万元,计划招生 1000 名学员;景德镇市投入 3.6 万元,计划招生 100 名学员;萍乡市投入 4 万元,计划招生

200 名学员;鹰潭市投入 4.8 万元,计划招生 150 名学员。

1994 年,省老建办下达各地(市)培训经费分配计划,共投入资金 150 万元。其中:赣州地区投入 54.5 万元,吉安地区投入 25.8 万元,上饶地区投入 37.5 万元,抚州地区投入 8.5 万元,宜春地区投入 2.8 万元,九江市投入 17.4 万元,萍乡市投入 3.5 万元。

1995 年,省老建办下达 1995 年度科技培训经费及农函大贫困户学员招生控制指标计划,共投入资金 140 万元,计划招收 9380 名学员。其中:赣州地区投入 51.5 万元,计划招生 3300 名学员;吉安地区投入 23.4 万元,计划招生 1900 名学员;上饶地区投入 32.8 万元,计划招生 2000 名学员;抚州地区投入 8.6 万元,计划招生 850 名学员;宜春地区投入 3.9 万元,计划招生 170 名学员;九江地区投入 16.8 万元,计划招生 900 名学员;萍乡市投入 3 万元,计划招生 260 名学员。

1996 年,省老建办下达 1996 年度科技培训经费及农函大贫困户学员招生指标分配计划,共投入资金 140 万元,计划招收 9380 名学员。其中:赣州地区投入 51.5 万元,计划招生 3450 名学员;吉安地区投入 23.4 万元,计划招生 1560 名学员;上饶地区投入 32.8 万元,计划招生 2190 名学员;抚州地区投入 8.6 万元,计划招生 580 名学员;宜春地区投入 3.9 万元,计划招生 260 名学员;九江地区投入 16.8 万元,计划招生 1120 名学员;萍乡市投入 3 万元,计划招生 220 名学员。

1997 年,省老建办下达各地(市)培训经费分配计划,共投入资金 210 万元。其中:赣州地区投入 79 万元,吉安地区投入 35 万元,上饶地区投入 49 万元,抚州地区投入 12.5 万元,宜春地区投入 5 万元,九江地区投入 25 万元,萍乡市投入 4.5 万元。

1998 年,省老建办下达年度科技培训经费分配计划,共投入培训经费 240 万元。其中:赣州地区投入 86.5 万元,吉安地区投入 41 万元,上饶地区投入 55 万元,抚州地区投入 16.5 万元,宜春地区投入 6.5 万元,九江地区投入 27.5 万元,萍乡市投入 7 万元。

第三节　扶贫统计监测

国务院扶贫办下发了《关于进一步加强扶贫统计信息工作的通知》。为贯彻《通知》精神,进一步做好江西省扶贫统计工作,省老建办要求做到以下几点:提高认识,加强领导,保障统计信息工作的基本条件;拓展扶贫统计信息的覆盖范围,改进调查方法,提高工作质量;加强统计信息的科学采集、积累、储备和利用。加强计算机网络等信息基础设施建设;各地要不定期报送各地(市)出台的重大扶贫政策措施、国家开展灾后重建,加强基础设施建设,实施重大项目以及实行退田还湖、退耕还林对贫困开发工作以及贫困地区经济、农民收入等方面的影响、农副产品市场和价格变化对贫困地区、贫困人口的影响、扶贫到户工作情况、非国定贫困县的贫困问题以及其他对贫困地区有重大影响事件的有关材料的统计信息。

解决温饱问题监测

1991 年,江西特贫困户人均收入 464 元。到 1992 年底,全省未解决温饱的贫困人口从 1985 年的 620 万人减少到 220 万人,400 万贫困人口基本解决了温饱。在集中连片的 664 个特贫困乡中,特贫困户人均年纯收入达到 514.7 元,比上年增加 50.7 元,增长 10.9%。其中已有 40.4% 的特贫困户人均年纯收入超过 500 元,比上年提高 21 个百分点;人均年纯收入低于 350 元的占 16.7%,比上年减少 9.1 个百分点;1993 年,全省贫困人口由 1992 年的 220 万人增加到 450 万人,贫困户人均年纯收入 386 元;1994 年,全省贫困人口下降到 299.9 万人(人均年纯收入 400 元以下),全省贫困乡贫困户人均增 182 元,达到 585.12 元,比 1993 年增长 45.14%;1995 年,贫困户人均纯收入比上年新增 242 元,达到 827.12 元,全省特困户人均年纯收入 700 元;1996 年,没有解决温饱的贫困人口有 183.22 万;1997 年底,还有 149 万贫困人口,贫困户的人均年纯收入 683.10 元;1998 年,贫困人口从 1993 年底的 450 万减少到 216.9 万,贫困人口的人均年纯收入也从 386 元提高到 1134 元。其中:赣州在册的贫困人口由 1993 年底的 105 万下降到 141 万,减少了 64 万人,平均每年减少 16 万人。贫困户年均纯收入由 1993 年的 386 元上升到 1134 元,增加 748 元。到 1999 年,全省贫困人口减少到 126 万人,贫困户人均年收入提高到 1182 元,增加了 48 元。尚未解决温饱的特贫困户主要居住在边远山区、库区、石山区、水土流失区和滨湖地区,这些地方生产条件极差,社会发育程度很低,要打好温饱攻坚战,进而缩小贫富的差距,任务非常艰巨。截至 2000 年底,没有解决温饱的贫困人口还有 100 万人以上,人均纯收入低于 865 元的低收入人口有 400 万左右。

产业扶贫情况统计

1986—1992 年,新种柑橘和其他落叶果树 81 万亩,新开桑园 34.4 万亩,新建茶园 14.6 万亩,新种及改造油茶 19.1 万亩,新种杉树、湿地松、毛竹等用材林、经济林 44.9 万亩,扶持种植白莲、烤烟等经济作物 162 万亩。同时还扶持了为种养业配套的加工业和销售、科技等服务的经济实体 3592 个。吸收到种、养、加、服务等扶贫经济实体就业的贫困户劳力共 140635 人。

1992 年,投产的扶贫支柱产业从基地生产获得纯收入 28731.8 万元,上缴农林特产税金 6733.1 万元,农民从支柱产业中所得纯收入人均 50 元。已经投产的扶贫经济实体,实现产值 82174 万元,利润 8315.5 万元,就业劳力人均年收入 600 余元。扶持 2017 个村发展集体经济,有 267 个村年纯收入超过了 2 万元。还在 433 个村开展了"扶持一个扶贫项目,建立一支科技队伍,组建一个服务组织,兴办一所科技夜校"的"四一一"工程示范,也取得较好效果。国家和省定 20 个贫困县,1992 年与 1985 年相比,国民生产总值增长 159%,工农业总产值增长 238%,财政收入增长 167%,农民人均年纯收入增长 172%。

1992 年底,全省未解决温饱的贫困人口从 1985 年的 620 万人减少到 220 万人,400 万贫困人口基本解决了温饱。在集中连片的 664 个特贫困乡中,特贫困户人均年纯收入达到 514.7 元,其中有 40.4% 的特贫困户人均年纯收入超过 500 元。

1992 年,投入发展支柱产业的贴息贷款和发展资金共计 5185.33 万元。新增果茶面积 30.4 万亩,蚕桑面积 18.8 万亩,其他经济林和用材林面积 49.3 万亩,经济作物面积 17.3 万亩。全省投产的支柱产业,实现利润和纯收入 30007.31 万元,上缴税金 6733.1 万元,农民从支柱产业中所得人均年纯收入52元。老建系统扶持集体经济薄弱村1004个,1990年以来累计扶持达2017个村,经过扶持,集体经济纯收入达到2万元以上的村有287个。

老建系统积极参加招商引资工作,直接引进外资项目5个,参与引进的外资项目10个,共引进外资802万美元。

实现"八七"计划以来,到1997年底,建成果茶基地面积214.87万亩,桑基地17.13万亩,用材林、经济林和毛竹林基地面积670.65万亩,白莲、烟叶基地面积27.3万。1997年基地实现的总收入40.11万元,乡、村加工等实体实现产值7.64亿元,龙头企业实现产值5.97亿元。这些扶贫支柱产业帮扶451万人口,贫困户人均从支柱产业中受益达200余元。

表1-5-4 2002—2009年重点村扶贫资金使用效益情况(种养业)

指标	2002年	2003年	2004年	2005年	2006年	2007年	2008年	2009年
开发桑果茶园(千公顷)	4.01	4.70	3.13	2.80	2.71	3.94	7.18	21.50
造育林面积(千公顷)	15.77	5.89	6.17	5.70				
经济作物播种面积(千公顷)	2.90	2.00	3.40	0.60	2.50	4.30	7.10	5.03
粮食作物播种面积(千公顷)	13.40	43.18	51.45	1.04	3.05	7.20	14.30	15.00
饲养家畜(万头)	13.00	11.50	5.60	1.58	5.12	8.20	31.00	7.30
饲养家禽(万羽)	211.00	127.75	179.53	44.30	80.00	109.00	493.00	486.00
投入鱼尾(万尾)	548.00	511.00	597.00	415.00				

年度决算统计

1991年,国家财政拨给江西发展资金2280万元。省财政配套安排500万元,合计2780万元,共扶持各类项目1108个。其中,种养项目284个,扶持资金667.26万元,占资金总额数的24%;乡镇企业项目12个,扶持资金411.08万元,占14.8%;电力建设项目401个,扶持资金693.25万元,占24.9%;交通建设项目59个,扶持资金89.92万元,占3.2%;文教、卫生和贴息项目140个,扶持资金443.69万元,占16%;科技培训项目63个,扶持资金428万元,占15.4%;其他项目29个,扶持资金46.8万元,占1.7%。1991年的发展资金主要用在全省402个老区特困乡,扶持赣州、吉安两地区的资金占资金总额数的50.1%,保证了重点。截至1991年12月底,全省财政累计拨付资金2749.2万元,加上年结转使用资金1235万元,全年可用资金合计3984.2万元。

1991年,核销发展资金支出2315.3万元,完成项目1150个(含以前年度项目669个)主要内容有:(1)新种、垦复油茶5100亩,抚育2700亩;新种、垦复茶叶7139亩,抚育1780亩;新辟桑园9636亩,抚育1950亩;新种、垦复各种果树22579亩,抚育12006亩,其中:柑桔新种6388亩,抚育8393亩;乡村人工造林27175亩,包括新种毛竹17991亩,苗圃540亩;经济作物6020亩,包括药材1370亩,烟叶4350亩,杂交水稻大田种植面积1800亩。(2)扶持养牛129头;养猪1754头;养鱼186万尾。(3)扶持发展乡村粮油、饲料、食品和竹木等加工业项目196个。(4)治理水土流失面积1640

亩;修建农用机、电排灌站113座,计4417千瓦,扶持推广新式农机器(耕整机)50台;帮助乡村8961户,35645人解决了饮水困难。(5)修建农村小水电站10座,装机容量870千瓦;架设农村输电线路69条,总长452千米。(6)修建农村公路24条,总长157千米;桥梁62座,总长1077米。(7)修建乡村中学43所,小学71所,校舍面积35463平方米;修建卫生院18所,建筑面积14068平方米,兴建乡村集贸市场8个。(8)各级老建办科技培训班3022期,培训了35.65万人次。

有偿发展资金回收工作,坚持了年初下达回收任务,年终完成好坏与资金分配挂钩的做法。1991年,回收到期有偿资金计8474万元,占当年回收任务的98%,累计有偿资金回收达到3173.5万元。

1992年,国家财政拨给江西发展资金2280万元;省财政配套安排资金500万元;地、市、县财政扶持安排资金175万元(用于本地区自行划定的贫困乡90万元,用于省定特困乡85万元),合计2955万元。

1992年,计划扶持各类项目共1802个。其中:种养项目398个,扶持资金730.8万元,占年度计划资金总额的24.7%;乡镇工业项目212个,扶持资金544万元,占年度计划资金总额的18.4%;水利、电力建设项目331个,扶持资金455.4万元,占年度计划资金总额的2.3%;文教、卫生和贴息项目228个,扶持资金977.1万元,占年度计划资金总额的88.1%;其他项目77个扶持资金178万元,占年度计划资金总额的6.1%。全省大多数特困乡在遭到百年未见的冻灾、水灾和旱灾的情况下,特贫困户的人均纯收入仍由1991年的464元,增加到514.7元,人均增加50.7元,增长10.9%,

1992年,全省可用发展资金3931万元(其中:包括上前结转使用资金976万元)。截至12月底核销发展资金支出8868万元,银行支出未报资金198万元,结转下年使用资金881万元完成项目1308个(含以前年度309个)主要是:(1)种植业:油茶新种、垦复78476亩;茶叶新种、垦复7790亩,抚育4670亩;各种果树新种、垦复54197亩,抚育24057亩(其中新种柑橘9862亩);桑园新种、垦复7880亩;乡村人工造林43926亩,抚育1314亩包括新种杉木2790亩,毛竹6600亩,苗木8038亩,薪炭林2572亩;经济作物5240亩(含药材2290亩、烟叶、莲子、杂交水稻等其他作物2950亩)。(2)扶持养猪4000头;养羊2000头;养鱼5528万尾。新建鱼池5个,新建畜改站2个。(3)扶持发展乡村粮油、饲料、食品、陶瓷、竹木加工和福利厂等加工业项目238个。(4)扶持建设饮、改水工程项目34个;修建排灌站105座,装机容量2194千瓦;修建小水库和其他水利设施164处,(其中小水库7座,蓄水量347万立方米)。(5)扶持修建农村小水电站8个,装机容量623千瓦;架设农村输电线路78条,总长174千米。(6)扶持修建农村公路31条,总长212千米;桥梁30座总长2103米。(7)扶持修建乡村中学34所,小学51所,校舍面积:37428平方米;修建乡卫生院26所,建筑面积16018平方米;兴建文化站3个。(8)扶持举办各级各类科技培训班3215期,培训学员50.78万人次。

1993年,国家财政拨给江西支援经济不发达地区发展资金2280万元;省财政配套安排发展资金600万元;地、市、县财政扶持安排支援资金117万元,合计资金2997万元(不含省财政专项用于贫困县的扶贫资金)。

1993年计划扶持各类项目1294个。其中:种养项目411个,安排资金826.1万元,占年度计划的27.6%;乡镇工业项目179个,安排资金404.6万元。占年度计划的13.5%;农田建设项目216个,安排资金273.0万元,占年度计划的9.3%;电力、交通建设项目131个,安排资金179.4万元,占年度计划6.0%;文卫科技项目232个,安排资金667.5万元,占年度计划的22.3%;贴息项目49个,安排资金400万元,占年度计划的13.3%;其他项目76个,安排资金246.4万元,占年度计划的8.2%。整个资金安排确保了扶贫支柱产业开发和温饱攻坚两个重点,为改变老区面貌.增加农民收入发挥了重要作用。1992年全省多数特困乡遭到百年来见的水灾和旱灾,特困户人均纯收入仍增加75元。

1993年,全省可用发展资金达到3878万元(其中:包括上年结转使用资金881万元),截至12月底核销发展资金2139.2万元,银行支出未收资金229.3万元,结转下年使用资金1509.5万元。国家发展资金7月份下达江西,省8月份分配下达到地、市,资金最后到达项目单位在9—10月份,资金到位比较晚,影响了部分项目的顺利实施和完工。

完工项目965个(含以前年度612个)。主要是:(1)种植业:油茶新种、垦复6480亩;茶叶新种、垦复3350亩、抚育2490亩;各种果树新种40258亩、垦复1280亩、抚育4481亩;桑园新种4355亩、垦复830亩;乡村人工造林21306亩,抚育出8810亩(包括新种杉木11750亩,毛竹7394亩,苗木700亩,薪炭林1462亩);经济作物5227亩(含药材2545亩,烟叶、莲籽、杂交水稻制种等其他作物2682亩)。(2)扶持养猪7400头;养羊1000头;养鱼65万尾。新建鱼池2个,新建畜改站2个。(3)扶持发展乡镇工业的粮油加工厂、饲料厂、食品厂、陶瓷厂、竹木加工厂、福利厂及矿产等项目203个。(4)扶持建设饮水、改水工程项目37个;修建排灌站32个。装机容量673千瓦;修建小水库和其他水利设施246处(其中:小水库5座,蓄水量247万立方米)。(5)扶持修建朱村水电站6座,装机容量623千瓦;架设农村输电线路19条,总长54.2千米。(6)扶持修建农村公路10条,总长度57.5千米,桥梁10座,总长度820米。(7)扶持修建乡村中学24所,小学35所,校舍面积11344平方米;修建卫生院所14所,面积3881平方米;建立文化站2个。(8)扶持举办各级各类培训班1350期;培训学员15.4万人次。(9)有偿资金回收任务980万元,截至12月底收回资金1198万元,超额完成回收任务22.2%。

1994年,国家财政拨给江西支援经济不发达地区发展资金2280万元。省财政在财力有限的情况下,配套安排发展资金800万元(比1993年增加200万元),合计3080万元。计划扶持各类项目1018个,其中种养项目401个,安排资金1001万元,占2010年度计划的82.5%;乡镇企业项目81个,安排资金336万元,占年度计划的10.9%;农田建设项目143个,安排资金294万元,占年度计划的9.6%;电力、交通建设项目140个,安排资金272万元,占年度计划8.8%;科技项目192个,安排资金674万元,占年度计划21.9%;信息项目41个,安排资金400万元,占年度计划13%;其他项目20个,安排资金108万,占年度计划3.8%。1994年全省可用发展资金4589.5万元(其中:上年结转1509.5万元),截至12月底核销发展资金1745.5万元,银行支出未报资金1058.8万元,结转下年使用资金1785.2万元,完工项目751个(含以前年度584个)。主要是(1)种植业:油茶新种、垦复7730亩;茶叶新种、垦复3375亩;各种果树新待、垦复82744亩;桑园新种1300亩;乡村人工造林33400亩,抚育2550亩(其中:新种杉木14638亩、毛竹14418亩、苗木2002亩、薪炭林1492亩、油桐850亩);经济作物2600亩(含药材1900亩,其他作物700亩)。(2)扶持养猪11350头,养牛1000头,养家禽4500万羽,养鱼1050万尾,新建畜改站2个。(3)扶持发展乡镇工业的粮油加工厂、饲料厂、食品厂、陶瓷厂、竹木加工厂、福利厂及矿产等项目79个。(4)农田建设、饮水改水工程22个;修建排灌站27个,装机容量418千瓦;修建小水库和其他水利设施101处(其中:小水库9座,蓄水量321万立方米)。(5)扶持修建农村小水电站5座,装机容量678千瓦;架设农村输电线路39条,总长168千米。(6)扶持修建农村公路29条,总长139千米;桥梁15座,总长677米,(7)扶持修建乡村中学17所,小学29所,校舍面积47215平方米;修建卫生院21所,面积5690平方米;建立农村文化站2个。(8)扶持各级各类科技培训班1432期,培训农民15.6万人次。

1995年,国家财政拨给江西支援经济不发达地区发展资金2280万元,省财政配套安排发展资金800万元,省发展基金30万元,合计3110万元。计划扶持各类项目1016个,其中:种养项目421个,安排资金969万元,占年度计划的31.2%;乡镇企业项目41个,安排资金124万元,占年度计划的4.0%;农田建设项目项目176个,安排资金250万元,占年度计划8.0%;电力交通建设项126个,安排资金247万元,占年度计划的7.9%;文卫科技项目项目194个,安排资金550万元,占年度计划的17.7%;其他项目58个,安排资金590万元,占年度计划的19%;省级发展基金项目28个,安排资金380万元,占年度计划的12.2%。

全省可使用资金4895.2万元(其中:上年结转1785.2万元)。截至12月底核销发展资金3065万元,银行支出未报资金1794.3万元,结转下年使用资金36.9万元。完工项目1213个(含以前年度733个)。主要是(1)农(林、牧、副、渔)资金支出1397万元。其中:修建小水库4座7万立方米、排灌站48座2132千瓦、其他水利584处;农田基本建设172项;人畜饮水工程18处,解决了784户15496人的饮水问题;植树造林新种12290亩,垦复、抚育7300亩,作物种植17945亩;茶场新种1.2万亩;果树新种16746亩;蚕桑新种4100亩;养猪219084头、养牛1925头、养羊2800头、养家禽1300万羽、养鱼176.12万尾。(2)交通建设资金支出160万元。其中:修建公路84条268千米、桥梁36座6263米。(3)农村电力建设资金支出144万元。其中:修建小水电站4座131千瓦、架设输电线路47条840千米。(4)支援乡镇企业66个资金支出169万元。(5)农业技术培训1257期191223人资金支出557万元。(6)文教卫生事业资金支出227万元。其中:修建中学31所17083平方米、修建小学51所19523平方米、修建卫生院23所15850平方米等。(7)其他资金支出(含用于省农发行贷款贴息)411万元。(8)银行支出未报数1794万元。

1996年,是"九五"计划开头的一年,也是实施国家"八七"扶贫攻坚计划的关键年,全省扶贫工作在省委、省政府正确领导及兄弟单位的大力协作下,贫困户人均增收299元,没有解决温饱的贫困人口由1995年的246万下降到182万。

1996年,国家财政拨给江西支援经济不发达地区发展资金2280万元,省财政配套安排发展资金800万元,合计3080万元,计划扶持各类项目1073个。其中:种养项目432个,安排资金1009万元,占年度计划的33%;乡镇企业项目43个,安排资金149万元,占年度计划的5%;农田基本建设项165个,安排资金283万元,占年度计划的9%;电力、交通建设项目项134个,安排资金218万元,占年度计划的7%;文卫科技项185个,安排资金461万元,占年度计划的15%;省贴息项目50个,安排资金500万元,占年度计划的16%;其他项目17个,安排资金110万元,占年度计划的4%;省基金项目47个,安排资金350万元,占年度计划的11%。

全省可用发展资金5324万元,(其中:上年结转1510万元)。截至12月底核销发展资金2841万元,银行支出未报资金1220万元,结转下年使用资金1263万元。完工项目1009个(含以前年度项目750个)。主要是:(1)农(林、牧、副、渔)业资金支出1067万元。其中:小水库2座41立方米;排灌站17座642千瓦,其他水利66处;农田基本建设187处;人畜饮水工程14处,解决1.4万人和6千牲畜饮水;植树造林19220亩;经济作物种植9445亩;茶场新种、垦复2390亩;果树新种、垦复7974亩(其中:柑橘新种、垦复4210亩、落叶果3764亩);养猪22000头,养牛1000头,养羊4000只;养鱼3260万尾。(2)交通建设资金支出175万元。其中:修建设公路55条232千米;架设桥梁19座528米。(3)电力建设资金支出69万元。其中:修建小水电站2座,装机容量840千瓦,架设输电线路18条121千米。(4)支援县乡企业54个,资金支出193万元。(5)农业技术培训570期9万人次,资金支出372万元。(6)文教卫生资金支出147万元,其中:建文化馆5个,建中学17所7992平方米,建小学20所8560平方米,建卫生院9个4640平方米。(7)其他资金支出(含省用于扶贫贷款贴息)818万元。(8)银行支出未报数1220万元。

1997年,是实施国家"八七"扶贫攻坚计划的关键年,全省扶贫工作在省委、省政府正确领导下成效显著,贫困户人均增收94.8元,没有解决温饱的贫困人口由1996年的182万下降到149万。

1997年,国家财政拨给江西支援经济不发达地区发展资金2830万元,新增财政扶贫资金3717万元,合计6547万元。计划扶持各类项目2222个。其中:种养项目766个,安排资金2372万元,占年度计划的37%;乡镇企业项目62个,安排资金230万元,占年度计划的3%;农田基本建设项目了71个,安排资金1059万元,占年度计划的17%;电力、交通建设项目项目352个,安排资金714万元,占年度计划的11%;文卫科技项目197个,安排资金575万元,占年度计划的9%;省贴息项目50个,安排资金500万元,占年度计划的7%;巴西陆稻试种安排资金200万元,占年度计划的3%;其他项目8个,安排资金47万元,占年度计划的5%;省基金项目77个,安排资金550万元,占年度计划的8%。

全省可用发展资金7810万元,(其中:上年结转1263万元)。截至12月底核销发展资金4423万元,银行支出未报资金2124万元,结转下年使用资金了387万元。完工项目1520个(含以前年度项目695个)主要是:(1)农(林、牧、制、渔)业资金支出2805万元。其中:小水库9座91万立方米;排灌站28座99千瓦,其他水利192处;农田基本建设257处;植树造林29780亩;经济作物种植20574亩;茶场新种、垦复8650亩;果树新种、垦复41996亩(其中:柑橘新种、垦复14085亩、落叶果27911亩);养猪2530头,养牛7700头,养羊50000只;养鱼子710万尾。(2)交通建设资金支出282万元。其中:修建公路139条93千米;架设桥梁10座1220米。(3)电力建设资金支出140万元。其中:修建小水电站装机容量750千瓦,架设输电线路27条50千米。(4)支援县乡企业35个,资金支出130万元。(5)农业技术培训470期3万人次,资金支出465万元。(6)文教卫生资金支出196万元,其中:建中学22所8852平方米,建小学31所8960平方米,建卫生院339640平方米。(7)其他资金支出(含省用于扶贫贷款贴息)405万元。(8)银行支出未报数2124万元。

2002—2009年,财政扶贫资金投入到农林牧渔中,共开发桑果茶园749550亩,造育林502950亩,经济作物播种面积417450亩,粮食作物播种面积222930亩,饲养家畜83.3万头,饲养家禽1730.58万羽,投入鱼苗2071万尾。

到2009年,扶贫开发工作重点村共有村级合作经济组织1187个,参与村级经济合作组织的农户有11.97万户,其中贫困户28368户。2009年扶贫龙头企业带动辐射农户12.28万户,其中贫困户有2.92万户,带动农户人均增收2045元。

2010年,扶贫特色优势产业开发,突破了单一传统种植、养殖结构。发展家畜禽养殖:牛0.57万头,羊1.13万只,猪18万头,鸡723万只,其他养殖689万只;发展经济作物种植:马铃薯800亩,药材3500亩,干果类2500亩,瓜菜类20.59万亩,果梨类8.96万亩,其他种植业59.05万亩。

第四节　扶贫资金绩效考评

财政扶贫资金绩效考评是指对财政扶贫资金的使用管理过程及其效果进行综合性考核与评价。财政扶贫资金绩效考评的主要内容包括三大方面,即:扶贫开发成果、财政扶贫资金使用管理情况、各级配套财政扶贫资金预算安排情况。

财政扶贫资金绩效考评的目标是完善制度、创新机制、加强管理、强化监督,保证财政扶贫资金使用的安全性、管理的规范性和扶贫开发的有效性。各级扶贫部门依法加强对财政扶贫资金的监督检查,配合审计等有关部门做好审计、检查、稽查工作。

财政扶贫资金绩效逐级进行自评、自上而下考评。各级财政、扶贫部门每年就自身财政扶贫资金使用管理绩效情况先行自评,自评情况在规定时间内报送上级财政、扶贫部门。上级财政、扶贫部门根据下级报送自评总结情况,及时组织考核,作出评价。省财政和扶贫部门负责对设区市进行考评,并会同设区市对扶贫开发工作重点县进行考评。设区市财政、扶贫部门负责对所辖非重点县进行考评,并协助省财政厅、省扶贫和移民办对重点县进行考评。

全省1991—1993年发展资金经过国家、省、地、县审计部门多层次审计,违纪资金占被审计资金的2.18%。

1993年4月—6月18日,省财政厅据财政部《关于开展支援经济不发达地区发展资金检查的通知》精神组织对全省1991年、1992年发展资金的分配、使用、管理与效益情况进行了一次全面重点的检查。

全省60个老区县按照财政厅要求在3月底完成了财务自查,查出违纪金额179.83万元。省财政厅组织抽调70名干部,组成26个检查组,深入全省21个县(市)进行重点检查。共检查发展资金2252.25万元,占2年发展资金总额的40.5%,其中有偿资金为1101.3万元,无偿资金为1150.95万元,实际决算用于支援项目的发展资金为2248.84万元。其中用于农田水利项目工程258个,使用发展资金1050.367万元;用于交通建设,修建公路62千米,建小型桥梁27座,使用发展资金50.95万元,村电力建设,建小电站23座,架设输电缆略262.4千米,使用发展资金261.1万元,用于文教科卫事业发展资处 166.89 万元,用于新技术发展和培训发展资金 229.9 万元,用于扶助乡镇企业发展资金 283.37 万元。检查中,发现违纪使用发展资金 301.66 万元,其中改变资金用途 190.98 万元,未按规定使用占用费 8.24 万元,损失浪费 38 万元;个人挪用 273 万元,其他违纪使用发展资金 41.71 万元。

5 月 31 日—6 月 18 日,省财政厅抽调各地市监察科长和专职干部 5 人,组成 5 个组,分别对赣州、吉安、上饶、抚州 4 个地区和九江市 5 个地市 16 个县,190 个乡(镇)进行了抽查。这次重点抽查,共检查发展资金 1405.76 万元,其中有偿资金 57237 万元,无偿资金 83339 万元。实验决算用于支援项目资金 1366.13 万元,其中用于农田水利项目 14 个使用发展资金 626.6 万元;用于交通建设、修建公路 78 千米,修建小型桥梁 16 座,使用发展资金 841 万元,用于农村电力建设,架设输电线路 48 千米,新增装机容 520 千瓦,使用发展资金 200.2 万元,用于文教科卫事业发展资金 116.15 万元;用于新技术推广和培训费发展资金 134.3 万元;用于乡(镇)企业发展资金 190.12 万元,用于其他发展资金 11.66 万元。在抽查中,发现违纪发展资金为 15212 万元,其中改变资金用途 68.16 万元,未按规定使用占用费 22.88 万元,其他违纪使用 61.08 万元。

1995 年 12 月,抚州地区老建办组织人员对贫困户建档立卡、扶贫项目库建设、扶贫配套资金落实、扶贫资金使用及效益等 4 项主要工作进行了一次全面的检查。

1998 年 9 月中旬,抚州地区老建办在传达贯彻全省扶贫工作会议精神的全区老建办主任会议上,对开展"四项工作"检查进行了统一部署,要求所辖各县从 9 月下旬至 10 月中旬对 4 项基础工作进行全面检查,检查面必须达到 100%,同时将检查结果报告地区老建办,地区在 10 月下旬组织工作组对各县 4 项工作检查情况进行重点抽查。会后,各县老建办按会议要求,迅速全面展开了自查。南丰县不仅对 1994 年度发展资金使用情况进行了检查,而且对历年来的 147 个扶贫项目进行了重新清理评价。评价结果表明,扶贫项目总的来说,选项准确,效益明显,其中好的项目 108 个,占 73.5%;差的项目 39 个,占 26.5%。在这些差的项目中,还包括 1991 年底南丰特大冻害报废的一些柑橘开发项目。南丰县在这次检查的基础上,明确提出了柑橘、毛竹为"八七"扶贫攻坚的二大主导产业,并已按年度分解到了"八七"扶贫攻坚实施细则中;广昌县在自查阶段,不但对历年的扶贫项目档案资料进行了整理归档,而且根据检查中发现的具体情况,提出了分"三大类、四个层次"建立资料齐全的项目库。按此原则,该县在 10 月中旬前已建立了一套科学实用的待报项目库,为将来扶贫项目的选项、立项打下了一个扎实基础。该县不仅对贫困乡中的贫困户进行了建档立卡,而且对分布在 5 个非贫困乡中的贫困户进行了调查,至 10 月中旬前,已对分散插花的 3933 户贫困户进行了建档立卡,明确攻坚的主战场。各县通过这次检查,对所有贫困乡村的基础设施情况进行了一次全面调查摸底,为制定"八七"扶贫攻坚规划提供了第一手原始资料。抚州地区 41 个贫困乡 377 个村委会,3139 个村小组,未通路的村委会 15 个,村小组 596 个,分别占 3.98% 和 18.99%;未通电的村委会 17 个,村小组 318 个,分别占 4.5% 和 10.13%;没有小学的村委会 1 个,没有乡卫生院的贫困乡 2 个;41 个贫困乡有农户 93188 户,人均半亩以下基本农田的有 28889 户,户均未达到 1 亩经济作物的有 57498 户,分别占 25.6% 和 61.7%。根据这些基础数据,各县在制定"八七"扶贫攻坚规划时,按资金来源渠道,提出了分年度解决方案。

在各县自查的基础上,地区老建办制定了对各县进行抽查的方案,组织了由地区老建办3位副主任任组长,有计财科全体人员、各县老建办主任和部分县老建干部参加的共13人组成的3个工作组,工作组全体成员到地区老建办集中培训后即下到各县检查。检查组采取自上而下,听县、乡领导汇报,看各种资料,查有关发展资金账户等办法,分别查看了7个县、15个贫困乡(镇)、15个村委会建档立卡资料、项目档案及老建专账,实地察看了1994年度已建或在建的20个项目。检查完后,各检查组对每个县的情况实事求是地进行了总结,并将情况向政府分管老建的负责同志作了汇报。

抚州地区贫困县、乡领导把老建工作摆上重要议事日程。各贫困县、乡均根据自己的实际情况制定了"八七"扶贫攻坚规划。在当地经济建设中,贫困县、乡均把扶贫开发摆上了主要位置,重大项目大多安排在贫困乡(镇)。广昌县"九五"期间的8大项目,有4个是关于老建扶贫项目,占50%;为增大扶贫力度,各县按照省政府〔1994〕50号文件要求,安排扶贫配套资金,纳入财政预算,其中广昌11万、乐安10万、资溪5万元均到县老建办账户;各项基础工作有序开展,贫困户建档立卡全面完成,项目库建设逐渐完善。自1991年开始,抚州地区提出以时间为线索,以扶贫支柱产业为主线,以乡镇为单位,分年度建立待报项目库的原则。黎川县进行了"四簿一卡"的探索,地区在总结其做法的基础上向全区推广,建立了资料齐全、比较实用的待报项目库。广昌县提出了分"三大类、四个层次",即分在建项目库、已建项目库、待报项目库三大类,按照种、养、加、基础设施四个层次建立项目库。按照真扶贫,扶真贫,增实效的原则,严格管理,突出重点,效益明显。检查组通过检查县、乡、村及项目单位账户,发现抚州地区扶贫资金到位快,管理好。1994年,上级下达给抚州地区172万元发展资金(其中55万在1995年第一季度达),到老建办1441120元,到项目单位1391120元,分别占83.78%和80.88%;财务制度健全,各县都能按照发展资金管理办法及《会计制度》执行。扶贫项目的选择,重点突出,效益明显。抚州地区在选项时,按照以贫困户增粮增收为重点这一总原则,每个县、乡重点保证1个—2个扶贫产业。1994年,全区共有发展资金项目96个,完工94个,占97.92%,检查组实地察看了20个项目,其中好的19个,占95%,差的1个,占5%。南丰县三溪乡园艺场,1993年扶助2万元,利税达到6万余元,该项目安排了86个贫困户劳力,年纯收入达4000余元。广昌县新安乡彭田村美国青蛙项目,1993年扶助2万元,当年投产,年产值达20万元,利税10万元以上。

抚州地区老建四项工作存在问题主要有:部分县配套资金未落实,影响了扶贫攻坚进程;资金回收差。截至检查日止,全区仅回收11.25万元(广昌0.5万,黎川4.4万,资溪0.28万,宜黄0.12万,乐安5.95万),占全年任务的11.25%;已建项目库资料不全,乡(镇)尤为严重。有的没有项目验收情况,有的乡(镇)资料凌乱,有偿资金合同保管不善。另外,有的贫困乡"八七"扶贫攻坚规划没有分年度实施意见;部分县、乡产业思路不清,主攻方向不明,在选项时,不能按产业规划保证重点,投资分散,降低了扶贫产业的扶贫效益。

1998年12月中旬,省老建办组织了8个检查组,分别对赣州、吉安、上饶、抚州、九江、萍乡等6个地(市)、17个县(市)1998年扶贫资金使用情况进行了一次全面检查。1998年,赣州地区扶贫贷款发放率62.5%,发展资金和新增财政扶贫资金(以下简称财政扶贫资金)到位率35.1%;吉安地区扶贫贷款发放率54.1%,财政扶贫资金到位率80%;上饶地区扶贫贷款发放率64%,财政扶贫资金到位率54%;抚州地区扶贫贷款发放率85.8%,财政扶贫资金到位率96.7%;九江市扶贫贷款发放率56%,财政扶贫资金到位率45%;萍乡市扶贫贷款发放率75.2%,财政扶贫资金到位率65.5%;抚州、吉安地区财政配套资金落实最好,实际落实配套资金分别为计划数的2.55倍和1.16倍。完成了配套资金任务的县(市)有永新、宁冈、遂川、井冈山、上饶、波阳、广昌和莲花县,其中井冈山、广昌落实情况最好,实际配套分别为计划数的4倍和1.6倍。

为使用好扶贫资金,各地采取了一些措施。抚州地区在落实配套资金时采取列入年度预算,实行地区审批项目;宁都县蔡江乡到户贷款实行帮扶干部担保,农行到村发放;为加快扶贫项目的进度,波阳县农行提前发放扶贫贷款;修水县在乡、镇成立扶贫攻坚领导小组,建立到户贷款登记制度等。

从检查情况看,发现少数地方在扶贫资金使用中存在一些问题。真扶贫、扶真贫的力度不够。有少数地方虽然扶贫资金按要求倾斜到了户,但没有把资金扶到贫困户身上。余干县华林岗乡南关村1998年安排大棚蔬菜项目贷款8万元,扶持23户,其中只有2户贫困户,该乡太阳村安排的6万元大棚蔬菜贷款,贷给了4户非贫困户,而该村尚有10户贫困户未解决温饱,是全乡贫困户最多的1个村;赣县田村镇1998年安排扶贫贷款45.5万元,扶持23户,户均贷款1.98万元,但很少是贫困户;财政配套扶贫资金不落实。检查中发现的配套资金不落实的县分别是宁都、于都、赣县、上犹、万安、余干和修水;扶贫贷款变相提前扣息,提高利率。莲花县农行发放贷款按10%扣保证金;余干县农行岷山营业所发放的不贴息扶贫贷款月息为4.8%,比规定利率(3.375%)高出1.425个千分点;波阳县四十里街陶瓷机械厂50万元贷款,月息为5.925%;波阳县双港镇电排站贷款80万元,月息为4.65%;四是扶贫资金到位慢。赣州地区财政扶贫资金计划下达晚,截至12月15日,1998年财政扶贫资金到位率只有85.1%。莲花县经省审批的学校、卫生院、少数民族和生产自救项目,因萍乡市未及时下达,造成项目无法按计划执行。

2007年,全省安排奖励资金300万元,2008年安排奖励资金900万元,其中:国家奖励江西600万元,省级配套300万元。2009年除国家奖励1000万元外,从省级配套资金中专项安排800万元资金用于奖励先进单位安排扶贫项目,由省财政厅、省扶贫和移民办联合发文在全省通报考评结果;并在资金项目的分配安排上导入绩效因素,将绩效考评结果作为下年度分配安排资金项目的依据之一。2006年、2007年和2009年,江西扶贫资金绩效被评为B级,2008年被评为全国四个A级省之一。

2010年,江西在借鉴往年财政扶贫资金绩效考评经验的基础上,将库区移民资金纳入了考评范围。结合实际,采取了定量与定性评估相结合,自我评价与外部评价相结合,全面自评与重点抽评相结合的方式,对全省11个设区市、22个扶贫开发工作重点县(含都昌县)和51个移民人数1万以上的县(区)进行了综合考评。考评指标涉及配套落实、资金拨付、资金监管、项目管理、实施进度、总结创新等方面,较好地反映了资金绩效的实际情况。通过考评,全省各级建立了财政扶贫资金、库区移民资金使用管理情况定期检查和全面总结的工作机制,落实了激励机制和问责制度,提高了扶贫资金和库区移民资金使用的安全性、规范性和有效性。2010年,全省被国家评为财政扶贫资金绩效考评B级先进单位,获得奖励资金900万元。

第二篇　水库移民

　　水库移民是为调蓄江河径流,筑坝建库征用土地而引起的非自愿移民。他们为满足国家或地方开发水资源的要求而必须从水库淹没区迁移出去。他们不同于为谋求自己的发展前途,按照自己的意愿而从原居住地迁移到他乡的一般居民。新中国成立以来,我国已修建大中型水库(水电站)约8.6万多座,截至2006年6月底,全国大中型水库移民现状人口2500多万人,其中农村移民2288万人。江西先后兴建各类水库9000多座(其中:大中型水库近300座),安置各类水库移民近200万人(其中大中型水库移民160多万人)。

　　水库移民属于工程移民的范畴,但又区别于其他工程建设的征地移民。具有其本身的特殊性,表现在:一是数量大,淹没集中。一般的大中型水库移民少则几千人,多则几万甚至几十万人;二是土地大量被淹没,从而给移民带来重大的经济损失,涉及良田沃土、城镇、工矿企业、交通设施、社会文化、人际关系等方面的破坏和解体。而铁路、公路等工程移民其损失的只是少部分的土地或房屋,其社会关系未能受到破坏;三是移民安置难度大,要通过改造自然、开发资源、调整产业结构,来保障移民和安置区群众的生产生活条件,并达到共同富裕的目的。由于移民安置是大规模的,绝大多数又是农村移民,因此在调整耕地资源,选择安置地方面难度越来越大;四是政策性强。在中国要安置大规模的水库移民还必须依靠政府行为,还不具备实施赔偿性安置。因此,必须制定出科学合理的安置政策,并组织专门的移民安置机构来组织移民安置的实施;五是工作周期长,一座大中型水库的建设工期通常在5年以上,要将移民安置好,并使移民具备长治久安的生产生活条件,往往需要10—20年甚至更长的时间。

　　水库移民工作是民生工程的重要内容和实践,也是改善民生的重点和难点。作为全国水库移民大省之一,江西先后投入各类扶持资金,1991—2010年间,全省各级扶贫和移民部门在省委、省政府及各级党委、政府的坚强领导下,总体部署,凝心聚力,狠抓落实,全力推动扶贫开发和水库移民管理,各项工作进展顺利。

　　深入推进移民遗留问题解决。一是突出推进政策部署。省级移民管理部门从实际出发,因地制宜,坚持贯彻中央关于改革、发展和稳定的方针,陆续发布了水库地区的移民安置政策法规,尤其对全省境内水库移民遗留问题作出阶段性归纳与规划;二是完善扶贫工作机制。从联系沟通、协调服务、引导调度、督促考核等环节上,健全完善定点扶贫管理制度,全面落实定点扶贫工作责任和目标任务;三是重视资金支持。省政府针对上犹江、罗湾、洪门、江口、柘林等五大库区以及新安江、富春江两大外省水库,每年投入大量资金用于移民生产建设计划,维护基金项目计划,移民遗留问题处理项目计划等,主要用于种植业、养殖业、能源交通、社会福利以及管理费等方面的投入。同时,加强投入资金监管,主要依靠资金管理办法、资金决算以及资金检查监管三个方面对其进行监管,防止资金的浪费以及非法挪用。

严格落实大中型水库移民后扶持政策。针对大型大中型水库移民后期扶持,2006年8月,省政府下发了《关于印发江西省大中型水库移民后期扶持政策实施方案的通知》。同年,陆续制定相关配套文件,经省政府同意,组织开展新政策试点工作,通过试点确定了全省后期扶持方式。

重视三峡移民管理工作以及小型水库移民解困工作。三峡移民管理工作是一项长期艰巨工作。全省严格贯彻相关移民安置方针政策,坚持以人为本,讲政治、顾大局,把接收安置好三峡移民,帮助移民安居乐业、发展生产、增加收入,保持移民安置区社会稳定,作为践行科学发展观的具体内容。新中国成立以来,全省先后兴建小型水库9467座,有力促进全省地方经济和社会发展。但移民普遍存在生产资料短缺,基础设施建设滞后,生活水平低,生产环境差等一些突出的困难和问题。2006—2008年,全省安排了小型水库移民解困项目资金3660万元,各地申报的解困项目1056个,其中地方交通553个,农田水利327个,人畜饮水98个,其他项目78个,受益村组2387个,受益人数492773人,受益移民112804人。2009年,省政府将小型水库移民解困工作纳入"民生工程"之一,全省正式启动小水库移民解困工作。

第一章　水库移民安置

水库移民安置工作主要依据《大中型水利水电工程建设征地和移民安置条例》,根据全省水库移民的具体情况,制定水库移民遗留问题、大中型水库移民后期扶持、大中型水利水电工程移民安置、三峡水库移民安置等多项政策。工作方针是实行开发性移民,将移民安置和发展经济相结合。工作办法是前期补偿、补助与后期扶持相结合。工作目标是保证移民生活达到或者超过搬迁安置前的原有水平,促进库区和移民安置区经济社会可持续发展。

第一节　安置政策法规

省级移民管理部门从实际出发,因地制宜,坚持贯彻中央关于改革、发展和稳定的方针,陆续发布水库地区的移民安置政策法规,尤其对全省境内水库移民遗留问题做出阶段性总结与规划,提出移民安置相关的监督管理办法,制定水库移民扶贫优惠政策,以保障和维护好人民群众利益,促进社会效益和人民利益的有机统一。

水库移民遗留问题的解决规划

1995年5月5日,省政府印发《关于进一步做好浙江省新安江、富春江水库迁赣移民工作的通知》,要求各级政府关心和支持移民工作,并作为直接关系改革、发展和稳定大局的大事来抓。各级政府要切实加强领导,确定专人负责,建立和健全移民工作办事机构,配备精干的专职人员,切实做好这项工作;依靠科技,开发库区。切实抓好技术培训工作,积极培养乡土人才和移民技术骨干,扩大移民技术队伍,拓宽致富门路。抓示范户,树典型,建立科学技术服务网络,提高为库区开发服务的水平;在地方税收、信贷、招工、人才、物资和技术等方面对移民安置区实行领导;教育移民继续发扬自力更生、艰苦奋斗的精神,克服"等、靠、要"的依赖思想,增强自身的发展能力;进一步教育各级干部和当地群众,以大局为重,继续支持移民发展生产,采取调整荒山坡地山林以及适当给予补偿的办法,解决移民生产资源不足的问题。

1995年6月,省移民办编制《江西省境内新安江富春江水库移民遗留问题近期(1994—2000年)规划》,总结新富移民在省内安居后的生活状况,对存在的问题和面临的困难作出概述,针对当时的生产条件、住房条件、就业条件问题列出规划目标:从解决移民生产生活基本条件入手,因地制宜进行农业基础设施建设,兴办水电,修路建桥,开荒造田,改造中低产田,增加旱涝保收面积,提高粮食单产,解决移民吃饭问题;充分利用当地农业资源,开发荒山荒坡,调整产业结构,组织发展种养业和家庭副业,以及兴办配套的农副产品加工业,增加移民的经济收入;改善生活条件,扶助移民兴建校舍、医院和饮水工程,解决移民的上学、就医和饮水等问题。与此同时,省移民办从实际出发,对新富区水库移民遗留问题的解决作出工作指导,主张通过加强对移民工作的领导、依靠科技开发库区、落实优惠政策等途径来解决移民遗留问题。

1997年11月,遵照国家库区建设基金会《水利水电工程水库移民遗留问题处理项目管理办法》,结合全省水库移民遗留问题的实际情况,省移民办制定《江西省水库移民遗留问题处理项目管理实施细则》。

1998年3月,遵照国务院办公厅《关于解决新安江水库移民遗留问题的通知》、江西省政府《关于进一步做好浙江新安江富春江水库迁赣移民工作的通知》的精神,以及财政部、电力工业部、水利部和国家有关移民工作的方针、政策,结合全省实际情况,编制《江西省境内新安江富江水库移民遗留问题处理规划(1997—2000年)》。

1998年6月,按照水利部移民开发局的精神和要求,结合江口水库回水区移民的实际情况,省移民办根据1993年省水利规划设计院勘测设计成果,编制《江西省江口水库回水淹没区应迁未迁移民遗留问题处理规划》。

2002年6月,新余市编制完成《新余市江口水库移民遗留问题处理2002—2007年规划及总体规划》,各县区也制定相应的规划。规划分为移民生产资源开发调整与基础设施建设两方面,以改善移民的生产、生活条件为目标,以农田水利、地方交通为重点,通过实施人畜饮水工程、农田水利工程、移民用电工程、地方交通工程、移民搬迁工程、危房改造工程及文教卫生工程等,逐步解决移民用水难、用电难、行路难、住房难、就学难、就医难等问题。

2002年,国务院办公厅下发《关于转发水利部等部门关于加快解决中央直属水库移民遗留问题若干意见的通知》,同意提高库区建设基金征收标准。按照人均扶持1250元的标准,编制《江西省中央直属水库移民遗留问题处理2002—2007六年规划》,安排国家扶持资金78125万元。《规划》实施到2005年底止,从2006年开始,中央直属水库移民遗留问题处理一并纳入大中型水库移民后期扶持范畴。

大中型水库移民后期扶持政策

2006年5月,国务院印发《关于完善大中型水库移民后期扶持政策的意见》,规定扶持范围为大中型水库的农村移民,对纳入扶持范围的移民每人每年补助600元。其中,2006年6月30日前搬迁的水库移民为现状人口,2006年7月1日以后搬迁的水库移民为原迁人口,对2006年6月30日前搬迁的纳入扶持范围的移民,自2006年7月1日起再扶持20年;对2006年7月1日以后搬迁的纳入扶持范围的移民,从其完成搬迁之日起扶持20年。后期扶持资金能直接发放给移民个人的尽量发放到移民个人,用于移民生产生活补助;实行项目扶持,用于解决移民村群众生产生活中存在的突出问题。后期扶持的具体方式由地方各级人民政府在充分尊重移民意愿并听取移民村群众意见的基础上确定,并编制切实可行的水库移民后期扶持规划。水库移民后期扶持资金坚持全国统筹、分省(区、市)核算,企业、社会、中央与地方政府合理负担,工业反哺农业、城市支持农村,东部地区支持中西部地区的原则,由国家统一筹措。后期扶持资金作为政府性基金纳入中央财政预算管理。拨付给各省、自治区、直辖市的后期扶持资金由财政部会同国务院移民管理机构,按照发展改革委、财政部、水利部等部门核定的各省、自治区、直辖市移民人数和规定的标准据实拨付。各省、自治区、直辖市完善城镇最低生活保障制度,把符合条件的大中型水库非农业安置移民中的困难家庭,纳入地方城镇最低生活保障范围;同时,积极通过其他渠道进行帮扶。各省、自治区、直辖市人民政府通过提高本省(区、市)区域内全部销售电量(扣除农业生产用电)的电价筹集资金,统筹解决小型水库移民的困难,并保证对在建后期扶持项目的后续资金投入,确保项目按期建成并发挥作用。提价标准为每千瓦时不超过0.5厘(全省按照0.5厘的标准,从2006年7月1日起开始征收)。

2006年7月,国务院总理温家宝颁布新修订的《大中型水利水电工程建设征地补偿和移民安置条例》。

2006年6—7月,省直各有关部门根据国家有关政策规定和要求,分别制定《江西省大中型水库移民后期扶持政策实施方案》《江西省大中型水库移民后期扶持基金使用管理暂行办法》《江西省大中型水库移民后期扶持政策实施试点工作方案》《江西省大中型水库移民核定登记办法》《江西省大中型水库移民后期扶持方式确定办法》《江西省大中型水库移民后期扶持直补资金发放办法》《江西省大中型水库移民项目扶持管理办法》《江西省大中型水库移民后期扶持监督检查和责任追究办法》《江西省大中型水库移民后期扶持政策实施宣传提纲》《江西省水库移民突发事件处理工作预案》《江西省大中型水库移民后期扶持规划编制办法》《江西省大中型水库库区和移民安置区基础设施建设和经济发展规划编制办法》等相关配套文件。

2006年,省移民办编制第一个后期扶持五年规划(2006—2010年),规划共涉及全省11个设区市,118个县(市、区、经济开发区、垦殖场等),1690个乡(镇),10841个行政村,40818个村小组。

2006年7月,南昌市成立水库移民工作领导小组,移民办根据全市移民状况及国家相关政策要求,制定《南昌市大中型水库移民后期扶持政策实施方案》《南昌市大中型水库移民后期扶持人口核定办法》《南昌市大中型水库移民后期扶持方式确定办法》《南昌市大中型水库移民后期扶持政策宣传大纲》《南昌市大中型水库移民后期扶持规划编制办法》《南昌市大中型水库移民后期扶持资金使用管理暂行办法》《南昌市大中型水库移民后期扶持政策实施维稳工作预案》等配套性文件,并印制《市大中型水库移民后期扶持政策解答》手册,举办新政策培训班10期,培训工作人员300余人。

2006年7月,新余市成立水库移民工作领导小组,移民办根据新余市移民现状及国家相关政策要求,制定《新余市大中型水库移民后期扶持政策实施方案》《新余市大中型水库移民后期扶持人口核定办法》《新余市大中型水库移民后期扶持方式确定办法》《新余市大中型水库移民后期扶持政策宣传大纲》《新余市大中型水库移民后期扶持规划编制办法》《新余市大中型水库移民后期扶持资金使用管理暂行办法》《新余市大中型水库移民后期扶持政策实施维稳工作预案》等6个配套性文件,并印制《新余市大中型水库移民后期扶持政策解答》手册,举办新政策培训班100余期,培训工作人员3000余人。

2006年8月,省政府下发《关于印发江西省大中型水库移民后期扶持政策实施方案的通知》,确定全省后期扶持政策实施的指导思想、目标和原则,扶持范围、标准和期限以及后期扶持政策的实施步骤,制定《江西省大中型水库移民后期扶持政策试点工作方案》,针对修水县、乐平市、分宜县、芦溪县、赣县、靖安县、宜丰县、德兴市、乐安县等9个县(市)不同性质的水库移民,开展后期扶持工作的试点。通过试点,探索切合全省实际的水库移民后期扶持方式、水库移民人口核定登记的有效办法和相关影响人口的处理措施。2006年8月,试点工作基本结束。通过试点确定全省后期扶持方式,即核定到人的移民实行现金直补,核定到村组的无法核定移民人口实施项目扶持,主要解决库区和移民安置区移民及相关影响人口(淹田不淹房影响人口、库区回水区移民人口、仍居住在农村生产资料没有改变的非农移民人口、为安置移民出让房屋和土地的让迁人口、为移民无偿调整耕地的原住农民)的生产生活存在的突出问题。

2006年9月,全省大中型水库移民后期扶持政策全面开展。省水库移民工作领导小组下发《江西省大中型水库移民核定登记办法》《江西省大中型水库移民后期扶持方式确定办法》《江西省大中型水库移民后期扶持规划编制办法》等一系列文件,针对后期扶持规划的实施,省移民办和省财政厅下发《江西省大中型水库移民后期扶持资金项目管理实施细则》《江西省大中型水库移民后期扶持规划实施管理暂行办法》《江西省大中型水库移民后期扶持资金管理暂行办法》等文件。

2006年7—9月,在省水库移民工作领导小组的领导下,省移民办选择修水县东津水库移民、乐平市两江迁赣移民、靖安县罗湾水库移民和三峡工程重庆库区迁赣移民、宜丰县三峡工程重庆库区迁赣移民、乐安县湖南迁赣移民、赣县上犹江水库移民、德兴市双溪水库移民、分宜县西坑水库移民和芦溪县坪村水库移民,计划开展新政策试点工作。

2006年底,新余市在尊重移民意愿的前提下,实事求是,确定扶持方式(对登记到人的移民实行现金直补,对登记到村小组的实行项目扶持),因地制宜编制《新余市大中型水库移民后期扶持

2006—2010年规划》和《新余市大中型水库库区和移民安置区基础设施建设和经济发展2006—2010年规划》。实际施行中每年编报年度计划,确定年度目标。同时,市移民办制定下发《新余市大中型水库移民后期扶持规划实施管理暂行规定》,并与市财政局联合制定下发《新余市大中型水库移民后期扶持项目和资金管理实施细则》。

2006年,萍乡市水库移民后期扶持工作正式全面展开,组织编制《水库移民后期扶持5年项目规划》和《库区及移民安置区基础设施建设和经济发展5年规划》,并有计划分年度实施。完成移民后期扶持项目213个,经济发展项目123个,投入扶持资金942.58万元,重点解决库区和移民安置区道路、饮水、农田水利等群众最直接、最突出、最关心的基础设施建设;完成冰雪等自然灾害损毁项目29个,投入扶持资金111万元;组织整村推进移民示范项目4个,扶持资金78万元,地方配套和发动群众集资投劳等200余万元。

2010年,黎川县在全县范围内对大中型水库后期扶持移民(包括移民联户组建成立的经济合作社和协会)创业实行贷款贴息。全县有214户移民向县信用联社办理贷款手续,合计贷款金额为269.1万元。

大中型水利水电工程移民安置政策

水库移民安置主要依据2006年国务院发布的《移民条例》,对于移民安置规划大纲和移民安置规划的审批,已成立项目法人的大中型水利水电工程,由项目法人编制移民安置规划大纲,按照审批权限报省、自治区、直辖市人民政府或者国务院移民管理机构审批;没有成立项目法人的大中型水利水电工程,项目主管部门要会同移民区和移民安置区县级以上地方人民政府编制移民安置规划大纲,按照审批权限报省、自治区、直辖市人民政府或者国务院移民管理机构审批。移民安置规划的审核权限与移民安置规划大纲的审批权限一致。移民安置规划的审核、审批或核准主要分为两个步骤:一是由省、自治区、直辖市人民政府移民管理机构或者国务院移民管理机构按照审批权限审核移民安置规划;二是移民安置规划经省、自治区、直辖市人民政府移民管理机构或者国务院移民管理机构审核同意后,再由项目法人或者项目主管部门报项目审批或者核准部门审批或审准。大中型水利水电工程建设征收耕地的,土地补偿费和安置补助费之和为该耕地被征收前三年平均年产值的16倍。土地补偿费和安置补助费不能使需要安置的移民保持原有生活水平、需要提高标准的,由项目法人或者项目主管部门报项目审批或者核准部门批准。征收其他土地的土地补偿费和安置补助费标准,按照工程所在省、自治区、直辖市规定的标准执行。移民远迁后,在水库周边淹没线以上属于移民个人所有的零星树木、房屋等分别按照《移民条例》规定的标准给予补偿。工矿企业和交通、电力、电信、广播电视等专项设施以及中小学的迁建或者复建,按照其原规模、原标准或者恢复原功能("三原")的原则补偿。移民区和移民安置区县级以上地方人民政府负责移民安置规划的组织实施。大中型水利水电工程开工前,项目法人根据经批准的移民安置规划,与移民区和移民安置区所在的省、自治区、直辖市人民政府或者市、县人民政府签订移民安置协议;签订协议的省、自治区、直辖市人民政府或者市人民政府,可与下一级有移民或者移民安置任务的人民政府签订移民安置协议。项目法人根据移民安置年度计划,按照移民安置实施进度将征地补偿和移民安置资金支付给与其签订移民安置协议的地方人民政府。农村移民在本县通过新开发土地或者调剂土地集中安置的,县级人民政府将土地补偿费、安置补助费和集体财产补偿费直接全额兑付给该村集体经济组织或者村民委员会。农村移民分散安置到本县内其他村集体经济组织或者村民委员会的,由移民安置村集体经济组织或者村民委员会与县级人民政府签订协议,按照协议安排移民的生产和生活。农村移民在全省行政区域内其他县安置的,与项目法人签订移民安置协议的地方人民政府,及时将相应的征地补偿和移民安置资金交给移民安置区县级人民政府,用于安排移民的生产和生活。农村移民跨省安置的,项目法人及时将相应的征地补偿和移民安置资金交给移民安置区省、自治区、直辖市人民政府,用于安排移民的生产和生活。搬迁费以及移民个人房屋和附属建筑物、个人所有的零星树木、青苗、农副业设施等个人财产补偿费,由移民区县级人民政府直接全额兑付给移民。移民自愿投亲靠友的,由本人向移民区县级人民政府提出申请,并提交接收地县级人民政府出具的接收证明;移民区县级人民政府确认其具有土地等农业生产资料后,与接收地县级人民政府和移民共同签订协议,将土地补偿费、安置补助费交给接收地县级人民政府,统筹安排移民的生产和生活,将个人财产补偿费和搬迁费发给移民个人。农村移民住房,由移民自主建造。有关地方人民政府或者村民委员会统一规划宅基地,但不得强行规定建房标准。移民安置达到阶段性目标和移民安置工作完毕后,省、自治区、直辖市人民政府或者国务院移民管理机构组织有关单位进行验收;移民安置未经验收或者验收不合格的,不得对大中型水利水电工程进行阶段性验收和竣工验收。

三峡移民安置政策

三峡工程建设移民工作实行统一领导、分省(直辖市)负责、以县为基础的管理体制。国务院三峡工程建设委员会移民管理机构负责三峡工程建设移民工作。三峡工程建设移民安置实行就地安置与异地安置、集中安置与分散安置、政府安置与移民自找门路安置相结合。移民首先在本县、区安置,本县、区安置不了的,由湖北省、重庆市人民政府在行政区域内其他市、县、区安置;湖北省、重庆市安置不了的,在其他省、自治区、直辖市安置。鼓励更多的农村移民外迁到沿江、沿海发达地区安置,并实行"以农为主、以土为本"和"集中到县乡、分散到村组"的农村移民外迁安置方针。结合工矿企业迁建,加大搬迁企业调整的力度,实行迁建和关、破、并、转相结合的工矿企业迁建政策。对三峡工程移民补偿投资总额实行切块包干(包任务、包投资)、静态控制、动态管理的政策。

2006年,永修县组织编制《永修县三峡移民安置区基础设施建设和经济发展规划(2006—2010年)》,享受三峡移民直补人数为1679人,直补资金从2007年度第一季度始发,全部通过惠农"一卡通"发放。

移民安置监督管理政策

行政监督 国家对移民安置和水库移民后期扶持实行全过程监督。省、自治区、直辖市人民政府和国务院移民管理机构加强对移民安置和水库移民后期扶持的监督,发现问题及时采取措施。县级以上人民政府加强对下级人民政府及其财政、发展改革、移民等有关部门或者机构拨付、使用和管理征地补偿和移民安置资金、水库移民后期扶持资金的监督。国家对征地补偿和移民安置资金、水库移民后期扶持资金的拨付、使用和管理实行稽察制度,对拨付、使用和管理征地补偿和移民安置资金、水库移民后期扶持资金的有关地方人民政府及其有关部门的负责人实行任期经济责任审计。

部门监督　包括审计、监察和财政部门几个方面的监督。各级审计、监察机关依法加强对征地补偿和移民安置资金、水库移民后期扶持资金拨付、使用和管理情况的审计和监察。县级以上人民政府财政部门加强对征地补偿和移民安置资金、水库移民后期扶持资金拨付、使用和管理情况的监督。审计、监察机关和财政部门进行审计、监察和监督时,有关单位和个人予以配合,及时提供有关资料。

社会监督　国家对移民安置实行全过程监督。签订移民安置协议的地方人民政府和项目法人采取招标的方式,共同委托有移民监督评估专业技术能力的单位对移民搬迁进度、移民安置质量、移民资金的拨付和使用情况以及移民生活水平的恢复情况进行监督评估,被委托方将监督评估的情况向委托方报告。

群众监督　移民区和移民安置区县级人民政府,以村为单位将大中型水利水电工程征收的土地数量、土地种类和实物调查结果、补偿范围、补偿标准和金额以及安置方案等向群众公布。群众提出异议的,县级人民政府及时核查,并对统计调查结果不准确的事项进行改正;经核查无误的,向群众解释清楚情况。

扶贫优惠政策

1996 年 6 月,省移民办转发《财政部对贫困水库移民享受现行扶贫税收优惠政策问题的复函的通知》,根据《国务院关于对农业特产收入征收农业税的规定》第六条第三款的规定,对温饱问题尚未解决的水库移民,纳税确有困难的,经县以上征收机关批准,可免纳农业特产税。

1997 年 6 月,在贯彻落实《中共中央、国务院关于尽快解决农村贫困人口温饱问题的决定》和《江西省人民政府关于湖区、岸区、山区加大资源开发力度,加快脱贫致富步伐的通知》精神的基础上,省移民办制定山区、库区扶贫优惠政策的具体落实办法:对没有自留山的库区沿库后靠移民,可在所有权不变的前提下,按人平均 1—3 亩的要求,把房前屋后的荒山或稀疏残次林地使用权调整转让给沿库后靠移民经营开发。凡不按林业部门规定开发而不造的,林业部门可以收回林地使用权。在所有权不变和不影响防洪、灌溉、发电的情况下,由行政主管部门有计划地将尚未开发利用的一部分库汊水面的使用权转让给沿库的群众开发,实行精放精养,捐低坝网栏、网围和网箱养殖,谁投资、谁开发、谁受益。库汊水面的使用权转让费,对库区后靠移民可酌情减免,对社会招标开发实行有偿租赁或拍卖。

1998 年底,全省把调整的林业"两金"分成比例增加给县级的一成,由县林业部门安排,专项用于扶持山区特困户。各贫困县林业局根据林业"两金"增加一成的资金额度,作出"扶持山区贫困户发展林、果业和毛竹"规划。

1998年底,全省在下达年森林采伐限额时,按照森林资源状况,安排木材10万平方米、毛竹200万根给山区贫困县。作为特种指标,销售木材的农业特产税,先按税收政策征收,再由同级财政专项安排支出,有偿使用,用于扶助山区特困户发展生产。销售木、竹征收的"一金三费"由县林业部门专户管理,财政监督,专项列支,用于扶持山区特困户发展林业生产。

2002年,根据《国务院办公厅转发水利部等部门关于加快解决中央直属水库移民遗留问题若干意见的通知》精神,结合省情,省政府对关于加快解决中央直属水库移民遗留问题提出意见,其中包含二次搬迁水库移民优惠政策具体内容:水库移民使用新迁址农村集体经济组织的土地,按规定办理使用手续,免收相关税及行政规费。水库移民搬迁造成土地撂荒和修建公路等公共设施占用耕地的,免征农业税及附加;水库移民搬迁建自用房,如果不占用耕地的,除工本费外,其他费用不得直接或变相向水库移民征收;水库移民建房自行采石、采沙及制砖、制瓦,必须在当地国土资源部门、水利部门指定的范围内进行,国土资源部门和水利部门免收有关行政规费;水库移民进入建制镇、集镇规划区建住宅的,免征市政公用设施配套费;水库移民新建村、镇免收建设工程质量监督费、建筑行业上级管理费,减半征收地形测量费;无偿为移民建房提供规划设计和工程勘察设计服务;集中搬迁的行政村建造的公路,省交通厅按每千米3万元标准补助;铺设油(水泥)路面,按县乡公路标准给予补助;建造的公路大、中型桥梁,按每10米3000元标准补助。

第二节　水库水利工程

1992—1997年,全省利用扶贫资金(以工代赈未统计)扶持兴建10千伏以上输电线路1345千米,建排灌站340座、小水电站236座,小水库30座,饮水工程137处,乡村公路1816千米,桥梁187庭,共计7340米。2010年底,全省水库库容在1000万立方米以上或水电站装机容量在5万千瓦以上的大中型水利水电工程设施共284座,其中1986年以前兴建208座,1986年以后兴建76座。各地进行修复防护工作,同时,2007—2010年,全省兴建峡江水利枢纽、下坊水电站、伦潭水利枢纽、山口岩水利枢纽、峡山水电站、跃洲水电站、石虎塘杭电枢纽等大中型水利水电工程。

修复防护旧水库水利工程

赣州市旧城区防护工程　赣州市旧城区防护工程是一项综合性土木工程。在工程设计中,充分体现了把提高赣州市防洪标准与古城墙保护,城市建设相结合的原则;同时,在仿古建筑,市政下水道,港口码头等方面,采用了先进的工艺设计,保护了宋代古城墙原物。1993年1月,省移民办同意赣州市旧城区防护工程护岸改建过渡性码头100米。

黎川修筑县城防护堤　黎川县城位于洪门水库上游末端黎滩河右岸,沿河长4.8千米,处在自下游至上游高程102—106米之间。沿河居民大部分居住在高程103米左右。自20世纪80年代初洪门水库大坝补强加固以来,汛期坝前水位不断抬高,从96米、98米抬高到100米,达到和超过104米的洪水。1995年8月,省移民办委托省水利规划设计院就洪门水库对黎川县城的影响进行调查规划。

分宜县建立引水工程 1995年11月,在离分宜县城7.5千米处的芦塘取用泉水,兴建日供水3万吨的引水工程,总投资为1500万元。

洪门水库兴建110千伏输变电工程 洪门电厂建成初期,国家为了照顾移民用电,库区移民由电厂直接供电。但当时仅考虑库区移民的生活照明用电,在库区5个乡镇只架设10千伏的输电线路,线径仅16平方毫米—25平方毫米,供电半径却达30千米。黎川县于是在县城移民区内兴建110千伏输变电工程。该工程于1996年由抚州地区供电局完成可行性研究,省计划委员会于12月审批立项。工程总投资1807万元,其中变电站工程1033万元,110千伏输电线路774万元。

新建大中型水利水电工程

洪屏抽水蓄能电站 江西洪屏抽水蓄能电站。洪屏电站位于靖安县境内,枢纽建筑主要包括上水库、下水库、输水系统、地下厂房洞室群和地面开关站等。上水库坝址位于三爪仑乡塘里村,正常蓄水位733米;下水库坝址位于宝峰镇毗炉村,正常蓄水位181米。建设征地涉及靖安县宝峰镇和三爪仑乡的3个村,征收各类土地面积5.8平方千米。至规划设计水平年,建设征地区总的搬迁安置人口1125人,农村生产安置人口711人。

廖坊水利枢纽灌区工程 廖坊灌区位于廖坊水利枢纽坝址下游、抚河流域的中下游地区,由东岸灌区、西岸灌区两部分组成。廖坊灌区所灌农田主要分布于临川区、金溪县、东乡县及金巢经济开发区等四县(区)。其中西岸灌区农田主要分布于梦港水中下游;东岸灌区农田主要分布于芦河、琅琚水、东乡河中下游两岸。灌区控制灌溉耕地面积50.3万亩,其中东岸灌区40.2万亩,西岸灌区10.1万。至规划设计水平年,建设征地区总的搬迁安置人口341人,农村生产安置人口3825人。

泰和石虎塘航电枢纽工程 石虎塘航电枢纽是以改善航运条件为主,兼顾发电,结合兴建防护工程等具有综合利用效益的项目。坝址位于赣江中游泰和县城公路桥下游26千米的石虎塘村附近,坝址以上流域面积43770平方千米。水库正常蓄水位56.5米/57.0米(枯水期3500立方米/秒流量以下时,按坝前57.0米蓄水位运行),死水位56.2米,坝顶高程62.5米,总库容7.43×10^8立方米,电站装机容量120兆瓦,多年平均发电量5.27×10^8千瓦时。至规划设计水平年,建设征地区总的搬迁安置人口586人,农村生产安置人口共1904人。

武宁下坊水电站 下坊水电站地处修河干流中游河段,坝址位于武宁县澧溪镇澧溪村境内,距离澧溪河河口1.5千米,是一座以发电为主的低水头河床式水电站,水库正常蓄水位为73.0米(黄海高程),总库容8250万立方米,为日调节水库。电站装机容量3.6万千瓦(两台机组),保证出力4.33兆瓦,多年平均发电量11125万千瓦时,年利用小时3090小时。下坊水电站工程枢纽主要由挡水闸坝、发电厂房、升压开关站等组成。至规划设计水平年,建设征地区总的搬迁安置人口

116 人。

峡江水利枢纽工程　峡江水利枢纽工程位于赣江中游峡江县老县城(巴邱镇)上游峡谷河段,距峡江老县城巴邱镇约 6 千米,是一座以防洪、发电、航运为主,兼有灌溉、供水等综合利用功能的水利枢纽工程。水库正常蓄水位 46.0 米,总库容 11.87 亿立方米,装机容量 36 万千瓦,工程建设总工期为 6 年。至规划水平年搬迁安置人口计 24369 人,生产安置人口计 18496 人。

景德镇浯溪口水利枢纽工程　浯溪口水利枢纽是昌江干流中游的一座控制性工程,坝址位于景德镇市浮梁县蛟潭镇境内,下游距景德镇市 41 千米。水库总库容 4.27×10^8 立方米,以防洪为主,同时兼有供水和发电的功能。坝址控制流域面积 2915 平方千米,多年平均流量每秒 88.7 立方米。水库正常蓄水位 56 米,死水位为 45 米,调节库容为 1.33 亿立方米,水库具有不完全年调节性能;电站装机容量 30 兆瓦,多年平均发电量 8127×10^4 千瓦时,保证出力 2282 千瓦。至规划水平年搬迁安置人口 10628 人,农村生产安置人口计 7737 人。

于都跃州水电站　于都县跃洲水电站工程地处贡水干流于都县境内河段,坝址位于于都县罗坳镇跃洲村,距于都县城 5 千米。该工程是一座以发电、改善城区水环境为主,兼顾航运等综合利用效益的中型水电站工程。工程大坝高 19.5 米,水库正常蓄水位 117.5 米,相应水库面积 9.35 平方千米,水库总库容 0.40 亿立方米。电站装机容量为 33 兆瓦,多年平均发电量 1.24 亿千瓦时,年利用小时数 3764 小时。至规划水平年水库淹没影响区生产安置人口为 483 人。

鄱阳湖二期防洪工程　鄱阳湖区二期防洪工程等 6 个单项包括保护耕地面积 5 万亩以上及保护区内有重要设施的扬子洲圩堤、三江联圩、九合联圩、畲湾联圩、信西联圩、小港联圩、清丰山左堤、南湖联圩等 8 座圩堤,工程保护区内包括南昌、九江、宜春、上饶 4 个市所辖的青山湖区、南昌县、进贤县、丰城市、新建县、永修县、乐平市及鄱阳县共 8 个县(市)、区,堤线总长度 199.41 千米,保护区总面积为 294.31 平方千米。保护区内有京九铁路、皖赣铁路以及昌樟高速公路等重要设施。

五河防洪整治工程　五河重点段防洪应急整治工程包括南昌市、赣州市、吉安市、宜春市、新余市、景德镇市、上饶市、抚州市、鹰潭市和萍乡市、九江市等 11 个设区市城市防洪工程,保护农田 5 万亩以上堤防工程中的唱凯堤、袁河南联圩和中璜圩分别位于抚州市、新余市、鹰潭市,三湖联圩位于新干县和樟树市境内,筲安堤、万安堤、汰泊湖圩分别位于高安市、万安县、彭泽县境内。整治工程共 18 个单项工程,堤线总长度 181.03 千米(城防堤长 96.10 千米,堤防和江岸堤长 84.93 千米),区内地势平坦,土地肥沃,水土资源丰富,盛产粮食及农副产品。

信丰五洋水利枢纽　五洋水利枢纽工程地处信丰县西牛镇五洋村,位于赣江水系贡水左岸支流桃江下游,坝址控制集水面积 6572 平方千米。五洋水利枢纽工程为河床式电站,水库正常蓄水位为 141 米,相应库容 2130 万立方米,电站装机 20 兆瓦,多年平均发电量 6870 万千瓦时,保证出力 2680 兆瓦。该工程以水力发电、改善信丰县城市环境景观为主要开发目标,是一座兼有航运、养殖等综合利用效益的中型水利枢纽工程,其枢纽建筑物主要由砼溢流坝、埋石砼非溢流重力坝、河床式发电厂房、船闸和变电站等组成。工程建设征地主要涉及信丰县西牛镇的双溪村、石头塘村、东甫村、高丘村、严坑村、五洋村以及嘉定镇的黄峰村等 2 镇 7 个村民委员会。

于都峡山水电站 峡山水电站工程地处贡水干流于都县境内河段,坝址位于都县罗坳镇峡山村和全角村,水库正常蓄水位 109.8 米,水库面积 6.03 平方千米,回水长度 24.82 千米,总库容 9600 万立方米。电站装机容量为 35.1 兆瓦,多年平均发电量 1.33 亿千瓦时。该工程是一座以发电为主,兼有航运等综合利用的水利枢纽工程。至规划水平年搬迁安置人口为 80 人,农村生产安置人口为 1062 人。

居龙滩水利枢纽二期工程 居龙滩水利枢纽工程是省计委批准的省"十五"和"十一五"期间重点建设工程,主体工程于 2004 年 8 月 15 日开工建设,一期工程两台机组分别于 2007 年 3 月和 7 月并网发电。居龙滩水利枢纽工程控制流域面积 7739 平方千米,水库总库量 7360 万方,是一座以发电为主,兼养殖、航运、灌溉、防洪等综合效益的中型水利枢纽工程,电站装有 2×30 兆瓦的灯泡贯流式水轻发电组。

第三节 移民迁出地及安置地

2010 年底,全省水库库容在 1000 万立方米以上或水电站装机容量在 5 万千瓦以上的大中型水利水电工程设施共 284 座。这些水库涉及的水库移民及相关影响人口共 305.53 万人,其中,大中型水库移民人口 171.53 万人,淹田不淹房移民人口 83.90 万人,应迁未迁移民 18.20 万人,居住农村生产生活资料未改变的非农移民人口 10.70 万人,为安置移民的让迁人口 21.20 万人。此外,为移民无偿调整土地的原住农民 233.30 万人。

中央直属水库移民及安置

全省 284 座大中型水利水电工程设施共搬迁和安置移民 120.44 万人,中央直属水库移民 51.10 万人,其中 1986 年以前建成柘林、上犹江、罗湾、江口、洪门等 5 座水库移民 26.86 万人,1986 年以后建成的万安、东津水库移民 6.63 万人,浙江省新安江、富春江水库移民 16.60 万人,三峡水库移民 1.01 万人;地方水库移民 69.34 万人,其中全省兴建的水库移民 67.16 万人,湖南省韶山区灌区等水库移民 2.18 万人。2010 年底,国家核定全省大中型水库后期扶持农村移民 1617430 人。

江口库区 2000 年 12 月,省移民办同意新余移民办对搬迁村组及人数的安排。即分宜县分宜镇水东茅栗树下村小组 76 人,角元村棚下村小组 124 人,仙女湖区洋田村吞家村小组 22 人,花园村新村小组 24 人,共搬迁 246 人。

万安库区 万安水电站水库涉及万安县、赣县、赣州市,其中赣县库区属水库的中上游。电站 96 米初期运行方案淹没影响的乡镇有五云、湖江、储潭和 1990 年新分设的古田、湖新、攸镇等 6 个乡镇,37 个村,262 个村小组。1991 年底,库区共迁出移民 50802 人,占移民总任务的 97.7%。电站于 1993 年 6 月蓄水发电,并完成移民搬迁工作。1993 年 1 月,根据《关于批准赣州市水西乡水西街实施迁建的通知》,核定水西街迁建 239 户 1078 人,房屋面积 22470 平方米,其补偿标准按关于下达《万安水库淹没处理和移民安置(初期运行)实施预算调查意见》的通知执行。1993 年 4 月,根据《关于征用96米运行木材厂以上部分淹没耕地作好移民安置工作的通知》,对96米运行木材厂以上淹没耕地进行局部征用。征用范围定在沙河乡五龙村,沿105国道五里亭上下最低的地段。1993年5月,万安水库初期运行(木材厂以下)主要淹没影响实物量有:移民搬迁52269人(其中农村人口47027人),淹没耕地46751亩,淹没房屋155.5万平方米(其中农村移民房屋1335万平方米)。水库区除五云圩外,其余8座新圩镇完成复建,各乡政府迁入新圩办公。五云圩地处96米回水线上,完成新址三通一平。1994年1月,根据赣县报省移民办关于库区影响人口安置规划及实施预算,同意将落实去向的340名影响人口先期迁出库区。1994年4月,根据赣县人民政府、移民办及五云乡政府有关请示、要求,考虑到五云圩地处万安电站水库上游,在96米运行时,只有部分房屋受到淹没影响,如采取全迁方案,自家所批投资缺口很大,且离开105国道建新圩不利于五云乡的经济发展。鉴于此,同意五云圩采用部分搬迁与就地防护、改造相结合的复建方案。1994年9月,万安水电站自1993年5月底正式按96米初期运行方案蓄水发电。全库区影响人口为4947人(不含1990年调概确定的影响人口601人),其中万安县3147人,赣县1035人,赣州市765人。1996年10月,根据省移民办《关于万安库区赣县第二次影响人口搬迁与实施预算的批复》,同意将落实去向的58户333人影响人口(其中迁万安县无户口返迁移民9户61人)迁出库区。

东津库区 东津水电站1969年经水利部批准由地方投资建设,1972年停工。1991年复工,是全省"八五"重点工程之一。库区原程坊、崇河两个乡,辖16个行政村,105个村民小组,2604户,12375人,耕地770.33公顷。水库关闸后,190米高程以下,淹没耕地686.66公顷,淹没住房户数1900户,涉及人口8960人,实际搬迁人口10154人。除少数迁往湖南省平江县和江西省德安县、永修县等地安置外,绝大部分安置在修水县32个乡(镇),216个行政村。2001年12月开工建设,两台机组分别于2004年3月和6月并网发电。水库涉及义宁、四都两镇11个行政村(居委)、44个村民小组,淹没土地119.5公顷(含园地和林地),其中耕地1594.5亩(含桑园252亩),房屋23250平方米,公路3.64千米。南崖电站和高沙水文站等一批专项设施受影响需改建、加固或被淹报废。全库区生产安置人口2857人,其中:外迁1160人,就地安置1697人(含坝区372人)。2004年底,全库区实际搬迁人口1160人。除少数通过投亲靠友,在浙江、安徽等地安置落户外,其余分别安置在四都、义宁、太阳升等3个乡镇。

新安江、富春江 浙江新安江和富春江移民(以下简称"两江")自1969年至1970年先后从浙江建德县和淳安县迁入,共接收移民6256户28215人,分别安置在武宁、永修、德安、云山、共青、修水、都昌、星子等8个县(场)62个乡(镇、分场)181个行政村366个村民小组。其中:武宁县接收安置3190户16174人;永修县接收安置1236户4966人;德安县接收安置758户3602人;云山接收安置427户1511人;共青接收安置394户1187人;修水县接收安置147户454人;都昌县接收安置83户223人;星子县接收安置21户98人。2001年底,九江市"两江"移民人口增长到53943人。其中:武宁县26685人;永修县10184人;德安县7226人;云山2316人;共青3830人;修水县2612人;都昌县863人;星子县227人。

三峡水库 自1999年以来,江西共接收安置三峡库区农村外迁移民10219人(政府组织安置移民8633人、自主外迁848人、新增移民人口738人),政府组织外迁的移民分别集中安置在全省九江、景德镇、宜春、吉安、抚州 5 市 7 县 50 个乡、镇、场(奉新县 1833 人,靖安县 1821 人,永修县 1679 人,峡江县 1201 人,浮梁县 897 人,崇仁县 895 人,宜丰县 826 人),146 个安置点。自主外迁的移民则分布较广,共安置在全省 6 个设区市 20 个县(市、区)。为了妥善安置三峡移民,全省正确执行国家的移民安置方针政策,始终坚持"集中至县、乡,分散到村、组"和"以农为本,以土为本"的安置原则。全省共调出水田 12725.864 亩、旱地 2606.25 亩、山林 4919.78 亩,调出给移民的土地土质良好,灌溉便利。三峡移民搬入时,各地县政府结合当地实际,从安置条件、移民建房、基础设施建设、子女入学、税赋减免、办证办照、技术服务、思想政治等各个方面,制定了一系列移民优惠政策和具体措施。

2000 年和 2004 年,永修县分两批接收安置三峡库区重庆云阳县和重庆万州县移民 357 户 1549 人。整个接收安置工作从 2000 年 2 月份开始至 2004 年 8 月份结束。1549 人分别安置在永修县的永丰、马口、滩溪、艾城、虬津、燕坊、梅棠、城丰、白槎、八角岭江上等 11 个乡(镇、场)的 20 个安置点。

地方水库移民及安置

南昌市　2006 年底,南昌市共有大中型水库 7 座(新建县的溪霞水库、幸福水库、肖峰水库、梦山水库、朱坊水库和进贤县的钟陵水库,秧塘水库)、核定登记移民 32298 人,主要分布在 82 个乡镇、321 个行政村、612 个村小组,水库移民主要集中在新建、进贤、安义、湾里等 4 县区 16 个乡镇,其中 800 人以上移民的乡镇 8 个,分别是新建的石岗、长埈、溪霞、望城、石埠,进贤的衙前、钟陵,安义的新民。

九江市　2006 年 8 月全面开始移民人口的登记和核定工作,整个移民人口登记核定工作于 2006 年 11 月底结束。九江市大中型水库农村移民人口登记核定到人的结果是 193484 人(含三峡水库移民),涉及九江市内 28 座大中型水库和外省、市迁浔的 64 座大中型水库的移民。

赣州市　自 2006 年大中型水库移民后期扶持政策实施以来,全市采取多项有效举措,努力挖掘帮扶亮点、拓展帮扶层次、创新帮扶方法,移民生产生活条件明显改善,收入大幅增加,移民群众"造血"机能明显增强,移民脱贫致富奔小康的信心和决心更加坚定。截至 2009 年 12 月 30 日止,全市移民年人均纯收入从 2006 年 6 月 30 日的 1491 元增长到 2519 元,增长 69%,而同期当地农民年人均纯收入只从 2123 元增长到 3080 元,增长 45%,年人均纯收入 1196 元以下的贫困移民人数也从 84914 人下降到 44204 人,移民间收入差距逐步缩小,移民收入正在稳步赶超当地农民收入,库区及移民安置区的经济发展状况良好,行政村"五难"问题基本解决,村组通公路比例达到 74%、村组饮水安全比例达到 75%、村组通电比例达到 92%、义务教育阶段移民子女上学比例达到 99%,全市基本实现大中型水库移民后期扶持政策实施中预定的到 2010 年"个别库区和移民相对集中安置区饮水、交通等相对落后问题得到较好解决,各项产业有较大发展,移民和非移民之间收入差距逐渐缩小,人均纯收入达到当地农村居民人均纯收入水平"的近期目标。

鹰潭市　根据省办安排,各地均对大中型水库移民有关问题进行了调研。全市各地都制定了

《大中型水库后期扶持规划项目实施管理暂行细则》以及《大中型水库后期扶持规划资金管理暂行细则》等规定。各地未雨绸缪,先后制定了《大中型水库移民突发群体事件应急预案》,成立了领导小组,做到小事不出村、大事不出乡,确保了库区和移民安置区的社会稳定。

宜春市 根据《江西省大中型水库移民后期扶持移民核定办法》,按照"是移民一个不漏,不是移民一个不登"的原则,2006年开始对全市48座大中型水库移民进行了全面的登记核定工作,核定登记移民总人数为166463人,其中直补移民人口数98424人,无法核定移民人数68039人,这些移民分布在全市10个县(市、区),198个乡(镇、场),1567个行政村,5232个村小组,移民种类多,分布区域广泛。另从2000年起,奉新、宜丰、靖安县陆续接收了三峡移民4631人。

吉安市 吉安是一个水库移民大市,移民数量多,种类齐全,分布广泛。从2006年7月1日开始,大中型水库移民后期扶持政策全面实施。据统计,全市纳入扶持范围的大中型水库移民185815人,其中直补人数120114人,无法核定到人65701人。2007、2008、2009年度移民直补人数分别核定为120114、120106、118231人。移民分布在全市13个县(市、区)、196个乡镇,涉及各类水库116座。

2001年到2005年度,省办批复全市"两江"水库扶持资金2722.71万元,项目911个。2005年,全市对新干、峡江、永丰、吉安县、安福、万安6县33个乡(镇、场)中央直属水库移民实施"四个一"工程,投入扶持资金219万元,较好地解决了库区移民群众生产生活中存在的"吃水难、行路难"等问题。

2005年12月,结合新农村建设、农村村落社区建设和危房改造,选定新干、峡江、永丰、安福、吉安5个县9个移民村实施"两江"水库移民重点示范村建设,投入库区建设基金176.8万元,改造危房235户,建设村落社区中心8个。

2006年至2009年,省办批复全市"两江"水库扶持资金311万元。其中,2006年,投入扶持资金113万元,建设"两江"水库移民新村9个。通过建设,移民安置区通电、通水、通讯、通路、通有线电视和沼气的"五通一气"问题得到全面解决,"三清三改"初见成效。

抚州市 全市兴建了洪门水库、廖坊水库等大中型水库30座,小型水库近千座,为防洪发电、灌溉供水、生态环保等发挥了重要的作用,有力地促进了全市经济社会发展。全市目前共有大中型水库移民26.8万人(其中已核定人数17.6万人,无法核定人数9.2万人),安置在全市11个县(区)、150个乡(镇、场)、932个行政村、3025个村小组。2001年以来,全市共投入移民资金2.24亿元,用于基础设施建设和产业开发,移民安置区的生存环境有了巨大的变化,呈现出一个个环境优美、产业发展的新农村。

湖南省韶山区灌区等水库 20世纪60年代,全省接收安置湖南省白马水库移民800余户4000余人,陆续增加到1100余户6000余人,主要安置在省内的渝水区、峡江县和新干县等地。乐安、崇仁、南城、宜黄等地接收安置湖南韶山灌区的湘乡、双丰、华容、湘潭等4县约库区移民1万余人。经过30余年的发展,全省先后接受安置湖南省的地方水库(水利工程)移民近4万人。

第二章　移民后期扶持

　　根据国务院2006年《关于完善大中型水库移民后期扶持的意见》(国办发〔2006〕17号),2006年8月,省政府下发《关于印发江西省大中型水库移民后期扶持政策实施方案的通知》,实施方案按照国务院17号文件要求,确定全省后期扶持政策实施的指导思想、目标和原则,扶持范围、标准和期限以及后期扶持政策的实施步骤。2006年,省扶贫和移民办制定《江西省大中型水库移民后期扶持政策试点工作方案》,决定针对修水县、乐平市、分宜县、芦溪县、赣县、靖安县、宜丰县、德兴市、乐安县等9个县(市)不同性质的水库移民,开展后期扶持工作的试点。探索切合全省实际的水库移民后期扶持方式、水库移民人口核定登记的有效办法和相关影响人口的处理措施。2006年8月,试点工作基本结束。2006年9月,全省大中型水库移民后期扶持政策全面开展。省水库移民工作领导小组下发《江西省大中型水库移民核定登记办法》《江西省大中型水库移民后期扶持方式确定办法》《江西省大中型水库移民后期扶持规划编制办法》等一系列文件,针对后期扶持规划的实施,省移民办和省财政厅下发《江西省大中型水库移民后期扶持资金项目管理实施细则》《江西省大中型水库移民后期扶持规划实施管理暂行办法》《江西省大中型水库移民后期扶持资金管理暂行办法》等文件,保证全省后期扶持政策的顺利实施。

　　2006年4月9日,省民政厅、省移民办公室等有关人员参加水利部在北京组织召开的全国大中型水库移民后期扶持人数核定会议。会议核定全省大中型水库278座,2005年底大中型水库农村现状移民后期扶持人数为1595600人(含三峡移民8600人)。加上自然增长等因素,最终核定全省到2006年6月30日止的后期扶持移民总人数为1613100人。5月,国务院印发《国务院关于完善大中型水库移民后期扶持政策的意见》。国务院17号文件规定,后期扶持的范围为大中型水库农村移民,非农业移民人口不纳入扶持,其中2006年6月30日前搬迁的水库移民为农村现状人口,2006年7月1日以后搬迁的水库移民为实际动迁的移民人口,搬迁后繁衍人口不列入扶持范围。已列为扶持对象的移民在2006年7月1日以后死亡、转为非农业户口、繁衍人口中嫁出和入赘到非移民户的移民人口不再列入扶持范围。

　　2007年,核定全省新建水库移民规划人数8474人,核定2007年新建水库实际搬迁人口7682人,结余人数792人在完成搬迁后分年核定;2008年核定全省新建水库规划人数4868人,核定全省2008年实际搬迁人口1090人;2009年核定全省新建水库移民人数1111人。截止到2009年底,累计核定全省大中型水库移民后期扶持人数1623000人。

　　根据实施方案的要求,2006年,省移民办编制第一个后期扶持五年规划(2006—2010年),规划共涉及全省11个设区市,118个县(市、区、经济开发区、垦殖场等),1690个乡(镇),10841个行政村，40818 村小组。五年规划共投入后期扶持资金 42.8 亿余元，其中，移民直补资金 25.6 亿元，项目扶持资金 17.2 亿元。五年规划的实施，移民年人均纯收入从规划前的 1965 元增加到 2009 年的 3300 元，移民人均住房面积 23.6 平方米，增加 3.5 平方米，不通公路村小组由 14498 个减少到 6999 个，饮水不安全村小组由 14392 个减少到 10143 个，不通电村小组由 3573 个减少到 2350 个，适龄儿童入学率由 95% 提高到 98%。全省共建设移民新农村示范村 576 个，建设示范村内水泥路 19289 千米，改水改厕 15382 处，沼气池 1948 个，文体设施 6501 处，亮化工程 2223 处，广播电视 304 处，环境治理 4461 处；建设灌溉用山塘水库 16901 座，水陂堰坝 799 处，渠道 36342 千米，提灌站 354 个，渡槽 65 千米；帮助移民购置耕地 1362 亩，山地 1300 亩，低产田改造 15250 亩，开荒造田 1921 亩；建设移民乡村及村组公路 38289 千米，机耕路 1128 千米，码头 37 座，渡船 14 艘；帮助移民打水井（压水井）2153 口，机井 311 口，自来水 12131 处；扶持移民种植粮食作物 1720 亩，经济作物 17919 亩，林地 7733 亩，种植示范基地 8406 亩，养鱼 13057 千尾，养家畜 1921 千头等。

2010 年，全省大中型水库移民后期扶持人口为 1568532 人，其中，直补移民人口 926357 人，发放资金 55581.42 万元；核定到村组移民人口 642175 人，安排项目资金 41000 万元。

第一节　直补到人

1996 年 3 月 21 日，国家计划委员会、财政部、电力工业部、水利部联合下达《关于设立水电站和水库库区后期扶持基金的通知》，提出为扶持库区移民发展和解决遗留问题，按每个移民每年 250—400 元标准进行扶持，提取标准按年度发电量不超过每千瓦时 5 厘钱。万安水电站 1993 年 5 月正式下闸蓄水后，根据四部一委的通知精神，省移民办多次向省政府报告请予答复，并提出每人每年 250 元的最低标准予以扶持。1997 年 9 月 15 日，经多方协商，省计委、省财政厅、省电力局、省水利厅联合下发《江西省水电站和水库库区后期扶持基金实施办法》。实施办法确定，"在全省的国家和省属大中型水电站只对万安水电站和东津水电站按年发电量每千瓦时 5 厘钱的标准提取基金"。照此标准，万安水电站库区移民每人每年约 100 元扶持资金，远低于国家的扶持标准。东津水电站在 1998 年建议每度电提取后期扶持基金提高到 1 分 5 厘。2000 年，省移民办建议将后期扶持基金提取标准由原来的每千瓦时 5 厘钱提高到每千瓦时 1 分钱。从 2006 年 7 月 1 日起，对纳入扶持范围的移民，扶持标准为每人每年补助 600 元，扶持期限为 20 年。2006—2009 年，全省累计投入扶持基金 35 亿元，发放移民直补资金 20 亿元，直接受益近 100 万移民。

南昌市　在 2006 年下半年，全市完成水库移民核查登记工作。全市共有水库移民 32298 人，其中核定到人的直补移民 22968 人，这些直补移民从 2006 年起，每年享受 600 元的补助，共 20 年。2007—2009 年，全市共接收上面下拨的直补资金 4827.45 万元，直补资金通过"一卡通"发放到移民手中。2010 年全市纳入大中型水库移民后期扶持政策的大中型水库移民有 32298 人，其中采用直补到人的方式扶持 22658 人，累计发放直补资金 1359.54 万元，分布在新建县、进贤县、安义县、南昌县等四个县，东湖区、西湖区、青云谱区、青山湖区、湾里区等 5 个区，以及南昌经济技术开发区（昌北区）、南昌高新技术产业开发区（高新区）和红谷滩新区。

新建县列入大中型水库移民后期扶持移民的人数为 22350 人,其中直补到个人原迁移民 16926 人,共投入水库移民后期扶持资金 1659.24 万元,其中发放原迁移民直补资金 1015.56 万元。

2010 年,进贤县有大中型水库 2 座,移民人数 3167 人。其中直补人数 2153 人,分布在全县 21 个乡镇的 14 个乡镇,其中钟陵乡直补人数 1204 人,衙前乡直补人数 784 人,民和镇直补人数 38 人,池溪乡直补人数 33 人,长山晏乡直补人数 34 人,罗溪镇直补人数 25 人,李渡镇直补人数 12 人,文港镇直补人数 9 人,温圳镇直补人数 2 人,泉岭乡直补人数 1 人,前坊镇直补人数 5 人,架桥镇直补人数 2 人,下埠集乡直补人数 3 人,白圩乡直补人数 3 人。收到移民直补资金 64.41 万元,资金全部通过一卡通社会化发放到移民手中。

安义县　2006 年,全县共核定大中型水库移民后扶人口 3464 人,其中直补人口 1469 人。2006—2010 年,全县共发放移民直补资金 396.63 万元。

2010 年,湾里区全区共有大中型水库移民 2101 人,其中核定到村组移民人数 836 人,共核减直补人口 8 人,全年通过惠农"一卡通"按时足额发放水库移民直补资金 75.9 万元,每人每年 600 元。

九江市　1995 年东津水电站蓄水发电正常运营后,开始对东电移民的后期扶持工作,后期扶持分为两个阶段进行,1995—2000 年为第一个五年规划,共投入项目扶持资金 555.99 万元。2000—2005 年为第二个五年规划,共投入项目扶持资金 711.5 万元。主要是解决库区及移民安置区人畜饮水、地方交通、农田水利、生产开发等问题。抱子石水电站则从 2004 年开始提取后期扶持资金,2004、2005 年两个年度共提取后期扶持资金 70.91 万元,2006 年下达项目实施,共扶持移民新建自来水工程 14 处,新建小型码头 14 处,维修村组道路 30 千米。2010 年,根据省扶贫办的要求,全市对移民直补人口进行一次核查,对"死亡、出嫁到非移民、农转非移民、大中专毕业生"等 7 类人员进行核减,在核减工作中,做到公平、公开,对核减的人员在本村范围内进行公示,确保核减人员没有意见,全市共核减移民直补人口 5403 人。投入 686.7 万元,抓好 32 个移民示范村建设,其中重点打造 13 个亮点移民示范村。在移民低保危房改造中,投入 145 万,改造移民低保危房 97 户。

2010 年,修水县共核减直补移民指标 3165 人,发放移民直补现金 1029.6 万元,直接受益移民 17160 人。

2010 年,都昌县全县核定大中型水库移民后扶人口 10823 人,其中采用直补到人的方式扶持 4060 人,直补资金共计 243.6 万元。各级投入扶贫开发和移民后扶资金共计 34286.2 万元,其中财政扶贫资金 11223.62 万元,移民后扶资金 2737.612 万元,群众自筹资金 18720.77 万元,社会各界资金 1604.2 万元,直补资金共计 1218 万元。

2010 年,永修县全年累计发放移民直补资金 1627.68 万元,受益移民 27057 人,人均年享受直补资金 600 元。

2010 年,瑞昌市核定大中型水库移民后扶人口 8033 人,其中采用直补到人的方式扶持 5804 人。

2010 年,星子县核定大中型水库移民后扶人口 1680 人,其中采用直补到人的方式扶持 449 人,全年累计发放移民后期扶持直补资金 26.94 万元。

2010年,彭泽县根据《江西省大中型水库移民后期扶持规划实施管理工作细则(暂行)》规定,按程序核减2009年度身份发生变化不再符合享受直补条件的移民人口9人,确保"符合条件的移民一个不漏,不符合条件的一个不进"的原则,并将核减的人口按政策规定全部核定到村组,对所在村组实行项目扶持,并完成2009年第四季度及2010年前三季度移民直补资金发放到移民"一卡通"账户工作。

2010年,湖口县的后扶人口为3437人,其中采取直补到人方式扶持的2433人,累计发放直补资金145.98万元。

2010年,德安县核定大中型水库移民后扶人口16650人,其中采用直补到人的方式扶持10620人。前三季度477.84万元,移民直补资金已通过财政直接发放至移民个人"一卡通"账户。

2010年,九江县规划移民后期扶持项目20个,直补资金309.3万元。

景德镇市 2009年全市共核定登记大中型水库移民38375人,其中登记到人移民25106人,同时在2006年直补人口核定的基础上,市扶贫办每年底召开一次乡镇民政办主任工作会议,组织并督促各乡镇对移民直补人口进行复查,对死亡、外嫁等直补人口张榜公示,确认无误后予以核减,至2009年底,全办共核减直补人数523人。移民后期扶持资金能够核定到人的,都发放到移民个人的"惠家一卡通"上。全市每年有1506.36万元用于移民生产生活补助。2010年,全市收到省扶贫办下拨全市2009年度移民直补资金1559.38万元,各县(市、区)财政局按移民办提供的名册陆续通过"一卡通"发放到移民手中。

2010年,乐平市共下拨资金1063.17万元,其中直补资金404.15万元。

昌江区2006年共核定移民后扶人口2743人,其中采用直补到人的方式扶持1861人,累计发放移民后期扶持直补资金502.47万元。2010年,省办批复给昌江区移民后期直补资金111.66万元,全部通过一卡通发放到移民户手中。

萍乡市 按照《江西省大中型水库移民核定登记办法》,完成对全市6座大中型水库(枣木、黄土开、河江、锅底潭、楼梯磴、坪村)移民和外省迁赣移民的核查登记工作。核定水库移民人数指标9479人(其中搬迁安置人口6538人,生产安置人口2941人)。全市通过"一卡通"发放移民直补资金1372.98万元。移民直补工作实行定期审查、年度核减、动态管理,全市共核减398人。2010年督促各县区认真做好2009年度大中型水库移民直补人口的核减工作,并对2006年6月30日至2009年历年的大中型水库移民直补人口核减情况进行统计汇总。全市共计核减直补移民499人,其中2010年初核减35人。全市的水库移民人数指标9479人,其中搬迁安置人口6321人,生产安置人口3158人,全年共下发直补资金380万元。

2010年,上栗县核实的3705人移民后期扶持资金直接发给到个人,为使移民资金能及时到位,按季度150元/人标准实行"一卡通"发放,下拨移民直补资金166.82万元。

2010年,芦溪县后期扶持直补人口808人,发放直补资金48.48万元,全部通过财政一卡通直接发放到移民手中。核减直补人口25人,经省办批准转为无法核定人口纳入项目扶持。

2010年,湘东区全年共下发直补资金1.8万元。

新余市 2006年全市共核定登记大中型水库移民90908人,其中登记到人移民33700人(采取直补到人方式扶持)。2007年4月新余市在全省率先将第一批移民直补资金发放到移民手中,截至2009年底,共发放移民直补资金7011.98万元,33700名移民受益。2010年上级共下拨移民后期扶持资金7207.58万元,其中直补资金1970.76万元,按照政策要求,对移民直补人口实行动态管理,及时核减因身份转变、死亡等不符合政策的移民人口,确保直补人口的真实性。共核减移民直补人口252人,发放移民直补资金1971.36万元,受益移民32856人。

2010年,分宜县现有大中型水库移民56536人,其中核定到人18361人,移民人口占全县农业人口的24.7%。年初按程序核减2009年条件发生变化不再符合直补政策的对象98人,核减人口全部转为无法核定人口,核到村组实施项目扶持。及时足额发放2009年第4季度及2010年前3季度移民直补资金1103.09万元到移民"一卡通"账户。

仙女湖区有移民人口20248人,占农业人口总数的68.3%,在全区的移民人口中,核定到人移民人口8722人,无法核定到人口11526人。2010年,仙女湖区共发放四个季度的移民直补资金525.78万元。高新区是年核减移民12人,其中死亡人员10人,外嫁女子2人,核定到人的移民为1461人。

孔目江区纳入扶持范围的大中型水库移民共计788人,其中直补人数310人。2010年通过"一卡通"形式发放移民直补资金18.6万元。

鹰潭市　后期扶持政策的实施在2009年,惠及全市51个乡(镇、街办、场)、294个行政村(社区居委会、分场)、695个村组,其中基础设施和生产开发扶持范围涉及到全市36个乡(镇、街办、场)、147个行政村(社区居委会、分场)、416个村组,扶持移民20942人,受益人口达379113人。直补到人的村组有625个、占90%。而且"双轨设置"实施后,具有较大的整合效应。全市移民直补人数共计20423人,其中有2314人分布在"十一五"省定扶贫开发的5个重点乡、7个重点村、19个村(组),占全市直补总人数的11.3%。7个有直补移民的重点村每年核定的项目资金70万余元,平均每个村每年从移民资金中获得10余万元,相当于该重点村每年投入的财政扶贫资金。

赣州市　2006年共核定后扶人口211473人,其中采用直补到人的方式扶持139535人,累计发放移民后期扶持直补资金26241.06万元。2010年又开展大中型水库移民后期扶持人数的重新核定,全市共核定2010年后扶人数212162人,与2009年相比全市移民直补人口减少985人。

2010年8月,兴国县自库区移民职能从民政部门划入后,项目运行良好,全县已核定登记的大中型水库移民对象为26006人,其中:核定到人享受直补的移民对象为6166户20830人(长冈水库5433户18312人,长龙水库239户779人,上犹江水库400户1537人,三峡水库7户29人,接收外省、市、县87户173人)。2010年通过"一卡通"发放移民直补资金1249.8万元,分布在全县26个乡镇区的237个村917个村小组。

2010年,宁都县核定移民后扶人口9330人,其中采用直补到人的方式扶持6235人,累计发放移民后期扶持直补资金374.1万元。

2010年,赣县核减65人,移民直补人数23524人。并通过"一卡通"直补到户,完成1300余万元直补资金的发放工作。

2010年,会昌县下发库区移民后期扶持直补到户资金175.44万元,扶持库区移民2924人。

2010年,寻乌县完成下拨第一、二季度的移民每人每年固定补助600元的直补资金25.17万元以及实施完成库区移民相关村的基础设施建设项目9个,扶持资金123.1万元。

2010年,安远县核定移民后扶人口4168人,其中:采用直补到人的方式扶持613人,累计发放移民后期扶持直补资金36.78万元。

2010年,上犹县列入后期扶持的水库有上犹江、龙潭、南河、灵潭、仙人陂、龙江6座大中型水库,核定登记大中型水库移民8645户38334人,其中核定到人移民24980人(直补到人)。

瑞金市共核定移民后扶人口8585人,其中采用直补到人的方式扶持5644人,累计发放移民后期扶持直补资金338.64万元。

2010年,石城县共接纳库区移民2676人,其中有直补对象1513人,每年有直补资金90.78万元(按季发放,每人每年600元)。

2010年,章贡区核定大中型水库后期扶持移民人口4089人,其中直补移民人口2757人,后期扶持移民直补资金发放165.42万元。

2010年,南康市核定大中型水库移民后扶人口8322人,其中采用直补到人的方式扶持5950人。通过"一卡通"全年共发放直补资金357万元。

2010年,信丰县核定大中型水库移民后扶人口13477人,其中采用直补到人的方式扶持9758人,直补移民资金564.9万元。

2010年,大余县核定大中型水库移民后扶人口10366人,其中采用直补到人的方式扶持4305人。

2010年,崇义县发放移民直补资金916.74万元,受益移民15279人。

2010年,龙南县有大中型水库移民后扶人口522人(含三峡自主外迁移民156人),其中采用直补到人的方式扶持322人,累计发放移民后期扶持直补资金19.32万元。

2010年,全南县大中型水库移民后扶人口则有2375人(三峡移民144人),其中采用直补到人的方式扶持1143人,累计发放移民后期扶持直补资金68.58万元。

定南县2006年共核定移民后扶人口5972人,其中采取直补到人的方式扶持3677人,累计发放移民后扶直补资金985.11万元。

宜春市 根据《江西省大中型水库移民后期扶持移民核定办法》,按照"是移民一个不漏,不是移民一个不登"的原则,2006年开始对全市48座大中型水库移民进行全面的登记核定工作,核定登记移民总人数为166463人,其中直补移民人口数98424人,无法核定移民人数68039人,这些移民分布在全市10个县(市、区),198个乡(镇、场),1567个行政村,5232个村小组,移民种类多,分布区域广泛。另从2000年起,奉新、宜丰、靖安县陆续接收三峡移民4631人。2010年从严审查,对移民死亡人口及时核减,全市共核减移民人数3266人。至年底已发放前三个季度直补资金4344.71万元,直补人数96549人,全部通过"一卡通"发放到个人账户。

2010年,袁州区有大中型水库移民33206人,其中直补移民14248人。

2010年,樟树市有大中型水库农村移民人口13562人,分别占全市人口和农业人口的2.38%和3.33%,其中核定到人的移民9253人,发放移民直补资金555.18万元。

2010年,靖安县纳入扶持范围的大中型水库移民则有17234人(含三峡移民1821人),其中直补人数7812人。移民分布在11个乡镇76个行政村,涉及省内外大中型水库28座,其中县境内水库3座,分别是罗湾水库、小湾水库、石马水库,通过"一卡通"发放移民直补资金468.72万元。

2010年,高安市全市共有移民11314人,投入水库移民后期扶持政府财政资金1594.78万元,其中直补资金678.84万元。

2010年,上高县共核定大中型水库移民后期扶持人口9820人,共分布在全县16个乡镇400余个村组。其中采用直补到人方式扶持的6666人,累计发放移民后期扶持直补资金399.96万元。

2010年,铜鼓县及时下拨第一、二季度现金直补资金共97.86万元。

吉安市　从2006年7月1日开始,大中型水库移民后期扶持政策全面实施。据统计,全市纳入扶持范围的大中型水库移民185815人,其中直补人数120114人,无法核定到人65701人。2007、2008、2009年度移民直补人数分别核定为120114、120106、118231人。移民分布在全市13个县(市、区)、196个乡镇,涉及各类水库116座。2006下半年至2009年度,省办批复全市大中型水库移民直补资金25112.67万元,通过"一卡通"发放移民直补资金24956.43万元。因部分移民核减或身份待查等原因,结余移民直补资金156.24万元。2010年水库移民扶持力度进一步加大,通过"一卡通"发放移民直补资金7024万元,投入水库移民后期扶持资金8192.42万元。2010年,省办批复2009年第四季度至2010年第三季度移民直补资金7055.84万元,除部分移民核减或身份待查未发外,7024.03万元移民直补资金全部通过"一卡通"发放。

2010年,青原区纳入大中型水库移民后期扶持范围人数5541人,其中直补移民人数2977人,移民直补资金182.62万元,通过财政惠农补贴"一卡通"系统按季度据实集中发放。

2010年,井冈山市共收到上级投入的移民资金187.1万元,其中直补资金43.68万元(2009年第四季度10.92万元,2010年第一、二、三季度32.76万元),下拨直补资金43.62万元,直补人口727人。

2010年,吉安县共收到上级拨入后扶资金1136.385万元,其中直补资金616.14万元,付后扶资金1133.89万元,其中直补到人616.14万,尚余2.5万评估费现暂留在单位专项资金账户。

2010年,新干县确定移民发放户2383户,累计发放移民直补资金1900.83万元。

2006年7月,永丰县实施大中型水库移民后期扶持政策,省扶贫办核定永丰县纳入大中型水库移民后期扶持人口12333人。其中,登记到人享受直补的有6882人,分布在全县23个乡镇场的133个村委会337个村小组;涉及大中型水库21座,其中县内4座,县外17座。至2010年,纳入大中型水库移民后期扶持人口12333人,其中实行直补人口6655人。2010年移民直补资金通过财政惠农补贴"一卡通"系统按季发放到户。全年共发放移民直补资金399.795万元。

2006年7月,峡江县大中型水库移民后期扶持政策全面实施,纳入扶持范围的大中型水库移民25610人,其中直补人数13944人。2010年,全县通过"一卡通"发放移民直补资金809.03万元。

2006年下半年,泰和县开展大中型水库移民后期扶持工作,经过逐级把关审核,全县共核定登记大中型水库移民12698人,主要分布于碧溪镇、桥头镇、禾市镇、螺溪镇、南溪乡等23个乡(镇)场,178个行政村,597个村小组,截至2010年底,核定到人人数8842人。2006—2010年全县通过一卡通发放直补资金2413.86万元。2010年，上级拨入泰和县直补资金538.85万元，发放移民直补资金530.55万元。万安县2010年通过农村信用社"一卡通"方式发放移民个人年人均600元的直补资金2187.05万元，其中2009年第四季度549.05万元，2010年1—3季度1638万元。

遂川县从2006年7月1日起，大中型水库移民后期扶持政策全面实施。全县纳入扶持范围的大中型水库移民1570人，其中直补人数828人。2007年移民直补人数核定为828人，2008年为820人，2009年为815人。移民分布在全县20个乡镇。2006下半年至2009年度，上级批复遂川县大中型水库移民直补资金173.1万元，通过"一卡通"发放移民直补资金172.62万元，节余0.48万元。

2010年，安福县共核定大中型水库移民后扶人口有19803人，其中核定到人人数13683人，全年累计发放移民后期扶持直补资金822.15万元。

2010年，永新县纳入大中型水库移民后期扶持范围的移民人数为8659人，其中核定到人即直补人数4666人。全县共投入后扶资金701.84万元，其中直补资金283.8万元。

上饶市 2010年围绕促进移民增收稳定，扎实开展大中型水库移民后期扶持工作。严格核减程序，认真做好移民人口动态管理。2010年初，全市各地移民管理机构严格按照《江西省大中型水库移民后期扶持规划实施管理暂行规定》要求，对移民直补人口在2009年度中因自然死亡、婚嫁、农转非、人口资料不实等原因的进行核减。核减后，全市大中型水库移民共有213369人（含三峡移民1人），其中现金直补人口为131805人，通过"一卡通"发放的移民直补资金共计7946.96万元。

信州区共核定移民后扶人口3470人，其中采用直补到人的方式扶持1485人，2010年发放移民后期扶持直补资金89.1万元。

上饶县境内经省水利厅核定的大中型水库有4座即上潭、茗洋关、下会坑、大坳水库。核定大中型水库移民人数为14355人，2010年县核定到人移民人数9769人。

2010年，玉山县核定移民后扶人口28622人，其中采用直补到人的方式扶持19556人，发放直补水库移民后扶资金1176.2万元。

2010年，弋阳县批转拨付大中型水库移民直补现金553.8万元。通过直补与项目扶持相结合的扶持方式，后扶政策共惠及全县16个乡镇（场）、3个县直单位、14个村委会（分场）、511个村小组、17177名移民群众。

2010年，德兴市核定大中型水库移民后扶人口26373人，其中采用直补到人的方式扶持14208人，发放资金852.48万元。

2010年，婺源县全县大中型水库共核定登记移民人口为30238人，其中核定到人的19927人，共涉及15个乡镇，1个工业园区，1个街道办事处，127个行政村，455个村小组。核减2009年涉及因死亡、出嫁、农转非的等七类水库移民直补人口94人，补登2人，截止累计下发移民直补资金5756.49万元（已发至2011年第一季度）。

2010年，万年县有大中型水库移民8527人，其中直补人口4515人，共发放移民直补资金270.9万元。

2010年，余干县通过"一卡通"的方式做好13511人移民直补资金发放管理工作，并做好直补对象的动态管理工作。

抚州市　2009年,全市有大中型水库移民26.8万人(已核定人数17.6万人,无法核定人数9.2万人),安置在全市11个县(区)、150个乡(镇、场)、932个行政村、3025个村小组。2001—2009年,抚州市共投入移民资金2.24亿元,用于基础设施建设和产业开发。2010年完成水库移民直补人口的动态管理,及时拨付水库移民直补资金。核定移民直补人口17.26万人,所有直补资金实行"一卡通"发放。共争取移民指标12125人,争取资金3989.55万元。至12月底,搬迁对象全部落实,实际安置移民12197人,完成建设集中安置点58个,集中安置9308人,分散安置2889人。

2010年,乐安县核定移民后扶人口16249人,其中采用直补到人的方式扶持9800人,累计发放移民后期扶持直补资金577.88万元。

2010年,广昌县核定大中型水库移民后扶人口4821人,其中直补到人1067人,累计发放移民后期扶持直补资金64.02万元。

2010年,黎川县水库移民后期扶持直补人口为19769人。

2010年,南城县累计发放直补资金1514.12万元。

2006年7月,东乡县实施大中型水库移民后期扶持政策,全县纳入扶持范围的大中型水库移民16144人,其中直补人数9694人,无法核定到人6450人。2007、2008、2009年度移民直补人数分别核定为9964、9926、9904人。移民分布在全县9个乡(镇、场)、56个村委会,涉及中型水库4座。2006—2010年,全县通过"一卡通"发放移民直补资金2924.88万元。

第二节　项目扶持

2003年,省移民办共抽查全省10个设区市36个移民县(市、区),批复移民扶持项目3276个。2006—2009年,全省累计实施项目3万个,拨付资金15亿元。2010年,全省大中型水库核定到村组移民人口项目扶持计划41084.27万元。

各设区市项目扶持

南昌市　2006年下半年,全市完成水库移民核查登记工作。2007年起,全市接收上级下拨的资金6977.15万元,其中项目资金2149.70万元,项目实施502个。截至2009年,共争取到5个移民新村建设经费109.9万元。根据移民村各自情况,因地制宜制定移民新村建设规划;与其他部门沟通协调,整合各方资金形成合力投入到移民新村建设中;从村落道路硬化、改水、改厕、改造危旧房屋、建设沼气、架设电线、电缆等基础设施改善入手,扶持特色种养产业发展生产,组织移民外出务工增加现金收入;在每一个移民新村中建设有文化活动中心,丰富村民业余文化生活;并配合农村基层政权建设,强化村落民主自治,促成村容村貌和移民精神面貌的改善。做好群众信访工作,关注受影响人口的思想动态。坚持原则,帮助困难群众,实施扶持项目,解决困难和问题。2010年开展鄱阳湖生态经济区移民生态产业示范的试点,为转变安置区发展方式,引导移民发展生产,增加收入,配合省办在新建县溪霞镇赤海村,计划投资40万元,建立50亩的移民种养基地(养鱼),同时挑选扶贫点安义县新民乡峤岭村的雷竹笋示范项目,计划安排16万元资金,建立200亩雷竹笋生产基地。2010年,南昌市共上报水库移民后扶资金项目110个,水库移民后扶资金571.81万元。全市对已批的项目进行统计,截至10月底,全市共实施2009年度项目262个,占计划数的100%,竣工项目188个,验收139个。移民后期扶持项目投入1326.24万元。

2010年,新建县列入大中型水库移民后期扶持移民22350人,其中核定到村组采用项目扶持5424人,共投入水库移民后期扶持资金1659.24万元,其中发放后期扶持项目资金643.68万元,新修和改造村组公路23.45千米,新建新修桥梁5座,新建维修山塘水库6座,水渠等水利设施22.99千米,新增农田灌溉面积1652亩,新增基本耕地面积1124亩。环境改造11200平方米,修建活动中心278平方米,改水改厕206户,新建公厕6处,林果种植600亩,养殖350亩。新建县移民村通公路比例由2009年的92%提高到2010年98%。饮水困难人口由2009年0.6万人下降到0.2万人。

2010年,进贤县核定到村组的有1014人,分布在钟陵乡和衙前乡的15个村小组。其中:钟陵乡566人,衙前乡448人。上级共批复全县项目21个,其中后扶项目9个,经济发展项目12个。收到项目资金137.56万元,发放项目资金69.78万元。

2010年,湾里区共有大中型水库移民2101人,其中核定到村组移民人数836人。实施移民扶持项目10个,其中后扶规划项目6个,经济规划项目4个,修建村组公路3.46千米,改造环境4600平方米,改造自来水1处,修建拦水坝1座,下达移民扶持项目资金77.18万元。

2006年,安义县核定至村组人口1995人,2006—2010年,全县共发放移民项目资金1030.27万元,实施项目119个,受益人数达8538人。新建和改造村组公路77.19千米,27个行政村和乡镇道路路面全部硬化,41个村小组中39个村小组实现路面硬化,新建维修山塘水库、渠道、堤坝、电排等水利设施43处(座),新增灌溉面积21.6万余亩;新修桥梁5座;架设输电线路5千米;维修改造学校300平方米;修建村级文化活动室5处1700余平方米。结合新农村建设,扶持351户移民户进行改水改厕,行政村通公路比例达100%,村组通公路比例达到93%,通电比例达100%,通电话比例达100%,通广播电视比例达100%,其中有线电视比例已达70%,饮水困难人口比例下降至4.9%。

九江市 在建水库移民搬迁和后期扶持工作,主要是修水东津电站移民的后期扶持和修水抱子石电站的移民搬迁。2007年,省水库移民工作领导小组和省移民办先后追加九江大中型水库移民后期扶持人数,最终为300182人(含三峡水库移民),截至2009年,核定到村组实施项目扶持的126576人。国家共投入九江大中型水库移民后期扶持资金60465.67万元,其中实行项目28602.25万元。2010年,省财政厅共下达九江市后扶项目、经济发展规划项目资金、应急补助结余资金共计1.16亿元,批复项目2800余个。截至11月底,项目全部完工。2010年以鄱阳湖生态经济区建设为契机,向省扶贫和移民办汇报,共争取到鄱阳湖生态经济区移民产业扶持示范项目3个,即武宁县低产茶园改造与茗茶加工项目,面积2100亩;共青城市标准果园及果品加工项目,面积200亩;云山垦殖场大棚蔬菜种植项目,面积达300亩,项目资金共120余万元。

1999年,省移民办批复修水县东津水库移民后期扶持生产开发项目补充计划,安排资金88.31

万元;2002年批复移民后期扶持项目计划216.68万元;2004年下达东津水库移民后期扶持项目计划共392.18万元。2006年下达移民后扶项目资金计划620.80万元。2010年,下拨后扶项目资金832.36万元,共实施后扶项目127个;下拨社会经济发展规划资金283.4万元,实施移民示范村建点4个,基础设施项目19个。编制水库移民后期扶持(2011—2015年)规划。

2010年,都昌县项目扶持人口达6763人,实施项目380个,项目资金共计1519.61万元。

2010年,上级批复永修县全县移民扶持项目375个,项目资金1543.36万元。新修水泥路214条、新建桥梁2座、新修山塘水库35座、新修堰坝16座,新修"U"型槽等渠道19.7米、打灌溉机井2个,新建人畜饮水工程11处,改造低压线路2处,支持新农村建设12处,新建港道护坡工程5处,建设移民示范村8个。

2010年,瑞昌市核定大中型水库移民后扶人口8033人,其中采用项目扶持的方式扶持2229人。实施或验收的项目43个,项目资金280余万元,主要包括14个地方交通项目、13个人畜饮水项目、13个农田水利项目、1个文化活动中心项目、2个移民示范村建设项目,其中14个地方交通项目的实施使1350个移民受益;13个饮水项目实施使520户移民受益;2个移民示范村项目实施使300余人的居住环境得到改善。

2010年,星子县核定大中型水库移民后扶人口1680人,其中采用项目扶持的方式扶持1231人,发放后期扶持项目资金73.26万元,项目10个,应急资金和结余资金23万元,项目5个。

2010年,武宁县社会经济发展年度项目计划编制总额度为1280万元,项目282个,其中:移民新村建设资金262万元,项目13个。省批复武宁县年度计划资金4355.04万元,项目1115处。实际完成使用资金4100.14万元,占项目资金94%,其中:人畜饮水142.24万元,已完工验收100处;农田水利567.54万元,已完工验收196处;地方交通3042.81万元,已完工验收557处;新农村建设114.5万元,已完工验收20处;防护工程39.38万元,已完工验收9处;生产开发63.77万元,改造茶园11处,面积1275.4亩;文教卫生5万元,改造乡村卫生院一处;危房改造124.9万元,完工2108户,在建25户。

2010年,彭泽县编制《彭泽县大中型水库移民后期扶持第二个五年规划》和《彭泽县大中型水库库区和移民安置区基础设施建设和经济发展"十二五"规划》,组织实施2009年度后扶项目计划,后扶项目共编制计划28个,计划资金215.92万元。开工项目28个,开工率100%;竣工验收项目28个,竣工验收率为100%;已下拨项目资金215.92万元,资金拨付率达100%;28个项目全部建档,建档率100%。

2010年,湖口县移民后扶人口3437人,其中采用项目扶持的1004人。累计实施后扶项目18个,受益人数达到8184人。

2010年,德安县全县核定大中型水库移民后扶人口16650人,其中采用项目扶持的方式扶持6030人。2009年共批复后扶项目154个,批复资金359.64万元,批复发展规划61个,批复资金236.2万元。

2009年,省扶贫和移民办批复九江县项目资金66.48万元,其中后扶项目7个,共计29.28万元;经济发展规划项目2个,共计9.2万元;应急补助结余项目3个,共计28万元,已全部完工。

2010年规划移民后期扶持项目20个,项目资金116.7万元。

景德镇市 2001年至2006年实施的《六年规划》,国家对水库移民的扶持力度进一步加大,共投入资金1381.4万元。自2006年下半年开始,共投入项目扶持资金3833.275万元,其中2006—2007后扶项目资金1079.38万元;2008年度后扶项目资金1369.48万元;2009年度后扶项目资金1384.42万元。2010年全市各地移民部门整合多方力量,抓项目的组织实施工作。2009年度全市大中型水库移民后期扶持项目176个,项目资金894.12万元,截至10月底,项目完工率达85%。抓好应急补助资金项目的实施,全市应急补助项目共40个,项目资金为177万元,所有应急补助项目全部实施完毕。整村推进移民示范村项目80个,资金313.3万元,移民示范村7个,项目基本完工,拨付到项目资金223万元。2010年省办已批复的2009年度后扶项目资金、库区及移民安置区经济发展资金、应急补助资金共计1384.42万元。已按项目进度拨付至项目单位,占资金总额近100%。

2010年,乐平市申报后期扶持项目49个,资金434.88万元,2010年共下拨资金1063.17万元,项目77个,项目资金659.02万元。

2010年度,省办批复昌江区移民后期扶持项目14个,项目资金60.92万元。

萍乡市 组织编制《水库移民后期扶持5年项目规划》和《库区及移民安置区基础设施建设和经济发展5年规划》,并有计划分年度实施。完成移民后期扶持项目213个,经济发展项目123个,投入扶持资金942.58万元,重点解决库区和移民安置区道路、饮水、农田水利等基础设施建设;完成冰雪等自然灾害损毁项目29个,投入扶持资金111万元,着重解决库区群众生产生活、农电恢复等方面存在的突出问题;组织整村推进移民示范项目4个,扶持资金78万元,地方配套和发动群众集资投劳等200余万元。2010年度则申报移民后期扶持项目75个,争取15个,申报扶持资金187万元,实际批复项目87个,扶持资金268.26万元;组织申报2010年度库区移民经济发展项目63个,落实移民发展资金136万元;争取应急灾后恢复重建应急补助资金121万元;争取由省移民办追加的2010年度移民结余资金(灾害资金)40万元。选定上栗县桐木镇枣木村等5个移民比重大的移民村组作为2010年度移民项目扶持重点工程予以扶持。组织小型水库移民解困项目扶持工作,申报项目资金34万元,争取项目资金28万元,实际批复项目资金62万元,有计划有步骤地解决一批群众反映强烈、矛盾比较集中的问题。

2010年,上栗县移民后期扶持项目41个,其中:水利项目11个,饮水项目3个,交通项目27个,共投入后扶资金184.86万元。

2010年,湘东区移民后期扶持项目有7个,申报扶持资金18万元。组织申报年度库区移民经济发展项目9个,落实移民发展资金27万元;争取洪涝灾后恢复重建补助资金19万元。

2010年,芦溪县投入大中型水库移民后期扶持项目资金81.65万元,共有项目31个,其中产业扶持项目一个,项目资金20万元,用于扶持张佳坊乡移民产业项目,种植中药材杜仲厚朴1600亩,同时成立张移药材种植合作社;地方交通项目18个,项目资金35.5万元;维修改造桥梁,村组公路。农田水利项目8个,项目资金14.37万元,主要用于渠道维修改造、坡坝改造、解决旱涝保收面积300余亩;人畜饮水项目3个,项目资金6.98万元,用于压水井和自来水管道建设,解决安全饮水人口 230 人。新农村建设项目一个,项目资金 5 万元。经济发展规划项目资金 25 万元,分为 11 个项目,重点安排基础设施建设和培训、饮水工程。其中投入项目资金 6 万元修建桥梁 1 座、公路 2.2 千米,投入项目资金 14 万元修建水渠 7.75 米,投入项目资金 4 万元修建 1 处安全饮水工程,解决 278 人的饮水问题。应急补助结余资金 30 万元,安排 21 个项目。投入项目资金 21.5 万元修建公路 18 千米,投入项目资金 8.5 万元,修建水渠 4 千米。

新余市 2004 年 8 月市移民办制定《新余市水库移民遗留问题处理项目和资金管理实施细则》。2010 年组织编制《新余市大中型水库移民后期扶持第二个五年规划(2011—2015 年)》,计划总投资 27272.40 万元,其中项目扶持 17415.60 万元。2006 年全市共核定登记大中型水库移民 90908 人,其中登记到村小组的移民 57208 人,主要来自本市的 7 座大中型水库,另有 1686 人为湖南水府庙水库、白马水库移民。2001 年至 2009 年全市以中央直属水库移民遗留问题处理六年规划和国家大中型水库移民后期扶持政策为中心,开展水库移民工作,共争取上级移民扶持资金 27952.71 万元,其中库区建设资金 576.40 万元,库区维护资金 89.80 万元,六年规划资金 5634.20 万元,后期扶持资金 21536.31 万元(直补资金 7038.81 万元,项目资金 14497.50 万元),小水库资金 116 万元。实施移民扶持项目 3203 个,其中库区建设资金项目 135 个,库区维护资金项目 41 个,六年规划资金项目 1089 个。2005 年,市移民办制定下发《新余市移民新村建设实施方案》,在调查研究的基础上,在分宜县和仙女湖区筛选 22 个移民村进行新农村建设试点工作,之后每年都选取数个移民村进行移民新村示范建设,成为新农村建设的样板村。截至 2009 年,共争取到 62 个移民新村建设经费 1090.43 万元,建成移民新村 62 个。2006 年至 2009 年共实施大中型水库移民后期扶持项目 1905 个,下拨大中型水库移民后期扶持项目资金 14497.50 万元。2010 年上级共下拨移民后期扶持资金 7207.58 万元,其中项目资金 5236.82 万元,实施移民扶持项目 756 个。截止到 2009 年底,上级共安排资金 1206 万元,其中后扶资金安排 265 万元,自筹资金 3509 万元,迁建新房 226322 平方米,搬迁移民 3529 人。

2010 年,分宜县有大中型水库移民 56536 人,其中无法核定到人 38175 人,移民人口占全县农业人口的 24.7%。2009 年度后扶项目 275 个(资金 2365.80 万元),全部开工建设,开工率 100%;竣工验收项目 274 个,验收率 99.6%;下拨项目资金 2320 万元,拨付率 98%。2009 年度库区和移民安置区基础设施和经济社会发展规划项目、应急补助计划项目及直补资金转项目扶持项目 103 个(资金 677.50 万元),资金拨付到位,开工率、验收率和资金拨付率均为 100%。

2010 年,高新区核定到村小组的移民为 2533 人。2009 年共确定大中型水库无法核定移民扶持项目 15 个,项目资金总计为 161.2 万元,库区和移民安置区基础设施和经济发展规划项目 5 个,项目资金为 31 万元。

2010 年,孔目江区纳入扶持范围的大中型水库移民共计 788 人,其中无法核定到人 478 人。2008—2010 年,省办批复后期扶持项目资金共计 46.21 万元,项目个数 13 个,其中,2008 年后扶项目资金 8.2 万元;2009 年后扶项目资金 4.26 万元;2010 年后扶项目资金 33.75 万元。仙女湖区 2010 年实施后扶项目 83 个,受益人口达 36590 次。

鹰潭市 2009 年,全市 7 个有直补移民的重点村每年核定的项目资金近 70 万元,平均每个村每年从移民资金中获得 10 余万元,相当于该重点村每年投入的财政扶贫资金。四年半来,在上述重点村共投入移民资金 313 万元、安排项目 48 个,其中整合资金 244 万元、安排项目 36 个。全市在人口核定、扶持方式、规划编制、年度计划实施等方面,坚持移民的主体受益地位。在确定扶持范围和扶持对象时,执行国务院 17 号文件精神,在后期扶持资金的使用上让移民受益。确定扶持方式时,尊重移民意愿和听取移民村组群众意见,移民群众自主选择扶持方式,以维护移民的合法权益和保障社会稳定。2010 年,编制本年度大中型水库移民后期扶持项目计划,编制大中型水库库区和移民安置区基础设施建设和经济发展规划 2010 年度项目计划,编制大中型水库移民后期扶持"十二五"规划,上报鄱阳湖生态经济区移民生态产业示范项目和产业扶持试点项目,编制大中型水库移民后期扶持结余资金的预决算报告。

赣州市 1991 年概算中移民生产开发费 640.5 万元,历年已批复项目投资 492.61 万元。2 个项目共计 147.89 万元。1996 年同意采取有偿扶持,统一规划、连片开发、分户管理的办法在赣州市库区水西乡黄沙村、水东镇虎岗村建设大棚蔬菜基地,总面积 150 亩,总投资 115.24 万元(其中有偿扶持 106 万元,其余自筹)。同意在李老山村结合防护区内排水问题建设 80 亩渔业基地,采取有偿扶持,经济承包的办法,达到调整产业结构,富裕移民的目的,该项目基建投资有偿扶持 41.89 万元,其余生产投资由群众自筹解决。2000 年,省移民办批复万安库区赣州市移民后期扶持发展开发项目计划,安排后扶资金 770.24 万元,其中赣州市 1 万元,赣县 688.24 万元,章贡区 80 万元。"十五"期间,赣州市 8 个重点县争取进入科技扶贫示范县,投入资金 2859 万元,实施科技示范项目 93 个,推广应用新技术、新品种 15 个,如兴国灰鹅、于都奶牛、上犹油茶等。2006 年共核定后扶人口 211473 人,其中采用项目扶持的方式扶持 71938 人,累计实施后扶项目 2241 个,受益人数达到 688146 人。2009 年度,全省批复下达赣州后期扶持资金 5099.11 万元,安排项目 813 个,完工项目均建立相应的档案资料;同时,实施完成 2009 年度基础设施和经济发展规划项目 170 个。并且全市批复下达结余资金 1707 万元,安排项目 278 个。

2010 年,兴国县投入后扶项目资金 600.06 万元,项目 151 个,水库移民对象直补和项目扶持的实施,修建村组公路 126 条、20 个农田水利设施、5 个饮水工程,新增灌溉面积 0.6 万亩,改善灌溉面积 0.3 万亩。

2010 年,宁都县共核定移民后扶人口 9330 人,其中采用项目扶持的方式扶持 3095 人,实施后扶项目 81 个。是年兴建 24 个集中安置点,集中安置移民 419 户 2092 人,占移民任务的 85.5%;分散安置移民 71 户 356 人,占移民任务的 14.5%。

2010 年,赣县下达《2009 年度赣县大中型水库移民后期扶持核定到村组的移民人口项目计划》,计划项目 266 个,下达计划资金 1186.42 万元。累计完成资金 877.42 万元,占计划总资金的 74%。其中验收结算项目 182 个,结算资金 673.42 万元。拨付预付款项目 26 个,预付资金 204 万元。正在实施项目 58 个。硬化水泥公路 4 条计 9.8 千米,新修维修乡村公路 55.93 千米,新建桥涵 5 座;新建防护工程河堤、保坎 3.66 千米;公益事业项目建设 3 处(攸镇村委会建设等);新建水井 65 口、水池 30 口、新建塘棚自来水建设 2 处;新修维修山塘水库 9 座,闸陂堰坝 17 座,水渠 0.96 千米;受益移民达 31303 人。全年计划项目 266 个,资金 1186.42 万元。到 2010 年底,所有项目全部开工,竣工项目175个,拨付资金960万元,分别占总数的66%和80%。

2010年,会昌县完成与民政局库区移民工作的交接工作,承担大中型水库后扶资金和库区基金管理工作,编制完成《会昌县大中型水库移民后期扶持第二个五年规划》。争取大中型水库移民后期扶持项目资金99.83万元、应急补助资金34万元、结余资金34万元和小型水库移民解困资金15万元、三峡移民安置资金14.13万元,合计196.96万元,安排文武坝、富城、晓龙等5个乡镇18个村项目31个。

2010年,安远县移民搬迁深山区群众有198户1352人,核定移民后扶人口4168人,其中采用项目扶持的方式扶持3555人。安排后扶项目资金326.07万元,实施后扶项目51个,受益人数24469人。

2010年,上犹县列入后期扶持的水库有上犹江、龙潭、南河、灵潭、仙人陂、龙江6座大中型水库,核定登记大中型水库移民8645户,38334人,其中核定到村组移民13354人。2001年,省移民办批复上犹江库区部分扶持项目计划,共安排扶持资金42万元。2010年,着力改善库区移民生产生活现状,共实施项目428个,其中新开、硬化村组道路项目265个,共95.44千米;新建桥梁18座,解决39485人行路难问题;农田水利项目103个,新建、维修水渠65.04千米,新修、维护防洪堤坝12.6千米,维修三塘水库10座,改善14523亩农田灌溉难问题;人畜饮水工程28处,新建简易饮水井28口,自来水池15座,铺设饮水管道6.5千米,解决1532人、835头大牲口的饮水难题;扶持油茶低改项目13个,低改油茶1.2万亩,建设茶叶基地项目19个,新开茶叶种植面积6230亩,帮扶1637户移民开展油茶、茶叶等经济作物。是年编制完成大中型水库移民后期扶持2011—2015年规划。其中后期扶持五年规划核定到人移民24980人,五年发放资金7494万元;核定到村组移民13354人,规划扶持项目636个,投入资金4006.2万元。

2010年,瑞金市共核定移民后扶人口8585人,其中采用项目扶持的方式扶持2941人,实施库区项目36个,资金317万元,其中后扶项目20个,资金183万元。移民安置区基础建设和生产发展项目8个,资金69万元;应急补助结余资金一、二批项目6个,资金47万元。建设内容包括公路建设项目23个,资金244.93万元;水利建设项目9个,资金52.07万元,养殖项目2个,资金10万元,校舍维修项目1个,资金5万元,培训项目1个,资金5万元。受益人数达到12648人,其中移民5764人。

2000年,省移民办批复石城县移民生产开发项目,安排30万元资金用于解决水库移民基础设施问题。2010年全县共接纳库区移民2676人,后扶项目对象1163人,后扶项目资金107.72万元。用于农田水利项目46.01万元,公路建设59.03万元;饮水工程1.08万元;移民培训1万元;结余(应急)项目资金32万元。

2010年,章贡区核定大中型水库后期扶持移民人口4089人,其中项目扶持移民人口1332人。移民后期扶持项目19项,投资80.62万元;水库移民应急补助基础设施项目5项,投资26万元;水库移民重点村扶持项目7项,投资26.6万元;便化、修建村组道路22条,4500米。维修、新建排涝实施6项,其中新修水渠1500米,增加旱涝保收面积67公顷。修筑河坎、道路挡墙6处。新建、改造低压线路400米。实施饮水改造工程3项,解决库区60户移民饮水问题,改造维修鱼塘6处近

12公顷。

2010年,南康市核定大中型水库移民后扶人口8322人,其中采用项目扶持的方式扶持2372人。实施后扶项目39个,投入国家扶持资金285.32万元。

2010年,信丰县核定大中型水库移民后扶人口13477人,采用项目扶持的方式扶持3719人,全县水库移民后扶项目70个,资金总额505.75万元。

2010年,大余县核定大中型水库移民后扶人口10366人,其中采用项目扶持的方式扶持6061人。实施的2009年度大中型水库移民后期扶持项目65个(核定到村组移民人口项目53个,经济发展规划计划项目12个)。

2010年,崇义县库区共实施后扶项目59个、经济发展规划项目43个、应急补助结余项目58个,项目共惠及全县16个乡镇93个村,受益人口达146603人。

2010年,龙南县有大中型水库移民后扶人口522人(含三峡自主外迁移民156人),其中采用项目扶持的方式扶持200人,实施后扶项目3个,受益人数达到1025人。

2010年,全南县大中型水库移民后扶人口有2375人(三峡移民144人),其中采用项目扶持的方式扶持1232人。实施后扶项目20个,受益人数达到7264人。硬化村组道路8.35千米,新建桥梁1座;修建水利设施8处;饮用水安装2处,让724人用上干净卫生的自来水。

2006年,定南县共核定移民后扶人口5972人,其中采用项目扶持方式扶持的2295人。实施后扶项目64个,项目资金572.43万元,受益人数达到17856人。

宜春市 2006—2009年,上级下拨全市移民后扶总资金39390.22万元,其中项目资金19465.35万元,监测评估费76.5万元,项目批复个数3616个。项目已完工2986个,占批复项目的82.5%,未完工主要是2009年度的项目。2006年起,宜春市对水库移民实施后期扶持政策,加强移民安置区基础设施建设,促进移民增产增收,开始对宜春市48座大中型水库移民进行全面的登记核定工作。编制大中型水库移民后期扶持和移民安置区经济发展规划,并组织实施。2008年、2009年上级下拨经济发展规划资金2679.49万元(科技培训费109.1万元),项目个数358个。完工147个,项目完成比例41.06%。2008年上级下拨冰灾重建资金978万元,项目个数91个。完工88个,项目完成比例96.7%。2010年根据规划,全市共安排项目资金4698.37万元,移民后扶项目923个,其中基础设施建设项目资金4510.76万元,生产开发项目资金187.61万元。水库移民安置区经济发展规划资金1590万元,项目230个,其中移民示范村建设项目29个。按照省办的统一指导,结合各地实际情况,完成大中型水库库区和移民安置区第二个五年规划(2011—2015)。在省扶贫和移民办的支持下,市、县两级协作,截至5月上旬,完成2个乡、3个村、12个村民小组313户1119人的移民过渡搬迁任务。

2010年,袁州区大中型水库移民33206人,其中无法核定移民18958人。全年共投入项目资金1822.88万元,其中后扶项目资金1193.88万元,后扶资金实施项目169个。硬化乡村公路69.47千米,建桥6座;维修水渠38.5千米,水库9座,建堤灌站4个,修库坝8个,改善和新增农田灌溉4800余亩;建人畜饮水13处,解决2000余人的安全饮水问题;建学校操场、篮球场等附属设施9个;改造高压用电2处,解决1000余人的安全用电问题;培训移民260人。

2010年,樟树市有大中型水库农村移民人口13562人,分别占全市人口和农业人口的2.38%、3.33%,其中无法核定移民人口4309人。完成移民后期扶持项目140个,共收到上级下拨的项目资金552.04万元,其中后扶项目90个304.04万元,经济发展规划项目16个118万元,应急补助资金项目16个108万元。

2010年,靖安县纳入扶持范围的大中型水库移民17234人(含三峡移民1821人),无法核定人数9422人。移民分布在11个乡镇76个行政村,涉及省内外大中型水库28座,其中县境内水库3座,分别是罗湾水库、小湾水库、石马水库。2010年共计投入移民后扶资金1413.26万元,其中投入后扶项目资金944.54万元,完成项目195个,建设主要内容是交通、饮水、农田水利、示范村组等方面,新修水泥路86.86千米,新建桥涵7座,安全饮水53处,修建灌渠41.9千米,维修河堤10处,改扩建学校9所,迁建新房180平方米,发展种植业800余亩。

2010年,高安市投入水库移民后期扶持政府财政资金1594.78万元,其中项目资金915.94万元,实施和完成项目110个。

2010年,上高县采用项目扶持方式的3154人,实施后期扶持和各类结余资金计划项目80个,下拨项目资金437.23万元,受益人数达到10000余人。全县建成蓄水池1座,自来水9处,新建水渠8条4千米,水库除险加固3座,完成路面硬化约50千米,新建桥涵2座,建成翰堂镇密村梅家咀移民示范村和田心镇斜溪村斜溪组移民示范村。扶持种植经济作物林30亩,养殖基地1个。探索移民生产开发扶持项目,全年下拨移民养殖培训资金4.1万元。

2010年,铜鼓县下拨大中型水库移民后期扶持项目资金325万元,对全县13个乡(镇)场45个行政村的86个村民小组进行项目扶持105个。

吉安市　2001—2009年累计投入后期扶持项目资金17549.4万元,开展水库移民后期扶持工作。累计投入后期扶持项目资金17549.4万元,建设移民示范村30个,实施修路建桥、改水改厕、环境整治、绿化亮化、饮水工程等项目,基本实现"五改、五通、五化"的目标。2005年,吉安市对新干、峡江、永丰、吉安县、安福、万安6县33个乡(镇)场)的中央直属水库移民实施"四个一"工程,建设移民新村。12月,结合新农村建设、农村村落社区建设和危房改造,吉安市选定新干、峡江、永丰、安福、吉安5个县9个移民村实施"两江"水库移民重点示范村建设,投入库区建设基金176.8万元,改造危房235户,建设村落社区中心8个。从2006年7月1日开始,大中型水库移民后期扶持政策全面实施。2006—2009年,省移民办批复吉安市"两江"水库扶持资金311万元。其中,2006年,投入扶持资金113万元,建设"两江"水库移民新村9个。累计投入扶持资金4837.4万元,在万安库区开展新农村、移民示范村建设、库区移民危房改造等项目。2009年,全市纳入扶持范围的大中型水库移民18.58万人,其中无法核定到人65701人。2010年,对全市2006年以来后期扶持项目实施进展、项目资金使用、项目档案建立、移民直补资金发放等工作进行全面检查,将检查情况进行通报。编报"十二五"规划及有关项目计划。编制大中型水库移民后期扶持(2011—2015年)第二个五年规划,并做好2010年度大中型水库移民后期扶持项目计划的申报工作,其中后扶项目扶持资金4371.42万元、经济发展项目扶持资金1738万元。上报2009年度小型水库移民解困项目93个、扶持资金256万元。上报万安库区维护基金项目31个、资金650万元。争取应急补助项目资金1177万元,实施省办批复吉安市2009年度各类项目1980个、资金8326.4万元。项目开工率、完工率、资金拨付率100%。

2010年,青原区纳入大中型水库移民后期扶持范围人数5541人,上级共批复下达大中型水库移民后期扶持项目64个、扶持资金248.7万元。其中:后扶项目42个,扶持资金160.7万元,移民安置区和经济发展规划项目14个,扶持资金66万元,应急补助结余资金项目8个,扶持资金22万元。共完成危房改造50户,新建山塘水库3座,修建村组公路30.5千米、渠道10.3千米、桥涵1处、饮水工程5处。另外,批复下达小型水库解困项目9个、资金23万元,修建库区乡村公路7.1千米。

2009年,井冈山市项目扶持资金143.42万元,完成建设项目23个,受益移民4300人。

2010年,吉安县共收到上级拨入后扶资金1136.38万元,其中项目资金520.24万元(其中直补转项目3.64万元),付后扶资金1133.88万元,其中项目资金517.74万元,尚余2.5万评估费暂留在单位专项资金账户。

2010年,新干县共安排项目88个,总投资261.06万元。地方交通项目46个,投入资金111.37万元,减少不通水泥路的村组46个,受益人口4000余人。防护工程项目2个,投入资金11.72万元,受益移民260余人。农田水利项目25个,投入资金76.57万元,可新增灌溉面积2150亩,改善灌溉面积1800亩,改造中低产田120亩,受益人口3500人。人畜饮水项目5个,投入资金19.85万元,解决人畜饮水困难村组5个,受益人口1500余人。生产资料调整项目2个,投入资金14.94万元,可新增粮食产量3.5万余千克,每亩可获利600元,年利润9万元,受益移民500余人。新农村建设项目8个,投入资金26.61万元,受益人口600余人。养殖业项目1个,投入资金0.6万元,种植业项目1个,投入资金9.26万元,受益移民460余人。水库移民应急补助结余资金计划共安排项目19个,投入国家扶持资金49万元。其中:饮水工程项目3个,投入扶持资金14万元;交通工程项目15个,投入扶持资金33万元;农田水利项目1个,投入扶持资金2万元。2010年全县共安排移民示范村2个,分别为城上乡城上村邓家垅移民村组和桃溪乡板埠村瑶埠凌移民村组,共投入资金40万元。

2006年7月,永丰县开始实施大中型水库移民后期扶持政策,省移民办核定永丰县纳入大中型水库移民后期扶持人口12333人。其中无法核定到人核定到村组实行项目扶持的5451人,分布在全县23个乡镇场的79个村委会213个村小组。涉及大中型水库21座,其中县内4座,县外17座。至2010年,纳入大中型水库移民后期扶持人口12333人,其中实行项目扶持人口5678人。2010年,编制《永丰县大中型水库移民后期扶持第二个五年规划(2011—2015)》。上级批复下达永丰县2009年度大中型水库后扶项目111个,国家投入扶持资金347.4万元;库区和移民安置区基础设施建设和经济发展项目15个(移民示范村建设项目2个),国家投入扶持资金85.2万元;洪涝灾害应急项目26个,国家投入扶持资金62万元;直补结余资金项目8个,国家投入扶持资金10.59万元。通过项目实施新建自来水8处,解决8个村组1563人的饮水难问题;新建续建山塘2座、新建水陂1座、新建电排灌站2座、浆砌水渠3条2.8千米等水利设施,改善灌溉面积1100亩,促使11个村组的农田水利设施得到加强,1770人从中受益;新建、维修和改造村组水泥路、沙石村路77条43.8

千米、新建桥梁 3 座、村路排水沟 1 处,使 87 个村组的通行状况得到改善,20432 人从中受益;通过改厕 6 处、新建文体活动中心 1 处使 7 个村组的公共生活设施得到改观,3932 人从中受益。

2010 年,峡江县投入项目扶持资金 1202.64 万元,实施大中型水库移民后期扶持项目 398 个。开展移民新农村、移民示范村建设等项目,不断完善移民的饮水、沼气、道路等基础设施。建成示范村 4 个,基本实现"五改、五通、五化"的目标。

2009 年底和 2010 年省移民办共批复泰和县移民项目资金 374.32 万元,项目 112 个。其中 2009 年后扶项目资金 229.82 万元,86 个项目,移民应急资金 51 万元,项目 12 个,安置区经济发展规划示范资金 93.5 万元,项目 14 个。2010 年 7 月份前拨付项目资金 187.16 万元,占资金总量的 50%。

2000 年,省移民办批复万安库区万安县移民后期扶持发展开发项目计划,后期扶持发展开发项目计划资金 1510.70 万元。省移民办 2001 年批复万安县移民科技培训中心配套设施建设,资金 28 万元;批复移民后期扶持生产开发项目计划,下达 2001 年度万安水库移民后期扶持生产开发项目计划 2060.43 万元。2002 年批复万安水库移民后期扶持项目计划,计划总投资 1005.4 万元,其中国家扶持 399.5 万元(吉安市 16.5 万元、万安县 383 万元)。根据省移民办批复的 2009 年计划项目资金,实施后期扶持项目 111 项,国家投资 941 万元,建成枧头镇枧头村窑厂至东阳水泥公路 1.2 千米,枧头镇九斗村桐山至舍背小学水泥路 2.1 千米,枧头镇下潞村伙土坑至下潞水泥路 2.8 千米,窑头镇流芳村柑橘坪至黄泥坑水泥路 2.5 千米,百加镇慕塘村慕塘至南山坑公路 1.8 千米,韶口乡畔塘村畔塘至梅岗水泥路 1.8 千米,建设百加镇廓埠村城下公路桥 1 座,沙坪镇沙坪移民新村公路桥 1 座。

2006 年下半年至 2009 年,上级批复遂川县后期扶持项目资金 172.19 万元,项目 50 个,其中 2006 年度后扶项目资金 20.91 万元;2007 年度后扶项目资金 45.87 万元;2008 年度后扶项目资金 44.52 万元,冰雪灾害项目资金 6 万元,监测评估费 1 万元。2009 年度,后扶项目资金 45.61 万元,直补结余项目资金 8.28 万元。从 2006 年 7 月 1 日起,遂川县大中型水库移民后期扶持政策全面实施。

2010 年,安福县共核定大中型水库移民后扶人口有 19803 人,投入项目扶持资金 615 万元,实施后扶项目 154 个,经济发展项目 37 个,应急补助结余项目 22 个,完成自来水 6 处,水井 1 个,水泥路 105.7 千米,砂石路 20.87 千米,机耕道 11.95 千米,桥涵 11 座,水渠 30.9 千米,水陂 3 处,提灌站 1 座,小山塘 1 座,建设移民示范村 4 个,巷道硬化 2.8 千米,改水改厕 4 处,绿化 4 处,墙面亮化 3500 平方米,亮化 1 处,休闲场所 4 处,受益移民达到 9860 人。

2010 年,永新县纳入大中型水库移民后期扶持范围的移民人数为 8659 人。全县共投入后扶资金 701.84 万元,其中后扶项目资金 401.04 万元,为 16 个乡镇 30 个村 35 个组实施移民扶持项目 65 个,其中地方交通项目 27 个、农田水利项目 8 个、人畜饮水项目 6 个、文教卫生项目 7 个、防护工程 2 个、社会事业 1 个、新农村建设项目 10 个、产业扶持项目 1 个、科技培训和监测评估项目 3 个。

上饶市　坚持"围绕农村经济发展,促进移民增收致富"的工作思路,各县(市、区)以政府名义出台后期扶持项目实施工作细则,规范项目实施程序,不定期对各移民村组后期扶持项目的实施情况进行实地督查和指导。2006 年 6 月 3 日,以《上饶贫困地区丰产速生原料林基地建设项目》技术方案论证会召开为标志,市贫困地区丰产速生原料林基地建设示范项目正式启动。按照泡桐扶贫主导产业发展规划,全市以鄱阳、余干、上饶、横峰 4 个重点县为重点,以有条件种植泡桐的农户为对象,以具有育苗能力和条件、可大面积集中连片种植的农业企业和具有加工型连接市场能力的工业企业为龙头,让种植、加工、销售有机连接,按产业化的要求发展泡桐产业。到 2009 年底投入泡桐产业开发 1 亿余元,种植泡桐 10 万亩,重点村 1 万余农户参与泡桐产业。2009 年度批复的 1436 个项目,资金 8116.56 万元,已经开工 1258 个,开工率达 87.60%,竣工 1019 个,拨付资金 6964.27 万元。同时,2010 年全市又累计新申报项目 1160 个,资金达 8036.93 万元。

至 2009 年,上饶县县内后期扶持无法核定人口项目和结余资金应急补助项目共计 71 个,项目资金 348.46 万元。水库移民后期扶持工作开工的项目 65 个,占总批复项目的 92%;竣工的项目 62 个,占开工项目的 96%;验收决算的项目 40 个,占开工项目的 80%;未动工的项目 26 个,现下拨资金 228.76 万元。核定大中型水库移民人数为 14355 人,2010 年无法核定到人即核定到村组移民人数为 4586 人。

2010 年,玉山县采用项目扶持的方式扶持 9066 人,实施水库移民后期扶持项目 156 个,整合项目资金 2146 万元。

2010 年,弋阳县组织实施移民扶持项目 114 个。后扶政策共惠及全县 16 个乡镇(场)、3 个县直单位、14 个村委会(分场)、511 个村小组、17177 名移民群众。

2010 年,德兴市全市核定大中型水库移民后扶人口 26373 人,其中采用项目扶持的方式扶持 12165 人。扶持项目 211 个,项目资金 1083.54 万元。修建乡村公路 151 条,解决 6000 移民群众行路难问题,投资农田水利 83.1 万元,改善 500 亩的农田灌溉。投资 70 万元公益事业,美化安置区村容村貌,投资人畜饮水 50 万元,解决 3200 人的用水问题。婺源县 2010 年全县大中型水库共核定登记移民人口为 30238 人,其中核定到村组的 10311 人,共涉及 15 个乡镇,1 个工业园区,1 个街道办事处,127 个行政村,455 个村小组。

2010 年,万年县有大中型水库移民 8527 人,其中项目扶持人口 4012 人。全年共投入项目扶持资金 663.43 万元,实施基础设施建设项目 106 个,产业扶持项目 2 个,完成《万年县大中型水库移民后期扶持第二个五年(2011—2015 年)规划》编制工作。

2010 年,余干县共安排实施后扶项目 48 个,项目资金共计 446.3 万元;经济发展规划项目 13 个,资金 185 万元;水库移民应急补助项目 25 个,资金 249 万。做好余干县大中型水库移民第二个五年规划(2011—2015)编制申报工作。

2010 年,鄱阳县大中型水库后期扶持项目共安排 106 项,投资 666.06 万元,其中:农田水利 28 个,投资 106 万元;道路建设 71 个,投资 461.28 万元,人畜饮水 7 个,投资 41.2 万元。库区和移民安置区共安排项目 70 个,投入资金 474.5 万元;其中:示范村 6 个,投入资金 145.5 万元;农田水利 6 个,投入资金 32 万元;饮水安全 3 个项目,投入资金 14 万元,基础设施 30 个,投入 171.384 万元;其他社会事业 2 项目,投入资金 5 万元,生产扶持项目 3 个,26 万元,移民培训 3 期,投资 9 万元。

抚州市 2000 年,市移民办同意从 1999 年度库区建设基金中安排专项建设资金 200 万元,其中安排南城县竺由 35 千伏输变电站项目建设资金 100 万元;安排黎川县库区电网改造项目建设资金 100 万元。移民安置区新农村建设步伐加快,实施硬化、绿化、亮化、净化、美化"五化"工程。从 2004 年开始,全市共有乐安、广昌、黎川、宜黄、资溪、南丰 6 县开展移民搬迁扶贫。在整体搬迁原则下,探索多种安置方式,妥善安置各种不同需求的移民,多措并举,改善移民生存环境,提供发展机会,加强对迁出移民的后续扶持。截至 2009 年 12 月,全市共搬迁移民 6850 户,29618 人,建设集中安置点 121 个,集中安置 3536 户,14145 人;分散安置 3314 户,15473 人。2005 年,全市启动 37 个移民示范村建设,每个新村 30 万元,全面改建危房旧房,改善移民居住条件。同时全市结合安置区实际发展当地特色产业,如南丰蜜橘、广昌白莲、崇仁麻鸡以及花卉苗木、烤烟、瘦肉型猪、池蝶蚌等,实现移民增收致富。2010 年各地围绕省市建设鄱阳湖生态经济圈的决策部署,发展移民生态经济,结合当地实际,推出特色和亮点产业,带动移民增收脱贫。种植蜜橘、蜜梨、板栗、淮山、菌菇 2574 亩,养殖草鱼、鳜鱼、珍珠 4252 亩,帮助 356 户 1402 移民实现脱贫致富。是年创建 15 个水库移民亮点示范村。按照新农村建设要求,各县(区)移民部门整合新农村建设资金、捆绑各类专项资金,同时每个示范村投入移民资金 20 万元,集中打造一批移民示范村,解决移民生产生活难题。2010 年,围绕"保稳定,促发展"总体要求,精心抓好移民项目的组织实施。共批复水库移民项目 1725 个,完工 1600 个,计划资金 9643.72 万元,拨付 8928.88 万元,开挖移民饮水井 6 口,改自来水 143 处,新建和维修公路 649 条(处)612.7 千米,新修和维修陂坝、水库 263 座,改善和增加灌溉农田 32625 亩,改造低产田 1853 亩,新修和维修学校 25 栋。深入调查研究,编制"十二五"《大中型水库移民后期扶持规划》。

2010 年,乐安县共核定移民后扶人口 16249 人,采用项目扶持的方式扶持 6449 人,实施后扶项目 94 个。广昌县 2010 年全县核定大中型水库移民后扶人口 4821 人,其中项目扶持 3754 人。投入后扶资金 230.05 万元,经济发展项目 11 个,投入资金 89 万元;应急补助项目 11 个,投入资金 39 万元。

2000 年,省移民办批复黎川县洪门库区移民食用菌开发项目 25 万元。2001 年批复黎川县特种水产养殖基地项目,项目总投资 258 万元。2010 年水库移民后期扶持目扶持人口 8468 人。移民项目共投入资金 849.68 万元,修建排灌站 2 座、山塘水库 6 座,引水渠道 5.6 千米,修建提闸 5 处,改善灌溉面积 5000 亩,增加灌溉面积 2000 亩,年增加粮食产量 100 万千克;修建道路 53.82 千米,修建桥梁 3 座,解决 20 个村组行路难,受益人口 30000 人,其中移民 16000 人;为 300 户移民修建自来水、打压水井 1 眼,解决 9 个移民村组、400 余人饮水困难;建设 5 个移民示范村,受益移民达 6000 人;改造低压线路 26.3 千米,受益移民 1000 人;发展移民致富产业,17 户移民种植大棚蔬菜 500 亩,户均纯利超 15000 元。

2010 年,南城县加强后扶项目的基础设施建设及生产开发项目建设,实施人畜饮水项目 22 个,农田水库建设项目 102 个,地方交通项目 91 个,防护工程项目 5 个,公益事业项目 5 个,科学文化教育项目 9 个,新农村建设项目 38 个,移民用电项目 1 个,扶持资金 2.2 万元,生产开发项目 18 个,其他建设项目 19 个。

2010 年,东乡县投入项目扶持资金 2584.32 万元,建设移民新村,解决库区移民群众生产生活中存在的"吃水难、行路难"等问题。累计投入扶持资金1869.6万元,在库区开展新农村、移民示范村建设、库区移民危房改造等项目。

第三节 扶持成效

1993年,全省移民,无论是部属水库还是地方水库移民,搬迁后人均口粮都低于每人低标准600市斤(稻谷)。部属水库中,柘林、洪门及新安江库区迁赣移民,原来未反映返销粮问题,但因柘林等库区常年受灾,农业歉收,难以全部解决移民口粮,所以应有部分返销粮予以补充。

表2-2-1 全省1992年水库移民人数及口粮情况表

库区	移民人数		人均口粮(斤)	其中	返销粮	
	建库时(万人)	1992年底(万人)		自产/返销	总数(万斤)	金额(万元)
部属水库						
柘林库区	8.93	10.56	661	511/150	1584.00	
上犹江库区	3.46	4.24	405	192/213		
洪门库区	2.22	3.47	579	479/100		
江口库区	3.34	7.10	486	350/136		
罗湾库区	0.27	0.40	520	370/150		
新安江库区赣移民	13.97	21.61	632	482/150		
万安库区	5.20	5.90	600		885.00	
地方水库(老)204座	20.49	28.25	600		4237.50	
地方水库(新)5座	8.59	8.59	600		1288.50	
合计	66.47	90.02			13497.22	4049.16

1995年,省移民办在人畜饮水方面,建抽水站10处,机井12眼,22个村组的1356名移民受益;修建乡村公路11条计42千米,桥涵5座,有21个村组的2658名移民受益;架设输电线路4条计4.8千米,有18个村组的2302人受益,其中移民992人;另建设溉灌用机井4眼,建抽水灌溉站1处计15千瓦,渠道2.7千米,增加灌溉面积315亩,除涝面积达166亩,有1812名群众受益,其中移民1168人;修建校舍2所计140平方米,改善145名移民子女的上学条件。在移民生产方面,种植粮食作物1700亩,经济作物130亩,各种果树83亩,造林800亩,产值25万元;养殖业完成投资862.62万元,发展水面养鱼6050亩,年产鱼84088千克,其中网箱养鱼200亩,年产鱼58600千克;饲养猪、牛、羊等家畜1420头,家禽800羽;由于养殖业的发展,使移民当年增收78.75万元;另安排国家扶持资金226.19万元,地方自筹47.27万元,扶持移民乡村企业26家,解决480名移民的就业问题,年产值234.92万元,利润81.59万元。

1996 年,继续开发性移民方针,移民生产开始向规模化、集约化和商品化发展,突出重点,注重规模和品种优化,在资金安排上注重培植 1 批种养业大户和生产基地,如洪门库区的特种水产养殖、奈李基地、板栗基地,柘林库区的网箱养鱼,上犹江库区的麻羊养殖、毛竹林开发等。1996 年 10 月,选送"两江"移民安置区生产的"广昌白莲"参加北京国际水利展览会,在展览会上签订 10 吨白莲销售合同。在国家的扶持下,库区移民共开发荒山种植柑橘、脐橙、板栗等各种果树 188197 亩,种植花生、芝麻等经济作物 69841 亩,粮食作物 27446 亩,造林 68280 亩,累计产值达到 2.4 亿余元,有 88 万余移民参加果业开发。库区植树造林 9.79 万亩(含库区非移民),开发水果,毛竹、药材等经济林 8.81 万亩,人均占有林 1.13 亩。南城县库区人均果树面积达 1.14 亩。该县龙湖镇王坪村五年共开发板栗 1170 亩,人均 1.28 亩。全省扶持移民养鱼 86626 亩(其中网箱养鱼 4018 亩),养牛、羊等大牲畜 1476 头,养猪 60486 头,家禽 191436 羽,共增加收入 1800 余万元,乡镇企业这条短腿有所"伸长",共扶持乡镇企业 681 家,安排 6711 个移民就业,年产值达 4869.6 万元,年利利达798 万元,1995 年全省移民人均收入达到 676 元。

1997 年,在生产开发上因地制宜,因户而异,以种养业为主,发展移民庭院经济及户办、联户办经济实体,引导移民走规模开发和集约经营的路子。如洪门库区的果业开发,上犹江库区的林业开发,布林库区的网箱养鱼、麻羊养殖,洪门和江口库区的大水面开发都已形成较大规模。洪门库区移民人均果园面积达 1 亩,百亩成片果园有 35 个,另有中心渔场 11 个,特种养殖场 17 个。全省举办各种短期技术培训班 65 期,培训移民 6204 人次,移民生产开发在技术上得到保证。其中,抚州地区安排 50 名移民知青到江西农大脱产学习 1 年,专门学习生产开发中实用技术。省移民办公室选派 22 名移民干部参加项目管理培训班。同时,省里举办项目管理,统计和计算机培训班各 1 期。

1997 年,移民的生产基础脆弱,尤其是上犹江库区较为突出,人均耕地只有 3 分,土质较差,肥力薄,产量低,移民温饱难以解决。江口库区有 1.4 万人和柘林库区有 7765 人仍生活在水库回水区。

2002 年 1 月,国务院下发《国务院办公厅转发水利部等部门关于加快解决中央直属水库移民遗留问题若干意见的通知》,决定将所有中央直属水库移民均纳入遗留问题处理范围,提高扶持标准,加大扶持力度。自 2002—2007 年中央设立库区建设基金,按人均 6 年累计 1250 元核定,地方按 1:1 比例由省级政府负责筹集移民扶持配套资金,用于改善移民生产、生活条件,解决水库移民温饱问题。省政府据此下发《关于加快解决中央直属水库移民遗留问题的意见》,明确解决水库移民遗留问题的资金,除国家安排的库区建设基金外,省、市、县三级财政按 2:4:4 比例筹集地方配套资金的 10%,其余部分通过有关部门安排水库移民安置区扶贫项目和资金解决。水利部印发《关于抓紧做好中央直属水库移民遗留问题处理规划工作的函》。

至 2006 年底,国家共安排全省移民遗留问题处理专项扶持资金 11.66 亿元,省内通过各种渠道安排配套扶持资金 9.59 亿元。

2008 年,全省开始实施《库区和移民安置区基础设施建设和经济发展规划》第一个五年规划。2008—2009 年,中央共下达江西省结余资金 33766 万元,其中:2008 年,资金 11962 万元(含应急资金 4000 万元);2009 年,资金 21804 万元(含应急资金 9000 万元),全部批复下达。据初步统计,对移民进行扶持,移民增加土地面积24132亩,增加灌溉面积86400亩,改善灌溉面积125700亩,解决1316个移民村组的饮水问题,改善2605个移民村组的饮水问题;为4080余个移民村组修通公路,改善5862个移民村组的对外交通;解决或改善475个移民村组的通电和用电问题;1912个移民村组的上学条件得到改善;帮助575个移民村组解决广播电视通讯问题;培训移民450041人次,带动移民转移劳动力113000余人次;通过生产扶持,使移民年人均增加收入630元,人均达到1820元,受益移民达315477人。

2008—2009年,通过重点投入,全省共建设整村推进移民示范村项目488个,安排资金10846万元。通过修建村内道路、村容村貌整治、改水改厕、村庄绿化等项目的实施,扶持各类基础设施建设项目7600余个。扶持生产开发项目338个,安排资金1328万元,发展一批具有当地特色的种养项目,移民人均收入达到3300元。安排资金1366万元,扶持移民培训518期。共安排应急补助资金13000万元,为库区和移民安置区冰雪灾害、洪涝灾害恢复重建项目提供资金支持。

设区市移民生产生活

南昌市 制定移民培训五年规划,开展以"短、平、快"实用技术为内容的科技培训,举办新政策培训班10期,培训工作人员达300余人,推广一批农业新技术、新品种。从2007—2009年修建水井1口,安装自来水29处,新建(维修)排灌站5座,修建水渠42条54.83千米,建涵闸2座,修建堤坝2千米,修建山塘水库20座,重点村和水库库区修建道路171.66千米,改水改厕158所,绿化美化1690平方米,路面硬化0.56千米,环境整治29处,亮化工程4处,压水井3眼,机井11眼,为588户安装自来水,便道15千米,新建公路桥2座,桥涵2座,新建改造学校362平方米,新建村文化室1523平方米。扶持项目实施,移民年人均收入由2006年的2312元增加到2009年的4580元。2010年南昌市实施道路修建68.33千米,新建水井3眼,安装自来水200户,修建排灌站1座,水渠48.64千米,堤坝1.46千米,提排灌站1个,山塘水库13座,涵闸1座,桥涵4座,改水改厕165处,新农村建设5处,环境整治4处,绿化美化1450平方米,路面硬化4.2千米,便道1.65千米,操场1000平方米,村文化室520平方米,污水处理5处,滑坡处理1处,经济作物种植200亩,养殖场所1548平方米,新建老年活动中心2个,晒谷场1处。

2010年,新建县移民人均收入达5300元,比2007年的1780元翻了3倍。全县共新修维修道路14.41千米,水渠17.79千米,新建山塘水库5座,环境整治3处,新建活动中心1个;经济发展规划项目18个,建设示范村4个(美化亮化工程4处,安装路灯200余盏,安装自来水206户,新建公厕4所,村内路面硬化6.2千米)。新建维修道路3.5千米,新建新修水利设施1.3千米,种养殖业8个,开展移民干部培训2期120人,移民科技培训3期180人;应急项目11个,新建维修道路3千米,农田水利2.6千米,养殖业1处;小型水库项目11个,新建水利设施1.3千米,新修道路2.54千米,新建门前塘2口,新建公厕2所,新建提灌站1座。

2008年,进贤县全县移民人均经济收入达4925元,人均拥有粮810千克,95%的移民用上简易自来水,80%的移民住上新房。

2010年,安义县政府通过对移民安置区采取整村推进、项目扶持、劳动力转移科技培训等多种形式,全县移民人均纯收入达到3679元,收入结构由粮食收入为主转变为种养业、经营二三产为等收入为主,社会各项事业得到较快发展,生产生活环境改善。在基础设施方面新建和改造村组公路77.19千米,27个行政村和乡镇道路路面全部硬化,41个村小组中39个村小组实现路面硬化,移民行路难基本得到解决,新建维修山塘水库、渠道、堤坝、电排等水利设施43处(座),新增灌溉面积21.6万余亩;新修桥梁5座;架设输电线路5千米;维修改造学校300平方米;修建村级文化活动室5处1700余平方米。结合新农村建设,扶持351户移民户进行改水改厕。行政村通公路比例达100%,村组通公路比例达到93%,通电比例达到100%,通电话比例达到100%,通广播电视比例达100%,其中有线电视比例已达70%,饮水困难人口比例下降至4.9%。并投入科技推广培训班10期,累计培训移民群众0.6万人次。

2010年,湾里区修建村组公路3.46千米,改造环境4600平方米,改造自来水1处,修建拦水坝1座。

九江市　截至2009年12月,国家共投入九江市大中型水库移民后期扶持资金60465.67万元,其中:通过"一卡通"发放直补资金31863.42万元,实行项目28602.25万元。为库区和移民安置区新建和改造村组道路3242千米,新建桥涵133座,移民村组通公路率由2006年的43.32%,提高到2009年65.8%;维修病险山塘水库443座,修建提灌站33座,修建渠道582千米,改善和新增灌溉面积57000余亩;为移民打水井413口,铺设自来水管网130千米,解决6410户移民饮用水安全问题;建造文体活动场所10800平方米;并配合新农村建设,在移民区新建85个移民示范村。

2010年,都昌县库区移民人均纯收入从2006年的862元增长到2010年的1790元。

2009年以来,永修县多方筹措资金116.3万元,帮助移民安置点改善生产生活条件,新建和维修水库、塘、灌渠等水利工程12个,改善农田灌溉面积910亩,新建和改造移民村组路6条,新建桥梁1座,改造低压线路1.5千米、更换变压器1台。2010年,永修县根据县移民区的生产实际,针对各地的种养特色和劳动力转移的需要先后举办16期移民科技培训班,培训移民1600人次,免费发放技术资料4000余份,安排移民培训资金19.6万元。举办各类水库移民培训班8期,培训人员120余人次。人均纯收入同比增长23.5%,库区及移民安置区村组通公路比例达到83%,村组饮水安全比例达到55%。

2010年,湖口县移民年人均纯收入比上年增长422元。库区及移民安置区村组公路通达率100%。村组安全饮水比例达77%,村组通电比例达100%,义务教育阶段移民子女上学比例达99%。

1993年,柘林库区有偿资金回收困难。库区移民问题,柘林库区包括水库淹没范围的2.1万余人在内,仍有2.8万余移民还处于未解决温饱或温饱不稳定状态;江口库区有1.4万人在正常蓄水位70米的淹没线以下;上犹江库区移民本居住在深山僻壤中,田土贫瘠,产量很低,加上人均耕地0.5亩以下,周围山场均被划归国营林场经营,生产资源贫乏。1993年国家放开粮价后,仅移民的返销粮价差就达200万元。

景德镇市　昌江区移民年人均纯收入从2006年6月30日的1900元增长到2010年的2500

元,库区及移民安置区村组通公路比例达到94%、村组饮水安全比例达到95%、村组通电比例达到98%、义务教育阶段移民子女上学比例达到100%。

新余市 2002年6月,编制完成《新余市江口水库移民遗留问题处理2002—2007年规划及总体规划》。2001—2009年中央直属江口水库移民遗留问题的处理,以年度为阶段,分步推进,共实施1265个项目。九年来共建成农田水利设施307个,改善和新增灌溉农田43818亩,改善除涝面积5475亩,新增耕地面积760亩;修建人畜饮水工程140个,解决16752万移民和28230头牲畜的饮水问题;新修和改造村级公路604.93千米,大小桥梁36座;架设输电线路28条、219千米,新增和更换变压器29台;新建和改造校舍、医疗点120所,共计13350平方米;迁建新房586间、29320平方米,改造移民危房29600平方米;调整土地245亩,开垦土地260亩,增加移民所拥有土地资源;开发经济作物3506亩,林业5700亩,增加移民区生产资源;发展水产养殖2076亩,养家禽畜3.46万只(头);扶持乡镇企业29家,产生经济效益700余万元;搬迁回水区居民2011人,迁建新房112600平方米;建成移民示范村22个;培训移民干部2530人次,培训移民6200人,转移移民劳动力1923人,资助316名贫困移民子女上职业学校。六年规划目标(2002—2007年)全部达成2007年4月实施大中型水库移民后期扶持项目1905个,下拨大中型水库移民后期扶持项目资金14497.5万元。通过3年移民后期扶持工作的开展及移民自身努力,新建自来水工程299处,水井393口,新修公路652条、521.04千米,桥涵45座,新修渠道207条、193千米,新修山塘水库133座,架设高低压线路24条、30.78千米;改造中低产田396亩,安装有线电视275处,新建文化活动中心39处,种植果树804亩,新建移民新村40个,受益人数达27万余人次。扶持项目实施,移民年人均收入由3年前的1612元增加到3492元。

2010年,据不完全统计,全市新建自来水工程33处,新修公路143条、85.51千米,桥涵11座,新修渠道134条、73.06千米,新修山塘水库44座,新建文化活动中心2处,种植果树等4353亩,新建移民新村20个。2010年,全市投入移民资金409.6万元,整合新农村建设资金和其他资金共计2842.71万元,对示范村进行规划,共完成拆除旧房153间,旧房改造9105平方米,硬化道路14.88千米,硬化村前屋后13510平方米,修建村内排水沟共计9876米;协助村里改厕217处,方便群众;完成全村房屋外墙粉刷,面积达33648平方米;栽种花木1010余棵。2001—2009年共选派316名移民子女到江西省民政学校、新余高专、新余广电学校学习,对2200名移民子女和返乡移民进行计算机和机械电子技术及家政服务等技能培训,开展以“短、平、快”实用技术为内容的科技培训,全市共培训9000余人。2010年举办实用技术培训班6期,培训移民390人次;实施“水库移民区一村一名大学生计划”项目,重点培训农业经济管理、会计、法学、光伏材料加工与应用技术等专业的移民和移民干部,组织符合条件的移民子女及移民管理干部报名,招收学员50名;举办劳动技能培训班8期,培训人员400余人,转移劳动力300余人。

2010年,分宜县46个水库移民示范村共完成村内道路硬化75千米,清理垃圾8000立方米,粉刷外墙69500平方米,栽树8400棵,绿化面积6560平方米,拆除危旧房85000平方米,新建新户型房屋1323栋,改水改厕2685户,8283名移民搬入规划有序的新居。村内道路、排污、绿化、供水、供电、有线电视等基础设施得到完善。全县移民安置区累计生猪存栏8.07万头,种植经济作物8700

亩,养家禽6.2万羽,家畜1.9万只。2010年,全县移民扶持人口人均纯收入5600元,比2006年增加3620元。新建灌渠、排灌站,维修防护堤和改造中低产田等项目加快人畜饮水项目建设,2.89万余移民喝上干净卫生的饮用水;库区和移民安置区实现村村通水泥路,其中68%的移民小组修通水泥路;新建农家超市32个、村民文化活动中心25个、健身活动场所38个。累计培训移民3600余人次,先后输送230名移民青年到省民政学院、江西赣江职业技术学院和新余广电职业技术学校学习。全县80%的移民劳动力掌握1—2门农业实用生产技术或劳动技能。

2010年,仙女湖区移民项目资金建设与新农村建设紧密结合。新建农田水利项目22个,新增农田灌溉面积16.2亩,受益移民2623人;新修水泥公路35.92千米,解决15个村小组出行难的问题;结合新农村建设,改水改厕107处,路面硬化0.8千米,对排水沟等进行环境整治38处;结合教育资金的投入对移民中学进行修建,改造面积200平方米,解决附近5个村的移民子女就学难的问题;新建文化设施3处;生产开发方面果树种植766亩,发展油茶基地630亩,水产养殖200亩。移民安置区村组通公路率达67%,村组通电率达91%,义务阶段移民子女上学率达98%。

2010年,孔目江区移民人均收入为5567元,人均收入924元以下的人数逐渐缩减至6人。在基础设施方面,新建村组公路共计0.8千米,新修渠道1.8千米,维修山塘水库1处,改水改厕2处,环境整治1处,生产开发1处。

鹰潭市 后期扶持政策实施以来,2009年全市移民人均纯收入由2006年的2058元增长到3256元,增加1198元,增幅达58%;处在贫困线以下的水库移民由2006年的8862人减少到5142人,减少3720人;通路村组由2006年的50.20%上升到73%,饮水安全村组由2006年的40%增至60%,兴修农田水利村组由2006年的39%增到60%,通电村组由2006年的99.70%增加到100%,义务教育阶段移民子女上学率达到100%;累计修建各类道路392千米、桥涵20座、山塘水库58座、提灌站24座、灌渠60千米,低产田改造90亩、护坡1.9千米,挖掘水井15口,安装自来水883户,修建文体活动场所2230平方米、卫生所1所,改水改厕3009处,危房改造387平方米。

赣州市 自2006年大中型水库移民后期扶持政策实施以来,全市采取多项举措,创新帮扶方法。截至2009年12月30日,全市移民年人均纯收入从2006年6月30日的1491元增长到2519元,增长69%,而同期当地农民年人均纯收入从2123元增长到3080元,增长45%,年人均纯收入1196元以下的贫困移民人数从84914人下降到44204人,移民间收入差距逐步缩小,移民收入正在稳步赶超当地农民收入,库区及移民安置区的经济发展状况良好。行政村"五难"问题基本解决,村组通公路比例达到74%,村组饮水安全比例达到75%,村组通电比例达到92%,义务教育阶段移民子女上学比例达到99%。全市共举办各类实用技术培训班2800余期,累计培训农民21万人次,实施重点村"一村一名"中专生培养计划,全市共完成3415名招生培养任务,2006年大中型水库移民后期扶持政策实施以后,全市举办各类水库移民培训班331期,培训人员达13063人次。

2010年,兴国县通过对水库移民对象直补和项目扶持的实施,修建村组公路126条、20个农田水利设施、5个饮水工程,新增灌溉面积6000亩,改善灌溉面积3000亩。

2010年,宁都县采取多项举措,移民年人均纯收入从2009年3007元增长到2010年的3303元,增长9.8%,库区及移民安置区的村组通公路比例达到100%、村组饮水安全比例达到96%。

上犹县列入后期扶持的水库有上犹江、龙潭、南河、灵潭、仙人陂、龙江6座大中型水库。移民人均耕地0.38亩,其中水田0.32亩,移民人均年纯收入2424元,其中人均年纯收入1196元以下的移民1841户、7838人,未通公路移民村组282个,饮水困难移民村组266个。2010年,全县着力改善库区移民生产生活现状,新开、硬化村组道路项目265个,95.44千米;新建桥梁18座,解决39485人行路难问题;农田水利项目103个,新建、维修水渠65.04千米,新修、维护防洪堤坝12.6千米,维修三塘水库10座,改善14523亩农田灌溉难问题;人畜饮水工程28处,新建简易饮水井28口,自来水池15座,铺设饮水管道6.5千米,解决1532人、835头大牲口的饮水难题;扶持油茶低改项目13个,低改油茶1.2万亩,建设茶叶基地项目19个,新开茶叶种植面积6230亩,帮扶1637户移民开展油茶、茶叶等经济作物。全县24980位移民年人均增收600元,基本解决口粮问题;通过项目扶持直接受益群众8万余人,移民35912人,全县不通公路村组由518个下降到的282个,饮水困难村组由493个下降到266个,不通电小组由12个下降到3个,移民户适龄儿童完成义务教育比例达99.8%。

上犹江水电站于1957年建成发电,库区安置近6万移民群众。据了解,人均口粮不足350市斤的占70%,1年短缺4、5个月口粮的移民户普遍存在;移民人均收入100元以下的占9.5%,250元以下的占85%。

2010年,瑞金市移民人均收入从2009年2674增长到3422元,增长28%。是年章贡区先后在库区移民安置区实施项目47项,便化、修建村组道路22条,4.5千米。维修、新建排涝实施6项,其中新修水渠1.5千米,增加旱涝保收面积67公顷。修筑河坎、道路挡墙6处。新建、改造低压线路400米。实施饮水改造工程3项,解决库区60户移民饮水问题,改造维修鱼塘6处近12公顷。根据小型水库资金量小的特点,重点解决群众急需解决的困难,对水西镇横江村鱼坑组群众的饮水难问题给予扶持,安排8万元资金把自来水送到各家各户。

2010年,信丰县移民年人均纯收入从2009年的2591元增长到2010年的3519元,年人均纯收入1196元以下的贫困移民人数从5964人下降到4804人,库区及移民安置区村组通公路比例达到84%、村组饮水安全比例达到85%、村组通电比例达到100%、义务教育阶段移民子女上学比例达到100%。

大余县水库移民年人均纯收入2009年底的1450增长到2010年底的1985元,增幅达37.9%。投入移民后扶资金436.06万元,新修村组公路11.75千米、水渠2千米、饮水工程3处,建设村及活动室、卫生室405平方米。

2010年,崇义县累计完成通村通组公路126.80千米、公路桥15座,完成水圳硬化7.9千米,解决3900亩农田灌溉问题。累计建设自来水项目7个,完成6个乡7个村自来水系统,10个组自来水系统建设,累计建设移民示范村7个。制定移民培训计划,聘请县农业技术人员进行科技培训,全年共举办培训班6期,培训移民580人,发放实用技术性资料5000余份。

2010年,龙南县人均纯收入为1960元,增长23.5%。落户在龙南的三峡移民从事生产生活的有23户66人,空挂户有28户94人,累计下拨安置资金109.49元,其中以人均2亩山林地标准安置生产用地132亩,以户均120平方米标准安置宅基地2760平方米。同时,建好水、电、路等基础设施和公共设施,并修好硬化脐橙园道路 1.5 千米,新建脐橙果园水肥滴灌 760 亩。

全南县水库移民年人均纯收入从 2006 年 6 月 30 日的 1890 元增长到 2010 年的 3032 元。库区及移民安置区的行政村"五难"问题基本解决,村组通公路比例达到 93.8%、村组饮水安全比例达到 75%、村组通电比例达到 100%、义务教育阶段移民子女上学比例达到 99%。

定南县 2006—2009 年挖掘帮扶亮点,移民年人均纯收入从 2006 年 6 月 30 日的 1762 元增长到 2009 年的 3618 元,增长 105.3%,同期当地农民年人均纯收入只从 1983 元增长到 3467 元,增长 74.8%,年人均纯收入 1196 元以下的贫困移民人数从 2401 人下降到 1208 人。库区和移民安置区的行政村"五难"问题基本解决,村组通公路比例达到 73%、村组饮水安全比例达到 72%、村组通电比例达到 98%、义务教育阶段移民子女上学比例达到 100%。

宜春市 从 2006 年起,对 16.64 万水库移民实施后期扶持政策,除对 9.8 万移民实施资金直补外,采取改善移民生产条件、对移民开展科技培训、提高移民综合素质、扶助移民发展增收主导产业等。2010 年,58 个重点村和水库移民安置区基本实行改水改厕、沼气池建设、"三清三改"等。

2010 年,袁州区硬化乡村公路 69.47 千米,建桥 6 座,改善近万人的行路难问题;维修水渠 38.5 千米,水库 9 座,建堤灌站 4 个,修库坝 8 个,改善和新增农田灌溉 4800 余亩;建人畜饮水 13 处,解决 2000 余人的安全饮水问题;建学校操场、篮球场等附属设施 9 个;改造高压用电 2 处,解决 1000 余人的安全用电问题;培训移民 260 人。

2010 年,樟树市移民人均纯收入达到 5100 元,比 2005 年增加 1870 元,增幅达 57.9%。

靖安全县移民年人均收入从 2006 年的 1250 元增长到 2010 年 3500 元,增长 180%。并投入移民后扶资金 1413.26 万元,完成项目 195 个,新修水泥路 86.86 千米,新建桥涵 7 座,安全饮水 53 处,修建灌渠 41.9 千米,维修河堤 10 处,改扩建学校 9 所,迁建新房 180 平方米,发展种植业 800 余亩。移民示范村组按照"走平坦路、饮干净水、上卫生厕"的目标,受益移民群众 600 人。

2010 年,上高县建成蓄水池 1 座,自来水 9 处,新建水渠 8 条 4 千米,水库除险加固 3 座,完成路面硬化约 50 千米,新建桥涵 2 座,建成翰堂镇密村梅家咀移民示范村和田心镇斜溪村斜溪组移民示范村。扶持种植经济作物林 30 亩,养殖基地 1 个。探索移民生产开发扶持项目,全年下拨移民养殖培训资金 4.1 万元。2010 年,全县安排移民科技培训技能项目,共组织 6 期 416 人参加种植养殖技术培训。库区移民群众的再就业能力提高,人均年纯收入提高 800 元以上。

吉安市 吉安的水库移民大多分布在边远山区、水土流失区和库区。这些地方地处偏远、交通不畅、信息闭塞、自然环境极差,不通路、不通电、不通水、不通电话的地方不胜枚举,上学难、求医难、饮水难,农村基础设施薄弱,群众自我发展能力较差等现状。全市各级政府筹集资金,集中人力、物力、财力,狠抓水库库区基础设施建设,着力改善贫困地区和水库库区的生产生活条件。投入"两江"水库扶持资金 3429.51 万元,实施"四个一"工程和"两江"水库移民重点示范村建设,改造危房和建设村落社区中心。投入万安库区项目资金 4837.4 万元,结合新农村和移民示范村建设,完善移民的饮水、沼气、道路等基础设施。2006 年以来,投入水库后期扶持项目资金 17549.4 万元,实施水库移民基础设施建设,基本实现"五改、五通、五化"的目标。组织各类农村实用技术培训 3460 余期,培训 14.1 万余人次,贫困群众掌握 1—2 门实用技术;组织 57269 名贫困劳动力参加"雨露计划"培训,转移就业率达96.3%;每年组织1200人参加农函大学习,组织水库移民劳动力参加培训。2010年,实施省移民办批复吉安市2009年度的各类项目1980个、资金8326.4万元。项目开工率、完工率、资金拨付率均为100%。

2010年,青原区共完成危房改造50户,新建山塘水库3座,修建村组公路30.5千米、渠道10.3千米、桥涵1处、饮水工程5处。投入扶持资金41.6万元,推进富滩镇作埠高陂和富田镇长井2个移民示范村建设。共完成危房改造34栋,改水改厕2处,安装自来水2处,新装有线电视45户,道路维修2.5千米。通过示范村建设,起到以点带面的示范作用。2010年,针对性地举办2期以无公害蔬菜种植、果业种植、畜牧养殖等内容的实用技术培训,培训移民156人次。扶持移民生产开发,帮助移民发展经济作物种植86亩,家畜养殖150头。

2009年,井冈山市完成建设项目23个,受益移民4300人。其中乡村公路(含水泥硬化)7条5.37千米;维修灌渠1处190米,解决150亩农田有效灌溉问题;修建安全饮水工程3处,解决280余人的安全饮水问题;扶持水库网箱养鱼300箱,受益移民户81户。

2010年,上级批复吉安县4个移民示范村。拆除危旧房屋13栋计3750平方米,附属房计15栋计2702平方米,建成环村路710米,完成巷道硬化7462余米,铺设彩砖760平方米,修建排水沟2处计3000米,建成分户型自来水37户,砌筑挡土墙80米,建成水塘2座,护栏802余米,平整场地1000平方米,修建篮球场2个,观景亭1座,建成花坛4个,购置运动器材9套,添置石桌石凳4套,植树3000余株,铺设草皮1000平方米。先后举办三期移民干部和移民实用技术培训班,累计培训移民干部269人次,移民300人次。

2010年,新干县投入资金40万元,2个移民示范村完成3.3千米村内巷道的硬化工程,新建房屋20余幢,拆除破旧附属房10余间。移民示范村全部实现通电、通水、通路(水泥路)、通电话、通电视。

2010年,永丰县通过项目实施新建自来水8处,解决8个村组1563人的饮水难问题;新建续建山塘2座、新建水陂1座、新建电排灌站2座、浆砌水渠3条2.8千米等水利设施,改善灌溉面积1100亩,促使11个村组的农田水利设施得到加强,1770人从中受益;新建、维修和改造村组水泥路、沙石村路77条43.8千米、新建桥梁3座、村路排水沟1处,使87个村组的通行状况,20432人从中受益;通过改厕6处、新建文体活动中心1处使7个村组的公共生活设施得到改观,3932人从中受益。全年举办移民干部业务培训班1期和水库移民农业科技推广培训班4期。移民乡、组干部58名参加移民干部的业务素质培训;289名移民群众参加实用技能培训。

2010年,峡江县移民人均纯收入5130元,比2009年的4720元增加410元。有移民种植专业户60余户,养殖专业户50余户,年创产值3000万元以上,20余位移民自己开办加工厂,从事家具生产、灯具制作、木材加工等行业,每家年收入20—25万元以上。建成示范村4个,实施修路建桥8千米、改水改厕90处、环境整治30处、绿化亮化70处、饮水工程20处等项目。

1993年,万安水库水位已达96米,并在6月25—30日最高水位达到96.3米。万安电站蓄水后,万安县武术、沙坪等乡以及赣县、赣州部分乡镇交通中断,引发上学、就医、农用物资运输等一系列困难。水边淹没水位临界线上的700余人采取紧急搬迁;对那些因减少和失去耕地的影响人口

3000 余人相继作外迁安排;帮助恢复 5 条接头路,修建 5 处码头,增置 34 条渡船。帮助移民开展以家庭为主的种养业、短平快生产项目的开发。万安移民生产技术培训服务中心,培育出第 1 批种苗、种畜;万安移民果品厂投入生产。

自 1995 年万安水电站全面蓄水发电后,移民办鼓励移民在不妨碍公共场所和集体利益的前提下开垦宜农、宜林,宜果的荒山、荒坡、荒地,主动把拆除房屋的宅基地平整改造成耕地。移民办拿出一定资金进行鼓励和扶持。截至 1995 年,仅万安全县移民开垦荒地 4328 亩,发放扶持金 18.15 万元(不含水利配套设施费)。至 1995 年,全县移民建设果园 8898 亩,投放资金 448.54 万元。

1997 年,万安库区 5 万余农村移民中仍有 40% 的贫困面,耕地少、口粮不足、生产条件差、生活艰苦;教育落后,子女上学难医疗条件跟不上,群众就医难;交通不便,信息不通等诸方面。

2009 年,万安县根据省移民办批复的计划项目资金,实施后期扶持项目 111 项,建成枧头镇枧头村窑厂至东阳水泥公路 1.2 千米,枧头镇九斗村桐山至舍背小学水泥路 2.1 千米,枧头镇下潞村伙土坑至下潞水泥路 2.8 千米,窑头镇流芳村柑橘坪至黄泥坑水泥路 2.5 千米,百加镇慕塘村慕塘至南山坑公路 1.8 千米,韶口乡畔塘村畔塘至梅岗水泥路 1.8 千米,建设百加镇廓埠村城下公路桥 1 座,沙坪镇沙坪移民新村公路桥 1 座。培训移民中青年劳动力 416 人,组织农业实用技术培训 7 期,培训农民 348 人,组织贫困群众优秀中学生 30 人参观上海世博会。

2010 年,永新县通过后扶工作尤其是移民项目的实施,移民年人均纯收入增长 800 元以上,达到当地农民收入水平。安福县 2010 年举办 4 期移民实用技术和移民管理干部培训班,培训移民共计 830 人,乡镇移民管理干部 30 人,发放资料 6500 余份。并完成自来水 6 处,水井 1 个,水泥路 105.7 千米,砂石路 20.87 千米,机耕道 11.95 千米,桥涵 11 座,水渠 30.9 千米,水陂 3 处,提灌站 1 座,小山塘 1 座,建设移民示范村 4 个,巷道硬化 2.8 千米,改水改厕 4 处,绿化 4 处,墙面亮化 3500 平方米,亮化 1 处,休闲场所 4 处,受益移民达到 9860 人。

上饶市 通过实施《2006—2010 年大中型水库移民后期扶持规划》和《2006—2010 年大中型水库库区和移民安置区基础设施建设和经济发展规划》,共投入资金 17903.28 万元,建设大中型水库移民后期扶持项目、社会经济发展规划项目和后扶结余资金项目共计 3628 个,受益人口达 870433 人,移民年人均纯收入增加 700 余元。通过扶持项目的实施,全市共修建乡村道路 3246.8 千米;解决农村自来水 7910 户,水井 2571 口,移民用电 3529 户;建设农田水利灌渠 208.18 千米,提灌站 34 座,维修山塘水库 96 座;兴建公益设施 209 处等。2010 年,全市共争取中央、省级财政扶贫资金和水库移民资金扶持全市 36267 万元,比 2009 年净增 3790 万元,增长 17%。全市库区移民收入达到 4554 元左右,比上年增长 9.1%。

2010 年,信州区发放移民后期扶持直补资金 89.1 万元,实施后扶项目 19 个,受益人数达到 7680 人。全市水库移民年人均纯收入从 2006 年 6 月 30 日的 1150 元增长到 2010 年的 3800 元,移民人均比 2006 年增收 2650 元。库区及移民安置区的行政村"五难"问题基本解决,村组通公路比例达到 87%、村组饮水安全比例达到 78%、村组通电比例达到 100%、义务教育阶段移民子女上学比例达到 100%。

2010 年,玉山县移民年均纯收入从 2006 年的 1848 元增长到 2010 年的 4670 元。

2010年,德兴市移民年人均纯收入从2009的4618元增长到5080元,达到当地农民收入的80%。库区及移民安置区的行政村"五难"问题基本解决,村组通公路比例达到75%、村组饮水安全比例达到86%、村组通电比例达到100%、义务教育阶段移民子女上学比例达到100%。

2010年,万年县水库移民的人均纯收入2450元,同比增长32.3%。

抚州市 2005年,全市启动37个移民示范村建设,每个新村30万元,基本形成"一村一品"格局。如南城县龙湖镇王坪村是洪门水库库区移民群众安置区,该村栽板栗3200亩,南丰蜜橘、桃、梨等果园800亩,新筑库汊2座,围养水面500余亩,实行综合立体养殖,其中池蝶蚌养殖达60余万只。2008年仅板栗纯收入,全村就达150万元,人均1520元,占移民年纯收入的48%。抚州市作为移民工作大市,2009年完成安置点建设公路113.46千米,建设饮水设施117个,架设输电线路110.1千米。整合各种建设资金38319.49万元。2010年围绕"保稳定,促发展"的总体要求,精心抓好移民项目的组织实施。批复水库移民项目1725个,完工1600个,计划资金9643.72万元,拨付8928.88万元,开挖移民饮水井6口,改自来水143处,新建和维修公路649条(处)612.7千米,新修和维修陂坝、水库263座,改善和增加灌溉农田32625亩,改造低产田1853亩,新修和维修学校25栋。

2010年,南丰县移民依托南丰特有的资源优势,种植南丰蜜橘,人均种植面积1.2亩,户均产鲜橘3150千克。实行科技引进、科技培训、移民实用技术培训。

2010年,乐安县实施后扶项目94个,受益人数达到13257人。移民年人均纯收入为2602元,比上年增长19%,库区及移民安置区村组通公路比例达到52%、村组饮水安全比例达到63%、村组通电比例达到92%、义务教育阶段移民子女上学比例达到99%。

2010年,黎川县有214户移民向县信用联社办理贷款手续,合计贷款金额为269.1万元。有53户移民办理"名、优、特、新"产业扶持贷款65.1万元。移民利用贷款发展特种水产养殖业360亩,栽种名、优果树120亩,开办小型加工企业2家。全县有68户移民办理住房贷款117.3万元,已建成或正在兴建的房屋68栋,面积达9200平方米,移民申请助学贴息贷款的移民子弟有93人,办理贴息贷款86.7万元。先后推广大棚蔬菜、黄花菜、烤烟等产业,农户户均纯利15000余元。修建排灌站2座、山塘水库6座、引水渠道5.6千米,修建提闸5处,修建道路53.82千米,修建桥梁3座,为300户移民安装自来水。

2010年,南城县组织培训移民干部150人次,计算机、实用技术、服装知识、门业机械制造等后期扶持项目技能培训420人次。

2010年,东乡县累计投入后期扶持项目资金714.72万元,建设移民示范村8个,实施修路建桥、改水改厕、环境整治、绿化亮化、饮水工程等项目。

其他大段水库建设其间,遗留下3个淹没区后靠村委会,共有21户,1268人。1994年底,岸区人均纯收入仅有368元,贫困户占库区总农户的90%。1998年扶贫攻坚工作后,开发扶贫果园580亩,库汊养鱼570亩;培育笋、竹两用竹林400亩;年饲养山羊700余头。

第三章　三峡移民管理

为了妥善安置三峡移民,全省执行国家的移民安置方针政策,始终坚持"集中至县、乡,分散到村、组"和"以农为本,以土为本"的安置原则,调出给移民的土地土质良好,灌溉便利。三峡移民搬入时,各地县政府结合当地实际,从安置条件、移民建房、基础设施建设、子女入学、税赋减免、办证办照、技术服务、思想政治等各个方面,制定了一系列移民优惠政策和具体措施。

第一节　移民工作组织

1999年11月,经省政府研究,决定对口支援三峡工程领导小组下设三峡移民接受安置办公室,具体负责接受三峡移民工作的衔接、管理、协调和服务。办公室由省合作办陈瑞高兼任主任、省移民办曾庆赓担任常务副主任,省合作办李忠诚担任副主任,并从省合作办和省移民办抽调3—5人集中办公,办公室设在省移民办。

2000年11月,鉴于机构和人事变动,经省政府研究,决定调整省对口支援三峡工程领导小组及移民接受安置办公室组成人员:组长为副省长蒋仲平,副组长为省合作办主任贾善来、省政府副秘书长肖四如、省计委副主任叶柏青,成员为省合作办副主任余鼎革、省经贸委副主任涂勤华、省科技厅副厅长周青、省教育厅副厅长王占铭、省农业厅副厅长阳士堤、省民政厅巡视员傅敏先、省卫生厅助理巡视员赵梅兰、省乡镇企业局副局长卢耀群、人行南昌中心支行副行长林勇力,余鼎革兼任领导小组办公室主任及移民接受安置办公室主任,省移民办曾庆赓任移民接受安置办公室常务副主任,省合作办李忠诚任移民接受安置办公室副主任。

2001年7月5日,根据国家三峡建委的移民出市外迁安置工作程序要求,分年度实施移民安置规划必须在上一年度8月底以前完成;且分配江西5000人的三峡移民,2002年要全部安置完毕。为充分做好2002年江西三峡移民安置工作,编制2002年度三峡移民安置计划有关事项通知如下:国家分配全省5000人的移民安置计划不能突破。各安置县的移民安置人数只能控制在省下达的计划之内,即:靖安县1500人、永修县1300人、峡江县1200人、奉新县1000人。2002年度各安置县的计划安置移民人数为(各安置县计划移民人数减去在2000年度和2001年度已安置的人数)靖安县183人、永修县184人、峡江县374人、奉新县52人。各安置县根据2002年度安置人数,着手落实2002年移民安置点工作,并于2001年8月15日前将2002年移民安置计划内容上报省三峡移民办规划处。根据国家三峡建委的要求及全省这两年移民安置的实践经验,移民安置点选择要以分散安置为主,每个安置点以不超过10户为宜,尽量选择在国道、省道沿线和水利设施比较好的地方作移民安置点,以便移民顺利对接安置。移民安置点的土地、宅基地仍按原规划标准安排。

2001年11月21日,根据国务院三峡工程建设委员会10月18日在山东省济南市召开的2001年三峡移民外迁安置工作会议精神,继续按照"以农为本、以土为本"的原则和省委、省政府确定的"两个择优、三个必须"的要求,考虑到2002年外迁移民的构成更复杂、想法更多、宣传动员的难度和接收安置的难度更大的状况,省三峡移民办对2002年准备接收移民的安置点进行多次实地考察,精心编制2002年度全省接收三峡移民750人的安置计划,其中:奉新县378人,峡江县372人,分别安置在10个乡镇,16个村委会,21个村小组。

表2-3-1　全省2002年度三峡移民接收安置计划表

安置点				安置人数	调整土地					备注
					耕地(亩)			林地(亩)	宅基地(平方米)	
县	乡(镇)(个)	村(个)	组(个)		小计	水田	旱地			
奉新	6	9	11	378	642.6	529.2	113.4	94.5	16740	
	干洲镇(80人)	前进	廖家	20	34.0	28.0	6.0	5.0	900	
		洪川	综合场	30	51.0	42.0	9.0	7.5	1260	
		溪畔	综合场	30	51.0	42.0	9.0	7.5	1260	
	干垦乡(80人)	闵家	古家	40	68.0	56.0	12.0	10.0	1800	
			山下	40	68.0	56.0	12.0	10.0	1800	
	东垦场(80人)	上富场	新田队	40	68.0	56.0	12.0	10.0	1800	
			新庄队	40	68.0	56.0	12.0	10.0	1800	
	赤岸乡(54人)	城下	山口场	34	57.8	47.6	10.2	8.5	1440	
		浣溪	西源	20	34.0	28.0	6.0	5.0	900	
	澡下镇(60人)	澡下	新街	60	102.0	84.0	18.0	15.0	2700	
	农牧渔场(24人)	蔬菜场	蔬菜场	24	40.8	33.6	7.2	6.0	1080	
峡江	4	7	10	372	576.6	576.6		186.0	27450	
	砚溪(120人)	觉溪	长岭	40	62.0	62.0		20.0	2930	
		步溪	1组	50	77.5	77.5		25.0	3730	
			焦溪	30	46.5	46.5		15.0	2200	
	戈坪(120人)	戈坪	大湖得	70	108.5	108.5		35.0	5200	
			郭家料	40	62.0	62.0		20.0	2930	
			潭江前	10	15.5	15.5		5.0	730	
	福民	郭下	清水塘	20	31.0	31.0		10.0	1470	
		田心	老屋仔	22	34.1	34.1		11.0	1600	
		娄屋得	城婆坑	40	62.0	62.0		20.0	2930	
	金江	金滩	启元	50	77.5	77.5		25.0	3730	
总计	10	16	21	750	1219.2	1105.8	113.4	280.5	44190	

2001年10月25日,全省在2000年和2001年共接受安置三峡移民4273人,占国家下达江西

计划总数的 85.5%,超额完成国务院三峡建委下达给江西省的 2000 年、2001 年三峡移民安置任务。2002 年,国务院三峡建委下达江西接收安置移民任务 750 人。根据三峡建委 2001 年 10 月 18 日的会议精神,结合全省 4 个安置县剩下三峡移民安置人数不多的实际情况,对 2002 年度移民相对集中安置,经研究并报省政府领导同意,对 4 个县 2002 年度安置计划作如下调整:

靖安、永修两县 2002 年度不再安置三峡移民,原安置计划剩余人数 344 人(靖安 177 人、永修 167 人)调整由奉新县安置;奉新县 2002 年度移民安置人数增至 378 人;峡江县 2002 年度移民安置人数维持原计划不变,为 372 人。

表 2-3-2　三峡移民安置计划表

序号	安置地点(个)				迁出地点(个)		其中农转非	土地调整(亩)			建(购)房屋(户)数				
	安置县	乡镇数	村数	组数	县	乡镇数		水田	旱地	山林地	宅基地	小计	委托	自建	购房
合计	4	35	66	82	1	16	488	6209.31	1697.23	1400.88	542.67	1163	778	244	141
1	奉新	11	28	38	云阳	5	248	1699.60	438.60	303.50	163.80	367	364		3
2	靖安	8	15	19	云阳	5	240	1523.71	329.89	198.63	105.75	307	193	42	72
3	永修	9	12	12	云阳	2		1586.20	339.90	283.25	144.64	251	221	30	
4	峡江	7	11	13	云阳	4		1399.80	528.84	615.50	128.48	238		172	66
备注	(1)表中统计的数据为移民迁入时的户数和人数,不包括迁入后分户、正常的自然增长以及已经死亡的人数;(2)靖安县农转非人数为 2000 年安置的移民;奉新县农转非人数为 2001 年安置的移民;(3)迁出地乡镇实为 12 个,有的县安置的移民是同一个乡镇的。														

2003 年 7 月,省政府对此前成立的 272 个非常设机构进行清理,经第 4 次省政府常务会议讨论通过,决定撤销 102 个,保留 170 个,省三峡移民接收安置工作领导小组被调整保留,领导小组办公室设在省合作办,余鼎革兼任办公室主任。

第二节　三峡移民安置

三峡移民方案与计划

2000 年 2 月,根据《长江三峡工程建设移民条例》《关于做好三峡库区移民工作若干问题的通知》《国务院三峡工程建设委员会办公室、移民开发局关于做好三峡工程库区农村移民外迁安置工作若干意见的通知》精神和省政府对接收安置三峡工程移民的有关要求,省移民办在总结靖安县试点经验的基础上,结合永修、峡江两县安置三峡工程移民条件普查情况,对全省安置三峡工程重庆库区外迁农村移民需要具备的条件提出基本要求,各县安置三峡移民时,要按以下要求选点布局:

社会经济条件和基础设施。安置三峡移民的乡、村经济发展水平比较高,发展潜力比较大,农民负担比较轻。移民安置点交通比较方便,距省道、国道公路干线不超过 15 千米,靠近县乡公路,并有简易公路通达安置点或安置点旁。移民安置点要通电力,电视要能看得清,电话要能装得上,宅基地上能打压水井,移民村点电力线路(含变电设施)要全部纳入农网改造计划,在移民建房竣工前完成电力工程建设。新建的移民安置村点子女就读小学,距离一般不超过 1—5 千米,最远不能超过 5 千米。

安置土地。三峡工程重庆库区出市安置的移民,全部为农业人口。要以土为本、以农为本妥善安置。必须保证三峡移民人均有承包耕地 1.2 亩,其中旱涝保收的双季稻田一般不低于 1 亩,最少不能少于 0.8 亩。其他耕地应为单季稻田或熟旱地,旱地不能以荒地、荒山、荒坡充抵,但可用管理得比较好的果园相抵。耕地要优劣搭配,耕地质量不低于安置地其他农民承包耕地的质量水平。耕地要连片集中在二、三个山垄,便于移民耕作。划给移民使用的山场,按人平均数量原则上不低于当地村民的最低平均水平。当地原有村民如果没有自留山,要明确三峡移民同当地村民共同使用山场,并允许三峡移民葬坟、采薪及放牧等。移民建房宅基地由安置点所在村无偿提供给移民,费用在三峡移民资金中支付,移民宅基地原则上使用荒山荒坡,尽可能避免使用水稻田、菜地。移民宅基地一般按 3 人及 3 人以下之家 120 平方米、4 人之家按 140 平方米、5 人及 5 人以上之家按 150 平方米配给,移民村道路等公共用地不计在移民宅基地内。移民住房式样由县三峡移民安置办公室无偿提供,一般不少于 4 种。移民建房式样、标准由移民根据爱好和经济条件自主决定。

三峡移民安置方案　国务院分配给全省安置三峡外迁移民 5000 人的任务,省政府将安置任务分配给靖安、永修、峡江、奉新 4 县,其中:靖安县安置移民 1500 人,永修县安置 1300 人,峡江县安置 1200 人,奉新县安置 1000 人。各有关安置县在实地考察、反复论证的基础上精心选择 116 个移民安置点,涉及 33 个乡(镇、场)、74 个村委会、116 个村民小组。具体安置方案列表如下:

表 2-3-3　1999 年全省三峡移民安置方案汇总表

序号	安置点(个)				安置人数(人次)	备注
	县	乡(镇)	村	组		
合计	4	33	74	116	5000	
一	靖安	9	19	22	1500	
1		仁首镇	金国村	原知青点	136	试点
				雷家坽组	112	试点
			农科所	农科所	24	
			水垅村	四组	52	
2		香田乡	白露村	牛背坽	188	试点
			黄龙村	甘家组	48	
				刊头组	48	

续表

序号	安置点（个）				安置人数 （人次）	备注
	县	乡（镇）	村	组		
			石马村	彭家边	28	
			吉洛村	兰圳	42	
			香田村	熊家组	26	
3		雷公尖乡	虎山分场	老屋组	200	试点
4		高湖镇	中港村	地上组	48	
5		烟竹乡	水汾村	水汾组	48	
			来堡村	下街组	48	
6		双溪镇	大桥村	泥埚组	26	
			瓷厂	瓷厂	35	试点
			曹山村	上林组	30	
7		水口乡	沙港村	镜山组	48	
			桃源村	杨家组	48	
8		县良种场	良种场	良种场	167	试点
9		红岗林场	红岗林场	一队	54	
				二队	48	
二	永修	8	15	33	1300	
1		马口	先锋	龙中	50	
				龙泉	50	
				龙井	50	
				龙马	50	
2		永丰	下洋	云丰	50	
				阳丰	50	
3		滩溪	富村	丘前	50	
				丘东	50	
			安城	国安	30	
				花岗	30	
			甘棠	桥边	30	
				桥南	30	
4		艾城	艾城	新村	50	

续表

序号	安置点（个）				安置人数（人次）	备注
	县	乡（镇）	村	组		
				新峡	50	
5		虬津	张公渡	老基	50	
				新基	50	
			虬津	珠林	30	
				虬珠	30	
6		燕坊	燕坊	燕三	30	
				燕峡	30	
			金版	北斗	30	
				金山	30	
7		白槎	双丰	牛塘	35	
				马塘	35	
			福联	棉花港	50	
				富华	50	
8		海棠	大塘	岭上	50	
				岭下	30	
			石桥	青龙	30	
				青石	35	
				青山	35	
			祥林	茶花	30	
				菊花	30	
三	峡江	5	13	23	1200	
1		福民	田心	老屋仔	70	
			娄屋仔	陈木坑	50	
				凌头	14	
			小枥	石上	42	
			宋家	园艺场	50	
2		金坪职校	金坪职校	太山坪	70	
3		水边	何君	天石坪	54	
				星元	60	

续表

序号	安置点（个）				安置人数（人次）	备注
	县	乡（镇）	村	组		
				石下	55	
			企业办	基地	65	
			众村	牧畜场	58	
4		马埠	芦溪	城上	40	
				水南	40	
				西藏	40	
				棉花山	50	
				席盖上	30	
			凰洲	果园	50	
				大汉湖	50	
5		金坪	朝阳	郭屋仔	56	
				窑场	56	
			新民	湖东	50	
			移山	水库下	50	
				箩仔丘	100	
四	奉新	11	27	38	1000	
1		农牧渔场	农业分场	枳下养殖场	28	
				总场旁	32	
2		干垦乡	砚下分场	上枧组	32	
				中枧组	36	
				下枧组	36	
			闵家村	洲上组	32	
				山下组	40	
				古家组	20	
			上堡村	黄岗组	24	
3		东垦场	上富分场	新田组	39	
				新庄组	39	
4		干洲镇	前进村	综合组	24	
			洪川村	综合场	28	

续表

序号	安置点（个）				安置人数（人次）	备注
	县	乡（镇）	村	组		
5		宋埠镇	中保村	中保组	30	
				下保组	40	
				车头组	20	
6		赤岸乡	城下村	白塔组	20	
				九丰组	20	
			山口场	山口果林场	30	
			浣溪村	西源组	20	
			沿里村	内垅山组	20	
				白吴组	48	
7		会埠乡	村头村	潭前组	20	
			水口村	东山上组	14	
				东山下组	20	
			渣村村	干洲溪组	24	
			车坪村	柏林组	16	
			会埠村	宋家段组	16	
8		罗市镇	港下村	马路口组	24	
			罗坊村	包家组	30	
			田背村	水头组	16	
			坪上村	路下组	20	
9		上富镇	高湖村	文家坪组	30	
10		澡下镇	澡下村	澡下组	40	
11		赤田镇	罗塘村	黄卜岗组	24	
			赤田村	岭背组	20	
			儒里村	新村	16	
			陶仙村	白石组	16	

　　2000年11月23日,根据国家三峡建委移民局副局长张宝欣于2000年11月9日召开的江西三峡办与重庆市移民局协调会的讲话精神和重庆市移民局《关于2001年度江西省三峡移民接受安置计划草案的复函》的意见,三峡移民接受安置办公室确定江西接受外迁移民安置总体方案和2001年度的安置任务。总体安置方案:靖安县安置1500人,永修县安置1300人,峡江县安置1200人,奉新县安置1000人。

2001 年安置计划。靖安县安置 400 人,永修县安置 1000 人,峡江县安置 800 人,奉新县安置 800 人。

三峡工程重庆库区农村外迁移民安置　2000 年 6 月 26 日,为认真贯彻落实《国务院三峡建设委员会办公室、移民开发局关于做好三峡工程库区农村外迁移民安置工作若干意见的通知》精神,确保完成国务院下达给江西省的三峡工程库区农村外迁移民安置任务,省政府下发《关于下达三峡工程重庆库区农村外迁移民安置任务的通知》,并将有关问题通知给九江、宜春、吉安,靖安市人民政府及峡江、永修县人民政府等有关部门:认识三峡工程库区农村移民外迁的重要性和紧迫性;三峡工程库区农村移民外迁安置的任务分配。经省政府研究,靖安县安置 2200 人(含试点已接收的移民),峡江县安置 1500 人,永修县安置 1300 人。

移民接收和安置

自 1999 年以来,江西共接收安置三峡库区农村外迁移民 10219 人(政府组织安置移民 8633 人、自主外迁 848 人、新增移民人口 738 人),超额完成国务院下达的省内安置 8500 名三峡移民的任务。

政府组织外迁的重庆市农村移民,集中安置在九江、景德镇、宜春、吉安、抚州 5 市 7 个县的 51 个乡、镇、场,共有 142 个安置点。自主外迁的湖北省秭归县移民,主要以招商引资、技术引进的形式接收安置,分布在赣州的信丰、龙南、全南等 20 个县 33 个乡镇的 50 个移民安置点,其中安置移民最多的信丰县有 366 人,最少的婺源县只有 1 人(属投亲靠友)。

全省共为政府组织外迁的三峡移民调出水田 12700 亩、旱地 2600 亩、山林 4900 亩,调出给移民的土地绝大多数成片成块,土质良好,灌溉便利,且距离移民居住地较近。三峡移民新建住房 1613 幢,面积 19 万平方米;购买商品房或农民旧房 319 幢,面积 2.3 万平方米,人均面积达 24.7 平方米。

靖安县为省内接收安置三峡移民试点。1999 年 11 月,省委省政府研究部署全省三峡移民接收安置工作,确定靖安县为接收安置重庆市云阳县外迁移民试点县。

靖安县接受外迁移民安置试点任务后,立即组织动员,开展相关工作:成立以县长为组长,1 名副县长、1 名政协副主席为副组长,县直有关部门主要负责人参加的移民安置工作领导小组;在 8 个乡镇及县直单位分别召开由县、乡、村、组各级干部和群众代表参加的座谈会;按照以农为本、以土为本的原则,要求凡安置移民的地方,移民的人均耕地要求达到当地居民的平均水平,即双季稻水田不少于 0.8 亩,单季稻水田不少于 1.2 亩,旱地不少于 0.3 亩,可开发利用的荒山荒地不少于 1 亩,有条件的地方要为移民提供人均或户均 1 亩以上的果园;以每户移民 120—150 平方米以上安排移民宅基地;移民集中安置点选择基础设施条件较好、有利于移民生产生活的地方;外迁移民要与当地居民同等对待,切实解决的困难;制定鼓励移民发展生产、改善生活的 8 条优惠政策。在此基础上,靖安县在 1999 年 12 月上旬制定《接收安置三峡移民试点实施方案》。12 月 11 日,国务院三峡办副主任高金榜等到靖安县实地考察。

2000 年 1 月,重庆市云阳县政协副主席邱祥均带队到靖安县实地考察,双方达成三点共识;2000 年 6 月 2 日,重庆市云阳县和江西省靖安县两县人民政府签订移民安置协议书。2000 年 9 月,靖安县接收来自云阳县巴阳镇、养鹿乡外迁农村三峡移民 806 人,安置在双溪镇、香田乡、水口乡三个乡镇。

2001 年 2 月 10 日至 3 月 20 日,全省成功地对接云阳县 8 个乡镇 797 户 3390 名的外迁移民,超额完成国务院三峡建委下达江西 2001 年接受安置 3000 人移民计划任务的 13%。移民分别对接在省内 4 个安置县、30 个乡镇场、75 个安置点。其中:永修县 251 户 1116 人(2001 年计划安置 1000 人),安排在 9 个乡镇场、26 个安置点;峡江县 181 户 826 人(2001 年计划安置 800 人),安排在 4 个乡镇场、9 个安置点;奉新县 243 户 937 人(2001 年计划安置 800 人),安排在 11 个乡镇场、27 个安置点;靖安县 122 户 511 人(2001 年计划安置 400 人,其中 11 人是 2000 年试点未签安置协议的移民),安排在 6 个乡镇场、13 个安置点。4 个安置县于 4 月 2 日分别与云阳县签订移民安置协议。

全省三峡移民接收安置 国务院下达江西的三峡移民接收安置任务总数为 8500 人,已安置 1163 户 5022 人,剩余的 3500 人于 2004 年完成。在省内安置的 5022 名三峡移民的生产和生活得到妥善安排。已安置的 5022 人分别安置在 4 个县,35 个乡(镇、场),89 个安置点。其中:奉新县安置 1462 人,靖安县安置 1334 人,永修县安置 1133 人,峡江县安置 1093 人。耕作土地充裕,移民人均土地 1.95 亩,其中水田 1.4 亩,旱地 0.3 亩,山林地 0.25 亩;住房条件较好。全省 1163 户移民,委托建房 778 户,移民自建房 244 户,购买旧房和商品房 141 户,人均住房面积达 24 平方米,宅基地户均 310 平方米。

2003 年 8 月 26 日,国务院下达给江西接收安置第三期三峡工程重庆库区农村外迁移民 3500 人的安置任务后,省政府正式下达安置任务《关于下达三峡工程重庆库区三期农村移民外迁安置任务的通知》),具体安置任务为:浮梁县 900 人,宜丰县 800 人,崇仁县 800 人,永修县 400 人,奉新县 300 人、靖安县 300 人。根据省政府下达任务的要求,结合全省接收第二期三峡移民的经验,省三峡移民办编制《江西省第三期三峡工程重庆库区农村移民出市外迁接收安置总体规划》。安置移民的浮梁、宜丰、崇仁、水修、奉新、靖安 6 县共划拨耕地 5688 亩(其中水田 4677 亩、旱地 1011 亩)、荒地 47.04 亩、林地 845 亩、宅基地 352.86 亩(占用耕地 203.8 亩、调整荒地 149.06 亩)。

表 2-3-4 2003 年全省第三期三峡移民安置计划表

序号	县(个)	乡(镇)(个)	村(个)	组(个)	安置点(个)	安置户数	安置人数
合计	6	24	55	67	68	877	3500
一	浮梁县	2	8	13	14	249	900
1		王港乡	高沙	上高沙	上高沙	16	60
2			王港	王港	上坞	8	30
3			王港	王港	新村	38	140
4			坑口	坑东	童家坂	13	40

续表

序号	县(个)	乡(镇)(个)	村(个)	组(个)	安置点(个)	安置户数	安置人数
5			坑口	坑上	红砖二厂	22	80
6			坑口	坑西	坑西	16	60
7			渭水	渭水	农科所	16	60
8			墩口	桥下	园艺场	13	40
9			墩口	桥上	桥上	14	50
10			墩口	新建	界新	13	40
11		庄湾乡	古铜桥	古铜桥	古铜桥	24	90
12			庄湾	下街	梁家坞	16	60
13			庄湾	下街	李家塘	16	60
14			寒溪	洋港	大堡	24	90
二	宜丰县	2	17	17	17	197	800
1		敖桥乡	敖桥	石咀	中学旁	5	20
2			荷舍	小水源	小水源	10	40
3			良岗	联组	小学侧	22	100
4		澄塘镇	黄坪	林坪	吴家岭	15	60
5			名山	联组	吴家岭	7	30
6			桥下	桥下	集镇规划区	7	30
7			高坪	坂桥	村部旁	10	40
8			澄溪	澄溪	集镇旁	13	50
9			大畲	楼里	洲上	13	50
10			东源	破塘	破塘	10	40
11			刁丰	干埚	干埚	12	50
12			上屋	上屋	亭子岭	12	50
13			下屋	下屋	亭子岭	8	30
14			庙前	三组	梧城垴	10	40
15			店上	毛头	毛头	15	60
16			店上	曾家	毛头	15	60
17			伏溪	早田	垴上	13	50
三	崇仁县	6	14	16	16	184	800
1		马鞍镇	昌坊	东岗排	东岗排	12	50

续表

序号	县(个)	乡(镇)(个)	村(个)	组(个)	安置点(个)	安置户数	安置人数
2		白陂乡	赵家	田边	园艺场	13	60
3			赵家	赵家	赵家	15	70
4		郭圩乡	陂下	株树下	株树下	5	22
5			贯桥	南陂	南陂	4	20
6			下屋	陈铁	金汤	8	33
7		巴山镇	农林场		农林场	15	70
8			宜华	占家	占家	13	55
9			乐丰	岭上王家	岭上王家	15	70
10			东门	一组	东岳山一组	12	50
11			乐丰	邓家	邓家	12	50
12			罗枧		工业园上村	12	50
13			罗枧		工业园下村	13	50
14			东门		东岳山二组	13	50
15		石庄乡	七里亭	鄢家	鄢家	15	70
16		六家桥乡	石桥	青塘	青塘	7	30
四	永修县	5	8	8	8	101	400
1		白槎	双丰	双燕	双燕	10	40
2			塘上	万塘	万塘	10	40
3			郭坂	三建	三建	10	40
4		滩溪	东山	新星	新星	18	70
5		城丰	山丰	永青	永青	10	40
6			城山	城新	城新	10	40
7		江上	焦冲	白云	白云	15	60
8		八角岭	茶山	飞燕	飞燕	18	70
五	奉新县	2	2	6	6	72	300
1		赤岸镇	城下	感蛹	感蛹	8	30
2			城下	白塔	白塔	14	60
3			城下	城下	城下	14	60
4		干垦场	枧下	北溪	北溪	12	50
5			枧下	新居	新居	12	50

续表

序号	县(个)	乡(镇)(个)	村(个)	组(个)	安置点(个)	安置户数	安置人数
6			视下	上视	上视	12	50
六	靖安县	3	7	7	7	74	300
1		仁首镇	仁首村	涂家组	大坪	15	60
			两利村	龚家组	龚家	20	80
			石上村	湾里村	桃源组	10	40
		双溪镇	大桥村	桥下组	新村	6	25
			曹山村	叶家组	黄花洲	6	25
		高湖镇	棠棣村	和平组	和平	7	30
			高湖村	亘田村	亘田	10	40

表2-3-5 全省三峡移民生产开发配套设施规划项目统计表

单位:万元

序号	项目名称	建设地点	建设性质	建设规模		投资(万元)				备注
				单位	数量	合计	生产安置费	基础设施费	其他	
						507.57	507.57			
一	农田水利					351.80	351.80			
		浮梁				76.21	76.21			
		宜丰				82.46	82.46			
		崇仁				102.60	102.60			
		永修				41.76	41.76			
		奉新				28.05	28.05			
		靖安				20.72	20.72			
1	山塘水库			座	29.00	113.29	113.29			
		浮梁		座	4.00	43.21	43.21			
		宜丰		座	6.00	14.30	14.30			
		崇仁		座	17.00	47.78	47.78			
		永修		座	1.00	2.00	2.00			
		奉新		座	1.00	6.00	6.00			
2	灌溉			千米	79.86	161.96	161.96			
		浮梁		千米	33.00	33.00	33.00			

续表

序号	项目名称	建设地点	建设性质	建设规模		投资(万元)				备注
				单位	数量	合计	生产安置费	基础设施费	其他	
		宜丰		千米	19.85	43.85	43.85			
		崇仁		千米	11.79	19.87	19.87			
		永修		千米	7.80	24.47	24.47			
		奉新		千米	4.46	20.05	20.05			
		靖安		千米	2.96	20.72	20.72			
4	排灌站			座	12.00	31.80	30.54			
		宜丰		座	2.00	3.30	3.30			
		崇仁		座	6.00	17.24	17.24			
		永修		座	3.00	8.00	8.00			
		奉新		座	1.00	2.00	2.00			
4	堤坝			座	8.00	13.36	13.36			
		崇仁		座	5.00	9.07	9.07			
		永修		座	3.00	4.29	4.29			
5	水陂堰坝			座	20.00	32.66	32.66			
		宜丰		座	11.00	21.01	21.01			
		崇仁		座	8.00	8.65	8.65			
		永修		座	1.00	3.00	3.00			
二	机耕道			千米	62.73	154.57	154.57			
		浮梁		千米	32.00	46.30	46.30			
		宜丰		千米	11.84	27.60	27.60			
		崇仁		千米	5.33	12.40	12.40			
		永修		千米	7.17	29.50	29.50			
		奉新		千米	4.20	15.12	15.12			
		靖安		千米	2.90	23.65	23.65			
三	桥梁			座	1.00	1.20	1.20			
		奉新		座	1.00	1.20	1.20			

表 2 - 3 - 6　全省三峡移民生活安置规划项目统计表

序号	项目名称	建设地点	建设性质	建设规模		投资（万元）				备注
				数量	单位	合计	生产安置及基础设施费	房屋补偿费	其他	
一	土地平整	合计	新建	237815.00	立方米	172.94	172.94			
		浮梁	新建	39898.00	立方米	23.94	23.94			
		宜丰	新建	59700.00	立方米	41.81	41.81			
		崇仁	新建	56100.00	立方米	44.88	44.88			
		永修	新建	55627.00	立方米	33.38	33.38			
		奉新	新建	15600.00	立方米	18.04	18.04			
		靖安	新建	10890.00	立方米	10.89	10.89			
二	宅基地征用	合计	新征	353.77	亩	298.05	298.05			
		浮梁	新征	85.20	亩	45.16	45.16			
		宜丰	新征	89.75	亩	87.84	87.84			
		崇仁	新征	80.00	亩	40.00	40.00			
		永修	新征	36.36	亩	19.63	19.63			
		奉新	新征	29.16	亩	57.60	57.60			
		靖安	新征	33.30	亩	47.82	47.82			
三	交通设施	合计	新建改建			404.37	404.37			
		浮梁	新建改建			129.30	129.30			
		宜丰	新建改建			59.57	59.57			
		崇仁	新建改建			171.03	171.03			
		永修	新建改建			14.20	14.20			
		奉新	新建改建			15.47	15.47			
		靖安	新建改建			14.80	14.80			
1	乡村公路	合计	新建改建	512.25	千米	253.7	253.7			
		浮梁	新建	80.00	千米	84.30	84.30			
		宜丰	改建	10.15	千米	25.60	25.60			
		崇仁	新建	418.6	千米	133.05	133.05			
		永修	新建	2.25	千米	4.50	4.50			
		奉新	新建	1.25	千米	6.25	6.25			
		靖安	新建	0	千米	0	0			

续表

序号	项目名称	建设地点	建设性质	建设规模		投资(万元)				备注
				数量	单位	合计	生产安置及基础设施费	房屋补偿费	其他	
2	宅区道路	合计	新建	33769.00	平方米	150.67	150.67			
		浮梁	新建	9000.00	平方米	45.00	45.00			
		宜丰	新建	8493.00	平方米	33.97	33.97			
		崇仁	新建	8330.00	平方米	37.98	37.98			
		永修	新建	1940.00	平方米	9.70	9.70			
		奉新	新建	2196.00	平方米	9.22	9.22			
		靖安	新建	3700.00	平方米	14.80	14.80			
四	供电设施	合计	新建			170.49	170.49			
		浮梁	新建			47.34	47.34			
		宜丰	新建			33.13	33.13			
		崇仁	新建			36.91	36.91			
		永修	新建			36.90	36.90			
		奉新	新建			5.40	5.40			
		靖安	新建			10.81	10.81			
1	高压线	合计	新建	9880.00	米	31.04	31.04			
		宜丰	新建	800.00	米	2.20	2.20			
		崇仁	新建	3250.00	米	7.52	7.52			
		永修	新建	2750.00	米	11.00	11.00			
		奉新	新建	1080.00	米	4.32	4.32			
		靖安	新建	200.00	米	6.00	6.00			
2	低压线	合计	新建	24010.00	米	109.89	109.89			
		浮梁	新建	2830.00	米	47.34	47.34			
		宜丰	新建	9320.00	米	27.96	27.96			
		崇仁	新建	5380.00	米	18.70	18.70			
		永修	新建	4000.00	米	12.00	12.00			
		奉新	新建	1000.00	米	1.08	1.08			
		靖安	新建	1480.00	米	2.81	2.81			
3	变压器	合计	新建	24.00	台	22.47	22.47			

续表

序号	项目名称	建设地点	建设性质	建设规模 数量	建设规模 单位	投资（万元）合计	投资（万元）生产安置及基础设施费	房屋补偿费	其他	备注
		宜丰	新建	4.00	台	2.97	2.97			
		崇仁	新建	10.00	台	10.70	10.70			
		永修	新建	8.00	台	6.80	6.80			
		奉新	新建	0	台	0	0			
		靖安	新建	2.00	台	2.00	2.00			
五	给排水	合计	新建			188.80	188.80			
		浮梁	新建		米	44.93	44.93			
		宜丰	新建		米	44.32	44.32			
		崇仁	新建		米	57.09	57.09			
		永修	新建		米	16.98	16.98			
		奉新	新建		米	11.36	11.36			
		靖安	新建		米	14.12	14.12			
1	宅区排水	合计	新建	15431.00	米	129.64	129.64			
		浮梁	新建	2700.00	米	33.21	33.21			
		宜丰	新建	5411.00	米	19.45	19.45			
		崇仁	新建	4220.00	米	51.48	51.48			
		永修	新建	1120.00	米	11.20	11.20			
		奉新	新建	560.00	米	5.60	5.60			
		靖安	新建	1420.00	米	8.79	8.79			
2	打水井	合计	新建	614.00	座	39.84	39.84			
		浮梁	新建	134.00	座	11.38	11.38			
		宜丰	新建	96.00	座	8.71	8.71			
		崇仁	新建	187.00	座	5.61	5.61			
		永修	新建	51.00	座	3.06	3.06			
		奉新	新建	72.00	座	5.76	5.76			
		靖安	新建	74.00	座	5.32	5.32			
3	自来水	合计	新建	91.00	户	16.16	16.16			
		宜丰	新建	91.00	户	16.16	16.16			

续表

序号	项目名称	建设地点	建设性质	建设规模		投资(万元)				备注
				数量	单位	合计	生产安置及基础设施费	房屋补偿费	其他	
六	文教卫生	合计	新建			214.45	214.45			
		浮梁	新建			45.00	45.00			
		宜丰	新建			40.00	40.00			
		崇仁	新建			85.45	85.45			
		永修	新建			20.00	20.00			
		奉新	新建			9.00	9.00			
		靖安	新建			15.00	15.00			
七	住房建设	合计	新建			1028.37	290.27	738.10		
		浮梁	新建			598.75	110.27	488.48		
		宜丰	新建			80.00	80.00			
		崇仁	新建			80.00		80.00		
		永修	新建			40.00	40.00			
		奉新	新建			30.00	30.00			
		靖安	新建			199.62	30.00	169.62		
八	公用设施	合计	新建			30.83	30.83			
		崇仁	新建			21.26	21.26			
		永修	新建			7.00	7.00			
		靖安	新建			2.67	2.67			有线电视
九	其他	合计	新建			116.35	116.35			
		浮梁	新建			44.39	44.39			测量费
		宜丰	新建			25.20	25.20			绿化
		崇仁	新建			20.00	20.00			示范基地
		永修	新建			18.53	18.53			
		奉新	新建			3.73	3.73			
		靖安	新建			4.50	4.50			测试质监

全省三峡移民安置 全省完成移民对接任务 772 户 3622 人,超额完成安置任务 122 人。其中:永修县安置 106 户 412 人、浮梁县安置 169 户 878 人、靖安县安置 65 户 323 人、奉新县安置 72 户 376 人、宜丰县安置 193 户 803 人、崇仁县安置 167 户 830 人。

至 2004 年 4 月 5 日,全省签订移民安置协议总人数为 3724 人,超计划 224 人,其中永修县 412 人,超 12 人;靖安县 319 人,超 19 人;奉新县 357 人,超 67 人;宜丰县 927 人,超 127 人;崇仁县 826 人,超 26 人;浮梁县 873 人。全省共确定调整土地 6934 亩,其中:水田 4774 亩、旱地 1114 亩、山林地 884 亩、宅基地 162 亩。全省移民委托代建住房 305 栋 35568 平方米,其中建两层楼房 207 栋;移民自建 282 栋 25300 平方米,其中建两层楼房 42 栋;购买旧房 117 栋、商品房 12(套)19290 平方米。

2000 年和 2004 年,永修县分两批接收安置三峡库区重庆云阳县和重庆万州县移民 357 户 1549 人。整个接收安置工作从 2000 年 2 月开始至 2004 年 8 月结束。1549 人分别安置在永修县的永丰、马口、滩溪、艾城、虬津、燕坊、梅棠、城丰、白槎、八角岭江上等 11 个乡(镇、场)的 20 个安置点。20 个安置点为移民建房 357 幢,总建筑面积 48019 平方米,人均住房面积 31 平方米。在移民搬迁过程中,永修县成立三峡移民搬迁运送指挥部,设立先遣、后勤、保卫、医疗等 8 个工作小组,制定搬迁方案。在规定时间、地点完成搬迁工作,共运送移民、护送干部及移民亲属 1700 余人,货物 610 余吨,出动车辆 150 余辆。永修县政府被国务院三峡建设委员会授予"三峡移民接受安置工作先进单位"称号。

2000 年至 2004 年,全省共接收安置三峡移民 1933 户 8633 人,超额完成安置任务 133 人。其中:2000 年接收安置 806 人;2001 年接收安置 3478 人;2002 年接收安置 738 人;2004 年接收安置 3611 人。分别安置在九江、景德镇、宜春、吉安、抚州 5 市 7 县,其中:奉新县 438 户 1833 人、靖安县 372 户 1653 人、永修县 357 户 1549 人、峡江县 238 户 1093 人、浮梁县 168 户 879 人、崇仁县 167 户 828 人、宜丰县 193 户 798 人。全省共调整划拨给移民的土地面积 16755 亩,其中:宅基地 739 亩(含公共用地)、水田 10803 亩、旱地 2966 亩、山林地 2247 亩。

第三节　自主外迁移民安置

全省接收安置的自主外迁三峡移民,大部分是 2000 年以后,以招商引资、技术引进形式接收安置的湖北省秭归县移民,少部分为投亲靠友。据统计,至 2010 年,全省接收安置三峡库区自主外迁农村移民 797 名(湖北省秭归县自主外迁移民 726 人),其中:赣州的信丰、龙南、全南 3 县安置 626 人,占全省安置自主外迁移民总数的 85% 以上,其余以投亲靠友的形式分散安置在九江、宜春、吉安、萍乡、上饶等 6 市的 20 个县(市、区)。

安置方案

工作机构　省、市、县三级成立解决三峡自主外迁移民遗留问题工作领导小组,具体负责三峡自主外迁移民遗留问题处置的领导、组织和协调工作。有关乡镇成立相应机构,抓好工作落实。

省扶贫和移民办与赣州市扶贫和移民办,赣州市扶贫和移民办与有关县扶贫和移民办分别签订三峡移民遗留问题处置工作目标责任书,信丰、龙南、全南等县分别组织有关乡镇与县政府签订目标责任书。赣州市扶贫和移民办及相关县扶贫和移民办建立领导分片负责制度,一把手负总责,各个副主任分片负责,同时督促有关乡镇抽调精干力量专抓三峡移民政策落实工作,各县形成县领导挂点督办,县扶贫和移民办干部分片负责,乡镇主要领导、分管领导和具体责任人层层抓落实的工作机制;

工作方案 通过多次深入移民安置点调研,广泛听取移民、基层政府意见,召开多次座谈会,省移民办制订《江西省解决三峡自主外迁移民遗留问题的工作方案》,明确指导思想、安置原则、实现目标及解决三峡移民遗留问题所需资金、措施等。各有关市、县结合自身实际制订《解决三峡自主外迁移民遗留问题工作实施方案》,明确工作目标,研制措施,细化要求,提出具体任务和完成任务的时间等。

工作机制 建立工作进展情况报告制度,赣州市扶贫和移民办统一制作工作进度表,要求各有关县扶贫和移民办每个月的 10 日、20 日、30 日定期向市扶贫和移民办、市扶贫和移民办每月底向省扶贫和移民办报告工作进度,掌握工作进展情况,及时指导和采取相关措施。定期开展工作调度。各有关县安置领导小组每月定期召开一次调度会,县扶贫和移民办每个星期召开一次安置进度通报会,并派员深入有关乡镇收集信息和情况,同时县委县政府督查室对工作进展情况进行不定期督查,将督查结果在全县通报。

实施方案 选择自主外迁安置的移民,安置地政府按照《实施方案》的有关要求落实安置政策。生产用地安排,全省统一标准,人均 2 亩旱地或山林地(宜种果树);宅基地安排,居住相对集中或原"空挂户"移民群众,建议集中规划建设一个三峡移民新村,以乡(镇)为单位,规划在靠近中心村组,离国道、省道较近的地方调整出相对集中的成片成块宅基地,解决户均 120 平方米的宅基地,不包括公共用地和附属房用地面积,公共用地和附属房用地面积由各县自己确定。分散居住的移民群众,建议安置地所在乡镇以户为单位解决移民宅基地,由乡(镇)协调有关部门为其办理用地手续。若宅基地处于移民的果园且已建房,则按租赁的年限办理手续,租赁到期后继续租赁的,由国土部门换发宅基地手续。集中安置移民点建设,要由政府统一规划、统一征地、统一审批、统一基础设施,移民分户建房,按照户均占地面积基本平均、房型统一的原则,在统一规划的范围内,由迁入地乡镇政府组织移民户抽签确定。确定之后,立即进行"三通一平"等各项建房前期准备工作。支持和鼓励每户建 1 栋 2 层以上的新房。从搬迁安置费中人均解决 1000 元(不建房不发放),支持移民建新房。可通过县扶贫和移民办、移民所在乡(镇)政府、新村办等多个部门通力协作,结合危房改造、生态移民搬迁和新农村建设等优惠政策,鼓励移民统一建房,尽可能地达到人均 25 平方米的住房要求。移民基础设施问题,移民居住地的水、电、路基础设施,要按照新农村的建设标准来规划。生活条件设施是指进入宅区的道路、通讯、广电网络等。进入宅区的道路通砂石路,屋前铺 2—3 米宽、15 厘米厚的水泥路,安置点的房屋无山水冲刷及山体滑坡等隐患。

政策宣传工作 各地高度重视政策宣传工作,通过多种形式开展宣传,龙南县下发《关于做好三峡移民安置前期工作的通知》到各三峡移民安置乡(镇)政府,还印制《致三峡移民朋友的一封信》,结合春节走访慰问深入到每一户三峡移民家中,在开展政策宣传的同时,详细了解移民家庭情况,听取关于移民安置的意见,还结合新农合、新农保政策宣传,动员鼓励三峡移民积极参保、参合,确保他们平等享受国家惠民政策;全南县结合"三送活动"和春节走访,会同安置地乡镇将安置政策宣传到每户居住在当地的移民户,对"人户分离"的移民户则采取电话联系的方式进行沟通,将安置政策宣传做到百分之百到位;信丰县统一印发《告移民书》,将三峡移民安置政策宣传到每一户移民,仅3月份,该县召开移民安置座谈会10余次,征求移民安置意见,进行面对面的政策宣传讲解。有关乡镇分别以座谈会、走访、政务公示等形式开展移民政策宣传。

制度建设　为加强自主外迁三峡移民资金管理和自主外迁三峡移民工程建设项目管理工作,省移民办印发《江西省自主外迁三峡移民工程建设项目管理办法》和《江西省自主外迁三峡移民资金管理办法》,下拨的移民经费,实行专账管理,专户储存,专款专用,按项目使用。移民经费不得用于与移民生产生活安置无关的项目,确保资金项目真正惠及自主外迁的三峡移民。

保障措施

根据2010年全省调查摸底,并与湖北省核对后确定,秭归县自主迁入江西三峡移民共259户726人,分布在赣州、宜春、九江三市的11个县(市、区)。截至6月30日,全省726名自主外迁三峡移民,有716人签订安置协议,签订率达98.6%(签订自谋职业安置协议的484人,签订自主外迁安置协议的232人),所有协议签订均进行司法公证。共下拨安置资金1429.74万元(自谋职业安置发放451.80万元,外迁安置下拨资金898.94万元,工作经费下拨79万元)。各地的安置方式为信丰、龙南2县采取集中安置与分散安置相结合,以集中安置为主的办法;全南县全部发放辖内40户移民的土地证和林权证;兴国县采取全部集中安置的做法;其余的石城、会昌、南康、安远、章贡区、高安市、修水县7地的三峡移民共38人均自愿选择自谋职业安置。全省累计落实宅基地226人,落实生产用地104人,完成宅基地"三通一平"63人。

移民基本权益　各移民所在的乡镇、村主动地把三峡移民纳入管理范围,做到与当地群众同等对待,切实维护自主外迁三峡移民的政治和民主权利。龙南县有关乡镇专门召集派出所、民政所、计生办、村委会等相关站所人员集体办公,为移民办理独生子女光荣证、高龄老人补贴申请、农村最低生活保证申请、新型农村养老保险、补办身份证等工作。

移民生活环境　信丰县专门召开多个部门共同参加协调会议来抓好落实工作,专门安排资金用于三峡移民所在的铁石口镇坝高村大屋坳、古陂镇庙下至坳高、古陂镇丰山下至上百村的道路硬化和崇仙乡瓦言坑移民集中安置示范点等配套工程建设,并召开工程招标会议,加快项目建设进度,尽快改善移民生活环境。多次派员赴南昌找省林业厅领导解决用于打造移民亮点安置区的公益林问题;全南县两个乡镇结合新户型新农村建设确定方便移民耕作、交通较便利的安置点,完成征地工作,以及进行安置点的"三通一平"等工作。

移民生产条件　信丰县多方筹集资金150万元,无偿为三峡移民的果园解决好水、电、路等基础设施问题,开挖蓄水山塘5座,水面面积达100余亩,协调电力部门为三峡移民架设2千米高压线和2.5千米低压线,先后开通5条50余千米的三峡移民果业主干道和支干道,对三峡移民直接受益的小河圩至罗坑村公路进行水泥硬化。专门立项为移民解决小河镇小罗公路到琼瑶公司、到移民果园主干道路的硬化问题;龙南县先后争取大中型水库移民资金27万元,专门用于实施三峡移民果园道路硬化。

移民收入水平 赣州市各地把三峡移民的脐橙种植纳入当地果业产业规划,在政策上做到与当地果农一视同仁,在技术上支持,组织三峡移民参加当地果业技术培训,主动与三峡移民交流种果技术,达到共同提高的目的。龙南县主动为移民的 760 余亩脐橙果园编报三峡移民科研项目——《移民脐橙果园水肥滴灌技术科研项目》。争取上级有关部门支持,免费为三峡移民订阅产业报刊,提高种植技术等,还帮助移民应对冰冻雪灾,争取上级有关部门救灾补助等。

移民帮扶培训工作 全省各级移民管理部门牢记职责,采取措施,整合各项社会资源,开展各项帮扶培训工作。各地开展劳动技能培训,以促进安置区农业增效、移民增收为核心,以农牧产业技能培训为重点,以提高生产技能为目标,采取专家讲课、现场指导、发放资料和移民示范等形式推广应用新技术、新品种,提高三峡移民的科技文化素质和生产技能水平。据初步统计,2010 年县、乡(镇、场)累计为三峡移民举办各种培训班 60 余期,培训移民 2000 余人次,发放各种培训资料 2000 余份。

移民生产生活问题 省三峡移民存在诸多遗留问题,需要大量的资金投入才能帮助其走出困境。在三峡移民没有后扶项目资金的情况下,借助大中型水库移民后扶项目资金 100 余万元,进一步改善三峡移民生产生活条件,完善基础设施,美化移民居住环境,提升移民的文化素质,丰富移民业余生活;全省利用新农村建设和深山移民搬迁政策,结合国务院三峡办专项补助 300 万元,完成整村搬迁宅基地选址、征地、“三通一平”等工作,开始进行移民建房;利用国务院三峡办支持宜丰县的毛竹低改、永修县的草莓种植农业产业化科研成果转化推广项目经费 100 万元,采取“科技 + 公司 + 农户”的模式进行运作,引导三峡移民向“一村一品”的生产模式发展,增加移民收入。绝大多数三峡移民在安置地政府的扶持和指导下,适应环境,发展生产,基本融入当地社会。

移民安置后,各安置地政府针对三峡移民的实际情况,进行分类指导,因地制宜地制定帮扶措施,解决三峡移民生产生活中的困难,种养大户不断涌现,二、三产业发展,产业结构优化。永修县张公渡村移民雷阳安,通过酿酒、立体养殖(猪、鱼、鸡)和碾米等,家庭年纯收入超 6 万元;峡江县毛坝移民点牟方全自筹资金 100 余万元开办家具厂等。据统计,全省三峡移民从事二、三产业的有 287 户,户均年收入超过 2 万余元,有的年均收入超过 5 万元。

三峡移民在安置地享有充分的政治权力。各安置地培养符合条件的移民加入党组织,推选为县、乡人大代表或政协委员。全省三峡移民中,有 79 人加入中国共产党,有 83 人当选为县、乡人大代表或政协委员,有 108 人当选为村两委委员或村民小组长;经济方面,加强各种技术培训,加大生产开发扶持力度,促进就业增收;生活方面,解决三峡移民生产生活中的困难,特别是对困难移民实行“一对一”的帮扶;社会方面,引导帮助移民逐步融入当地社会。全省共有 76 人与当地青年联姻通婚,峡江县新村移民安置点 20 户移民中,有 5 户移民与当地村民联姻,移民的亲缘关系、社交半径在扩大,并与当地群众和睦相处;在文化方面,互相融合。加强当地村民与三峡移民之间的语言、文化、风俗习惯的宣传与沟通。

第四节　三峡移民后期扶持

　　2006 年,三峡移民搬迁安置结束后,三峡移民管理工作任务全部落到地方各级政府,实行属地管理。省政府继续保留以副省长担任组长的三峡移民接收安置工作领导小组,机构不撤、人员不减、工作经费照给。2009 年,全省机构改革,省领导询问三峡移民机构设置情况,分管副省长孙刚多次听取三峡移民稳定致富工作情况汇报、审定自主外迁三峡移民遗留问题解决方案并做出重要批示。10 个三峡移民安置重点县继续保留以县长为组长的三峡移民安置工作领导小组,亲自抓移民生产发展、信访接待、帮扶培训等工作。

　　移民政策　按照省政府《大中型水库移民后期扶持政策实施方案》文件的要求,核定到人后期扶持直补资金每人每年 600 元,统一通过农信社“一折通”及时足额发放到移民个人手中,确保后扶资金不错、不重、不漏地准确拨付到位;在解决三峡自主外迁移民遗留问题时,充分尊重移民自主选择安置方式的权利,选择生产安置的移民,严格按照人均享有 2 亩山林地(宜种果树)和每户 120 平方米宅基地的政策;选择自谋职业安置的移民,按照湖北省秭归县的统一标准,一次性将生产安置费、基础设施费、建房补助和困难补助费全部发放到移民手中,没有一例截留资金现象。为妥善安置三峡移民,省执行国家的移民安置方针政策,坚持“集中至县、乡,分散到村、组”和“以农为本,以土为本”的安置原则。全省共调出水田 12725.86 亩、旱地 2606.25 亩、山林 4919.78 亩。三峡移民搬入时,各地政府结合当地实际,从安置条件、移民建房、基础设施建设、子女入学、税负减免、办证办照、技术服务、思想政治等各个方面,制定一系列移民优惠政策和具体措施。各安置地结合社会主义新农村建设,加强移民安置区建设,发展农业生产。

　　移民经济发展资金　牢固树立“三峡移民工作无小事”的理念,为移民群众开展服务。自 2009 年以来,在国务院三峡办支持下,共争取资金 1084 万元,解决三峡移民的实际困难。比如:峡江县毛坝三峡移民村整村搬迁 300 万元;自主外迁三峡移民基础设施建设项目资金 204 万元和解决遗留问题 300 万元;扶持宜丰、永修两县农业产业化科研成果转化推广项目资金 100 万元;培训管理费 180 万元;永修县筹措资金 20 余万元,帮助三峡移民新建和维修水库、塘、灌渠等水利工程。全省借助三峡移民和省内大中型水库移民同一管理机构的优势,从省内大中型水库后扶项目资金中调剂 800 余万元,来解决三峡移民农田水利、生活用水等突出问题,支持移民参与新农村建设,改善移民群众的生产、生活条件。2006 年,争取省交通厅投资 300 余万元,为三峡移民安置点修 40 千米进村水泥路。

　　培训帮扶活动举措　按照“推广技术、重点培训、示范带动、全面覆盖”的原则,采取集中培训与现场指导相结合,教堂授课与到示范基地现场观摩相结合的方式进行。全省累计为三峡移民举办各种培训班 600 余期,培训移民 2.5 万人次,发放各种培训资料 2 万余份;狠抓劳动力转移。协调移民到当地工业园区等企业就业,开拓致富门路。生活在宜丰县的三峡移民,50% 以上的劳动力经移民部门协调推荐后,在县内工业园区或乡镇企业打工就业;建立健全帮扶工作机制。三峡移民安置县实行县领导包乡、乡镇干部联村、村干部联户,典型致富农户联困难移民户制度,采取“一帮一、一对一"的结对帮扶,使移民遇到困难有人协调帮助,有人出谋划策。据统计,全省共有600余名乡镇干部、1000余名村(组)干部、党员与三峡移民结对。

自主外迁移民遗留问题 全省贯彻落实2010年5月6日赣鄂两省三峡自主外迁移民协调会议精神和国务院三峡办领导的指示,坚持"尊重历史,面对现实,统一规范,不留遗患,各方出力,限期解决"和"以农为本,以土为本"的安置原则,立即成立全省解决自主外迁移民遗留问题工作领导小组,并在全省开展历时2个多月的三峡自主外迁移民基本情况摸底登记工作,制定《江西省解决三峡自主外迁移民遗留问题的工作方案》,组织省、市、县三级扶贫和移民管理机构签订《解决自主外迁三峡移民遗留问题目标责任书》,明确责任,确定任务,规定完成任务的时间。

第五节　移民信访工作

2001年10月18日,在三峡工程重庆库区农村移民出市外迁安置工作会议上,主任余鼎革强调要做好移民稳定,认真贯彻落实中央移民外迁安置的各项政策,采取一系列措施。

2001年11月16日,在全省2001年三峡移民安置工作会议上,省领导强调要切实帮助已迁入移民发展生产,做好稳定工作。要加强移民信访工作,理顺移民情绪。国务院三峡建委移民开发局对移民信访工作专门发通知,指出移民信访工作要有人抓、有人管;对移民的来信,要做到件件有答复、有结果;对移民来访,要热情接待,耐心听取移民反映的问题,认真作好记录,并对移民提出的有关问题进行解答,做到无大规模、无到重庆、无进京上访。

2002年12月22日,在全省接收安置三峡工程库区外迁农村移民总结表彰会议上,省领导指出要思想工作到位。4个安置县的县、乡镇领导和移民管理机构通过组织移民学习有关文件、与移民交朋友、为移民办实事、吸收移民骨干进村班子任职,推荐移民出任县乡党代表、人大代表及县政协委员等,使移民在较短的时间,把不稳定的心逐步安定下来,把主要的精力放在扎根新家园、发展生产、勤劳致富上。

2002年,三峡移民接受安置办公室加强移民信访工作的督办力度。对移民的来信、来电、来访,件件有登记、有答复。需要迁出地政府协调解决的,三峡移民接受安置办公室及时去函,需要安置县解决的,三峡移民接受安置办公室及时督办。

2005年2月1日,《关于做好三峡移民稳定工作为"建设和谐平安江西"作贡献的通知》(赣峡移发〔2005〕1号)指出,加强移民信访工作,确保移民稳定。

2006年,省三峡移民各安置县进一步加强移民的信访工作。出台政策注意兼顾各方面利益,执行政策切实做到不折不扣,防止因政策措施制定不当和执行政策走样而引发移民上访(如前期的农转非、后期的扶持政策等);各级政府和移民管理部门,贯彻实施《信访条例》,增强做好信访工作的责任感和使命感,及时负责地处理移民反映的问题。注意研究移民工作新情况,总结新经验,探索信访工作规律,不断提高信访工作水平。根据实际情况,建立周报、月报制度,及时掌握移民的心理和思想动态,做好矛盾纠纷的调处工作,建立有关移民矛盾调处责任制,不定期开展纠纷隐患排查工作。

三峡移民信访工作

2001年1月31日,随着三峡移民安置工作的不断深入,各种问题和矛盾出现,移民上访逐渐增多,移民信访工作量加重,工作难度加大。三峡移民接收安置办公室对移民信访工作提出要求。

信访网络。移民信访工作关系到社会稳定,各地应高度重视,并明确分工、责任到人。县政府分管移民工作的领导为移民信访第一责任人;县移民办主任为第二责任人;县移民办要有人具体办理移民信访工作,为第三责任人;各乡、镇要明确信访接待人员;每个移民安置点要选择一名移民代表作为信访联络员,以便及时掌握有关信息,协助做好信访工作。

信访工作秩序,情况通报制度。规范来信来访登记、批阅、调处、办复程序,做到每件信访有记载、有拟办意见、有领导批阅、有办理结果、有档案储存。发现不稳定苗头要及时排查、互通信息、妥善处理,对移民反映的情况和问题及时向主管部门和领导报告。

信访工作人员确定后,填写《信访网络通讯录》,并上报给三峡移民接受安置办公室。

各安置县可以组织一批干部下到移民安置点,帮助移民开展春耕生产,宣讲农业生产技术,宣讲有关法律法规,做好移民的思想稳定工作,掌握思想动态,帮助解决移民春耕生产中的实际问题。

对移民提出的符合政策的合理要求,要及时答复和解决;对移民提出的不符合政策的无理要求,要做好解释工作,态度明确,不能含糊。

信访维稳工作机制

健全制度　坚持"属地管理、分级负责""谁主管、谁负责"的原则,层层建立三峡移民信访工作责任制;督促各地建立起移民走访制度、联系人制度,推动移民干部深入基层,变"坐等上访"为"主动下访"。对发现的苗头性、倾向性问题,及时疏导化解,把工作做在前头,力争移民问题小事不出村,大事不出乡、镇,将矛盾和隐患化解在基层。各级移民管理机构实行"一岗双责",把信访工作与其他业务工作同部署、同考核、同检查,做到移民生产发展、安稳致富等工作常抓不懈;建立信访维稳应急预案,确保在发生三峡移民重大信访事件时能及时、高效、有序地开展工作。

隐患问题　坚持预防为主,关口下移,深入开展情况调查走访活动。移民干部经常性深入到移民点,听取移民群众在生产生活上的意见和建议,及时发现问题,解决移民困难,化解矛盾纠纷。如浮梁县马口三峡移民点和滩溪三峡移民点在安置对接时,山林权属没有细分开,林改时发生激烈纠纷,后经乡、镇政府及县移民局一道妥善处理,避免一场群体械斗事件发生。

工作重点　对重点信访人员,采取"五个一"(一个问题、一名领导、一个部门、一个方案、一抓到底)、"五包"(包掌握情况、包解决问题、包教育转化、包稳控管理、包依法处置)责任制等措施,确保"案结事了"。特别是在重大活动、重大节日期间,落实稳控报告制度,由有关乡镇、村定期向县扶贫移民办、维稳办报告重点人员情况,时刻掌握其思想动态。

应急措施　出现群体性事件苗头时,县委、县政府和有关乡镇主要领导同信访、维稳、移民等部门第一时间到移民群众中,面对面听取移民群众意见,解释政策,疏导情绪,避免事态进一步发展,将矛盾解决在萌芽状态。

移民信访工作机制　全省按照"属地管理、分级负责、谁主管、谁负责"的原则,落实移民安置区社会稳定责任主体,创新机制,用群众工作统揽信访稳定工作。建立情况调查走访制度。移民干部经常性深入到移民点,听取移民在生产生活上的意见和建议,及时发现和解决移民的困难和问题;畅通信息渠道,及时化解矛盾。建立信息员队伍,队员由移民骨干、村组干部、乡镇分管领导组成,起到提供信息、协调关系、处理邻里纠纷的作用,并确保维稳信息第一时间传递到各级移民机构,问题得到及时解决。比如,浮梁县马口三峡移民点和滩溪三峡移民点在安置对接时,山林权属没有细分开,林改时发生激烈纠纷,后经乡、镇政府及县移民局一道妥善处理;注重三峡移民典型的培养,涌现出许多像峡江县毛坝点移民牟方全一样,自筹100余万元资金,在县政府帮助下兴办家具加工厂,实现20万以上的年纯收入,并带动10余名三峡移民就业典型。通过他们引导移民走向勤劳致富之路;加强对移民群众的思想教育和法制宣传,定期邀请公安、司法、民政、交通等部门的同志向移民讲解社会性治安、村规民约、道路交通等案例,引导移民树立办事要合法,做人要守法的观念。帮助移民消除"特殊公民"的思想;强化信访服务意识。要求各级移民管理机构领导亲自抓来信来访工作,要求做到对待移民要热心,关心移民要真心,听移民反映问题要耐心。

突发群体事件处置方案

三峡移民问题复杂,社会关注度高,稍有不慎,就很容易引发群体事件。全省在全面把握移民信访动态的基础上,理清思路,抓住重点,攻破难点,及时解决移民信访反映的热点问题,把矛盾化解在萌芽状态,把问题解决在基层,严防移民突发性群体事件发生。

遗留问题:全省按照国务院三峡办提出的"尊重历史、面对现实、统一规范、不留遗患、各方出力、限期解决"的原则,严格执行省政府批准的《江西省解决三峡自主外迁移民遗留问题的工作方案》,组织部署,克服时间紧、任务重、组织难度大等诸多困难,全面完成270户772人自主迁赣三峡移民安置遗留问题处置工作任务。对选择生产安置的移民,落实无偿划拨人均2亩山林地和每户120平方米的宅基地;对选择自谋职业的移民,按照统一标准,一次性将生产安置费、基础设施费、建房补助全部发放到移民手中,绝大多数移民表示满意,没有因政策落实不到位而引起上访。

突出问题:移民仍要求当地政府为统建房屋承担维修责任等问题一直是全省三峡移民的一个突出矛盾,是三峡移民维稳工作的一个重大隐患。以"两项资金"使用工作为契机,宣传、引导移民优先实施房屋维修项目。据统计,全省利用"两项资金"实施项目共4050个,其中房屋维修项目2500个,资金达5409万元,比例高达55%。

第四章　小型水库移民

　　小型水库移民解困工作是水库移民工作的重要组成部分。新中国成立以来,江西省先后兴建小型水库9467座,其中小(一)型水库1420座,小(二)型水库8047座,总库容量达621614万立方米,分布在全省11个设区市的96个县(市、区),移民人口达51万余人。2009年,是全省全面启动小型水库移民解困工作的开局之年,根据《国务院关于完善大中型水库移民后期扶持政策的意见》(国发〔2006〕17号)文件精神,省政府办公厅转发了《省移民办关于江西省解决小型水库移民生产生活困难工作方案的通知》(赣府厅发〔2009〕19号)文件,与省财政厅联合下发了《关于启动小型水库移民解困工作有关事项的通知》,对小型水库移民的资金分配、帮扶范围、扶持方式、资金使用和项目管理、责任主体等做出了明确规定。

　　2006—2008年度,全省安排小型水库移民解困项目资金3660万元,逐步解决小水库移民在生产生活上存在的突出困难和问题,利用小型水库移民解困项目,改善移民的生产生活条件,要求小型水库移民解困项目要坚持以人为本的原则,以移民受益为前提,以解决移民生产生活中的突出问题为重点,选择建设周期短、见效快、易落实的建设项目,移民出行难、饮水难、用电难、就医难、上学难等“五难”方面的基础设施项目,以及移民致富和移民自主创业项目,解决移民就业、开发移民就业岗位的项目。各地申报的解困项目1056个,其中地方交通553个,农田水利327个,人畜饮水98个,其他项目78个,受益村组2387个,受益人数492773人,受益移民112804人。2009年,全省全面启动小型水库移民解困工作,根据《国务院关于完善大中型水库移民后期扶持政策的意见》文件精神,省政府办公厅转发《江西省移民办关于江西省解决小型水库移民生产生活困难工作方案的通知》文件,与财政厅联合下发《关于启动小型水库移民解困工作有关事项的通知》,对小型水库移民的资金分配、帮扶范围、扶持方式、资金使用和项目管理、责任主体等做出明确规定。

第一节　扶持政策

各设区市扶持政策

　　南昌市　2001—2009年南昌以中央直属水库移民遗留问题处理六年规划和国家大中型水库移民后期扶持政策为中心,全面实施中央政策,认真开展水库移民工作,共争取上级移民扶持资金7385.57万元,其中小水库资金178万元。实施移民扶持项目644个,其中小水库资金项目22个。

2009 年,全市启动小水库移民解困工作,初步确定市内小(一)型水库 68 座,小(二)型水库 417 座,移民 3.95 万人,分布在全市的 8 个县区,移民大多分散安置在一些偏僻村庄,交通落后、信息闭塞、农田水利设施简陋,灌溉、人畜饮水困难,文化、教育、医疗卫生和社会福利等基础设施匮乏,经济发展缓慢,无力兴建生产生活必需的基础设施。2010 年,新建县实施小型水库移民解困项目 11 个,投入资金 49 万元,新建维修道路 2.54 千米,新建提灌站 1 座,新建公厕 2 所,新建门前塘 2 口,新建山塘水库 1 座。

九江市 2009 年,九江有小(一)型水库 187 座,小(二)型水库 1000 余座,主要分布在全市 13 个县(市、区、山),168 个乡(镇),880 个村,2708 个组,淹没区迁移人口 100594 人。共淹没土地 13642 亩(水田 12135 亩、旱地 1507 亩),淹没砖木结构房屋 838 栋、土木结构房屋 2426 栋,有 8830 人迁出库区。2009 年,全市共安排小型水库移民生产生活解困资金 375 万元,其中安排永修县小型水库移民解困项目资金 22 万元,用于下横岗组移民安置点的解困建设,修建水泥路 500 米、修建排水渠 1000 米、改水改厕 16 户、饮水井 16 户,拆迁多个破旧瓦房和猪栏,平整 1000 平方米地面,修建房屋 13 幢。九江县 2010 年从急需解决的基础设施和水利设施建设问题入手,规划小型水库解困项目 12 个,项目资金 60 万元。

景德镇市 2010 年 1 月,乐平市根据《关于江西省解决小型水库移民生产生活困难工作方案的通知》,举办一期小型水库移民解困工作培训班。同年举办小型水库移民解困会议,启动小型水库移民解困工作,编报小型水库解困五年规划。小型水库移民解困项目 17 个,资金 85 万元。

萍乡市 2010 年,全市组织小型水库移民解困项目扶持工作,申报项目资金 34 万元,争取项目资金 28 万元,实际批复项目资金 62 万元。芦溪县共投入小型水库移民解困资金 9 万元,其中投入项目资金 8 万元修建公路 5.4 千米,解决 1380 人行路难问题;投入项目资金 1 万元改造水渠 300 米。全县有小型水库 36 座,共投入小型水库移民解困资金 9 万元,其中投入项目资金 8 万元修建公路 5.4 千米,解决 1380 人行路难问题;投入项目资金 1 万元改造水渠 300 米。

新余市 2001—2009 年,全市共争取上级移民扶持资金 27952.71 万元,其中小水库资金 116 万元。实施移民扶持项目 3203 个,其中小水库资金项目 33 个。2009 年,全市有小(二)型以上水库 309 余座,移民 2 万余人,分布在 1 县 4 区 31 个乡(镇、场),大多分散安置在一些偏僻村庄,其中高新区 2009 年共确定小型水库移民解困项目 5 个,项目资金为 13 万元。2010 年有小型水库 308 座,其中小(一)型水库 41 座,分宜县 12 座,渝水区 21 座,仙女湖区 2 座,高新区 5 座,孔目江生态经济区 1 座。小(二)型水库 267 座,分宜县 87 座,渝水区 127 座,仙女湖区 18 座,高新区 28 座,孔目江生态经济区 7 座。小型水库移民 2 万余人,分布在 1 县 4 区 31 个乡(镇、场)。上级下拨小型水库解困项目资金 58 万元。

赣州市 2010 年,上犹县有小型水库移民解困项目 2 个,共用资金 12 万元。瑞金市小型水库解困项目也是 2 个,资金 18 万元。章贡区移民办围绕年度项目计划,精心组织,合理安排小型水库移民解困项目 1 项,投资 8 万元,同时根据小型水库资金量小的特点,重点解决群众急需解决的困难,对水西镇横江村鱼坑组群众的饮水难问题给予扶持,安排 8 万元资金把自来水送到各家各户。

宜春市 2010 年,袁州区全年共投入项目资金 1822.88 万元,其中小水库解困和洪灾结余资金

629万元。小水库解困和洪灾结余资金实施项目81个,修公路41.3千米,改善7000余名群众的交通条件;维修水渠27.3千米、水库14座,改善3000余亩农田灌溉条件;实施危房改造600平方米;建饮水工程1处,解决200余名群众的饮水问题。2010年,樟树市有小型水库111座,其中小(一)型15座,小(二)型96座。共收到上级下拨的项目资金552.04万元,其中2009年小型水库解困项目18个投入22万元;

　　吉安市　2010年,青原区以13个扶贫开发重点村为单位,实施"项目到村,扶贫到户"的整村推进,着力改善贫困乡村基础设施条件。除险和修建水利设施28座(处)小型水库,增加有效灌溉面积7100亩。同年,青原区批复下达小型水库解困项目9个,修建库区乡村公路7.1千米。投入扶持资金41.6万元,推进富滩镇作埠高陂和富田镇长井2个移民示范村建设。8个项目全部实施,完成危房改造34栋,改水改厕2处,安装自来水2处,新装有线电视45户,道路维修2.5千米;2010年,永丰县一次性实施2006年下半年至2008年度的48个解困项目,投入国家扶持资金47万元。实施村组公路项目17个,桥涵项目1个;新建水渠13处7.1千米、维修山塘水库2座、新建闸陂堰坝等8处,改善移民村组农田灌溉面积2460亩;新建自来水5处,解决5个移民村组饮水难问题,受益村组达到114个,受益人数18170人,受益移民1368人;2010年,吉安县以108个扶贫开发重点村为单位,以"五通一气两建设"为重点,实施"项目到村,扶贫到户"的整村推进。修建小水库12座,增加库容60万立方米;2010年,新干县共安排小型水库移民解困扶持计划项目15个,投入国家扶持资金48万元。其中地方交通项目13个,投入扶持资金40万元;农田水利项目1个,投入扶持资金3万元;饮水工程项目1个,投入扶持资金5万元;2010年,万安县根据省、市下达本年度小水库解困项目计划,实施小水库解困项目8项,国家投资36万元;永新县2010年全县共投入后扶资金701.84万元,其中小水库移民解困项目资金17万元。

　　上饶市　"十一五"期间,婺源县的小型水库移民分布在13个乡镇、1个工业园区、1个街道办事处;2010年,鄱阳县共安排小型水库移民解困项目16个,投入资金161万元,其中道路13个,150万元;农田水利2个,9万元;其他社会事业1个,投资2万元;2010年,余干县共安排实施小水库解困项目3个,共计项目资金27万元。

第二节　小水库移民状况

　　中华人民共和国成立以来,江西先后兴建小型水库9467座,其中小(一)型水库1420座,小(二)型水库8047座,总库容量达621614万立方米,分布在全省11个设区市的96个县(市、区),移民人口达51万余人。但至2009年,全省小型水库移民人均纯收入约为2900元,其中942元以下有10万人,与全省经济发展水平差距较大。库区和移民安置区基础设施薄弱,抵抗自然灾害能力差。2009年,库区和移民安置区普遍存在基础设施建设滞后,群众生产生活条件较差,资金、人才、技术需求量较大,无资金、无技术、无收入增长点的移民户较多。

各设区市基本情况

南昌市 2009 年启动小水库移民解困工作,初步确定市内小(一)型水库68 座,小(二)型水库417 座,移民3.95 万人,分布在全市的8 个县区,移民大多分散安置在一些偏僻村庄,交通落后、信息闭塞、农田水利设施简陋,灌溉、人畜饮水困难,文化、教育、医疗卫生和社会福利等基础设施匮乏,经济发展缓慢,无力兴建生产生活必需的基础设施。2009 年共争取上级小水库移民解困资金178 万元,扶持项目22 个。2010 年,新建县维修道路2540 米,新建提灌站1 座,新建公厕2 所,新建门前塘2 口,新建山塘水库1 座。

九江市 2009 年有小(一)型水库187 座,小(二)型水库1000 余座,主要分布在全市13 个县(市、区、山),168 个乡(镇),880 个村,2708 个组,淹没区迁移人口100594 人。共淹没土地13642 亩(水田12135 亩、旱地1507 亩),淹没砖木结构房屋838 栋、土木结构房屋2426 栋,有8830 人迁出库区。

萍乡市 芦溪县有小型水库36 座,2010 年的扶贫和移民工作,以改善扶贫开发重点村和移民安置区的生产生活条件,增加村民收入,提高生活质量为重点。

新余市 2009 年新余市启动小水库移民解困工作。通过走村入户,找村干部和老移民调查了解情况,确定全市有小(二)型以上水库309 余座,移民2 万余人,分布在1 县4 区31 个乡(镇、场),大多分散安置在一些偏僻村庄。2010 年有小型水库308 座,其中小(一)型水库41 座,分宜县12 座,渝水区21 座,仙女湖区2 座,高新区5 座,孔目江生态经济区1 座。小(二)型水库267 座,分宜县87 座,渝水区127 座,仙女湖区18 座,高新区28 座,孔目江生态经济区7 座。小型水库移民2 万余人,分布在1 县4 区31 个乡(镇、场)。

宜春市 2010 年有小型水库111 座,其中小(一)型15 座,小(二)型96 座。

上饶市 婺源县"十一五"期间的小型水库移民分布在13 个乡镇、1 个工业园区、1 个街道办事处。

第三节　小水库移民成效

1992 年6 月底,上犹江等4 库区竣工项目327 个。兴津电力提灌站47 座1239 千瓦时,引水渠44.73 千米,合计新增有效灌溉面积2.7 万亩,改善灌溉面积1669 亩,新开发果园16942 亩,种植粮食作物4030 亩,经济作物12360 亩。这些项目到1995 年前后进入投产期,正常生产年份增加产值3658.1 万元;养殖业总投资430.82 万元,实施项目98 个,竣工81 个。重点发展渔业生产,增加养鱼面积7581 亩,扶持移民养鸡、鸭、鹅等家禽4900 羽,饲养家畜980 头,年产值达1040.79 万元;加工业总投资481.88 万元,实施项目84 个,竣工71 个,年产值1565.9 万元;在能源交通和社会福利方面总投资245.5 万元,实施项目129 个,竣工129 个。架设高压输电线路248 条计555.4 千米,修复公路23 条计146 千米,购置渡船8 条,受益群众97326 人,其中移民39892 万人。移民经费扶持修建校舍 51 所计 11245 平方米,迁建新房 3002 平方米,维修加固房屋 2793 平方米,扶助 5 所医院,改造病房面积 2400 平方米,增加床位 240 张,扶持移民挖饮水井 87 口,建自来水工程 2 处,使 46602 人受益,其中移民 40507 人。通过开荒造田,使移民人均耕地增加 0.1 亩～0.3 亩,开发的一大批林果业基地正常年份年产值达 3600 余万元,收益期达几十年。由于生产的发展,人均年收入增加 100 元—150 元。

2009 年,江西安排 2006—2008 年度小型水库移民解困项目资金 3660 万元,各地申报的解困项目 1056 个,其中地方交通 553 个,农田水利 327 个,人畜饮水 98 个,其他项目 78 个,受益村组 2387 个,受益人数 492773 人,受益移民 112804 人。

各设区市移民成效

南昌市　新建县 2010 年实施小型水库移民解困项目 11 个,投入资金 49 万元,新建维修道路 2.54 千米,新建提灌站 1 座,新建公厕 2 所,新建门前塘 2 口,新建山塘水库 1 座。

九江市　2009 年,安排永修县小型水库移民解困项目资金 22 万元,集中安排用于下横岗组移民安置点的解困建设,修建水泥路 500 米、修建排水渠 1000 米、改水改厕 16 户、饮水井 16 户,拆迁多个破旧瓦房和猪栏,平整 1000 平方米地面,修建房屋 13 幢。

萍乡市　芦溪县 2010 年共投入小型水库移民解困资金 9 万元,其中:投入项目资金 8 万元修建公路 5.4 千米,解决 1380 人行路难问题;投入项目资金 1 万元改造水渠 300 米。

宜春市　袁州区 2010 年全年共投入项目资金 1822.88 万元,其中小水库解困和洪灾结余资金 629 万元。小水库解困和洪灾结余资金实施项目 81 个,修公路 41.3 千米,改善 7000 余名群众的交通条件;维修水渠 27.3 千米、水库 14 座,改善 3000 余亩农田灌溉条件;实施危房改造 600 平方米;建饮水工程 1 处,解决 200 余名群众的饮水问题。

吉安市　青原区 2010 年以 13 个扶贫开发重点村为单位,实施"项目到村,扶贫到户"的整村推进,着力改善贫困乡村基础设施条件。除险和修建水利设施 28 座(处)小型水库,增加有效灌溉面积 7100 亩。同年,青原区批复下达小型水库解困项目 9 个,修建库区乡村公路 7.1 千米。投入扶持资金 41.6 万元,推进富滩镇作埠高陂和富田镇长井 2 个移民示范村建设。在组织移民示范村建设中,对村庄规划进行科学设计。8 个项目全部实施,完成危房改造 34 栋,改水改厕 2 处,安装自来水 2 处,新装有线电视 45 户,道路维修 2.5 千米。永丰县通过实施村组公路项目 17 个,桥涵项目 1 个,使 18 个移民村组通路状况得到显著改善;通过新建水渠 13 处 7.1 千米、维修山塘水库 2 座、新建闸陂堰坝等 8 处,改善移民村组农田灌溉面积 2460 亩;通过新建自来水 5 处,解决 5 个移民村组饮水难问题。通过项目实施,受益村组达到 114 个,受益人数 18170 人,受益移民 1368 人。吉安县 2010 年以 108 个扶贫开发重点村为单位,以"五通一气两建设"为重点,实施"项目到村,扶贫到户"的整村推进。修建小水库 12 座,增加库容 60 万立方米。

第五章 资金投入与管理

资金管理工作是水库移民工作的重要组成部分,主要负责移民资金的管理,分为两个方面:资金投入和资金监管。资金投入主要负责移民生产建设项目、维护基金项目计划、移民遗留问题等项目的投入。为确保资金使用规范,提高资金使用效率,全省制定合理的资金管理办法,加大资金结算以及资金检查管理的力度。政府对移民的扶持力度较大,每年投入大量资金用于移民生产建设计划、维护基金项目计划、移民遗留问题处理项目计划等主要扶持计划。移民资金投入的监管在全省扶持工作中是重要的一环,主要依靠资金管理办法,资金结算以及资金检查管理三个方面对其进行监管,防止资金的浪费及非法挪用等等。

第一节 资金投入

全省的水库移民主要是来自于上犹江、罗湾、洪门、江口、柘林等 5 大库区以及新安江、富春江两大外省水库,移民人数众多。政府对移民的扶持力度也较大,每年投入大量资金用于移民生产建设计划、维护基金项目计划、移民遗留问题处理项目计划等主要扶持计划。

移民生产建设

1992 年 6 月底,上犹江等 4 库区移民生产建设完成总投资 2789.7 万元,其中补偿金 819.9 万元,地方配套及自筹资金 1232.8 万元,实施项目 765 个。

1992 年 12 月,无偿资金转有偿使用金额达 468.73 万元,占无偿资金的 43.4%。种植业实施项目 341 个,投入资金 1166.14 万元。

1993 年 3 月,赣州、抚州、宜春、新余市移民办公室编报 1991 年度移民生产建设不可预见费项目计划。生产建设计划总表如下:

表2-5-1　1992年度上犹江等4库区移民生产建设不可预见费项目计划表

项目	所有制	建设性质	建设年限	建设地址	建设规模	总投资额	单位扶助投资	资金来源			扶助资金中		新增效益		备注
								扶助经费		自筹资金	有偿	无偿	产量	产值	
								补偿金	周转金						
计算单位			年			万元	元	万元	万元	万元	万元	万元	吨	万元	万元
上犹江库区															
上犹县						7.65		4.35		3.30	0.75	3.60			
建校	集体	新建	1	水岩乡学校	600平方米	4.40		2.40		2.00		2.40			原已安排,因价差,追加2.4万元
崇义县						3.25		1.95		1.30	0.75	1.20			
磨香粉厂	集体	新建	1	茶滩乡茶滩村		2.00		1.20		0.80		1.20			因洪水灾害损失严重,补助无偿资金1.2万元
农业服务站				杰坝乡		1.25		0.75		0.50	0.75				周转资金
洪门库区						9.20		5.76		3.44	3.66	2.10	45.00	53.50	
南城县						6.10		3.66		2.44	3.66	2.10	40.00	50.00	
果木苗圃	集体	新建	2	龙湖王坪村	33亩	6.10	1109/亩	3.66		2.44	3.66	2.10	40.00	50.00	板栗嫁接苗
黎川县						3.10		2.10		1.00		2.10	5.00	3.50	
电灌站	全民	新建	1	县办苗圃	12千瓦	3.10	1750/千瓦	2.10		1.00		2.10	5.00	3.50	

表2-5-2 1992年度上犹江等4库区移民生产建设不可预见费项目计划表

项目	所有制	建设性质	建设年限	建设地址	建设规模	总投资额	单位扶助投资	资金来源			扶助资金中		新增效益		备注
								扶助经费		自筹资金	有偿	无偿	产量	产值	
								补偿金	周转金						
计算单位			年			万元	元	万元	万元	万元	万元	万元	吨	万元	
江口库区						10.90		4.11		6.79	0.40	3.21		5.00	
分宜县						7.90		3.21		4.69		2.00			
简易公路	集体	新建	1	苑坑乡田心村	5千米	6.00		2.00		4.00		1.21			
饮水工程			1	分宜镇横溪	三井两塔	1.90		1.21		0.69		0.50			
渝水区						3.00		0.90		2.10	0.40	0.50	50.00	5.00	
公路	集体	新建	1	河下乡果园	1千米	1.00		0.50		0.50					
柑桔园			1	河下乡永珠新桥	50亩	2.00		0.40		1.60		0.78			
罗湾库区						0.78		0.78				0.78			
水电站	集体	新建		小湾水库		0.78		0.78				0.78		58.50	
合计						34.26		13.89		20.37	0.80	8.98	50.00	68.50	

1993 年水利部移民办安排新安江、富春江库区迁赣移民生产建设资金 500 万元,其中无偿拨款 300 万元,周转金 200 万元。1994 年,全省利用无偿部分的资金 300 万元进行移民生产建设项目计划,其中上饶地区 48 万元,抚州地区 120 万元,吉安地区 38 万元,九江市 40 万元,鹰潭市 6 万元,景德镇市 23 万元,宜春地区 10 万元,南昌市(安义县)3 万元,省移民办 12 万元。

1994 年,共使用 600 万元无偿金用于上犹江等 4 库区移民生产建设计划,其中上犹江库区投入 184 万元,洪门库区投入 198 万元,江口库区投入 180 万元,罗湾库区投入 14 万元,省移民办投入 24 万元。

1998 年,省移民办追加上犹江等 4 库区 1997 年度库区建设资金 177 万元,其中上犹江库区 56 万元,洪门库区 39 万元,江口库区 43 万元,罗湾库区 19 万元,地县配备微机 20 万元。

南昌市　安义县在 1993 年投入 7.4 万元用于新安江富春江水库移民生产建设,其中补偿金 3 万元,周转金 1 万元,自筹资金 3.4 万元。种植业、能源交通、社会福利以及三费等 4 方面分别投资 3.55 万元、2.2 万元、1.35 万元、0.3 万元。

九江市　柘林水库位于九江市永修县、武宁县之间,全域包括修水、武宁、永修、铜鼓、奉新、靖安和安义等 7 县。1991 年,全市投入 106.82 万元用于新安江富春江水库移民生产建设,其中补偿金 39 万元,周转金 27 万元,自筹资金 40.82 万元。种植业、养殖业、加工业、能源交通、社会福利以及三费等 6 方面分别投资 36.55 万元、10.4 万元、34.12 万元、15.3 万元、4.17 万元和 6.27 万元。有 178 个村庄 25550 人受益,其中包括移民 14553 人。1992 年投入总金额为 92.3 万元,其中补偿金 33 万元,周转金 20 万元,自筹资金 39.3 万元。种植业、加工业、能源交通、社会福利以及三费等 5 方面分别投资 9 万元、64.16 万元、10.39 万元、5 万元和 3.75 万元。

1993 年 7 月,全市境内新安江、富春江库区移民被分配 1991 年度生产建设经费 66 万元(含周转金 27 万元),1992 年度 53 万元(含周转金 20 万元)。

表2-5-3 1991年度九江市境内新安江、富春江库区移民生产建设计划总表

单位:万元

项目名称	总金额	占总额比例(%)	资金来源			扶助资金中		投产后年产值	受益面			备注
			扶助资金		自筹资金	有偿安排	无偿安排		村庄(个)	人数(人)	其中移民(人)	
			补偿金	周转金								
合计	106.82		39.00	27.00	40.82	42.20	23.79	447.05	178	25550	14553	
占总额比例(%)	100.00	100.00	36.51	25.28	38.21	39.51	22.28					无偿转有偿安排占无偿资金比例39%
种植业	36.55	34.22	12.94	9.14	14.47	10.64	11.44	171.30	85	12870	7344	
养殖业	10.40	9.74		5.10	5.30	5.10		40.25	13	1565	1135	
加工业	34.12	31.95	9.66	8.56	15.90	18.14	0.08	235.50	28	4247	2272	
能源交通	15.30	14.32	7.50	3.70	4.10	6.50	4.70		47	5793	3217	
社会福利	4.17	3.90	2.62	0.50	1.05	1.82	1.30		5	1075	585	
三费	6.27	5.87	6.27				5.27					

注:种植业含农田水利、开荒造田

1993年，投入155.55万元用于新安江富春江水库移民生产建设，其中补偿金42万元，周转金30万元，自筹资金79.55万元。种植业、养殖业、加工业、能源交通、社会福利以及三费等6方面分别投资87.59万元、18.8万元、26.43万元、5.68万元、9.72万元、3.32万元。

2001年，省移民办在年度计划资金中安排30万元用于武宁县"两江"移民安置区3条简易公路的建设，其中南市乡茶籽坪村公路、罗坪乡周家边渡口公路、石门楼乡底下村公路各安排扶持资金10万元。

景德镇市 1991年，投入109.5万元用于新安江富春江水库移民生产建设，其中补偿金24万元，周转金17万元，自筹资金68.5万元。种植业、加工业、能源交通、社会福利以及管理费等5方面分别投资79.1万元、3万元、20.4万元、1万元和1万元。1992年投入总金额82.2万元，其中补偿金20万元，周转金12万元，自筹资金50.2万元。种植业、加工业、能源交通、社会福利以及三费等5方面分别投资38.5万元、4.78万元、32.8万元、3.9万元和2.22万元。

1992年10月，景德镇市境内新安江、富春江库区移民编报1992年度生产建设项目计划。生产建设计划总表如下：

表2-5-4 1992年度景德镇市境内新安江、富春江库区移民生产建设计划总表

单位:万元

项目名称	总金额	占总金额比例(%)	资金来源				扶助资金中		投产后年产值	受益面			其中移民(人)	备注
			扶助资金		自筹资金		有偿安排	无偿安排		村庄(个)	人数(人)			
			补偿金	周转金										
合计	82.20		20.00	12.00	50.20		22.29	9.71	148.10	64	6349		无偿转有偿使用占无偿资金51%	
占总金额比例(%)			24.00	15.00	61.00		26.50	9.60						
种植业	38.50	46.70	10.31	11.19	17.00		20.50	1.00	141.30	26	4825		4583	
养殖业														
加工业	4.78	5.80	0.98	0.20	3.60		1.18		6.80	5	362		308	
能源交通	32.80	40.00	6.20	0.20	26.40		0.20	6.20		12	1290		748	
社会福利	3.90	4.80	0.70		3.20			0.70		21	2080		710	
三费	2.22	2.70	1.81	0.41				0.41	1.81					含市、县行管费、培训费

注:种植业含农田水利、开荒造田

新余市 1996年12月,江口水库新余库区1996年度移民生产建设项目计划被批准。计划的总投资为435.52万元,其中补偿金154万元(渝水区31万元,分宜县121万元,市办2万元),自筹资金281.52万元。

表2-5-5 1995年度江口水库新余市库区移民生产建设计划总表

金额单位:万元

项目	总金额	占总金额比例(%)	资金来源		投产后年产值	备注
			补偿金	自筹金		
合计	435.52	100	154.00	281.52	350.54	
种植业	195.22	45	92.20	103.02	200.34	
养殖业	103.30	24	9.80	93.50	29.70	
加工业	51.25	12	23.60	27.65		
交通能源	7.80	2	2.60	5.20	120.00	
社会福利	72.95	16	20.80	52.15		
管理费	5.00	1	5.00			

鹰潭市 1991年,投入36万元用于新安江富春江水库移民生产建设,其中补偿金6万元,周转金4万元,自筹资金26万元。种植业、加工业、能源交通、社会福利以及三费等5方面分别投资1万元、29.5万元和1万元、3.5万元、1万元。有13个村庄1125人受益,其中包含移民1021人。贵溪县在1993年投入37.1万元用于移民生产建设,其中补偿金6万元,周转金4万元,自筹资金27.1万元。种植业、养殖业、加工业、能源交通、社会福利以及三费等6方面分别投资6万元、4.5万元、13.1万元、8万元、5万元和0.5万元。

1993年3月,鹰潭市民政局编报1992年度移民生产建设项目计划。生产建设计划总表如下:

表2-5-6 1992年度鹰潭市贵溪县境内新安江、富春江库区移民生产建设计划总表

单位:万元

项目名称	总金额	占总金额比例(%)	资金来源			扶助资金中		投产后年产值	受益面			备注
			扶助资金		自筹资金	有偿安排	无偿安排		村庄(个)	人数(人)	其中移民(人)	
			补偿金	周转金								
合计	13.30		5.00	3.00	5.30	5.50	2.50	27.14	20	4412	1500	
占总金额比例(%)		100.00	37.59	22.56	39.85							
种植业	6.20	46.61	1.60	2.00	2.60	3.00	0.60	24.64	7	1540	620	
养殖业												
加工业	1.80	13.53		1.00	0.80	1.00	0.70	2.50	3	760	190	
能源交通	3.10	23.31	1.80		1.30	1.10	0.40		9	1505	540	
社会福利	1.40	10.53	0.80		0.60	0.40	0.40		1	607	150	
三费	0.80	6.02	0.80				0.80					

注:种植业含农田水利、开荒造田

1993年1月,鹰潭市(贵溪)境内新安江、富春江库区移民生产建设分配经费10万元,其中补偿金6万元,周转金4万元。

表2-5-7　1993年度鹰潭市贵溪县境内新安江、富春江库区移民生产建设计划总表

金额单位：万元

项目名称	总金额	占总金额比例(%)	资金来源			扶助资金中		投产后年产值	受益面			备注
			扶助资金		自筹资金	有偿安排	无偿安排		村庄(个)	人数(人)	其中移民(人)	
			补偿金	周转金								
合计	37.10		6.00	4.00	27.10	6.00	4.00	158.20	15	1574	354	
占总金额比例(%)			16.17	10.78	73.05							
种植业	6.00	16.20	1.80	1.00	3.20	2.00	0.80	1.00	6	1339	37	
养殖业	4.50	12.10		1.50	3.00	1.50		4.00	1	52	444	
加工业	13.10	35.30	1.00	1.50	10.60	2.50		153.20	3	732	397	
能源交通	8.00	21.50	1.30		6.70		1.30		3	1636	342	
社会福利	5.00	13.50	1.40		3.60		1.40		2	585		
三费	0.50	1.30	0.50				0.50					

注：种植业含农田水利，开荒造田

赣州市 1992年,共计投资97.4万元用于移民生产计划。基础设施35.4万元,其中:续建白国防护支堤1.2千米;水东村农饮两用井1口;虎岗村改造低产田100亩,李老山电灌站2座。种植业62.0万元。赣县1992年共计投资584.2万元用于移民生产计划。县办工程4项,计88万元,其中:五云变电站50万元;开荒造田1000亩20万元;修建烘茧站2座8万元;扶持开发公司蚕、桑种苗等周转金10万元。五云乡19万元,其中:基础设施建设2万元,种植业15万元,敬老院2万元。储潭乡35.8万元,其中:基础设施13.5万元;种植业20.3万元;敬老院3万元。沙地乡132.8万元,其中:基础设施建设81.6万元,种植业34.4万元,养殖业3.8万元,攸镇煤炭站2.5万元,攸镇敬老院建设5万元,沙地敬老院院建设2万元,修建烘茧站4万元。湖江乡84.8万元。其中:基础设施6万元(含镇江村移民点高压线)种植业57.8万元,养殖业8万元;煤炭站2万;敬老院3万元;板鸭厂5万元;修建茧1座4万元。古田乡161.0万元。其中:基础设施建设90.2万元;种植业54.5万元;蜜饯加工厂6.3万元;敬老院3万元;修烘茧站4万元。湖新乡12.8万元。其中:基础设施建设3万元;种植业7万元;养殖业0.8万,敬老院2万元。

上犹江水库位于上犹县和崇义县之间,是中国"第一个五年计划"期间156个重点工程项目之一。1992年,上犹江库区用于移民生产建设的总金额为230.98万元,其中补偿金101万元,周转金50万元,群众自筹78.98万元。种植业、养殖业、加工业、能源交通、社会福利以及三费等6方面分别投资127.57万元、4.88万元、42.43万元、12.51万元、36.69万元和7.1万元。1993年,投入的总金额有所增加,为282.37万元,其中补偿金115万元,周转金68万元,群众自筹99.37万元。种植业、加工业、能源交通、社会福利以及三费等5方面分别投资165.56万元、50万元、16.53万元、40.68万元和9.6万元。

1994年,由于库区的发展有较大的起步,因而投入总金额相对较少,为135.64万元。其中补偿金85万元,群众自筹50.64万元。种植业、加工业、能源交通、社会福利以及三费等4方面分别投资68.43万元、43.67、18.17万元和7.37万元。

1995年,用于移民生产建设的总金额为159.1万元,其中补偿金92万元,群众自筹67.1万元。种植业、能源交通、社会福利以及管理费等4方面分别投资89.08万元、51.27万元、13.23万元和5.52万元。

1996年4月,上犹江库区编报1995年度生产建设项目计划,计划如下:

表2-5-8　1995年度上犹江库区移民生产建设计划总表

单位:万元

项目	总金额	占总金额比例(%)	其中					投产后年产值	备注
			国家扶助资金		自筹资金	国家扶助资金中			
			补偿金	周转金		有偿安排	无偿安排		
合计	159.10	100.00	92.00		67.10	27.60	64.40	314.00	
占总金额比例(%)	100.00		57.80		42.20	30.00	70.00		
种植业	89.08	56.00	46.70		42.38	27.60	19.10		
养殖业									
加工业									
交通能源	51.27	32.00	30.84		20.43		30.84		
社会福利	13.23	8.30	8.94		4.29		8.94		
管理费	5.52	3.70	5.52				5.52		

1996 年的总金额则为 327.8 万元,其中补偿金 158 万元,地方自筹 169.8 万元。种植业、养殖业、加工业、能源交通、社会福利以及管理费等 6 方面分别投资 106.9 万元、61 万元、10 万元、128.4 万元、15.5 万元和 6 万元。

表 2-5-9 1996 年度上犹江库区移民生产建设计划总表

单位:万元

项目	总金额	占总金额比例(%)	扶持资金来源		投产后年产值	备注
			国家补偿金	地方自筹资金		
合计	327.80		158.00	169.80	405.76	
占总金额比例(%)		100.00	48.00	52.00		
种植业	106.90	32.60	44.40	62.50	265.00	
养殖业	61.00	18.60	38.00	23.00	90.75	
加工业	10.00	3.00	4.00	6.00	50.00	
交通能源	128.40	39.20	56.60	71.80		
社会福利	15.50	4.80	9.00	6.50		
管理费	6.00	1.80	6.00			

注:种植业含农田水利、开荒造田

1996 年 12 月,赣县年度移民生产开发项目投资计 645.6 万元。其中:基础设施投资 96 万元;种植业投资 157.6 万元;养殖业投资 140 万元;科技培训投资 212 万元;公益事业投资 30 万元;特渴乡生产开发补助投资 10 万元。

上犹江水库影响赣州的上犹县及崇义县两县,1997 年两县在各个扶持项目上进行投入。上犹县投入总金额为 121.3 万元,其中国家扶持 62 万元,群众自筹 59.3 万元。在生产方面,主要是一些种植业及养殖业的扶持。这些项目的建设使 11777 个移民得惠受益;崇义县在 1997 年投入 124.5 万元用于移民生产建设。其中国家扶持 52 万元,群众自筹 72.5 万元。主要是在修建公路桥、低压线路改造、饮水工程、公路维修等方面进行扶持,生产项目则是创办麻羊基地,投入 8 万元。

宜 春 1991 年,投入 28.5 万元用于新安江富春江水库移民生产建设,其中补偿金 10 万元,周转金 7 万元,自筹资金 11.5 万元。种植业、加工业、能源交通、社会福利以及三费等 5 方面分别投资 6.5 万元、0.9 万元、20.1 万元、0.7 万元和 0.3 万元。

1992 年,靖安和奉新两县共投入总金额 32.12 万元,其中补偿金 8 万元,周转金 6 万元,自筹资金 18.12 万元。种植业、养殖业、加工业、社会福利以及两费等 5 方面分别投资 13.84 万元、7.7 万元、9 万元、0.6 万元和 0.98 万元。有 33 个村庄 2392 人受益,其中包含移民 1418 人。靖安县处在罗湾库区和小湾库区的影响区域内,1992 年,全省投入 49.49 万元用于罗湾库区移民生产建设,其中补偿金为 19 万元,周转金为 10 万元,自筹资金为 20.49 万元。种植业、加工业、能源交通以及两费等 4 方面分别投资 26.96 万元、10 万元、10.5 万元和 2.03 万元。1993 年,靖安、奉新两县的投入额有所增加,为 57.84 万元,其中补偿金 10 万元,周转金 7 万元,自筹资金 40.84 万元。种植业、养殖业、加工业、能源交通、社会福利以及三费等 6 方面分别投资 44.18 万元、3.54 万元、5.02 万元、1万元、3.3 万元和 0.8 万元。1993 年,全省投入 60 万元用于罗湾水库移民生产建设,其中补偿金为22 万元,周转金为 12 万元,自筹资金为 26 万元。种植业投入 58.2 万元,管理培训费投入 1.8万元。

1993 年,全市投入 65.8 万元用于移民生产建设,其中补偿金为 22 万元,周转金为 12 万元,群众自筹 31.8 万元。种植业、加工业、能源交通、社会福利以及三费等 5 方面分别投资 14.02 万元、20.8 万元、21.18 万元、8 万元和 1.8 万元。

1995 年,靖安县罗湾库区在移民生产建设方面投入 32.08 万元。1996 年,投入总金额 42 万元,其中补偿金 27 万元,自筹资金 15 万元。主要用于银杏、桑园、水渠、水坝、修路、建桥以及管理费的投入。

1996 年 11 月,江口水库宜春库区 1996 年度移民生产建设项目计划中:总投资 47.5 万元,其中:库区建设基金 29.5 万元,自筹 18 万元,库区建设基金中含省、市管理费 1.5 万元。

1996 年,总投入 47.5 万元,其中补偿金 29.5 万元,群众自筹 18 万元。用于大棚养殖基地及管理费的投入,其中管理费投入 1.5 万元,其余均为兴阳村等 5 地的蔬菜基地投入。

1997 年,全市投入 47 万元用于移民生产建设,其中国家扶持 25 万元,群众自筹 22 万元。在彬霞果园改造、大棚蔬菜、霞塘综合养殖、道路改造以及江霞电灌站等 5 个项目中投入资金进行发展。

吉安地区 1991 年,投入 100.64 万元用于新安江富春江水库移民生产建设,其中补偿金 36 万元,周转金 25 万元,自筹资金 39.64 万元。种植业、养殖业、加工业、能源交通、社会福利以及三费等 6 方面分别投资 47.45 万元、5.32 万元、22.5 万元、20.95 万元、3.42 万元和 1 万元。

1992 年,投入总金额 89.83 万元,其中补偿金 30 万元,周转金 18 万元,自筹资金 41.83 万元。种植业、养殖业、加工业、能源交通、社会福利以及三费等 6 方面分别投资 36.52 万元、7.01 万元、26.83 万元、10.38 万元、7.11 万元和 1.98 万元。有 89 个村庄 16404 人受益,其中包含移民 12320人。万安县 1992 年共计投资 360.2 万元用于移民生产计划。水利工程共计 130.9 万元,其中:挖小山塘 48.89 万立方米,小型水利 300 项,赣县迁万安移民水利工程 41 项,以及剡洒、郭埠、建丰电灌站、云州抗旱井的建设;低产田改造 79.1 万元,其中工程措施改造 1.42 万亩,扶持移民种植油菜及杂交稻 64.95 万元;扶持移民家庭发展林果业和兴办小型林果基地 10 处,共计投资 97.1 万元;打水井 874 口,共计投资 86.1 万元;桂富潭及洽村渔场解决拦网、拦污、防渗等设施,共计投资 10万元;梅石公路建设投资 8 万元。

1993 年 5 月,万安库区赣县实施 7 大项目,共计资金 698.4 万元。

1993 年 12 月,吉安地区移民办公室上报新安江、富春江库区移民 1992 年度生产建设项目计划。生产建设计划总表如下:

表2-5-10 1992年度吉安地区境内新安江、富春江库区移民生产建设计划总表

单位:万元

项目	总金额	占总金额比例(%)	资金来源			扶助资金中		投产后年产值	受益面			备注
			扶助资金		自筹资金	有偿安排	无偿安排		村庄(个)	人数(人)	其中移民(人)	
			补偿金	周转金								
合计	89.83		30.00	18.00	41.83	34.88	13.12	204.88	89	16404	12320	
分项合计		100.00	33.40	20.00	46.60	38.83	14.60					
种植业	36.52	40.70	10.66	9.44	16.42	15.32	4.78	130.88	39	6668	4981	
养殖业	7.01	7.80	3.47	0.97	2.57	4.01	0.43	25.00	6	1580	1580	
加工业	26.83	29.85	5.25	6.27	15.31	10.90	0.62	44.00	24	4417	2520	
能源交通	10.38	11.55	5.46	0.64	4.28	2.62	3.48		13	2624	2124	
社会福利	7.11	7.90	3.62	0.24	3.25	2.03	1.83	5.00	7	1115	1115	
三费	1.98	2.20	1.54	0.44			1.98					

注:种植业含农田水利、开荒

1994 年 1 月,万安库区发放补助金额 42 万元,其中:万安县 20 万元,赣县 20 万元,赣州市 2 万元。

1994 年 3 月,省移民办同意万安库区赣州市当年度安排生产开发资金 130 万元,其中种植业 78 万元,养殖业 10 万元,基础设施建设 38 万元,移民生产技术培训费 4 万元。

2001—2005 年,省移民办批复吉安市万安库区项目资金 2500.2 万元,项目 1067 个;批复吉安市"两江"水库扶持资金 2722.71 万元,项目 911 个。2005 年,吉安市对新干、峡江、永丰、吉安县、安福、万安等 6 县 33 个乡(镇、场)的中央直属水库移民实施"四个一"工程,投入扶持资金 219 万元。2005 年 12 月,结合新农村建设、农村村落社区建设和危房改造,吉安市选定新干、峡江、永丰、安福、吉安等 5 个县 9 个移民村实施"两江"水库移民重点示范村建设,投入库区建设基金 176.8 万元,改造危房 235 户,建设村落社区中心 8 个。

2005 年 10 月,全市结合新农村和移民示范村建设,投入国家扶持资金 411.2 万元,建设万安库区移民危房改造示范村 29 个,改造危房 504 户。

2006—2009 年,省移民办批复吉安市万安库区维护基金项目 1926 万元。其中,2006 年 476 万元,2007 年 375 万元,2008 年 163 万元,2009 年 912 万元;批复吉安"两江"水库扶持资金 311 万元。其中,2006 年,投入扶持资金 113 万元,建设"两江"水库移民新村 9 个。

2010 年,新干县共安排项目 88 个,总投资 261.06 万元。其中:地方交通项目 46 个,投入资金 111.37 万元,减少不通水泥路的村组 46 个,受益人口 4000 余人;防护工程项目 2 个,投入资金 11.72 万元,受益移民 260 余人;农田水利项目 25 个,投入资金 76.57 万元,新增灌溉面积 2150 亩,改善灌溉面积 1800 亩,改造中低产田 120 亩,受益人口 3500 人;人畜饮水项目 5 个,投入资金 19.85 万元,解决人畜饮水困难村组 5 个,受益人口 1500 余人;生产资料调整项目 2 个,投入资金 14.94 万元,可新增粮食产量 7 万余斤,每亩可获利 600 元,年利润 9 万元,受益移民 500 余人;新农村建设项目 8 个,投入资金 26.61 万元,受益人口 600 余人。

上　饶　1991 年,投入 184.35 万元用于新安江富春江水库移民生产建设,其中补偿金 44 万元,周转金 31 万元,自筹资金 109.35 万元。种植业、养殖业、加工业、能源交通、社会福利以及三费等 6 方面分别投资 53.62 万元、0.64 万元、76.59 万元、41.82 万元、10.33 万元和 1.32 万元。

1992 年 10 月,上饶地区移民办公室提出新安江、富春江库区迁赣的 1991 年移民生产建设计划,如下表:

表2－5－11 1991年度上饶地区境内新安江、富春江库区移民生产建设计划总表

单位：万元

项目	总金额	占总金额比例（%）	资金来源			扶助资金中		投产后年产值	受益面			备注
			扶助资金		自筹资金	有偿安排	无偿安排		村庄（个）	人数（人）	其中移民（人）	
			补偿金	周转金								
合计	184.55		44.00	31.00	109.55	55.87	19.13	501.70	245	42069	31386	
占总金额比例（%）			23.86	16.81	59.31							
种植业	53.63	29.10	12.68	4.73	36.22	15.11	2.30	245.20	51	7504	7504	
养殖业	0.65	0.35	0.24	0.21	0.20	0.45		2.50	1	235	235	
加工业	76.80	41.50	14.26	20.68	41.86	34.94		254.00	119	22669	14262	
能源交通	41.82	22.60	11.00	5.23	25.59	5.23	11.00		45	7913	5955	
社会福利	10.33	5.60	4.50	0.15	5.68	0.15	4.50		29	3748	3430	
三费	1.32	0.70	1.32				1.32					含地、县管理费、培训费

注：种植业含农田水利、开荒。

1992年投入总金额为138.84万元，其中补偿金38万元，周转金22万元，自筹资金78.84万元。种植业、养殖业、加工业、能源交通、社会福利以及两费等6方面分别投资16.49万元，15.13万元，95.31万元，5.6万元，1.94万元和3.85万元。有99个村庄20180人受益，其中包含移民18279人。

1993年4月，省移民办分配给上饶地区境内新安江、富春江库区移民生产建设经费60万元，其中周转金22万元。

表2－5－12　1992年度上饶地区境内新安江、富春江库区移民生产建设计划总表

单位：万元

项目	总金额	占总金额比例（%）	资金来源				扶助资金中		投产后年产值	受益面			备注
			扶助资金		自筹资金	有偿安排	无偿安排			村庄（个）	人数（人）	其中移民（人）	
			补偿金	周转金									
合计	138.84		38.00	22.00	78.84	53.09	21.01	313.76	99	20180	18279	无偿转有偿安排占无偿资金80%
占总金额比例（%）			27.40	15.80	56.80							
种植业	16.49	11.90	3.48	2.01	11.00	5.49		30.00	6	830	718	
养殖业	15.13	10.90	5.08	3.22	6.83	8.81	17.40		5	729	484	
加工业	95.82	69.00	21.97	16.07	57.78	38.09		266.36	80	17008	15778	
能源交通	5.60	4.00	2.30	0.70	2.60	0.70	2.30		5	1381	1108	
社会福利	1.94	1.40	1.31		0.63		1.31		3	232	193	
两费	3.85	2.80	3.85				3.85					含地、县管理费，培训费

2010年,全市共争取中央、省级财政扶贫资金和水库移民资金36267万元,比2009年净增3790万元,增长17%;安排贴息资金支持贷款348万元,引导金融机构发放扶贫贷款总量9200万元;扶持基础设施项目1673个,重点村和水库库区修建道路2133.1千米,修建山塘水库54座,修建桥梁48座,新建排灌站23座,修建沼气池237个,解决饮水困难人口6.55万人。

抚　州　1991年,抚州地区投入400.73万元用于新安江富春江水库移民生产建设,其中补偿金126万元,周转金89万元,自筹资金185.73万元。种植业、养殖业、加工业、能源交通、社会福利以及三费等6方面分别投资288.90万元、19.88万元、15.76万元、48.04万元、24.40万元和3.74万元。

洪门库区位于抚州东南方,坐落黎川、南城两县区域内。1992年,洪门库区用于移民生产建设的总金额为363.52万元,其中补偿金138.60万元,周转金71万元,群众自筹153.92万元。种植业、养殖业、加工业、能源交通、社会福利以及两费等6方面分别投资183.78万元、62.37万元、32.60万元、50.88万元、18.83万元和15.05万元。1993年的投入金额又有所增加,为408.79万元。其中补偿金152万元,周转金88万元,群众自筹168.79万元。种植业、养殖业、加工业、能源交通、社会福利以及两费等6方面分别投资147.20万元、77.19万元、92.97万元、64.97万元、13.76万元和12.70万元。1995年的投入总金额则为192.40万元,其中补偿金为114万元,群众自筹78.4万元。种植业、养殖业、加工业、能源交通、社会福利以及管理费等6方面分别投资122.17万元、24万元、5万元、29.32万元、5.55万元和6.36万元。共有138个村庄受益,受益人数28436人,其中移民为25355人。

1992年,抚州地区投入总金额310.44万元用于新安江富春江水库移民生产建设,其中补偿金106万元,周转金66万元,自筹资金138.44万元。种植业、养殖业、加工业、能源交通、社会福利以及两费等6方面分别投资220.26万元、27.56万元、3.29万元、25.79万元、21.62万元和11.90万元。有371个村庄56360人受益,其中包含移民43137人。1992年对抚州地区的宜黄县进行移民生产建设计划调整,调整后总金额为56.24万元,其中补偿金20.49万元,周转金12.75万元,自筹资金23万元。种植业、养殖业、加工业、能源交通、社会福利以及管理培训费等6方面分别投资30.08万元、5.78万元、4.7万元、3.14万元、10.71万元和1.83万元。

1993年1月,抚州地区境内新安江、富春江库区移民被分配的1993年度生产建设经费207万元,其中补偿金123万元,周转金84万元。

表2-5-13　1993年度抚州地区境内新安江、富春江水库移民生产建设计划投资表

单位:万元

项目类别	总金额	占总金额比例(%)	资金来源			扶助资金中		投产后年产值	灌溉面积	受益面			备注
			扶助资金		自筹资金	有偿安排	无偿安排			村庄(个)	人数(人)	其中移民(人)	
			补偿金	周转金									
合计	476.900	100.000	123.000	84.000	269.900	143.855	63.145	759.700	6090.000	674	99666	58576	无偿转有偿安排比例48.7%,剔除两费后则为53.1%
占总金额比例(%)	100.000		25.800	17.600	56.600	30.200	13.200						
种植业	240.980	50.500	65.022	52.776	123.182	95.930	21.868	543.400	6090.000	179	37994	32137	含农田水利及开荒造田安排移民83人
养殖业	51.060	10.700	13.863	15.124	22.073	26.045	2.942	153.100		91	7244	4340	安排移民10人
加工业	17.090	3.600	5.185	4.870	7.035	8.580	1.475	24.700		19	3111	2611	安排移民68人
能源交通	96.330	20.200	15.830	10.750	69.750	12.700	13.880	28.500		67	13705	8499	安排移民2人
社会福利	61.140	12.800	12.800	0.480	47.860	0.600	12.680			318	37612	10989	
两费	10.300	2.200	10.300				10.300						按省核定管理费、培训费执行

表2-5-14 1992年度抚州地区境内新安江、富春江水库移民生产建设计划资金总表

单位:万元

项目类别	总金额	占总金额比例(%)	资金来源			扶助资金中		投产后年产值	灌溉面积	受益面			备注
			扶助资金		自筹资金	有偿安排	无偿安排			村庄(个)	人数(人)	其中移民(人)	
			补偿金	周转金									
合计	310.440	100.000	106.000	66.000	138.440	117.238	54.762	654.900	5340.000	371	56360	43137	无偿转有偿安排资金比例48.3%
占总金额比例(%)	100.000		34.100	21.300	44.600	37.800	17.600		5340.000				
种植业	220.265	70.900	58.683	57.103	104.479	89.425	26.361	564.900		235	32902	29140	
养殖业	27.567	8.900	14.806	1.336	11.425	14.439	1.703	89.000		32	2526	2445	
加工业	3.294	1.100	1.391	0.471	1.432	1.518	0.344	1.000		5	824	824	
能源交通	25.792	8.300	11.342	4.876	9.574	9.642	6.576			30	6927	4813	
社会福利	21.620	7.000	10.090		11.530		10.090			69	13181	5915	
两费	11.902	3.800	9.688	2.214		2.214	9.688						管理费+培训费

注:种植业含农田水利、开荒

1993年,抚州地区投入总金额476.9万元,其中补偿金123万元,周转金84万元,自筹资金269.9万元。种植业、养殖业、加工业、能源交通、社会福利等6方面分别投资240.98万元、51.06万元、17.09万元、96.33万元、61.41万元和10.30万元。

表 2－5－15　1995 年度洪门水库移民生产建设计划总表

单位:万元

项目类别	总金额	占总金额比例(%)	资金来源			扶助资金中		投产后年产值	灌溉面积	受益面			备注
			扶助资金		自筹资金	有偿安排	无偿安排			村庄(个)	人数(人)	其中移民(人)	
			补偿金	周转金									
合计	192.400		114.000		78.400	40.000	74.000	138.000	25355.000				
占总金额比例(%)		100.000	59.880		40.120	23.080	36.800						
种植业	122.170	63.500	69.070		53.100	32.000	37.070	275.520	1170.000	56	7595	6785	
养殖业	24.000	12.470	13.000		11.000	8.000	5.000	33.900		21	12190	10450	
加工业	5.000	2.600	5.000				5.000						
能源交通	29.320	15.240	17.120		12.200		17.120			39	7200	6780	
社会福利	5.550	2.880	3.450		2.100		3.450			22	1450	1340	
两费	6.360	3.310	6.360				6.360						

1996 年,洪门库区的无偿金投入计划中,总金额为 314.1 万元,其中库区建设基金 198 万元(含南城县 123 万元、黎川县 72 万元、地区 3 万元),自筹资金 116.1 万元。库区建设基金 198 万元中,包括种植业(含农田水利)95.35 万元、养殖业 30.55 万元、能源交通 58.9 万元、社会福利 3.2 万元、管理费 10 万元。

1997 年,洪门库区计划总投资 216.9 万元,其中安排补偿金 130 万元,自筹 86.9 万元。计划安排南城县总投资 116.2 万元(其中安排补偿金 78 万元,自筹 38.2 万元);安排黎川县总投资 100.7 万元(其中安排补偿金 52 万元,自筹 48.7 万元)。

2005 年,抚州市启动 37 个移民示范村建设,每个新村安排 30 万元,用于全面改建危房旧房。

2001—2009 年,抚州市共投入移民资金 2.24 亿元,用于基础设施建设和产业开发。

维护基金项目

1991 年,上犹江等 5 库区共投入维护基金 124.10 万元,其中:赣州地区为 35.2 万元,抚州地区为 37.9 万元,新余市为 30.72 万元,宜春地区为 7.79 万元,罗湾库区宜春地区为 12.5 万元。

1992 年,上犹江等 5 库区共投入维护基金 98.86 万元,其中赣州地区为 37 万元,抚州地区为 27 万元,新余市为 19.86 万元,宜春地区为 8 万元,宜春地区为 7.74 万元。

1993 年,上犹江等 5 库区共投入维护基金 124.49 万元。

1999 年上犹江等 5 库区共投入维护基金 104 万元。

洪门库区 1991 年,共投入 56.41 万元对库区移民进行扶持,其中维护基金为 37.9 万元,自筹资金为 18.51 万元。种植业、养殖业、能源交通、社会福利以及管理费等 5 方面分别投资 27.62 万元、1.67 万元、15 万元、11.5 万元和 0.61 万元。1992 年的投入总额无太大变化,为 51.71 万元,其中维护基金为 27 万元,自筹资金为 24.71 万元。种植业、养殖业、加工业、能源交通以及管理费等 5 方面分别投资 14.89 万元、10.27 万元、2 万元、23.47 万元和 1.08 万元。1993 年共投入 50.5 万元,其中维护基金为 29 万元,自筹资金为 21.5 万元。种植业、养殖业、加工业、能源交通、社会福利以及管理费等 6 方面分别投资 29.26 万元、11.15 万元、3 万元、1.99 万元、0.8 万元和 4.3 万元。1994 年则投入 70 万元,其中维护基金为 42 万元,自筹资金为 28 万元。种植业能源、交通、社会福利以及管理费等 5 方面分别投资 39.43 万元、9.75 万元、13.3 万元、5 万元和 2.52 万元。1995 年共投入 71.2 万元,其中维护基金为 44 万元,自筹资金为 27.2 万元。种植业、养殖业、能源交通、社会福利以及管理费等 5 方面分别投资 27.1 万元、17.9 万元、20.4 万元、3.8 万元和 2 万元。1996 年投入总金额为 38.4 万元,分别在南城县和黎川县进行一些项目的分配计划,投资额为 16.9 万元和 21.5 万元。共对 3930 个移民受益。

罗湾库区 1991 年,共投入 17.5 万元对库区移民进行扶持,其中维护基金为 12.5 万元,自筹资金为 5 万元。1992 年的投入总额为 14.30 万元,其中维护基金为 7.74 万元,自筹资金为 6.56 万元。1994 年则投入 19.1 万元,其中维护基金为 10 万元,自筹资金为 9.1 万元。种植业、能源交通以及行政管理费等 3 方面分别投资 10.5 万元、8 万元和 0.6 万元,受益移民人数为 1020 人。1995

年共投入 17 万元,其中维护基金为 10 万元,自筹资金为 7 万元。种植业、能源交通以及行政管理费等 3 方面分别投资 3 万元、13.5 万元和 0.5 万元,受益移民人数为 1150 人。1996 年投入总金额为 10 万元,其中补偿金为 6 万元,自筹资金为 4 万元。宜春地区 1993 年也对维护基金项目进行计划分配,投入总金额 13.4 万元,其中维护基金 8 万元,自筹资金 5.4 万元。

上犹江库区 1991 年,共投入 58.1 万元对库区移民进行扶持,其中维护基金为 35.2 万元,自筹资金为 22.9 万元。种植业、养殖业、加工业、能源交通、社会福利以及行政管理费等 6 方面分别投资 15.56 万元、3.9 万元、3.3 万元、11.91 万元、22.76 万元和 0.63 万元。1992 年的投入总金额为 60.36 万元,其中维护基金为 37 万元,自筹资金为 23.36 万元。种植业、能源交通、社会福利以及行政管理费等 4 方面分别投资 37.6 万元、1.98 万元、19.85 万元和 1.48 万元。1993 年投入 63.14 万元,其中维护基金为 38 万元,自筹资金为 25.14 万元。种植业、养殖业、能源交通、社会福利以及三费等 5 方面分别投资 38 万元、10.33 万元、3.34 万元、9.67 万元和 1.8 万元。1994 年投入 78.3 万元对库区移民进行扶持,其中维护基金为 40 万元,自筹资金为 38.3 万元。种植业、养殖业、加工业、能源交通、社会福利、其他费用以及三费等 7 方面分别投资 17.6 万元、3.3 万元、1 万元、15.92 万元、36.68 万元、2 万元和 1.9 万元。1995 年投入 86.2 万元,其中维护基金为 40 万元,自筹资金为 46.2 万元。种植业、养殖业、能源交通、社会福利以及管理费等 5 方面分别投资 23 万元、9 万元、24 万元、28.4 万元和 1.8 万元。1996 年的投入总金额为 45 万元,其中维护基金为 25 万元,自筹资金 20 万元。1998 年共投入 445.5 万元用于库区遗留问题处理项目扶持,其中建设基金 199 万元,维护基金 35 万元,自筹资金 211.5 万元。基础设施、生产开发、培训费以及管理费等 4 方面分别投资 266.5 万元、153 万元、15 万元和 11 万元。

江口库区 1992 年,共投入 45.87 万元对库区移民进行扶持,其中维护基金为 27.86 万元,自筹资金为 18.01 万元。种植业、加工业、能源交通、社会福利以及管理费等 5 方面分别投资 13.05 万元、3.4 万元、6.9 万元、8.5 万元和 14.02 万元。1994 年则投入总金额 82.02 万元,其中维护基金为 38 万元,自筹资金为 44.02 万元。种植业、养殖业、能源交通、社会福利以及管理费等 5 方面分别投资 21.82 万元、1.1 万元、13.7 万元、43.5 万元和 1.9 万元。1995 年,江口水库彬江库区对维护基金进行项目分配计划,共投入 26.47 万元,其中维护基金为 9 万元,自筹资金为 17.4 万元。用于水库立体开发、砌石码头以及行政管理费的投入,分别投入 22.74 万元、3.33 万元和 0.4 万元。1996 年新余市共投入 83.9 万元,其中维护基金为 26 万元,自筹资金 57.9 万元。用于分宜县、渝水区的项目实施以及市办果园场的建设,分别投入资金 33.9 万元和 20 万元。1998 年,共投入 504 万元用于库区遗留问题处理项目扶持,其中:建设基金 241 万元,维护基金 20 万元,自筹资金 243 万元。基础设施、生产开发、移民搬迁、培训费以及管理费等 5 方面分别投资 223 万元、185.5 万元、160 万元、9.5 万元和 11 万元。

罗湾库区 1998 年共投入 120.4 万元用于库区遗留问题处理项目扶持,其中:建设基金 68 万元,维护基金 10 万元,自筹资金 42.4 万元。基础设施、生产开发、水毁工程、培训费以及管理费等 5 方面分别投资 70.9 万元、28 万元、16 万元、2.5 万元和 3 万元。

柘林等 5 库区 2000 年用于移民遗留问题处理项目总资金为 3749 万元,其中:国家扶持 2143 万元,回收周转金9.5万元,自筹资金2096.5万元。其中:人畜饮水投入151.6万元,农田水利投入224万元,移民用电投入26.8万元,地方交通投入586.4万元,种植业投入670万元,移民搬迁投入1228万元,养殖业投入382万元,技术培训投入90.5万元,其他投入388.7万元。

2000年,新安江富春江水库移民遗留问题处理计划安排总投666.55万元,其中国家扶持资金6018万元,群众自筹3648.55万元。国家扶持资金6018万元中,安排周转金1378万元,管理费152万元。其中:人畜饮水投入636.75万元,农田水利投入1938.02万元,移民用电投入377.2万元,地方交通投入2650.69万元,文教卫生投入735.45万元,种植业投入1807.05万元,养殖业投入923.05万元,加工业投入151.9万元,其他投入300.04万元,管理费为152万元,培训费为6万元。

移民遗留问题处理

2000年底,财政厅累计批复省移民办"两江"移民遗留问题处理资金26424万元,省移民办下达各地23009.50万元。2001年,省移民办编制"两江"移民遗留问题处理第一批项目计划,计划安排资金3078万元,项目资金2930万元,管理费148万元,其中:计划外安排资金213万元。项目资金2930万元,除万安、安义、龙虎山、铜鼓、宜丰、樟树、丰城、波阳、横峰、玉山本次计划全部安排完毕外,其余地方基本按规划剩余资金的50%左右予以安排。项目安排上,根据各地报来的计划,主要安排地方交通、农田水利、人畜饮水、种植业、养殖业项目,重点解决各地移民行路难、吃水难的问题。其余项目在下批计划中进行安排。基础设施安排2122.7万元,占总资金的68.9%,生产开发安排807.3万元,占总资金的27%。在基础设施项目中,重点放在改善移民区道路交通条件上,安排资金948.3万元,占基础设施投资的49%。在生产开发上,主要安排涉及千家万户,效益到户的种养项目上,种养项目安排资金760.5万元,占生产开发资金的89%。管理费148万元,主要根据各设区市的移民人数和移民县(市)数分配至各设区市,各县(市)管理费由设区市自行安排,下达各市、县100万元,省办本级安排48万元。计划外资金213万元,主要用于少数地方在规划中漏报的移民,部分需要重点安排的项目,以及省办本级安排移民普查费50万元,省移民经济技术服务中心安排50万元。

南昌市 1997年,省移民办用于安义县境内新安江富春江水库项目计划总投资69.1万元,扶持遗留问题处理,其中国家扶持资金41.5万元,自筹27.6万元。国家扶持资金41.5万元中,基础设施项目资金22万元,生产开发项目资金18万元,管理经费1.5万元。1998年度安义县安排总投资129万元,其中国家扶持63万元(安排周转金10万元),群众自筹66万元。其中:基础设施投入107万元,生产开发投入20万元,工作经费2万元。

九江市 中央直属水库移民遗留问题处理工作有两部分:第一部分是柘林水库移民。涉及武宁、永修两县和瑞昌32个乡、230个行政村、933个村民小组的12.8万移民。1986年,原水电部对柘林水库移民遗留问题进行处理,并编制《柘林水库移民86—91年生产建设规划》,国家共投资8000万元,其中补偿资金5000万元,周转资金3000万元,(武宁补偿金4243.2万元,周转金2550万元。永修县补偿金748.8万元,周转金450万元。瑞昌市补偿金8万元),1995年11月通过国家验收;1991年,开始对"两江"移民遗留问题进行处理。九江境内新安江富春江水库1997年用于移民遗留问题处理项目的计划总投资为1567.46万元,其中国家扶持资金818.5万元,自筹748.96万元。国家扶持资金818.5万元,其中:基础设施项目资金616.88万元,生产开发项目资金183.12万元(周转金130万元),管理经费18.5万元;由于柘林水库在大搬迁时,移民是按蓄水位65米的等高线搬迁,造成武宁和永修两县有11140人(含武宁县返迁的1004人)居住在65米—67米洪水回水线内,水利部移民局从1995年起逐年安排洪水回水线以下移民的搬迁安置;1995年,柘林库区年度计划确定总资金为1032.45万元,其中地方配套资金47.7万元,群众自筹284.74万元,从库区建设中安排拨款500万元,生产周转金200万元。国家拨款500万元中,包括移民搬迁319.8万元、围堤防护工程75.7万元、修复水毁工程44.5万元;生产周转金200万元中,包括种植业66.55万元、养殖业117.45万元(含武宁县田家垅网箱养鱼75万元、田家垅鱼种池25万元)。三费总金额为76万元。省办管理费应为7万元,市办28万元(含武宁县17.85万元,永修县3.15万元),共35万元。培训费21万元和预备费20万元全部留省统一掌握使用。

　　1998年,全市安排总投资1635.12万元,其中国家扶持1094.5万元(安排周转金282万元),群众自筹540.62万元。其中人畜饮水投入106.3万元,农田水利投入451.66万元,移民用电投入167.18万元,地方交通投入271.26万元,文教卫生投入97.13万元,种植业投入245.85万元,养殖业投入47.49万元,畜牧业投入101.3万元,加工业投入127.49万元,业务工作费为18.5万元。追加九江新安江富春江迁赣移民遗留问题处理计划资金43.5万元,其中安排周转金20万元,用于永修县南方草莓公司草莓糕生产线的建设,安排12万元,用于兴办都昌县西源乡砖厂,安排11.5万元,用于1998年度移民生产技术及移民干部的业务培训;2001年底,共安排资金5946万元,其中:武宁5018万元,永修928万元,完成回水线以下移民搬迁安置5526人(其中:武宁4490人,永修1036人)。第二部分是浙江新安江、富春江水库迁赣移民。2002年,国务院办公厅转发水利部等部门《关于加快解决中央直属水库移民遗留问题若干意见的通知》,加大对中央直属水库移民遗留问题处理的力度,按中央直属水库移民(包括柘林水库和"两江"移民)2001年底人数,人均1250元编制(2002—2007年)遗留问题处理规划,简称"六年规划",从2002年度开始实施。由于全国大中型水库移民后期扶持政策实施,"六年规划"于2006年6月终止执行。"六年规划"国家共投资九江市14082.3万元,其中:项目资金13355.5万元,科技推广和规划费等726.8万元。计划项目均全部完成,《规划》实施情况于2008年6月进行初步验收。

　　景德镇市　1997年,境内新安江富春江水库用于移民遗留问题处理项目计划总投资为568.95万元,其中国家扶持资金370万元,自筹198.95万元。国家扶持资金370万元,其中:基础设施项目资金260万元,生产开发项目资金100万元(生产周转金50万元),管理经费10万元。1998年,全市安排总投资598.9万元,其中:国家扶持341万元(安排周转金72万元),群众自筹257.9万元。其中:人畜饮水投入58万元,农田水利投入138.5万元,开荒造田投入4万元,移民用电投入90.2万元,地方交通投入154.7万元,文教卫生投入11万元,种植业投入129万元,畜牧业投入5万元,业务工作费为8.5万元。

　　鹰潭市　1997年,省移民办共投入90万用于扶持境内新安江富春江水库遗留问题处理项目,其中基础设施项目投入 63 万元,生产开发项目投入 23 万元,管理费投入 4 万元。1998 年鹰潭市安排总投资 194.6 万元,其中:国家扶持 115 万元(安排周转金 26 万元),群众自筹 79.6 万元。其中:贵溪市安排总投资 188.6 万元,即国家扶持资金 111 万元,群众自筹 77.6 万元;塔桥一次性安排扶持资金 1 万元。

赣州市 1998 年,信丰县安排总投资 543.86 万元用于境内新安江富春江水库移民遗留问题处理项目,其中国家扶持 329 万元(安排周转金 53 万元),群众自筹 214.86 万元。

宜春市 1997 年,境内新安江富春江水库用于移民遗留问题处理项目计划总投资为 351.8 万元,其中国家扶持资金 213.5 万元,自筹 138.3 万元。国家扶持资金 213.5 万元,其中:基础设施项目资金 110 万元,生产开发项目资金 95 万元(生产周转金 30 万元),管理经费 8.5 万元。1998 年度宜春地区安排总投资 691 万元。国家扶持 332 万元(安排周转金 77.1 万元),群众自筹 359 万元。其中:人畜饮水投入 12.1 万元,农田水利投入 129.6 万元,开荒造田投入 61 万元,移民用电投入 40.1 万元,地方交通投入 174.5 万元,文教卫生投入 15.5 万元,种植业投入 226.7 万元,养殖投入 5 万元,畜牧业投入 10.5 万元,加工业投入 1.5 万元,业务工作费 14.5 万元。

吉安市 1997 年,境内新安江富春江水库用于移民遗留问题处理项目计划总投资为 1196.25 万元,其中国家扶持资金 603 万元,自筹 593.25 万元。国家扶持资金 603 万元中,基础设施项目资金 372.2 万元,生产开发项目资金 212.8 万元(周转金 100 万元),管理经费 18 万元。1998 年度吉安地区安排总投资 1028.2 万元,国家扶持 609.5 万元(安排周转金 142 万元),群众自筹 418.7 万元。其中:人畜饮水投入 81.5 万元,农田水利投入 223.9 万元,开荒造田投入 85 万元,移民用电投入 28.9 万元,地方交通投入 161.9 万元,文教卫生投入 14 万元,种植业投入 111.5 万元,养殖业投入 19.4 万元,畜牧业投入 155 万元,加工业投入 119.5 万元,业务工作费为 18 万元。2000 年,省移民办追加 1999 年度吉安地区境内新安江富春江水库移民遗留问题处理资金 9.5 万元,其中安排 2.5 万元,用于永丰县藤田乡永淳移民点打井,解决该村移民的生产和生活用水问题;安排 2 万元,用于永丰县瑶田乡间围寺移民点续建机井项目;安排 5 万元,用于新干县洋峰农场的围堤项目。

上饶市 1997 年,省移民办计划总投资上饶境内新安江富春江水库 1214.88 万元,用于扶持遗留问题处理项目,其中国家扶持资金 813.5 万元,自筹 401.38 万元。国家扶持资金 813.5 万元中,基础设施项目资金 370.74 万元,生产开发项目资金 419.26 万元(扶持生产有偿使用 16 万元),管理经费 23.5 万元;1998 年,安排总投资 1662.2 万元,其中国家扶持 1060 万元(安排周转金 259 万元),群众自筹 602.2 万元;2010 年,共争取中央、省级财政扶贫资金和水库移民资金扶持上饶市 36267 万元,比 2009 年净增 3790 万元,增长 17%。安排贴息资金支持贷款 348 万元,引导金融机构发放扶贫贷款总量 9200 万元。扶持基础设施项目 1673 个,重点村和水库库区修建道路 2133.1 千米,修建山塘水库 54 座,修建桥梁 48 座,新建排灌站 23 座,修建沼气池 237 个,解决饮水困难人口 6.55 万人。

抚州市 1997 年,境内新安江富春江水库用于移民遗留问题处理项目计划总投资为 2865.62 万元,其中国家扶持资金 1991 万元,自筹 874.62 万元。国家扶持资金 1991 万元,其中:基础设施项目资金 1358.3 万元,生产开发项目资金 591.7 万元(生产周转金 310 万元),管理经费 41 万元。

1998 年,南城等 7 个县安排总投资 3359.54 万元,国家扶持 2053.5 万元(安排周转金 448 万元),群众自筹 1306.04 万元。其中:人畜饮水投入 312.71 万元,农田水利投入 564.03 万元,开荒造田投入 1.68 万元,移民用电投入 184.28 万元,地方交通投入 1024.69 万元,文教卫生投入 259.93 万元,种植业投入 672.34 万元,养鱼投入 40 万元,畜牧业投入 90.3 万元,加工业投入 182.38 万元,业务工作费为 27.5 万元。

移民生产开发项目

万安水库是赣江中游的大型水库,位于万安县中北部、赣县中南部。于 1958 年 7 月 1 日动工兴建,1990 年 8 月 24 日建成下闸蓄水。坝址位于万安县城芙蓉镇上游 2 千米处土桥头,回水涉及吉安市万安县、赣州市赣县和章贡区。1993 年,赣州市投入 208.2 万元用于移民生产开发项目的实施,主要是第一产业、第二产业、第三产业以及技术培训方面的投入,投资分别为 136.2 万元、60 万元、12 万元;1994 年,投入 130 万元用于移民生产开发项目的实施,主要是种植业、养殖业、基础设施建设以及技术培训费方面的投入,投资分别为 78 万元、10 万元、38 万元、4 万元;1996 年,投入 32 万元有偿资金,用于库汊养鱼以及扶持移民特困户的投入,投入资金均为 16 万元;1997 年,赣州市扶持移民特困户 44 户,总投资 28 万元,其中国家扶持 17.6 万元,自筹 10.4 万元。种植草莓 50 亩,总投资 30 万元,其中,国家扶持 25 万元,自筹 5 万元。扶持水东敬老院生产开发,国家扶持 5 万元。总投资为 63 万元,其中,国家扶持 47.6 万元,自筹 15.4 万元;1998 年,赣州市扶持移民养殖业 27 户,总投资 21 万元;其中国家扶持 13 万元,自筹 8 万元。种植业总投资 11.2 万元,其中国家扶持 6 万元,自筹 5.2 万元。移民信息网络建设国家扶持 1.4 万元。以上项目总投资为 33.6 万元,其中国家扶持 20.4 万元,自筹 13.2 万元。

1993 年,万安县共投入 693 万元对库区移民进行扶持,其中 260 项农田水利投资 60 万元,9394 亩低产田改造投资 10 万元,建设电灌站 6 座投资 18 万元,建设 2500 口饮水井投资 75 万元,建 1 座昆仑码头 5 万元,1 座变电站 70 万元,户办果业、乡办果业基地、乡办茶叶基地、县办良种场等分别投入 10 万元、60 万元、15 万元、30 万元。5 处低坝栏网投资 60 万元,50 个网箱养鱼投入 10 万元,学校、卫生、五保户补助投入 90 万元,县办果品加工厂 1 座投入 150 万元,技术培训费 30 万元;1995 年,全省移民办对万安县基础设施投资 194.7 万元。其中饮水井 754 口,投资 27.4 万元;照明工程 62.16 万元;水利工程 139 项,投资 35.06 万元;杂交稻良种推广 4144 亩,投资 16.53 万元;开荒地 1243 亩,投资 7.46 万元;路坝工程护坡 7 处,投资 26 万元;库周便道及专项设施投资 10 万元;安置区交通建设 10 万元。林果业开发投资 135 万元。其中毛竹林开发 4000 亩,12 万元;果林种植投资 13 万元;处理山林权投资 62 万元;林果基地建设 42 万元;发展莲子种植 6 万元。养殖业投资 35.3 万元。其中畜禽养殖扶持 295 户,投资 34.3 元;大水面养鱼 41 万元;发展网箱养鱼 100 个,投资 10 万元;科技培训 23 万元。其中脱产培训班 40 人,投资 11 万元;技术及人才引进 10 万元;实用技术培训投资 2 万元,总投资为 417 万元。对报来的果品厂建设增列 169 万元、基建队建设 73 万元;1996 年,增列 3 项移民生产开发项目,分别为沙坪乡长桥村发展水库养鹅投资 5 万元,百加乡回心背小学危房改造资金 3 万元,武术乡菊溪果园资金 7 万元,共投入资金 15 万元;1997 年,投入总金额为 411.9 万元,其中基础设施方面投入 149.4 万元,用以建设饮水工程、交通专项工程、水利工程、坎拦工程以及路坝工程;种植业、养殖业、公益事业分别投入 77 万元、87.5 万元和 98 万元;1998 年,国家扶持总投资为 265.03 万元。在基础设施方面国家扶持 119.36 万元,主要用于完善移民的通电、通路及水利设施建设和开荒造田;在公益事业方面国家扶持 39.5 万元,其中包括万安电视微波转播台 30 万元;养殖业国家扶持 44.5 万元;种植业国家扶持 10 万元;二、三产业国家扶持 29.87 万元,主要用于万安县果品厂技术改造项目。技术培训国家扶持 11.8 万元,遗留问题处理国家扶持 10 万元。

1994 年,赣县投入 558.75 万元对库区移民进行扶持,基础设施建设、种植业、养殖业、县乡村办企业以及技术培训费等 5 方面分别投资 74.75 万元、209.1 万元、130.7 万元、134.2 万元和 5 万元。1996 年,移民生产开发项目投资总计 645.6 万元。其中:基础设施投资 96 万元,种植业投资 157.6 万元,养殖业投资 140 万元,科技培训投资 212 万元,公益事业投资 30 万元,特困乡生产开发补助投资 10 万元。1997 年,投资总金额为 316 万元,其中:基础设施投资 80 万元,种植业投资 70 万元,养殖业投资 110 万元,特困乡生产开发补助投资 19 万元。1998 年,国家扶持赣县的总投资 299 万元,基础设施国家扶持 32 万元,主要用于移民开荒造田及水利设施建设;公益事业国家扶持 43 万元;养殖业国家扶持 130 万元,主要用于水面开发和家庭养殖;种植业国家扶持 55 万元,主要用于移民果业开发和果树抚育;技术培训国家扶持 22.7 万元,特困扶持国家扶持 10 万元,防护工程管理国家扶持 6.3 万元。

移民生产周转金项目

新中国成立后在全省先后兴建的上犹江、洪门、江口、罗湾、柘林等 5 座部属水库(水电站)移民 18.5 万人,加上安置浙江新安江、富春江库区迁赣移民 13.8 万余人,共安置水库移民 32.3 万人,增长 45.33 万人。上犹江等 4 库区,从 1990 年开始,国家安排建设资金 2200 万元(周转金 800 万元),另库区维护基金 828.27 万元;

1990 年,新安江、富春江库区国家安排资金 500 万元(周转金 200 万元)。在全省安置的新安江、富春江库区的移民人数较多,分布在省内 7 个地(市)的 32 个县。

1992 年 6 月底,上犹江等 4 库区维护基金 460.8 万元;

1992 年国家扶持的 400 万元资金在 1993 年初实施。

1995 年度上犹江等 4 库区移民生产安排周转金 250 万元。分别为上犹江库区 64 万元,其中:上犹县水岩乡鱼种场 10 万元、果业开发 24 万元,崇义县果业开发 30 万元;洪门库区 85 万元,其中:南城县优质鱼养殖 25 万元、果业配套 10 万元、移民经济技术服务中心 10 万元,黎川县甲鱼种养殖 30 万元、毛竹 10 万元;江口库区 93 万元,其中:分宜县珍珠养殖 15 万元、养猪基地 12 万元、制种基地 4 万元、鱼鸭综合养殖 10 万元、渝水区五金建材福利厂 30 万元、河下园艺场 12 万元、宜春市硅粉厂 10 万元;罗湾库区(靖安县)移民园艺场 8 万元。

1996 年开始,柘林库区实施库区移民生产建设五年规划,国家扶持资金 8000 万元(周转金 3000 万元)。

1997 年批复上犹江等 4 库区 1997 年度移民遗留问题处理计划,安排周转金 160 万元,扶持移民发展种、养、加工业生产。安排项目 11 个,总投资 4145 万元,其中安排周转金 160 万元。

2000 年,省移民办同意上饶地区移民办在历年回收的周转金中安排 8 万元,用于移民生产基地的建设,其中上饶县铁山乡鱼苗基地 4 万元,上饶县铁山乡果树苗基地 4 万元。

2001 年,省移民办同意在新余市移民办回收的周转金中安排 4.9 万元,用于仙女湖区九龙山乡黄田大桥改建工程;省移民办同意在宜春市移民办历年来内部形成的周转金中安排 4.8 万元,用于以下 3 个项目的建设:袁州区彬江镇霞塘村养鱼 50 亩,安排资金 2.8 万元;袁州区彬江镇白源村采园场柑桔抚育 30 亩,安排资金 1 万元;奉新县赤岸 50 亩布尔猴桃基地建设,安排资金 1 万元;省移民办同意在景德镇市移民办历年回收周转金中安排 20 万元,用于景德镇市移民培训中心培训11 设施和设备的购置;省移民办同意在上饶市移民办历年回收周转金中安排 30 万元,用于上饶市移民服务中心培训设施和设备的购置;省移民办同意在德兴市移民办历年回收周转金中安排 20 万元,用于德兴市移民科技培训服务中心培训设施和设备的购置;省移民办同意在九江市移民办历年回收周转金中安排 20 万元,用于九江市移民经济技术服务中心培训设施和设备的购置;省移民办同意在永修县移民办历年回收周转金中安排 15 万元,用于永修县移民经济技术服务中心培训设施和设备的购置;省移民办同意武宁县移民办历年回收周转金中安排 30 万元,用于武宁县移民经济技术服务中心培训设施和设备的购置。

其　他

1992 年,赣州市人防东门、北门出水口改建工程正式开工,并一次性补助 86 万元。赣县缫丝厂的筹建共购入建厂面积 22.5 亩,含议定的地面建筑物在内共投资 100 万元。在古田、湖江、攸镇、五云、储潭各建移民培训站一处,每处补助投资审定为 6 万元,共计 30 万元。因攸镇、古田两乡新成立,所在地为水库新复建圩镇,追加库周交通费 25 万元,其中古田 10 万元,攸镇 15 万元。

1998 年,全省在 1996 年度库区维护基金中安排 8 万元,用于宋溪乡山口、塘呼两个村的低压线路改造。

自 2003 年实施"移民搬迁扶贫"工程试点至 2007 年,全省完成移民搬迁 20.2 万人,投入财政扶贫资金 50275 万元,占同期财政扶贫资金总量的 23.5%。

2006—2009 年,吉安市通过"一卡通"发放移民直补资金 24956.43 万元。投入扶持资金 3429.51 万元,对新干、峡江、永丰、吉安县、安福、万安等县的中央直属水库移民实施"四个一"工程,建设移民新村。累计投入扶持资金 4837.4 万元,在万安库区大力开展新农村、移民示范村建设、库区移民危房改造等项目,不断完善移民的饮水、沼气、道路等基础设施。在峡江水利工程移民安置工作的调研中,制定合理的补偿标准和移民安置点规划,峡江县把蒋沙村先期征占的林地、土地、迁坟补偿资金 1200 万元下拨到村小组。

2006下半年至2009年度,省移民办批复吉安市大中型水库移民直补资金25112.67万元,通过"一卡通"发放移民直补资金24956.43万元。因部分移民核减或身份待查等原因,结余移民直补资金156.24万元,其中有114.69万元经批复后转为项目扶持,实际结余41.55万元。

2007年4月,新余市在全省率先把第一批移民直补资金发放到移民手中,2009年底,共发放移民直补资金7011.97万元,33700名移民受益。

2008—2009年,省移民办批复吉安市经济发展项目资金2412.87万元,项目502个。其中:2008年度项目扶持资金897.07万元,建设移民示范村30个,新建村组公路、巷道38.7千米,改水改厕160处,环境整治247处,绿化亮化6处,饮水工程195处;2009年度项目资金1515.8万元,建设移民示范村31个,新建村组公路、巷道30.2千米,改造危房400余户,改水改厕302处,环境整治166处。

2009年,上饶市批复项目1436个,资金8116.56万元,开工1258个,开工率达87.60%,竣工1019个,拨付资金6964.27万元。同时,2010年全市累计新申报项目1160个,资金达8036.93万元。

2010年,赣州瑞金市实施库区项目36个,资金317万元,其中:后扶项目20个资金183万元;移民安置区基础建设和生产发展项目8个资金69万元;小型水库解困项目2个资金18万元;应急补助结余6个一、二批项目的资金47万元。建设内容包括23个公路建设项目资金244.93万元,9个水利建设项目资金52.07万元,2个养殖项目资金10万元,1个校舍维修项目资金5万元,1个培训项目资金5万元。

第二节　资金监管

移民资金投入的监管在全省扶持工作中也是重要的一环,主要依靠资金管理办法、资金决算以及资金检查监管3个方面对其进行监管,防止资金的浪费以及非法挪用等等。

资金管理办法

1996年,省移民办印发《关于加强移民专项资金管理的若干规定的通知》规定,各地(市)移民办必须认真执行水利部颁发的《水库移民专项资金管理办法》《水库移民生产周转金管理办法》《水库移民专项资金财务管理办法》《水库移民管理单位会计制度》及江西省制定的《江西省水库移民专项资金管理实施细则》。严格遵守各项财经纪律及财务制度,确保水库移民专项资金专款专用,加快资金到位,及时组织项目实施;严格控制管理费及培训费使用范围、额度及界线,严禁年度计划提取不可预见费;移民生产周转金必须由地(市)移民办与省办签订借款合同,各县(市、区)与地(市)签订借款合同;对水利部移民办留省级(指1992年至1996年借入的周转金)地方周转使用的周转金(50%)原则上大部分留县级移民办周转使用。但为了调动各级移民办的积极性,省级留10%,地(市)留20%,县级留70%,这些周转金到期后连同需归还部移民办的周特金(50%)逐级上缴归还省办后(以前合同如有明确归还一半的照样全额归还)。由县(市)移民办及地(市)移民办根据各自留成额度逐级上报项目计划报省移民办审批下达实施,并拨付资金。对资全回收好、使用效益好、上缴及时的单位,省办可以从本级掌握留成指标予以适当追加;各级移民办每年度的利息收入及占用费收入必须在扣除应上缴上级占用费后进行合理分配;加强移民专项工程的管理,建立健全移民专项工程的施工、结算、验收、决算及财产移交管理,把好工程质量关和核销关,严禁以拨代支现象;各级移民机构财会人员必须保持相对稳定,财会人员不得随意更换,确需更换的,须经上级业务主管部门同意,财会人员应加强业务学习,不断提高自身业务素质;该规定不适用于在建工程移民资金管理。

1997 年,依据《水库移民专项资金管理办法》《江西省水库移民专项资金管理实施细则》关于"三费"提取比例问题,结合全省实际,作如下调整:管理费的提取,按无偿和有偿扶持投资的5%提取,省级留1%,地(市)留1%,县留3%。主要用于支付与移民工作有关的各项业务经费以保证处理水库移民遗留问题工作的顺利开展。培训费的提取,按无偿和有偿扶持投资的4%提取,省级留1%,地(市)级留0.5%,县级留2.5%。主要用于移民管理单位工作人员的业务培训和移民实用技术的培训。预备费的提取,按无偿投资的2%提取,留省统筹安排。主要用于在项目实施过程中不可预见所发生的部分资金缺口。省水库移民专项资金管理实施细则第三十一条,关于按回收资金总额提取千分之一奖励基会,改为百分之一获取,其他不变。

1997 年9 月15 日,省计委、省财政厅、省电力局、省水利厅联合下发《〈江西省水电站和水库库区后期扶持基金实施办法〉的通知》。

1998 年1 月,根据水利部移民办的要求,结合全省八七扶贫攻坚规划,省移民办编制柘林、上犹江、江口、罗湾、洪门等5 座部属水库移民遗留问题处理暨扶贫攻坚规划(1998—2000 年)。同时,对浙江新安江富春江水库迁赣移民遗留问题处理规划进行补充完善。柘林等5 座水库的规划报水利部移民办审批,西江移民规划从1997 年开始实施,先后制定《江西省新安江、富春江水库迁赣移民专项资金管理办法》,《江西省新安江、富春江水库移民周转金管理办法》《新安江、富春江水库移民专项资金会计核算补充规定》《江西省水库移民遗留问题处理项目管理实施细则》等规划。1998 年5 月,根据库基办字〔1998〕7 号文对江西柘林等5 座水库移民遗留问题处理和扶贫攻坚规划提出的初步审核意见和各水库的实际情况,对柘林、江口、罗湾、洪门、上犹江5 座水库移民遗留问题处理和扶贫攻坚规划(1998—2000 年)进行调整。

2000 年,省移民办印发《关于进一步加强水库移民资金使用管理的通知》,要求高度重视水库移民资金管理工作,严肃国家财经纪律,各级移民管理机构人员经费及正常业务经费必须列入地方财政预算,并作为年终考核评比重要指标之一。各移民管理机构要认真做好移民项目的前期工作,凡是前期工作未能达到相应要求的,一律不能列入年度计划;加大移民项目立项的透明度,项目立项应尊重移民群众的意愿;年度计划的编报应实行集体研究制度,严禁"闭门造车",严格执行上级下达的年度计划,切实加快移民项目实施进度;各移民管理机构应加强移民资金检查监督工作,按照统一领导,分级管理的原则,加大对所属单位的检查力度,必要时可借用其他监督部门或中介机构的力量。进一步完善县级报账制度,乡村管理实施的移民项目应推行移民项目资金财务收支公开制度,对移民资金收支定期张榜公布,接受移民群众的监督;各单位按本通知要求,结合本地区的实际情况,进行一次认真自查,凡是不符合本通知要求的,应立即予以纠正。一时难以纠正的,应采取措施限期纠正。各级移民管理机构要严格执行水利部、财政部颁发的《库区建设基金项目管理办法》,加强项目资金管理。认真贯彻《会计法》,严格执行有关移民资金、项目管理办法及会计核算制度,建立、健全单位内部控制制度,严禁挤占、挪用、克扣移民资金,严禁有意滞留、划拨移民资金。

2000年,省移民办下发《关于加强水库移民专项资金管理的通知》,要求各级移民办要加强移民项目、计划管理,维护年度计划严肃性,切实加快移民项目实施进度,积极探索在新形势下如何提高移民资金扶持质量的新思路、新办法。强化移民专项资金管理与监督工作,严肃财经纪律,加大对乡镇及移民项目资金使用监管力度。坚决杜绝挤占、挪用现象发生,确保移民专项资金专款专用。加大移民专项资金使用透明度,自觉接受移民群众的监督,做到"三公开"即移民项目公开、计划资金公开、移民扶持政策公开。

2002年,财政部、水利部先后制定出台《库区建设基金征收使用管理办法》《中央直属水库移民遗留问题处理规划实施稽查办法》《库区建设基金内部审计办法》等一系列资金管理方面的制度办法,基本形成资金监督管理的制度体系。

2010年,南昌市按照《关于在全省强农惠农资金专项清理和检查工作中做好财政扶贫资金和大中型水库移民后期扶持基金清理和检查的通知》要求,对2007年以来后扶政策实施工作进行自查、整改、规范,举一反三,不断完善管理制度,提高项目实施和资金管理的水平。在项目制度方面,通过项目上报前公示、项目批复后通告、项目建成后设标志牌等3个环节,增强在项目管理和资金使用上的透明度,充分接受移民群众的监督;严格实行"四个制度",即项目法人负责制、招投标制、合同管理制和工程监理制,做到"四个及时",即及时与项目实施单位签订合同、及时下拨项目资金、及时督促项目实施、及时检查验收项目。招投标严格按照省局项目管理有关规定执行;通过移民参与项目管理、社会中介工程监理、移民干部蹲点等方式,加强项目现场管理,及时发现并反馈存在问题,督促协调有关乡镇、村加快项目建设进度;进一步细化明确项目验收程序,避免申报批复的项目与审计的实施项目内容结果不一致的情况。在资金管理方面,严格执行县级报账制,要求后扶项目实施单位或承建单位根据施工进度,提出用款申请并附报账凭证,按规定程序报经批准,由县级移民管理机构集中核算并统一支付;明确具体程序,规定报账申请表只能由村干部或乡镇移民办干部送至移民部门,施工单位不得自行到移民部门送交报账申请表,以保证材料的真实性;加强报账凭据管理,确保项目和资金档案的完整性。

2010年,赣州市章贡区扶贫和移民办对项目申报、项目实施、资金管理、项目监督等操作进行规定,建立项目的立项、申报、施工、管理、竣工验收、资料归档等一整套制度,加强对项目进度、质量和资金运行情况的跟踪,发现问题,及时解决,后扶项目和资金管理步入规范化、科学化运行轨道,做到项目实施一个,成功一个;在资金上不搞平均分配,优先把移民群众普遍关心的农村饮水、农村道路、农田水利等基础设施列入计划,着力解决移民群众的热点难点问题;对项目分散,基金补助额度过小,按五年规划的项目资金进行整合,集中有效使用资金,提高库区项目扶持资金的使用效益。同时在资金管理上,按照《江西省大中型水库移民后期扶持资金项目管理实施细则》和《江西大中型水库移民后期扶持规划实施管理暂行规定》的要求,加强后扶资金的管理,始终坚持"资金跟着项目走,项目跟着移民走"的原则,按批复的项目计划及时下拨项目资金。

万安库区移民生产开发资金管理　1992 年,省移民办印发《江西省万安库区移民生产开发资金管理办法》,对万安库区移民生产开发资金进行规范管理。开发费(包括第一批资金及调整概算后第二批资金)是万安水电站基建投资中水库淹没安置补助费中切块专用于发展库区经济的专项资金。省移民办根据国家年度安排的资金规模作出年度投资计划报省计委审批后由省办下达县(市)年度开发费指标,县(市)根据省办下达资金额和移民自筹资金规模,结合上年计划完成情况,根据总体规划详细地编制年度用款计划逐级上报,由省办审批后下达执行。扶持对象要以移民安置乡、村、组集体经济、联户经济和移民户庭院经济为主,对移民相对集中,生产、生活条件差的村、组以及特别困难的移民户应重点扶持。非移民及与移民无关项目不得使用开发费。坚持因地制宜以发展生产为主的原则,走农业开发的路子。应重点帮助移民搞好生产基础设施的建设,发展见效快,受益面大的种养业,在有条件的地方可适度发展一些以利用当地资源为主的加工业和第三产业,不得用于生活消费方面的支出,不得以任何理由用开发费支付各种摊派及赞助,不得用开发费购买各种有价证券(包括国库券和保值债券等),专款专用,不得挪作他用。实行统一领导,分级管理,省、地移民办负责对总体规划的审定和年度计划和项目的审批等宏观管理,并对实施情况进行监督不列入地方财政资金,要求做到未经省、地移民办审批的项目不得实施。县(市)、乡(镇)移民办具体负责规划年度计划编制及计划的执行和项目的组织实施,并对所属单位资金使用进行监督。同时对上级主管部门及时反映资金运用情况。开发费使用实行有偿、无偿相结合原则。对扶助集体或联户办的种、养、加项目一律实行有偿使用;对扶助移民户发展庭院经济及种、养业可根据其效益情况实行部分或全部有偿,但至少不得低于 50% 。县(市)可根据当地移民安置状况和项目情况,确定有偿使用资金比例,有偿比例不得低于 40% ,并逐年扩大。对有偿投资的回收资金建立移民生产发展基金。开发费使用应接受地方财政、审计、银行等部门及上级主管部门的指导,检查和监督。

在年度安排项目计划中,属基建投资(5 万元以上的国家固定资产购建)的项目需按基建投资程序办理审批手续;属一般移民专项工程投资,要有项目概算和可行性论证;需设计施工的要有图纸设计,施工合同等资料,随同年度计划一并逐级上报。移民专项工程单位投资额在 2 万元(含 2 万元)以下的由县(市)审查立项,报地区移民办备案,2—5 万元(含 5 万元)由地区移民办审查予以立项,报省办备案;5 万元以上及基建投资项目要逐级上报,由省办审查批准,在资料未全,不可行情况下不得予以立项上报,更不得开工实施。在计划实施过程中,若有资金缺口,原则上不予追加,由建设单位自筹解决。开发费可跨年度使用,各级移民办要切实抓紧年度计划实施,并加强对计划执行过程中监督检查工作,发现问题及时解决。

实行有偿投资的项目应签订合同。与单位签订合同必须要有偿还能力的担保单位,担保单位应负连带责任;与个人借款签订合同必须有财产抵押,违约者没收其财产作价处理。合同应明确资金占用费率,借款单位、用途、金额,利益分配,归还款日期,安排移民劳动力及奖惩措施等内容。

在开发费的项目管理上,定期检查实施质量、进度以及资金使用情况。县(市)移民办要定期向省、地移民办呈报反映项目投资完成和效益情况的统计报表。对1—10万元(含10万元)的移民专项工程应比照专项工程进行管理,分项目核算成本,要有施工预算和竣工验收决算。对10万元以上的移民专项工程及属基建投资项目均比照基建程序进行管理,建设单位要有可行性报告,设计图纸和设计任务书,工程概(预)算,施工单位要有施工预算及施工合同等,工程竣工后应提出竣工验收报告和决算。移民生产、生活基础设施投资应实行扶助性包干使用(可采取签订合同形式予以明确),移民及受益的非移民群众应集资或投劳,超支部分由受益单位或个人自筹解决。在项目实施过程中,如遇到市场变化等特殊情况,造成项目建成后无效益,应立即停止项目施工,进一步调查研究,进行整顿,改造转项或停止投资,以免造成更大的损失。对有偿安排项目要严格考虑项目经济效益,对无经济效益的项目不得投放资金以确保有偿投资的回收。工程竣工后由审批单位按验收程序组织验收。合格后提出验收报告和办理交付使用手续,并报上级主管部门备案。验收中发现报废工程或质量严重损坏的,除因不可避免的自然灾害影响造成外,应追查责任人的责任。

在财务管理方面,实行《江西省移民经费财务管理暂行办法》。移民生产发展的规划编制及开发费使用年度计划安排必须要有财务人员参与,以便对开发费投资使用的检查、监督。有偿资金可收取适当的资金占用费,对扶助种养业和庭院经济可少收,但不得低于同期银行活期贷款利率;对加工业及第三产业等可适当提高收费,但不得超过同期同类银行贷款利率,资金占用费应实行年度结算办法。有偿使用资金的借款期限最长不得超过5年。养殖业、家庭副业一般不超过2年,种植业一般不超过5年,当年见效的项目应做到当年回收。省地开发费下拨以下达年度计划为依据,按实施进度分期分批拨款,县(市)移民办开发费下拨应分有偿、无偿性质区别对待,对无偿项目以计划为依据,按工程进度拨款;对有偿使用应根据合同条约及其项目实施进度拨款。在施工过程中对不按计划和设计要求以及不能如期竣工的项目无特殊情况,上级主管部门或拨款单位有权收回结余资金及停止拨款。另外,凡是利用移民开发费与受益单位自筹资金,共同兴建或维修的工程建设项目的资金,参照国家有关基建程序规定,开发费与自筹资金应同比例同时到位,若自筹资金尚未落实到位情况下,开发费不得拨出。开发费不得以拨代支,工程竣工皆要办理会计决算手续。加强财务监督,对开发费使用要经常过问检查,发现问题及时处理。开发费使用核算应增其三级明细科目,三级科目还可设其四级明细科目,具体科目见新报表。对第一批使用的开发费要进行一次彻底清理归类,在新的报表项目中予以反映。有偿安排的资金从投入开始起和占用费一并纳入移民发展基金管理范围。

水电站和水库库区后期扶持基金管理 1997年,省移民办印发《江西省水电站和水库库区后期扶持基金管理办法实施细则》。该细则适用于全省范围内1986—1995年投产和1996年以前国家批准开工建设的大中型水电站和水库库区提取的后期扶持基金的管理和使用。全省的国家和省属大中型水电站对万安水电站及东津水电站按发电量每千瓦时5厘钱的标准提取基金。地(市)所属大中型水电站及水库库区的提取标准可参照执行,库区后期扶持基金从1996年1月1日起执行,共提取10年。基金的提取,进入各水电站的发电成本。万安及东津水电站提取的基金,由两电站按季划入省财政设立的专户储存,再按省计委批准的计划拨付给省移民办,统一管理,统一使用。地市所属大中型水电站及水库库区提取的基金可参照省政府批准的,由四厅局制定的实施办法执行。基金是用于扶持库区移民进行生产生活开发,处理移民遗留问题的专项资金。基金的使用要立足本地资源,结合当地社会经济发展的实际情况,以解决移民生存条件为重点,因地制宜扶持库区移民发展种植业、养殖业及适宜的第二、三产业,建立健全移民经济开发的社会服务体系,保证库区移民受益。依靠科技进步,提高移民素质,必须专款专用,非移民生产开发项目,与移民无关的问题,不得挤占和挪用该项资金。基金的使用按下列原则进行分配:种植业、养殖业占国家基金的50%;农副产品加工业及第三产业占国家基金的10%;公益事业和技术培训占国家基金的10%;特困户扶持占国家基金的5%。用于种植业、养殖业、农副产品加工业、第三产业的基金为有偿滚动使用基金,有偿金占基金总额的30%以上;基础设施建设、集镇建设,移民遗留问题处理等占国家基金的20%,用于水、电、路、集镇建设、移民遗留问题的处理等;行政管理费占国家基金的5%,用于各级移民主管部门的行政管理。

库区移民安置和后期生产扶持由各有关地(市)、县人民政府移民主管部门负责实施,出现的移民安置问题由有关地(市)、县人民政府负责。用于基础设施和社会公益事业等项目以外的经营性后期扶持基金项目,按照"有偿使用,滚动开发"的原则办理,项目实施单位和个人必须与各地移民办签订合同,以确保基金定期回收,滚动使用。关于后期扶持基金的计划与项目管理,各有关地(市)县移民主管部门在地方人民政府领导下,结合当地实际情况,编制切实可行的移民后期生产开发项目总体规划,地区移民主管部门审核后报省移民办备案,并据此分年度编制生产开发项目计划和基金使用计划报省移民办审批,由省移民办编制全省基金年度使用计划报省计委批准后实施。项目计划一经批准,任何单位和个人不得擅自改变。移民后期生产开发项目总体规划需结合《国家八七扶贫攻坚计划》,各地国民经济和社会发展"九五"计划及2010年远景规划。其主要内容包括:水库及移民的基本情况;规划的原则、目标、依据;基础设施、生产开发项目规划等;投资估算、资金筹措和还款计划;分年度实施计划;规划实施效果分析;规划实施的管理。

单项工程中基金投资在10万元以上的,须编制可行性研究报告,地区移民办考察论证后上报省移民办审批。可行性研究报告应包括以下内容:工程项目名称,背景,建设地点,发起人等有关基本情况;工程项目的设计和选定的技术及设备;相应的工程设计图纸;工程项目的生产能力和市场预测及销售;工程投资概算(包括概算编制依据、标准和概算投资额等)及筹资方案;工程经济效益、社会效益和财务效果评价等。年度计划批准的内容在实施过程中如因特殊情况需要调整时,应有调整计划报告,经省移民办审批后实施。项目实施完成后必须严格组织验收,验收由省移民办会同有关部门,在各县(市)移民办自验的基础上进行。自验合格后,由自验单位提出报告,并在报告中把年度基金使用情况、项目实施进度、投资完成情况、有偿基金回收情况、生产开发效益等情况报表上报省移民办。

有偿使用的基金必须收取一定的资金占用费。对种植业、养殖业按照月资金占用费费率执行,农副产品加工业和第三产业等按照月资金占用费费率的5%执行。其结算方法一般按月计算,按年度结算清付。借款期1年以内的,资金占用费与周转金可一并清算。有偿使用基金的借款期限:投资少、见效快的项目(如种植业、养殖业)一般不超过2年;农副产品加工业及第三产业一般不超过4年;周期较长的项目(如林果业)一般不超过7年。各县(市)移民办可根据各自情况自行确定,但最长不得超过上述期限。有偿使用基金的回收,由县级实施单位负责,回收后的有偿使用基金(包括资金占用费)列入移民生产发展基金,实行"统一领导,计划管理"的制度。周转金应建立专户存储,视同有偿基金,继续滚动用于移民发展生产,任何单位和个人不得挤占和挪作他用。周转金使用,同基金一样必须纳入计划管理,按基金报批手续执行。有偿使用基金不能按期及时回收的,省移民办在下一年度投资指标中予以扣除。省移民办每年以下达年度计划为依据,按实施进度把该年度基金分期分批下拨。地(市)县移民办基金的下拨应按有偿、无偿性质分别对待,无偿使用基金以计划为依据,按工程进度拨款;有偿使用基金应根据合同的有关条款及项目实施进度拨款。后期扶持基金的财务管理规定另行制定。

水库移民专项资金财务管理 其他收入项目中的银行存款利息及回收的资金占用费,除按合同规定上交外,50%转入扶持生产周转金,其余50%弥补管理经费不足,其中包括20%用于职工福利和奖励;根据水利部规定,水利部与流域机构,各省、自治区、直辖市签订的借款合同,回收时上交水利部50%。签订借款合同时,仍按全部作为借款作账务处理。归还借款时,留用部分相应转作本级掌握的扶持生产周转金。

移民经费存款利息管理 各移民办所使用移民专项经费存款所得的利息收入,必须逐月在相应会计科目中如实反映,以备查证,如确实需动用存款利息,必须以报告形式把使用目的、使用数量呈报省办批复;各银行在其监督权限内,对不合理的利息,可按有关规定拒付。

机关财务开支管理 人员工资及福利性费用要以财务科每月为人秘科审定的人员工资标准编制工资表为根据,经分管领导签发后由财务科负责发放,遇有人员(含离退休人员)调资应由人秘科依据有关政策,到有关部门办理审批手续后,及时把调资书面材料(含有关必需的凭证)交财务科进行相应调整工资额。临时聘用人员的工资或调资及其他相关待遇由人秘科根据有关政策提出意见提交行政会或主任会研究决定后,通知财务科执行。职工福利费由财务科按每人每月10元标准按月进行预提,职工福利费只能用于探望病号费、职工探亲车船费、慰问费等各项支出需经人秘科或工会作出安排经财务科审核后由分管财务领导签报,但全年支出必须控制在规定的提取额度内,超支后不予报销。工会经费按月标准工资总额2%,提取由工会商财务提出意见,经分管领导批准后于年度终了时予以办理转账手续。享受劳保待遇的职工的劳保用品的购置,由人秘科同财务科提出意见,由分管领导审批后,予以办理转账手续。离休人员活动费,副厅级离休人员的住宅电话费及交通费,凭离休人员报销凭证或领款单位分管行政领导审核,由分管财务领导审批,在规定的额度内予以报销或支付现金。此外,固定资产单位价值在500元以上,使用时间1年以上的用品或属主要办公用具、燃气系列为固定资产。购买固定资产时,由使用部门填写申购单,并说明购买原因,大约价值,价值在1500元以下的经人秘科财务科复核后,报有关领导审批;1500元以上提交行政会研究审批。人秘科应建立固定资产登记领用卡,凡购进的固定资产要及时进行验收、编号、登记,同时,作好领用记录,并定期与财务科核对。其他移民经费的运作,计划资金的下拨及银行定户转存等业务操作由财务科按照资金的管理办法和上级业务的有关规定,提出意见呈给分管领导阅示后送主管领导审定。任何支出必须取得合法、有效的凭证,购买实物须有验收人,非实物性支出须有证明人,任何报销、转账凭证均需经财务科审核或复核并经分管财务领导或主管领导签单后,方能报销或办理转账手续。需转账的业务,经手人必须填写转账申请单,并把有关凭证和粘贴其后。需报销现金的凭证应填写现金报销单,并把有关凭证粘贴其后,旅差费报销应填写旅差报销单,送财务科审查。凡支出在200元以上(除符合现金管理条例支付现金的)须办理转账手续,不宜支付现金。有关车辆、邮电、水电、房屋等具体的管理办法由人秘科另行制订。

资金决算

1992年,水库移民专项资金会计决算报表编审工作,对移民专项工程支出必须按已经验收、财务决算及办妥交付使用后方能报请核销,否则不予报请核销;对管理费支出及其他费用支出、应在不违反财经纪律及水库移民专项资金财务管理制度基础上,在应提留比例范围内按实支数额报清核销,对不符合规定的开支应予以剔除,超支部分内部消化;无偿转有偿安排使用,按实转数报清核销。各编审单位(除柘林库区),要清算累计从上级借入的周转金的占用费(按合同规定办理),年终从"其他收入"转入"应付款-应交占用费"科目。对本年度银行存款利息及回收的资金占用费扣除应支付上级的资金占用费外,50%转入扶持生产周转金,其余50%用于弥补管理经费不足,其中包括20%用于职工福利和奖励。在决算中若发现违纪现象,应及时处理不留后患,违纪较严重一时难以解决的应在决算报表中予以说明逐级反映。决算报表需有较详细的文字说明,要有数字、有情况、有分析、有对比。当年度移民工作核销数必须是完工程数,并办理工程验收、办妥财务结算、决算手续及办理财产移交手续的项目,对不符合上述条件及擅自改变项目的工程支出一律不予报请核销。有无偿转有偿安排的项目,按当年度实际转出数予以报请核销;管理费及其他费用支出必须严格控制在计划数之内,若上年度计划有结余的可转入本年度一并计算使用,严禁超支。柘林等5库区管理费超支部分可冲销本单位管理经费提成,冲销后仍有超支的必须予以挂账。"两江"移民经费(指1997年以前的资金)不得有管理费及其他费用支出,若有出数必须转入新移民经费(指1997年度资金)中列支,并予以返还,但支出总额不得超支,若有超支同样予以挂账待下年度的计划予以消化。"两江"移民经费中,借出周转金到期的及应收取的占用费和应收款项要采取措施尽最大努力予以回收。收回的资金及现有结余的资金,必须用于归回上级借入周转金及占用费,在未还清借款及占用费前,不得用于其他方面开支。

1997年,根据省电力工业局对万安水电站水库淹没补偿投资财务决算的要求。依据水库淹没补偿的概算及年度计划和年度财务决算及有关资料,对万安水电站(初期运行)水库淹没补偿投资进行初步决算。万安水电站水库淹没补偿投资总概算为3.93亿元。1997年6月底,完成投资34913.41万元,结余资金4386.59万元。

1997年,省水利规划设计院对万安水电站(初期运行)移民经费进行初步决算。万安水电站初期运行(按96米高程)淹没影响15个乡镇,72个村,共淹没耕地47185亩,农村移民房屋及建筑物143.3万平方米,淹没及影响人口57216人。1993年6月,万安水库蓄水96米以后,库区暴露出一些较突出的问题,如影响人口、后靠不当人口及库周交通等问题。1994年12月,电力工业部以电水规〔1994〕729号文再次追加移民经费4800万元(木材厂以上补助120万元)。至此,万安水电站移民经费总概算为3.93亿元,其中木材厂以下为3.588亿元,木材厂以上补助为0.342亿元。移民经费最终分项投资预算为:农村移民安补费预算为25366.1万元,占总概算数64.54%,其中:移民房屋补偿及个人补偿费10527.5万元,占安补费41.5%;移民土地调拨费及公共设施复建等费用4591.4万元,占安补费18.1%;移民生产开发费10247.2万元占安补费40.4%;圩镇迁建费2495.8万元,占总概算0.29%;专项设施改建费3745.9万元,占总概算9.5%,其中水淹公路改建3172.9万元,占专项设施改建费84.7%,邮电线路365.5万元,航道航运设施125.7万元,广播线路51.1万元,文物古迹处理30.7万元;库周交通恢复费1240万元,占总概算3.16%;库底清理115.4万元,占总概算0.29%;行管勘设费865.3万元,占总概算2.2%,其中勘设费281.7万元;预备费1222.6万元,占总概算3.1%;木材厂以上补助(赣州市防护工程)4133.8万元(含原概算中赣州市主要企事单位的补偿等)占总概算的10.52%。下达各有关单位实施预算数为:万安县15282.5万元,赣县10440.2万元,赣州市5483.7万元,省公路局3172.9万元,省卫生防疫站73万元,省航务局64万元,省航运公司75.3万元,省邮电局365.5万元,省文物工作队27.7万元,吉安地办23.5万元,赣州地办32.5万元,省办统筹掌握使用4258.7万元,其中:行管勘设费865.3万元,预备费1222.6万元,技术培训费300万元,生产开发费565.7万元,其他各项待分配资金1305.1万元。移民经费主要是由万安水电站施工单位武警水电二总队拨入到省移民办,然后由省移民办拨付给各实施单位。根据省政府的意见,水淹公路、航道航运设施、邮电线路专项设施改建、文物古迹挖掘及库底清理分别由省公路局、省航务局、省航运公司、省邮电局、省文物工作队、省防疫站负责实施,经费实行包干使用,其他移民经费由省移民办统一管理,监督使用,县(市)移民办具体实施。

省、地移民办的财会人员经常深入县、乡,检查移民经费的使用情况,发现问题及时纠正,同时对基层财会人员进行业务指导。省办每年结合全国性"三大检查"的统一部署,在系统内开展移民经费财务大检查。认真接受地方审计、财政、监察部门的检查、监督,县(市)审计部门每年都对移民经费的使用情况审计1次,1991年度、1995年度,全省各级移民机构先后2次接受省审计厅对移民经费使用情况进行全面审计。这样通过内部与外部的监督,来确保移民经费专款专用。及时办理各项支出财务结算工作,每年终移民机构皆进行上、下级经费拨付情况进行核对,对往来款项及时进行清理,防止往来款项长期挂账,认真编制年度财务决算。

1997年6月底,累计下拨所属各单位资金35308.2万元,超过下达各单位的概算数,主要是行管勘设费是省移民办统筹掌握及省办掌握的开发费在概算中未具体下达有关单位,而是在年度计划中单独下达并拨付。具体拨付是:吉安地区15583.2万元(含1992年以前省移民办直接拨入万安县10925万元);赣州地区15659.86万元(含1992年以前省移民办直接拨入赣县7474万元,赣州市2971万元);省交通厅公路局3172.9万元;省邮电局365.5万元;省航运公司75.3万元;省航务局64.4万元,省水规设计院设计费283.4万元(含赣州市防护工程部分设计费);省卫生防疫站73万元,省文物工作队30.7万元。

1997年6月底,移民经费累计完成投资34913.1万元,占总概算数88.84%,具体分项投资完成及效益如下:农村移民个人所得补偿投资完成9392.67万元,占其概算90%,占下达的计划9588.8万元的98%。农村移民除少量的影响人口外,全部搬迁完毕,全库区农村移民复建住房132.40万平方米,与建库前比较虽总面积减少10.9万平方米,但房屋结构及质量有所提高。县、乡集体掌握补偿投资完成4352.35万元,比概算数略有结余,占概算94.79%。外迁移民迁入安置区后,全库区共计调拨耕地3.98万亩,调拨山地8.7万亩,水面3129亩。人均划拨耕地1亩—1.5亩,山地1亩—3亩。移民生产开发费完成投资7853.38万元,占概算76.64%。利用开发费修建电灌站84座,完成小型水利设施2673项,开挖水井4560口,围堤造田和低产田改造28526亩,架设输电线路3086.8千米,变电站9座,新修机耕路108.8千米,便道436.3千米,桥涵422处。新建、维修卫生院12所,新建、维修、补助小学学校32所,新建、维修敬老院20所,并扶助移民碾米加工点56处,全库区为移民新建的房产办理保险9880户,投资近300万元。库区共举办各类培训班117期,共培训移民6300人次,选拔移民技术骨干到高等学院或函授大学学习共290人,兴办移民技术培训站7处,建设用材林基地7752亩、经济林423亩,果树基地2.26万亩,其他种植5.4万亩,饲养生猪(含良种母猪)3467头,发展网箱养鱼242箱,饲养鹅、鸭12万羽,发展移民企业51家,兴办龙头企业9个,通过扶植移民因地制宜,发展种植业、养殖业及农副产品加工项目,提高移民经济收入。圩镇迁建完成2126.74万元,占概算数85.21%,全库区共复建的圩镇9座,计有万安县的棉津、武术、梅岗、涧田;赣县的储潭、攸镇、湖江、古田、五云等圩镇,9个圩镇除五云圩镇地处库尾,在96米运行时,只有部分房屋受淹影响,因此对五云圩采用按96米以下房屋搬迁,其他房屋就地防护改造的复建方案。新圩建设共划拨、平整新址1759亩,完成土石方105.9万方,架设供电线路46.3千米,街道建设91540平方米,新建房屋26.64万平方米。水淹公路复建完成投资3172.9万元,共修建县、乡公路15段,长162.6千米,基本符合四级公路标准,另新建棉津渡口1处,湖江大桥1座。航运航务改建完成投资125.7万元,复建主要客运站2处,即万安客运站、湖江客运站,普通客运站8处:棉津、小廖、皂口、武术、麻源、攸镇、新庙前、储潭等站点,完成库内94.5千米航道的清理以及航道标准的改造复建,航标站2座。文物发掘处投资完成30.7万元,共发掘出土文物4940件,明清古墓50余座,重建湖江烈士塔1座等。库周交通复建投资完成815.32万元,占概算数65%,修建机耕路11条,长度72.8千米,便道462.2千米,新修桥、涵390座,1207千米,修建码头11处,打造渡船48艘。库底清理支出102.68万元,占概算数88.98%,共清理厕所、畜栏446954平方米,粪坑8959平方米,卫生院7546平方米,其他有害场所27015平方米,坟墓3244个。主要企事业单位迁建完成投资114万元,共搬迁棉津水文站、赣县瓷厂、赣县农科所及赣州市和乐油库等4个主要企事业单位,另赣州市的白塔疗养院等5个单位采取防护处理列赣州防护工程支出。广播线路改建完成投资51.5万元,共新建无线差转调频广播站6处,地面卫星接收站6处,并复建部分广播线路。木材厂以上补助(赣州防护工程)完成投资3857.5万元,占预算数93.33%。共完成水东防护区护岸长7100米,防护土堤长5800米,排涝站2座;城南防护区护岸2100米;水南防护区护岸546米;旧城区护岸900米,钢筋混凝土防洪墙600米,防洪闸1座,八境公园填塘工程等。行管勘设费支出2123万元,占概算245%,其中勘测设计费支出281.7万元,管理费支出1841.74万元。1997年6月底,移民经费结余4386.59万元。

2001年4月23日,省移民办公室在赣州市召开万安水库淹没处理补偿投资决算工作座谈会,对万安水库淹没处理补偿资金决算工作进行安排和部署,要求认真填写决算报表,编写决算说明书,形成决算报告。要根据省移民办制定的表格,结合资金使用的实际,认真填报;决算数据要真实、准确,内容完整。完成投资报表数据必须按账面有关数据分析填列、做到账表相符;决算说明书要严肃认真、内容真实、条理清晰、突出重点;实事求是地摆出各项投资的效益和对存在的问题及各项目投资的余缺。

2001年,省移民办印发《关于做好2001年水库移民专项资金会计决算编报工作的通知》,要求各单位应重视决算编报工作,加强对决算编报工作的组织领导,确保决算编报质量并按时报送。各单位负责人对所报出财务报告的真实性及完整性负责。做好结账前的各项往来款项结算、资产的清理工作;做好上下级资金的拨付数据、货币资金等有关科目的对账工作,确保账证、账账、账实相符,并在此基础上认真填报决算报表。决算报表必须做到数据真实可靠、内容完整、计算准确、表与表之间及各项目之间对应关系正确。

2006—2009年上级财政部门下拨给南昌市的移民直补资金全部发放到位。项目资金严格执行县级报账制。在项目计划下达后,县级移民主管机构向同级财政部门申请第一批项目资金。在收到财政部门拨付的项目资金后,在5个工作日内向项目法人开设的项目资金专户预付70%的项目启动资金,剩余部分资金根据工程施工进度和工程开支情况,定期向县级移民机构报销项目支出。每年对上级下拨的资金进行检查,发现问题提出整改要求。相关县移民机构实行资金专户管理、专账核算和县级报账。

资金检查监管

1992年,省移民办转发水利部要求填报水库移民农村土地利用情况和水库移民专项资金扶持企业经济效益情况调查的通知,要求部直属水库移民(含岸区、安置区)按库区县统计调查送报表格,以各库为单位小计,最后全省合计。调查统计内容包括耕地、园地、林地、可开垦利用地、养殖水面等。并要求各单位报送报表的同时写出统计说明并对土地的利用、待开发土地的规划及要求解决的问题进行分析。

全省移民系统自1994年10月至12月底对万安库区所属"两县一市"及主管地区移民办,柘林库区,"两江"库区,东津电站,上犹江、江口、洪门以及其他库区地市县移民办及所属移民经济实体进行财务大检查工作。各单位首先进行认真全面的自查工作,主动检查纠正自身存在的违反财经法纪的行为,自查面必须达到100%。在普遍自查的基础上,由省办抽调一批业务人员组成检查组进行重点检查,重点检查面不低于40%。主要检查1994年发生的各种违反财经法纪的行为,以及1993年发生的但未检查、未纠正的违反财经法纪的问题。重点检查有以下几项:违反国家规定的开支项目和用途,随意支取挤占的移民资金;对人欠、欠人的数额较大、时间较长的往来款项应认真清理,抓紧催收,限期交清;各地、市、县移民办所属各类经济实体;对其财务活动,应在主管单位领导下进行认真严格的自查;东津电站以前年度的全部资金应进行全面清理。各地市县移民主管部门要针对检查中发现的问题,及时写出详细的"自查报告",并按"自查从宽,被查从严,实事求是,宽严适度"的原则进行处理,并提出改进完善财经制度的意见和建议。

1994年,省移民办抽调分宜县、靖安县移民办会计组成的检查组,从1994年11月28日至12月9日分别对修水县、婺源县、浮梁县、德兴市移民办公室移民经费的使用情况进行重点检查,通过听汇报,看账表,查凭证等形式,对被查单位1990—1994年度财务情况进行全面检查,客观地看待各单位的成绩及检查出来的问题。通过检查,在上述被查单位中分别存在以下几个问题:有的地方移民经费的使用没有按计划,按项目专款专用。领导对移民资金直接干预较多,造成移民资金的挤占、挪用现象较为突出。个别单位会计制度执行不严格,有的账务反映内容不全,原始凭证不规范。管理费的开支较大,远远超过预算,主要原因是管理较为混乱,白条过多,不是坚持一支笔审批,随便任何人都可以签字报销。根据问题,要求本着"实事求是,认真负责,提出问题,解决问题"的原则,要求修水县移民办公室应切实加强对移民资金的管理,做到一支笔审批。对过去已发的资金运行进行全面清理,建立健全财务制度。通过加强资金管理,大力压缩汽车燃料费、招待费及不合规范的补贴发放。加强对所属各个经济实体的管理,少干预,多给指导帮助,让他们按市场经济的规律搞好搞活自己的经济实体,多为移民积蓄更多的生产发展基金,不准以开办经济实体为名,进行计划外支用资金的行为。

1995年,根据省人事厅、省人行部署,就工资基金管理进行自查:在职职工人数计26人;在实行工资基金管理范围的对象中,计划外用工1人,纳入工资基金管理,计划外用工人员月薪140元。自建立工资基金制度以来,认真贯彻执行国家有关规定,无擅自设立工资、奖金、津贴、补贴的种类和提高标准现象。对于新增人员或增加工资基金时,严格按编制,增人计划、调令、行政介绍信,互资介绍信等有关证件办理互资基金手续,没有未经人事部门批准自行增加人员和互资现象发生。

1995年,根据省移民办财务部门对全省移民经济技术服务中心及省移民物资公司1993—1994年度经营情况的全面审计,结果2年期间经营亏损较严重,未能达到对移民资产实现增值的目的,经行政会研究,从1995年1月起重新核定"服务中心"及所属"物资公司"的经营资金,重新核定数为:省移民经济技术服务中心人民币20万元、省移民物资公司人民币30万元,以上合计人民币50万元整。

1995年,明确移民经费"专款专用"的原则,使移民经费真正按计划、按项目具体落实到位,上下一致,根据移民经费财务管理的要求,对拨付给吉安地区、赣州地区移民办虽未拨但下文追加的经费及计划中形成的"其他费用"项目,根据各自具体内容,凡属库区道路、桥涵、渡船、码头等内容的费用调至"库周交通"科目中,具体包括:万安县连源桥工程;赣县攸镇桥追加部分;赣州市水西人行桥项目;古田、攸镇圩镇交通;湖新—顺峰,古田—良口公路;万安、赣县、赣州市防洪指挥船购置费。以下费用调至"机构管理费"科目:抗洪抢险救灾活动费,蓄水后安检活动、通讯器材费;万安县1991年前发生的借款利息以及第1次调改前发生的后靠损失补偿。以下费用列入"专项设施"科目:赣县梅林镇小学复建及储潭防护工程、万安县博物馆补偿及其他专项设施改建费。以下费用列入"开发费"科目:赣县迁万安移民补助、1992年下拨的两县一市救灾款、下拨的困难户借款、灾后生产自救补助、蓄水后春节生活补助、万安县1990年和1991年发生的"其他费用""万安五丰青苗费"。

1996年,继续在全省移民系统开展财务大检查。财务大检查采取自查与重点抽查的方法。检查范围为1996年1月至10月发生的各种违规乱纪的行为,对某些较大的违纪行为可追溯到以前年度。自查面应达100%。县、乡实行报表制度及兴办移民经济实体较多的县级移民主管单位除对自身的财务自查外,还应对所属乡(镇)及经济实体进行重点抽查,地(市)移民主管部门除进行本级自查外,亦应组织力量对所属县(市)进行抽查。重点抽查面不低于30%。在各级移民主管单位的自查及抽查的基础上省办组织力量对部分地(市)、县移民办进行重点抽查。具体检查时间为:11月5日前为宣传、发动准备期;11月6日—15日为各级移民主管单位(含移民经济实体)自查期;1日—31日为重点抽查复核期;12月上旬省办组织重点抽查。检查内容主要包括以下几个方面:移民经费是否及时到达项目,是否存在克扣、挪用、贪污项目资金;管理经费开支是否有超地方财政标准,是否存在超过移民经费财务管理规定的使用范围,管理费是否超支;是否有造成移民经费的浪费现象;项目建设是否有预算,超计划或项目成"半拉子"工程甚至报废工程的现象;是否有计划外项目;项目、工程建设的资金结算、工程竣工验收及决算手续是否健全、合法;到期移民生产周转金及占用费回收,结算情况及回收后的使用是否履行审批手续等;各种其他收入的分配与使用是否合理合规,是否有私分或侵占等现象;移民经济实体的承包方式是否得当,各种承包的利、费是否如期履行及经济实体的资产是否存在流失等情况;经济实体的经营情况,财务状况,是否存在隐瞒收益,虚增成本费用或大手大脚乱开乱支。全省移民系统先后开展几次财务大检查对严肃财经纪律,规范移民财会制度,提高移民财务管理及会计核算水平,确保移民经费专款专用取得一定的成效。但省移民财务管理状况仍存在着管理偏松,财务制度执行欠严,水库移民生产周转金回收率低,移民经济实体总体效益差等问题,个别地方仍有违法乱纪的行为。

1997年3月5日—6日,省移民办召集全省各地(市)移民办和万安、柘林库区有关县(市)移民办主任及会计人员在武宁县召开全省移民财务工作会议,提出如下整改措施:进一步明确移民资金的性质和投资方向,牢固树立"为移民服务"的思想;切实加强财务管理的领导,保证财会队伍相对稳定;严格遵守各项财经制度,进一步健全内部调控制度;加强现金结算的管理,严禁不符合现金结算制度的行为发生。对1996年度财务大检查中的被查单位,应及时采取措施,立即整改,纠正发现的各类问题。万安库区等有关单位要严格执行国家规定的有关差旅费、公务费等费用开支标准,除国家规定应享受的补助补贴,取消不合理的施工津贴、下乡津贴等补贴。针对万安县、赣县、赣州市历年发生的管理费超支严重的问题,由省办财务科牵头,会同地区进行清理,根据机构人员、工作时间、任务大小等因素分项目提出处理意见,然后下文批复执行。为此,建议分阶段进行此项工作:即省民政厅赣民发〔1992〕3号文下达前为第一阶段;下文后至1996年12月30日为第二阶段。对万安、柘林等2库区5县(市)移民机构人员及专干重新进行测定,额定后为:万安20人、赣县15人、赣州市10人、武宁15人、永修8人;各县乡移民专干额定为:万安13人、赣州市2人、武宁8人。各移民机构应根据自己的编制限额,严格把关,不得擅自增编增人,如确需进人,应事先报上级主管部门,视工作任务需要,再适时进行核定调整。对于核定额以外的人员,各单位进一步做好分流工作,妥善安排好,要主动与当地人事部门协商,争取人事部门大力协助安排,使走的人员满意。关于机构管理费,万安、柘林等2库区实行预算管理,限额包干制度。即每年度核定1次,包干使用,1997年度各单位核定经费预算如下:万安县32万元(本级经费24万元,专干费用4万元),赣县22万元

(本级经费18万元,专干费用4万元),赣州市13万元(本级经费12万元,专干费用1万元),武宁县23万元(本级经费18万元,专干费用5万元),永修县9万元,以上经费不包括离退休人员费用。省办额定的人员经费及公务费来源主要由以下几方面予以解决:利息收入及国家规定管理费提取部分;经批准的下属经济实体税收上缴利润部分;其他资金提取的用于管理费支出部分。加大力度做好资金的回收工作。柘林库区前期周转金的回收工作仍可按九江市移民办制定的办法试行;其他老库区(两江、四库)周转金及柘林后期资金周转金的回收工作应严格遵照水利部颁发的周转金管理细则的有关规定执行,严格资金项目的计划管理工作。

1997年7月,省移民办抽调专业人员对修水县东津电站移民经费的使用情况进行检查,98%的移民按照规划全部搬出库区,保证东津电站按期蓄水发电。东津电站移民投资概算6516.97万元,到检查时止,完成投资额6030.84万元,占总投资的92.54%。没有出现大的挤占挪用移民资金及贪污、私分等违法违纪现象,但检查中有以下几个问题:移民办现有人员过多,含临时人员达20人,约超出10人;对于历年来外借资金86.9万元(其中:县财政局50万元、县瓷厂30万元、县罐头厂6.4万元、县统计局0.5万元)应限期将此项资金收回到账;存在将生产开发费(扶持金)用现金发放给移民个人的情况。

1998年,根据水利部移民开发局对水库移民生产周转金及占用费(以下简称周转金及占用费)清理、核查的统一部署,省移民办公室及时组织人员清理、核实、认定工作,有关全省周转金及占用费清理情况如下:自1987年起,全省先后从水利局借入周转金6630万元,其中计划内借款6030万元,计划外借款600万元。具体分库区借款情况是:柘林库区3600万元(含计划外300万元),上犹江等4库1880万元,新安江、富春江迁赣移民850万元,其他借款300万元(属计划外)。1998年6月底,到期周转金为4350万元,归还周转金300万元,到期未还周转金4050万元,未到期周转金2280万元;周转金占用费总额为936.42万元,到期应缴占用费640.32万元,上交占用费502.60万元,到期应缴未缴占用费137.72万元,未到期占用费296.10万元。全省周转金安排使用分布在全省部直属5大库区,即柘林、上犹江、洪门、江口、罗湾及新安江、富春江迁赣移民,涉及到10个地(市),40余个县(市、区)。安排种植业生产1626.98万元,养殖业生产1429.58万元,企业3573.44万元,分别占借款总额24.5%、21.56%和53.94%。种植业集体性质项目安排270个,受益移民达26742人,扶持移民户发展种植业19051户,受益人数达85389人;养殖业安排集体性质项目151个,受益移民达27189人,扶持移民户发展养殖业9987户,受益人数达51318人;扶助、发展库区移民企业188个,安排移民劳动力477人。从1991年起,就着力于抓周转金回收工作,尽管采取行政的、经济的和法律的等多种手段,但收效甚微,据调查分析,造成周转金回收难的主要原因有以下几个方面:自然灾害频繁,移民基础薄弱,抗灾能力差。根据调查核实、分析,因自然灾害造成周转金及占用费未能收回的为2247.51万元,其中:种植业888.88万元,养殖业881.92万元,企业476.71万元,分别占39.55%、39.24%和21.21%。市场疲软,影响到周转金项目效益发挥,尤其是企业。据调查全省安排企业周转金为3573.44万元,企业效益较好只有147.5万元,经济一般的企业753.88万元,破、停、倒的企业2672.06万元,分别占4.1%,21.1%和74.8%,其中由于市场影响停、倒企业1147.26万元。由于市场影响未能收回的周转金及占用费达1767.64万元,其中:种植业328.81万元,养殖业291.57万元,企业1147.26万元,分别占18.6%、16.5%和64.9%。项目论证不够,周转金投放较盲目,造成项目建成效益欠佳,甚至有些项目尚未投产就倒闭,如崇义县葛根粉厂,投入100余万元,武宁新宁镇造纸厂投入95万元。据调查论证草率,缺乏科学性所致周转金及占用费沉淀有547.57万元,其中:种植业17.18万元,养殖业30.54万元,企业499.85万元。受国家政策性调整影响周转金使用项目的效益发挥,如计划经济向市场经济的转轨政策的影响,环保政策及财税政策等影响,使一些项目效益滑坡,甚至倒闭,据调查因这一方面影响造成周转金及占用费未能回收的有683.04万元,其中:种植业68.36万元,养殖业14.7万元,企业599.98万元。由于经营管理不善及其他原因造成周转金及占用费难回收有632.09万元。其中:种植业280.27万元,养殖业131.37万元,企业220.45万元。通过对周转金及占用费使用情况的清理、调查、核实、分析、认定全省到期未还周转金4050万元当中,能够收回仅有153.8万元,占3.8%。其中:种植业31.28万元,养殖业54.02万元,企业68.5万元;未到期周转金2280万元,能够收回为193万元,占8.5%。其中:种植业59万元,养殖业55万元,企业79万元。难以收回的周转金达5983.20万元,加上周转金占有费达6386.16万元,其中:种植业1583.5万元,养殖业1350.1万元,企业3452.56万元。对经济效益一般企业借款493.38万元及其占用费14.93万元,共计508.31万元,改成拨款,并转作资本金;对经济效益一般的企业借款243万元及其占用费31.56万元和破、停、倒企业借款2529.56万元及其占用费140.3万元,改成拨款,并予以豁免核销;对种植业借款1476.70万元及其占用费106.80万元和养殖业借款1840.56万元及其占用费109.54万元改成拨款,并予以豁免核销。全省要求豁免核销的周转金及占用费共计5877.85万元,其中由于受自然灾害原因造成2247.51万元,占38.2%;受国家政策性调整原因造成683.04万元,占116.2%;受市场影响原因造成1767.64万元,占30.1%;由于论证不够造成547.57万元,占9.3%;由于管理不善造成473.6万元,占8.1%;其他原因造成为158.49万元,占2.68%。

1999年6月,根据水利部要求,各有关地(市)移民主管机构及所属各单位对过去用上级拨入资金(无偿资金)转作有偿周转金和按《水库移民生产周转金管理办法》规定单位内部形成的周转金进行清理。对过去用无偿资金转有偿周转金和单位内部形成的周转金,要全部转入拨入资金科目。对借出的周转金,分到期与未到期和可收回与需豁免等不同情况,具体清理办法参照上级借入周转金有关清理规定进行。对未借出的周转金和收回的周转金要按照项目管理办法进行管理,列入年度计划,继续用于移民安置和移民开发项目,但不能再实行有偿周转使用。清理后的以上2项周转金余额会计处理规定:根据各单位账面无偿转有偿及单位内部形成的余额借记"扶持移民生产周转金——无偿转有偿(单位内部形成)",贷记"拨入资金——无偿转有偿转回数(内部形成转入数)";根据借出周转金的余额分两种情况。根据认定未能收回的周转金(即核销数)借记"移民工程支出一其他(借出周转金转入数)",贷记"借出扶持生产周转金一(种、养、加等)";根据能收回的金额借记"应收款一",贷记"借出扶持生产周转金一(种、养、加等)"。年末把移民工程支出转入拨入资金即:借:拨入资金,贷:移民工程支出。核销的周转金收回其本金时,借记"银行存款(现金)",贷记"移民工程支出一其他";收未核销的周转金时,借记"银行存款(现金)",贷记"应收款一"。收到核销周转金的占用费及未核销周转金的占用费,借记"银行存款(现金)",贷记"其他收入(应付款)—占用费收入",年末按规定分别转入拨入资金和管理经费科目。

1999年,全省从水利部水库移民开发局借入的周转金经1998年清理、核实、认定,并经水利部批复大部分作核销处理,有346.8万元借款余额,这些周转金如数收回在各级移民管理单位账上。

全省历年由各县(市)从无偿资金转有偿安排使用的周转金及全省各级移民管理单位从其他收入中按规定提成转入内部形成的周转金合计为3975.19万元,其中省移民办历年结存的内部形成周转金为142.58万元。1999年6月底,回收资金445.2万元,其中:种植业223.35万元,养殖业73.16万元,企业146.69万元;借出未回收数为3381.25万元,其中:种植业、养殖业、企业分别为1235.25万元、415.14万元和1731.85万元,累计应收未收占用费为382.13万元,其中:种植业、养殖业、企业分别为109.53万元、34.89万元和237.7万元。种植业生产安排1463.75万元,占无偿转有偿及内部形成周转金总额3832.61万元(剔除省移办内部形成142.58万元,以下同)38.2%,受益移民达97741人,其中集体项目投放972.73万元(柘林库区219.81万元,上犹江库区248.3万元,洪门库区243.78万元,江口库区43.29万元,罗湾库区24.2万元,两江移民193万元),受益移民达65084人;扶持移民户发展种植业491.02万元(柘林库区275.27万元,上犹江库区0.5万元,洪门库区85.48万元,两江移民129.77万元),受益移民达32657人。养殖业生产安排489.306万元,占无偿转有偿及内部形成周转金总额12.77%,受益移民达24773人,其中集体项目投放346.954万元(柘林库区90.02万元,上犹江库区93.92万元,洪门库区101.74万元,江口库区34.05万元,罗湾库区3.62万元,两江移民23.60万元),受益移民达18426人;扶持移民户发展养殖业142.35万元(柘林库区106.09万元,洪门库区16.8万元,罗湾库区0.72万元,两江移民18.31万元),受益移民达6347人。企业及其他项目生产安排1879.54万元,占无偿转有偿及内部形成周转金总额49.03%,安排项目198个,安排移民劳动力4364人,其中独资项目8个(全为国有企业),合资项目4个(国有2个,集体1个,私营1个),借贷关系项目186个(国有48个,集体104个,私营34个),国有企业共投放58个,投资1257.72万元;集体企业投放105个,投资546.13万元;私营企业投放35个,投资75.68万元,其中效益好的企业只有1个而且投资非常小仅为1.32万元;效益一般的企业(指的是企业还在仍在生产经营)有90个,投资额为820.97万元;破、停、倒的企业有107个,投资额为1057.25万元。根据调查分析,造成周转金回收难的主要原因是:自然灾害侵袭。根据调查核实、分析,因自然灾害造成周转金及占用费未能收回的为930.01万元,其中种植业743.28万元,养殖业150.56万元,企业879.48万元,分别占79.92%、16.19%和3.89%。由于市场影响未能收回的周转金及占用费达1361.94万元,其中:种植业308.1万元,养殖业174.36万元,企业879.48万元,分别占22.62%、12.8%和64.58%。受国家政策性调整影响周转金使用项目的效益发挥,如计划经济向市场经济的转轨政策影响,环保政策及财税等政策影响,使有些项目效益滑坡,甚至倒闭,据调查因这方面原因造成周转金及占用费未能回收的有632.73万元;其中企业受其影响最深,高达616.03万元,占97%以上。项目论证不够,管理不善及其他原因造成周转金及占用费难回收838.69万元,其中:种植业277.90万元,养殖业122.91万元,企业437.88万元,分别占33.14%、14.66%和64.58%。鉴于上述原因及周转金及占用费使用实际情况,根据水利部精神,收回(含未借出)的周转金587.79万元转为拨款处理,不再进行周转使用,继续用于扶持移生产开发；对借出未回收的周转金余额3381.13万元及应收未收占用费382.13万元共计3763.39万元，将其转回拨款并予以核销处理。

1999年10月11日，移民办对抚州地区下拨首批两江移民经费（占年度计划资金70%）。金溪县、宜黄县、崇仁县两江移民经费分别为432万元、373万和193万元。截至1999年底，上述3县收到地区拨付1999年度移民经费分别为162万元、140万元和73万元。经调查核实，金溪县1999年度移民经费只下拨30万元（截止调查日），大部分资金滞存在县移民办，造成资金迟迟未能下拨主要原因是：金溪县移民专项资金是按年度计划分期分批拨付给各移民乡镇，再由乡镇拨付给移民项目的拨款程序。县移民办在对各乡镇1998年度移民专项使用情况及移民项目验收检查过程中发现该县由于各乡镇财政较困难，财税计划未能完成，年终挪用移民专项资金用于抵税、完成财政任务或补发工资现象时有发生，因此不敢对乡镇拨付移民资金，生怕被挤占、挪用，而采取鼓励各移民项目先垫付资金进行开工，待年后再下拨资金的办法，造成县移民办资金结存较多，项目实施进度缓慢。万安水电站是省内最大的中央直属水电站，移民总计超过6万人，移民资金经过3次调整，从最初的1亿元增至3.93亿元，人均不足7千元，远远低于全国平均水平。为了准确反映收支情况，建立"移民生产发展基金"专账，并开立专门的银行账号。同时还制定相应的管理制度。移民办建设科技培训中心楼，以加快库区移民脱贫致富的步伐和提供经常性的实用科技培训和服务，基建规模控制在800万。资金来源：向水利部申请经费200万元；万安库区移民培训费200万元，自筹400万元。老建办在利息收入中冲减历年管理费支出558.1万元。万安库区机构管理费的最终概算为550万元，其中拨付地、县移民管理机构管理费400万元，老建办本级管理费计划仅有150万元。老建办年平均在职人员及离退休人员约30人。老建办现有职工30人（含离退休人员5人），1998年以前拥有住房的只有15人。老建办购买11套商品房分配给无房的职工。由于省财政给予的经费极其有限，又从来没有拨付专门基建经费，同时考虑到广大职工的迫切困难，从利息收入支出114.5万元。根据专员办的意见，立即进行清理，至5月25日清理完毕，只保留代表工商银行阳明路支行用于存放在建水库移民资金和中国银行叠山路支行用于存放处理移民遗留问题资金2家开户银行。使移民资金真正做到专项存储、专账管理、专项使用。坚决收回外借资金。将"扶持移民生产发展基金"专账取消，并入万安库区专项资金总账。基建支出费用的冲转问题：共发生移民培训中心楼基建支出约503万元，准备予以冲回，其中：用万安库区培训费冲回200万元，其余部分按省计委规定争取自筹解决。

2000年1月中旬，省移民办公室对金溪、宜黄和崇仁3县1999年度"两江"移民经费使用情况进行调查，发现以上3县普遍存在专项资金迟迟未能下拨，严重影响移民项目实施进度，同时也发现有些乡镇有挪用移民经费的现象。1月19日，省民政厅厅长傅敏先在以上3县的调查报告中的批示，管好用好移民经费，要加强移民项目、计划管理，切实加快移民项目实施进度；强化移民专项资金管理与监督工作，严肃财经纪律，加大对乡镇及移民项目资金使用监管力度，坚决杜绝挤占、挪用现象发生，确保移民专项资金专款专用；加大移民专项资金使用透明度，自觉接受移民群众的监督。确保库区稳定，密切注视移民动态，加大移民政策的宣传力度，主动与移民沟通谈心，耐心做好移民群众稳定工作；移民干部特别是移民领导干部应加强移民政策及业务学习，提高自身政治、业务素质,增强事业心、责任感,要以讲政治对移民高度负责的态度来做好移民各项工作。

2001 年 3 月 13 日—22 日,水利部水库移民开发局会同财政部企业司,对江西"两江"移民专项资金有关群众反映的问题进行认真核查,指出全省在"两江"移民专项资金管理使用中存在的问题,并且提出明确的要求。

2001 年 5 月上旬,省移民办会同省财政厅,派出 4 个工作组到各设区市、有关县(市)进行核查。省移民办专门派员到景德镇市、浮梁县,督促纠正问题,规范管理,完善制度。5 月 28 日至 6 月 6 日,省审计厅到省移民办进行审计,并提出完善措施。市、县各级开展大规模的自查自纠活动。

2001 年,省移民办组织决算工作检查组,赴万安库区的两市二县一区进行决算工作检查,对决算工作存在的问题和不足进行指导、纠正和规范。

2002 年 6 月 4 日—5 日,省移民办项目资金检查小组对景德镇市的项目资金情况进行检查。景德镇市 2001 年度计划资金 426.34 万元,下拨 383.34 万元,占总计划资金的 90%。2002 年 4 月底,银行存款余额 47.79 万元。

2002 年 6 月 4 日—8 日,省移民办先后对上饶市婺源县、德兴市、弋阳县及铅山县移民办 2001 年度"两江"移民专项资金及项目实施情况进行专项检查。2001 年度上饶市"两江"移民资金计划总数为 922.69 万元,其中:德兴市 291.9 万元,婺源县 226.6 万元,弋阳县 132.69 万元,铅山县 98.18 万元。2002 年 4 月底,上饶市下拨 2001 年度项目资金 704.69 万元,未下拨项目资金 150 万元,其中:德兴市 54 万元,婺源县 46 万元,弋阳县 50 万元,合计为 150 万元。2002 年 4 月底,所检查的 5 个单位银行存款余额合计为 480 余万元,其中:上饶市移民办 200 万元,德兴市移民办 91 万元,婺源县移民办 86 万元,弋阳县移民办 81 万元,铅山县移民办 20 余万元。2001 年度 4 个县市安排项目资金 744.92 万元,共安排移民项目 210 个,其中 10 万元以上的项目有 15 个;2002 年 4 月底,完工项目 107 个,占项目总数 50%,其中 10 万元以上项目 6 个,分别是德兴香屯茶园改造,德兴香屯汪村水泥路,铅山县汪二乡港沿新路村修路,婺源县紫阳镇大棚蔬菜、晓林乡精养鱼池改建和许村省项目联系点项目。从完工项目个数情况看,铅山县完工率最高,铅山县除有 20 万元生产开发项目未动工外,其余 12 个基础设施项目全部竣工并验收;德兴市完工项目达 62 个,占全部 93 个项目 67%,但其完工项目中大部分未经验收;弋阳县完工项目 19 个,占全部 42 个项目 45%;婺源县最低,完工 14 个项目,占全部 61 个 23%;未动工项目 30 余个,其中:婺源县 14 个,德兴市 1 个,弋阳县 13 个,铅山县的生产开发项目若干个 10 万元以上项目有 6 个未动工,分别是德兴市潭埠桥水渠,婺源县中云镇修路,武口乡改建水库养鱼,太源乡园钉厂,弋阳县港口镇企桥水泥公路和红旗组温控大棚。

2002 年 12 月初,省移民办组织检查组对万安县万安水库移民后期扶持项目及资金使用情况进行专题检查,发现存在问题:擅自更改上级批复的计划,水毁项目以大化小。2002 年,批复万安县的水毁项目计划共 23 个,而万安县移民办批复各乡镇的项目却分解成 108 个。县政府抄告单调拨移民资金 80 万元,挪用移民资金。项目计划实施力度不够,项目计划实施太过缓慢。管理费继续超支。2001 年度管理费又超支 8.37 万元。对此,省移民办提出整改意见:调整人员结构,定编、定人、定经费,提高移民干部工作的素质,移民工作不断向科学化、规范化、专业化迈进。县委、县政府要针对县办人员的具体情况,在机构改革之际,精简人员,调整人员结构比例,吸进有一定专业技术,能够胜任移民工作的专业人员,定编、定人、定经费,保证县办人员的各项工作费用,坚决杜绝挪用专项资金用作管理费开支。认真维护项目的严肃性,变更的项目限期纠正。万安县移民办要认真按照移民项目管理的各项法规和文件,纠正擅改水毁工程计划的错误做法,重新按照省办批复的文件执行。立即收回县政府的80万元抄告单,项目实施严格按照移民项目管理办法执行。认真对2001年以前的移民后期扶持项目进行清理。没有实施完成的,抓紧实施;无法实施的项目,重新清理后,报上级移民办批复后重新予以实施,切实维护项目的严肃性。认真建立项目的档案。做到每个项目一份档案材料,档案材料包括从项目立项至项目竣工验收的全部资料。10万元以上项目报省办存档,5万元—10万元项目报市办存档,5万元以下项目县办自己存档,并做好档案的保存和管理。

2002年12月,省移民办组织检查组对上犹县上犹江水库移民遗留问题处理项目及资金使用情况进行专题检查,发现存在以下问题:挤占挪用资金比较严重,长期挂在账上的应收款达56.3万元,导致项目的资金挤占和挪用,造成空项目,甚至假项目,严重地违背移民专项资金的使用原则。项目计划实施力度不够,账上滞留资金164万多元,相当于一个年度的计划资金量。项目计划实施太过缓慢。

2002年12月,省移民办组织检查组对章贡区万安水库移民后期扶持项目及资金使用情况进行专题检查,发现2001年度管理费超支2.53万元,水毁项目实施相对缓慢。至检查时止,水毁项目支出仅0.5万元,仅占水毁项目计划的1.9%。

2002年12月,省移民办派出督查工作组对抚州市移民办2001年以来移民项目实施和资金使用情况进行检查,发现存在以下问题:抚州市项目计划实施力度不够,"两江"账上滞留项目资金20万元,洪门库区账上滞留项目资金28万元,其中2002年度计划资金有10万元未予下拨,2000年度资金有18万元未下拨。对此,省移民办提出整改意见:抓紧项目的实施,认真对积压账上的资金按项目进行清理,无法实施的项目,重新清理后,上报省办该项然后再予以实施,切实维护项目的严肃性。滞留在账上的资金,在实施的项目要尽快下拨,待清理的项目在清理和上报批复后立即下拨。抚州市移民办必须严格按照水利部、财政部《关于库区建设基金使用有关问题的通知》、国家移民开发局《关于重新清理水库移民生产周转金及占用费的通知》精神,不允许从新的项目计划资金中克扣资金用于弥补前期周转金及占用费上缴款。原已回收在账的周转金及占用费,不得擅自批复使用;对于移民资金派生的利息收入必须转列入项目发展基金,经审批后方可使用。必须严肃项目计划审批制度,移民项目计划一经审批下达,市、县(市)两级移民机构不得擅自更改原项目计划,如确需更改,必须上报省办审批。

2002年12月,省移民办组织检查组对宜春市及所辖重点县(市、区)2001—2002年度移民项目实施及资金使用情况进行检查,发现有的地方存在问题:违反项目计划申报审批有关规定,先建后报,造成既成事实,再补报项目。对完成的项目不及时组织验收,滞留完工的项目资金。在更改项目方面把关不严,更改项目计划的比例较大,部分地方申报项目计划不够严肃,更改项目计划的比例过大。部分单位滞留资金较多。按照省办资金管理的有关规定,项目资金必须尽快拨付到项目上,但有的地方账面上滞留较多的移民专项资金。项目建档情况不够规范,档案材料不够齐全。根据项目管理规定,所有移民项目都必须建立档案,做到一个项目一个档案。从检查情况来看,大部分地方都能按照要求建立项目档案,但发现有的地方为建档案而建档案,建档工作流于形式,不够规范,很多重要的档案材料如项目竣工验收报告、财务决算报告等在档案中都没有,档案材料不够齐全。省移民办提出以下整改意见:严格项目申报及变更的审批程序,严格把关,维护资金项目计划的严肃性。项目计划必须按有关规定先报批后建设,对上级已批复的项目要不折不扣地予以下达执行,不得随意更改,根据实际情况,确需更改的,必须按程序报请批准,由市办批准的要抄报省办备案。对各地报请更改的项目,市办一定要严格把关,不能做老好人,报一个批一个,要认真考察,严格控制改项的比例及规模。切实加强对项目资金的管理,加快移民资金的拨付力度,严防挤占挪用移民专项资金事件的发生,确保移民资金专款专用。各地要按照赣移字〔2002〕133号文的要求,加快移民资金的拨付力度,确保移民项目及时完工,对已竣工的项目,要及时组织验收,在此基础上,除留下少量的质量保证金外,要将移民扶持专项资金尽快兑现到项目上。各地一定要加强对移民专项资金的管理,进一步强化县级报账制度,严防挤占挪用移民专项资金,确保移民资金的安全。加强和完善项目档案管理制度,确保项目档案材料完整、齐全。

2002年12月,省移民办派出督查工作组对资溪县移民办2001年以来移民项目实施和资金使用情况进行检查,发现存在以下问题:计划批复不够严肃,资溪县移民办2002年部分更改计划未通过文件形式下达给各乡、镇,而是只采取便函形式或口头通知。项目建档工作不够规范,项目验收和财务决算报告等资料不全,致使10万元以上移民项目不能如期实行全面验收。项目计划实施力度不够,账上滞留资金177.5万元。资溪县移民办2001年贷出周转金63万元,收取占用费1.8万元。挤占挪用移民资金。资溪县移民办2002年管理费超支4.39万元,培训费超支1.42万元。省移民办提出如下整改意见:严肃移民项目计划的批复。对各乡、镇的计划一定要有文件批复,未行文的要予以补齐。加强和完善项目档案管理制度,确保项目档案材料完整、齐全。资溪县移民办必须严肃项目计划审批制度,移民项目计划一经审批下达,各级移民机构不得擅自更改原项目计划,如确需更改,必须上报省办审批。

2002年12月,省移民办组织检查组对武宁县移民办移民项目管理和资金使用情况进行专题检查。发现资金项目管理中存在问题:武宁是全省移民大县,工程项目达数百项,但没有根据上级的批复,将项目计划批复到各有关移民乡镇(场),管理上不规范。更改计划项目的问题严重项目安排随意性大。挤占挪用项目资金。从检查中发现挤占挪用项目资金现象严重。管理费超支严重,2001年超支36.5万元,2002年超支23.5万元。省移民办根据以上存在的问题,要求武宁县移民办对挤占挪用项目资金在2003年2月20日前如数归还,并坚持勤俭办事的原则,严格控制管理费开支,杜绝挤占挪用项目资金。在管理上严格按程度操作,对上级批复的计划必须按项目批复到乡镇(场)确需更改的项目必须报批。对2001年的项目进行认真的清理,5万元以下的项目属县办管理,认真组织验收、建档。加强项目建档工作,严格按移民项目管理办法等有关规定实施建立健全项目资料并规范管理。

2002年12月,省移民办派出督查工作组对黎川县移民办2001年以来移民项目实施和资金使用情况进行检查,发现存在以下问题:黎川县移民办有擅自更改个别基础设施项目的现象存在。项目建档工作不够规范,项目验收和财务决算报告等资料不全,致使10万元以上移民项目不能如期实行全面验收。项目计划实施力度不够,"两江"账上滞留资金190.51万元,洪门库区账上滞留资金286.9万元。挤占挪用移民资金。黎川县洪门库区历年各种费用超支15.36万元,外单位借款4.8万元(其中县检察院2万元、县供电局2万元、县法院0.8万元),个人借支2万元。

2002年12月,省移民办派出督查工作组对南丰县移民办2001年以来移民项目实施和资金使用情况进行检查,发现存在的问题:南丰县移民办擅自更改个别项目。项目建档工作不够规范,项目验收和财务决算报告等资料不全,致使10万元以上移民项目不能如期实行全面验收。项目计划实施力度不够,账上滞留资金56.5万元。针对存在问题,省移民办提出整改意见:南丰县移民办必须严肃项目计划审批制度,移民项目计划一经审批下达,各级移民机构不得擅自更改原项目计划,如确需更改,必须上报省办审批。加强和完善项目档案管理制度,确保项目档案材料完整、齐全。抓紧项目的实施。要认真对积压账上的资金按项目进行清理,无法实施的项目,重新清理后,上报省办该项然后再予以实施,切实维护项目的严肃性。滞留在账上的资金,在实施的项目要尽快下拨,待清理的项目在清理和上报批复后立即下拨。

2002年12月,省移民办派出督查工作组对南城县移民办2001年以来移民项目实施和资金使用情况进行检查,发现存在以下问题:计划批复不够严肃,南城县移民办2001年及2002年第一批预备费均未通过文件形式下达给各乡、镇,而是采取便函形式或口头通知。项目建档工作不够规范,项目验收和财务决算报告等。资料不全,致使许多移民项目不能如期实行全面验收。项目计划实施力度不够"两江"账上滞留资金8.1万元,洪门库区账上滞留资金42万元。挤占挪用移民资金情况严重。

2002年12月,省移民办派出督查工作组对宜黄县移民办2001年以来移民项目实施和资金使用情况进行检查,发现存在以下问题:2001年度和2002年度计划的项目档案均未在宜黄县移民办保存,致使2001—2002年度的所有移民项目未如期实行全面验收。项目计划实施力度不够,账上滞留资金76.21万元。省移民办对存在的问题提出如下整改意见:加强和完善项目档案管理制度,确保项目档案材料完整、齐全。抓紧项目的实施。要认真对积压账上的资金按项目进行清理,无法实施的项目,重新清理后,上报省移民办后再予以实施,切实维护项目的严肃性。滞留在账上的资金,在实施的项目要尽快下拨,待清理的项目在清理和上报批复后立即下拨。

2002年12月,省移民办组织检查组对安义县移民办移民项目管理和资金使用情况进行专题检查,发现安义县移民办在资金项目管理中存在项目资金核算混乱的问题,个人借支与项目预付款相互混杂,财务基础工作不规范。挤占挪用资金普遍,个人借款多达14万元,少则数百元,移民资金外借随意性大。县办本身基础工作做得较差,未建立移民项目档案,对上级批复的计划不认真下文批复到乡镇(场)。根据以上存在的问题,省移民办要求安义县移民办对挤占挪用项目资金必须在2003年2月20日前如数归还。为确保移民资金安全有效运作,必须在近期对县办人员进行调整充实。安义县移民办要加强项目管理和财务人员的素质,加强项目建档工作,严格按移民项目管理办法等有关规定实施,账目应按省办新的资金管理办法执行建立健全项目资料并规范管理。对2002

年末下达的项目计划必须尽快下达到各有关移民乡镇（场）实施。加快项目的实施力度,2002年项目要认真清理,没有实施完成的尽快实施完成,滞留在账上的资金按照省办下发的项目管理补充规定要求,尽快下拨。

2004年11月5日,水利部水库移民开发局委托北京中建华会计师事务所对九江市移民办2002—2003年度库区建设基金使用管理情况进行审计。

2005年,新余建立全市财政扶贫资金管理监测信息系统,实现资金管理微机化、网络化,财政扶贫资金和项目的录入情况被列入年度财政扶贫资金绩效考评的内容。

2006年下半年始,景德镇市后扶资金通过县财政再到县级移民办,财政起着兼管的职能,一方面规范移民办的财务管理,另一方面积极与财政部门沟通、协商,从项目的申报到项目的检查验收,甚至项目实施中,都要财政部门派人跟踪问效,使资金运转、项目实施更趋程序化、规范化。直补资金一旦收到上级的拨付文件,就立即与财政部门通气力争尽快拨付到移民个人的"惠农一卡通"上。

2008年,新余市开展强农惠农专项资金检查后,根据检查中财政扶贫资金和项目管理存在的问题,市财政局和市扶贫办联合制定下发《关于进一步规范财政扶贫资金和项目管理的通知》要求1万元以上的项目建立档案,5万元以上的项目编制可行性报告。

2008年7月9日至7月25日,水利部水库移民开发局委托北京崇信会计师事务所对武宁县等48个移民管理机构2007年度库区建设基金使用管理情况进行专项审计。

2009年新余市所有县区的财政扶贫资金全部实行县级报账制。2009年8月,省强农惠农专项资金检查组重点检查新余市财政扶贫资金。

第三篇　组织机构与自身建设

　　扶贫移民开发是一项长期而重大的任务,是一项崇高而伟大的事业。省移民和扶贫办作为全省扶贫和移民工作的主责机构,肩负着具体贯彻落实和协调推进扶贫移民开发战略部署的重要职责,围绕贫困群众和水库移民生产生活建设的主线,统筹安排各类资源,全面落实移民扶贫工作任务,精心组织、周密谋划、强力推进全省的扶贫和移民工作。

　　1991年,省委、省政府认真贯彻落实党中央、国务院的部署,印发《关于进一步加强老建扶贫开发办事机构的通知》,明确指出将1980年成立的江西省革命老根据地建设委员会下设的办公室作为主管扶贫开发工作的职能部门,并要求有关地、市、县、区根据国务院要求和当地扶贫开发工作实际情况,进一步健全和完善扶贫开发工作机构,使全省贫困地区在各级扶贫机构的带领下有序、精准、高效地进行脱贫工作。江西是水库移民大省,库区贫困又呈现出贫困面广、贫困程度较深等特征,贫困问题十分突出。1978年,省委决定成立省万安水电站建设委员会,并下设办公室和移民办公室,要求贯彻执行党和国家水库移民工作方针、政策,研究拟订全省水库移民工作的政策法规,并组织实施,促进水库移民生产生活水平的恢复和提高。2009年,省委、省政府高瞻远瞩,统筹和权衡农村工作中移民和扶贫工作的特殊性,印发《江西省人民政府机构改革实施方案》,将省扶贫开发领导小组办公室的职责、省移民办公室的职责,与省对外经济合作办公室的三峡移民管理职责进行整合,组建省扶贫和移民办公室,为省政府直属机构,负责全省扶贫开发、老区建设和移民项目的管理。各级设立的扶贫移民办公室则分管本辖区的扶贫开发规划工作,率先把思想和行动统一到党中央、国务院和省委、省政府新阶段扶贫开发的战略部署上来,迅速掀起认真学习、全面领会和深入贯彻、狠抓落实的高潮。

　　在长期的扶贫工作中,扶贫和移民办为了全面提高全省的扶贫水平,更快地让贫困人口走向脱贫致富道路,依靠各种教育培训资源,有计划、有针对性地安排干部培训,竭力培养一支政治上强、善于领导扶贫开发工作的高素质干部队伍,大力支持致富带头人发挥先富带后富的精神和辐射示范作用去自发组织广大贫困乡村群众进行经验学习,挖掘他们自身的一技之长,教会他们掌握一门脱贫致富技术,激发贫困地区和贫困群众发展的内生动力,从而不断推进扶贫技术改革创新,不断探索扶贫开发新途径、新模式、新机制,更加坚定不移地将扶贫开发推向深入。同时,新闻宣传是党和政府的发声"喉舌"和工作"利器",全省通过新闻传媒、出版书籍(《老区建设》)等途径,进一步加大宣传各地扶贫和移民工作的显著成效、先进典型和特色经验,扩大宣传扶贫开发成果和农村群众生活的巨大变化,广泛深入地宣传党的扶贫开发惠民政策,让贫困地区广大农民知道党和政府的各项政策、措施,通过参加培训、进城务工和维权的途径及方式等,着力营造新阶段扶贫开发的强劲声势,这对于加快脱贫攻坚步伐具有重大意义。

第一章　省级扶贫和移民机构

省扶贫和移民事务由省级扶贫管理机构和移民管理机构分别承担、负责、管理,并依中央指示、实际情况变化等做出机构结构调整,与中央管理机构体系相适配衔接,明确部门机构职责,优化体系整合,与地方扶贫和移民事务机构贯通渠道,保证政策项目连贯性施行。三峡移民管理机构具体负责三峡移民工作事宜。新形势下,扶贫与移民机构整合组建成省扶贫和移民办公室。

第一节　扶贫管理机构

机构设置

1952年4月2日,省政府成立江西省革命老根据地建设委员会(以下简称老建委),省长邵式平兼任主任委员,方志纯等12人为委员,主要负责老区建设工作。1953年4月,省政府决定,撤销省革命老根据地建设委员会,老区建设工作由民政厅主管。

1980年6月11日,根据《关于成立江西省革命老根据地建设委员会的通知》,重新成立老建委,由杨尚奎等28位人员组成,杨尚奎为主任委员,刘俊秀、方志纯、张力雄、谢象晃、张国震、方谦、刘建华等7人为副主任委员。委员会下设办公室(以下简称老建办),罗朋兼主任,张声钧、王英、张广先、吴日生等4人为副主任,办公室设在省民政厅。1981年8月20日,省编制委员会印发《关于省革命老根据地建设委员会办公室人员编制的通知》,核定省老建办人员编制为事业编制12名。

1984年5月16日,省编制委员会批复省老建办请示,印发《关于增加江西省革命老根据地建设委员会办公室人员编制的通知》,同意增加事业编制3名,增加后共计事业编制15名。

1986年1月13日,省编制委员会根据省委办精神,印发《关于省革命老根据地建设委员会人员编制的通知》,同意省老建委下设秘书处、财务计划处、经济协作处,并增加事业编制15名,增加后共计事业编制30名。

1989年9月,经省机构编制委员会决定,核减省老建办事业编制2名,核减后共计机关事业编制28名。

1991年5月17日,省政府办公厅印发《关于进一步加强老建扶贫开发办事机构的通知》,明确省老建办是省政府主管扶贫开发工作的职能部门,纳入省政府序列,负责处理省老建委的日常工作,行使厅局一级的职权。省老建委的秘书、计划财务、经济协作等三个县级处,日常业务工作由省老建办直接处理,有关党务、干部管理、行政事务等方面的工作仍由省民政厅管理。要求有关地、市、县、区根据国务院要求和当地扶贫开发工作实际情况,进一步健全和完善扶贫开发工作机构,安排一定编制,并纳入各级政府序列,隶属关系可维持不变,工作关系要进一步理顺。督促各有关地、市、县、区要逐步改善老建办的工作条件,稳定扶贫队伍。安排必需的事业费,并根据当地财力可能,帮助解决办公、生活和工作用房等实际问题。

1995年6月17日,省政府办公厅印发《关于印发江西省民政厅职能配置、内设机构和人员编制方案的通知》,明确设置老建委秘书处、财务计划处、经济协作处等三个专门老建工作的处室,核定领导职数8名,其中:副主任(正处级)职数2名、处长职数3名、副处长职数3名;核定26名行政编制。

1996年2月27日,省编制办批复省老建办《关于要求明确省老建办职责的请示》,明确保留省老建办的机构和人员编制,同时,明确省老建办有关党委、干部管理、行政事务等方面的工作仍由省民政厅管理。

2000年9月20日,根据《江西省人民政府机构改革方案》,省政府办公厅印发《关于江西省民政厅职能配置内设机构和人员编制方案的通知》,规定省老建办增挂江西省扶贫开发办公室牌子,设2个正处级职能处(扶贫综合处、扶贫规划处),核定领导职数4名,其中处长职数2个、副处长职数2个,核定事业编制10名。

2001年3月12日,省编办发《关于省扶贫开发办增加机构编制的通知》,批复省民政厅《关于要求增设机构和人员编制的请示》,同意增设社会扶贫处,增设领导职数3名,其中专职副主任(正处级)1名、处长职数1名、副处长职数1名,增加事业编制3名。增职增编后,省老建工作设3个正处级职能处,设领导职数7名,核定事业编制13名。

2001年11月20日,省委办公厅、省政府办公厅《关于印发〈江西省扶贫开发领导小组(江西省革命老根据地建设委员会)办公室职能配置、内设机构和人员编制规定〉的通知》,明确省扶贫开发领导小组(江西省革命老根据地建设委员会)办公室(以下简称省扶贫办)从省民政厅划出,单独设置,为省扶贫开发领导小组(江西省革命老根据地建设委员会)常设办事机构,归口省委农村工作委员会办公室(江西省政府农村工作办公室)。内设综合、计划财务、社会扶贫、对外联络等4个正处级职能处,核定领导职数11名,其中主任(副厅级)1名、副主任(正处级)3名、正处职数4名、副处职数2名、处级纪检员1名。核定编制23名,其中行政编制9名、事业编制14名。成立省扶贫办(老建办)机关后勤服务中心,为省扶贫办(老建办)下属相当于处级事业单位,核定事业编制4名(其中,处级1名)。

2002年1月10日,省长黄智权主持召开省扶贫开发领导小组全体成员会议。会议建议对省扶贫开发领导小组成员进行调整,并建议继续保留"江西省革命老根据地建设委员会"牌子,与"江西省扶贫开发领导小组"两块牌子一套人马。省扶贫开发领导小组组长为省革命老根据地建设委员会主任,副组长为副主任,成员为委员,待省扶贫办提出名单报省委、省政府同意后,由省委办公厅、省政府办公厅联合发文。

2002年7月8日,省编办发《关于增加省扶贫办公室处级领导职数的通知》,批复省扶贫办报

《关于要求增加机关党委专职副书记职数的请示》,同意增加机关党委专职副书记(正处级)职数1名,明确机关党委负责办机关和下属单位的党群工作。

2003年5月22日,省编办发《关于省扶贫办增设移民扶贫处的通知》,批复省扶贫办《关于解决移民搬迁扶贫工作机构和人员编制的请示》,同意增设移民扶贫处,增加正副处级领导职数各1名,增加事业编制5名。增职增编后,省扶贫办共有内设职能处5个,领导职数13名,行政编制9名,事业编制19名。

2003年12月18日,省委、省政府印发《江西省人民政府机构改革实施意见》,明确省扶贫办为省政府议事机构的办事机构,是省扶贫开发领导小组(江西省革命老根据地建设委员会)的常设办事机构。

2007年5月11日,省编办发《关于省扶贫办内设机构更名的批复》,批复省扶贫办《关于内设职能处更名的请示》,同意省扶贫办5个内设职能处更名为:综合处、计划财务处、社会扶贫与对外联络处、政策法规处、移民扶贫处。

2007年8月3日,省编办发《关于省扶贫办行政编制调整的通知》,增加机关行政编制,同时收回核销19名事业编制。调整后共有行政编制28名。

2008年11月25日,省编办发《关于增加省扶贫办军转行政编制的批复》,批复省扶贫办报《关于增加军转干部专项编制的报告》,同意增加军转行政编制1名,增编后,省扶贫办共有行政编制29名。

江西省水库移民工作管理机构的前身是万安水电站移民办公室。1978年,万安水电站工程指挥部成立,并于翌年改称江西省万安水电站建设委员会,下设移民办公室,归口省民政局。2000年9月,省政府办公厅《关于印发江西省民政厅职能配置、内设机构和人员编制规定的通知》确定:保留江西省移民办公室,为省民政厅直属处级行政机构。2007年7月,省政府办公厅《关于印发江西省移民办公室职能配置、内设机构和人员编制规定的通知》(赣府厅发〔2007〕72号)明确:江西省移民办公室为省民政厅管理的副厅级行政机构,归口管理全省水库移民工作;2009年,在省政府机构改革中,省委、省政府决定整合省扶贫办、省移民办和省对外经济合作办公室的三峡移民工作职能,组建省扶贫和移民办公室,为正厅级行政机构,负责全省扶贫和水库移民工作。

主要职责

贯彻执行党中央、国务院和省委、省政府关于扶贫开发的方针、政策;拟定全省扶贫开发政策并组织实施;负责扶贫统计监测工作。

负责制定和实施全省老区、贫困地区扶贫开发和年度工作计划;负责扶贫资金的分配和扶贫项目的管理,并对资金使用和项目管理进行检查监督。

组织和管理全省老区、贫困地区科技扶贫的培训、示范、推广工作。

指导全省老区、贫困地区开展有关扶贫方面的横向经济协作、招商引资工作;组织党政机关和社会各界开展定点扶贫和对口帮扶工作。

协助贫困地区开展对外联络;争取并按规定接受境外政府和非政府组织的援助;负责外资扶贫款项的引进、管理检查和监督工作。

拟定全省库区深山区移民扶贫政策并组织落实。

承办省委、省政府和省扶贫开发领导小组(省革命老根据地建设委员会)交办的其他事项。

第二节 移民管理机构

机构设置

江西省移民办公室(以下简称省移民办),前身为万安水电站移民办公室。

1978 年 12 月 16 日,省委印发通知,成立江西万安水电站建设委员会,由刘俊秀等 17 人组成。刘俊秀任主任委员,张国震等 5 人任副主任委员。建设委员会下设办公室和移民办公室,谢象晃兼移民办公室主任。

1983 年 6 月 3 日,省政府办公厅印发《关于成立万安水电站移民办公室的通知》,决定成立万安水电站移民办公室,分两处办公,一处设在省农牧渔业厅,编制 6 人;一处设在电站工地(万安县城),编制 14 人。万安水电站移民办公室与省民政厅脱钩,划归万安水电站工程指挥部管理。孟令海任移民办公室主任。

1984 年 4 月 14 日,省政府办公厅印发《关于万安水电站工程指挥部等单位冠江西省的通知》,万安水电站移民办公室改名为江西省万安水电站移民办公室。

1985 年 1 月 18 日,省政府办公厅印发《关于同意江西省万安水电站移民办公室改名为江西省移民办公室等事宜的批复》,江西省万安水电站移民办公室更名为江西省移民办公室,为二级机构,属事业单位,党、团组织关系由省电力局代管,业务工作归省万安水电站工程指挥部管理。孟令海任移民办公室主任。

1988 年 4 月 21 日,省政府办公厅印发《关于调整加强省移民办事机构有关事项的通知》,省移民办公室归口省民政厅管理。

1988 年 5 月 21 日,省编办印发《关于省移民办公室人员编制的通知》,确定省移民办为相当于处级事业机构,内设 4 个科级机构(工程管理科、财务物资科、秘书科、信访科),事业编制 25 名。王昭悠兼任省移民办公室主任。

1989 年 8 月 1 日,省政府办公厅印发《关于进一步理顺我省移民工作关系的通知》,将柘林、上犹江、江口、洪门、罗湾五大库区的移民遗留问题和浙江省新安江、富春江在江西省安置的移民遗留问题交省移民办管理。

1990 年 6 月 13 日,省编办印发《关于省移民办机构性质等问题的通知》,将省移民办列为行政序列,内设 5 个科级机构(工程管理一科、工程管理二科、财务物资科、人事秘书科、信访科),事业编制 30 名。

1995 年 6 月 17 日,省政府办公厅印发《江西省民政厅职能配置、内设机构和人员编制方案》,明确省移民办为省民政厅领导的正处级二级行政机构。编制为 6 个行政编制、24 个事业编制。曾庆赓任省移民办公室主任。

2000 年 9 月 20 日,省政府办公厅印发《江西省民政厅职能配置内设机构和人员编制方案》,规定省移民办公室为省民政厅直属处级行政机构,核定编制为 29 名事业编制。漆根顺任省移民办公室主任。

2007 年 9 月 14 日,省政府办公厅印发《江西省移民办公室职能配置内设机构和人员编制规定的通知》,确定省移民办公室为省民政厅管理的副厅级行政机构,内设 5 个副处级职能处(综合处、搬迁安置处、财务审计处、后扶基金项目管理处、库区基金项目管理处)核定行政编制 24 名,领导职数;主任(副厅级)1 名、副主任(正处级)2 名;处长(副处级)职数 5 名,副处长(正科级)职数 1 名。成立省移民办公室机关后勤服务中心,为省移民办下属相当于副处级事业单位,核定编制 7 名(其中,副处级 1 名)。

主要职责

贯彻执行党和国家水库移民工作方针、政策;研究拟订全省水库移民工作的政策法规,并组织实施。

按权限审核全省新建大中型水库(小电站)移民安置规划;按规定管理水库移民安置经费。

会同有关部门编制水库移民后期扶持规划和年度项目计划;参与编制库区和移民安置区基础设施建设和经济发展规划;根据批准的规划和年度项目计划组织实施大中型水库移民扶持资金项目。

参与制定全省水库移民资金使用管理办法;按规定会同有关部门管理使用水库移民资金;指导全省水库移民机构的财务会计工作;会同有关部门对水库移民资金使用情况进行审计、监督和检查。

负责全省水库移民工作干部的业务培训和水库移民生产技术培训工作。

承办省委、省政府和省民政厅交办的其他事项。

第三节　三峡移民管理机构

机构设置

1999 年 11 月 15 日,省政府办公厅印发《关于成立江西省对口支援三峡工程领导小组移民接受安置办公室的通知》,决定在全省对口支援三峡工程领导小组下设三峡移民接受安置办公室。办公室设在原省移民办,省合作办陈瑞高兼任主任、省移民办曾庆赓担任常务副主任,省合作办李忠诚担任副主任,并从省合作办和省移民办抽调 3—5 人集中办公。

2000年11月14日,省政府办公厅印发《关于调整省对口支援三峡工程领导小组及三峡移民接受安置办公室组成人员的通知》,由省合作办副主任余鼎革兼任领导小组办公室主任及移民接受安置办公室主任,省移民办曾庆赓担任常务副主任,省合作办李忠诚担任副主任。

主要职责

具体负责接受三峡移民工作的衔接、管理、协调和服务。

研究全省对口支援三峡工程和省内新建库区移民的方针、政策并提出建议,组织编制全省对口支援工作规划和年度计划。

组织、指导和协调各部门及有关市、县的对口支援工作。

负责接收三峡移民安置的上下联络,并参与其移民安置的规划、指导和协调工作。

承担省政府确定的重点库区移民对口支援的组织、指导和协调工作,检查督促调度项目的执行情况,协调实施中的有关问题。

第四节　省扶贫和移民办公室

机构设置

2009年2月13日,省委、省政府印发《江西省人民政府机构改革实施方案》,将省扶贫开发领导小组办公室的职责、省移民办公室的职责,与省对外经济合作办公室的三峡移民管理职责进行整合,组建省扶贫和移民办公室,为省政府直属正厅级机构。

2009年2月20日,省委印发《关于李春燕等同志职务任免的通知》,任命刘永思为省扶贫和移民办公室(省革命老根据地建设委员会办公室)党组书记,彭林生、张志豪、漆根顺、饶振华为省扶贫和移民办公室(省革命老根据地建设委员会办公室)党组成员。

2009年2月21日,省委常委、省委组织部部长弘强代表省委、省政府在省扶贫办、省移民办、省三峡办全体职工大会上宣布省扶贫和移民办公室领导班子成员。

2009年2月23日,省政府印发《关于郭建晖等同志职务任免的通知》,任命刘永思为省扶贫和移民办公室(省革命老根据地建设委员会办公室)主任,彭林生、张志豪、漆根顺、饶振华为省扶贫和移民办公室(省革命老根据地建设委员会办公室)副主任。

2009年4月29日,省委印发《关于杨远林、蔡子津同志任职的通知》,任命蔡子津为省扶贫和移民办公室(省革命老根据地建设委员会办公室)党组成员、纪检组长。

2009年5月15日,省政府办公厅印发《江西省扶贫和移民办公室主要职责内设机构和人员编制规定》,明确省扶贫和移民办公室职责,确定内设综合处、政策法规处(老区建设处)、计划财务处、扶贫项目管理处、社会扶贫与对外联络处、搬迁扶贫处、三峡移民管理处、水库移民管理处、后扶基金项目管理处、库区基金项目管理处、科技扶贫处等11个职能处,另设机关党委(人事处)、纪检组（监察室），核定主任 1 名、副主任 3 名、纪检组长 1 名、正处级职数 13 名、副处级职数 8 名等领导职数 26 名，核定行政编制 55 名（含纪检监察编制 2 名）。

主要职责

贯彻执行党和国家及省委、省政府有关扶贫开发、老区建设和移民工作的方针、政策；拟订全省扶贫开发、老区建设和移民工作的政策法规并组织实施；负责全省扶贫开发、老区建设和移民统计监测工作。

在全省经济社会发展总体规划的框架内，拟订全省老区、贫困地区扶贫开发规划和年度工作计划并组织实施；会同有关部门编制全省移民后期扶持规划和年度项目计划并组织实施；按权限审核全省深山区移民、灾后移民、工程移民和新建大中型水库（水电站）移民等各种移民安置规划。

负责全省扶贫开发、老区建设和移民项目的管理，会同有关部门对全省扶贫开发、老区建设和移民项目的实施情况进行监督检查。

参与制定全省扶贫开发、老区建设和移民资金使用管理办法；负责全省扶贫资金分配；按规定会同有关部门管理使用移民资金；指导全省扶贫和移民机构的财务会计工作；会同有关部门对全省扶贫开发、老区建设和移民资金使用情况进行稽查审计和监督、检查。

负责老区、贫困地区科技扶贫的培训、示范、推广工作；组织开展移民的生产技术培训工作。

指导全省老区、贫困地区开展有关扶贫方面的横向经济协作、招商引资工作；组织党政机关和社会各界开展定点扶贫和对口帮扶工作。

负责三峡移民管理工作；协助贫困地区开展对外联络；争取并按规定接受境外政府和非政府组织的援助；负责外资扶贫款项的引进、管理和监督检查工作。

承办省政府交办的其他事项。

第二章 设区市扶贫和移民机构

全省各设区市扶贫和移民机构,与省级机构相衔接,根据省扶贫办以及相关部门的安排,开展分配项目实施,明确部门机构职责,并与各县级单位协同配合,处理扶贫移民工作。

第一节 南昌市扶贫移民机构

2002年,南昌市委、市政府印发《中共南昌市委、南昌市人民政府关于实施市直党政机构改革方案的通知》,明确南昌市组建南昌市委农村工作部,市扶贫办与扶贫开发处合署办公,市扶贫办主任高配副县级,主要职责包括:研究拟订扶贫开发战略规划,掌握分析各阶段扶贫开发工作形势并提出相应对策、建议,研究提出扶贫开发工作重点和资金使用方向,并组织实施;对市委、市政府部署的扶贫开发重要工作和扶贫开发项目实施情况进行督促、检查。

南昌市委农工部向市编办申请,拟在市委农工部扶贫开发处(南昌市扶贫开发办公室)和南昌市移民办公室的基础上组建南昌市扶贫和移民办公室,作为市政府直属机构,下设综合处(机关党委)、计划财务处、产业发展处、社会扶贫处、考核稽查处、移民处,行政编制18名,市扶贫办设主任1名、副主任3名,正科级职数6名,副科职数5名。重新组建的南昌市扶贫和移民办主要职责包括:

贯彻执行党和国家及市委、市政府有关扶贫开发和移民工作的方针、政策;拟订全市扶贫开发和移民工作的政策法规并组织实施;负责全市扶贫开发和移民统计监测工作。

在全市经济社会发展总体规划的框架内,拟订全市贫困地区、贫困人口扶贫开发规划和年度工作计划并组织实施;会同有关部门编制全市移民扶持规划和年度项目计划并组织实施;按权限审核全市移民安置规划。

负责全市扶贫开发和移民项目的管理,会同有关部门对全市扶贫开发和移民项目的实施情况进行监督检查。

参与制定全市扶贫开发和移民资金使用管理办法;负责全市扶贫资金分配;指导全市扶贫和移民机构的财务会计工作;会同有关部门对全市扶贫开发和移民资金使用情况进行稽查审计和监督检查。

负责贫困地区、贫困人口科技扶贫的培训、示范、推广工作;组织开展移民的生产技术培训工作。

指导全市贫困地区开展有关扶贫方面的横向经济协作、招商引资工作;组织党政机关和社会各界开展定点扶贫和对口帮扶工作。

承办市人民政府交办的其他事项。

第二节 九江市扶贫移民机构

2010年,根据《中共九江市委、九江市人民政府关于印发〈九江市人民政府机构改革实施方案〉的通知》,九江市组建九江市扶贫和移民办公室(挂市革命老根据地建设委员会办公室牌子),为市人民政府直属正处级参照公务员法管理的事业单位。将原市扶贫开发领导小组办公室、原市移民办公室的职责,整合划入市扶贫和移民办公室。内设10个职能科(室),分别是综合科、计划财务科、社会扶贫和对外联络科、搬迁移民科、三峡和在建工程移民管理科、库区移民后扶管理科、库区基金项目管理科、科技扶贫科、革命老区建设科、机关党总支。

重新组建的九江市扶贫和移民办主要职责包括:

贯彻执行党和国家以及省委、省政府关于扶贫开发、老区建设和移民工作的方针、政策,落实市委、市政府有关扶贫开发、老区建设和移民工作的重要举措;负责全市扶贫开发、老区建设和移民工作政策的调查研究和检查落实;负责全市扶贫、老区建设和移民统计监测工作。

在全市经济社会发展总体规划的框架内,拟订全市老区、贫困地区扶贫开发规划和年度工作计划并组织实施;编制全市移民后期扶持规划和年度项目计划并组织实施;按权限审核全市深山区移民、灾后移民、工程移民和新建大中型水库(水电站)移民等各种移民安置规划。

负责全市扶贫开发、老区建设和移民项目的管理,对全市扶贫开发、老区建设和移民项目的实施情况进行监督检查。

制定全市扶贫开发、老区建设和移民资金使用管理办法;负责全市扶贫资金分配,负责管理使用移民资金,指导全市扶贫和移民机构的财务会计工作,会同有关部门对全市扶贫开发、老区建设和移民资金使用情况进行稽查审计和监督、检查。

负责老区、贫困地区科技扶贫的培训、示范、推广工作;组织开展移民的生产技术培训工作。

指导全市老区、贫困地区开展有关扶贫方面的横向经济协作、招商引资工作,动员、协调、组织党政机关和社会各界开展定点扶贫和对口帮扶工作,协助贫困地区开展对外联络;按规定接受境外政府、非政府组织和社会各界捐赠援助,负责扶贫款项的引进、管理和监督检查工作。

负责三峡移民管理和小型水库移民解困工作。

承办市委、市政府和上级机关交办的其他事项。

第三节 景德镇市扶贫移民机构

根据景德镇人民政府办公室《景德镇人民政府办公室关于印发景德镇市扶贫和移民办公室主要职责内设机构和人员编制规定》精神,景德镇市政府撤销市民政局内设的市老区建设委员会办公室和市移民办公室两个科室,将市民政局内设市老区建设委员会办公室和市移民办公室的工作职责,整合划入市扶贫和移民办公室。

市扶贫和移民办公室内设综合科、扶贫开发科、水库移民科和计划财务科4个职能科室。

市扶贫和移民办公室的主要职责为:

贯彻执行党和国家及省委、省政府,市委、市政府有关扶贫开发、老区建设和移民工作的方针、政策;组织实施相关政策法规;负责全市扶贫和移民开发统计监测工作。

在全市经济社会发展总体规划的框架内,会同有关部门编制全市扶贫开发和移民后期扶持规划及年度项目计划并组织实施;按权限审核全市深山区移民、灾后移民、工程移民和新建大中型水库(水电站)移民等各种移民安置规划。

负责全市扶贫开发、老区建设和移民项目的管理,会同有关部门对全市扶贫开发、老区建设和移民项目实施情况进行监督检查。

参与制定全市扶贫开发、老区建设和移民资金使用管理办法;负责全市扶贫资金分配;按规定会同有关部门管理使用移民资金;指导全市扶贫和移民机构的财务会计工作;会同有关部门对全市扶贫开发、老区建设和移民资金使用情况进行稽查审计和监督、检查。

负责老区、贫困地区科技扶贫的培训、示范、推广工作;组织开展移民的生产技术培训工作。

指导全市老区、贫困地区开展有关扶贫方面的横向经济协作、招商引资工作;组织党政机关和社会各界开展定点扶贫和对口帮扶工作。

协助贫困地区开展对外联络;争取并按规定接受境外政府和非政府组织的援助;负责对外资扶贫款的使用和管理情况进行监督检查。

承担对县(市、区)党委和政府扶贫开发工作成效考核及对各级定点帮扶工作进行考核等日常工作。

第四节　萍乡市扶贫移民机构

1991年,萍乡市组建市革命老根据地建设委员会办公室,为萍乡市民政局下属正科级单位。2002年5月,萍乡市在原老建办的基础上组建市扶贫开发领导小组办公室,为萍乡市人民政府办公室管理的副县级行政单位。2007年2月,萍乡市扶贫开发办公室升级为萍乡市人民政府办公室管理的正县级行政单位。2010年5月,萍乡市组建市扶贫和移民办公室(挂萍乡市革命老根据地建设委员会办公室牌子),为市民政局管理的副县级行政单位。

主要职责为:

拟订全市老区建设、贫困地区扶贫开发年度工作计划并组织实施;会同有关部门编制全市水库移民后期扶持规划和年度项目计划并组织实施;按权限审核全市深山区移民、灾后移民、工程移民和新建大中型水库(水电站)移民等各种移民安置规划。

负责全市扶贫开发、老区建设和水库移民项目的管理,会同有关部门对全市扶贫开发、老区建设和水库移民项目的实施情况进行监督检查;负责全市扶贫开发、老区建设和水库移民统计监测工作。参与制定全市扶贫开发、老区建设和移民资金使用管理办法;负责全市扶贫资金分配;按规定会同有关部门管理使用水库移民资金;指导全市扶贫和移民机构的财务会计工作;会同有关部门对全市扶贫开发、老区建设和水库移民资金使用情况进行稽查审计和监督、检查。指导全市老区、贫困地区开展有关扶贫方面的横向经济协作、招商引资工作;组织党政机关和社会各界开展定点扶贫和对口帮扶工作。

协助贫困地区开展对外联络;争取并按规定接受境外政府和非政府组织的援助;负责外资扶贫款项的引进、管理和监督检查工作;负责老区、贫困地区科技扶贫的培训、示范、推广工作;组织开展移民的生产技术培训工作。

第五节　新余市扶贫移民机构

2010年12月前,属新余市民政局内设科室(移民区生产建设办公室)。2010年12月组建成立新余市扶贫和移民办公室,隶属于新余市民政局管理。"新余市扶贫和移民办公室"为事业单位登记管理法定登记第一名称,"市老区建设扶贫办公室"为第二名称,一个机构,两块牌子。机构规格相当于副处级。

新余市扶贫和移民办公室(市老区建设扶贫办公室)内设综合科、扶贫开发科(老区建设科)、水库移民科3个机构,均相当于副科级。

新余市扶贫和移民办公室的主要职责为:

贯彻执行党和国家及省委、省政府,市委、市政府有关扶贫开发、老区建设和移民工作的方针、政策;组织实施相关政策法规;负责全市扶贫和移民开发统计监测工作。

在全市经济社会发展总体规划的框架内,会同有关部门编制全市扶贫开发和移民后期扶持规划及年度项目计划并组织实施;按权限审核全市深山区移民、灾后移民、工程移民和新建大中型水库(水电站)移民等各种移民安置规划。

负责全市扶贫开发、老区建设和移民项目的管理,会同有关部门对全市扶贫开发、老区建设和移民项目的实施情况进行监督检查。

参与制定全市扶贫开发、老区建设和移民资金使用管理办法;负责全市扶贫资金分配;按规定会同有关部门管理使用移民资金;指导全市扶贫和移民机构的财务会计工作;会同有关部门对全市扶贫开发、老区建设和移民资金使用情况进行稽查审计和监督、检查。

负责老区、贫困地区科技扶贫的培训、示范、推广工作;组织开展移民的生产技术培训工作。

指导全市老区、贫困地区开展有关扶贫方面的横向经济协作、招商引资工作;组织党政机关和社会各界开展定点扶贫和对口帮扶工作。

协助贫困地区开展对外联络;争取并按规定接受境外政府和非政府组织的援助;负责对外资扶贫款的使用和管理情况进行监督检查。

承办市民政局交办的其他事项。

第六节　鹰潭市扶贫移民机构

1991年,鹰潭市设立老区建设扶贫工作委员会办公室,为正科级行政单位。2002年,鹰潭市成立鹰潭市扶贫开发领导小组办公室(正科级)、鹰潭市移民办公室挂靠鹰潭市扶贫开发领导小组办公室。2003年1月7日,将单位升格为副县级单位,名称为鹰潭市扶贫开发领导小组办公室、鹰潭市移民办公室挂靠鹰潭市扶贫开发领导小组办公室,内设3个科室,分别为综合科、移民科、扶贫科,共七个编制。2010年3月,根据赣编办发〔2009〕163号文件和鹰发〔2010〕7号文件,设立鹰潭市扶贫和移民办公室,为副县级行政单位。内设3个科室,分别为综合科、移民科、扶贫科,共7个编制。

鹰潭市扶贫和移民办公室的主要职责为:

贯彻执行党和国家及省委省政府、市委市政府有关扶贫开发、老区建设和移民工作的方针、政策,拟定全市扶贫开发、老区建设和移民工作的政策并组织实施,负责全市扶贫开发、老区建设和移民统计监测工作。

在全市经济社会发展总体规划的框架内,拟定全市老区、贫困地区扶贫开发规划和年度工作计划并组织实施;会同有关部门编制全市移民后期扶持规划和年度项目计划并组织实施;按权限审核全市深山区移民、灾后移民、工程移民和新建大中型水库(水电站)移民等各种移民安置规划。

负责全市扶贫开发、老区建设和移民项目的管理,会同有关部门对全市扶贫开发、老区建设和移民项目的实施情况进行监督检查。

参与制定全市扶贫开发、老区建设和移民资金使用管理办法;负责全市扶贫资金分配;按规定会同有关部门管理使用移民资金;指导全市扶贫和移民机构的财务会计工作;会同有关部门对全市扶贫开发、老区建设和移民资金使用情况进行稽查审计和监督、检查。

负责老区、贫困地区科技扶贫的培训、示范、推广工作;组织开展移民的生产技术培训工作。

指导全市老区、贫困地区开展有关扶贫方面的横向经济协作、招商引资工作;组织党政机关和社会各界开展定点扶贫和对口帮扶工作。

协助贫困地区开展对外联络;争取并按规定接受境外政府和非政府组织的援助;负责外资扶贫款项的引进、管理和监督检查工作。

承担对区(市)党委和政府扶贫开发工作进行调度、指导、检查以及对定点帮扶工作进行考核等日常工作。

完成市委、市政府交办的其他工作。

第七节　赣州市扶贫移民机构

赣州市扶贫办事机构设立于1979年,当时为二级局,隶属市民政局;1986年单独成立,当时机构名称为"赣州地区革命老根据地建设委员会办公室",为正处级单位,编制15人,归口市民政局;

2002年10月改为赣州市扶贫办(保留老建办),行政级别及编制不变;2004年增设移民扶贫科,机关编制16名(其中行政编制14名,工勤编制2名);2010年机构改革时将市民政局库区移民工作职能划入市扶贫办,并改单位名称为赣州市扶贫和移民办公室,内设综合科、计划财务科、社会扶贫科(对外联络科)、搬迁扶贫科、监察室,增设库区移民科,单位共定编制19人(其中行政编制17名,工勤编制2名)。

赣州市扶贫和移民办公室领导职数为主任1名,副主任3名。共有编制25名(其中行政编制17名,事业编制6名,工勤编制2名)。内设综合科、计划财务科、社会扶贫科(对外联络科)、搬迁扶贫科、库区移民科5个科室,另设机关党总支、下属事业单位市扶贫信息中心。

赣州市扶贫和移民办公室的主要职责为:

贯彻执行党和国家以及省委、省政府关于扶贫开发、老区建设和移民工作的方针、政策,落实市委、市政府有关扶贫开发、老区建设和移民工作的重要举措;负责全市扶贫开发、老区建设和移民工作政策的调查研究和检查落实;负责全市扶贫、老区建设和移民统计监测工作。

在全市经济社会发展总体规划的框架内,拟订全市老区、贫困地区扶贫开发规划和年度工作计划并组织实施;会同有关部门编制全市移民后期扶持规划和年度项目计划并组织实施;按权限审核全市深山区移民、灾后移民、工程移民和新建大中型水库(水电站)移民等各种移民安置规划。

负责全市扶贫开发、老区建设和移民项目的管理,会同有关部门对全市扶贫开发、老区建设和移民项目的实施情况进行监督检查。

参与制定全市扶贫开发、老区建设和移民资金使用管理办法;负责全市扶贫资金分配;按规定会同有关部门管理使用移民资金;指导全市扶贫和移民机构的财务会计工作;会同有关部门对全市扶贫开发、老区建设和移民资金使用情况进行稽查审计和监督、检查。

负责老区、贫困地区科技扶贫的培训、示范、推广工作;组织开展移民的生产技术培训工作。

指导全市老区、贫困地区开展有关扶贫方面的横向经济协作、招商引资工作;动员、协调、组织党政机关和社会各界开展定点扶贫和对口帮扶工作。

负责三峡移民管理工作;协助贫困地区开展对外联络;争取并按规定接受境外政府和非政府组织的援助;负责外资扶贫款项的引进、管理和监督检查工作。

承办市委、市政府和上级机关交办的其他事项。

第八节　宜春市扶贫移民机构

宜春市扶贫和移民办前身为宜春地区革命老根据地建设委员会办公室(简称"宜春市老建办"),成立于1980年8月,与宜春地区行署民政局合署办公。1985年更名为宜春地区老区贫困地区建设办公室,为宜春行署正处级常设行政机构,内设秘书科、资金管理科、协调研究科。2003年12月,经宜春市编办批复,更名为宜春市扶贫开发领导小组办公室(简称"宜春市扶贫办"),为市政府正处级行政机构,内设综合科、计划财务科,核定行政编制6名,工勤编制1名。2010年2月,根据《宜春市人民政府机构改革实施方案》,组建宜春市扶贫和移民办公室(挂市革命老根据地建设委员会办公室牌子),为市政府副处级行政机构,归口市民政局管理,将市扶贫开发领导小组办公室的职责、市民政局移民办公室的职责,整合划入市扶贫和移民办公室,内设综合科、扶贫科、移民科,核定行政编制9名,工勤编制1名,不再保留市扶贫开发领导小组办公室。

宜春市扶贫和移民办公室的主要职责为:

贯彻执行党和国家以及省委、省政府关于扶贫开发、老区建设和移民工作的方针、政策,落实市委、市政府有关扶贫开发、老区建设和移民工作的重要举措;负责全市扶贫开发、老区建设和移民工作政策的调查研究和检查落实;负责全市扶贫、老区建设和移民统计监测工作。

在全市经济社会发展总体规划的框架内,拟订全市老区、贫困地区扶贫开发规划和年度工作计划并组织实施;会同有关部门编制全市移民后期扶持规划和年度项目计划并组织实施;按权限审核全市深山区移民、灾后移民、工程移民和新建大中型水库(水电站)移民等各种移民安置规划。

负责全市扶贫开发、老区建设和移民项目的管理,会同有关部门对全市扶贫开发、老区建设和移民项目的实施情况进行监督检查。

参与制定全市扶贫开发、老区建设和移民资金使用管理办法;负责全市扶贫资金分配;按规定会同有关部门管理使用移民资金;指导全市扶贫和移民机构的财务会计工作;会同有关部门对全市扶贫开发、老区建设和移民资金使用情况进行稽查审计和监督、检查。

负责三峡移民管理工作;协助贫困地区开展对外联络;争取并按规定接受境外政府和非政府组织的援助;负责外资扶贫款项的引进、管理和监督检查工作。

承办市委、市政府和上级机关交办的其他事项。

第九节 吉安市扶贫移民机构

1987年吉安市组建市革命老根据地建设委员会办公室,后更名为吉安市扶贫开发领导小组办公室。2010年6月,吉安市人民政府实施机构改革,将原市扶贫开发领导小组办公室、原市民政局移民办公室职责整合组建吉安市扶贫和移民办公室,对外挂市革命老根据地建设委员会办公室牌子。

吉安市扶贫和移民办内设移民局(副县级内设科室)、综合科、计划财务科、社会扶贫与对外联络科、搬迁扶贫科、督查科(2017年8月增设)。下辖市峡江库区移民办公室(吉安市扶贫信息中心)、井冈老区建设发展基金会2个事业单位。

行政编制15名、行政工勤人员编制3名。机关领导职数:主任1名、副主任2名、移民局局长1名;正科级6名(含移民局副局长1名)、副科级2名(综合科1名、移民局业务科长1名)。

重新组建的吉安市扶贫和移民办公室的主要职责为:

贯彻执行党和国家及上级党委、政府有关脱贫攻坚、老区建设和水库移民工作的方针、政策。

为市委、市政府当好参谋助手,拟订全市脱贫攻坚、老区建设和水库移民工作的方案,为市委、市政府决策部署提供依据;指导督促各地推进脱贫攻坚建档立卡贫困人口系统、重点扶贫工程、定点帮扶和水库移民等工作,构建专项、行业、社会"三位一体"大扶贫工作格局。

认真落实上级做好大中型水库移民后期扶持政策,做好水库移民后扶工作。

负责全市脱贫攻坚、老区建设和移民统计监测工作。

对全市深山区移民、灾后移民、工程移民和新建大中型水库(水电站)移民等各种移民安置规划进行备案。

会同有关部门对全市脱贫攻坚、老区建设、移民项目和资金进行监督检查。

负责老区、贫困地区科技扶贫的培训、示范、推广工作。

组织开展全市贫困地区劳动力转移培训和移民的生产技术培训工作。

组织党政机关、行业部门和社会力量开展定点扶贫和对口帮扶工作。

做好三峡移民管理工作。

协助贫困地区开展对外联络。

第十节　上饶市扶贫移民机构

上饶市扶贫和移民办前身为上饶地区老区、贫区建设委员会办公室,成立于 1986 年 3 月 30 日,为原上饶地区局级单位。

1996 年 9 月,根据《中共上饶地委、上饶地区行署关于实施地直机关党政机构改革方案的通知》文件精神,内设秘书科和计划财务科两个职能科室,核定行政编制 7 名,事业编制 2 名,并下设地区扶贫开发培训中心这一正科级事业单位。

2003 年 1 月,根据《中共上饶市委、上饶市人民政府关于实施市直党政机构改革方案的通知》文件精神,增加上饶市扶贫开发领导小组办公室牌子(简称扶贫办),为市政府工作部门,内设综合科、计划财务科、社会扶贫科 3 个职能科室,核定行政编制 7 名,专项编制 4 名,机关后勤服务事业编制 1 名。

2010 年 5 月,根据《中共上饶市委、上饶市人民政府关于印发〈上饶市人民政府机构改革实施方案〉的通知》文件精神,组建上饶市扶贫和移民办公室(挂市老区贫区建设委员会办公室牌子),为市人民政府工作部门,内设综合科、计划财务科、搬迁扶贫科、社会扶贫与对外联络科、库区移民管理科 5 个职能科室,核定行政编制 13 名,机关后勤服务事业编制 2 名。重新组建的上饶市扶贫和移民办公室的主要职责为:

贯彻执行党和国家及市委、市政府有关扶贫开发、老区建设和移民工作的方针、政策、政策法规并组织实施。

在全市经济社会发展总体规划的框架内,拟订全市老区、贫困地区扶贫开发规划和年度工作计划并组织实施;会同有关部门编制全市移民后期扶持规划和年度项目计划并组织实施;按权限审核全市深山区移民、灾后移民、工程移民和新建大中型水库(水电站)移民等各种移民安置规划。

负责全市扶贫开发、老区建设和水库移民后期扶持项目的管理、监督和检查。

按规定会同有关部门管理使用扶贫和移民资金,对全市扶贫开发、老区建设和移民资金使用情况进行稽查审查和监督、检查。

负责老区、贫困地区科技扶贫的培训、示范、推广工作;组织开展移民的生产技术培训工作。

组织党政机关和社会各界开展定点扶贫和对口帮扶工作;协助贫困地区开展对外联络;争取并按规定接受境外政府和非政府组织的援助。

承办市委、市政府交办的其他事项。

第十一节　抚州市扶贫移民机构

2002年,抚州市在原老建办的基础上成立市扶贫办,与老建办合署办公,为正处级单位。内设人秘科、计财科,正科级下属事业单位外资项目管理中心。

重新组建的市扶贫办的主要职责为:

贯彻执行党中央、国务院和省委省政府以及市委市政府关于扶贫开发的方针政策;拟定全市扶贫开发规划并组织实施;负责扶贫统计监测工作。

负责制定和实施全市老区、贫困地区扶贫开发规划和年度工作计划;负责扶贫资金的分配和扶贫项目的管理,并对资金使用和项目管理进行检查监督。

组织和管理全市老区、贫困地区科技扶贫的培训、示范和推广工作。

指导全市老区、贫困地区开展有关扶贫方面的横向经济协作,招商引资工作;组织党政机关和社会各界开展定点扶贫和对口帮扶工作。

协助贫困地区开展对外联络;争取并按规定接受境外政府和非政府组织的援助;负责外资扶贫款项的引进、检查和监督工作。

第三章　干部培训

第一节　综合培训

1992年10月上旬,省老建办在南昌举办全省老区、贫困地区温饱攻坚研讨班,参加培训的有人均收入350元以下的特困乡、贫困乡的乡长或书记,有关地(市)、县老建办主任或负责温饱攻坚工作的工作人员,共80人。

1996年4月,省老建办在莲花县、永新县举办全省对口支援工作培训班,参加培训的省直单位、较发达城市、大中型企业、大专院校和科研单位的人员共150人,为期10天。

1997年9月9—13日,省老建办在南昌八一宾馆举办扶贫攻坚领导干部培训班,参加培训的为赣州、吉安、上饶、抚州、九江、萍乡等六地市的老建办秘书科长,以及石城、瑞金、定南等县(市)的分管扶贫工作的县(市)领导和老建办主任共39人。

1998年5—12月,省老建办委托省民政学校举办5期老区、贫困地区村干培训班,每期培训80人,共培训400人。

1999年9月10—14日,省老建办在井冈山市老建培训中心举办"全省地(市)老建办主任学习研讨班",参加培训的为全省各地市老建办主任共50人。

科技培训

1992年4月19—28日,省老建办在江西农业大学培训推广中心举办"依靠科技进步,发展老区经济培训班",参加对象为各有关地、市、县老建办负责培训工作的领导,计70人。

1993年6月4—6日,省老建办在省军队离退休干部活动中心举办全省老区、贫困地区试验示范培训班,培训对象为各地、市老建办主任和各地、市、县负责科技推广工作的干部共80人。

1993年8月2—8日,省老建办在江西农业大学培训推广中心举办全省老区、贫困地区新技术、新品种推广应用培训班,培训对象为各地、市老建办秘书科长和各老区贫困县老建办负责科技推广工作的干部共65人。

1998年4月2—6日,中国扶贫开发服务中心在八一宾馆举办全国贫困地区巴西陆稻栽培技术培训班,全国14个省、区、市贫困地区参训人员计80余人。

2000年4月20至5月5日,省老建办派张正尧、陈佩杰、郑步林、吴红章和吕国川等5人赴美参加培训。该次培训的内容是对农业高科技示范园区建设进行技术交流和研讨。

项目与开发培训

1992年12月9—15日，省老建办在江西农业大学培训推广中心举办全省老区、贫困地区招商引资、劳务输出培训班。参加人员为各地（市）老建办协作科长，57个老区贫困县老建办分管经济协作的负责人，以及各地（市）县老建扶贫开发公司负责人。聘请省内有关部门领导和专家授课，实地考察昌北开放开发区招商引资工作，并相互交流招商引资工作经验与体会。

1995年10月，省老建办委托莲花县老建办举办全省老区、贫困地区联合开发项目培训班，为期15日。

1995年11月7—12日，省老建办在安远县举办全省老区发展扶贫支柱产业研讨班。

宣传培训

1992年8月24—30日，省老建办在江西农业大学培训推广中心举办全省老建系统首期宣传骨干培训班。参加对象为各有关地、市老建办秘书（综合）科科长或负责宣传工作的干部和各县（市）老建办通讯员，共计70人。

1993年10月5—11日，省老建办委托吉安地区老建办在井冈山举办全省老建系统二期通讯员培训班。培训对象为各地、市老建办秘书科科长和各老区、贫困县老建办通讯员、部分老区贫困县老建办主任共95人。

1994年12月，省老建办委托省革命烈士纪念堂举办全省老区、贫困地区宣传骨干培训班。培训对象为全省地（市）、县（市）老建办和部分贫困乡培训100名宣传骨干。

1996年9月6—8日，省老建办在上饶举办全省老建扶贫宣传工作第三期通讯员培训班。培训期间，学员们学习有关写作和宣传、调查研究工作的基本知识，地市秘书科长汇报本地近年来扶贫宣传工作情况和搞好宣传工作的经验；表彰15位优秀通讯员。省老建办主任刘生梁在培训班结束时讲话，他简要回顾省扶贫宣传工作的成绩和不足，阐述宣传工作在扶贫开发中的作用，对加强老建宣传工作提出明确要求。

其他培训

1993年9月15—30日，省老建办委托省教育服务公司在江西师范大学举办全省地、市扶贫统计微机培训班。

1993年11月30日至12月5日，省老建办在萍乡举办全省老建公司经理培训班，培训对象为各地（市）县老建办分管领导或干部，各级老建公司及部分老建系统自办经济实体负责人共86人。

1995年8月23—27日，省老建办在宜春市飞剑潭乡举办全省老区贫困乡基本农田建设培训班，参训人员共120人。

第二节　移民干部培训

1992年5月16日至6月15日,省移民办在江西农业大学培训中心举办首期全省移民领导干部培训班。培训对象为柘林等六库区地(市)、县移民办主任和安置新安江、富春江两库区移民五千人以上的县移民主管单位的负责人,共56人。

1993年5月27日至6月5日,省移民办公室在宜春地区劳动服务中心举办全省移民系统会计培训班,培训对象为全省移民系统的会计人员。

1997年8月27—29日,省移民办公室在南昌市八一宾馆举办水库移民遗留问题处理项目管理研讨暨培训班。参加培训的是全省水库移民遗留问题项目管理的分管领导或业务骨干共67人。

1997年11月17—28日,省移民办公室在南昌市八一宾馆举办全省水库移民统计工作会议及计算机培训班。各有关地(市)、县移民主管机构负责统计工作人员参加统计工作会议。五库地(市)、县及两江地(市)移民主管机构负责统计或项目管理人员参加计算机培训班。

人 物

一、人物传

刘生梁　男,汉族,1943 年 1 月出生,大学学历,中共党员,1983 年 12 月起先后任江西省革命老根据地建设委员会办公室副主任,江西省革命老根据地建设委员会计财处处长、办公室副主任,江西省民政厅党组成员、副厅长兼江西省革命老根据地建设委员会办公室主任,2004 年 4 月退休。2009 年 2 月逝世,享年 66 岁。

二、人物简介

刘永思　男,汉族,1955 年 5 月生,在职大学学历,中共党员,2009 年 2 月任江西省扶贫和移民办公室(江西省革命老根据地建设委员会办公室)党组书记、主任。

彭林森　男,汉族,1953 年 11 月生,大学学历,中共党员,2009 年 2 月任江西省扶贫和移民办公室(江西省革命老根据地建设委员会办公室)党组成员、副主任。

张志豪　男,汉族,1954 年 10 月生,大学学历,中共党员,1985 年 6 月起先后任江西省老区建设委员会财务计划处主任科员、副处长、处长,江西省革命老根据地建设委员会办公室副主任(正处级),江西省扶贫开发领导小组办公室(江西省革命老根据地建设委员会办公室)副主任、主任,江西省扶贫开发领导小组办公室(江西省革命老根据地建设委员会办公室)党组书记、主任,2009 年 2 月任江西省扶贫和移民办公室(江西省革命老根据地建设委员会办公室)党组成员、副主任。

漆根顺　男,汉族,1954 年 10 月生,在职大学学历,中共党员,2000 年 12 月任江西省移民办公室主任,2009 年 2 月任江西省扶贫和移民办公室(江西省革命老根据地建设委员会办公室)党组成员、副主任。

饶振华　男,汉族,1965 年 1 月生,大学学历,中共党员,2009 年 2 月任江西省扶贫和移民办公室(江西省革命老根据地建设委员会办公室)党组成员、副主任。

蔡子津　男,汉族,1954 年 4 月生,在职研究生学历,中共党员,2009 年 4 月任江西省扶贫和移民办公室(江西省革命老根据地建设委员会办公室)党组成员、江西省纪委驻省扶贫和移民办公室纪检组长。

三、人物名录

获国家部委表彰的先进集体(个人) 1998年1月,国务院召开全国扶贫工作表彰会,表彰《国家八七扶贫攻坚计划》实施以来解决温饱先进县,江西莲花县、安远县、于都县、横峰县、余干县、遂川县等6县获得表彰。

1998年国务院表彰先进集体

获得奖项　　　先进集体						
解决温饱先进县	莲花县	安远县	于都县	横峰县	余干县	遂川县
全国水库移民工作先进单位	抚州市民政局移民办					

2001—2009年获国家部委表彰先进集体

受奖励单位名称	奖励名称	奖励时间	评选单位名称
吉安县委	全国"'三个代表'学教活动与扶贫开发工作相结合"先进集体	2001	全国学教活动领导小组
永和镇党委	全国"'三个代表'学教活动与扶贫开发工作相结合"先进集体	2001	全国学教活动领导小组
抚州市民政局、移民办	"九五"期间移民工作先进单位	2001	水利部
抚州市扶贫办	全国残疾人扶贫先进单位	2001	国务院扶贫开发领导小组、财政部、中国农业银行、中国残疾人联合会
永修县移民局	三峡移民工作先进县	2005	三峡建设委员会
吉安县永和镇尚书村	全国整村推进扶贫开发先进村	2006	国务院扶贫办
遂川县扶贫办	全国扶贫系统先进集体	2006	人事部、国务院扶贫办
省扶贫和移民办公室	2008年度财政扶贫资金绩效考评A级	2009	国务院扶贫开发领导小组
武宁县	全国大中型水库移民后期扶持政策实施先进集体	2009	人保部、国家发改委、财政部、水利部

2001—2009 年获国家部委表彰先进个人

受奖励个人	奖励名称	奖励时间	评选单位名称
宁都县扶贫办主任陈来生	全国残疾人扶贫先进个人	2001	国务院扶贫办
武宁县移民局局长汪大海	移民先进工作者	2004	水利部水库移民开发局
永修县移民局股长熊思文	三峡移民信访工作先进个人	2004	三峡建设委员会
新余市移民办主任官爱珍	中央直属水库移民遗留问题处理规划编制工作先进工作者	2005	水利部水库移民开发局
抚州市移民办赵元德	移民先进工作者	2005	水利部
赣州市扶贫办主任宋上年	全国扶贫系统先进个人	2006	人事部、国务院扶贫办
上饶市移民办主任周菊香	全国水库移民后期扶持工作先进工作者	2009	人保部、国家发改委、财政部、水利部
新余市移民办主任官爱珍	全国水库移民后期扶持政策实施工作先进工作者	2009	人保部、国家发改委、财政部、水利部

获省级表彰的先进单位 2003 年 2 月 15 日,为树立典型,表彰先进,促进全省移民建镇任务全面完成,省政府决定对先进单位和优秀个人予以通报表彰。

2003 年获省级表彰的先进单位

县(市、区)		先进单位					
南昌市	市直	移民建镇办					
	南昌县	塔城乡人民政府	移民建镇办				
	新建县	象山镇人民政府	南矶乡人民政府	移民建镇办			
	进贤县	移民建镇办	前坊镇人民政府	三里乡人民政府			

续表

县（市、区）		先进单位					
上饶市	市直	移民建镇办					
	鄱阳县	莲湖乡人民政府	游城乡人民政府	响水滩乡人民政府	建设局	移民建镇办	
	余干县	禾斛岭镇人民政府	建设局	监察局	移民建镇办		
	万年县	陈营镇人民政府	梓埠镇人民政府	移民建镇办			
	铅山县	傍罗乡人民政府	新滩乡人民政府	移民建镇办			
	弋阳县	南岩镇人民政府	圭峰乡人民政府	移民建镇办			
	横峰县	上畈乡人民政府	移民建镇办				
	上饶县	黄沙岭乡人民政府	移民建镇办				
	信州区	茅家岭乡人民政府					
九江市	市直	移民建镇办					
	庐山区	姑塘镇人民政府	移民建镇办				
	永修县	建设局	重建办	立新乡人民政府			
	九江县	新合镇人民政府	移民建镇办	赛湖水产场			
	瑞昌市	码头镇人民政府	移民建镇办	国营赛湖农场			
	星子县	建设局	苏家垱乡人民政府	泽泉乡人民政府	移民建镇办		
	德安县	高塘乡人民政府	丰林镇人民政府	移民建镇办			
	湖口县	审计局	马影镇人民政府	舜德乡人民政府	移民建镇办		
	彭泽县	浪溪镇人民政府	移民建镇办				
	都昌县	徐埠镇人民政府	多宝乡人民政府	阳峰乡人民政府	移民建镇办	建设局	
	共青城	共青垦殖场甘露镇	共青垦殖场农业公司				
省厅机构		省建设厅	省农业厅	省财政厅	省水利厅	省交通厅	省卫生厅	省审计厅
		省监察厅	省林业厅	省教育厅	省国土资源厅	省发展计划委员会	省地方税务局	省移民建镇办
		省建材集团公司	省电力公司	省农垦事业管理办公室	省冶金集团公司	省地质矿产勘查开发局		

2009 年获省级表彰的先进单位

受奖励的单位	奖励名称	奖励时间	评选单位
武宁县	2009 年全省扶贫(移民)工作先进县	2010	省委、省政府
吉安县	2009 年全省扶贫(移民)工作先进县	2010	省委、省政府
赣县	2009 年全省扶贫(移民)工作先进县	2010	省委、省政府
宁都县	2009 年全省扶贫(移民)工作先进县	2010	省委、省政府
余干县	2009 年全省扶贫(移民)工作先进县	2010	省委、省政府

获省级表彰的先进个人 2003 年 2 月 15 日,为树立典型,表彰先进,促进全省移民建镇任务全面完成,省政府决定对先进单位和优秀个人予以通报表彰。

2003 年省级优秀个人名录

所属县市		优秀个人
南昌市	市直	利盛生、胡丽丽、汪昌生
	南昌县	万新民、高文辉、徐国强、刘小红、熊国爱
	新建县	徐才保、余美文、夏云标、万庚辉、熊佳芳、熊坚强、陶端栋、闵小保、詹碧涛
	进贤县	黄信红、蔡国奇、朱树坤、李荣华、陶武文、程国根、夏汉良、杜长印
	恒湖垦殖场	余根林、万华庆
	桑海企业集团	袁家纪、陆克祥
上饶市	市直	洪饶松、盛超
	鄱阳县	苏章锦、金洪章、王运礼、黄仁爱、胡岗、程建议、李雪、高志宏、金华、江云辉
	余干县	谭彩贵、吕天泉、苏进鹏、陈锦辉、张爱兰、李海东、江军明、宋国宝、高丁山
	万年县	陶杰锋、夏家明、刘树生、涂溢昌
	铅山县	陈德军、吴东生、周晓琳、鲍有根、叶安忠、周冬生
	弋阳县	方正平、司德裕、黄杰、张松木
	横峰县	胡品鸿、黄水良、朱自永、张良永
	上饶县	李文达、黄振成、毛祖友、陈远平
	信州区	叶大青、赖荷花

续表

所属县市		优秀个人
九江市	市直	郭云伍、陈才敏、钱明亮
	庐山区	胡贤金、唐从根、户才深、罗金荣
	永修县	彭伦棠、刘小强、江运林、易显明、易晓华、龚全武、戴慧明、黄阳生、赵鸿林
	九江县	聂志平、虞莉清、胡业颇、盛道林、涂令华、冯邦银
	瑞昌市	徐新安、徐建华、钟金勇、于进发
	星子县	陈云滚、陈维坤、蔡灿锋、项龙、李晓桃、鲁星光、姜艳华、周金平
	德安县	严由华、王芬、吴光明、岑发堂
	湖口县	段铁璎、傅金林、陈笠鹰、刘宣传、周卫、谢小初、熊安珍、刘小平
	彭泽县	张新初、尹大壮、陈胜云、王国继、吴其明、刘学军、路耕牛
	都昌县	石和平、罗杏全、黄国干、黄少华、廖鹤麟、曹达银、涂世勤、石纪繁、陈显山、刘胜利
	共青垦殖场	袁阳根、熊晓春、袁兴春、朱希华
	恒丰企业集团	樊正龙、陈南山、李铿、赵海金
	云山企业集团	刘雪明、刘保应、李毅
	红星企业集团	施志刚、谭新文
	省林业厅鄱阳湖保护区管理局	徐向荣
省移民建镇指挥部		邱志伟、徐忠友、阮月远、周英雄、张志平、齐伟、钟东荀、戴永华、张圣泽、陈文生、刘毅平、董永平、袁辉、张细根、刘宇华、王立、曾荣、孔志忠、涂斌、罗家猛、周媛娇、王剑、叶澄平、吴菊根、李燕、任东红、胡军、刘秋生
省移民建镇办		齐红、聂新民、胡厚均、龚涛、刘雁翎、向仲平、张家刚

附　录

江西省农村救灾扶贫互助储金会管理规定

1991 年 4 月 19 日

第一条　为巩固和发展农村救灾扶贫互助储金会(以下简称"储金会"),保障会员的合法权益,促进农村社会主义物质文明和精神文明建设。根据国家救灾救济,结合我省实际情况,制定本规定。

第二条　储金会是在政府倡导、扶助下,村民通过资金借贷方式开展互救互助,共同解决生产生活困难的民间合作性基层社会保障组织。储金会一般以村民委员会所辖区域范围为单位建立,村民加入储金会以户主为代表,实行入会自愿、退会自由的原则。

第三条　储金会坚持救灾扶贫宗旨、积极开展救灾备荒、扶贫助困,促进农村基层社会保障事业的发展。

第四条　各级人民政府对储金会的工作应积极给予指导和帮助,村民委员会应当支持储金会开展工作。

第五条　储金会接受民政,审计,财政和银行等部门的指导、检查和监督。

第六条　储金会的正常活动,受国家法律和政策的保护。任何单位和个人不得以任何方式侵占、挪用、贪污其资财。

第七条　村民自愿提出申请、递交储金,经储金会管理委员会批准,均可成为储金会会员。村民申请退会,经储金会管理委员会同意,退还其储金。

第八条　储金会的权力机构为会员大会或会员代表会。会员大会或会员代表会决定事项必需经半数以上会员或会员代表通过。会员代表或会员代表会一般每年召开一至二次。

第九条　五十名会员以下(含五十名)的储金会只设会员大会;五十名会员以上的储金会可以设立会员代表会,会员代表由会员民主选举产生,代表名额占会员总数的20%—30%。

第十条　会员大会或会员代表会的职责是:(一)选举产生管理委员会;(二)制定、修改本会章程、资金管理办法及有关规章制度;(三)听取和审议管理委员会工作报告;(四)撤换或补选管理委员会成员;(五)讨论决定其他事项。

第十一条　管理委员会是储金会的办事机构,其成员由会员大会或会员代表会直接选举产生,任何单位和个人不得擅自指派或撤换,管理委员会成员一般五至八人,由主任、副主任、会计、委员若干人组成。村干部被选为管理委员会成员的,可以兼职。

第十二条　会员代表和管理委员会成员,每届任期三年,可以连选连任,对不适合的会员代表或不称职的管理委员会成员,由五名以上正式会员联名建议,经召开会员大会或会员代表大会过半数通过,可罢免并补选。

第十三条　管理委员会的职责是:(一)贯彻执行宪法、法律、法规和国家救灾救济政策,宣传储金会的宗旨和意义,教育会员履行应尽的义务,维护其合法权益,努力争取社会各方面的合法资助;(二)帮助会员解决生产生活困难,有计划地扶持灾民、贫困户、残疾人发展生产、脱贫致富;(三)建立健全储金会管理制度,编制资金使用计划,做好资金筹集、管理、投放、回收工作;(四)组织落实会员大会或会员代表会决定的事项,办理储金会日常事务,定期向会员公布资金筹集、使用、管理情况,并向会员大会或会员代表会报告工作。

第十四条　储金会解散,必须经会员大会或会员代表会讨论决定,储金会主任要将债务清理和资产处理的报告呈县(市、区)民政部门和乡(镇)人民政府审核。县(市、区)民政部门负责协助处理国家扶助资金。乡(镇)人民政府将老建扶贫到户回收的有偿发展资金纳入乡(镇)老区建设发展基金。

第十五条　储金会资金由下列资金构成:(一)会员投交的储金;(二)乡、村集体自愿补助的资金;(三)国家救灾款中有偿用于扶持灾民开展生产自救的资金;(四)社会捐赠资金;(五)老建扶贫到户回收的有偿发展资金;(六)储金会资金在银行和信用社的存款利息,借款收取的管理费,投资经营的利润分成等增值资金;(七)其他合法集资收入。

第十六条　储金会资金坚持以会员投交储金为主的原则,提倡丰年多储、灾年少储。

第十七条　储金会资金所有权实行以下原则:(一)会员投交的储金归会员个人所有;(二)老建扶贫到户回收的有偿发展资金归国家所有;(三)国家救灾款有偿部分扶助资金、乡村集体自愿补助资金、社会捐赠资金和其他资金归储金会集体所有;(四)储金会增值资金除支付必要的管理人员劳务费、办公费外,剩余部分按各类资金比例分红,会员储金所得增值资金归会员个人所有,其余部分归储金会集体所有。

第十八条　储金会资金使用范围:(一)帮助会员解决因灾造成的生产、生活困难和其他临时性困难;(二)有计划有重点地扶持会员的灾民、贫困户、残疾人发展生产,在等同条件下优先扶持优抚对象;(三)扶持救灾扶贫经济实体;(四)在确保救灾扶贫的前提下,为帮助会员发展生产开展社会化服务,但不得用于兴办农、林、水、卫、教等基本建设项目及其他事业开支。

第十九条　储金会自今年使用必须履行审批手续。会员借款由借款人填写申请单,写明借款用途、金额、归还时间,储金会管理委员会按照规定的程序和权限审批批准。用于生活方面的借款,一般不得超过二百元,用于生产方面的借款,不得超过五百元。扶持救灾扶贫经济实体,由储金会管理委员会提请会员大会或会员代表会批准。

第二十条　储金会资金借出应当收取管理费,其费率应低于当地银行同类资金借贷利率标准。

扶持救灾扶贫经济实体的,按合同执行。

第二十一条 会员借款期限一般不超过一年,到期应如数偿还本金和缴纳管理费。因特殊困难确实无力按期偿还的,可以向储金会管理委员会申请办理一次延期还款手续,延长期最长不超过一年。对有偿还能力、逾期未还者,管理费应在原基础上相应提高。

第二十二条 储金会要建立资金专账,包括总账、会员储金分户账、会员借还款明细账、现金出纳账,有实物的,增设实物账。要按照会计制度规定,做好算账、记账、结账工作,定期编制财务报表,实行财务公开,每年至少向会员公布一次,并上报乡(镇)政府与县(市、区)民政部门,以便指导监督。

第二十三条 担任储金会实际管理工作人员的劳务费从增值资金中适量提取,具体提取标准由会员大会或会员代表会讨论决定,报县(市、区)民政部门备案,没有增值资金的储金会,管理人员不得提取劳务费。

第二十四条 县(市、区)民政部门应会同审计、财政、银行等部门定期或不定期对储金会资金管理情况进行抽查,乡(镇)人民政府应组织有关人员每年进行一次全面检查。

第二十五条 对侵占、挪用、贪污储金会资金的,由县(市、区)民政部门责令其退赔,并视情节轻重,给予批评教育,或建议有关部门给予党纪政纪处分;构成犯罪的,由司法机关依法追究刑事责任。

第二十六条 本规定具体运用的问题民政厅负责解释。

第二十七条 本规定自发布之日起施行。

关于进一步加强省直机关挂钩扶贫工作的通知

1992 年 7 月 23 日

加强各级党政部门和企事业单位对口支援贫困地区,选派干部到贫困乡、村帮助工作,是党的十三届八中全会决定中作出的一项重要部署。认真贯彻落实这项部署,对于加快贫困地区脱贫致富,进一步密切党和人民群众的联系,推动机关部门自身建设具有重要意义。为此,现就加强省直机关挂钩扶贫工作作如下通知:

一、要抓住改革开放大好时机,进一步做好挂钩扶贫工作

我省老区、贫困地区扶贫开发工作已经取得了显著成效,大多数贫困户已基本解决温饱。但是,这仅是低水平的。

为了使老区、贫困地区面貌从根本上得到改变,进一步缩小与全省平均发展水平的差距,在改革开放的新形势下,我们在经济工作中也要学会两手抓,一手继续加快经济比较发达地区的经济发展;另一手抓好老区、贫困地区的扶贫开发工作,在"八五"期间帮助这些地区稳定地解决温饱问题,使之有比较稳定的经济收入来源。在本世纪末,全省达到小康生活水平时,也要使老区、贫困地区的大部分群众摆脱贫困,过上比较宽裕的生活,最终实现共同富裕。

省直机关的扶贫工作是全省扶贫工作的重要组成部分,省直部门和单位应当在全省扶贫工作中起带头作用。"七五"以来,省直机关积极响应省委、省政府的号召,主动参与扶贫济困活动,与老区、贫困地区县(市)挂钩扶贫,做了大量好事、实事,为老区、贫困地区尽快改变落后面貌作出了重要贡献,深受老区、贫困地区广大干部群众的欢迎和社会各界的普遍赞誉。对这件好事,我们要坚持下去,做得更好。要进一步认识扶贫开发工作的长期性、艰巨性,增强帮助老区、贫困地区脱贫致富的责任感和紧迫感。要纠正扶贫工作"与己无关"和"不管钱物无力扶贫"的思想,动员更多的省直部门和单位参加扶贫工作,加强对扶贫工作的领导,推动这项工作更深入、更扎实地开展下去。

二、省直机关挂钩扶贫的主要职责

"八五"期间全省扶贫工作的目标、任务和主要措施,省委、省政府已经作了具体部署,各地要进一步解放思想,加快改革开放的步伐,不断提高扶贫支柱产业的开发效益,使扶贫工作有一个超常规、跳跃式的发展。省直机关挂钩扶贫工作要以老区贫困县、特困乡的经济开发为中心,主要运用经济手段,帮助这些地区建立有活力的开发机制,加快经济发展步伐,提高生产力水平。具体职责是:

(一)广泛深入宣传党的"一个中心,两个基本点"的基本路线和扶贫工作的方针政策,进一步激发广大干部群众自力更生、艰苦奋斗、锐意改革、开拓进取的革命精神,充分调动他们进行经济开发的积极性和创造性。

(二)当好当地党政领导发展经济的参谋和助手。帮助他们深化农村经济改革,突破陈旧过时的观念,拓宽思路,放开手脚,加速实现"八五"扶贫支柱(主导)产业开发规划。

(三)依靠科技进步,提高劳动者素质。大力宣传科技是第一生产力的基本观点,走农科教相结合的道路,编制并实施与产业开发规划相配套的"八五"科技扶贫规划。在引进、试验、示范、培训、推广等各个环节上,加快先进科技成果转化为现实生产力的进程,加大经济开发的科技含量,努力提高开发效益。

(四)牵线搭桥,拓宽横向经济技术协作领域。帮助当地多层次、多渠道地引进技术、人才、资金、物资;招商引资,发展"三资"企业;开拓市场,传递信息,组织劳务输出。

(五)发挥自身优势,按照开发规划要求,支持和帮助挂钩贫困县、特困乡兴办各类经济实体,完善服务体系。每个挂钩单位要在那些最贫困、最边远、最落后的乡、村,通过多种形式,至少帮助兴办一个以上的扶贫经济实体。

三、把挂钩扶贫与深化行业改革、转变机关职能紧密结合起来

扶贫开发是一项多行业、多学科、多门类的复杂系统工程,各行各业在挂钩扶贫工作中都有用武之地。要把挂钩扶贫与深化行业改革结合起来,通过挂钩扶贫,掌握第一手资料,总结经验,以点带面推动全行业改革不断深化。

省直部门、单位在挂钩扶贫的县、乡、村兴办的各类经济实体,应视同扶贫经济实体享受各项优惠政策。允许挂钩单位的干部与单位脱钩,到老区贫困县、特困乡去创办、领办经济实体,或按规定以留职留薪的方式到老区贫困县、乡去领办企业、承包开发、创办经济实体。挂钩扶贫的部门和单位的人员,帮助挂钩县、乡招商引资,要按引进外资有关规定给予奖励;推广先进科技成果,产生显著经济效益的,可以适当提取一定的报酬。要通过上述政策措施,在帮助挂钩的老区贫困县、特困乡发展经济,提高生产力水平,增加特贫户经济收入的同时,按照政企分开、转变职能、精兵简政、提高效率的原则,积极稳妥地推进机构改革。

四、真抓实干,切实加强对扶贫工作的领导

挂钩扶贫单位的扶贫工作搞得好不好,关键在领导。参加挂钩扶贫的省直各部门、单位,一定要把扶贫工作作为份内的事情摆上议事日程,要有一名领导同志负责,成立挂钩扶贫领导小组,组织专门力量,狠抓落实。扶贫形式,不强求一律。机关大、人员多的部门,可以派常年扶贫工作组,轮流蹲点扶贫;人员少派人常驻有困难的,则可以同机关干部到基层挂职锻炼结合起来;也可以经常派调查组了解情况,帮助解决问题。无论采取什么形式,都要列入本部门、本单位的工作制度,建立目标责任制,长期坚持下去,真正做到不脱贫不脱钩。

省直机关是面向全省服务的,一方面要做好定点挂钩扶贫工作,另一方面,还要加强本系统在老区、贫困地区的部门、行业建设,动员全系统、全行业的力量参与扶贫。为使扶贫工作有序进行,要根据老区、贫困地区的实际,结合本部门的工作业务,制定点上和面上的本系统的扶贫规划,扶贫规划要纳入本系统的行业规划,与当地扶贫开发规划衔接起来,分年度组织实施。

为动员更多的省直部门、单位参加扶贫工作,对目前尚未承担挂钩扶贫任务的,要安排定点挂钩扶贫任务。对确因工作需要,必须调整挂钩扶贫点的单位,要按照"大稳定,小调整"的原则,进行适当的调整。以上两项工作责成省老建办组织协调,作好安排。

要认真总结、交流省直机关挂钩扶贫工作的情况和经验,每半年向省老建委作一次书面汇报。省老建委对省直机关的挂钩扶贫工作,每年组织一次检查,一般每年召开一次省直机关挂钩扶贫经验交流会。

关于组织社会力量对老区贫困地区实行对口支援的通知

1992 年 11 月 6 日

为了加快我省老区、贫困地区的扶贫开发,缩小老区贫困地区经济发展水平与全省平均水平的差距,根据《中共中央关于进一步加强农业和农村工作的决定》精神,进一步动员社会力量参与扶贫开发。组织省内较发达城市、大中型企业、大专院校、科研单位等,到老区、贫困地区进行对口支援,努力开创我省扶贫开发新局面,特作如下通知:

一、切实提高对对口支援的认识

实现共同富裕,是社会主义制度的本质要求。"七五"计划以来,我省各级各部门和社会各界,响应省委、省政府的号召,积极支援老区、贫困地区的经济建设,参与扶贫开发,取得了明显的成效,为解决群众温饱,改变贫穷落后面貌作出了很大贡献。但是,由于各种原因,当前我省老区、贫困地区的经济发展水平和群众生活水平与全省平均水平比较,仍有较大差距,如不采取有效措施给予有力的支援和帮助,这个差距还要拉大。因此,帮助老区贫困地区加快经济发展是一项严肃的政治任务,也是社会各界的共同责任。省人民政府要求社会各界特别是较发达城市、大中型企业、大专院校和科研单位,从我省政治、经济全局出发,以新的姿态和更积极的态度,到老区、贫困地区实行对口支援,为老区贫困地区的经济发展出新招、办实事。

二、对口支援的形式和任务

(一)城市与老区、贫困地区县(市)结成对子,利用城市经济、科技、信息等方面的优势,帮助对口县(市)开发资源、兴办实业、培训人才;利用城市交通便利、商业发达的优势,为对口县(市)提供"窗口",疏通拓宽流通渠道,努力帮助对口县(市)将资源优势变为产品优势、经济优势。

(二)大中型企业与老区、贫困地区同类企业结成对子,利用大中型企业技术、管理、流通、信息方面的优势,帮助对口企业进行技术改造、加强管理、推销产品、培训人才、提高经济效益。

(三)大专院校和科研单位与老区、贫困地区县(市)或相应企事业单位结成对子。利用大专院校和科研单位科技、管理、信息、人才优势,帮助对口单位进行技术开发、资源开发,改造现有企业和传统产品,开发新产品,提供信息,搞活流通。培训人才,努力增加扶贫开发的科技含量,提高经济效益。

三、对口支援的基本政策和指导原则

对口支援的各类项目,均可享受扶贫项目的优惠政策。符合扶贫资金、物资使用范围、投资方向的项目,可按规定程序申请扶持;对于在非老区贫困地区创办各类项目,经过对口双方和财税部门协商,可实行税收分流;科技扶贫实行有偿服务,对推广先进科技成果产生显著经济效益的按比例提取报酬,允许科技人员到对口支援的县、乡领办企业、承包开发、创办经济实体,其合法收入为个人所得。

对口支援工作既是政治任务,又是经济活动。支援对象的确定采取统一安排和自愿选择相结合的办法。自身属于老区的市(省、地辖市和计划单列市)不再安排支援单位。南昌、新余和樟树市等3个较发达城市和省属大中企业对口支援由省协调小组会同主管厅局提出安排意见。抚州、赣州、上饶和丰城市,地(市)属大中企业由各地(市)提出安排意见。大专院校和科研单位的对口支援,分别由省、地(市)教委和科委会同有关部门提出安排意见。对口支援的重点是国家与省定点开发县。援助项目必须贯彻优势互补、经济互利的原则,通过合同或协议的形式,明确双方的责、权、利,充分调动对口双方的积极性。

四、组织领导

对口支援工作由各级老区建设委员会统一领导。省老区建设委员会成立由省政府办公厅、省计委、省经委、省教委、省科委、省老建办以及支援单位主管部门的领导组成的"对口支援工作协调小组",具体组织安排省级各种形式的对口支援,协调实施过程中出现的问题,指导、检查、督促地(市)一级对口支援工作,及时总结交流经验,把全省的对口支援工作切实抓起来。各地(市)可以根据实际情况。相应成立地(市)"对口支援工作协调小组"。负责本地(市)的对口支援工作。

协调小组的各成员部门要分工合作,切实负起责任。城市的对口支援由当地计委牵头,老建办配合;企业的对口支援由当地经委牵头。老建办和支援单位主管部门配合;大专院校的对口支援由当地教委(教育局)牵头,老建办配合;科研单位的对口支援由当地科委牵头,老建办和支援单位主管部门配合。

各受援县(市)或单位要高度重视对口支援工作,主要领导要亲自抓。要主动上门找支援单位联系,介绍情况,邀请支援单位深入本县(市)本单位考察、洽谈支援项目。尽可能地帮助解决支援单位人员在本县(市)本单位的工作生活困难,使对口支援工作顺利健康地发展。

江西省民政厅、省残联关于加强农村残疾人脱贫工作报告的通知

1993 年 5 月 31 日

经省人民政府同意,现将省民政厅、省残联《关于加强农村残疾人脱贫工作报告》转发给你们,望结合实际,认真贯彻执行。

关于加强农村残疾人脱贫工作的报告

省人民政府:

近几年来,我省农村经济发展较快,农村人均纯收入连年增长,但农村残疾人主要由于其自身的特殊原因,目前仍有相当一部分未摆脱贫困。为此,现就进一步加强农村残疾人脱贫工作提出如下意见:

一、加强对农村残疾人脱贫工作的领导。帮助农村残疾人摆脱贫困,是一项重要的经济社会发展任务。各级政府要进一步重视,加强领导,统筹安排,逐条解决农村残疾人生产、生活中存在的实际问题。各级民政部门和残联要把农村残疾人脱贫工作纳入重要议事日程,并从生产、康复、教育等方面,为农村残疾人提供有效扶助,根据国家有关规定对农村残疾人义务工减免,公益事业费和提留等社会负担,实行严格监督。

二、积极开展康复扶贫。根据国家要求,要在"八五"期间初步解决农村残疾人的温饱问题。各地要采取医疗、训练、器具辅助、心理疏导等康复手段,结合生产、科技、教育、救济等扶贫措施,组织和帮助农村残疾人参加生产劳动,脱离贫困,民政部、中残联安排的康复信贷资金一定要用好。康复扶贫贷款的县、乡,要落实贷款贴息资金,选择好项目,使其尽快发挥效益。国家和省确定的贫困县,还要安排部分扶贫资金和物资,用于康复扶贫。

三、大力扶持乡村兴办和发展残疾人福利企业。各地要认真落实国家扶持残疾人福利企业的各项优惠政策,并在最近进行一次认真检查,凡政策未到位的及时到位,积极发展残疾人福利企业,农村残疾人福利企业应尽可能多地吸收有一定劳动能力的残疾人就业。

四、各地、各部门举办的各类实用技术培训班或函授教育,要注意吸收农村残疾人参加,使他们能掌握一、二门实用技术,为劳动就业和自谋职业创造条件。

五、对无劳动能力,无法定抚养人,无正常生活来源的残疾人,各级政府和有关部门应按照有关规定予以供养、救济,使他们能维持基本生活水平。

以上意见如无不妥,请批转各地执行。

省民政厅　省残联

一九九三年五月十二日

关于实施国家八七扶贫攻坚计划的通知

1994 年 10 月 6 日

根据《国家八七扶贫攻坚计划》的要求,为在本世纪末基本解决我省农村贫困人口的温饱问题特作如下通知:

一、充分认识实施《国家八七扶贫攻坚计划》的重大意义,进一步增强扶贫攻坚的责任感和紧迫感

《国家八七扶贫攻坚计划》是党中央、国务院在我国扶贫开发工作取得重大成就的基础上,为在本世纪末基本解决农村贫困人口的温饱问题而作出的一项重大战略决策,是实现社会主义共同富裕目标的重要步骤和具体措施。这项计划的实施,标志着我国以解决农村贫困人口温饱为目标的扶贫开发工作进入了最后攻坚阶段,是我国贫困地区社会经济发展进入新的历史时期的里程碑。也是进一步强化扶贫开发工作的一个转折点,具有重大的经济意义和深远的政治意义。如期完成这项计划,关系到现代化建设第二步战略目标能否圆满实现,关系到我省革命老区的振兴和发展。

我省的扶贫开发工作经过全省上下的共同努力,取得了显著成绩,但面临的任务仍然十分艰巨。1992 年全省农村人均年纯收低于 100 元的贫困人口还有 450 万人,1993 年减少到 354 万人。这些尚未稳定解决温饱的农户,大多分散在革命老区,居住在边远山区、水库库区、水土流失区和滨湖地区,这些地区交通不便,信息不灵,基础薄弱,文化教育落后,生产条件恶劣,地方病严重,要在 7 年时间内解决他们的温饱问题,难度很大。全省各级政府必须认清当前扶贫开发的形势。不断增强扶贫攻坚的责任感和紧迫感,把老区建设和扶贫开发作为一项最大的战略任务,推上重要议事日程,坚持不断。扎扎实实地抓紧抓好,确保如期完成扶贫攻坚的任务。

二、进一步明确指导思想

实施《国家八七扶贫攻坚计划》,要以邓小平同志建设有中国特色社会主义理论和党的基本路线为指导,坚持开发式扶贫的方针和因地制宜、实事求是的原则,以建立社会主义市场经济体制为契机,以效益为中心,以解决农村贫困人口温饱和贫困户增粮增收为目标,自力更生,艰苦奋斗,努力实现"一年一小变,三年迈一大步"的要求,到本世纪末基本解决贫困人口的温饱问题,并过上比较宽裕的生活。

三、瞄准奋斗目标,努力完成扶贫开发任务

列入《国家八七扶贫攻坚计划》扶持的贫困县和省、地(市)确定的贫困乡、贫困户,要牢固树立赶超意识,到本世纪末,努力实现如下目标:

(一)贫困户人均纯收入按 1990 年不变价达到 550 元以上(按现价达到 1180 元以上),有条件的地方,人均建成半亩到 1 亩稳产高产基本农田;户均 1 亩林果园或 1 亩经济作物;户均向乡镇企业或发达地区转移一个劳动力;户均有 1 项养殖业或其他家庭副业。

(二)基本消灭集体经济薄弱村,村级集体经济纯收入达到 4 万元以上;并有 50% 以上的贫困村建立起一个经济开发项目、一个服务组织、一支科技扶贫队伍、一所科技文化学校的扶贫开发"四一工程";基本实现村村通电。

(三)省和地(市)重点扶持的贫困乡人均纯收入按1990年不变价达到600元以上(按现价达到1290元以上)基本达到粮食自给;建成"一乡一业"的扶贫开发主导产业;实现乡乡通公路,乡乡有卫生院,建设好一批功能较全的中心卫生院。

(四)国家重点扶持贫困县人均纯收入按1990年不变价达到650元以上(按现价达到1400元以上),建成4个以上年产值5000万以上的扶贫支柱产业,消除碘缺乏症,力争消灭血吸虫等地方病;严格实行计划生育,将人口自然增长率控制在规定的范围内。

四、因地制宜找准开发途径积极探索新的扶贫开发方式

各级政府要把老建扶贫工作纳入农业开发总体战的规划,特别是贫困县、乡更要把稳定粮食生产发展"三高"农业和乡镇企业作为扶贫开发的主要途径制定规划,分步实施,同时,又要区别情况,确定扶贫开发的重点。

对于耕地少而缺粮的地方,应把积极组织修田造地,改善农业生产条件,改造中低产田,扩大粮种植面积,提高粮食产量放在首位;对于粮食能基本自给的贫困县、乡,要把扶贫开发的重点放在"三荒"资源的开发利用上,按照统一规划,高起点开发,连片开发,系列开发的要求,发展扶贫支柱产业,对于边远山区和发展乡镇工业条件极差的贫困乡村,可组织实施山上培育资源,山下加工销售的异地开发,把扶贫开发与发展乡镇企业,发展乡镇企业与建设小城镇结合起来;对于分散居住在山区贫困乡村的贫困户,应在统一规划、统一服务的前提下,积极发展庭院经济,对极少数生存条件极差的村组实施移民开发。

扶贫开发的方式,在坚持有利于贫困户增粮增收﹒有利于增强项目经济效益,有利于资金收回的原则下,可形式多样,不拘一格。可承包开发联合开发,股份合作开发,还可以通过扶持能人带动开发,有计划有组织地劳务输出等。

五、广泛筹集扶贫资金,增加扶贫开发投入

实施好《国家八七扶贫攻坚计划》需要一定的投入,除管好、用好国家安排给我省的各项扶贫资金外,各地(市)县(市、区)每年应安排不低于国家和省下达的发展资金30%的配套资金。有关部门也要按照"八七"计划的要求,安排一定数额的扶贫资金,保证用于扶贫开发。经研究确定,省级每年共筹措资金7600万元,其中省财政800万元,省农业银行2000万元,省工商银行1800万元,省建设银行1000万元,省中国银行1000万元,省纪委1000万元。

国家分配给我省的各项扶贫资金和省级筹措的扶贫资金的管理、使用,按江西省人民政府1992年印发的《江西省扶贫资金物资统筹安排使用暂行规定》执行。

六、认真贯彻落实扶贫开发优惠政策

根据建立社会主义市场经济体制的要求,对原来扶贫开发的优惠政策调整如下:

(一)对尚未解决温饱(1992年人均纯收入400元以下)的贫困户的农业税,农业特产税,征收后返还给当地建立发展基金,用于贫困县、乡的扶贫开发。对贫困户农民自养、自宰、自食牲畜屠宰税,经批准实行减半征收。

（二）对人均自产粮不足 250 公斤的缺粮贫困户减免粮食定购任务。原各级粮食定购任务,由地(市)、县(市、区)逐级,所核减的任务,在地(市)、县(市、区)内部调动,缺粮户口粮不足部分。由各县(市、区)组织供应,供应粮因提价产生的差价。在粮食风险基金中安排一定资金给予适当补贴(具体办法另行下达)。

（三）贫困县、乡新办的企业,在投产后经税务部门批准,3 年内减征或者免征所得税。

（四）国家和省安排的各类建设项目特别是一些重大的生产建设项目和基础设施建设项目。在同等条件下应优先安排贫困县、乡。

（五）收回的发展资金留给各资金使用县(市)建立发展基金,继续用于扶贫开发。

（六）各大专院校和中等专业学校,每年给贫困县、乡安排一定的定向招生指标,适当降分录取,签订合同,毕业后回原地工作。

（七）对贫困县、乡的进出口贸易,要坚持同等优先的原则,列入计划,重点支持。

（八）南昌、景德镇、萍乡、新余、鹰潭等 5 市自定的贫困乡,可同样享受上述政策。

七、落实分级负责、分类指导的原则,实行专员,市长、县长负责制

各级政府主要负责人要亲自抓扶贫开发工作,实行专员、市长、县长负责制,并把是否完成贫困户增收目标作为考核各级领导政绩的一个重要依据。

根据分级负责,分类指导的原则,中央的财政、信贷和以工代赈等扶贫资金,集中投放在国家重点扶持贫困县的贫困乡,省筹集的各项扶贫资金主要投放在九江、宜春、赣州、上饶、吉安、抚州等 6 地市来列入国家扶持贫困县的贫困乡;南昌、景德镇、萍乡、新余、鹰潭等 5 市按省规定的标准,划定贫困乡,由当地政府安排资金扶持资金额度一般不低于原来国家和省对这些市的扶持规模。对于已划出《国家八七扶贫攻坚计划》扶持范围的原贫困县、乡,为巩固扶贫成果,将在省筹集的扶贫资金中留出一定的比例,按项目继续扶持 2—3 年。

各级老建办对未列入国家重点扶持贫困县和省定贫困乡的扶贫开发工作,要进行检查指导。

八、进一步开展科技扶贫,不断提高贫困户劳动者的素质

各级领导要牢固树立"科学技术是第一生产力"的观念,把老建扶贫工作的重点转移到依靠科技进步和提高劳动者素质的轨道上来。要进一步加强对科技扶贫工作的组织领导,继续坚持从党政机关和高等院校、科研部门选派科技人员到贫困县、乡任科技副县长、副乡长,逐步建立健全科技扶贫的服务体系,充分发挥农村"五站"和民间各种协会的作用,逐步完善其产前、产中、产后一体化和产供销一条龙的服务功能。

要按照"实际、实用、实效"的原则,围绕发展扶贫支柱产业。依托科技,教育和各级业务部门、群众团体,开展多层次、多渠道的科技培训活动不断提高贫困农民的开发能力。

要有计划地在贫困县、乡开办农业职业技术学校,在普通中学内开办专业技术培训班;有计划地安排贫困户子女参加农业函授大学的学习,积极培养初级技术人才采取切实可行的措施扫除青壮年文盲。

要采取切实措施,加大扶贫开发项目中的科技含量。每个扶贫开发项目,力求高起点开发;积极组织农业新技术、新品种的试验、示范和推广。有计划地在贫困县建立科技培训示范基地,在贫

困乡建立科技示范村示范户,

各级老建办要认真研究和制定科技培训计划,本着勤俭节约,少花钱多办事的原则,管好、用好、用足培训经费。

九、认真落实部门扶贫任务,广泛开展社会扶贫

政府有关部门要根据《国家八七扶贫攻坚计划》的要求,结合我省实际情况分别制定本部门,本系统的"八七"扶贫攻坚实施方案,并认真抓好落实;计划部门要会同老建等部门安排好,管好以工代赈资金做好涉及扶贫开发的宏观协调工作,组织和推动贫困地区与发达地区的经济合作。

农业部门要继续在贫困地区组织和实施"温饱工程",推广"丰收计划",发展高产优质高效农业。

交通部门要配合以工代赈计划,努力筹措配套资金,重点修筑县,乡公路和通往商品产地,集贸市场以及为扶贫开发项目配套的道路,实现乡乡通公路。

电力部门要主动与有关部门和地方协作,积极筹措全省农电发展基金,基本消灭无电村,使95%以上的农户用上电。

水利部门要配合以工代赈的实施,加快贫困县,乡的农田水利基础设施建设,中低产田的改造,水土流失的治理,采用多种形式解决人畜饮水困难。

教育部门要继续组织好贫困县的"燎原计划",加强和完善贫困乡村中小学教学基础设施建设,普及初等教育小学升初中的比例达到85%以上。

科技部门要制定科技扶贫规划,优先在贫困县、乡安排"星火计划"和其他农业科技项目,指导和推动扶贫工作转移到依靠科技进步和提高劳动者素质的轨道上来。

卫生部门要建立和完善贫困地区三级医疗、预防保健网,稳定乡村医疗队伍,提高乡村医生医疗技术和服务水平制定和落实控制地方病的措施。

计划生育部门要积极开展计划生育和优生优育基础知识教育,提供各种计划生育服务,努力降低人口自然增长率,各级机关和企事业单位,都要继承和发扬中华民族扶贫济困的传统美德,向贫困地区和贫困户动一片真情,献一片爱心,做一份贡献,进一步开创关心、支持、参与扶贫开发的新局面。

积极动员和组织各民主党派、社会团体,民间组织参加扶贫开发活动。

努力创造条件,加强与经济发达地区和国际社会组织的联系,继续开展横向联系和招商引资工作,争取发达地区和国际社会的支持和援助。

各级政府要有计划地组织经济较发达的中、小城市和经济效益好的大中型企业、大中专院校、科研院所,根据互惠互利、优势互补、共同发展的原则,对贫困县、乡开展多形式的对口支援活动。

各级政府机关和驻赣解放军、武警部队、要继续坚持对贫困县、乡定点挂钩扶贫完成省政府规定的目标、任务,做到不脱贫,不脱钩。贫困县、乡要积极组织富乡与穷乡、富村与穷村,富裕户与贫困户的对口支援,走共同富裕的道路。各部门要充分发挥本部门的优势采取积极有效的措施。在人才、资金、物资和技术上扶持贫困县、乡。

十、进一步发扬自力更生,艰苦奋斗的创业精神

扶贫必先扶志。贫困县,乡要充分发挥思想政治工作的优势,大力宣传和发扬井冈山革命传统,认真学习革命前辈艰苦创业的精神,克服"等、靠、要"的依赖思想。向率先脱贫致富的县、乡学习。比富不比穷,通过自己的努力改变贫穷落后的面貌。

各级领导要带头发扬自力更生艰苦奋斗的创业精神,与群众同甘共苦,做带领群众脱贫致富的模范。贫困县在未完成温饱攻坚任务之前,不准购买小轿车。不准兴建宾馆和高级招待所,不准新盖办公楼,不准撤县改市。

十一、建立约束激励机制,确保扶贫开发工作的落实

省老建委要加强对扶贫开发工作的指导和检查督,促根据各地(市)、县(市、区)的贫困状况,讨论决定扶贫资金及与省以工代赈领导小组共同商定以工代赈资金的分配方。各级老建办要分别建立项目库,同有关部门共同规划论证。筛选扶贫开发项目,经本级老建委批准后分别进入项目库,然后由银行和资金管理部门评估选定。

各级老建办要严格执行各项扶贫资金的管理、使用规定,加强对扶贫项目和资金的管理监督。确保扶贫资金重点投放在贫困户增产增收的项目上,要严格执行扶贫资金的审计和奖惩制度。各级审计机关和老建,资金主管部门,每年都要对扶贫资金的使用情况进行一次审计和检查监督,对资金使用效率高,扶贫效益好的单位给予适当奖励,并在下年度适当增加扶贫资金;对不按规定把资金用在非扶贫项目上或扶贫效益差的单位.除通报批评外,扣减下年度扶贫资金额度,对侵占、挪用、贪污扶贫资金的单位和个人要依法严肃查处,并追究单位领导的责任。

对在贫困县连续干满两届,在贫困乡连续干满三届并在扶贫开发工作中做出显著成绩的县,乡主要领导和在包乡扶贫以及对口支援工作中取得显著成绩的单位和个人予以通报表彰并给予适当的物质奖励。对违反计划生育政策的贫困户不予列入扶持范围。

十二、进一步加强对扶贫开发工作的领导

贯彻实施《国家八七扶贫攻坚计划》是各级政府的责任,各级领导要牢固树立扶贫思想,把扶贫开发工作当作一件大事来抓,坚持不懈,一抓到底。贫困县、乡要把扶贫开发,解决群众温饱作为中心任务,集中力量认真实施扶贫攻坚计划。要继续实行领导扶贫联系制度,定期深入贫困县、乡检查指导扶贫开发工作,真心实意地与贫困县、乡的领导和群众共同研究制定脱贫致富的规划及措施,帮助他们解决在扶贫攻坚中遇到的问题。

要加强贫困县、乡的领导班子建设和基层组织建设,选派精明强干、吃苦耐劳、联系群众、勇于开拓进取的优秀干部担任县、乡、村领导,使他们真正成为群众脱贫致富的带头人。

要坚持选派干部分期分批到贫困地区帮助工作,从省、地、县抽调一批干部到贫困县、村蹲点,向群众宣传党和国家的方针、政策,帮助他们搞好班子建设,找准脱贫致富的路子,引进人才、技术,组织他们搞开发性生产。

要进一步加强老建扶贫办事机构的建设,为他们提供必要的工作和生活条件,对贫困面较大、扶贫任务较重的地(市)、县(市、区)老建办要予以加强,要充分发挥老建办扶贫的职能作用,支持他们积极开展工作,切实履行职责。各级老建办要努力加强自身的思想、业务和作风建设,牢固树立全心全意为老区、贫困地区群众服务的思想,不断提高思想、业务水平和工作效率,为贫困地区群众解决温饱、脱贫致富尽心尽责,多做贡献。

江西省扶贫攻坚 7 年规划纲要(1994—2000 年)

为了有计划、有步骤、卓有成效地实施《国家八七扶贫攻坚计划》,认真贯彻《江西省人民政府关于实施国家八七扶贫攻坚计划的通知》精神,保证在本世纪末基本解决我省贫困人口的温饱问题,特制定江西省扶贫攻坚 7 年规划纲要(1994—2000 年)。

一、形势与任务

(一)"七五"以来,我省老建扶贫工作在党中央、国务院的亲切关怀下,在省委、省政府的正确领导下,经过全省上下的共同努力,取得了显著成绩。全省没有解决温饱的贫困人口从 1985 年的 620 万人减少到 1992 年的 450 万人,到 1994 年又减少到 300 万人。老区贫困地区的生产生活条件得到改善,劳动者素质和整体经济实力有了很大提高,扶贫支柱产业已经初具规模,扶贫开发积累了一些成功的经验,为顺利完成今后的扶贫攻坚任务奠定了基础。

(二)到本世纪末,基本解决全省贫困人口的温饱问题,是一项光荣而又艰巨的历史任务。尚未解决温饱的贫困人口大多分布在边远山区、水土流失区、水库库区和滨湖地区。这些地方地处偏远,生产条件、社会条件都很差。在建立社会主义市场经济的新形势下,还面临许多新情况、新问题。解决这些地区贫困群众的温饱问题难度很大。目前,老建扶贫工作进入了攻坚阶段。

(三)解决贫困人口的温饱问题,夺取扶贫攻坚的胜利,具有重大而深远的经济意义和政治意义。我们必须遵循邓小平建设有中国特色社会主义理论和党的基本路线,按照党中央、国务院和省委、省政府关于老建扶贫工作的部署,抓住机遇,迎接挑战,周密组织,扎实工作,把扶贫攻坚任务落到实处。

二、奋斗目标

(四)我省扶贫攻坚的总目标是:在本世纪末,胜利完成八七扶贫攻坚计划,确保全省提前 1 年(即在 1999 年),部分地方力争提前 2 年(即 1998 年)基本解决全省农村绝对贫困问题。到 1999 年,全省贫困户人均纯收入按 1990 年不变价(下同)达到 550 元以上,年均递增速度达到 8%,力争 11%。贫困乡农民人均纯收入达到 600 元以上,贫困县农民人均纯收入达到 650 元以上。县、乡农民人均纯收入年均递增速度达到 6% 左右,力争 7%。

(五)对贫困户、贫困村、贫困乡、贫困县的"具体工作目标和要求是:

1. 贫困户。人均建成半亩到 1 亩稳产高产基本农田,使全省贫困户拥有的基本农田达到 400 万亩以上,人均占有粮食 250 公斤以上;户均建成 1 亩林果园或经济作物,使全省贫困户拥有的林果园和经济作物达到 100 万亩以上,户均年收入达到 2000 元(现价)以上;户均向乡镇企业或发达地区转移 1 个劳动力,使贫困户劳动力转移量达到 100 万人以上,户均从中获得纯收入达到 1500 元以上;户均发展 1 项家庭养殖业或其他副业,年纯收入达到 1000 元以上。平均每年有 20% 的贫困户基本解决温饱。

2. 贫困村。每个村建设 1 个经济开发项目,按建成以后年纯收入达到 5 万元以上进行规划,集体经济逐步达到年纯收入 4 万元以上。基本实现村村用上电,村村通公路。同时,加快贫困村"四一工程"(1 个经济开发项目,1 个服务组织,1 支科技扶贫队伍,1 所科技文化夜校)建设步伐,每年按贫困村的六分之一规划实施,把村建成群众脱贫致富的依托。

3. 贫困乡(含地、市、县确定扶持的贫困乡)。在发展种、养业的基础上,发展一批与种、养业密切相关的加工实体和服务组织,形成和完善"一乡一业"的扶贫主导产业。努力建设和改造一批水利设施,力争旱涝保收面积达到全省平均水平;实现乡乡通公路;实现乡乡有卫生院,并在此基础上,有计划、有步骤地帮助建设一批功能较全的中心卫生院,基本解决贫困乡群众就医难的问题。

4. 贫困县。在贫困乡、村、户发展种养基地、加工实体和服务组织的基础上,努力发展和完善产、供、销一条龙,贸、技、工、农一体化的扶贫支柱产业。对贫困户的覆盖面要达到 80% 以上,人均从中所得纯收入达到 200 元以上。

三、方针与原则

(六)坚定不移地贯彻开发式扶贫的方针。立足当地资源,面向市场需求,依靠科技进步,大力发展扶贫支柱产业和当地传统的名、优、特产业(产品),以及能够使农民直接增加收入的加工业、运输业、服务业、劳务输出等。

(七)坚定不移地围绕贫困户增粮增收在本世纪末基本解决绝对贫困的目标,按照系列开发、配套服务、逐步提高开发层次的要求,认真做好户、村、乡、县各层次扶贫开发规划,使之健康协调发展,实现富民、富村、富乡、富县的统一。

(八)坚持把扶贫效益摆在首位,努力实现扶贫效益、经济效益、生态效益的统一。开发项目必须牢固树立投入产出观念、时间观念和效益观念,做到能扶贫,能赚钱,能还钱。同时,还必须着眼老区贫困地区的长期发展,把经济开发与改变基本生产条件、改善生态环境紧密结合起来。

(九)坚持自力更生为主、国家扶持为辅的原则。在国家扶持的同时,各级各部门都要努力增加对扶贫开发的投入,各地配套资金的比例要达到或超过中央的要求。老区贫困地区人民要继续发扬自力更生、艰苦奋斗的创业精神和主观能动性,积极投身到扶贫开发中去,加大扶贫力度,加快扶贫进度。同时又要考虑到自身的实际承受能力,实事求是,量力而行。切忌不顾条件贪多求大,急于求成。

四、开发方式

(十)各地在运用现有行之有效的开发方式的同时,要积极研究、探索新的形式,不断总结,逐步提高。

1. 承包开发。扶贫项目由个人或集体承包,承包者与县以上老建部门签订承包合同,明确承包者享受国家扶持的权利和承担扶贫的责任。

2. 联合开发。贫困地区的县、乡、村、户与国内外其他地区、单位和个人共同开发扶贫项目,经过协议,风险共担,利益共享。

3. 股份合作开发。贫困地区的县、乡、村、户与国内外其他地区、单位和个人通过资金、技术、资源、劳力等生产要素的参股,共同开发扶贫项目,按股分红。

4. 公司(工厂)加农户或公司(工厂)加基地加农户开发。由具有一定经济实力和信誉的公司

(工厂)承贷承还扶贫资金,切实组织、带领贫困农户参与开发资源,组织加工、运销,形成系列开发、配套服务的格局。

5.能人带动开发。通过扶持乡土能人,组织、带领贫困农户兴办种植业、养殖业、加工业等扶贫经济实体。

6.异地开发。对于边远山区以及发展乡、村企业条件差的地区,实行山上培育资源山下加工、销售。

五、实现规划的措施

(十一)加强领导

1.落实政府主要领导负责制。实行领导建立扶贫联系点制度。每位省领导建立1个县为扶贫联系点,地(市)每位领导建立1个贫困乡为扶贫联系点,县(市)每位领导包1个贫困村,乡镇每位领导包1个村小组,村干部包1户或几户贫困户。建立层层扶贫责任制。专员(市长)向省签订扶贫攻坚责任状,贫困县县长向地(市)签订扶贫责任状,贫困乡乡长向县签订扶贫责任状。把能否按期实现目标作为考核各级领导政绩的重要依据。并将扶贫攻坚总体目标和年度目标逐级逐年分解。

2.按照中央和省委的部署,在1997年以前调整和加强贫困村的村级组织建设,建设好1个领导班子,选好1条经济发展的路子。

3.摸清底数,理清思路,做好以下工作:

(1)建档立卡。在深入调查研究的基础上,根据全省确定的统一的贫困户标准,自下而上,从村做起,逐级上报,对贫困户按统一制定贫困户分年度收支情况的登记卡和统计表造册登记,建档立卡,明确扶持对象,做到村有卡、乡有档、县有册。全省和各地、市对这项工作要进行1次抽查和检查坚持实事求是,反对弄虚作假。

(2)调整规划。自下而上,从村做起,地、县、乡、村分别制定扶贫攻坚7年规划和分阶段、分年度的工作计划。根据1995年6月召开的全国扶贫开发工作会议精神,要对已有的规划作必要的调整,确保提前1年实现国家八七扶贫攻坚计划。

(3)对未列入国家八七扶贫攻坚计划的原贫困县、特困乡扶持的项目、资金进行1次清理并建档立账,由老建部门管理。效益好的项目要继续坚持把扶贫放在首位;效益不好、难以为继的项目由县老建办会同有关部门提出处理意见,报上级老建部门审批。扶持这些县、乡的有偿资金按有关规定抓紧回收,继续滚动使用。

(十二)落实政策对省人民政府确定的八七扶贫攻坚期间的优惠政策要逐条落实。各地(市)、县要根据本地的实际,研究制定切实可行的落实措施。

(十三)增加投入。为了确保本规划纲要的顺利实施,在实施八七扶贫攻坚计划期间,除了国家和各级政府随着经济增长、财政增收逐步增加扶贫投入的因素外,根据目前的扶贫投入预算,全省扶贫资金的投入总量可达到21.63亿元以上。

1.争取国家扶贫专项资金每年2.33亿元,7年共计16.31亿元,包括以下方面:

(1)国家财政支援经济不发达地区发展资金每年2280万元,7年共计1.60亿元;

（2）国家专项扶贫贷款每年 1.7 亿元,7 年共计 11.90 亿元;

（3）国家以工代赈资金每年 4000 万元,7 年共计 2.8 亿元。

2. 省级安排扶贫专项资金每年 7600 万元,7 年共计 5.32 亿元,包括以下几个方面:

（1）省财政配套发展资金每年 800 万元,7 年共计 0.56 亿元;

（2）省农业银行安排用于扶持贫困地区发展经济贷款每年 2000 万元,7 年共计 1.4 亿元;

（3）省工商银行安排用于扶持贫困地区发展工业贷款每年 1800 万元,7 年共计 1.26 亿元;

（4）省建设银行安排用于扶持贫困地区发展经济贷款每年 1000 万元,7 年共计 0.7 亿元;

（5）省中国银行扶贫专项贷款每年 1000 万元,7 年共计 0.7 亿元;

（6）省计委地方统筹用于老区和贫困地区的基建投资每年 1000 万元,7 年共计 0.7 亿元。

3. 地、市、县配套扶贫资金按国家和省下达的发展资金 30% 计算,每年筹集 1000 万元,7 年共计 0.7 亿元。

4. 国家和省、地(市)、县投入的扶贫资金每年使用和安排如下:

（1）用于生产性建设项目占 60%。其中以种植业、养殖业为重点的扶贫支柱产业项目占 50%,其他扶贫攻坚项目占 10%。用于基本农田建设等改善生产生活条件和为扶贫支柱产业直接配套的基础设施建设项目占 40%。

（2）用于省委确定的贫困乡内的后进村建设,按 3 年时间,每年 2000 万元左右规划,其扶持资金在当年扶贫支柱产业的资金盘子内予以安排落实。用于科技扶贫的科技培训经费每年按不少于全省发展资金总量的 5% 掌握,在当年基础设施建设资金中予以安排落实。

5. 国家和省安排的扶贫资金的管理、使用,按江西省人民政府 1992 年印发的《江西省扶贫资金物资统筹安排使用暂行规定》执行。国家下达的扶贫资金,重点用于国家确定扶持的贫困县。

（十四）抓重点,攻难点,把扶贫攻坚落到实处。打好八七扶贫攻坚战,要坚持把贫困户作为扶贫攻坚的对象,把开荒造田、改造中低产田为主的基本农田建设和能增加贫困户收入的开发建设项目作为扶贫攻坚的重点,把巩固和发展扶贫支柱产业作为扶贫攻坚的有效途径,把贫困县、贫困乡中边远山区、水土流失区、湖区和库区作为扶贫攻坚的难点。

1. 安排扶贫资金、项目。无论是集体经营还是个人承包或是股份合作,都要紧紧围绕贫困户增粮增收,基本解决绝对贫困这一目标。为此,今后要大力扶持发展千家万户能经营并能直接参与、从中得利的种植业、养殖业和与之相关的加工业、运输业、营销业以及劳务输出等,扶持贫困户能直接受益的基本农田、基础设施建设。

2. 全省贫困乡中尚有 260 多万人缺田少粮。扶贫攻坚要把解决群众吃饭问题,建设稳产高产基本农田,作为贫困地区强农固本、稳定解决温饱的首要任务来抓,并在扶贫资金上切块安排,重点支持。有条件的地方人均要达到 0.5 亩以上;确实没有条件造田的贫困村,至少要建立 1 个稳定增收的种植业、养殖业或加工业项目。

3. 巩固和发展扶贫支柱产业。扶贫支柱产业是增加农民收入、解决群众温饱的重要来源和有效途径。对已有的果茶、蚕桑、林业、经济作物、畜禽、水产、矿产等 7 大扶贫支柱产业,主要是巩固和提高,形成适度规模。1997 年以前重点完成现有种养项目的低产低质改造和配套加工业的技术改造,实现高产、优质、高效。新上项目特别是加工项目要严格控制,必须是投资少、见效快、覆盖面广、效益高,有助于直接解决贫困户温饱的种植业、养殖业和少数相关的加工业,以及能充分发挥贫困地区资源优势,又能大量安排贫困户劳动力就业的资源开发型和劳动密集型的乡、村企业。

4.因地制宜,分类攻坚。对于库区和缺田少粮地区,重点抓好基本农田建设,力争人均达到0.5亩以上;对于边远深山区,重点抓好基础设施建设,充分发挥荒山荒坡资源丰富的优势,发展林果业和食草动物养殖业;对于水土流失地区,坚持治理与开发相结合,实施山、水、田、林、路综合开发;对于湖区,重点抓好水利设施建设和水面开发以及血吸虫病防治。

(十五)建立和实行监督、激励机制,保证扶贫攻坚顺利健康发展。

1.对于扶贫资金使用管理和项目实施情况除每年老建部门由上对下连级进行审查和本身自查之外,老建部门要积极配合审计部门搞好审计,加强监督检查。

2.为使扶贫攻坚落到实处,全省在村一级建立扶贫统计监测网络,及时、准确地反映扶贫攻坚目标的实现情况和扶贫成效。自下而上,综合分析,为各级领导决策工作、实施奖惩提供依据。

3.省老建等部门要加强对各地扶贫攻坚工作的督促检查。在实施"八七计划"中,对于领导重视、工作得力、配套扶贫资金落实好的地(市)、县,要给予鼓励。省在扶贫资金、项目的分配、安排上,不但不减少其份额,还要加大扶持力度。对于扶贫资金使用、管理好,项目建设进度快、经济效益高的,要给予连续扶持,下年度适当增加资金额度和项目计划。对于提前解决温饱,甩掉"贫困"帽子的县、乡,要认真总结经验,大力宣传推广,同时要一直扶持到国家八七扶贫攻坚计划期满,进一步巩固和扩大扶贫成果。

(十六)科技扶贫。把老建扶贫工作的重点转移到依靠科技进步,提高劳动者素质的轨道上来。

1.抓好示范,用典型事例,教育和启发广大干部群众自觉地积极地学科学、用科学。

2.从机关和高等院校、科研部门选派德才兼备年富力强的科技干部,到贫困县、贫困乡担任科技副县长、副乡长,承担本县、本乡科技扶贫的责任。

3.按照实际、实用、实效的原则,围绕发展扶贫支柱产业,加强实用技术培训;积极组织农业新技术、新品种的推广,不断加大扶贫项目中的科技含量。

4.积极协助办好农函大。参加农函大学习的人员,应是贫困户成员,由县老建办组织并审查其学习资格,报上级老建办备案,按照实际学习人数拨给培训补助费。

5.每个贫困县在1至2年内要建立1个科技示范乡,每个贫困乡要建立1个科技示范村,在3至4年内展开,辐射到80%以上的贫困乡、村。

6.贫困县要在近1至2年内建立1个科技扶贫示范基地,其他扶贫任务较重的县(市)也要力争建立。

(十七)社会扶贫

——政府各有关部门,要按照省人民政府提出的要求,分别制定好本部门、本系统的"八七"扶贫攻坚实施方案,报省老建委备案。

——各级机关和驻赣解放军、武警部队,要继续坚持在贫困县、乡实行挂钩扶贫,按照省委办公厅《关于进一步加强省直单位挂钩扶贫工作的通知》(赣办字[1995]41号)要求,完成规定的目标、任务,做到不脱贫,不脱钩。

——积极动员和组织各民主党派、社会团体、民间组织参加扶贫开发活动,帮助老区贫困地区培训人才,提供信息,联合开发项目。

——组织经济较发达的城市、经济效益好的大中型企业和大中专院校、科研院所,以经济建设为中心,本着互惠互利、优势互补、共同发展的原则,对贫困县、乡开展多种形式的对口支援活动。

——组织富乡帮穷乡、富村帮穷村、富裕户帮贫困户的帮扶活动。每个贫困县、乡、村扶持的能人兴办的经济实体要吸收70%以上的贫困户劳力就业。贫困乡、村要发动助人为乐、精明能干的党团员、干部、先富户带领1至2户贫困户走共同富裕的道路。

(十八)自身建设。各级革命老根据地建设委员会是政府负责老建扶贫工作的权威机构、责任机构。各级老建办是老建扶贫的办事机构、职能机构。加强老建部门自身建设,增强扶贫服务功能,是实现国家八七扶贫攻坚计划的基本条件和客观要求,必须从以下几个方面努力:

1. 各级领导要重视老建办自身建设,对他们和政府其他部门一样看待,在工作部署、培养使用、住房分配、办公用房、经费开支等方面一视同仁,充分调动老建部门为扶贫、干事业、作贡献的积极性。

2. 加强思想作风建设。各级老建办的同志要努力学习马列主义、毛泽东思想和邓小平同志建设有中国特色社会主义理论,学习社会主义市场经济知识,学习党和国家扶贫的方针政策,学习掌握本职业务知识,一如既往地发扬实事求是、艰苦奋斗、开拓创新、廉政为民的精神和作风,把贫困户视为亲人,以为贫困户解决温饱、脱贫致富为己任,努力为各级党委、政府当好参谋。要深入贫困乡村,调查研究,总结经验,帮助解决实际问题,并分别在山区、水土流失区、湖区、库区建立一批固定联系点,从中了解扶贫攻坚情况指导全局。

3. 加强老建扶贫办事机构建设。贫困县和扶贫任务较重的老建办只能加强,不能削弱;其他贫困乡较少的老建办也要稳定机构,做到有人办事,有钱办事。

附表:

一、江西省扶贫攻坚7年规划贫困人员解决温饱计划表

二、江西省扶贫攻坚7年规划贫困户人均纯收入计划表(确保目标,90年不变价)

三、江西省扶贫攻坚7年规划贫困户人均纯收入计划表(争取目标,90年不变价)

四、江西省扶贫攻坚7年规划贫困乡农民人均纯收入计划表(确保目标,90年不变价)

五、江西省扶贫攻坚7年规划贫困乡农民人均纯收入计划表(争取目标,90年不变价)

六、江西省扶贫攻坚7年规划贫困县农民人均纯收入计划表(确保目标,90年不变价)

七、江西省扶贫攻坚7年规划贫困县农民人均纯收入计划表(争取目标,90年不变价)

省老建委

1996年5月22日

表1 1992—2000年江西省扶贫攻坚9年规划人口解决温饱计划表

单位:万人

地市	1992年	1993年	1994年	1995年	1996年	1997年	1998年	1999年	2000年
赣州地区	133.0	107.0	91.0	72.8	54.0	34.8	15.7		
吉安地区	75.0	60.0	51.0	40.8	30.0	19.4	8.7		
上饶地区	110.0	85.0	72.0	57.6	42.7	27.5	12.4		
抚州地区	25.0	20.0	17.0	13.6	10.0	6.5	2.9		
宜春地区	16.0	13.0	11.0	8.8	6.5	4.2	1.9		
九江市	40.0	31.0	26.0	20.8	15.4	9.9	4.5		
萍乡市	14.0	11.0	9.0	7.2	5.3	3.4	1.5		
鹰潭市	7.0	5.0	4.3	3.4	2.5	1.6	0.7		
南昌市	17.0	12.0	10.0	8.0	5.9	3.8	1.7		
新余市	6.0	5.0	4.2	3.4	2.5	1.6	0.7		
景德镇市	7.0	5.0	4.4	3.5	2.6	1.7	0.8		
全省	450.0	354.0	299.9	239.9	177.4	114.4	51.5		

表2 江西省扶贫攻坚8年规划贫困户人均纯收入计划表

(确保目标,90年不变价)

单位:元/人年

地市	1993年	1994年	1995年	1996年	1997年	1998年	1999年	2000年
赣州地区	368	390	420	455	485	520	550	580
吉安地区	290	372	410	445	480	515	550	580
上饶地区	348	402	430	460	490	520	550	580
抚州地区	377	440	460	485	505	530	550	580
宜春地区	291	369	405	440	480	515	550	580
九江市	300	372	405	440	480	515	550	580
萍乡市	386	405	435	465	490	520	550	580
鹰潭市	414	371	405	440	480	515	550	580
南昌市	465	475	490	505	520	535	550	580
新余市	440	455	475	495	510	530	550	580
景德镇市	475	485	500	510	525	535	550	580
全省	344	392	425	455	485	520	550	580

表3　江西省扶贫攻坚8年规划贫困户人均纯收入计划表

（争取目标,90年不变价）

单位:元/人年

地市	1993年	1994年	1995年	1996年	1997年	1998年	1999年	2000年
赣州地区	368	390	435	475	520	560	605	650
吉安地区	290	373	420	465	510	555	600	650
上饶地区	348	402	445	485	525	565	605	650
抚州地区	377	440	475	510	545	580	615	650
宜春地区	291	369	415	460	505	550	600	650
九江市	300	372	415	460	505	550	600	650
萍乡市	386	405	445	485	525	565	605	650
鹰潭市	414	371	415	460	505	550	600	650
南昌市	465	475	505	535	560	590	620	670
新余市	440	455	485	520	550	580	615	660
景德镇市	475	485	515	540	570	595	625	670
全　省	344	392	435	480	520	565	605	645

表4　江西省扶贫攻坚8年规划贫困乡农民人均纯收入计划表

（确保目标,90年不变价）

单位:元/人年

地市	1993年	1994年	1995年	1996年	1997年	1998年	1999年	2000年
赣州地区	460	480	505	530	550	575	600	625
吉安地区	445	465	490	520	545	575	600	625
上饶地区	410	430	465	500	530	565	600	625
抚州地区	450	470	495	520	550	575	600	625
宜春地区	360	390	430	475	515	560	600	625
九江市	435	455	485	515	540	570	600	625
萍乡市	435	455	485	515	540	570	600	625
鹰潭市	360	390	430	475	515	560	600	625
全　省	440	460	490	515	545	570	600	625

表5 江西省扶贫攻坚8年规划贫困乡农民人均纯收入计划表

（争取目标,90年不变价）

单位:元/人年

地市	1993年	1994年	1995年	1996年	1997年	1998年	1999年	2000年
赣州地区	460	490	525	555	590	625	660	695
吉安地区	450	480	515	550	585	620	655	690
上饶地区	400	430	475	520	565	610	650	685
抚州地区	455	480	515	550	585	620	655	690
宜春地区	360	390	445	495	550	600	640	680
九江市	440	470	505	545	580	615	655	685
萍乡市	440	470	505	545	580	615	655	685
鹰潭市	360	390	445	495	550	600	640	680
全省	445	480	515	550	585	620	655	690

表6 江西省扶贫攻坚8年规划贫困县农民人均纯收入计划表

（确保目标,90年不变价）

单位:元/人年

地市	1993年	1994年	1995年	1996年	1997年	1998年	1999年	2000年
赣州地区	578	606	615	625	630	640	650	680
吉安地区	495	520	545	570	600	625	650	665
上饶地区	508	534	560	580	605	625	650	665
抚州地区	502	527	550	575	600	625	650	665
九江市	559	587	600	610	625	635	650	675
萍乡市	553	580	595	605	620	635	650	675
全省	542	569	585	605	620	635	650	675

表7 江西省扶贫攻坚8年规划贫困县农民人均纯收入计划表

(争取目标,90年不变价)

单位:元/人年

地市	1993 年	1994 年	1995 年	1996 年	1997 年	1998 年	1999 年	2000 年
赣州地区	578	618	650	685	720	760	800	850
吉安地区	495	530	570	610	650	700	750	800
上饶地区	508	544	580	620	660	710	760	810
抚州地区	502	537	570	610	650	700	750	800
九江市	559	598	630	665	700	745	790	840
萍乡市	553	591	625	660	695	740	790	840
全省	542	580	610	645	680	730	780	830

江西省人民政府关于加快发展农业产业化龙头企业的决定

1996 年 12 月 4 日

随着农村改革的深化和经济的发展,近几年来我省各地出现了以加工、商贸和科技企业为龙头,外联市场、内联生产基地和农户的农业产业化模式,这些农业产业化的生产经营组织,有效地把农业、工业、商贸和科技有机地结合起来,实现了多层次增值,生产的产品销路好效益高,对于建立社会主义市场经济体制,推进农业和农村经济增长方式的转变,实现农业增产农民增收、工业增效、财政增长都具有极其重要的意义,显示了强大的生命力和广阔的发展前景。为加快发展农业产业化龙头企业,切实推进我省农业产业化,特作如下决定:

一、充分认识推进农业产业化的重要性和紧迫性,把农业产业化作为加强农业、主攻

工业、繁荣商贸和推动科技进步的重大举措

农业产业化是贸工农科技一体化的一种全新的生产经营组织形式。各级领导要深入实际,认真总结发展农业产业化的典型经验,通过调查研究,提高对农业产业化的认识。它不仅是深化农村改革,促进农业实现两个根本性转变的重大举措,也是主攻工业、繁荣商贸和推动科技进步的重大举措;不仅是实现农业现代化的重要途径,也是实现财政增长的重要途径。我省农业产业化虽已取得一定的成绩,但仍处于起步阶段,与形势的发展需要还相差很远,必须进一步增强紧迫感,立足于早抓,尽快抓出成效。当前加快农业产业化的有利条件很多,各级领导要把这项工作摆上重要议事日程,加大力度扎实推进。要从发挥江西的农业优势出发,抓住当前农业企业产品市场较好,利润率较高,投资吸引力较强的机遇,动员各行各业参与发展农业产业化龙头企业的工作,促进农村改革和农村经济的发展。

二、以培植龙头企业为重点,明确农业产业化的指导思想和工作思路

为使我省农业产业化快速、健康发展,各级政府要按照建立社会主义市场经济体制的要求和全省经济发展的总体思路,进一步明确指导思想和工作思路。要以培植龙头企业为重点,实行龙头企业外联市场、内带基地和农户,不断提高农产品的市场占有率和深加工程度,促进农业增产、农民增收、工业增效、财政增长。通过农业产业化密切农业与工业、商贸、科技等产业的相关度,带动农业生产布局区域化、基地规模化、经营系列化,推进农业的现代化。

大力培植龙头企业,实行龙头企业带动战略,是加快农业产业化的关键一着。实践证明,把龙头企业搞好了,就能拓宽农产品的销路,带动基地和农户生产的发展,发挥走活一着棋、搞活全局的作用。各级政府一定要把大力发展龙头企业作为推进农业产业化的重中之重,使之成为推动农业产业化的启动点和着力点。各级领导要集中精力突出重点,培植一批带动农业产业化的龙头企业,在发展思路上,各地要突出把握两个重点:一是着重抓好特色农业产业化的龙头企业,尤其是要抓好特种粮油食品、特种畜禽水产养殖、特种林果、特种经济作物的产业化龙头企业。各县(市、区)要以市场为导向,从实际出发,因地制宜选准主导产业,把农业产业化与发展区域经济和主导产业结合起来。形成一县一业或一县几业的地方特色,促进特色农业上规模、上水平。二是着重抓好一批科技含量高具有创名牌实力的龙头企业。对产品新、技术高、市场竞争能力强、效益好的龙头企业实行重点扶持。

三、制定发展农业产业化龙头企业的"九五"后期规划和年度计划

各级政府要从本地实际出发,制定发展农业产业化龙头企业的"九五"后期规划和年度计划。从 1997 年至 2000 年通过新建、技改或扩大效益好的企业规模,全省发展年销售收入超过 1 亿元的龙头企业 100 家以上,其中,省农业、林业、乡镇企业等部门要重点抓好 8 至 10 个;每个地(市)重点抓 3 至 5 个;每个县(市、区)抓好 1 个以上。按照上述规划,1997 年全省建成新增销售收入 1000 万元以上的龙头企业 40 个。其中,省直部门建成 3 至 4 个、各地(市)分别建成 1 至 2 个,各县(市、区)由地(市)规划安排。

各地和有关部门要逐级抓好发展农业产业化龙头企业规划和计划的落实,做到总体规划、省地县三级推进分部门落实,把目标任务层层分解,责任到人。同时,要制定实现规划和计划的具体措施。

四、组织全社会力量积极参与发展农业产业化龙头企业的工作

加快农业产业化,必须有各方面的密切结合。各级政府要动员组织社会各方面和农、工、商、贸、科等部门积极参与发展农业产业化龙头企业的工作,树立"与农共兴衰"的新观念,广泛开展农农、农工、农商、农贸、农科等多方面的合作,建立多形式、多层次的利益共同体,构建各行、各业、各部门携手共抓农业产业化龙头企业的新格局。

各级政府要由主要领导负责,成立由农业、计委、经贸委、科委、商贸财政、金融、工商行政管理等部门组成的农业产业化协调领导小组,负责加强行业间的联系与协作。要建立协调会议制度,定期或不定期召开联席会议,及时通报农业产业化的进展情况,研究解决发展中出现的重大问题。各级农业综合部门要建立发展龙头企业的项目库,提出发展龙头企业的项目指南,引导各行各业投资兴办农业产业化龙头企业。

工业、商贸和科技部门要积极组织所属企业进入农业领域,投资兴办农业产业化的龙头企业。要大力提倡和鼓励企业参与兴办农业产业化龙头企业,无论国有、集体还是合资独资股份、私营、民营等企业,都可以申报兴办。兴办农业产业化龙头企业项目,要按基建程序要求委托有工程咨询资格的单位对项目组织评估、论证,经评估、论证认为确实可行的项目,在落实建设资金的条件下,计划部门要及时审批立项。

五、多渠道筹措发展农业产业化龙头企业的启动资金

从 1997 年起,省财政安排的农业多种经营、特色农业等支农专项资金,要集中使用,重点用于支持发展龙头企业。为了把发展农业产业化龙头企业和农业开发紧密结合起来,凡是商品粮棉基地县、"三高"农业示范区和农业综合开发项目县,都可以申报 1 个以上农业产业化龙头企业项目。省计委等项目主管单位,对这些县区所申报的农业产业化龙头企业项目,要优先安排立项。要实行信贷优惠政策。各级农行、信用社、农发行应本着支农建农的原则,对效益好、潜力大、前景广的农业产业化龙头企业,在资金、信贷规模等方面,要给予支持。

要进一步鼓励社会各方积极投资发展农业产业化龙头企业,特别是要搞好农业招商引资,拓宽农业利用外资的渠道,扩大利用外资的规模。

扶持发展农业产业化龙头企业启动资金的使用,要坚持效益优先的原则,对明年规划发展的 40 个龙头企业项目,各有关部门要积极支持,特别是各级财政要增加对支持发展龙头企业的投入,可以采取有偿滚动使用,也可以参股,控股的方式,作为国有资产投资;银行信贷资金按银行规定使用,并确保投资的安全和效益回报。无论哪家龙头企业,都不能仅靠财政、信贷投资,必须要有一定比例的资本金。对自有资金比例较大的龙头企业要优先安排扶持资金。

六、把开发引进先进技术作为办好农业产业化龙头企业的起点

办好农业产业化龙头企业,一定要实施名牌战略。实现创名牌的关键在于技术起点的高低。选择农业产业化的龙头企业。要围绕创名牌实行三个优先:即优先安排采用新技术、新工艺、生产名牌新产品的企业;优先安排技术改造能提高产品质量的企业;优先安排现有产品销路好、技术较先进、急需扩大规模的企业。

要组织科研人员搞好技改攻关,通过技术开发、技术革新和技术改造,提高龙头企业的市场竞争力和经济效益;要特别重视引进国内、国外的先进技术,通过购买技术专利和先进设备等途径,吸收转化和应用好现代科技成果,增强龙头企业的发展后劲。

要引导组织高校和科研院所科技人员把实用的现代科学技术和手段,直接应用到龙头企业,并通过技术转让、技术咨询、技术承包、技术入股等多种形式的联营、合作,取得合法报酬。在科企结合中,应坚持互惠互利、风险共担的原则,以保证龙头企业应用科技成果的安全、有效。

要鼓励增加对龙头企业的科技投资,各级财政要积极支持开发和引进兴办龙头企业所需要的先进技术专利和设备。

七、着力搞好农业产业化龙头企业外联市场、内带基地和农户的组织工作

龙头企业是农业产业化的桥梁和纽带,是产业链的核心环节。要在增强自身经济实力求得生存和发展的基础上,充分发挥外引内联、上下贯通的组织和服务功能。对内,要围绕主导产业建立

基地,促其形成规模和产业优势。特别是要面对千家万户,搞好产前、产中、产后服务工作,包括及时开展科技、生资等服务,组织农户搞好生产。兴办农业产业化龙头企业,包括原有各类以农产品为原料的工业企业,都要逐步建立稳定的原材料生产基地,与基地和农户签订收购合同,确保收购农产品数量和价格的相对稳定,并明确利润返回的办法,处理好工厂与农民的利益关系,建立优势互补、利益均沾、风险共担的抗风险机制。对外,要不断面向市场,搞好市场决策,进行市场的定向开发。要加强购销队伍建设,完善销售网络,加强广告宣传,要通过加强企业管理确保产品的质量、供货时间和搞好售后服务,提高企业的信誉,扩大市场的占有。各级工商行政管理部门要配合农业产业化发展的需要,增加对市场建设的投入,围绕主导产业的形成,逐步建设一批农产品专业市场。

八、加强对农业产业化的领导

加速农业产业化进程,既要充分发挥市场机制的作用,又要充分发挥政府的宏观调控职能。省、地、县设立的农业产业化协调领导小组,授权农业综合部门具体负责执行工作。农业综合部门的主要职责是:负责组织制定农业产业化龙头企业的发展规划和年度计划;负责协调搞好龙头企业和基地建设,帮助处理好各方的利益关系;负责督促、检查农业产业化的进展情况,并对各地和有关部门农业产业化的工作成果进行考核。

关于组织民兵预备役部队开展科技扶贫活动的通知

2000 年 8 月 3 日

各行政公署,各省辖市人民政府,各军分区,江西预备役师、各县(市、区)人民政府、人武部,各预备役团,省政府各部门,省军区各部门:

为认真贯彻落实党中央、国务院、中央军委关于做好扶贫工作的指示精神,进一步组织发动民兵预备役部队为老区群众脱贫致富作贡献,经省政府、省军区研究决定,从2000年开始,用三年时间组织全省民兵预备役部队广泛开展科技扶贫活动。现将有关事项通知如下:

一、科技扶贫活动的指导思想

坚持以党的基本路线和党的三代领导核心关于围绕大局办民兵的重要论述为指导,紧紧围绕省委、省政府扶贫开发的总体规划,组织民兵预备役部队广泛开展以"扶一批科技能手,促一方特色产业、富一片老区群众"为主要内容的科技扶贫活动,为振兴江西经济、改善群众生活,促进民兵预备役部队以质量建设作贡献。

二、科技扶贫活动的目标、任务

民兵预备役部队要积极适应形势发展,按照省委、省政府、省军区的部署和要求,在各级党委、政府和军事机关的统一领导下,结合当地实际,通过强有力的组织领导和扎实有效的工作,有计划、有步骤地开展科技扶贫活动,充分发挥民兵预备役部队"五个作用",努力达到"四个明显",即:在扶本治根、提高群众科技素质上发挥带头作用,在推进农业产业化进程、加快农村经济结构调整中发挥骨干作用,在改善群众生产生活条件和老区生态环境中发挥突出作用,在挂钩结对中发挥帮带作用,在精神文明建设中发挥表率作用,使老区群众自我发展能力有明显提高,贫困群众生活水平有明显改善,贫困地区"两个文明"建设有明显进步,民兵预备役部队自身建设有明显加强。主要任务有以下六个方面:

(一)坚持把解决贫困群众的温饱问题作为科技扶贫的首要任务。围绕省委、省政府提出的2000年在去年基础上再解决80万贫困人口温饱问题的要求,今年省军区发动民兵预备役部队力争帮助解决6至8万贫困人口温饱问题。分解到团级单位原则上都要帮助解决1000人温饱问题,明后两年的扶贫工作仍然要抓住这个问题不放。各级要密切配合全省农业结构战略性调整,强化科技扶贫工作,大力帮助贫困地区发展高产优质高效农业,帮助贫困群众早日解决穿衣吃饭问题。要努力提高农产品的市场适应性,实现增产与增效同步、丰产与增收并进,防止返贫现象。要组织民兵群众搞好资源开发,利用劳务输出,加快脱贫步伐。

(二)积极帮助贫困群众提高科技致富的本领。要大力开展科普宣传,通过广泛开展"实用技术宣传月""科技进步活动月""科技下乡"和创办民兵科技示范基地等活动,营造一个信科技、学科技、用科技的浓厚氛围。要加大科技培训力度,根据当地经济发展规划和群众需要,联合地方有关部门,发挥民兵训练基地、青年民兵之家和民兵育才学校的阵地作用,有计划、有重点、分层次地组织农村实用技术培训和交流,帮助民兵群众掌握一至两门脱贫致富的实用技术。对民兵专业户、乡土能人要加强引导,重点培训,在资金上给予适当扶持,使他们成为脱贫致富的带头人。要大力传播致富信息,开阔群众自我发展的视野,引导群众走向市场,为贫困群众科技致富铺路搭桥。要把支持贫困地区文化教育事业的发展,作为科技扶贫的重要内容,团以上单位要有重点地帮扶一所中小学校。要积极开展"一帮一"捐资助学活动,确保扶贫点适龄儿童入学率达100%。

(三)采取有力措施帮助贫困地区发展集体经济。指导贫困乡村发展集体经济,要适应市场需求,发挥当地优势,确立新思路,探索新路子,选择那些有市场、投资少、见效快、风险小的加工项目,切不可贪大求全,给群众增加新的负担。在农副产品盛产区,通过组建营销公司,开展产前、产中、产后社会化服务,实现生产、加工、销售的有机结合,逐步形成"一乡一业、一村一品"的格局;在紧靠城镇、厂矿企业和交通干线的地方,积极帮助乡村发展第二、第三产业,兴办配套加工、商贸、运输等经济实体;在山林资源丰富的山区,要大力兴办木材加工、石料加工等小型企业。在帮助贫困地区发展集体经济过程中,各级人武部门要在搞好市场调查论证、立项、引进资金、办理各种手续、协调各种关系、选拔推荐人才、制订完善管理制度等方面多出主意,多提建议,多做工作,但切不可包办代替,直接从事经营活动。

(四)帮助贫困地区把基层党支部建设成为能够带领群众科技致富的坚强战斗堡垒。农村基层党组织是党在农村工作的基础,是团结带领群众脱贫致富的核心。各军事单位要积极配合地方党委、政府加强挂钩点的基层组织建设。要把那些政治素质好、工作能力强的优秀退伍军人和民兵干部推荐到党支部和基层组织班子中,并注重通过学习培训、实际锻炼,帮助他们提高把关定向能力,依法行政能力和带领群众致富的能力。要帮助基层组织建章立制,指导和督促他们抓好《中国共产党农村基层组织工作条例》和《中华人民共和国村民委员会组织法》的落实。

(五)千方百计帮助贫困地区搞好基础设施建设。各地要从实际出发。发挥部队和民兵预备役人员突击力强的优势,成建制参加贫困地区"水、电、路、桥"等基础设施建设和改造,为群众科技致富创造条件。沿江滨湖地区军分区、人武部,要积极组织民兵预备役人员参加沿江干堤、重点圩堤等防洪工程建设,加强水资源的综合治理和开发利用,做好"治水高民"文章;山区各人武部,要积极响应省政府关于实施"跨世纪绿色工程"的号召,组织民兵预备役人员搞好植树造林,绿化荒山荒坡。增加植被面积,改善生态环境。要积极组织民兵预备役人员参加当地农田基本建设,改造中低产田,推广良种良法。要把农田基本建设和兴修水利结合起来,努力扩大旱涝保收面积。积极支援贫困地区修建乡村公路,改善交通条件。帮助贫困地区实施村村通广播电视工程,扩大广播、电视有效覆盖面。

(六)帮助贫困地区大力加强精神文明建设。认真贯彻落实党中央关于加强精神文明建设的指示精神,以建设社会主义新农村为目标,组织广大民兵预备役人员带头开展"四进"家门,争创"十星"级文明户和创建文明村镇等活动。要围绕转变社会风气和维护社会稳定这两个重点,教育引导民兵群众改变愚昧落后的不良习惯,养成健康文明的生活方式;自觉移风易俗,不搞封建迷信。抵制歪理邪说;转变传统观念,净化村风民风,树立社会主义新思想、新道德、新风尚;积极参加社会治安综合治理,为脱贫致富创造良好的社会环境。在已脱贫地区,特别是在经济较发达地区,要积极开展"致富思源,富而思进"教育。配合地方开展文化科技卫生"三下乡"活动和"送温暖献爱心"活动,促进贫困地区经济发展和群众物质文化生活水平的提高。

三、科技扶贫活动的措施、要求

(一)统一思想,提高认识。各地要采取多种形式组织民兵预备役人员认真学习新时期民兵工作指导思想和上级关于扶贫开发的一系列重要指示,使大家充分认清开展扶贫活动是实践江总书记"三个代表"重要思想的必然要求和实际行动,是事关"改革、发展、稳定"大局的重大政治任务;认清科技扶贫是加快贫困地区脱贫致富步伐的现实需要,是"科技兴农"、加强国防后备力量建设的有效途径;认清打好扶贫攻坚战是实践我军根本宗旨的实际行动,是省军区系统义不容辞的职责和长期任务,从而增强广大民兵预备役人员自觉投身科技扶贫活动的使命感和责任感。

(二)切实加强组织领导。各级政府要把民兵预备役部队科技扶贫工作当作促进经济,社会发展和国防后备力量建设的大事来抓,切实加强领导。要把这项工作纳入当地经济发展和扶贫攻坚的总体规划,做到统一部署,统一组织,统一实施。要重视发挥人武部门的职能作用,积极帮助解决民兵预备役部队科技扶贫中遇到的困难和问题。各有关部门要认真听取部队对科技扶贫工作的建议,尽职尽责,齐心协力,密切配合,共同支持民兵预备役部队的科技扶贫活动扎实有效地开展。各级老建办在制定扶贫攻坚计划时,要将民兵预备役部队科技扶贫纳入其中,统筹规划,并在扶贫资金项目安排上给予支持;农业部门要积极帮助民兵预备役人员掌握实用技术,帮助他们带头发展高产优质高效农业;科技部门要及时提供科技服务和指导,进一步提高民兵预备役部队扶贫的科技含量。各军分区、预备役师、县(市、区)人武部和预备役团要及时向地方党委、政府汇报开展科技扶贫活动的计划,主动争取支持。要建立有主要领导参加的扶贫工作领导小组,具体负责对扶贫工作的指导、协调和督促检查。要根据上级的指示要求和当地实际,认真研究制定本单位科技扶贫的目标规划和具体工作计划,把挂村包户的任务分解落实到具体单位和个人,签订责任书,明确分工,层层落实。要建立激励机制,对工作做得好成绩显著的予以表彰奖励,对工作不力、任务完成不好的及时提出批评。各军分区、预备役师每季度要安排一名领导到扶贫点帮助指导。各县(市、区)人武部和预备役团领导每月要到扶贫点现场办公。师团单位机关要经常安排干部到扶贫点蹲点;人武部、预备役团每季度,军分区、预备役师每半年要专门召开一次会议,分析形势,研究工作;要发挥桥梁纽带作用,积极协调驻地部队把支援地方经济建设、打好扶贫攻坚战纳入拥政爱民工作规划。

(三)不断改进扶贫方法。要按照中央扶贫开发工作会议精神和我省关于扶贫到村到户的要求,坚持以贫困村为主战场,以贫困户为基本对象,以改善基本生产生活条件和发展种养业为重点,集中力量解决贫困群众的温饱问题。要继续坚持军分区、预备役师联系乡,县级人武部和预备役团联系村,乡、镇人武部联系组,村民兵连长联系户的建点联系制度,做到"五到村五到户",即:计划分解到村,领导联系到村,帮扶措施到村,资金安排到村,工作深入到村;扶贫对象到户,帮扶人员到户,措施落实到户,项目覆盖到户,资金安排到户,确保扶贫任务的落实。要继续落实定目标、定对象、定责任、定成效、包脱贫的"四定一包"责任制。各单位原先确定的扶贫点,尚未脱贫的不得脱钩,已经脱贫的,要继续巩固,防止返贫。要把扶持到村到户与发展特色产业结合起来,走产业化扶贫的路子。要根据各地发展特色产业的需要,有计划地引进一批良种,推广一批先进实用技术,淘汰劣质品种和落后的生产技术。各地对一些高产、优质、高效又有市场前景的项目要予以重点扶持。

(四)实施科学指导。省军区政治部主要是搞好调查研究和宏观指导。军分区、预备役师主要是帮助县(市、区)人武部、预备役团理清工作思路,制定目标任务,协调各方关系,抓好典型引路。县(市、区)人武部、预备役团要发挥"一线指挥部"作用,做好组织发动,并加强对基层科技扶贫工作的具体指导。基层人武部和民兵组织要通过各种具体形式,组织民兵预备役人员帮群众脱贫,带群众致富,为群众解难,充分发挥"五个作用"。要实施分类指导,结合实际,因地制宜,扬长避短,切实选准科技扶贫的着力点和突破口,对挂钩村、帮扶户的情况逐一分析,有针对性地解决存在的问题。要坚持抓点带面,运用典型推动科技扶贫工作的开展。要大力宣扬一批科技扶贫的先进典型,不断把科技扶贫活动引向深入。

(五)坚持把扶贫工作与民兵工作紧密结合起来。人武系统开展科技扶贫,必须坚持军事效益和经济效益、社会效益同步发展,生产力和战斗力同步提高。在扶贫过程中,要结合宣传党的路线、方针、政策,对民兵预备役人员进行爱国主义、集体主义和社会主义教育,加强民兵预备役部队的思想政治建设;要通过科技扶贫,强化部队和民兵预备役人员的科技意识,促进"科技练兵"活动的深入发展;要进一步组织民兵开展以劳养武活动,促进村级集体经济发展和民兵组织巩固;要通过成建制参加扶贫攻坚战,提高民兵预备役人员的军政素质和专武干部、民兵干部、预任干部的组织指挥能力。通过开展科技扶贫,达到在用兵中练兵、强兵的目的,实现扶贫工作与民兵预备役建设相促进、同发展、双丰收,努力开创新时期民兵预备役工作的新局面,进一步巩固和发展新型军政军民关系。

关于印发全省扶贫开发工作重点县及重点乡名单的通知

2002 年 4 月 20 日

各市、县（区）人民政府，省政府各部门：

经国务院批准，我省兴国等 21 个县被确定为新阶段国家扶贫开发工作重点县。同时，经省政府研究，确定赣县田村镇等 563 个乡镇为全省扶贫开发工作重点乡。现将 21 个国家扶贫开发工作重点县及 563 个全省扶贫开发工作重点乡名单予以印发。

附件：

1. 全省扶贫开发工作重点县名单

2. 全省扶贫开发工作重点乡名单

2002 年 4 月 20 日

附件一

全省扶贫开发工作重点县名单

兴国县、宁都县、于都县、寻乌县、会昌县、安远县、上犹县、赣县、井冈山市、永新县、遂川县、吉安县、万安县、上饶县、横峰县、波阳县、余干县、广昌县、乐安县、修水县、莲花县

附件二

全省扶贫开发工作重点乡名单

一、赣州市（170 个）

赣县：

田村镇　长洛乡　湖江乡　大埠乡　古田乡　攸镇乡　吉埠镇　大田乡　石芜乡　小坪乡
湖新乡　白鹭乡　阳埠乡　五云镇

信丰县：

坪石乡　万隆乡

大余县：

新城镇　黄龙镇　浮江乡　樟斗镇　左拔乡　内良乡　青龙镇　吉村镇

上犹县：

沿湖乡　蓝田乡　水岩乡　安和乡　双溪乡　五指峰乡　梅水乡　寺下乡　金盆乡

崇义县：

龙勾乡　上堡乡　丰洲乡　杰坝乡

安远县：

孔田镇　风山乡　双芜乡　龙市镇　长沙乡　高云山乡　天心镇　濂江乡　塘村乡　鹤子镇
浮槎乡

龙南县：

武当镇　东江乡　南亨乡　杨村镇　临塘乡　夹湖乡

定南县：

岿美山镇　天花镇　月子镇　老城镇　龙塘镇　鹅公乡

全南县：

陂头镇　龙源坝乡

宁都县：

青塘镇　对坊乡　东韶乡　洛口镇　湛田乡　小布乡　黄陂镇　固厚乡　蔡江乡　竹笮乡
安福乡　钓峰乡　赖村镇　田埠乡　大沽乡　黄石乡

于都县：

银坑镇　靖石乡　桥头乡　罗江乡　宽田乡　车溪乡　禾丰镇　黄麟乡　马安乡　小溪乡
葛坳乡　段屋乡　梓山镇　沙心乡　仙下乡　利村乡

兴国县：

江背镇　樟木乡　崇贤乡　良村镇　永丰乡　方太乡　古龙冈镇　东村乡　枫边乡　龙口镇
均村乡　鼎龙乡

梅窖镇　兴莲乡　南坑乡　兴江乡　茶园乡　城冈乡　高兴镇　社富乡

会昌县：

筠门岭镇　洞头乡　富城乡　长岭乡　永隆乡　白鹅乡　西江镇　中村乡　凤凰岽乡　珠兰
乡　站塘乡　庄埠乡　周田镇

寻乌县：

晨光镇　桂竹帽镇　河角乡　吉潭镇　长安乡　丹溪乡　留车镇　三标乡　龙廷乡　澄江镇
菖蒲乡　罗珊乡

石城县：

小松镇　观下乡　龙岗乡　横江镇　大由乡　珠坑乡　屏山镇　木兰乡　洋地乡　高田乡

瑞金市：

沙洲坝镇　日东乡　万田乡　叶坪乡　丁陵乡　拔英乡　瑞林镇　黄柏乡　云石山乡　合龙
乡　冈面乡　泽覃乡　武阳乡　大柏地乡

南康市：

横寨乡　十八塘乡　大坪乡　三江乡　圩下乡　隆木乡　太窝乡

二、吉安市(105个)

吉州区：

樟山镇　长塘镇　曲濑乡

青原区：

值夏镇　东固镇　富滩镇　富田乡

井冈山市：

拿山乡　古城镇　茅坪乡　黄坳乡　鹅岭乡　东上乡　下七乡　新城镇　睦村乡

吉安县：

固江镇　浬田乡　官田乡　桐坪乡　高塘乡　凤凰乡　永和镇　梅塘乡　敖城乡　北源乡

吉水县：

枫江镇　尚贤乡　水田乡　白沙镇　西沙乡　醪桥镇　盘谷镇

新干县：

三湖镇　荷浦乡

永丰县：

藤田镇　七都乡　潭头乡　沙溪镇　陶唐乡　上固乡　石马镇　古县乡　三坊乡　龙冈镇
中村乡　君埠乡

泰和县：

螺溪乡　南溪乡　上圯乡　沙村镇　上模乡　老营盘乡　石山乡　水槎乡

遂川县：

堆子前镇　大坑乡　汤湖乡　大汾镇　黄坑乡　戴家埔乡　高坪镇　南江乡　七岭乡　上坑
乡　杨芬乡　营盘圩乡

万安县：

高陂镇　韶口乡　武术乡　枧头镇　夏造镇　涧田乡　五丰镇　罗塘乡　宝山乡　沙坪镇
弹前乡　顺峰乡　百嘉乡

安福县：

竹江乡　洋门乡　五溪乡　大布乡　柘田乡　甘洛乡　钱山乡　金田乡　寮塘乡

永新县：

文竹镇　才丰乡　台岭乡　石桥镇　龙源口乡　芦溪乡　怀忠镇　烟阁乡　高溪乡　泮中镇
江畔乡　龙田乡　东里镇　在中乡　莲洲乡　龙门镇

三、上饶市(99个)

上饶县：

华坛山镇　郑坊乡　大地乡　枫岭头镇　茗洋乡　应家乡　皂头镇　石人乡　尊桥乡　五府
山镇　湖村乡　黄沙岭乡　四十八镇　汪村乡　黄市乡　望仙乡

广丰县：

岭底乡

玉山县：

紫湖镇　南山乡　怀玉乡　下塘乡

铅山县：

黄岗山镇　港东乡　簧碧乡　傍罗乡　太源畲族乡

横峰县：

葛源镇　莲荷乡　龙门畈乡　姚家乡　港边乡　新篁乡　铺前镇　司铺乡　青板乡

弋阳县：

漆工镇　叠山镇　烈桥乡　曹溪镇　中畈乡　三县岭乡　港口镇　清湖乡

余干县：

黄金埠镇　金山嘴乡　梅港乡　信丰乡　枫港乡　杨埠乡　瑞洪镇　禾山乡　五雷乡　古竹乡　大溪乡　白马桥乡　古埠镇　江埠乡　峡山乡　三塘乡　九龙乡　新生乡

波阳县：

古县渡镇　柘港乡　凰岗乡　银宝湖乡　磨刀石乡　神山乡　饶埠镇　珠湖乡　东溪乡　莲山乡　聂家乡　三庙前乡　桥头街乡　白沙洲乡　太阳埠乡　响水滩乡　昌洲乡　莲湖乡　碧山乡

万年县：

石镇镇　齐埠乡　苏桥乡　梓埠镇

婺源县：

秋口镇　许村镇　梅林乡　思口镇　溪头乡　沱川乡　江湾镇　潋溪乡　浙源乡　中云镇　段莘乡　郓山乡

德兴市：

占才乡　畈大乡　张村乡

四、抚州市(56个)

临川区：

云山镇

南城县：

天井源乡　严和乡

黎川县：

洵口镇　湖坊乡　樟溪乡　厚村乡　东堡乡　西城乡　坊坪乡

南丰县：

沙岗乡　波罗乡　西溪乡　三溪乡

崇仁县：

航埠镇　孙坊镇　六家桥乡

乐安县：

牛田镇　万崇乡　坪溪乡　龚坊镇　湖坪乡　南村乡　招携镇　罗陂乡　望仙乡　湖溪乡　金竹乡　谷岗乡

宜黄县：

东陂镇　新丰乡　南源乡　中港乡

金溪县：

浒湾镇　合市乡　琅琚乡　黄通乡　陈坊积乡　石门乡　对桥乡

资溪县：

饶桥镇　高田乡　石峡乡　泸阳乡　欧溪乡

广昌县：

甘竹镇　水南圩乡　尖峰乡　驿前镇　柯树乡　塘坊乡　赤水镇　长桥乡　杨溪乡　千善乡　新安乡

五、九江市(74个)

九江县：

江洲镇　城门乡

武宁县：

横路乡　官莲乡　南岳乡　东林乡

修水县：

全丰镇　白岭镇　古市镇　东港乡　上杭乡　西港镇　杭口镇　溪口镇　路口乡　程坊乡　新湾乡　布甲乡　黄龙乡　上衫乡　石坳乡　庙岭乡　复原乡

永修县：

吴城镇　三角乡　立新乡　文城镇　马口乡　城丰乡　虹津镇　九合乡

德安县：

付山乡

星子县：

蛤口镇　蓼花镇　蚌湖乡　白鹿镇　蓼南乡　苏家垱乡　蛟塘镇　华林乡

都昌县：

周溪镇　左里镇　化民乡　万户镇　梦溪乡　苏山乡　三汊港镇　和合乡　鸣山乡　土塘镇　狮山乡　汪墩乡

大沙镇　西源乡　盐田乡　徐埠镇　杭桥乡　大树乡

湖口县：

大垅乡　屏峰乡　流芳乡　江桥乡

彭泽县：

湖西乡　太泊湖乡　海形乡　太平关乡

瑞昌市：

夏版镇　洪一乡　黄金乡　乐园乡　洪下乡　南阳乡　乐山乡　花园乡

六、萍乡市(19个)

湘东区：

白竺乡

莲花县：

良坊镇　路口镇　神泉乡　六市乡　湖上乡　闪石乡　南岭乡　荷塘乡　高洲乡

上栗县：

长平乡　东源乡　杨岐乡　鸡冠山乡

芦溪县：

新泉乡　麻田乡　万龙山乡　华云乡　源南乡

七、宜春市（15个）

袁州区：

慈化镇　丰顶山乡　飞剑潭乡　水江乡

丰城市：

同田乡

樟树市：

中洲乡　洲上乡

奉新县：

澡溪乡

万载县：

赤兴乡　岭东乡　白水乡

上高县：

镇渡乡

宜丰县：

车上乡

靖安县：

罗湾乡

铜鼓县：

棋坪镇

八、南昌市（13个）

湾里区：

太平乡

南昌县：

塘南镇　塔城乡

新建县：

厚田乡　金桥乡　铁河乡　义渡乡

安义县：

长埠镇　黄洲乡　新民乡

进贤县：

前坊镇　钟陵乡　南台乡

九、景德镇市（3个）

浮梁县：

黄坛乡　江村乡　西湖乡

十、新余市（3个）

分宜县:

苑坑乡　高岚乡　操场乡

十一、鹰潭市(6个)

贵溪市:

河潭镇　周坊镇　彭湾乡　志光镇　樟坪畲族乡

余江县:

平定乡

关于加快解决中央直属水库移民遗留问题的意见

2003 年 12 月 19 日

各市、县(区)人民政府,省政府各部门:

　　自新中国成立至 1985 年,全省先后兴建了上犹江、洪门、江口、罗湾、柘林等 5 座中央直属水库(水电站)。这些工程在防洪、发电、灌溉、供水、水产养殖以及旅游等方面发挥了综合效益,为我省国民经济和社会发展作出了很大贡献。但由于受当时政治、经济等多方面因素的影响,水库移民大部分就地后靠安置在库区或山区,自然条件艰苦,资源严重匮乏,经济发展缓慢,至今仍有部分移民还没有解决温饱问题。根据《国务院办公厅转发水利部等部门关于加快解决中央直属水库移民遗留问题若干意见的通知》(国办发〔2002〕3 号)精神,结合我省实际,现就加快解决我省中央直属水库移民(以下简称水库移民)遗留问题工作提出以下意见。

　　一、解决水库移民遗留问题的原则、范围和目标

　　(一)解决水库移民遗留问题应坚持以下原则:

　　1. 不算老账,不搞退赔,不重新补偿。处理移民遗留问题要贯彻开发性移民工作方针。移民扶持资金用于解决移民所需的基础设施和生产扶持项目,不能发放或补助给个人,通过改善移民安置区的生产资源条件、基础设施条件,扶持移民发展生产,使其形成良性循环、具备自我发展的条件。

　　2. 责任落实到地方,实行分级负责。解决移民遗留问题的主要责任在移民安置所在县政府,要做到资金到县、任务到县、责任到县。各级政府要把解决水库移民遗留问题列入重要议程,根据本地水库移民的实际情况,制定出切实可行的规划,按照分级负责的原则,认真组织实施。

　　3. 谁受益,谁承担。水库具有防洪、发电、灌溉、供水、水产养殖和旅游等综合效益。解决水库移民遗留问题所需经费,应由受益地区、单位及个人合理分摊、共同承担。

　　4. 与当地经济社会发展相结合。制定解决水库移民遗留问题的规划,逐年纳入地方经济社会发展计划。坚持人口、资源、环境协调发展,加强生产条件、基础设施建设,通过规划实施使移民安置区逐步与地方的社会和经济同步发展。

　　(二)解决水库移民遗留问题的范围和目标

　　解决水库移民遗留问题的范围是指解决 1985 年底以前建成投产的上犹江、洪门、江口、罗湾、柏林等5座中央直属水库和我省接收安置的浙江新安江、富春江水库的农村移民,因缺乏生产条件和基础设施而产生的贫困问题。城镇移民的生活困难问题纳入城镇社会保障体系解决。

从2003年起,用6年时间,解决水库移民温饱问题。重点是加强移民安置区的基础设施建设,改善移民的生产、生活和生存条件,使移民的生活水平能逐步达到安置所在县农村人口平均水平。

二、解决水库移民遗留问题的基本措施

(一)多方筹集资金,用于解决水库移民遗留问题。

(二)制定切实可行的规划,认真组织实施。规划实施要具体到村,扶持项目的受益要落实到户。

(三)建立移民集中安置区的社会化服务体系。发展农业产业化经营,增强移民适应市场竞争的能力。

(四)引导移民发扬自力更生、艰苦创业精神。优先扶持勤劳、自立的移民,发挥引导、示范作用,克服依赖思想,共同建设家园。

(五)加强科技扶持措施。积极向库区和移民安置区引进农业优良品种、推广适用技术;培训移民科学文化知识和应用科技的能力,提高移民的素质。

三、加大解决水库移民遗留问题的工作力度

(一)对贫困水库移民实行重点扶持。

1.将尚未解决温饱问题的水库移民列入重点扶持对象,在移民扶持资金和项目上予以重点安排。

2.属于国家扶贫开发工作重点县和省定扶贫开发工作重点乡、村的贫困水库移民,扶贫部门要结合实施村级扶贫规划给予重点扶持。

3.计划、水利、交通、民政、教育、农业开发等有关部门在有水库移民的地区安排项目时要对水库移民安置点予以倾斜。

4.水库建成后形成的水面和消落区,水库移民可优先开发利用。

(二)对二次搬迁水库移民实施以下优惠政策:

1.水库移民使用新迁址农村集体经济组织的土地,按规定办理使用手续,免收相关税及行政规费。水库移民搬迁造成土地撂荒和修建公路等公共设施占用耕地的,免征农业税及附加。

2.水库移民搬迁建自用房,如果不占用耕地的,除工本费外,其他费用不得直接或变相向水库移民征收。

3.水库移民建房自行采石、采沙及制砖、制瓦,必须在当地国土资源部门、水利部门指定的范围内进行,国土资源部门和水利部门免收有关行政规费。

4.水库移民进入建制镇、集镇规划区建住宅的,免征市政公用设施配套费;水库移民新建村、镇免收建设工程质量监督费、建筑行业上级管理费,减半征收地形测量费;无偿为移民建房提供规划设计和工程勘察设计服务。

5.集中搬迁的行政村新建公路,省交通厅按每公里3万元标准补助;铺设油(水泥)路面,按县乡公路标准给予补助;新建公路大、中型桥梁,按每延米3000元标准补助。

四、切实做好解决水库移民遗留问题资金的筹措与管理

解决水库移民遗留问题的资金,除国家安排的库区建设基金外,省、市、县三级财政按2∶4∶4比例筹集地方配套资金的10%,其余部分通过有关部门安排水库移民安置区扶贫项目和资金解决。要切实加强项目和资金管理工作,提高资金使用效益。在资金使用上要突出重点,不搞平均分配。年度项目计划要纳入当地经济社会发展总体规划,基本建设项目按基建程序报批和管理。移民资金要严格管理,按规定使用,实行专户存储,专门核算,由各级移民主管部门负责资金的管理和核算。各级计划、财政、监察、审计等部门要加强对移民专项资金管理的监督。对贪污、挪用、挤占、克扣和浪费移民经费的单位和个人,要依法依纪严肃处理。

五、进一步加强对解决水库移民遗留问题工作的领导

解决水库移民遗留问题关系到移民的生产、生活和社会稳定,情况复杂,政策性很强,任务十分艰巨。各级政府要高度重视,加强领导,精心组织,认真落实。

解决中央直属水库移民遗留问题工作由省移民办公室负责,归口省民政厅管理。主要任务是做好协调,研究制定有关管理规章,监督检查规划实施等。各级政府要明确本级政府移民工作的主管部门,本着精简、统一、效能的原则,健全移民管理机构,落实人员编制和工作经费。切实加强移民干部队伍建设,不断提高管理和服务水平。

江西省平垸行洪退田还湖移民建镇若干规定

2004 年 6 月 30 日

第一章　总则

第一条　为了贯彻国家"封山植树、退耕还林;平垸行洪、退田还湖;以工代赈、移民建镇、加固干堤、疏浚河湖"的方针,加强对平垸行洪、退田还湖、移民建镇的管理,制定本规定。

第二条　本省行政区域内经批准的平垸行洪、退田还湖、移民建镇适用本规定。

第三条　平垸行洪、退田还湖、移民建镇按下列原则执行:

(一)双退圩堤,圩内相应湖口水位 22 米(吴淞高程,下同)以下或者同河段 20 年一遇洪水位以下的土地退还为水域或者滩涂,圩内居住在相应高程以下的居民迁至圩外移民建镇;

(二)单退圩堤,圩内土地低水种养、高水还湖蓄洪,圩内居住在相应湖口水位 22 米以下或者同河段 20 年一遇洪水位以下的居民迁出原居住地移民建镇;

(三)分蓄洪区,圩内居住在相应湖口水位 22.5 米以下的居民迁出原居住地移民建镇;

(四)堤外滩地,居住在相应湖口水位 22 米以下或者同河段 20 年一遇洪水位以下的居民迁出原居住地移民建镇。

第四条　平垸行洪、退田还湖、移民建镇应当统筹规划、科学论证,坚持有利于防洪减灾、有利于灾区人民生产和生活、有利于湖区经济发展、有利于改善湖区生态环境、有利于推动小城镇建设的原则,禁止移民返迁、禁止不拆旧还基、禁止假平退圩堤。

第五条　有关市、县(区)人民政府应当加强对平垸行洪、退田还湖、移民建镇工作的领导,实行行政首长负责制,采取有力措施,为移民安居乐业、发展生产创造有利条件,并应当指定一个部门负责日常管理工作。

第六条　县级以上人民政府有关部门在平垸行洪、退田还湖、移民建镇工作中履行下列规定职责:

(一)计划部门负责做好计划的协调和综合平衡工作;

(二)财政部门按照有关规定做好移民建镇资金拨付和监督管理工作;

(三)水利部门负责做好平退垸堤的工程措施建设规划,组织编制工程建设项目的设计,按照基本建设程序做好建设项目的审批等前期工作和有关实施工作,并协助防汛指挥机构制定平退垸堤的防洪调度运用计划;

(四)建设部门负责组织新建移民点的规划、设计,指导施工,负责质量监督;

(五)国土资源部门负责移民建镇所需土地的规划、供应,组织土地复垦整理,办理土地登记发证;

(六)农业部门负责组织移民的农业产业结构调整,指导发展农业生产;

(七)电力部门负责做好新建移民点的电力规划、设计并组织施工,属农网改造的优先安排;

(八)交通部门负责对基层村以上的新建移民点的外接公路建设给予资金扶持;

(九)教育部门负责组织新建移民点中、小学校的规划建设;

(十)卫生部门负责组织新建移民点的乡镇医疗卫生机构的规划建设和血防工作;

(十一)监察部门负责受理群众举报,及时查处违法违纪行为;

(十二)审计部门依法对移民建镇资金定期进行审计,确保资金运行真实、合法、高效;

(十三)林业、粮食、地税、民政、电信、物价等部门应当按照各自的职责分工,密切配合,共同为平垸行洪、退田还湖、移民建镇做好指导、服务、管理、监督工作。

第七条　有关市、县(区)、乡(镇)人民政府应当建立严格的资金管理制度,确保平垸行洪、退田还湖、移民建镇资金专款专用。

第二章　移民的权利义务

第八条　移民户按下列原则确定:

(一)属于本规定第三条确定必须迁出的常住居民;

(二)有供自己常年居住的房屋且在本规定第三条规定的范围外无单栋(套)住房的;

(三)已依法单独立户并承担了按户分摊的村提留、乡统筹等义务。单独立户时间,第一、二期以1998年6月30日以前立户为准,第三期以后新增加的平退垸堤范围内移民以2000年6月30日以前立户为准。单独立户时,父亲已年满60周岁,母亲已年满55周岁,子女已享受移民补助资金的,其父母不再单独享受移民补助资金。

有移民任务的县级人民政府应当根据前款规定的原则,从当地实际出发,在确保平退垸堤范围内应当迁出的居民全部迁出的前提下,制定移民户的具体标准,向社会公布,并报省移民建镇办事机构备案。

确定为移民户的,以村为单位张榜公布。

第九条 移民享有下列权利:

(一)依据省政府的规定足额享受国家移民建房补助资金;

(二)享受《中共江西省委江西省人民政府关于灾后重建、根治水患的决定》(赣发〔1998〕22号)规定的8条优惠政策;

(三)依法参与村务管理;

(四)享有当地居民的同等权利。

第十条 移民应当承担下列义务:

(一)服从当地政府关于搬迁的统一安排,并按规划要求进行建设;

(二)服从国家对圩堤的平退或者分蓄洪调度;

(三)已建成新居且领取了移民补助资金的应当按照政府规定的期限拆除旧房,退还宅基地;

(四)承担与当地居民同等的义务。

第三章 圩堤的防洪运用与管理

第十一条 平垸行洪、退田还湖圩堤的防洪运用与管理应当服从流域综合规划和全省防洪总体安排,由圩堤所在地的县级人民政府负责。

第十二条 平垸行洪、退田还湖圩堤的防洪运用:

(一)双退圩堤按规定平毁后自然行蓄洪。

(二)单退圩堤遇进洪水位以上洪水时,必须进洪蓄水。单退圩堤进洪水位按下列规定执行:

1.保护面积1万亩以上受湖洪控制的圩堤进洪水位为相应湖口水位21.68米,受河洪控制的圩堤进洪水位为相应河段10年一遇的洪水位;

2.保护面积在1万亩以下受湖洪控制的圩堤进洪水位为相应湖口水位20.5米,受河洪控制的圩堤进洪水位为相应河段5年一遇的洪水位。

(三)余干县境内的貊皮岭分洪道属五河尾闾信江下游的重要分洪工程,其运用按省批准的方案执行;康山、珠湖、黄湖、方洲斜塘分蓄洪区属国家规定的长江蓄滞洪区,其运用按国家有关分蓄洪区的规定执行。

(四)堤外滩地的居民迁出后,自然行蓄洪,不再采取相应的工程措施。

第十三条 双退圩堤采取以下工程措施:

(一)对入鄱阳湖的江河,以赣江八一桥、信江梅港、昌江古县渡、修河永修县城、博阳河德安县城、西河章田渡为界,分界点以上河道划定的双退圩堤,应当将现有圩堤全部拆毁至相应河段警戒线水位以下2米;分界点以下河道(包括尾闾地区、鄱阳湖区)划定的双退圩堤,采用顺水流方向开口行洪方式,上、下行洪口门平毁宽度视圩堤情况一般为100至300米,行洪口门顶高程河道圩堤为相应河段警戒线水位以下2米,湖区及尾闾区圩堤为相应湖口水位18.5米;

(二)长江河段的双退圩堤采取开进洪口门行洪方式,对照采用进入鄱阳湖的江河分界点以下河道圩堤工程措施标准。

双退圩堤平毁或者自然溃口后,禁止修复。

第十四条 单退圩堤采取以下工程措施:

(一)保护面积 1 万亩以上的圩堤采用滚水坝和进、出洪闸相结合的方式,设置进、出洪工程,滚水坝顶高程为规定的进洪水位高程,坝长不少于 100 米;

(二)保护面积 1 万亩以下的圩堤不增设新的工程措施,在规定的进洪水位扒口或者利用现有的排洪闸开闸进洪。

单退圩堤可以修复加固,但不得加高,在汛期遇到超进洪水位洪水时,禁止加子堤挡水。

第十五条 平垸行洪、退田还湖圩堤工程措施建设项目,依照基本建设程序审批,由所在地县级人民政府水行政主管部门组建项目法人组织实施。有关管理部门应当加强对工程项目建设的督促检查,确保工程质量。工程竣工验收后移交给县级人民政府确定的管理单位进行管理。

第四章 土地管理

第十六条 有关县、乡级人民政府应当根据当地土地资源条件和全省防洪总体安排,组织修订土地利用总体规划,合理安排移民生产、生活用地。

第十七条 双退圩堤内恢复为水域或者滩涂的土地,其所有权确定为国有。

双退圩堤内按本规定第三条规定不恢复为水域或者滩涂的土地,其所有权性质不变。

双退圩堤、单退圩堤内及堤外滩地在相应湖口水位 23 米以下或者同河段 20 年一遇洪水位以下禁止新建居民点或者其他永久性建筑物、构筑物,但经县级以上人民政府水行政主管部门批准建设的水利设施除外。

第十八条 双退圩堤内没有外迁安排生产用地的移民原承包现已恢复为水域或者滩涂的土地在自然状态下,继续由其使用、经营和管理;已经外迁并安排了生产用地的移民原承包的土地,在自然状态下其使用权及使用方式在不影响防洪的前提下由土地所在地县级人民政府确定,已经外迁并安排了生产用地的移民不得干涉其使用、经营和管理。

按前款规定使用的土地,原负担了农业税的,予以免征农业税。因免征农业税而影响的财政收入,由省财政在转移支付中补助一部分,县(市、区)自行消化一部分,具体办法待农村税费改革时,由省人民政府另行规定;原承担了粮食定购任务的,由粮食部门会同计划、农业、土地行政主管部门核定数字,逐级报省人民政府核减。

第十九条 单退圩堤内的土地,其所有权性质不变,仍由原集体经济组织或者原承包者使用、经营和管理。

单退圩堤按规定进洪水位行蓄洪后圩内凡属农业税计税土地且当年没有收益的,相应核减其农业税,核减的农业税按财政体制负担。

第二十条 移民建镇用地可以采取以下方式取得:

(一)本集体经济组织的土地;

(二)国有农、林、牧、渔、垦殖场的土地;

(三)以本集体经济组织的土地与农村其他集体经济组织的土地进行调换;

(四)农村集体经济组织之间有偿调剂;

(五)由县级人民政府征用农村集体所有的土地,再划拨给移民使用。

符合土地利用总体规划、村镇规划和移民安置条件的移民建镇用地,农村集体经济组织调剂不成的,由乡级人民政府或者县级人民政府协调,协调不成的由县级人民政府予以征用。移民建镇用地跨市、县的,由有关市、县人民政府协商解决,协商不成的,由其共同的上一级人民政府决定。

第二十一条 经批准的移民建镇用地只能用于移民的住宅建设和配套的公用设施建设,不得移作他用。

第二十二条 移民宅基地分配应当公正、公平、公开。集镇、中心村地段较好的宅基地,可以依法向移民采取公开拍卖的方式提供。拍卖所得收益全部用于移民建镇。

移民户只能拥有一处宅基地,宅基地面积标准不得突破《江西省实施〈中华人民共和国土地管理法〉办法》的规定。

第二十三条 鼓励移民到乡人民政府所在地的集镇或者建制镇以上的城镇安家落户,自谋职业,有关部门应当根据移民的意愿解决其城镇户口。

第二十四条 移民建镇使用的下列土地,其所有权确定给移民的集体经济组织:

(一)本集体经济组织的土地;

(二)本集体经济组织与农村其他集体经济组织调换的土地;

(三)农村其他集体经济组织有偿调剂的土地。

使用前款第(二)、(三)项土地,应当由移民的集体经济组织与农村其他集体经济组织之间签订协议,并依法办理土地变更登记,确认所有权。

第二十五条 移民建镇使用国有农、林、牧、渔、垦殖场土地的或者使用通过征用取得的土地的,其土地所有权属于国家,由县级以上人民政府依法确定给移民或者移民的集体经济组织使用。

第二十六条 双退外迁继续从事农业种植的移民应当安置到人均耕地较多的地方,安排给移民的耕地一般人均不得少于666平方米,但当地人均耕地不足666平方米的应当不低于当地的人均标准。

移民的耕地可以通过以下方式解决:

(一)以本集体经济组织的土地与农村其他集体经济组织的土地调换;

(二)由农村其他集体经济组织调剂;

(三)从国有农、林、牧、渔、垦殖场中调剂;

(四)开发宜农的土地后备资源。

对自愿进城镇安置的移民,可不再安排生产用地。

第二十七条 有关县、乡级人民政府应当在保证土地生态环境协调发展的前提下,按照土地利用总体规划和全省防洪总体安排,制订切实可行的土地开发、复垦、整理规划和计划,鼓励和引导移民开发宜农的土地后备资源。

单退圩堤内的宅基地应当进行开发整理,能复垦成耕地的必须复垦成耕地。

土地开发、复垦、整理采取移民投工投劳与政府补助相结合的方法进行。政府补助资金可以从耕地开发、复垦专项资金中优先安排。

第二十八条 从国有农、林、牧、渔、垦殖场中调剂的移民生产用地,属于国家所有,由市、县人民政府依法确定给移民或者移民的集体经济组织使用。

以本集体经济组织的土地与农村其他集体经济组织的土地调换的移民生产用地,或者由农村其他集体经济组织调剂的移民生产用地,所有权归移民的集体经济组织,但需由移民的集体经济组织与农村其他集体经济组织签订协议,并依法办理土地变更登记,确认所有权。

第二十九条　开发国有土地后备资源的,开发的土地由市、县人民政府依法确定给移民或者移民的集体经济组织使用。

开发其他集体组织所有的土地后备资源的,由移民的集体经济组织与该土地的所有者签订协议,经土地所在地的乡级人民政府审核,报县(市)人民政府批准,土地所在地属区人民政府管辖的,报设区的市人民政府批准后,该土地变更为移民的集体经济组织所有。

单退圩堤内退出的建设用地所有权不变,经复垦整理成耕地后可依法承包给移民耕种。

第三十条　安排给移民的生产用地应当严格执行国家和本省有关土地第二轮承包的各项政策规定,承包期限与第二轮土地承包相衔接。

第三十一条　平垸行洪、退田还湖、移民建镇中的土地所有权、使用权变更以及进行非农业建设的,必须依照土地管理法律法规的规定办理审批手续,避免产生新的土地权属纠纷。

移民建镇用地以一个移民建镇点为单位统一办理建设用地审批手续。其中使用国家征用的土地的应当办理征地审批手续。

第三十二条　平垸行洪、退田还湖、移民建镇中涉及的土地所有权、使用权变更必须依法办理土地登记、统计和发证手续。

第五章移民建镇规划与建设

第三十三条　移民建镇必须依照国家村镇规划标准和用地标准编制规划。

第三十四条　移民建镇应当多建集镇、中心村,少建基层村,严格控制建20户以下的分散零星移民点。双退外迁的移民在有利于解决移民生计的前提下可以依托自然村分散安置。

第三十五条　移民建镇选点必须在相应湖口水位23米以上或者同河段20年一遇洪水位以上高地,避开缺乏生活水源、地质灾害易发区以及地势高差过大的区域,其耕作半径一般不超过5公里。

第三十六条　移民建镇点按人口分级编制规划,500人以下按基层村、500人以上2000人以下按中心村、2000人以上按集镇编制规划。

第三十七条　移民建镇点规划按下列规定编制:

(一)集镇和中心村的规划应当委托有资质的规划设计单位编制;

(二)基层村的规划可以在县级人民政府建设行政主管部门或者有资质的规划设计单位的指导下,由乡级人民政府组织技术人员编制。

第三十八条　规划按下列规定审批:

(一)集镇规划应当经村民会议或者村民代表会议讨论,乡级人民代表大会审查同意,由乡级人民政府报县级人民政府批准,并报省、设区的市建设行政主管部门备案;

(二)中心村、基层村规划应当经村民会议或者村民代表会议讨论同意,由乡级人民政府审查,报县级人民政府批准。

县级人民政府在批准集镇规划前,应当组织建设、计划、水利、国土资源、教育、卫生、交通、农业、电力、电信等部门进行论证。

经批准的规划确需修改的,必须报经原批准机关批准。

第三十九条 经批准的移民建镇点规划,由县、乡级人民政府组织实施,任何单位和个人在规划区内进行建设,应当符合规划的要求。

第四十条 移民建镇点的建设应当在搞好"三通一平"的前提下,坚持先地下工程后地上工程、近期建设与长远发展相结合、房屋与公用基础设施同步配套建设的原则。

县、乡级人民政府应当对移民建房和公用基础设施建设实施统一管理。

第四十一条 在建制镇规划区范围内建房,以移民建镇点为单位向县级人民政府建设行政主管部门或者其委托的乡级人民政府申办"一书两证"(即选址意见书、建设用地规划许可证、建设工程规划许可证);在集镇、村庄建房,以移民建镇点为单位向乡级人民政府申办"一书一证"(即选址意见书、村镇房屋建设许可证)。在本规定施行前未及时申办的,应当在本规定实施后3个月内补办。

第四十二条 在移民建镇点从事建筑工程的施工单位,必须具备相应的资质等级。从事移民建房的村镇建筑工匠,必须按有关规定办理施工资质审批手续。

第四十三条 移民建镇的公用基础工程单项工程造价10万元以上的应当采取招标方式确定施工队伍,其中10万元以上、30万元以下的由乡级人民政府移民建镇办事机构组织招标,30万元以上的由县级人民政府移民建镇办事机构组织招标,并比照项目法人制实行责任制,由项目责任人对工程质量和造价负责。

第四十四条 加强对移民建房和公用基础设施建设项目的质量监督管理。移民建镇点都应当派驻质监员,按规定分阶段对工程质量进行验收,质量不合格的限期整改。工程竣工后应当及时组织验收,质量合格的方可投入使用。

第四十五条 已经建成的移民建镇点应当按有关规定命名,依法建立健全基层群众自治组织,制定管理环境卫生、园林绿化和公用基础设施等方面的规章制度。

乡级人民政府驻地迁移的应当按行政区划管理规定,报省人民政府批准。

第六章 法律责任

第四十六条 违反本规定第十三条、第十四条有下列行为之一,由省水行政主管部门责令所在地县级人民政府限期改正;逾期拒不改正的,由省水行政主管部门提请省监察部门分级依法对负有责任的县、乡级行政领导给予行政处分:

(一)将已经平毁或者自然溃口的双退圩堤重新修复的;

(二)双退圩堤不按规定拆毁或者设置行洪口的;

(三)加高单退圩堤或者汛期在单退圩堤上加子堤挡水的;

(四)单退圩堤不按规定采取工程措施的。

第四十七条 违反本规定第十七条第三款规定,在双退圩堤内或者在单退圩堤、堤外滩地规定禁止建设的范围内新建居民点或者其他永久性建筑物、构筑物的,由所在地县级人民政府责令限期拆除;逾期拒不拆除的,由县级人民政府决定强制拆除,拆除所需费用由当事人负担。

第四十八条 违反本规定第十条第三项规定,已建成新居且领取了移民补助资金的移民不按所在地县级人民政府规定的期限拆除旧房,退还宅基地的,由所在地县级人民政府决定强制拆除,拆除所需费用由当事人负担。

第四十九条 违反本规定第三十九条规定,移民不按移民建镇点规划要求进行建设的,由县级以上人民政府建设行政主管部门责令停止建设,并视情采取限期改正、限期拆除或者没收违法建筑物、构筑物和其他设施的措施或者处罚。

第五十条 违反本规定第四十三条规定,移民建镇的公用基础工程不按规定实行招标的,由建设行政主管部门责令停止施工,限期重新招标;对直接责任人由其所在单位或者上级主管部门依法给予行政处分。

第五十一条 移民对行政机关依据本规定作出的具体行政行为不服的,可以依法申请行政复议、提起行政诉讼。

第五十二条 国家工作人员在平垸行洪、退田还湖、移民建镇工作中弄虚作假、敲诈勒索、打击报复、滥用职权、玩忽职守、徇私舞弊、贪污贿赂或者挪用移民建镇资金的,依法给予行政处分;构成犯罪的,依法追究刑事责任。

第七章　附则

第五十三条 本规定具体应用中的问题由省人民政府法制办公室会同有关部门负责解释。

第五十四条 本规定自公布之日起施行。省人民政府及其有关部门以前发布的有关规定与本规定不一致的以本规定为准。

关于印发江西省大中型水库移民后期扶持政策实施方案的通知

2006 年 8 月 24 日

各市、县(区)人民政府,省政府各部门:

《江西省大中型水库移民后期扶持政策实施方案》已经国家发展改革委批复同意。现印发给你们,请认真贯彻执行。

江西省大中型水库移民后期扶持政策实施方案

新中国成立以来我省先后兴建了 278 座大中型水库,在防洪、发电灌溉、供水生态等方面发挥了巨大效益,有力地促进了我省国民经济和社会发展,水库移民为此作出了重大贡献。目前,全省大中型水库移民共计 160.38 万人(三峡水库农村移民人数另行核定),其中:我省兴建的大中型水库移民 125.38 万人。外省水利水电工程迁赣安置的水库移民 35 万人(其中,浙江新安江、富春江水库迁赣移民 30 万人,湖南韶山灌区大中型水库迁赣移民 5 万人)。移民搬迁后,在各级党委政府的关心和帮助下,通过国家扶持和广大移民群众的自力更生、艰苦创业,移民生产生活水平不断得到提高。但由于种种原因,目前水库移民的生产生活条件普遍较差。全省农村水库移民人均收入只有1600元,相当于全省农民人均纯收入的一半左右;移民生产资料缺乏,人均耕地只有0.7亩;移民安置区"行路难、饮水难、上学难、就医难、用电难"问题还比较突出。

根据《国务院关于完善大中型水库移民后期扶持政策的意见》(国发[2006]17号)和财政部《大中型水库移民后期扶持基金征收使用管理暂行办法》精神,为帮助水库移民脱贫致富,促进库区和移民安置区经济社会发展,构建社会主义和谐社会,保障新时期水利水电事业健康发展,切实做好我省大中型水库移民后期扶持工作,结合我省实际,特制定本实施方案。

一、后期扶持工作的指导思想、目标和原则

(一)指导思想。以邓小平理论和"三个代表"重要思想为指导,坚持以人为本,全面贯彻落实科学发展观。围绕江西在中部地区崛起,按照"建设创新创业江西、绿色生态江西、和谐平安江西"的战略部署,结合社会主义新农村建设,做到工程建设、移民安置与生态保护并重。继续坚持开发性移民方针,完善扶持方式,加大扶持力度,改善移民生产生活条件,逐步建立促进库区经济发展、水库移民增收、生态环境改善、农村社会稳定的长效机制,使水库移民共享改革发展成果,实现库区和移民安置区经济社会可持续发展。

(二)目标。近期目标是,用5年时间,基本解决移民的温饱问题,重点解决移民的口粮、危房、饮水等生计问题,库区和移民安置区基础设施得到改善,移民人均收入达到当地群众平均水平的60%以上。中长期目标是,到2026年,妥善处理移民遗留问题,库区和移民安置区基础设施和生态环境明显改善,拓宽增收渠道,形成特色产业,基本做到"居有房,耕有田,生产有技能,致富多门路",移民生活水平不断提高,基本达到当地农村平均水平,移民安置区经济社会全面持续发展。

(三)基本原则

坚持统筹兼顾水电和水利移民、新水库和老水库移民,中央水库和地方水库移民,所有大中型水库移民均列入后期扶持范围。

坚持前期补偿补助与后期扶持相结合。在按国家规定提高前期补偿补助标准的基础上,加大对移民的后期扶持力度,帮助移民尽快达到当地农村平均生活水平。

坚持解决温饱问题与解决长远发展问题相结合。在近期主要解决移民基本生存问题,并通过扶持移民发展种植业、养殖业和加工业等短、平、快项目,解决移民的温饱问题。在此基础上,通过科学规划,加大投入,解决库区和移民安置区的长远发展问题。

坚持国家帮扶与移民自力更生相结合。加强对移民的科技培训,提高移民素质和致富本领。在国家扶持下,积极引导移民自力更生,艰苦创业。解决好生存和发展问题。

坚持统一政策,分类指导。全省实行统一的扶持标准和扶持年限,各地根据移民安置的实际情况和移民群众的意愿,采取切合本地实际的扶持方式和扶持措施。

坚持县为基础,分级负责。移民后期扶持工作的主要任务和责任在县级人民政府。地方各级政府是移民扶持工作的责任主体、工作主体和实施主体,分别对本地区的移民工作和社会稳定负总责。

二、后期扶持范围、标准、期限和扶持方式

（一）后期扶持范围。后期扶持范围为大中型水库的农村移民。

2006 年 6 月 30 日前搬迁的水库移民为农村现状人口，包括我省兴建的大中型水库移民以及浙江省新安江、富春汇水库、湖南省韶山灌区的大中型水库和三峡工程重庆库区迁赣安置的水库移民。

2006 年 7 月 1 日以后搬迁的水库移民为实际动迁的人口，搬迁后的繁衍人口不列入扶持范围。

省对各设区市 2006 年 6 月 30 日前搬迁的水库移民现状人口一次核定，不再调整。已列为扶持对象的移民在 2006 年 7 月 1 日以后死亡、转为非农业户口、繁衍人口中嫁出和入赘到非移民户的移民人口不再列入扶持范围。核减的移民后期扶持资金留县级人民政府，统筹解决移民的突出问题。

（二）后期扶持标准。纳入扶持范围的移民每人每年补助 600 元。

（三）后期扶持期限。对 2006 年 6 月 30 日前搬迁的符合扶持范围的水库移民，自 2006 年 7 月 1 日起再扶持 20 年；对 2006 年 7 月 1 日以后搬迁的符合扶持范围的水库移民，从其完成搬迁之日起扶持 20 年。

（四）后期扶持方式

移民后期扶持资金能够直接发放给移民个人的应尽量发放到移民个人，用于移民生产生活补助，并将扶持对象准确核定到人。对下列移民必须将扶持资金直接补助给移民个人：年满 55 周岁的女性移民和年满 60 周岁的男性移民；未成年的移民孤儿；接受全日制非义务教育的在读移民学生；因残因病丧失劳动能力的移民；嫁出和入赘到非移民户的原迁移民；人数少于所在村民小组人口总数 20% 的插花安置移民；需要进行危房改造的贫困移民。对上述实行现金直补的移民，实行动态管理，每年核定一次，并在移民安置区张榜公示。

对难以将扶持对象准确核定到人，难以协调处理好移民与为移民无偿调整土地的原住农民的关系、基础设施条件较差的地方，也可以实行项目扶持，解决移民村组（自然村）群众生产生活中存在的突出问题；还可以采取现金直补与项目扶持相结合的方式。

各地具体采取哪种扶持方式，由县级人民政府在充分尊重移民意愿，并听取移民村组（自然村）群众意见的基础上确定。采取直接将扶持资金发放给移民个人方式的，要为每个移民建立档案，设立账户，及时足额将后期扶持资金发放到户；采取项目扶持方式的，要编制项目扶持规划，项目要落实到移民村组（自然村），确保移民群众能直接受益。资金的使用与管理要公开透明，接受移民监督，严禁截留挪用。

三、后期扶持政策的实施步骤

（一）制定政策方案阶段（2006 年 6 月—7 月）。

省直各有关部门根据国家有关政策规定和要求，分别制定《江西省大中型水库移民后期扶持政策实施方案》《江西省大中型水库移民后期扶持基金使用管理暂行办法》以及《江西省大中型水库移民后期扶持政策实施试点工作方案》《江西省大中型水库移民核定登记办法》《江西省大中型水库移民后期扶持方式确定办法》《江西省大中型水库移民后期扶持直补资金发放办法》《江西省大中型水库移民项目扶持管理办法》《江西省大中型水库移民后期扶持监督检查和责任追究办法》《江西省大中型水库移民后期扶持政策实施宣传提纲》《江西省水库移民突发事件处理工作预案》《江西省大中型水库移民后期扶持规划编制办法》《江西省大中型水库库区和移民安置区基础设施建设和经济发展规划编制办法》等相关配套文件。

(二)政策试点阶段(2006年7月—9月)。

试点工作在省水库移民工作领导小组的领导下,由省移民办具体负责。全省从7月1日开始,用3个月的时间,选择修水县东津水库移民、乐平市两江迁赣移民、靖安县罗湾水库移民和三峡工程重庆库区迁赣移民、宜丰县三峡工程重庆库区迁赣移民、乐安县湖南迁赣移民、赣县上犹江水库移民、德兴市双溪水库移民、分宜县西坑水库移民和芦溪县坪村水库移民开展新政策试点工作。试点工作方案由省移民办制定,经省人民政府同意后组织实施。试点工作结束后要认真总结经验,在进一步完善实施方案的基础上,全面展开移民后期扶持工作。

试点工作安排详见《江西省大中型水库移民后期扶持政策试点工作方案》。

(三)政策宣传与干部培训阶段(2006年7月—8月)

各级宣传部门要坚持正确的舆论导向,为后期扶持政策的顺利实施营造良好的舆论氛围。要按照《江西省大中型水库移民后期扶持政策实施宣传提纲》内容,大力宣传党和政府对水库移民的关心,宣传国家的移民法规,配合移民部门做好后期扶持政策的有关宣传、解释工作。把国家政策毫无保留地交给移民群众,使每个移民全面了解、正确理解国家的各项扶持政策。同时要把握好宣传报道口径,严肃宣传纪律,防止炒作和激化矛盾。

各级政府要根据移民工作任务的轻重,挑选一批思想素质好、政策水平高、业务能力强、群众工作经验丰富的干部组成移民工作组深入库区和安置区开展工作。对参与移民工作的干部,省移民办负责制定培训工作方案,分期分批进行培训。通过培训,使移民工作干部深刻领会中央精神,准确把握政策界限,掌握正确的工作方法,提高依法办事能力。

(四)扶持对象核定登记阶段(2006年8月—10月)。

人口核定登记工作必须将中央核定给我省的移民后期扶持人数落实到具体村组(自然村)、移民户。能够核定到人的,一定要核定到人;实行直补到人的,必须核定到人。

核定登记的依据:本省水库根据水库设计文件和移民安置规划核定原迁移民身份;外省水库迁赣移民根据搬迁时迁出地政府的有关文件、安置地接收安置移民的原始文件,或户口迁移证明等资料核定原迁移民身份。在此基础上,以2006年6月30日户籍为依据,核定农村现状移民人数。

核定登记对象:2006年6月30日户籍在我省的原迁农村移民及繁衍人口(含依法收养的人口)、娶入和入赘到移民户的非移民人口、嫁出和入赘到非移民户的原迁移民本人,以及上述人员中参军、入学的现役义务兵、接受国民教育的大中专院校在校学生均可列入扶持范围。

核定登记程序:移民人口登记采取由移民本人申请,经审核登记、张榜公示、移民个人与移民部门签章认可等程序。对拟列入扶持对象的移民,要以户为单位建档立卡,建立统一的登记表。登记内容包括人口姓名、性别、身份证号码、所属水库名称、搬迁时间等。移民户核定登记表要经移民户签章认可。无法核定到人的,要说明无法核定到人的原因,并以村组为单位登记造册,登记内容应包括村组名称、扶持人数、所属水库搬迁时间等。移民村组核定登记表要经所在村组签章认可。核定登记成果由县级移民管理机构汇总造册,逐级上报,经省水库移民工作领导小组批准后,列入扶持范围。

自主外迁安置的移民和原迁移民中嫁出、入赘到非移民户的人口登记,由本人提出申请,回原籍登记,经确认后纳入原籍后期扶持范围。

2006年6月30日以前开工并正在建设的水库,尚未搬迁的农村移民人口,按移民搬迁实施方案分年度核定;2006年7月1日以后开工建设的水库,扶持人口按照实际动迁的农村移民人口核定,每年核定一次。

移民扶持人口核定登记工作的具体要求和安排详见《江西省大中型水库移民核定登记办法》。

(五)确定扶持方式与编制规划阶段(2006年9月—12月)。

各市、县(区)要在对移民扶持对象核定登记的基础上,按照《江西省大中型水库移民后期扶持方式确定办法》的要求,坚持因地制宜,全面分析当地移民安置实际情况采取召开座谈会、发放调查问卷等形式,充分尊重移民意愿和听取移民村组(自然村)群众意见,确定合适的后期扶持方式。

在确定扶持方式的基础上,组织开展规划编制工作。规划包括水库移民后期扶持规划库区和移民安置区基础设施建设和经济发展规划。

水库移民后期扶持规划按照《江西省大中型水库移民后期扶持规划编制办法》的要求,以县为单位编制,逐级汇总上报,在2006年9月底之前完成编制工作。规划包括现金直补和项目扶持两个部分。采取将扶持资金直接发给移民个人的,要列出资金发放的移民村组(自然村)、人数及资金额度;采取项目扶持方式的,要以水库移民村组(自然村)为基本单元,按照优先解决突出问题的原则,编制项目规划,作为安排后期扶持资金的依据。列入规划的项目原则上不能安排跨村组(自然村)的大项目。项目必须落实到移民村组(自然村),并经本村组(自然村)绝大多数移民同意后列入规划。

库区和移民安置区基础设施建设和经济发展规划,以县为单位进行编制。按照《江西省大中型水库库区和移民安置区基础设施建设和经济发展规划编制办法》的要求和资金安排的可能,从移民安置区经济社会长远发展出发,统筹安排扶持项目,原则上在2006年底前完成规划编制工作,并逐级上报,经审批后作为国家有关部门安排资金的依据。

(六)资金发收和项目实施阶段(从2006年10月开始)。

按照后期扶持规划,编制好年度实施计划,经省移民管理机构批准后分年度组织实施。对将资金直接发给移民个人的,要按照《江西省大中型水库移民后期扶持基金使用管理办法》和《江西省大中型水库移民后期扶持直补资金发放办法》要求,为每个移民开设银行账户,按照发放名册每季度发放一次;采取项目扶持的,按照《江西省大中型水库移民项目扶持管理办法》的要求,直接将扶持资金拨付到移民村组(自然村),由移民村组(自然村)组织项目实施。

实行现金直补方式的。试点水库必须在今年10月前将第一批资金发放到移民手中,其他水库必须在2006年底前将第一批资金发放到位,实行项目扶持方式的,要同步将扶持资金拨付到移民村组(自然村),及时开展项目实施。

四、后期扶持政策实施的保障措施

各地、各有关部门要充分认识做好水库移民工作的重要性、紧迫性、长期性和艰巨性,进一步统一思想,提高认识,加强领导,明确责任,把移民工作摆上重要的议事日程,周密部署,精心组织,稳步推进,确保各项移民政策落到实处。

(一)落实责任,分级负责。移民工作实行属地管理。各级人民政府要对本地区移民工作和社会稳定负总责,主要领导是第一责任人。地方各级人民政府都要有位负责同志分管移民工作,做到责任到位、工作到位。移民后期扶持工作的主要责任在县,县级人民政府是移民工作的实施主体和责任主体,负责制定移民后期扶持具体实施方案、编制规划核定移民扶持人口、确定扶持方式以及资金发放与管理等有关移民后期扶持的具体组织实施工作,对本辖区的移民后期扶持工作负总责。乡镇人民政府是移民后期扶持的工作主体,要按县级人民政府的统一部署,积极配合有关部门,抽调人员,做好移民政策宣传和人口核定登记、扶持方式确定等工作;并结合当地经济社会发展,统筹整合各方面的力量,指导移民村组(自然村)编制好规划;对移民村组(自然村)后期扶持资金发放和项目实施进行监督检查;切实加强移民村基层组织建设,充分发挥农村基层组织作用,配合做好移民工作。

(二)整合多方力量,加大扶持力度。通过整合资源、整合资金,实行多渠道投入,多项目覆盖形成合力,加大移民后期扶持工作力度。各地、各部门每年在安排扶贫、以工代赈、新农村建设、农田水利,农村道路、农村电网改造、农村能源建设、农业综合开发、农村劳动力培训、小城镇建设、新技术推广、"两基"攻坚、长江防护林建设等各类资金和项目时,都要向移民安置区倾斜。对符合条件的农村贫困移民,要优先纳入当地农村最低生活保障范围。

(三)加强机构建设,落实工作经费。为加强对水库移民工作的领导,成立江西省水库移民工作领导小组,省政府分管领导担任组长,省直有关部门负责同志为小组成员。领导小组办公室设在省移民办。有移民工作任务的市、县(区),都要成立水库移民工作领导小组,具体负责移民后期扶持政策的组织实施,现有的移民管理机构作为领导小组的办事机构。没有成立移民管理机构的地方要整合现有移民工作力量,根据本地实际,明确负责移民工作的机构和职能。各级移民工作机构,要根据工作任务,充实人员,工作经费要纳入同级财政预算。各有关部门要按照职责分工,各负其责,密切配合,加强对水库移民工作的指导。

(四)强化检查监督,确保资金安全。地方各级人民政府要认真执行水库移民后期扶持基会征收和使用管理办法,严格资金支出管理,防止跑冒滴漏,严禁截留挪用。监察部门要会同财政部门制定有关责任追究办法。各级监察和审计部门要提前介入,加大工作力度,加强监督检查。对后期扶持资金使用中发现的问题要限期整改。对违反法律法规和国家有关政策的,要依法依纪严肃处理。

(五)坚持统筹兼顾,做好相关工作。各级人民政府要切实安排好其他移民和征地拆迁人口的生产生活。对符合条件的非农业安置移民贫困家庭,要优先纳入地方城镇最低生活保障范围,切实做到应保尽保。同时要积极通过其他渠道进行帮扶,提高其收入水平,努力改善他们的生活条件。三峡工程重庆库区迁赣移民扶持工作,依照《长江三峡工程建设移民条例》办理。要高度重视并密切关注新政策实施对其他征地拆迁人口可能产生的影响,做好宣传解释工作,并采取多种措施,及时解决他们在生产生活中遇到的实际困难。建立与浙江、湖南等省和国务院三峡办的沟通协调机制,切实做好外省迁赣移民后期扶持工作,确保跨省水库"同库同策"。要正确处理好移民与当地原住农民的关系,特别是采取现金直补的地方对移民所在村组(自然村)其他原住农民的生产生活困难,地方政府要妥善解决好。对符合条件的农户,要优先纳入当地农村最低生活保障范围。对基础设施方面存在的困难和问题,要纳入《库区和移民安置区基础设施建设和经济发展规划》中统筹解决。要做好思想政治工作,争取原住农民对新政策实施的理解和支持,创造一个和谐共处的良好环境。

(六)妥善化解矛盾,维护社会稳定。各级政府要始终注意做好维护稳定的工作,并事先采取各种应对措施,仔细排查各种不稳定因素,及时妥善化解各种矛盾。同时,要耐心细致地做好移民的思想政治工作,引导移民以合理合法的方式表达利益诉求,坚持依法办事,按政策办事,确保社会稳定。要充分估计新政策实施后对相关群体的影响和可能引发的突发群体事件,制定《江西省水库移民突发事件处理工作预案》。提高对突发事件的应对能力,确保移民后期扶持政策的顺利实施。

省民政厅、省发改委、省财政厅,省移民管理机构等有关部门,对各地实施水库移民后期扶持政策的情况进行监督检查,重大情况要及时向省政府汇报。

江西省扶贫办关于加快老区贫困地区扶贫开发
与发展现代农业相结合意见的通知

2007 年 8 月 19 日

各市、县(区)人民政府,省政府各部门:

省扶贫办《关于加快老区贫困地区扶贫开发与发展现代农业相结合的意见》已经省政府同意,现转发给你们,请结合本地实际,认真贯彻执行。

关于加快老区贫困地区扶贫开发与发展现代农业相结合的意见

省扶贫办(二〇〇七年七月六日)

为推动我省老区和贫困地区现代农业发展,加快贫困群众增收脱贫步伐,现就加快我省老区贫困地区扶贫开发与现代农业发展相结合工作提出如下意见。

一、总体思路与工作目标

总体思路:坚持开发式扶贫基本方针,围绕老区贫困地区扶贫开发中心任务,以支持现有优势产业和龙头企业为重点,用现代理念、现代方式、现代科技实施产业化扶贫,整合力量加快现代农业发展,做强做大扶贫主导产业,辐射带动贫困群众增收,使老区贫困地区的扶贫开发和现代农业发展得以紧密结合、共同推进。

工作目标:通过在老区贫困地区把扶贫开发与现代农业发展结合起来,进一步提升产业开发层次,提高扶贫开发水平,增强贫困农民素质,增加贫困群众收入,加速扶贫开发进程,促进农村社会和谐,努力实现老区贫困地区的跳跃式发展,逐步改变发展差距扩大的趋势,全面推进社会主义新农村建设。

二、帮扶范围与支持产业

(一)帮扶范围。根据我省贫困地区基本分布在革命老区的实际,重点支持国家在我省确定的"扶贫开发工作重点县"和"比照实施西部大开发政策县"发展现代农业,培育壮大扶贫支柱产业,辐射带动563个扶贫开发工作重点乡、3000个扶贫开发工作重点村的扶贫产业又好又快发展,切实帮助老区贫困地区群众开辟稳定、持续增收的渠道。

(二)支持产业。根据调查摸底的情况,依托各地现有优势产业,结合全省实施现代农业发展"十百千"工程及"一村一品"建设的安排部署,按照"现有基础好、发展潜力大、市场前景广和覆盖农户面大、扶贫功能强"的条件,在分布有"扶贫开发工作重点县"和"比照实施西部大开发政策县"的8个设区市,本着"相对集中、突出重点、扶优扶大、加快发展"的原则,对其扶贫主导优势产业予以支持。具体安排如下:

九江市:以青虾、赣北早熟梨、桑、棉为主的水产和经济作物。

景德镇市:以蔬菜基地、有机茶叶为主的绿色食品生产加工。

萍乡市:以中药材、雪莲果系列产品、无公害蔬菜为主的特色种植及加工。

赣州市:以脐橙、生猪、毛竹为主的林果业和养殖业。

宜春市:以林业、油茶、生猪为主的有机农业。

上饶市:以鄱阳湖水产、油茶、泡桐为主的特色水产和林产业。

吉安市:以草食畜禽、无公害蔬菜、茶叶为主的特色养殖和经济作物。

抚州市:以南丰蜜桔、白莲、烟叶为主的林果业和经济作物。

三、有关扶持措施

(一)集中财政扶贫资金支持

1.省下达各地财政扶贫资金中扶持重点村实施"整村推进"扶贫规划的资金,优先用于改善贫困农村发展现代农业的基础条件;科技培训及劳动力转移培训的资金,重点用于开展现代农业生产技能培训和组织实施产业开发的实用人才培训。

2.省安排扶贫项目贷款贴息资金1000万元,集中支持各地重点产业基地建设。

3.省安排扶贫到户贷款贴息资金1050万元,集中支持21个重点县的贫困农户开展"一村一品"建设。

4.国家安排到省的科技扶贫项目资金,集中支持重点县解决现代农业发展中的科技创新和新技术推广问题。

(二)整合各项支农资金支持。按照"渠道不乱、管理不变、各司其职、各记其功"的原则,省发改委、省财政厅、省农业厅、省林业厅、省农业综合开发办等部门安排支农项目资金时,要向各地选定的重点支持产业倾斜。

(三)引导信贷资金支持。进一步培育和发展老区贫困地区的金融市场,积极协调各金融机构支持老区贫困地区的扶贫开发和现代农业发展,引导老区贫困地区遵循市场规则,充分运用信贷手段做大做强选定的重点产业,切实解决产业基地、农民专业大户和扶贫龙头企业发展资金不足的问题。

(四)落实自筹资金支持发展。各地对选定的重点产业发展要集中精力、人力、物力、财力,落实发展措施和配套投入,切实发挥受益主体的作用,履行责任主体的责任。

四、组织实施要求

(一)制订发展规划。各设区市要按发展现代农业的思路和要求,对选定重点发展的产业逐一制订发展规划,明确发展内容,规定发展措施,确定发展目标。要按照"有规模、有特色、关联度大、带动力强"的要求,紧扣扶贫宗旨,确保扶贫对象受益,使重点发展产业真正成为老区贫困地区群众脱贫致富的支柱和主导产业。"十一五"期间,力争在老区贫困地区培育形成几个销售收入超 10 亿元、几十个销售收入超亿元的扶贫龙头企业,在扶贫开发工作重点村中建成一批"一村一品"示范村。各设区市制订的重点产业发展规划,分别报省扶贫办、省发改委、省财政厅、省农业厅、省林业厅、省农业综合开发办等部门备案。

(二)落实支持措施。各设区市要根据制订的重点产业发展规划,按项目提出年度资金支持需求,在认真落实自筹资金的前提下,根据项目性质及资金渠道,将项目对口报送省直有关部门争取支持。省直有关部门在本部门管理项目建设总体规划和资金使用规定的范围内,将各地选定重点发展产业项目列入年度安排计划,优先予以支持。

(三)动态监测考评。各地要加强老区贫困地区扶贫产业及现代农业发展规划实施的动态指导和监测,及时掌握情况、纠正偏差、总结经验、巩固成果。省直有关部门要对本部门安排的资金使用和项目实施情况,加强调研、指导和管理,并建立年度绩效考评制度,考评结果作为下年资金项目计划安排的主要依据。

加快老区贫困地区扶贫开发与发展现代农业结合工作在各级扶贫开发领导小组的领导下进行,具体组织工作由扶贫部门牵头,发改、财政、农业、林业、农业开发等部门及其他领导小组成员单位要密切配合,大力支持,具体实施工作由各设区市负责。各设区市每年对老区贫困地区扶贫开发与现代农业发展相结合的工作及成效情况进行一次全面总结,并将有关情况报省扶贫办。省扶贫办将有关情况汇总后向省扶贫开发领导小组报告。

江西省移民搬迁扶贫规划(2008—2012年)

2008年4月2日

根据国务院《中国农村扶贫开发纲要(2001—2010年)》精神,按照社会主义新农村建设的要求,顺应广大贫困地区干部群众的强烈愿望,省委、省政府决定,在2003年至2007年移民搬迁扶贫取得显著成绩的基础上,今后5年继续深入开展深山区、库区和地质灾害频发区移民搬迁扶贫工作。为顺利完成这一历史任务,特制定本规划。

规划实施范围:全省41个比照实施西部大开发有关政策县(以下简称比照县)。

规划实施年限:2008年至2012年。

一、背 景

我省41个比照县中,至今还有37.56万人生活在地质灾害频发区和距公路5公里以上的深山区、水库库区。恶劣的生存环境和落后的生产条件致使这里的群众长期处于非常贫困的状态。多年的扶贫工作实践证明,就地解决他们的脱贫问题,难度大、成本高、操作难、效果差。实施易地搬迁式的移民扶贫工程是解决这部分群众贫困问题的重要途径和最好方式,让他们从根本上改变生产生活条件,充分享有社会各类公共资源,才能提高自我发展能力,增产增收,脱贫致富,为实现全面建设小康社会目标创造条件,促进社会和谐。

省委、省政府作出实施移民搬迁扶贫工程的重大决策,受到广大贫困群众的衷心拥护,它不仅是新阶段扶贫开发工作的创新与突破,也是加快社会主义新农村建设步伐、切实解决"三农"问题,落实科学发展观,全面建设小康社会的一项重大举措,充分体现了省委、省政府深入贯彻落实党的十七大精神,忠实实践"三个代表"重要思想,立党为公,执政为民,以人为本,和谐发展的决心和勇气。

二、工作回顾

我省移民搬迁扶贫2003年在修水、万安、遂川三个国家扶贫开发工作重点县先行试点,2004年至2007年在全省21个国家扶贫开发工作重点县全面铺开。在有关部门的大力支持下,经过广大干部群众的共同努力,截至2007年年末,全省共完成移民搬迁20.23万人,投入财政扶贫资金50275万元,省、市、县三级财政配套资金20530万元。

我省移民搬迁扶贫工作按照"整体搬得出、长期稳得住、逐步富得起"的总体目标,稳步推进,健康发展,取得了阶段性成效,也积累了一定的工作经验。

(一)基本成效

贫困群众生存环境和生产生活条件明显改善。这些变化集中体现在"五便利、一保障"上,即出门行路便利了,子女上学便利了,有病求医便利了,获得信息便利了,寻找就业门路便利了,碰到灾害生命财产安全有保障了。据调查,2003至2005年搬迁的移民户与搬迁前比较:居住点距最近公路平均距离减少了4.7公里,居住点距小学平均距离减少了4.3公里,居住点距中学平均距离减少了6.3公里,居住点距医院平均距离减少了5.9公里。

贫困群众增收致富、自我发展能力明显增强。各级政府通过采取小额信贷、产业扶持、实用技术培训和农村劳动力转移培训等多种形式帮助移民外出务工或发展生产,取得了实实在在的成效,至2006年,移民户的人均收入比搬迁前增加了619元。

迁出地生态环境保护有了明显变化。由于当地人类活动的减少,大大减轻了木材等自然资源的消耗,降低了森林火灾的发生率。通过实施林权制度改革,进一步明确了移民原有山林的经营权和收益权,激发了移民植树造林、保护生态环境的自觉性和积极性。

扶贫成本和行政管理成本明显降低。移民户搬迁前居住极为分散,山高路远,政府扶贫和管理成本高,效率低。实施移民后,集中安置点基本实现社区化服务和管理,制定了小区各项事业发展规划,移民后续扶持和普及医疗、教育都有了依托和着力点。

新农村建设得到明显促进。很多已经建成的移民集中安置小区成为新农村建设示范点,正按"生产发展、生活宽裕、乡风文明、村容整洁、管理民主"的要求向建设社会主义新农村的目标稳步迈进。

(二)主要经验

阳光操作,群众参与,是抓好移民搬迁扶贫工作的根本。移民搬迁各个阶段、各个环节都做到公开、公正、透明,尊重群众意愿,充分保障移民群众的知情权、参与权和决策权,这样群众满意度才高,工作进展才顺利。

部门支持,形成合力,是抓好移民搬迁扶贫工作的关键。移民搬迁扶贫是一项系统工程,要求省市县各级党委、政府高度重视和相关部门大力倾斜、合力帮扶。

因地制宜,创新方式,是抓好移民搬迁扶贫工作的重要手段。坚持整体搬迁原则,积极探索多种行之有效的安置方式,适应广大移民户的需要,充分体现以人为本的精神。

健全制度,严格管理,是抓好移民搬迁扶贫工作的主要保障。建立并严格执行移民扶贫专项资金管理制度是保障移民搬迁稳步推进的重要环节。加强审计和社会监督,赢得广大移民群众的信任,才能保证工作顺利推进。

严密组织,加强领导,是抓好移民搬迁扶贫工作的保证。从省到市县乡都成立领导挂帅的移民搬迁扶贫工作领导小组和办公室,相关部门在领导小组的协调下各司其职、通力合作,确保移民搬迁扶贫各项工作健康有序。

(三)主要问题和困难

移民建房补助标准偏低。每人3500元的建房专项补助资金相对偏低,移民搬迁后负债情况比较普遍。

移民集中安置小区配套基础设施亟待完善。许多已经建成或正在建设的移民集中安置点配套基础设施建设滞后,影响了移民搬迁入住后的生产、生活。

土地调剂难度加大。中央各项支农、惠农政策出台后,安置地居民越来越珍惜手中的耕地,不愿意拿出来调剂给移民户,这样使得许多实施有土安置方式的移民得不到人均0.5亩耕地,缺乏基本的口粮保障。同时,国家严格控制耕地占用,地方政府在安置点的选择上也存在困难,不得不投入更多的资金、人力去平整山地、荒地。

移民后续管理扶持缺乏有效的政策、措施。各地在实现移民"稳得住、富得起"目标上重视程度不够,目前几乎所有的资金、工作精力都集中在搬迁上,而对于如何通过产业扶持、劳动力转移培训等方式来帮助移民户增收致富,办法不多,措施不够得力。

三、实施移民搬迁扶贫面临的有利条件

一是党中央、国务院对"三农"问题和扶贫工作高度重视。近年来,党中央、国务院制定了一系列重大支农、惠农政策,安排的支农投入不断增加,财政扶贫资金也在逐年增加。《国民经济和社会发展第十一个五年规划纲要》明确要求"对缺乏生存条件地区的贫困人口实施易地扶贫"。这些为我省开展移民搬迁扶贫工作提供了有力的政策支持和一定的资金保障。

二是贫困群众的搬迁愿望非常强烈。随着移民搬迁扶贫工程的推进,移民生产发展,生活改善,已产生了广泛的社会影响。近年来大量贫困群众外出打工,不仅开阔了眼界,而且学到了技术,积累了资金,多数具备了移民搬迁的能力。同时,在移民搬迁实践中坚持自愿原则,自主决策,自己负责。广大贫困群众已由过去的"要我搬"转变为"我要搬"。这一根本性的观念转变是移民搬迁扶贫的强大内生动力。

三是市县政府的积极性普遍较高。实践证明,各地凭借移民搬迁扶贫工程这一载体,有效整合了政府支农投资,促进了城镇化和新农村建设进程,为发展现代农业拓展了空间,为构建农村和谐社会奠定了良好的基础。另外,通过前几年的实践,各地也积累了一定的行之有效的经验,能够为移民搬迁扶贫工作的进一步铺开提供有益借鉴。诸上因素使得市县政府开展移民搬迁扶贫工作的积极性普遍较高。

四是各地的安置能力逐步增强。随着经济的高速发展,各市县的可用财力逐年增加,能够为移民安置配套基础设施建设投入等提供进一步的保障。而产业发展、工业园区建设和非公有制经济的壮大等等,更为移民"务工经商进城、打工就业进区"创造着越来越多的机会。就水土资源而言,虽然有限,但是只要移民点选择适当,政策配套,还是能够基本满足移民搬迁安置的需要。

四、指导思想与基本原则

(一)指导思想

以邓小平理论和"三个代表"重要思想为指导,深入贯彻落实科学发展观,以加快贫困地区社会主义新农村建设、构建社会主义和谐社会为目标,按照群众自愿、政府扶持的原则,帮助当地缺乏基本生产生活条件和居住点生命财产受到威胁的贫困群众实现易地搬迁安置,努力改变深山区、库区和地质灾害频发区贫困群众的生存环境和生产生活条件,帮助他们逐步脱贫致富,为全省实现全面建设小康社会奋斗目标打好基础。

(二)基本原则

1.坚持政府引导,群众自愿,省市支持,县抓落实的原则。各级政府通过政策引导和利益驱动,充分调动移民户搬迁的积极性。在具体操作过程中,特别注重坚持自愿原则,充分尊重群众意愿,不搞强迫命令,不搞大包大揽。省、市两级在资金、政策等方面给予适当的帮助和支持。县级政府对本地区的移民搬迁扶贫工作负总责,县、乡级政府负责本辖区移民搬迁扶贫的具体组织实施、统筹协调和后续扶持。

2.坚持整体搬迁,先难后易,因地制宜,分类安置的原则。对符合搬迁条件的地方,坚持以自然村或居住点为单位,实行整体搬迁。对生命财产受地质灾害严重威胁及地处边远、贫困状况相对严重、自然条件相对恶劣的居住点,优先列入规划并先行实施。结合当地实际,采取灵活多样的安置形式。

3.坚持量力而行,稳步推进,统一规划,合理布局的原则。根据资金筹措能力和安置条件合理确定移民规模和范围,注重安置方案的科学性、经济性、合理性。搬迁和安置工作坚持与小城镇建设相结合,与新农村建设相结合,与产业结构调整相结合,与社会事业发展相结合,与生态保护和环境建设相结合,选择具有良好的人居和发展环境的地方,避免迁入易涝、易旱等不利于长期生存发展的地区,做到一次安置到位,不形成二次搬迁。

4.坚持部门扶持,县级整合,自力更生,艰苦创业的原则。移民搬迁扶贫涉及多项工程建设,省市级补助资金有限。各县(市)以项目为支撑,按照自下而上的原则,组织相关部门按各自业务范围做好搬迁实施方案中单项工程和项目的对口上报工作。各级各有关部门在安排项目和资金时,尽量向安置区倾斜。对移民的后期扶持给予高度重视,制定长期系统帮扶计划。积极引导移民自力更生,艰苦创业,从而保证移民能够"长期稳得住、逐步富得起"。

五、搬迁范围、对象及安置模式

（一）搬迁范围、对象

实施移民搬迁扶贫的范围为41个比照县。地域范围主要为地质灾害频发区和距公路5公里以上的深山区、水库库区。其水、电、路、教育、医疗等基础设施差,基本生产生活条件缺乏,生存环境恶劣;群众就医、就学、行路困难,信息闭塞,缺乏脱贫致富的基本条件;当地人口密度低,扶贫和行政管理成本高。据调查统计,符合上述条件的搬迁对象分布在5902个居住点,具体对象由县级人民政府结合当地实际,根据本规划确定的移民搬迁任务在上述范围内研究确定。

（二）安置模式

坚持集中安置与分散安置相结合,有土安置与无土安置相结合。鼓励并支持移民投亲靠友、自谋出路安置及有条件的到城镇或圩镇无土安家落户。

六、规划目标

通过以自然村或居住点为单位,将地处深山区、库区和地质灾害频发区的贫困群众整体搬迁出来,逐步完善安置区生产性基础设施建设和必要的社会公益设施,基本解决移民的生产生活问题。帮助移民实现生产生活方式和思想观念的转变,调动移民自力更生、自建家园的积极性,并通过有效扶持提高移民的综合发展能力。恢复和保护迁出区生态环境,促进当地经济社会可持续发展。最终实现"整体搬得出、长期稳得住、逐步富得起"的目标。全省41个比照县的地质灾害频发区和距公路5公里以上的深山区、水库库区愿意搬迁的人口有26.87万。2008—2012年规划搬迁25万人,每年5万人。

七、投资估算与资金筹措

为确保实现5年移民25万人的工作目标,测算需要总投入13.915亿元,每年2.783亿元,人均

5566元。其中:

移民建房专项补助资金总投入8.75亿元,每年1.75亿元,人均3500元。省财政扶贫资金安排6.25亿元,每年1.25亿元,人均2500元;省财政专项安排1.25亿元,每年0.25亿元,人均500元;设区市财政配套1亿元,每年0.2亿元,人均400元;县(市)财政配套0.25亿元,每年0.05亿元,人均100元。

移民集中安置点基础设施建设补助资金总投入5.165亿元,每年1.033亿元。由省发改委、水利、交通、电力等相关部门本着积极支持的原则,通过项目建设的方式予以支持解决。

人均3500元的移民建房专项补助资金以户为单位,及时发放到移民手中,主要用于搬迁建房,各地不得克扣或者截留。

各县(市)于每年的10月底前确定下一年度的安置点,编制下一年度集中安置点水、电、路等各项主要基础设施建设项目计划,由扶贫办和水利、电力、交通、发改委等相关部门联合逐级上报。省、市相关部门要及时批复基础设施建设项目计划,县(市)相关部门要认真组织实施。省、市、县相关部门要切实承担起筹集移民集中安置点配套项目资金的责任,将移民扶贫规划任务与本部门本行业的远景、近期规划有机结合,统筹兼顾,重点倾斜,大力支持。

八、保障措施

(一)加强移民搬迁扶贫工作的组织领导

省政府成立库区深山区移民扶贫工作领导小组,省直相关部门为成员。有移民搬迁扶贫工作任务的设区市成立由分管领导任组长的领导小组,协调市级部门的扶持政策和帮扶措施,县(市)成立由主要领导任组长的领导小组,具体落实搬迁安置的各项任务。要重视移民扶贫领导小组办事机构的建设,省、市、县各级都要从财政列支专项移民搬迁扶贫工作经费,配备精兵强将,充实工作力量,保证移民搬迁扶贫工作顺利推进。

(二)强化规划的指导,并把移民搬迁扶贫纳入基本建设管理

把移民搬迁扶贫规划纳入国民经济和社会发展规划,切实加强规划对移民搬迁扶贫工作的指导,强化规划的约束性和可操作性。市、县必须依据规划编制本地移民搬迁扶贫建议计划,由省统筹平衡后下达年度搬迁计划,确保规划目标、工作任务圆满完成。按照项目管理的原则把移民搬迁扶贫工程纳入年度基本建设管理,以安置点为载体,以项目建设为支撑,由省发改委统筹下达安置点住房、道路交通、农田水利、教育卫生、农村电力等生产生活性基础设施建设项目年度投资计划,切实解决搬迁群众的基本生产生活和后续发展投入问题,共同促进安置点经济社会发展。

(三)切实维护移民合法权益

在组织移民搬迁和开展后期扶持的过程中,高度重视维护移民合法权益。迁出点移民原有的山林、耕地、水田和房屋必须明确移民的所有权和经营权,实施退耕还林的地方要严格依照国家相关法规政策落实移民户的合法利益。搬迁后,移民在户口迁移、子女上学、劳动就业和社区管理等方面享受与当地居民同等待遇。

(四)落实移民搬迁过程中各项优惠政策措施

移民搬迁扶贫工作适用《江西省人民政府办公厅印发〈江西省库区深山区移民扶贫试点若干政

策规定〉的通知》(赣府厅发〔2003〕16 号)。移民搬迁扶贫工程实行零税费管理制度,在法律、政策允许的范围内尽可能减轻移民负担。土地、林业、市政、建设、房管、规划设计、税务、水务、公安等部门应对移民搬迁中所有相关费用实行减免。移民搬迁建房免交耕地占用税、防洪保安资金、土地使用税、房产税、建筑安装营业税,占用林地免收林木林地补偿费和森林植被恢复费,自采沙石免收有关规费,免收建房设计图纸费和建筑行业上级管理费、市政配套费、免收水、电增容费、开户费,使用自用材采伐指标运输木材的免收各种税费,办理迁移户口手续、房产证、土地使用证只缴纳办证工本费。

(五)加大科技培训和劳动力转移培训力度

以劳动力转移及科技培训为手段,切实提高移民素质。充分发挥贫困地区劳动力转移培训和技术培训平台的优势,优先将移民对象纳入年度培训计划。科技培训要适应市场需求,结合当地主导产业,按照"实用、实际、实效"的原则,不断提高移民户从事种养业的水平,帮助他们拓宽增收渠道。鼓励和帮助移民户从事非农业生产,通过开展贫困地区劳动力转移培训,帮助移民户稳定从事二、三产业。无土安置的,使每个有条件的移民家庭,至少有一人以上进城、进园区务工或自主创业,为从根本上解决长远生计问题打下基础。

(六)建立完善安置区社会保障体系

重点建立和完善移民集中安置小区的社会保障制度,为困难移民群众解决后顾之忧。移民搬迁后,符合农村低保条件的优先列入参保对象,动员和组织他们参加农村合作医疗,孤寡老人按政策及时纳入敬老院、社会福利院集中供养。确保移民户充分享受与当地居民同等的各项社会保障政策。

(七)发展主导产业,加大移民后续帮扶力度

有土安置要作为移民搬迁安置的主要手段,原则上为每个移民调剂 0.5 亩以上耕地,在确保生计的基础上,通过发展现代农业脱贫致富。加大产业化扶贫力度,以发展现代农业为目标,按照"一村一品"的思路,切实搞好集中安置区产业发展规划。优先将移民群众纳入产业化扶贫范围,根据不同情况制定具体帮扶计划,落实项目、工作责任和资金来源,有效地帮助移民通过改变生产经营方式,发展农副产业,实现增收致富。扶贫贴息贷款在同等条件下优先支持移民户发展生产。

(八)合理规划迁出地的后续发展

结合县域经济整体布局和产业结构调整,妥善制定迁出地后续管理和发展长远规划。迁出地原则上不再安排基础设施建设项目,符合退耕还林政策条件的全面实施退耕还林,封山育林,提高经济效益。允许迁出地移民原有山林土地依法有偿自愿流转,鼓励大户集中经营,连片开发,形成规模效应。

各市、县(市)于每年的 9 月底前,根据本规划提出的年度搬迁指导计划,提出下一年度搬迁计划,逐级报省审批后,制订年度实施方案,并组织实施。

江西省扶贫和移民办公室等部门关于做好农村最低生活保障制度和扶贫开发政策有效衔接试点工作实施意见的通知

2010 年 7 月 2 日

各市、县(区)人民政府,省政府各部门:

省扶贫和移民办、省民政厅、省财政厅、省统计局、江西调查总队、省残联《关于做好农村最低生活保障制度和扶贫开发政策有效衔接试点工作的实施意见》已经省政府同意,现转发给你们,请认真贯彻执行。

关于做好农村最低生活保障制度和扶贫开发政策

有效衔接试点工作的实施意见

省扶贫和移民办省民政厅省财政厅

省统计局江西调查总队省残联

根据国务院办公厅转发扶贫办等部门关于做好农村最低生活保障制度和扶贫开发政策有效衔接扩大试点工作意见的通知要求,现就我省农村开展农村低保和扶贫开发两项制度有效衔接试点工作提出如下实施意见。

一、总体要求和工作目标

以科学发展观为指导,以农村低保标准和扶贫标准为基本依据,以识别扶持对象为核心,全面落实扶持政策,提高收入水平,增强自我发展能力,促进农村低保和扶贫开发的有效衔接,达到应保尽保、应扶尽扶,确保农村贫困人口得到全面覆盖和有效扶持,力争全省到 2020 年基本消除绝对贫困现象,实现全省人民共享改革发展成果。

二、试点范围、对象和标准

(一)试点范围。2010 年,我省在 21 个国家扶贫开发工作重点县的所有行政村开展两项制度有效衔接试点,年底完成试点任务。2011 年向非国家扶贫开发工作重点县逐步推开。

(二)对象。(1)农村低保对象,是指家庭年人均纯收入低于当地最低生活保障标准的农村居民,主要是因病、因残、年老体弱、丧失劳动能力以及生存条件恶劣等原因造成生活常年困难的农村居民。(2)扶贫对象,是指家庭年人均纯收入低于农村扶贫标准、有劳动能力或劳动意愿的农村居民,包括有劳动能力和劳动意愿的农村低保对象。

(三)标准。(1)农村低保标准,由县级以上人民政府按照能够维持当地农村居民全年基本生活所必需的吃饭、穿衣、用水、用电等费用确定,报上一级人民政府备案后公布执行。(2)扶贫标准,以国家公布的扶贫标准为准,2010 年的扶贫标准为年人均纯收入 1196 元。县级人民政府可根据实际情况,确定本地的扶贫标准。

三、基本原则

开展两项制度有效衔接试点工作,要立足实际,注重实效,积极稳妥,循序推进,具体贯彻以下基本原则:

(一)坚持公开、公平、公正。贯穿民主程序,实行阳光操作,通过并依靠群众识别找准农村低保和扶贫对象,确保两项制度有效衔接试点工作的和谐稳定。

(二)坚持严格标准、量力而行。依据农村低保和扶贫标准,合理确定农村低保和扶贫对象。对农村低保对象,由县级民政部门按当地农村低保标准进行复核,并将其中有劳动能力和申请意愿的确认为扶贫对象;对农村扶贫对象按国家公布的扶贫标准,由省统一核定和控制全省人口规模并测定分布区域,将人口指标数逐级分解落实到县,县扶贫和移民部门根据实际,具体组织乡、村做好扶贫对象瞄准到户、识别到人工作。

(三)坚持因地制宜、分类指导。根据农村贫困人口的地域分布特点和不同地区两项制度标准的差异情况,在分低保对象、扶贫对象以及两者交叉对象三种情况进行识别的基础上,区别对象落实扶持政策和扶持方式。

(四)坚持统筹力量、多措并举。把政府支持、社会帮扶和农民自力更生紧密结合,大力营造"大扶贫"工作格局,实现对农村贫困人口的全面扶持。

四、试点内容

重点在以下四大环节上抓好有效衔接试点:

(一)程序的衔接。要统一组织,使农村低保和扶贫对象识别工作在时间和程序上同步进行。严格按照申请、收入核查、民主评议、审核审批等程序和民主公示的要求,认定农村低保和扶贫对象。对于申请享受两项制度的,村民委员会要按照规定分别进行调查核实,集中进行民主评议。经乡镇人民政府审核后,属于扶贫对象的,报县级扶贫和移民部门审批;属于农村低保对象的,报县级民政部门审批。村民委员会、乡镇人民政府以及县级扶贫和移民部门、民政部门,要及时向社会公布民主评议意见、审核意见和审批结果。

(二)对象的衔接。对于已经核实的农村低保对象,县级民政部门在进行复核时,要配合扶贫部门将其中有劳动能力和申请意愿的确认为扶贫对象;对于扶贫对象,要坚持依据统计(调查)部门的监测数据进行确定,防止盲目扩大规模,确保政策兑现。县级自定扶贫标准而增加的扶贫对象,由当地人民政府安排落实扶持资金。

(三)政策的衔接。对农村低保对象,要力争做到应保尽保,按照政策规定发放最低生活保障金;对扶贫对象,要根据不同情况,制定好项目扶持规划,以项目为载体对其实施专项扶贫和行业扶贫等方面的扶持政策,采取产业开发、扶贫易地搬迁、雨露计划培训、危房改造、扶贫经济实体股份分红、小额信贷及贴息、互助资金、教育免费及补助、党员干部和社会各界帮扶等形式,确保扶贫对象受益。对农村低保和扶贫对象中的残疾人,以及被拐卖后获解救的妇女儿童家庭提供重点帮扶。

(四)管理的衔接。对农村低保和扶贫对象实行动态管理。县级扶贫和民政部门,以及乡镇人民政府要分别建立农村低保和扶贫对象档案,其中农村贫困残疾人由县级残联建立专门档案。两项制度涉及对象的调整,会同统计(调查)、残联等部门和单位同步进行。要采取多种形式,定期或不定期地了解农村低保和扶贫对象的生活情况。对收入达到或超过农村低保标准的,要按照规定办理退保手续;对已实现脱贫致富的,经过民主评议和公示无意见后,要停止相关到户扶贫开发政策;对收入下降到农村低保标准以下的,要将其纳入低保范围;对返贫的,要将其吸纳为扶贫对象。在现有贫困户建档立卡和农村五保、农村低保档案管理系统的基础上,逐步完善农村低保和扶贫开发数据库,做到信息互通,资源共享。

五、试点步骤

整个试点分四个阶段进行:

(一)前期准备阶段(6月中旬前完成)。主要完成5项工作:

1.省政府制定印发开展两项制度有效衔接试点工作实施方案并报国务院扶贫办备案;各重点县人民政府制定开展试点工作的具体方案,报省政府批准后实施。

2.各相关设区市和重点县成立"两项制度有效衔接试点工作领导小组"。

3.核定农村贫困人口规模和地域分布,将人口指标分解落实到县,县分解落实到乡、到村。

4.深入宣传发动,将两项制度有效衔接的有关政策和要求宣传到户、到人。

5.省、重点县采取以会代训形式完成试点工作的部署,对从事试点工作人员完成培训。

(二)对象识别阶段(8月底前完成)。主要完成5项工作:

1.户主申请。由户主本人向所在村委会提出扶贫对象或低保对象的书面申请。

2.民主评议。由村委会组织村民推选各方村民代表组成民主评议小组,对户主申请进行评议,核算申请人家庭收入,填写"农村低收入农户情况登记表",评议通过的申请对象提交村民代表会议或村民大会表决后张榜公示。

3.乡镇审核。村委会将公示无异议的申请对象报乡镇政府审核,审核结果再榜公示。

4.县级审批。乡镇政府审核结果公示无异议后,将扶贫对象报县扶贫和移民办、将低保对象报县

5.上级督查。对重点县对象识别工作,省、设区市试点工作领导小组要组织督导组,及时深入各县及乡村给予指导和进行督导,及时总结经验、纠正偏差、督促落实。

(三)采集信息和落实帮扶措施阶段(10月底前完成)。主要完成3项工作:

1.建立对象台账。对两项制度扶持确认对象情况进行登记造册,做到户有卡、村有册、乡有簿、县有电子档案。

2.录入管理信息。县级将建档立卡、登记造册扶贫对象信息录入全国统一开发的贫困农户信息管理系统,并完善与农村五保、农村低保档案管理系统的信息对接和共享。

3.落实帮扶措施。对识别确认贫困人口以两项制度有效衔接为基本扶持政策,同时通过扶持到户与整村推进相互结合、因户施策与项目带动协调并举、专项扶贫与社会扶贫合力扶持,逐户明确帮扶目标、制订帮扶计划、确定帮扶项目、落实帮扶责任并建立帮扶效果考核制度。

(四)全面总结阶段(12月底前完成)。主要完成3项工作:

1.各重点县于11月底前对试点工作进行总结,并将总结情况报省试点工作领导小组。

2.组织对各重点县试点工作进行检查考核。

3.省试点工作领导小组于12月底召开试点工作总结会,并将情况总结报国务院扶贫办、民政

部、财政部、国家统计局、中国残联。

六、保障措施

（一）加强组织领导。省政府成立两项制度有效衔接试点工作领导小组，由省政府分管副省长任组长，省扶贫和移民办、省民政厅、省财政厅、省统计局、江西调查总队、省残联为成员。领导小组办公室设在省扶贫和移民办，办公室主任由省扶贫和移民办分管领导担任。负责全省试点工作的组织实施和具体指导。相关设区市特别是各重点县试点工作领导小组也要相应加强领导力量和配强工作力量，政府主要领导要亲自过问，并指派一名分管领导具体负责，抽调一批专业水平高、敬业精神强的人员从事试点工作，确保试点工作扎实开展。

（二）落实工作经费。按照国办发〔2010〕31 号《通知》的要求，对试点所需工作经费，省政府根据重点县实际情况给予支持，各重点县按确保完成试点任务的需要给予安排。试点工作经费主要用于开展试点的设备购置、各类表册印刷、宣传培训、入户调查识别、信息资料录入、电脑打印、网络维护、督导检查、试点总结等方面。

（三）周密制订方案。各重点县要遵照国办发〔2010〕31 号《通知》的精神和本《实施方案》的部署，组织相关部门和得力人员充分调研、多方论证，结合本县实际情况，提出切实可行的试点实施办法，确保试点工作创特色、出经验、见实效。

（四）搞好部门协调。各级试点工作相关部门和单位要积极配合，相互支持，主动沟通，建立分工明确、定期协商、协同推进的工作机制。扶贫和移民部门要做好两项制度有效衔接中扶贫对象、扶贫和低保交叉对象的识别工作，研究提高识别扶贫对象的准确率，并采取有针对性的扶持措施。民政部门要积极配合扶贫和移民部门落实交叉对象的扶持政策。财政部门要提供资金支持，负责资金管理和监督。统计（调查）部门要及时提供贫困监测数据，参与制定两项制度扶持对象识别的相关指标。残联要会同有关部门及时核对残疾人有关情况，对农村低保和扶贫对象中的残疾人提供重点帮扶。

（五）抓好宣传培训。要采用通俗易懂的宣传方式，通过召开会议、广泛宣传和典型示范等途径，大力营造开展试点的浓厚氛围和搞好试点的声势，加强对试点工作各项政策的宣传，使两项制度有效衔接惠民政策深入人心。要认真组织试点工作人员的业务培训，不断提高业务素质，并提供必要的工作条件，努力提高管理和服务质量。要发挥大学生村官和扶贫志愿者的作用，充实乡村两级试点工作力量，确保试点工作顺利进行。

（六）加大督查力度。要进一步完善工作机制，提高管理水平，加强对两项制度有效衔接试点工作的考核。对扶贫开发工作，重点考核扶贫对象的收入增加和生产生活条件改善程度；对农村低保工作，重点考核低保对象的应保尽保和规范管理程度。要组织有关部门和单位，对两项制度有效衔接情况进行检查，及时解决工作中出现的问题。要通过奖励先进、鞭策后进，调动基层干部的工作积极性。

（七）积极探索创新。要及时总结并大力推广开展两项制度有效衔接的好经验、好做法、好模式，培育先进典型，充分发挥榜样的示范带动作用。要积极适应形势任务发展要求，以改革创新的精神，不断探索完善实现两项制度有效衔接的新机制，加快农村贫困人口共享改革发展成果步伐。

编纂始末

　　《江西省志·扶贫和移民志(1991—2010)》的编纂工作始于 2013 年 4 月,历经 8 年,共征编资料长编 120 万字,终成稿共计 56 万余字。

　　《江西省志·扶贫和移民志(1991—2010)》的编纂工作经历了三个阶段。第一阶段是 2013 年 4 月至 2017 年 2 月,首次成立了以省扶贫和移民办主任章康华为主任的编纂委员会,下设编纂办公室,提出了篇目初稿。第二阶段从 2017 年 3 月至 2018 年 8 月,经省扶贫和移民办党组研究决定,成立以省扶贫和移民办主任史文斌为主任的编纂委员会,由省扶贫和移民办副主任胡跃明主抓编纂工作,同时组建新的编纂办公室,并从省扶贫和移民办相关处室抽调熟悉扶贫和移民业务工作、文字能力强的同志负责资料收集、整理,并确定由华东交通大学丁佐湘、阳达等承担志书、资料长篇的编纂。第三阶段从 2018 年 10 月开始,对志书编纂委员会成员进行调整之后,志书完成了初审稿。

　　在 2019 年 10 月份组织进行初稿内审。11 月将修改后的初审稿送省地方志办审阅,2020 年 6 月召开初审会。2020 年 12 月召开复审会,会后经认真修改完善,于 2021 年 9 月提交了验收稿,通过了 12 月份召开的验收会,并提交出版。

　　《江西省志·扶贫和移民志(1991—2010)》编纂是江西扶贫和移民工作的一项重要工程。其编修工作所以能够顺利开展并提速完成,主要得益于省扶贫和移民办党组的重视和关心,省地方志研究院的悉心指导和帮助及各部门、直属单位的大力支持配合。志书编纂期间,主任史文斌经常过问编纂工作进度,勉励修志人员努力将《江西省志·扶贫和移民志(1991—2010)》修成精品;刘洪上任伊始,多次了解编纂情况;副主任胡跃明几次参加会议,提出具体要求;编纂办公室副主任龚亮保全过程关注志书编纂。同时,此项工作始终得到全省各级扶贫办、华东交通大学、省档案馆、国家统计局江西调查总队、新华社江西分社、江西日报社、《老区建设》杂志社的大力支持;省扶贫和移民办许多老同志不仅一直关心志书的编纂工作,而且还对志书初稿提出了不少宝贵的修改意见。在此,谨向所有重视、关心、支持《江西省志·扶贫和移民志(1991—2010)》编纂工作和各位领导、单位致以诚挚的谢意!

　　《江西省志·扶贫和移民志(1991—2010)》涉及时间长,内容广泛复杂,档案资料不全,资料搜集和考证十分不易,尽管全体修志人员尽了很大努力,但难免有疏漏讹误之处,敬请广大读者批评指正。

编　者

2021 年 12 月

图书在版编目（CIP）数据

江西省志. 扶贫和移民志：1991—2010 / 江西省地方志编纂委员会编.--南昌：江西人民出版社,2021.12

ISBN 978-7-210-13650-7

Ⅰ.①江… Ⅱ.①江… Ⅲ.①江西-地方志 ②扶贫-工作概况-江西-1991 -2010 ③移民-工作概况-江西-1991 -2010 Ⅳ.①K295.6 ②F127.56③D632.4

中国版本图书馆 CIP 数据核字(2021)第 279482 号

江西省志·扶贫和移民志:1991—2010

 江西省地方志编纂委员会 编

出版总监：梁 菁
常务编辑：张芝雄 涂如兰
责任编辑：涂如兰
责任印制：潘 璐
特约编辑：王建平
书籍设计：同异文化传媒
出版发行：江西人民出版社
经 销：各地新华书店
地 址：江西省南昌市三经路 47 号附 1 号
编辑部电话：0791-86893196
发行部电话：0791-86898815
邮 编：330006
网 址：www.jxpph.com
E-mail:jxpph@ tom.com
2021 年 12 月第 1 版 2021 年 12 月第 1 次印刷
开 本：889 毫米×1194 毫米 1/16
印 张：31.5 插页:10
字 数：767 千字
书 号:ISBN 978-7-210-13650-7
定 价：606.00 元
承 印 厂：深圳市精彩印联合印务有限公司
赣版权登字-01-2021-855